JN494998

행정 Public Administration

행정

초판1쇄 펴낸날 2015년 8월 31일

지은이 | 이대희 · 이원희 · 김성준 · 김순양 · 김영삼 · 박종관 · 박홍윤 · 백종섭
신충식 · 신희권 · 엄석진 · 이상철 · 이종원 · 전주상 · 정정화

펴낸이 | 이재영
펴낸곳 | 조명문화사

출판등록 | 1989년 7월 13일 제2-846호
주 소 | 133-819 서울시 성동구 뚝섬로4길 28 (성수동1가) 2층
대표전화 | 02-498-3017 팩스 | 02-498-3018
이 메 일 | jo0406@empas.com
홈페이지 | www.cmpress.co.kr

값 18,000 원
© 2015 조명문화사
ISBN 978-89-7257-448-4

행정 Public Administration

이대희·이원희
김성준·김순양·김영삼·박종관·박홍윤
백종섭·신충식·신희권·엄석진·이상철
이종원·전주상·정정화

CMPress 도서출판 조명문화사

책을 내면서

'행정'은 정부는 물론 공공 부문과 민간 부문 모든 곳에서 중요한 역할을 수행하고 있다. 행정의 조직, 인사, 재무, 정책, 사무 관리 등과 관련된 개념, 이론, 실제는 크고 작은 기관이나 조직에 모두 적용되고 있다. 행정은 이제 모든 현대인들이 반드시 알아야만 하는 내용이 되었다. 행정을 담당하는 공무원은 물론 선출직 공직자, 정치인, 행정을 바라보는 언론과 정책 대상 국민 모두에게 필요한 지식이다.

이 책은 '행정'이 모든 국민이 반드시 알아야만 하는 필수 지식이라는 입장에서 접근하였다. 그동안 행정에 관한 저술이 대부분 행정학자들에 의해 행정학적 입장에서 편찬되었기 때문에 지나치게 이론적이고 복잡한 내용으로 구성되어 있었다. 대부분 전문적으로 행정학을 공부하려는 사람이나 공무원 고시 준비생들에게 초점이 맞춰져 있었다. 일반 국민들이 읽기에는 너무 딱딱하고, 어려우며, 지나치게 분량이 많았다. 이런 문제점을 극복하고 행정학을 전공하지 않는 일반 사람들도 수월하게 읽고 행정에 관한 지식을 습득할 수 있게 하고자 이 책을 집필하였다. 가능한 한 쉽고 간결하게 행정 전반에 관해 정리하였다. 지나치게 각주나 참고문헌에 얽매이지 않고 30여 년 이상 전공한 전문가 입장에서 자신 있게 서술하는 방식을 취했다.

「행정」 저술에는 행정학계의 각 전공별 중견 학자들이 참여하였다. 이들은 자신의 전공 분야에서 학회장을 지냈거나 자신의 저서나 논문을 가지고 있는 사람들이다. 자기 전공 분야의 행정 관련 내용을 자신 있게 서술해 갈 수 있는 최고 수준의 행정학자들이다. 저자들은 전국 주요 대학에서 교수로 재직하면서 행정학을 가르치고, 연구하면서, 동시에 정책 자문과 공무원 교육에 열심인 사람들이다.

이 책은 총 15개 장으로 이루어져 있다. 정부와 행정, 행정 가치, 행정 조직, 인사, 예산, 정책, 사무 관리, 공기업, 지방 행정, 행정 통제, 행정 윤리, 행정과 국민 참여, 행정 개혁, 행정의 역사와 미래, 행정학으로 되어 있다. 각 장마다 주요 개념을 확실히 하고, 핵심 이론 소개와 함께 실제 행정 현실 이야기를 많이 다루었다. 필요할 경우 도표나 사례를 적절히 활용하였다.

이 책 출판은 2014년 서울행정학회 회장을 지냈던 이원희 교수의 아이디어로 시작되었다. 학회 연륜과 행정학자로서의 경륜이 30년을 넘고, 대한민국 새 출발 70주년이 되는 2015년을 기념하여 진정으로 가슴에 와 닿는 「행정」 책을 저술하고 싶다는 간절한 마음으로 출발하였다. 최고의 필진을 구성한 뒤, 지난해 초부터 편집 회의를 여러 차례 개최하면서 집필을 지속하였다. 모든 집필진이 성심성의껏 원고를 작성해 주었다. 최종 원고는 편집 책임을 맡았던 이대희 교수가 처음부터 끝까지 책임 교정을 보았다. 서술 방식, 개념 정의, 내용 전개 등을 일관성 있게 다듬었다. 다수 집필자가 참여한 저술의 문제점이 나타나지 않게 최대한 노력을 기울여 편집하였다.

집필진들이 자신 있게 출판하는 이 「행정」이 많은 사람들에게 사랑을 받았으면 좋겠다. 그리고 행정을 알고 싶어 하는 모든 사람들에게 진정으로 도움이 되는 책이 되었으면 한다.

끝으로 출판에 애써주신 조명문화사의 이재영 사장님과 임원 분들께 진심으로 감사를 드린다.

2015년 8월

저자 일동

차 례

제1장 정부와 행정

Ⅰ. 국가와 정부

1. 국민과 국가 형성: 국가는 어떻게 만들어지는가?

우리나라 대한민국은 하나의 국가(國家, The state)다. 국가는 통치를 목적으로 만들어진 공동체이다. 공동체란 일정한 곳에서, 동질감을 갖고 살아가는 사람들의 모임이고, 통치는 이런 공동체를 유지하기 위해 필요한 여러 활동을 총체적으로 표현한 말이다. 이 공동체는 국경이라는 경계선으로 나뉜 땅(영토)에 사는 국민이라고 불리는 사람들의 모임이다. 그래서 국가가 되기 위해서는 국민(國民, people), 영토(領土, territory), 자율적인 통치력 즉 주권(主權, sovereignty)이 있어야 한다. 영어로 The State가 객관적인 의미의 국가라면, 국민이 하나로 융화되어 진정한 삶의 공동체가 되었을 때의 국가는 The Nation으로 표현한다.

국가는 어떻게 만들어지는가? 남녀가 만나 결혼하여 자녀를 낳고 살면 한 가족이 된다. 한 가족의 식구가 늘어 조부모, 부모, 자녀, 증손자녀로 확대되면 큰 가문(家門, The family)이 된다. 한 가문에는 최고 어른인 가장(家長)이 있고, 위계질서와 함께 사랑과 효도의 방식이 있다. 이런 가족들이 여럿 모여 사는 곳이 마을이고, 동네다. 그냥 많은 사람의 모임으로 표현할 때는 사회(society)라고 한다. 가족은 물론 마을, 사회는 생존을 위해 여러 가지 구조와 기능, 규칙을 필요로 한다. 규칙은 그것을 인정하고 받아들여 따르는 공동체 구성원들에게만 효력이 있다.

사람들의 역사를 보면 작은 단위의 가문들이 모여 씨족사회(氏族社會)를 이루고, 여러 씨족이 연합하여 부족(部族)이 되며, 더욱 커진 것이 바로 국가다. 국가는 적당히 큰 사회로서 생존에 가장 적합한 형태로 볼 수 있다. 국민의 안정적인 경제 활동을 보장할 수 있고, 외적의 침입에 적절히 대항할 수 있는 규모다. 현대의 국가는 고대의 씨족 사회를 넘고, 중세의 봉건제 사회나 로마 교황청의 종교 사회를 넘어 가장 발전한 공동체가 되었다.

국가가 되기 위한 조건

국민, 영토, 주권이 기본적인 3대 조건이다. 국민이 있어야 하고, 그들이 사는 땅이 있어야 하며, 국민 스스로 일을 할 수 있는 주권이 있어야 한다. 주권은 영토 내에 살고 있는 국민의 자결권이다. 국민 규모가 크지 않다면 모든 국민이 참여하여 스스로 정책을 정하고 실현하면 된다. 하지만 국민 규모가 커지면 모든 사람의 직접 참여가 곤란하다. 그래서 국민의 대표 기구가 필요해진다. 국민대표 기구가 바로 정부(政府, government)다. 정부는 국민으로부터 정당성을 부여받아 구성된 뒤, 국가를 대표하고, 정책을 만들어 시행하며, 능동적으로 행정 업무를 수행한다.

국민이 정부를 구성하는 방법은 우선 국민대표자를 뽑아, 이들을 통해 국가에 필요한 기본법인 헌법(憲法, constitutional law)을 만드는 것이다. 헌법 속에는 국민, 영토에 대한 규정과 함께 정부를 구성하는 방법, 정부가 업무를 수행하는 방법들이 나타나 있다. 헌법을 통해 만들어진 정부는 정당성을 가진다. 정당성을 가진 정부는 헌법에 저촉되지 않는 범위 내에서, 국민으로부터 자유롭게 국가 업무를 수행할 수 있다. 국민과 헌법으로부터 정당성을 부여받은 정부는 국가의 주권을 대내외적으로 행사하게 된다.

한국인과 대한민국

한국인들은 옛 단군왕검의 조선 시대 때부터 동북아시아의 만주, 시베리아 권역과 지금의 한반도를 영토로 살아오고 있다. 하지만 지금은 한반도 남쪽 일부분만이 우리 영토에 속한다. 헌법 제3조의 "대한민국의 영토는 한반도와 그 부속도서(附屬島嶼)로 한다."는 영토 중에 한반도 북쪽에는 북한이 '독립 국가'로 존재하고 있다.

한국인(韓國人)은 한반도 남쪽 지역을 영토로 하는 국민을 말한다. 하지만 한국인들의 마음속에 존재하는 '진정한 한국인'에는 대한민국과 북한은 물론 만주 지역, 미국, 일본, 러시아와 카자흐스탄 등에 살고 있는 한민족 모두가 포함된다.

우리나라의 국가 이름은 대한민국(大韓民國)이다. 대한민국을 줄여서 한국(韓國, Han-guk)이라고 부르고, 대외적으로는 Korea, 또는 Republic of Korea로 표기한다.

헌법

헌법은 국가인 한국의 모든 것을 담고 있다. 국호(國號), 국민의 권리와 의무, 영토, 정부의 조직과 기능, 주요 정책에 대한 것이 담겨 있다. 헌법을 근간으로 정부는 구체적인 규칙을 제정하고, 정책을 만들어 시행하고 있다.

한국의 헌법은 1948년 5월 10일 투표에 의해 선출된 국민대표로 구성된 제헌 국회에서 제정(1948.7.17.)되었다. 이 헌법에 따라 이승만 대통령이 선출되었고, 정부가 수립되었다. 헌법은 10번의 개정 작업을 거쳐 현재의 모습으로 탄생하였다. 개정 과정에서 대통령 중심제와 내각 책임제 정부 형태가 논의되었고, 대통령의 집권 연장, 유신헌법 체제의 제정과 개정 작업이 있었다. 1987년 개정된 현재의 헌법은 대통령 직선제, 국민 기본권 신장, 헌법재판소 신설 등의 내용을 담고 있다.

2. 국가의 여러 모습

국가는 다양한 모습을 띠고 있다. 국민과 영토의 특성에 따라 달라지고, 최고 통치자의 유형, 정부 구성 방법, 중앙과 지방의 관계, 국가 발전 단계에 따라 달라질 수 있다.

선진국, 중진국, 후진국

국가 발전 단계에 따라 구분해 볼 수 있다. 경제 발전이 이루어지고, 아울러 정치 민주화와 문화 복지가 잘 발달한 나라를 선진국(先進國, developed country)이라 한다. 선진국은 생활 수준이 높고 국민의 자유와 복지 수준이 매우 높은 나라다. 중진국(中進國)은 개발도상국(developing country)이라고 부르는데 한창 국가 발전에 매진하고 있는 나라다. 개발도상국은 경제 발전에 많은 노력을 하면서 동시에 정치 민주화에도 애를 쓰는 나라다. 후진국(後進國)은 저개발국(under developed country)으로서 국가 건설(nation building)이 잘 안 이루어지고, 경제 발전도 잘 안 되어 있는 나라다. 미국, 영국, 프랑스, 독일 등은 선진국에 속하고, 태국, 중국, 말레이시아, 인도, 브라질, 러시아 등은 중진국에 속한다. 전쟁 중인 아프리카의 여러 나라, 아프가니스탄, 라오스, 미얀마 등은 아직도 후진 저개발국에 속한다.

한국은 새로운 정부가 수립된 1948년 이후로부터 1960년대까지는 일제 식민통치 후유증 극복, 6.25 북한 공산당의 침략분쇄와 전쟁복구, 독재타도와 민주화 혼란을 겪었다. 전형적인 후진국이었다. 그렇지만 1970년대부터는 새마을운동, 경제개발 5개년 계획과 함께 놀라운 경제 발전을 이룩하였다. 이때는 세계에서 가장 모범적인 발전도상 국가였다. 1987년부터 2010년까지는 경제 발전이 더욱 촉진되었고 아울러 정치 민주화도 훌륭하게 성취해낸 선진 일류국가로 부상하였다. 최근에는 문화 발전과 복지사회를 위해 최고의 일류국가로 전진해 가고 있다.

대통령제 국가, 내각제 국가, 입헌군주 국가

국가를 대표하고, 정부를 운영하는 최고 책임자가 누구인가에 따라 국가 유형을 분류할 수 있다. 대통령이 국가를 대표하고 국정을 총괄하는 형태가 대통령제 국가이고, 국민대표 기구인 국회의 다수당 대표가 수상이 되어 국정을 총괄하는 형태가 내각제 국가이다. 입헌 군주국은 국왕이 국가를 대표하지만 국정은 헌법에 의해 국회 대표자가 수상이 되어 관장하는 정부 형태를 말한다. 우리나라와 미국, 프랑스는 대통령제 국가이고, 독일과 캐나다는 내각제 국가이다. 영국, 일본, 태국은 입헌군주국이다. 우리나라도 1960년도 민주당 정부 시절에는 윤보선 대통령이 국가를 대표하고, 장면 총리가 국정을 총괄하는 내각제 형태 정부였다. 조선 시대 말 고종이 새로운 대한제국을 선포하였을 때는 입헌 군주국가를 지향하였다.

민주국가와 공산국가, 자본주의 국가와 사회주의 국가

민주국가는 국민이 주권을 가지고 있고, 모든 권력은 국민으로부터 나오는 형태의 국가다. 국민은 자유롭고, 평등하며, 직접 또는 간접으로 정부에 관여한다. 국민의 보통선거로 선발된 국회의원이 국회를 구성하고, 여기서 모든 법규와 주요 정책을 관장한다. 이에 비해 공산국가는 공산당이 국민을 대표하여 국정을 총괄하는 국가 형태다. 민주국가는 개인의 경제 활동을 보장하는 자본주의 국가를 지향하고, 공산국가는 사유 재산을 부정하고 모든 경제 활동을 국가가 통제하는 사회주의 국가를 지향한다. 민주국가의 경제개발계획은 공산국가의 사회주의 계획경제를 본받아 시행하는 것이다.

헌법 제1조를 보면, "대한민국은 민주공화국(民主共和國. democratic republic)이다. 대한민국의 주권은 국민에게 있고, 모든 권력은 국민으로부터 나온다."고 되어 있다. 우리 한국은 민주국가다. 하지만 공화국이라는 표현은 '여러 권력 집단들이 조화롭게 권력을 공유하는 나라'라는 뜻이다. 우리나라가 처음 헌법을 제정할 당시에는 엄청나게 많은 정파(政派)들이 권력을 잡으려고 투쟁하고 있었다. 이를 고려한 것으로 볼 수 있다. 국가가 발전한 최근에는 새누리당과 새정치민주연합이라는 큰 두 개의 정당이 경쟁적으로 통치권 장악을 위해 노력하고 있다.

단일국가, 연방국가

단일국가는 일정한 영토 위에 오직 하나의 정부만이 존재하는 경우이고, 연방국가는 2개 이상의 정부가 하나의 국가 아래 함께 존재하는 경우다. 단일국가의 경우에는 전 국토가 하나의 정부에 의해 관리되고, 연방국가의 경우에는 어느 정도 독립성을 가진 정부들이 하나의 연방국가를 형성하고 있다. 우리 한국은 단일국가이고, 미국은 연방국가이다. 미국의 각각 주는 어느 정도 독립적으로 정부를 운영하고 있으면서, 외교와 국방 등 주요한 사안에 대해서는 중앙정부의 통제를 따른다.

단일국가 한국은 한반도 내에 존재하는 유일한 합법 정부이고, 단일 한국인들이 모여 만든 것이다. 중국이나 인도, 인도네시아의 경우에는 연방국가는 아니지만 다양한 민족들이 복합되어 국가를 형성하고 있다.

3. 정부와 정치, 행정

(국가로서의) **정부**(政府. Government)

정부는 정사(政事)를 보는 관청(府), 또는 통치(統治)를 담당하는 기구이다(이대희, 2007:23). 국가가 어느 정도 상징적이고 정적인 개념이라면, 정부는 이런 국가의 운영과 관련된 동적 개념이다. 정부의 의미를 가장 넓게 볼 때 '정부(government)는 곧 국가

(state)'를 뜻하는 것으로 보아야 한다. 대한민국이라고 할 때나 한국 정부라고 할 때나 서로 같은 의미라는 말이다(이대희 외, 2014:6-7). (국가로서의) 정부 역할은 한국인, 한국 영토, 한국 주권과 관련된 모든 것들에 대해 책임을 지고 관리하는 일이다. 헌법 속에 표현되어 있는 모든 기능을 담당한다.

정부 형태도 국가의 경우처럼 여러 가지로 분류해 볼 수 있다. 통치자의 수에 따라 군주정부(君主政府), 공화정부(共和政府), 민주정부(民主政府)로 나눌 수 있다. 군주정부는 1인의 군주 즉 국왕이 정부를 주관하는 것이고, 공화정부는 소수의 권력자가 공동으로 정부를 주관하는 것이며, 민주정부는 다수 국민이 정부를 주관하는 것이다.

[표 1-1] 정부의 형태

통치자의 수	이상적 모습		부패한 모습	법과 국민에 대한 관계
1인	현명한 군주정부 (monarchy)	자연적 변화 ⇒ 권력은 시간이 흐를수록 독단과 아집이 강해지고, 부패해지는 성향이 있다.	독재정부 (tyranny)	현명한 군주정의 경우에는 적절히 법률이나 국민에 의한 통제가 이루어질 수 있다. 그러나 독재정의 경우에는 권력자 1인이 모든 통치를 주관한다.
소수 권력자	소수 선각자들의 공화정부 (aristocracy)		과두정부 (寡頭政府. oligarchy)	소수 선각자에 의한 통치는 다른 여러 사람이 아직 미개한 상태에 있을 때 가능하다. 그러나 권력자들은 그 권력에 취해, 더욱 경색되며 다른 외부인들의 참여나 간섭을 배제한다.
국민	전체 국민의 민주정부 (democracy)		중우정부 (衆愚政府. mob rule)	국민에 의한 이념형적인 민주정은 매우 바람직하지만, 지혜롭지 못한 다수 국민의 무분별한 통치 행위는 폭도 행위와 같아진다.

출처: 이대희(2007:24)

(국가로서의) 정부 권한의 분리: 삼권분립

문명의 발달에 발맞춰 통치(統治. ruling) 작용이 정치(政治. politics) 영역과 행정(行政. public administration) 영역으로 분리되고, 소수 권력자보다는 다수 국민이 참여하는 정치, 행정의 필요에 의해 삼권분립(三權分立)의 견제와 균형 장치가 등장하였다. 삼권분립이란 통치 권력을, 법을 제정하는 입법부(立法府. legislature), 법에 따라 정책을 시행하고 관리하는 행정부(行政府. executive), 법의 올바른 제정과 시행을 감독하는 사법부(司法府. judiciary)로 나누는 것이다. 우리의 경우 입법부는 국민대표 기관인 국회이고,

행정부는 대통령이 관장하는 행정부이며, 사법부는 헌법재판소, 대법원과 그 산하의 법원들을 말한다(이대희, 2007:25-26).

[그림1-1] 정치와 행정의 관계

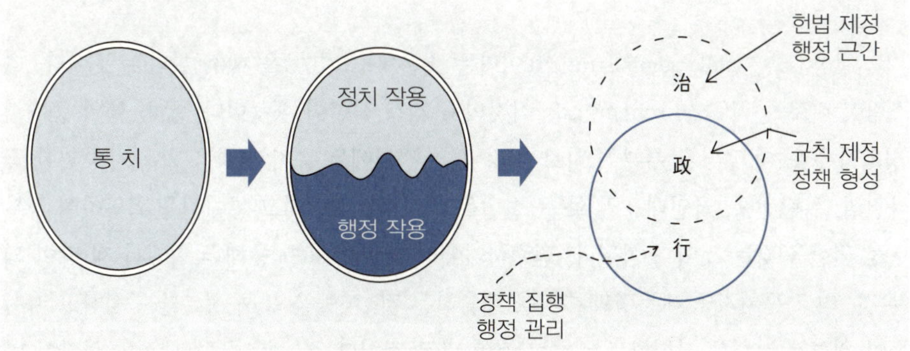

통치 행위를 정치와 행정으로 분류하고 삼권분립을 논할 때, 정부는 행정부만을 말한다. 즉, 대통령을 정점으로 대통령령과 법규에 따라 차례차례 임명된 모든 공무원과 이들의 조직, 기능들을 총칭하는 용어이다. 행정부는 국민 투표로 선발되는 대통령, 대통령에 의해 임명되는 총리와 장관 휘하의 모든 관료 집단을 총칭하는 관료제, 이들이 일을 행하는 물리적 시설인 관청 또는 기관, 이들에 의해 처리되는 각종 정책과 관리 행위들로 구성된다(이대희 외, 2014:7).

정치는 통치 권력의 획득, 유지, 행사와 관련된 모든 활동을 말한다. 삼권분립을 전제로 생각해 볼 때, 통치권력(統治權力. ruling sovereignty, power)이란 형식적으로는 주권자인 국민에 의해 주어지는 것이면서 모든 행정의 근간이 되는 것으로서 국회의 입법권, 행정부의 행정권을 포괄적으로 지칭한다(이대희, 2007:7).

행정이란 정부의 모든 정책과 그 관리 활동이다. 이때의 정부는 대통령의 지휘를 받는 모든 공무원 집단(=관료제. bureaucracy)을 상징적으로 가리킨 말이다. 정책이란 말 속에는 정책 과정(policy process) 전체가 포함되어 있다(이대희, 2007:7). 즉 정책 결정, 정책 집행, 정책 평가들이 모두 해당한다. 이 중 정책 결정 영역 중 일부가 국회의 권한과 중첩되어 있다. 관리(public administration) 속에는 인사, 재무, 조직, 사무 처리의 모든 내용이 포함된다.

Ⅱ. 행정

1. 행정이란 무엇인가?

뜻

'행정(行政. public administration)'이라는 말은 다스림(政)을 행(行)한다는 뜻이다. 다스림이 바로 통치(統治, ruling)이고, 이것의 구체적 실현이 행정이다. 통치 행위 중에서 '정치작용'을 빼고 남은 부분이 바로 행정이다. 정치에는 통치 권력을 획득하기 위한 국가건설, 독립전쟁, 국민대표권 획득, 헌법을 제정하는 일, 최고 통치권을 획득하여 정부 구성 권한을 갖는 것이 포함된다. 민주국가에서 국민 투표를 통해 국회에서 제1당이 되는 것, 최고 통치자인 대통령과 수상을 배출하는 것, 이들을 통해 정부를 구성하고 자신들이 원하는 정책을 시행하도록 하는 것이 바로 정치다. 정치를 통해 행정의 근간이 마련된다.

행정은 정부의 모든 정책과 그 관리 활동이다. 헌법을 기반으로 하면서 지배정당, 대통령과 수상, 다수 국민이 원하는 정책을 만들어 시행하는 것이 행정이다. 그래서 행정은 통치 권력을 바탕으로 이루어지는 정부의 모든 정책과 그 관리 활동이다. 여기서 정책(政策, public policy)은 정부에 의해 결정된 행동 방침이다. 좀 더 구체적으로 말하면 정책이란 (공공문제 해결이나 목표 달성을 위해) 정부에 의해 (권위 있게) 결정된 (미래의) 행동 방침이다. 행정은 이런 정책을 만드는 일과 직접 시행하여 효과를 창출하는 일, 이를 위해 사람과 물자, 돈을 조달하여 관리하는 일을 말한다. 정책은 여러 이름으로 불린다. 국회에서는 법률로, 행정부에서는 정책, 계획, 사업, 프로젝트, 프로그램 등으로 불린다.

행정은 다른 방식으로도 정의할 수 있다. '조직(組織, organization)'을 중심으로 보면 행정이란 공공목표 달성을 위해 정부 관료제가 하는 활동이다. 관료제(官僚制, bureaucracy)는 공무원의 조직이다. 관료제에서 하는 일이 바로 행정이다.

행정을 '관리(administration)'라는 면에서 보면 목표 달성을 위한 합리적 행위다. 효율적이고 능률적으로 일을 하는 것 자체가 바로 행정이다. 이렇게 정의하면 행정은 경영(經營, business management)과 같아진다.

행정을 어떻게 정의하느냐는 보는 사람의 관점에 따라 달라진다. 각자 중요시하는 초점이 달라지기 때문이다.

특징

행정은 다음과 같은 특징을 가지고 있다.

첫째, (행)정부가 하는 일이다. 즉 행정의 주체는 정부다. 이때 정부는 국가로서의 정부 중에서 입법부와 사법부를 제외한 행정부만을 의미한다. 행정부는 대통령을 정점으로 하여 각 부처 조직과 공무원, 부속 기관을 모두 포함한다. 행정부에서 하는 모든 일이 바로 행정이다. 이런 관점에서 보면 삼성이나 현대와 같은 민간 기업에서 하는 일은 행정이라고 볼 수 없다. 행정과 경영의 차이점은 행정은 정부 관료제에서 하는 일인데 비해, 경영은 민간 조직, 기업에서 하는 일이라는 점이다.

둘째, 행정은 정책을 만들어 시행하는 일이다. 정책은 법규, 시행령, 계획, 사업, 일, 지시 등 여러 이름으로 불린다. 정책은 가장 상층부의 대통령 수준에서 정해지는 것도 있고, 장 · 차관 수준에서 정해지는 것도 있으며, 국장 · 과장 수준은 물론 가장 일선의 현장 공무원 수준에서 정해지는 것도 있다. 정책을 만드는 일, 만든 정책을 시행하는 일, 시행한 정책의 효과를 평가하는 일이 행정이다. 좋은 정책을 만들기 위해 국민이 원하는 것이 무엇인가를 파악하고, 정보를 수집해 분석하며, 최선의 선택을 하기 위해 노력한다. 신중하게 정책을 결정한 다음에는 잘 집행하여 원하는 효과를 내도록 한다. 정책 목표를 달성케 하고 공공문제를 잘 해결하도록 애를 쓴다. 국가 차원의 정책은 국회에서 헌법을 토대로 국회의원들에 의해 결정되기도 한다. 국회의원들은 법규 형태로 정책을 만들어 내고 행정부에 전달하여 시행케 한다. 또 행정부에서 제출하는 예산안을 승인하는 과정에서 새로운 정책을 시달하기도 한다. 상위정책은 하위정책들의 목표가 되고, 하위정책들은 상위정책의 수단, 시행방안이 되는 것이다. 이를 목표–수단 연계(ends–means chain)라고 표현한다.

셋째, 국민이 필요로 하는 각종 서비스를 제공한다. 국민이 필요로 하는 식량, 의복, 주택을 제공하고, 외침과 도적을 막아주는 국방과 경찰의 보호를 제공한다. 병든 사람들을 위해 병원과 치료약을 제공하고, 지식을 필요로 하는 국민을 위해 교육 기능을 제공한다. 물론 행정부 단독으로 하는 것만은 아니고 국회의원이나 많은 국민과 함께 이런 서비스를 제공한다.

넷째, 국가의 목표와 공익을 추구한다. 국가의 목표는 주권자인 국민이 정해야 하지만, 현실적으로는 국민에 의해 선출되는 국회에서 정하거나 대통령을 중심으로 한 행정부에서 정하게 된다. 국회에서 정하는 국가 목표는 헌법 속에 잘 나타나 있다. 그리고 중요한 국가 목표는 그때그때 국회의원들의 합의에 의해 정해진다. 국회에서 정한 국가 목표는 행정부가 반드시 존중하고 실천에 나서야만 한다. 행정부에서도 대통령을 중심으로 국정 목표 또는 지표를 세우고 실천에 나선다. 국가 목표는 모든 행정의 존재 이유로서, 반드시 달성되어야 한다. 국가 목표 추구 과정에서 행정은 항시 공익을 지향해야만 한다. 공익(公益, public interest)은 다수 국민의 이익이라는 말인데, 행정은 가능한 한 소수의 사익(私益, private interest) 추구를 벗어나 다수 국민의 이익을 위해 활동해야 한다.

다섯째, 행정은 규칙과 절차에 따라 이루어진다. 기본법인 헌법을 토대로 각종 규칙과 절차가 만들어지고, 이를 통해 공무원들의 행정이 이루어진다. 행정은 항시 예측 가능한 형태로 이루어져야 한다. 하지만 필요에 따라 행정을 실제로 담당하는 공무원들에게 적지 않은 재량권이 부여되기도 한다. 또 불확실성이 높은 상황에서는 상황 적응적인 업무 수행이 이루어지기도 한다.

2. 하는 일

국가 비전과 목표 설정

국가의 비전과 목표는 헌법(1987년 10월 29일 제정) 속에 나타나 있다. 헌법 전문에는 선언적인 의미의 국가 비전과 목표가 들어있다(그림 1-2). 대한민국 정부의 가장 숭고한 최고 비전은 "우리 대한 국민과 자손의 영원한 안전, 자유, 행복"이다. 이를 달성하기 위해 "안으로는 국민 생활의 균등한 향상을 기하고, 밖으로는 항구적인 세계 평화와 인류 공영"을 위해 노력해야 한다. 이런 비전을 토대로 정치를 담당하는 국회와 구체적으로 정책을 만들어 시행하는 행정부가 노력해야 한다.

대통령은 당선과 동시에 국정 목표를 정하고, 실천을 위해 노력한다. 국정 목표(또는 지표)는 대통령을 중심으로 한 관료 집단이 국가의 현재 상황을 토대로 하면서 도달하고자 하는 미래의 바람직한 상태를 표명한 것이다. 국정 목표는 행정의 가장 상위의 최고 목표가 된다. 대통령과 관료들은 모든 노력을 기울여 국정 목표 실현에 나서야 한다. 국정 목표는 다시 구체적은 정책 목표로 전환되어 행정에 활용된다.

대한민국 정부 수립 이후 역대 대통령들은 시기별로 뚜렷한 국정 목표를 정해 추진해 왔다. 지금까지의 한국 발전 단계를 이대희(2013)는 국가 건설기(1948-1970), 경제 발전기(1970~1990), 정치 민주기(1990~2010), 문화 복지기(2010~현재)로 구분하고 있다.

[그림 1-2] 헌법 전문 속에 나타나 있는 국가 비전, 목표

최고의 국가 비전, 목표
우리 대한 국민과 자손의 영원한 안전, 자유, 행복

↓

중간 목표	
중간 목표	(안) 국민 생활의 균등한 향상
	(밖) 항구적인 세계 평화와 인류 共榮

↓

방법	· 正義 · 人道와 동포애로서 민족의 단결을 공고히 함. · 모든 사회적 폐습과 不義를 타파 · 자율과 조화를 바탕으로 자유 민주적 기본 질서를 더욱 공고히 함. · 정치 · 경제 · 사회 · 문화의 모든 영역에서 각인의 기회를 균등히 함. · 능력을 최고도로 발휘하게 함. · 자유와 권리에 따르는 책임과 의무를 완수하게 함.
시대적 요청	· 3·1운동으로 건립된 대한민국 임시정부의 법통과 불의에 항거한 4·19 민주 이념을 계승 · 조국의 민주개혁과 평화적 통일의 사명감

이승만 대통령은 '국가 건설'이라는 목표 달성을 위해 평화적 남북통일, 법규 제정, 군대와 경찰체제 구축, 전쟁 승리, 전쟁 후 재건과 부흥을 목표로 정해 추진했다. 박정희 대통령은 '국가 건설'을 위해 철저한 반공 국가를 표방하고, '경제 발전'을 위해 새마을 운동, 월남 참전을 통한 민주주의 수호, 수출입국, 농공병진, 과학화, 산업화를 정책 목표로 정해 국정을 운영했다. 전두환 대통령은 강력한 정부 개혁과 함께 중화학 투자 조정, 공정거래법 시행 등 경제민주화 정책을 추진하였고, 사회 정화, 자율화 조치를 시행하였다. 노태우 대통령은 새 헌법 제정 이후 유엔 가입, 소련, 중국 등 공산국가와 수교, 올림픽 경기 실시, 토지 공개념제 시행 등을 추진하였다.

김영삼, 김대중, 노무현 대통령은 정치 민주화에 평생을 위해 노력했던 사람들이다. 김영삼 대통령은 '문민정부(文民政府)'를 표방하고 지방자치, 금융 실명제 등을 추진하였고, 김대중 대통령은 '국민의 정부(國民政府)'라는 이름 속에 햇볕 정책, 재벌 개혁, IMF 이후 경제 회복, 정보화 정책을 추진하였다. 노무현 대통령은 '참여 정부'를 내세우며 남북한 교류, 과거사 정리, 민간 참여, 정책 평가, 정부 혁신정책을 열정적으로 추진

하였다. 이명박 대통령은 '신 발전체제 구축'을 위해 (1) 국가, 사회 간 시너지 협력을 통한 발전 (2) 질적 성장 추구 (3) 법치의 확립과 헌법 존중 (4) 다원주의 가치, 개성, 창의 존중 인재 양성 (5) 글로벌 스탠더드와 내셔널 스탠더드의 조화 (6) 고신뢰 사회를 국정 목표로 정해 추진하였다.

현재의 박근혜 대통령은 국정 비전으로 '국민 행복과 국가 발전이 선순환하는 새로운 패러다임의 시대'를 내세웠다. 이를 실천하기 위해 경제 부흥, 국민 행복, 문화 융성, 평화 통일 기반 구축을 국정 기조로 삼고 각각에 맞는 세부 정책 과제를 설정하고 있다.

기관별 고유 업무(기능) 수행

국가가 존속하려면 꼭 해야만 할 일들이 있다. (국회와 사법부에서 하는 일을 제외하면) 모두 대통령이 중심이 된 행정부에서 담당한다. 이런 일들을 전문 용어로 기능(機能)이라고 부르는데, 어떤 것들이 있을까?

사람이 살아가기 위해서 건강한 몸과 정신, 오장육부와 팔다리가 있어야 한다. 또 의식주를 해결하면서 사회생활을 편안하게 영위할 수 있어야 한다. 국가도 이런 조직(=사람의 몸, 오장육부, 팔다리)과 기능(=사람들의 정신, 의식주, 사회생활)이 잘 이루어져야만 한다. 국가의 조직과 기능을 행정부가 담당한다. 대통령을 비롯한 정부의 기관과 이들이 하고 있는 일에 대해 살펴보자.

ㅇ **대통령과 소속기관:** 대통령(한국 대표, 국정 총괄), 대통령비서실(대통령 보좌), 대통령경호실(대통령 경호), 국가안보실(국가 안보), 국가정보원(정보, 보안 및 범죄수사), 감사원(결산, 회계감사 및 직무감찰), 방송통신위원회(방송, 통신 및 정보 정책), 국가인권위원회(국민 인권 보호).

ㅇ **국무총리실과 소속기관:** 국무총리(대통령 보좌하여 국정 총괄), 국무조정실(정책 조정), 국무총리 비서실(국무총리 보좌), 국민안전처(국가안전, 재난관리), 인사혁신처(공무원인사, 연금), 법제처(정부입법 총괄조정), 국가보훈처(보훈사업), 식품의약품안전처(식의약품 안전), 공정거래위원회(공정거래정책), 금융위원회(금융정책), 국민권익위원회(국민권익보호), 원자력안전위원회(원자력안전)

ㅇ **정부 부처와 소속기관:** 기획재정부(예산, 기획, 경제 정책, 재정정책)와 소속기관(국세청, 관세청, 조달청, 통계청), 교육부(교육정책), 미래창조과학부(과학기술정책)와 소속기관(우정사

업본부), 외교부(외교정책), 통일부(국토통일), 법무부(법질서 확립)와 소속기관(검찰청), 국방부(국토방위정책)와 소속기관(병무청, 방위사업청), 행정자치부(행정일반, 지방자치)와 소속기관(경찰위원회, 국가기록원), 문화체육관광부(문화 체육 관광정책)와 소속기관(문화재청), 농림축산식품부(농림축산정책)와 소속기관(농촌진흥청, 산림청), 산업통상자원부와 소속기관(중소기업청, 특허청), 보건복지부(보건복지정책), 환경부(환경정책)와 소속기관(기상청), 고용노동부(고용노동정책), 여성가족부(여성 가족정책), 국토교통부(국토교통정책)와 소속기관(행정중심복합도시건설청, 새만금개발청), 해양수산부(해양수산정책)

ㅇ 지방자치단체: 각 시, 도, 군, 구청 단위로 해당 지역의 행정업무가 수행된다.

정책의 형성과 집행

행정은 정책을 만들어 시행하는 것이다. 정책을 만드는 일을 정책형성(政策形成. policy making)이라 하고, 시행하는 일을 정책집행(政策執行, policy implementation)이라 한다.

정책형성은 정책 담당자가 기관 설립 목적에 맞춰 공공문제를 해결하고 목표를 달성하기 위해 좋은 수단을 선택하는 것이다. 좋은 수단으로서의 정책은 어떻게 만들어질까?

1) 정책형성의 주도자는 권한을 가진 정책 실무자이다. 대통령을 시작으로 국무총리, 장관과 차관, 국장, 과장, 계장, 실무 공무원은 모두 맡은 바 업무가 있다. 이 업무가 바로 그 관료가 해야만 할 정책이다. 이 업무, 즉 정책을 스스로 의사 결정하는 일이 정책형성이다.

2) 정책형성은 우선 정책의제(政策議題, policy agenda)를 찾는 일로부터 시작된다. 정책의제는 정책 담당자가 공공문제 해결이나 기관 목적 달성을 위해 필요한 것이라는 생각이 들 때 채택된다. 정책의제는 담당자 스스로 설정하기도 하지만 상관이나 외부 정치집단이나 국민에 의해 요구되어 채택되기도 한다. 정책의제가 설정되면 이를 중심으로 논의를 전개하여 정책목표(政策目標, policy objective)를 세우고, 이 목표를 가장 잘 달성할 수 있는 대안(代案, alternative)을 찾는다. 대안 중에 가장 좋은 것이 어떤 것인가를 잘 평가하여 최적안을 결정하면 정책형성이 완료된다.

3) 정책이 국회에서 법률 형태로 만들어지거나 예산 항목 확정 형태로 이루어질 수도 있다. 국회는 정치적으로 중요한 정책을 법률 형태로 결정하고 행정부로 이관시켜

집행토록 할 수도 있다. 그러나 이는 많지 않고 예외적으로 이루어진다. 법률 형태의 정책 결정은 대부분, 행정부의 담당 공무원들이 기안한 정책들에 대한 법적 지원을 위한 것들이다. 정책형성의 주도권, 출발점이 정책 실무자이다. 정부의 예산은 국회의 심의와 최종 결정이 필요한데, 이 과정에서 국회의 정책형성 참여가 이루어진다.

만들어진 정책을 집행하기 위해서 정책 담당 실무자들은 조직을 만들고, 재정을 충당하며, 시행에 나선다. 필요할 경우에는 국회 입법이나 대통령령, 시행령, 지시 등 근거법규를 만들어야 한다.

행정서비스 제공, 행정사무 관리

행정에서 관리 활동이란 곧 국민이 원하는 각종 서비스를 제공하는 일이다. 정부는 관료들을 통해 각종 서비스를 만들어 필요로 하는 국민에게 제공한다. 행정서비스 제공을 통해 실질적으로 국민에게 혜택이 주어진다.

행정서비스 제공은 정책집행의 최종 순간이다. 정책집행은 정책 목적이 달성되거나 정책 시한(時限)이 끝나면 마무리된다. 더 이상 존재할 수 없다. 하지만 많은 정책은 시한이 정해져 있지 않고 영속적으로 시행된다. 그래서 정책집행이 일상적, 관례적인 것으로 변모하면 그때부터는 정책집행이라는 용어보다는 행정사무 관리, 행정서비스 제공으로 불린다.

행정사무 관리, 행정서비스는 절차와 규칙에 따라 이루어진다. 국회 제정 법률이나 대통령령 이하의 각종 행정규칙을 근거로 한다. 이것이 행정의 합법성(合法性) 원칙이다. 공무원들의 모든 행정사무 관리, 서비스 제공은 합법적으로 이루어져야 한다. 꼭 법적 형태가 아니라도 일정한 기준이나 원칙을 세우고, 이에 따라 행정을 해야 한다.

행정은 또한 능률적, 효과적으로 이루어져야 한다. 능률적(能率的)이라는 말은 주어진 예산과 여건 속에서 최선의 목적을 달성하는 것이나, 특정한 목표를 달성하기 위해 가능한 한 적은 비용과 노력을 들이는 것을 말한다. 이런 판단 기준을 능률성이라고 하는데, 효과성(效果性)도 주어진 여건 속에서 최고의 효과를 내는 것으로 비슷한 말이다.

행정은 또한 공정하고, 민주적으로 이루어져야 한다. 공정성(公正性)은 정책 대상 국민이 불합리하게 차별받지 않고, 동등하게 대우받는 것을 말한다. 민주성(民主性)은 정책형성이나 집행, 행정서비스 제공에 관계 집단의 의사가 골고루 반영되고, 어느 한 사람이나 집단에 의해 독재적으로 이루어지지 않는 것을 말한다.

3. 행정 담당자

행정은 공무원(公務員), 관료(官僚)가 담당한다. 공무원은 공적인 일을 담당하는 사람이라는 뜻이고, 관료는 관청에서 일하는 사람들이라는 뜻이다. 공무원들도 관청에서 일하기 때문에 이들이 곧 관료다.

국가공무원법 제2조를 보면 "국가공무원(이하 "공무원"이라 한다)은 경력직공무원과 특수 경력직 공무원으로 구분한다. 경력직공무원이란 실적과 자격에 따라 임용되고 그 신분이 보장되며 평생 동안(근무기간을 정하여 임용하는 공무원의 경우에는 그 기간 동안을 말한다) 공무원으로 근무할 것이 예정되는 공무원을 말한다."고 되어 있다. 특수 경력직 공무원은 선거로 취임(예, 대통령)하거나 국회 동의를 받아 임명되는 공무원(예, 장관, 감사원장 등)들을 말한다.

행정은 대통령을 정점으로 국무총리, 장관과 차관, 일반직 공무원들로 구성된 정부 조직에 의해 이루어진다. 이 조직을 관료제(官僚制, bureaucracy)라고 한다. 관료제는 공무원직을 평생 직업으로 하는, 상명하복의 지시와 복종 체계가 잘 갖추어진, 규칙과 절차에 따라 운영되는, 신분 보장이 잘 되어 있는 관료들의 모임이다. 관료제는 행정 목표 달성을 위해, 대통령의 지시를 받는, 안정된 조직이다.

공무원들에게는 담당 직위와 직무가 주어져 있다. 모두 자기 직위에 맞게 주어진 업무를 충실히 수행하여야 한다. 관료제에서 상층 지위로 올라갈수록 권한과 책임이 중해진다. 관료제 상층부의 대통령, 장관과 차관은 매우 중요한 정책형성에 관여하고, 하위로 갈수록 정책집행, 행정서비스 제공이라는 좀 더 구체적인 업무를 담당한다.

행정 업무 수행, 정책 형성과 집행, 국정 목표 설정, 정부 운영은 행정 공무원들에 의해 이루어진다. 이들이 얼마나 의욕적이고, 능력이 있으며, 책임감이 있느냐가 매우 중요하다. 좋은 공무원을 뽑고, 이들이 신나게 일할 수 있게 하며, 능력에 따라 성장해 갈 수 있게 해야만 한다. 공무원들의 능력이 부족하고, 늘어져 태업(怠業)을 일삼으며, 이권(利權)에만 개입하거나 부정부패(不正腐敗)를 일삼는다면 문제가 있다. 공무원들의 근무 환경을 좋게 하고, 높은 임금 등을 통해 동기 유발을 하며, 사회적으로 존경받게 하는 일이 필요하다. 공무원들의 업무 능력 향상을 위한 교육, 실적에 맞는 평가, 부정부패를 막기 위한 국민의 감시 장치가 필요하다.

공무원 속에는 지방공무원들도 해당된다. 비록 법률 적용은 다르지만 이들도 공무원이고 관료다. 이들도 지역 내 정책을 담당하고, 행정서비스 제공을 담당하며, 행정목표 달성에 노력한다.

Ⅲ. 행정의 실제 모습은 어떠한가?

1. 대통령과 청와대

대통령은 어떤 사람인가? 대통령은 어떻게 근무하며, 행정을 책임지고 있는가? 대통령의 일상을 살펴보자. (사실 선출직 지방자치단체장이나 각급 주요기관장들의 일상도 비슷할 수 있다.)

대통령 당선과 업무 시작

대통령은 12월 19일을 잊을 수 없다. 당선 확정 발표가 나는 순간부터 대한민국 대통령에 준하는 의전과 경호를 받는다. 가장 먼저, 대통령경호실에서 「대통령경호실법」에 근거하여 현직 대통령 경호 수준의 신변 경호를 개시한다. 방탄 차량에서부터 비상 통신망, 의전 등 모든 면에서 자신의 신분이 달라졌음을 피부로 느끼게 된다.

어떤 사람은 '대통령이 행복한 날은 단지 당선된 날 그 하루뿐'이라고도 한다. 나머지 5년은 국사를 위해 노심초사하다 보면, 금세 집권 4년 차, 대선 후보 경선이 시작되고, 곧바로 레임덕(lame duck) 아닌 레임덕에 빠지게 된다. 모든 관심이 차기 유력 대통령 후보에게로 쏠리기 때문이다. 대통령은 2월 25일 '민의의 광장'이라고 할 수 있는 여의도 국회의사당 앞 광장에서 거행되는 취임식에서 국민 앞에 선서한다. 헌법 제69조 「대통령은 취임에 즈음하여 다음의 선서를 한다」는 규정에 따라

> "나는 헌법을 준수하고 국가를 보위하며 조국의 평화적 통일과 국민의 자유와 복리의 증진 및 민족문화의 창달에 노력하여 대통령으로서의 직책을 성실히 수행할 것을 국민 앞에 엄숙히 선서합니다."

이승만 대통령
(1948-1960)

윤보선 대통령
(1960-1962)

박정희 대통령
(1963-1979)

전두환 대통령
(1980-1988)

라고 국민 앞에서 선서한다. 헌법상 부여된 권한과 함께 대한민국 대통령의 의무를 다짐하는 의식이다.

고독한 대통령

대통령직은 고독한 자리이다. 하루 24시간 내내, 그야말로 노심초사하면서 국사(國事)를 돌보고 있다고 해도 과언이 아니다. 취임식 사진과 취임 후 1년, 퇴임 시 사진을 비교해 보면 늘어난 주름, 흰머리 등 흔적들이 나타난다. 24시간 시시각각 발생하는 세계 각국의 주요 현안들을 보고받고 우리나라에 미칠 정치, 경제, 외교적 영향과 대책을 고민해야 한다. 물론 단일 창구가 아니라 여러 경로로 보고가 이루어진다. 모든 보고는 크로스 체크(cross check) 된다. 국정원, 경찰청, 기무사, 청와대 관련 수석실 등의 다양한 채널의 보고서가 하나로 집중되고 검증을 받게 된다. 그러나 최고 결정권자는 속 시원하게 누구와 상의할 수 없이 늘 고독한 결정을 해야 하는 순간에 직면할 수밖에 없다. 그래서 가장 중요한 참모는 영부인(令夫人)이라고들 한다.

대통령과 소통의 장애 요인 중 하나로 청와대 본관 구조를 든다. 흔히 청와대를 구중궁궐(九重宮闕)에 비유하기도 한다. 이는 모든 권력이 집중되는 권부(權府)의 상징이기도 하지만 그만큼 국민과 그리고 가깝게는 참모들과의 긴밀한 소통에는 물리적인 거리가 있다는 뜻이다. 청와대 본관의 구조 자체가 조선 시대 궁궐을 연상시킬 정도로 크고 웅장하다. 보통 사람들은 그 앞에 서면 근정전과 같이 궁중 문화에 압도되어 버린다. 여기에서 각종 회의나 접견 등이 개최되는데 이러한 분위기 하에서 자유로운 대화와 창의적인 토의가 이루어질 수 있을까?

청와대(靑瓦臺)

과거 청와대는 옛 조선총독부 건물을 본관 겸 관저로 사용해왔으나, 내부가 협소하고 노후되어 1989년 노태우 대통령 시절 본관과 관저를 별도로 신축하기로 하고 현대건설에서 시공하여 1991년 완공하였다. 이때 현대건설 사장이 이명박 대통령이었다.

백악관은 화이트 하우스(White House), 청와대는 블루 하우스(Blue House)라고 불리듯이 대통령이 집무하고 거주하는 공간이라는 점은 비슷하나, 우리나라 본관은 미국 백악관 구조와는 판이하다. 청와대 본관은 당초에 대통령 한사람만을 위한 전용 공간으로 설계되었다. 따라서 의전용 큰방으로 구성되어 있어 방도 몇 개 되지 않고, 높은 천장이 웅장하다. 특히 대통령 집무실은 큰 공간에 집무 책상과 회의용 탁자만 덩그러니 있어, 분위기상 대통령 혼자서 자기만의 권위에 갇히기 쉽다. 이런 상황에서 누구든지 집무실에 들어서서 대통령 앞으로 몇 발자국 걸어가는 몇 미터 거리이지만, 그 길이 평생 경험하지 못할 정도로 멀게 느껴질 것이고, 긴장할 수밖에 없다. 또한, 수시로 머리를 맞대고 격의 없이 토의해야 할 참모진이 있는 비서동이 500m 정도 떨어져 있다. 일일이 차를 타거나, 10분 정도를 걸어 올라가야 한다. 이런 비효율적 구조로 인해 대통령은 더욱 고립되고 외로울 수밖에 없을 것이다.

미국 백악관과 같이 수시로 대통령이 격의 없이 넥타이를 풀어헤치고 샌드위치를 먹어가며 토의하는 브라운 백 미팅(Brown bag meeting) 장면을 청와대에서는 기대하기 어렵다. 실제 이러한 병폐를 알고 있었던 김대중 대통령과 노무현 대통령은 집무실을 광화문정부종합청사로 옮기는 방안을 검토했었다. 하지만 여러 가지 문제로 포기하고 말았고, 대신 노무현 대통령 시절에 비서동 가까운 곳에 별도의 집무 공간을 마련해서 비서진들과 소통을 강화하기도 했었다. 이때 신축된 건물이 '국민과 함께한다'는 뜻의 제1 집무실인 여민(與民) 1관이었다. 노 대통령은 수시로 이곳에 내려와 주요 결재를 하였고, 비서관과 선임행정관들까지 참석하는 확대 비서관회의 등으로 참모들과 소통하였다. 이렇듯 청와대 공간적 배치가 물리적인 거리뿐만 아니라 효율적인 정책 결정 시스템에 영향을 미치게 됨으로써, 대통령과 참모, 국민과의 거리를 좁힐 수 있는 청와대 시설 재배치를 위한 마스터플랜(master plan) 마련이 필요하다.

청와대 전경(출처:청와대 홈페이지)

대통령의 하루

대통령의 일과(日課)는 아침에 홍보비서실에서 만든 국내외 언론 보도 요약판을 접하는 것으로 시작한다. 밤새 국내외에서 일어난 주요 시사 사항을 종합한 것이다. 개인적인 건강 관리는 대통령 개인적 취미와 시간적, 공간적, 경호상 제한 등을 고려하여 이루어질 수밖에 없다.

아침형 인간으로 새벽에 일찍 일어나는 김영삼 대통령은 녹지원에 조깅 트랙(jogging track)을 만들어 놓고 참모들과 조깅을 하였고, 국내외 방문 행사 시에도 현지에서 조깅을 거르지 않았다. 퇴임 후에는 사저(私邸) 가까운 곳에서 배드민턴을 즐길 정도였으며, 가까운 서울 근교에 등산을 다니기도 했다. 과거 전국 규모의 '민주산악회'를 조직하여 참모들과 산행을 즐겼는데, 이 조직이 대통령 선거운동에도 많은 도움을 주었다고 한다. YS의 유명한 일화인 "머리는 빌릴 수 있지만, 건강은 빌릴 수 없다"는 말처럼 건강 관리에 철저했다.

김대중 대통령의 경우에는 교통사고 후유증으로 다리가 불편하여 경내를 산책하는 정도였다. 대신 조용한 교외로의 드라이브를 즐겼다. 노무현 대통령의 경우도 별다른 운동은 하지 않았으나, 청와대 뒷산 등산이나 산책, 하이킹 등을 주로 하였다. 실제 퇴임 후 봉하마을에서 자전거를 타고 마을을 다니는 장면이 서민적인 모습으로 회자되기도 하였다.

이명박 대통령은 원래 건강 체질로 청와대 뒷산을 오르거나 청계천 걷기, 하이킹을 즐겼다. 특히 테니스를 좋아하여 일주일에 몇 차례 지인들과 가까운 장소에서 운동을 즐겨, 간혹 황제 테니스 논란으로 언론에 가십(gossip)거리가 되기도 하였다. 재임 동안 역점을 두었던 4대강 사업에서 전국을 자전거길로 연결할 정도로 하이킹을 즐겼다. 자연히 서울 시내의 주요 지점에도 자전거 전용도로가 생겼고, 대통령 스스로 청와대 경내에서 자전거를 이용하는 장면이 언론에 보도되기도 했다.

전두환 대통령과 노태우 대통령은 자연스럽게 군시절부터 골프를 즐겨 하여 주말에는 장관들이나 청와대 참모들과 가까운 교외에서 골프를 즐겼다. 아침형 인간인 전두환 대통령의 경우는 새벽에 불시에 사전 연락도 없이 비공식 현장 방문을 자주 하여 관련 부처 장관들을 긴장시켰던 것으로 알려졌다.

대부분 대통령은 관저에서 가족들과 조찬 후 본관까지 등청하게 되는데 개인의 취향에 따라 산책 겸 도보 등청, 자전거, 차량 등을 이용한다. 관저가 본관과 너무 가까워서 일반 국민과 같은 출 · 퇴근 개념이 없다. 대통령이 계획되지 않은 국민과의 접촉은 등청(登廳)이나 퇴청(退廳) 시에 청와대 방문객들을 경내에서 우연히 조우하는 경우뿐이다. 대부분 자연스럽게 일행들과 사진 촬영 등의 스킨십을 하게 된다.

대통령과 국민의 만남은 철저히 행사 의전 계획에 따라 진행된다. 따라서 검증된 인사들만 접촉하게 되어 다양한 언로가 확보될 수 없고, 국민과의 소통에 지장을 초래한다. 최근 박근혜 대통령도 언론과의 인터뷰에서 밝혔듯이 퇴청 후 관저에서 보내는 개인적인 시간조차도 각종 보고서를 검토하면서 보낸다. 퇴근 후에도 밀린 보고서를 검토해야 하기에, 노무현 대통령 시절 모 장관이 새벽 시간에 결재된 전자문서를 받아보고 깜짝 놀랐다고 한다. 이렇듯 불행하게도 청와대에서는 대통령의 공적 공간과 사적 공간의 구분이 없어 재충전의 시간이 없다. 그나마 노무현 대통령이 미국의 캠프 데이비드 별장 개념인 청남대(淸南臺)마저 반환함으로써 주말이나 휴가 시 마땅히 가서 쉬면서, 정국 구상과 재충전을 할 전용 별장마저 없는 실정이다.

대통령의 건강

대통령은 시간, 장소, 대상 등의 제한으로 별다른 취미 활동을 할 기회가 없다. 대통령은 엄청난 스트레스를 어떻게 해소할까? 일반인들의 경우는 성격에 따라서 운동이나, 드라이브, 독서, 맛있는 음식, 여행 등으로 풀 수 있다. 하지만 대통령의 경우는 기호 음식이나 자세한 동정, 방문 장소, 건강 상태는 국민적 관심 사항으로 중요하다. 대외적으로 알려지게 되면 경호상이나 정치, 안보, 외교, 경제적으로도 어려움을 겪을 수

노태우 대통령 (1988-1993) 김영삼 대통령 (1993-1998) 김대중 대통령 (1998-2003) 노무현 대통령 (2003- 2008)

있을 만큼 민감하다. 그동안 언론을 통해 공개된 역대 대통령의 식성(食性)과 기호(嗜好) 음식을 살펴보면, 서민적 스타일인 박정희 대통령과 노무현 대통령, 이명박 대통령의 경우는 공통으로 막걸리를 좋아했다. 박정희 대통령은 부산 금정산성 막걸리와 고양 원당 막걸리를 즐겼다. 노무현 대통령의 경우는 충북 단양의 대강 막걸리를 청와대 공식 행사주로 선정하였는데, 이로 인해 한때 청와대 주변 식당에서 이 막걸리가 유행했다. 이명박 대통령 시절에는 MB주라고 하여 M(막걸리)와 B(맥주)를 섞어 만든 MB주가 건배주로 유행하였다. 대통령의 서민적 면모를 표방하는 상징은 역시 막걸리였다.

김영삼 대통령의 경우는 칼국수와 설렁탕을 좋아했다. 청와대 공식 메뉴가 칼국수가 될 정도였는데, 행사에 초대된 손님들이 행사가 끝난 후 별도로 식사를 더 해야 할 정도였다고 하는 등의 반응도 있었다. 특히 칼국수는 조리 방법 및 시간상, 한꺼번에 많은 손님을 서빙(serving)하기가 어려워 청와대 주방장들이 고심했다고 한다. 대통령 중 대표적인 대식가이자 미식가는 단연 김대중 대통령이었다. 고향의 맛을 즐겨 홍어회와 양곱창뿐만 아니라 자장면 등 중식도 즐기는 등 음식을 가리지 않고 잘 드는 편이었다. 결혼기념일에는 이희호 여사가 대통령과 함께 을지로에 있는 '양ㅇㅇ' 양곱창집을 즐겨 찾았다. 이 식당은 퇴임 후 서거하기 전에 들렀던 마지막 외식집이라고도 알려져 있다. 방문했던 식당 주인들 대부분은 늘 두 노부부의 다정다감했던 모습을 기억하고 있었다.

이명박 대통령은 대표적 장터 음식인 돼지국밥을 즐겼다. 본격적인 대통령 선거가 한창이던 때, 선거 홍보 동영상에 나온 돼지국밥집 할머니가 서민경제를 대표하는 트레이드 마크(trade mark)가 되었다. 특별히 가리는 음식은 없을 정도였으며, 가끔 자장면도 외부에서 시켜다 먹었다. 경제적으로 어려웠던 고학(苦學) 시절 시장에서 먹던 국밥과 물회나 막회를 즐겼다.

이명박 대통령
(2008-2012)

박근혜 대통령
(2012-2017).

대통령의 일정

대통령의 주요 일정은 공식 일정과 비공식 일정으로 나누어진다. 공식 일정은 의전비서실에서 담당한다. 내부 행사의 경우는 주로 본관에 있는 회의실 및 영빈관에서 참석자 규모에 따라 정해지는데, 소규모일 경우는 국빈 만찬도 본관에서 개최된다. 대규모 행사는 주로 영빈관에서 이루어진다. 물론 오찬이나 만찬을 겸하는 경우가 많다. 외부 행사의 경우는 행사를 주관하는 수석비서관실과 소관 부처에서 청와대 의전 비서관실, 경호실 등과 구체적인 일정, 참석자를 사전에 최종 확정한다.

비공식 일정은 제1부속실에서 담당하며 주로 사적인 일정과 비공식으로 접견하는 인사들에 대한 연락 및 지시사항을 처리한다. 이런 대통령의 주요 행사 및 일정은 2급 비밀로 관리되고 있다고 한다. 현재까지 공식적으로 대외적으로 알려진 바는 매주 월요일 오전에 대통령 주재의 비서실장과 각 수석비서관이 모두 참석하는 수석비서관회의가 열린다. 회의에서는 수석실별로 일주일간의 주요 국내 현황 사항에 대해 보고하고 향후 대처 방안을 토의한다. 대통령의 지시사항 수령과 대통령의 의중을 파악할 수 있는 참모회의 성격을 띠고 있다. 사실상 향후 모든 국가 중요 정책의 방향이 정해지는 중요한 비공식 회의체이다. 주 중에 비서실장 주관의 수석비서관 회의는 별도로 열리고 있다.

공식적인 국가회의체인 국무회의가 매주 화요일 오전에, 통상 청와대 본관에서 개최된다. 장관들이 각 부처의 주요 현안 사항을 보고하고, 토의하며, 정부입법(안) 마련 및 대통령령 의결 등 주요 정책 사항을 논의한다. 주요 현안 사항이 없을 경우에는 국무총리 주관으로 별도로 열린다. 국무회의 사전 준비를 위해 매주 목요일에는 국무조정실장 주관으로 각 부처 차관이 참석하여 부처별 협업 및 의견 조율을 하는 차관회의가 열린다.

대통령의 주요 일정 속에 공식 행사가 많다. 예를 들면 외교사절 접견이다. 주한 외국 대사에 대한 신임장 증정식은 외교 의전상 중요한 행사이다. 전통 군악대까지 도열하여 팡파르를 울리는 등 상대 국가에 대해 최대한의 예의를 표한다. 행사는 통상 여러 국가를 특정일을 정하여 한꺼번에 하기도 하지만 외교상 주요 국가의 경우에는 별도 단독행사로 한다. 우리나라의 국제적 위상이 높아짐에 따라 우리나라를 방문하는 외국 대통령 및 수상 등 국빈들의 공식, 비공식 방문이 급증하고, 우리나라 방문을 요청하는 국가들도 늘어나는 추세에 있다. 특히 APEC, 핵안보정상회의, 아세안회의, 아시아-유럽정상회의 등 우리나라 대통령이 꼭 참석해야 할 정례적인 다자간 국제행사들이 많기 때문에 과거에 비해 대통령의 외국 순방 행사가 많아지고 있다.

대통령의 봉급과 수당

대통령은 행정부 수반이다. 대통령은 공무원 중 가장 많은 월급을 받고 있다. 2014년 대통령의 연봉은 1억 9,679만 원이다. 대통령은 별도의 직급보조비를 포함하면 월 2,000여만 원 정도의 봉급을 받는다.

대통령실 공무원

새 정부가 출범하면 의례적으로 청와대에서는 '늘공, 어공' 논쟁이 벌어지곤 한다. '늘공(늘 공무원)'은 정부 부처에서 파견 나온 일반직, 특정직 공무원을 말한다. 이들은 일정 기간 파견근무 후 원소속 부처로 돌아가는 공무원으로서, 통상적으로 소속 부처로 복귀 시에는 승진하거나, 요직을 차지하여 금의환향하는 경우가 많다. '어공(어쩌다 공무원)'은 집권당, 당선인 선거캠프 등에서 활동하였거나 인수위원회에서 정권 인수 과정에 참여했던 인사들이 청와대 비서관이나 행정관으로 입성하면서 별정직 공무원으로 특채되는 경우를 말한다. 이 두 부류의 공무원 사이에는 정권 초기부터 한 지붕 밑에 있으면서, 미묘한 긴장관계와 보이지 않는 벽이 존재하게 된다. 정권 초기에는 대통령의 정치철학과 정무적 감각이 뛰어난 어공들에게, 모든 권한이 집중된다. 그러나 이들은 오랜 경험과 정책적 전문성을 가진 늘공의 도움이나 협조 없이는 부처를 효율적으로 통제할 수가 없다는 점을 깨닫게 된다. 자연스럽게 상호 보완관계 형성 및 배려의 허니문 기간을 갖게 된다.

그러나 정권 후반기로 접어들수록 '늘공'의 경우는 차기 정권에서 특정 정권 인사라는 시비(是非) 소지가 일어날 것을 대비하여 조기에 소속 부처로 복귀하거나 여의치 않을 경우에는 장기 교육이나 해외 파견을 떠난다. 물론 이 시기에는 부처 공무원들도 청와대로의 파견을 꺼려 후임자 선발에 어려움을 겪기도 한다. '어공'의 경우에도 순장조(殉葬組)로 청와대에 남기도 하지만, 퇴임 후를 대비하여 자신의 자리 마련이나 부당한 이권 개입 등으로 정치적으로 문제를 유발하기도 한다.

어공들의 경우는 정권 초창기에 주로 많은 구설에 휘말리게 된다. 그 원인은 정치인에서 공직자로 바뀐 자신의 신분 변화를 망각하고, 과거의 관행이나 절제되지 못한 언행과 일 처리로 금품수수(金品授受), 이권개입, 청탁 등 물의를 야기하기 때문이다. 공직자로서 불명예스럽게 퇴진하는 경우를 많이 보게 된다. 이렇듯 청와대에서는 얼음판 위를 걷는 것처럼 항상 자신을 성찰하고 신변 정리를 깔끔하게 하여야 한다. 만나는 사람, 친인척 관리도 철저히 하고, 명함 한 장도 함부로 주고받을 수 없는 고독한 곳이다.

2. 공무원의 하루

전국에 수백만 명의 공무원이 있다. 광화문 청사에, 세종시 신청사에, 또 서울을 비롯한 전국 곳곳에 청사가 있고 공무원들이 근무하고 있다. 최전방 휴전선 부근에는 군인들이 근무하고, 독도에도 경찰이 근무하고 있다. 정규 공무원은 아니지만 수없이 많은 정부투자기관, 준정부기관, 공기업에도 공무원 같은 사람들이 근무하고 있다. 이들은 어떻게 생활하며, 근무하고 있을까?

근무

공무원들은 오전 9시부터 오후 6시까지(점심시간은 정오부터 오후 1시) 근무한다. 토요일 근무가 휴무로 되면서 주당 40시간 근무한다. 공무원들은 아침 9시 출근을 위해 매일 아침 서두른다. 서울에 사는 세종청사 근무 공무원은 새벽 5시부터 서둘러야만 한다. 마을버스를 타고, KTX에 몸을 실은 뒤, 또다시 통근 버스를 타고 출근해야 하기 때문이다. 세종시로 이사하고 싶지만, 서울에 사는 가족들의 생활을 무시할 수 없다. 서울 한복판에 있는 청와대나 광화문 청사로 출근하는 공무원들도 아침 출근 전쟁을 피하기 위해서는 7시 전에 집을 떠나야만 한다.

필요에 따라 원격 근무를 할 수 있게 했지만 이를 활용하기가 쉽지 않다. 승진에 목이 매여 있는 현실에서 상관과 조직원들을 보지 않고 지낸다는 일은 너무나 부담되기 때문이다.

공무원은 근무 중 그 품위를 유지할 수 있는 단정한 복장을 하여야 한다. 꼭 넥타이에 정장을 해야 하는 것만은 아니지만 어쨌든 흐트러지지 않고 단정한 복장이어야 한다. 물론 경찰과 군인처럼 제복을 착용해야 하는 수도 있다.

공무원의 근무 상황은 빠짐없이 근무상황부 또는 근무 상황 카드에 기재되어야 한다. 출근, 조퇴, 휴가 상황을 빠짐없이 기록해야 한다. 이것은 공무원 평가, 승진에 활용된다.

승진은 나의 모든 것!

공무원에게 승진은 모든 것이다. 승진해야만 업무 중요도가 높아지고, 봉급이 많아지며, 부하 직원이 늘어난다. 공무원이 권위를 세우고, 자부심을 가질 수 있는 일이 승진을 통해 이루어진다.

공무원은 근무를 시작하는 순간부터 승진 경쟁에 나선다. 상관의 '모든 지시에 순종'해야 하고, 좋은 인상을 받도록 애를 써야 한다. 가족보다도 조직이 우선돼야 하고, 집보다 직장이 우선돼야 한다. 요즈음 와서 가정을 중시해야 한다는 생각을 하기는 하지만 그래도 승진을 위해서는 어쩔 수 없다.

승진하려면 일정한 소요 기간이 필요하다. 이 기간이 차면 승진해야 한다, 하지만 승진 대기자가 많다 보니 번번이 밀리기 일쑤다. 대통령 청와대와 가깝다는 PK, TK, 영포 라인, 친박계가 발탁되어 승진했다는 루머가 넘쳐난다. "공연히 부아가 솟고, 성질이 난다." 그냥 일 잘하고, 실력 있으면 승진이 될 것 같은데 그게 아닌가 보다.

군인처럼 직급 정년이 있는 경우에는 40대 중반에도 공직을 떠나야 하는 수가 발생한다. 아이들이 아직 학교에 다니는데, 직장을 잃게 되는 것이다. 참으로 절망적인 순간이 승진에서 탈락했기 때문에 생겨난 것이다.

승진에서 탈락하면 진정으로 실망이 크다. 자신의 무능력에 화가 나고, 심하게 쪼그라든다. 상관을 보기도 민망하고, 부하 직원이나 가족들 보는 것이 두렵다. 이제는 같은 동료였던 사람의 지시를 받아야 한다. 승진에 계속 밀리다가는 후배의 지시를 받는 일도 생겨날 수 있다. 누군가가 그런 말을 했다지……

"모든 조직은 승진에 탈락한 못난이들로 채워진다."

보직, 순환 근무

공무원들에게는 맡은 바 직무와 직위가 있다. 자기 적성과 전문성에 맞아야 기분 좋게 근무할 수 있다. 공무원으로서의 자부심, 공익을 추구하는 행정서비스 제공자로서의 만족감을 누릴 수 있다.

그중에서 각종 조직의 장(長), 기관장은 큰 파워를 행사할 수 있다. 그래서 보직 경쟁은 뜨겁다. 승진 경쟁 못지않게 보직 경쟁이 펼쳐진다. 장관, 차관, 실장, 국장, 과장, 본부장이 되기 위해 모든 공무원이 애를 쓴다. 매일 반복되는 업무에 따분한데, 이런 보직을 받으면 신이 난다. 보직에 맞게 역량껏 경륜을 펼쳐 볼 수 있다. 물론 장관과 차관은 대통령과 정치권의 의도가 중요하다. 이런 자리에 오르기 위해서는 끊임없이 정치권에 줄을 대야 하고, 유력인사들과 함께해야 한다. 각종 포럼, 산행, 취미 서클에 동행해야 한다. 자리가 한정되어 있다 보니 '헛물만 켜는' 수도 많다.

공무원의 순환 보직이 지속해서 이루어진다. 같은 직위에서의 장기근무로 인한 침체를 방지하여 창의적으로 직무를 수행하게 하고, 부처 업무를 상호이해하기 위해서 정기적으로 전보가 실시된다. 전국적으로 하부 집행기관이 있는 경우에는 지방 근무가 거의 필수로 주어진다. 그러면 가족과 떨어져 하숙생활을 해야 하고, 여건이 좋으면 관사에서 머물러야 한다.

가장 순환 근무가 많은 직종이 외교관, 군인일 것이다. 이들은 승진이나 보직 변동에 따라 평생을 떠돌며 산다. 가족 생활이 안정적이지 못하고, 자녀 교육에도 어려움을 겪는다.

봉급은 그저 그렇고, 연금이 불안하다!

공무원들은 매달 봉급을 받는다. 그러나 직접 돈으로 받지 않고, 통장에 숫자로 기록되기 때문에 실감이 나지 않는다. 솔직히 자신이 정확히 얼마를 받았는지 아는 사람이 별로 없다. 공무원이 된 초기에는 그래도 '매달 얼마를 받고 있다'는 인식은 있었다. 공무원 시험에 붙었고, 고시에 합격한 당시에는 모든 것을 다 얻은 듯싶었다. 지구상에서 가장 안전한 직장에 취직했고, 국민을 위한 정책을 만들어 시행할 수 있으며, 적지 않은 봉급을 받게 될 것이기 때문이었다. 하지만 시간이 흐르면서 일은 엄청나고, 온종일, 일주일 내내 정신없이 일에 매진하다 보니 '봉급'이 얼마인가에 대해서는 챙겨 볼 겨를이 없어졌다. 자조적으로 '일은 똥 빠지게 하고, 월급은 모두 부인네가 챙기는 삶'이 이어졌다.

받는 봉급은 받자마자 자동이체로 통장에서 빠져나가게 되어 있다. 모두 쓸 곳이 정해져 있다. 생활비는 물론 자녀들 교육비, 부모 봉양비, 경조사비로 순식간에 사라진다. 저축은 고사하고 갑자기 병이라도 나면 큰일이다. 또 겉으로는 '번듯한 공무원'이다 보니 체면치레 지출도 해야 하고, 아이들 유학도 보내야 한다. 그래서 적지 않은 공무원들이 '돈에 쪼들리고', 염치없지만 '남들이 사주는 밥'에 목을 맬 수밖에 없다.

어렵게 살던 시절(1950년대~1970년대)에 공무원을 했던 선배들은 최고로 안정되고 부러운 직장에서, 그래도 대단한 권한을 발휘하면서 공무원 생활을 했었다고 한다. 각종 특혜도 있었고, 어깨에 힘도 들어가 있었다고 한다. 하지만 지금은 다르다. 삼성이나 현대, LG, SK, 포스코 같은 대기업 직원의 봉급이 공무원보다 훨씬 많고, 특혜도 더 많다고 한다. 학교 다닐 때는 훨씬 더 공부를 잘했고, 공무원 시험에도 당당히 합격했는데, 40대, 50대가 되어서는 형편이 뒤집혔다.

공무원들이 가장 믿는 것은 사실 퇴직 후 연금이다. 봉급을 살필 필요가 없고, 아무리 일이 힘들어도, 믿는 건 퇴직 후 연금이 든든하다는 점이다. 연금은 일정한 액수를 봉급에서 매달 떼어서 저축하는 셈이다. 여기에 정부에서 일정한 액수를 더해 준다. 퇴직하고 나서, 노인이 되어서도 안정적으로 매달 기존 봉급의 50% 수준을 받게 된다.

그런데 최근에 공무원 연금에 대한 논란이 심각하다. 정부의 재정 부담이 너무 커진다는 것이 논란의 시작이었다. 국가건설 초기에는 공무원과 군인 연금이 그리 큰 문제가 되지 않았었다. 아직 20년 이상 근무하고, 퇴직하는 사람이 없었기 때문이다. 하지만 1980년대 이후로 지속적으로 퇴직 공무원이 늘어나기 시작했고, 연금 수급자가 꾸준히 불어났다. 누적되는 연금 수급자는 점차 정부에 부담을 주기 시작했다. 또 1980년대에는 평균 수명이 60세 전후였는데, 2015년 현재에는 80세를 훌쩍 넘어섰다. 공무원 퇴직 후 30년 이상 연금을 수급하는 사람이 빠른 속도로 늘어나기 시작했다.

요즈음 정부는 일반 국민연금과 비교하면서 공무원들의 납부 금액은 높이고 수령액은 낮추며, 수령 시기를 늦추는 방안을 고려하고 있다. 역대 대통령들이 꾸준히 연금 개혁이라면서 부담은 늘리고, 수령액을 줄이려고 노력해 왔었다. 이제는 언론과 정치권이 나서서 국민에게 알리며 공무원 연금 개혁을 부르짖고 있다.

연금만을 믿고 봉급액수도 신경 쓰지 않던 상황이 이제 달라지고 있다. '재테크' '추가적인 민간 보험 연금'에 신경을 써야 하는 상황이 되었다. 점점 더 퇴직 후가 걱정된다.

제2장 행정 가치

Ⅰ. 행정 가치

1. 행정 가치란 무엇인가?

가치(價値, Value)는 값, 값어치라는 말이다. 책의 가치는 책값이 될 수도 있고, 책을 읽고 얻게 되는 지식의 값어치를 말할 수도 있다. 마찬가지로 행정 가치는 '행정의 값어치'일 수도 있고 '행정을 통해 얻게 된 결과의 값어치'일 수도 있다. 앞의 경우는 한국 사회에서 '행정'이 얼마나 중요한 위치를 차지하고 있는가와 관련이 있다. 행정은 우리나라 국가 전체를 움직여 나가는 존재다. 국민의 뜻을 받들고, 정치권력의 위임을 받아 실질적으로 정부를 운영한다. 행정이 어떻게 역할을 하는가에 따라 그 중요성이 결정되고 값어치가 매겨질 수 있다. 그렇지만 이 책 「행정」에서 논하고자 하는 행정 가치는 두 번째 것과 관련이 있다.

행정 가치는 행정을 통해 얻고자 하는 바람직한 가치를 말한다. '행정을 통해'라는 말 속에는 행정을 수행하는 과정은 물론 최종적으로 얻어지는 결과까지를 모두 포함한다. 그래서 행정 가치 속에는 (1) 행정을 수행하는 과정에서 얻고자 하는 바람직한 가치, (2) 행정을 통해 최종적으로 얻고자 하는 바람직한 목적(또는 목표) 가치가 모두 포함된다. 여기서 행정 가치는 '바람직한 것'이어야 한다. 불법이나 부패, 국민에게 해악을 끼치는 가치들은 행정 가치가 될 수 없다.

행정 가치를 '행정을 수행하는 과정에서 얻고자 하는 바람직한 가치'로 볼 때는 절약, 능률성, 효과성, 합법성, 민주성 같은 것들이 여기에 해당된다. 이런 행정 가치들은 모든 공무원이 행정을 수행하는 과정에서 꼭 지켜야 하고, 반드시 얻어내야만 한다. '꼭 지켜야 한다'는 뜻은 모든 공무원이 일하는 과정에서 이런 가치가 지향하는 방식으로 행동해야 한다는 의미다. 그래서 이런 행정 가치들은 공무원 행동 및 업무 평가 기준이 된다. '반드시 얻어 내야만 한다'는 뜻은 공무원들의 행정 업무 전체가 반드시 이런 행정 가치를 추구해야만 한다는 의미다. 이런 행정 가치를 수단적 가치라고도 부른다.

행정 가치를 '행정을 통해 최종적으로 얻고자 하는 바람직한 목적'으로 볼 때는 국민 행복, 국가 발전, 세계 평화, 민주 복지 사회 건설 등과 같은 것들이 여기에 해당한다. 행정의 목적 가치이다. 행정의 목적 가치는 대통령을 비롯한 정부 관료제 속의 모든 공직자가 총력을 기울여 추구해 가야 하는 것들이다. 이것들은 국정 목표로 정해져 모든 행정의 궁극적 지향점이 된다.

행정 가치 중에는 행정 담당 공무원들이 갖추어야만 할 가치들도 있다. 업무를 수행하는 과정에서 '봉사하는 정신'으로, '헌신적'으로 일해야 한다. '솔선수범'하고, '책임감'을 가져야 하며, '열정'으로 일해야만 한다. '정직'하게, '나쁜 짓 하지 않는' 것도 필요하다. 이런 모든 것들이 공무원들에게 요구되는 가치들이다.

행정 가치와 이념

이념(理念, Ideology)은 어떤 집단에 의해 사실 또는 진리로 받아들여진 가치나 신념 체계를 말한다. 이 가치나 신념 체계는 그 집단 소속원들의 생각이나 행동에 큰 영향을 미친다. 특히 정치 이념(政治理念, political ideology)은 특정한 정치집단의 가치관이나 신념에 지대한 영향을 미칠 뿐만 아니라 정치의 영향을 받는 행정에도 큰 영향을 미친다.

행정 가치 중에서 모든 행정 담당자들에게 '절대적 영향을 주는 가치'가 있다면 이것이 행정 이념이 된다. 우리나라 경제 발전기의 '경제 성장', 정치 민주화 시기의 '민주주의' '참여'는 매우 엄격한 이념성을 띠고 있었다. 공산국가의 경우에 '사회주의' '공산주의'는 더없이 강력한 행정 이념으로 작용한다.

2. 역할: 행정 가치는 왜 필요한가?

행정 가치는 행정 활동과 관련하여 여러 가지 중요한 역할을 수행한다. 첫째, 행정 가치는 행정이 지향해야 할 방향을 제시해 준다. 공직자들은 지위의 높낮이와 관계없이 하루에도 몇 번씩 의사 결정을 하고 일을 해야 한다. 이러할 때 공직자들은 행정 가치에 견주어서 판단해야 하고, 행동을 이에 맞추어야 한다. 국민도 행정기관에 민원을 제기하거나 행정 과정에 참여할 때는 행정 가치를 잘 이해하고 그것에 맞게 행동을 해야 한다.

둘째, 행정 가치는 행정 활동에 정당성(正當性. legitimacy)을 부여해준다. 행정 활동을 수행하기 위해서는 외부 환경으로부터 적절한 투입(input)이 있어야 한다. 이를 토대로 행정은 산출(output) 즉, 정책이나 서비스를 만들어낼 수 있는 것이다. 그런데 투입은 요구(demand)와 지지(support)로 구성되는데, 국민이 행정 활동이 정당하지 못하다고 생각한다면 요구와 지지 행위를 하지 않을 것이다. 가령, 행정 활동이 정당성을 확보하지 못하고 있다면, 국민은 냉소적인 생각을 가지고 행정에 참여하지 않으려 할 것이며, 행정을 지탱하는 물적 자원의 근간이 되는 세금도 제대로 납부하지 않을 것이다. 이렇게 되면 행정이 제대로 작동할 수 없다. 따라서 행정은 정당성을 확보하는 것이 무엇보다도 중요한데, 이를 가능하게 하는 것이 행정 가치인 것이다. 행정 가치에 충실해야 국민으로부터 정당성을 확보할 수 있다.

셋째, 행정 가치는 행정 활동의 결과를 평가하고, 개선 방안을 모색하는 기준을 제시한다. 행정 활동은 시민들의 세금을 토대로 행해지는 것이며, 공직자들은 시민들로부터 수임을 받아서 공무를 수행하고 있다. 따라서 행정 활동은 적절하게 평가되고 통제를 받아야 한다. 그리고 이러한 평가와 통제의 결과로 문제가 발견되면, 개선책을 마련해야 한다. 그런데 행정의 적절성 여부를 평가하고, 공직자의 업무 수행을 감독하고 통제하기 위해서는 일정한 기준이 있어야 한다. 즉, 평가와 통제의 기준이 있고 이에 입각하여 실제로 평가와 통제가 가해져야 그 결과를 국민이 수긍할 것이다. 이때 행정 가치는 적절한 기준을 제시해 주는 역할을 수행한다.

Ⅱ. 행정 가치에는 어떠한 것들이 있나? : 행정 가치의 내용

행정 가치의 종류와 내용을 알기 쉽게 정리하기는 어렵다. 대략적으로 최고 법인 헌법에 나타난 목적 가치를 정점으로, 이를 달성하기 위해 필요한 수단적 가치들에 대해 정리해보기로 한다.

헌법 속의 목적 가치

헌법 전문에 제시되어 있는 가치와 각 조문 속에 표기되어 있는 가치들이 가장 우선시 되어야 하는 행정 가치이다. 행정을 통해 이런 목적 가치를 추구해야만 한다.

- 3 · 1 운동 정신(= 자주, 독립, 평화)
- 4 · 19 민주 이념(= 민주, 자유)
- 평화적 통일, 정의 · 인도와 동포애, 민족의 단결
- 모든 사회적 폐습과 불의를 타파
- 자율과 조화를 바탕으로 자유 민주적 기본 질서
- 정치 · 경제 · 사회 · 문화의 모든 영역에 있어서 기회균등, 능력 발휘
- 국민 생활의 균등한 향상
- 항구적인 세계 평화와 인류 공영
- 안전과 자유와 행복을 영원히 확보

대통령의 국정 목표 가치

행정의 수반인 대통령은 임기 동안 자신이 추구하고자 하는 최고의 목적 가치를 국정 목표로 정해 항상 유념한다. 현재의 박근혜 대통령이 내세우고 있는 국정 목표는 다음과 같다.

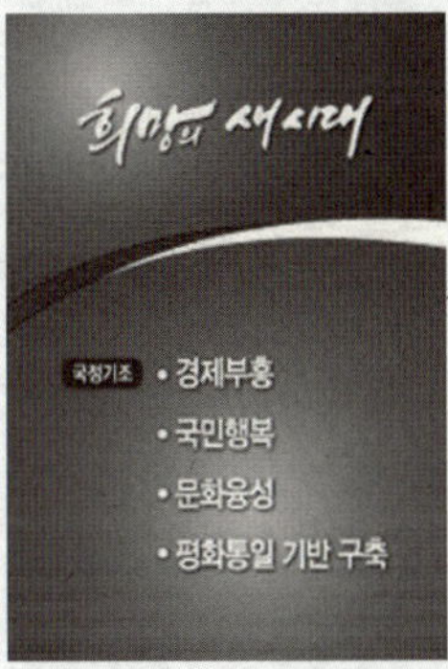

- **경제부흥** (3대 전략 42개 과제)
  - 창조 경제
    - 창조경제 생태계 (6)
    - 벤처중소기업 (1)
    - 신산업신시장개척 (10)
    - 과학기술 ICT (5)
  - 경제 민주화
    - 원칙이 바로선 시장경제 (6)
  - 민생 경제
    - 서민생활 안정 (8)
    - 안정적 경제운영 (6)
- **국민행복** (4대 전략 65개 과제)
  - 맞춤형 고용 · 복지
    - 생애 주기별 맞춤형 복지 (10)
    - 저출산 극복, 여성활동 (4)
    - 자립 지원 복지체계 (11)
  - 창의 교육
    - 꿈과 끼 교육 (4)
    - 스펙 초월 (1)
    - 전문인재 및 평생학습 (3)
  - 국민 안전
    - 범죄로부터 안전 (10)
    - 재난재해 예방 · 관리 (6)
    - 쾌적 · 지속가능한 환경 (7)
  - 사회 통합
    - 통합과 화합 (4)
    - 지역 균형발전 · 지방분권 (5)
- **문화융성** (3대 전략 10개 과제)
  - 문화참여확대
    - 문화재정 2% 문화기본법 (1)
    - 생활문화공간 조성 (1)
    - 문화다양성 증진 (1)
    - 문화 참여기회, 문화 격차해소 (1)
  - 문화 · 예술진흥
    - 예술인 지원 (1)
    - 문화유산 보존 강화 (1)
    - 인문정신 문화 진흥 (1)
  - 문화와 산업의 융합
    - 콘텐츠 산업 육성 (1)
    - 고부가 관광 실현 (1)
    - 스포츠 활성화 (1)
- **평화통일 기반구축** (3대 전략 15개 과제)
  - 튼튼한 안보
    - 튼튼한 안보, 지속가능한 평화 (7)
  - 한반도 신뢰 프로세스
    - 행복한 통일로 가는 새로운 한반도 (3)
  - 신뢰 외교
    - 국민과 함께하는 신뢰외교 (5)
- **추진기반** (1대 전략 8개 과제)
  - 신뢰받는 정부
    - 정부 3.0 (1)
    - 깨끗 · 유능한 정부 (7)

각 부처, 기관의 목표 가치

각 부처, 기관은 고유 기능 수행을 통해 헌법 속의 목적 가치, 대통령의 국정 목표를 추구한다. 몇몇 부처의 목표 가치를 알아보자.

> **경제 부흥으로 열어가는 희망의 새시대!** 〈기획재정부〉
>
> 기획재정부는 거시 경제를 안정적으로 운용하고, 경제 정책을 조정합니다.
> 나라살림을 책임져 국가재원을 합리적으로 배분하고,
> 촘촘하고 정의로운 조세정책을 수립합니다.
> 공공기관 혁신, 재정 건전성 확보, 글로벌 리더십 확립, 대외경제 협력 등을 총괄합니다.
> 경제부흥과 국민행복을 위한 선도형 경제! 기획재정부가 앞장서겠습니다.

[그림 2-1] 교육부의 임무와 비전, 전략 목표

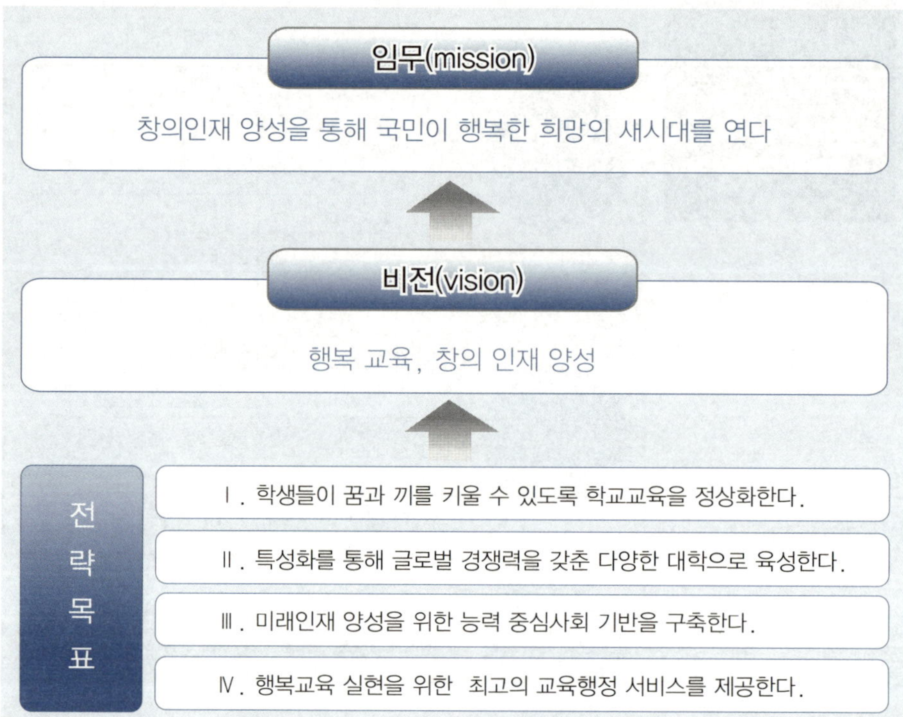

「공무원 윤리 강령」 속의 가치

〈공무원이 준수하여야 할 행동 기준〉

– 공정한 직무 수행

– 부당 이득의 수수 금지 등

– 건전한 공직 풍토의 조성

이 책에서는 여러 행정 가치 중에서 중요하게 강조되고 있는 가치들 몇 개에 대해서 좀 더 구체적으로 살펴보기로 한다. 이들은 행정 업무 수행 과정에서 공무원들에게 요구되는 판단과 행동의 기준이 되기도 하지만, 어느 경우에는 국가 전체적으로 최고의 이념적 가치로 존중되는 것도 있다.

1. 보편적 이익을 좇는 행정: 공익

공익(公益, public interest)은 "국가 및 국민 전체의 이익" 내지는 "일반 이익(general interest) 또는 보편적 이익"으로 정의될 수 있다. 이러한 공익의 구성요소에는 법 이전에 사람들이 서로 지키기로 약속한 규범인 보편화된 가치, 국가의 생존권 등 국가라는 공동체 자체의 권익, 불특정 다수의 이익, 사회적 약자의 이익 등이 포함된다(백완기, 2007). 따라서 공익은 특정 집단이나 개인의 특수 이익과 대칭되는 개념이다. 그러나 이는 어디까지나 공익의 개념에 대한 이해를 돕기 위한 것일 뿐, 실제에서는 공익이 사익과 반드시 충돌하는 것은 아니다. 사익을 정당하게 추구하는 과정에서 공익이 실현될 수 있으며, 공익은 사익을 촉진하고 강화하는 경우가 많다. 따라서 공익과 사익은 상호보완적인 것으로 이해하는 것이 바람직하다.

행정을 이해하기 위해서는 공익의 개념을 이해하는 것은 필수적이다. 공익이 행정을 수행하는 데서 다양한 기능을 수행하기 때문이다. 첫째, 공익은 행정의 존재가치 즉, 정당성을 부여해 준다. 행정이 특수 이익을 비호하면서 공익을 도외시한다면, 국민으로부터 그 정당성을 인정받기가 어렵다. 둘째, 공익은 행정 활동의 규범적 기준을 제시해 주고, 주관적이고 편협한 이해를 보다 객관적이고 보편적인 이해로 전환해 준다. 공직자들은 개인적 이익이나 특수 집단의 이익이 아닌, 국민 전체의 이익을 바라보면서 공무를 수행해야 한다. 셋째, 행정을 수행하는 과정에서 직면하는 주요 의사결정에 대한 판단 기준을 제공해 준다. 즉, 공직자들은 주요 의사결정을 할 때 공익을 지향해야 하는 것이다. 넷째, 행정 결과의 평가 기준 및 행정 책임의 판단 기준이 된다. 행정 활동은 그 성과를 평가하고, 잘못된 부분이 있으면 책임을 부과해야 하는데, 이 경우에 공익은 중요한 판단 기준이 된다. 다섯째, 조직화되지 못한 사회적 약자의 이익, 소수의 이익, 잠재적 이익을 보호해 준다. 행정 활동이 공익에 입각하여 행해져야 강자의 이익, 다수의 이익, 현재의 이익이 과잉 대표되는 것을 방지할 수 있다. 여섯째, 공익은 사회적 가치를 배분할 때의 기준이 된다. 즉, 공익은 행정 활동에서 기인하는 비용을 누구에게 부담시키며, 편익을 누구에게 귀속시킬지를 결정하는 기준이 된다.

공익을 어떻게 규정할 것인가?

공익이 무엇이며 어떻게 형성되느냐와 관련해서는 서로 다른 견해가 있다. 공익에 대한 실체설(實體說)과 과정설(過程說)이 그것이다. 실체설은 공익은 사익의 단순한 총합이 아니며, 사익을 초월한 도덕적, 규범적, 선험적인 실체로 보는 견해이다(이종수 · 윤영진 외, 2008). 이는 사익과는 별개로 존재하는 공익의 초월적 존재성을 인정하는 것이며, 따라서 공익과 사익은 충돌이 없다고 본다. 공익이 사익에 우선하기 때문이다. 그러나 실체설은 다음과 같은 점들에서 비판에 직면한다. 첫째, 누가, 무엇을 공익이라고 정의하며, 누구의 공익관이 우선하느냐는 것이다. 대체로 대통령을 비롯한 주요 정치인이나 고위 공직자들이 공익을 결정하는 데서 보다 중요한 역할을 수행한다고 하지만, 반드시 그렇지 않은 경우도 많다. 오늘날 여론이나 시민단체 등도 공익을 설정하는 데서 중요한 역할을 수행하고 있다. 둘째, 공익에 대한 이해나 해석이 사람에 따라서 상이하다는 점이다. 이는 기본적으로 공익의 개념이 모호하고 추상적인 성격이 강하기 때문이다. 같은 대상을 두고서(예로서, 국익이 무엇이냐) 각각의 이해관계, 이데올로기, 신념 등에 따라서 매우 다른, 어떤 때는 정반대의 해석과 주장을 할 수 있다. 따라서 이 경우에 어떻게 공익을 결정하느냐는 것은 매우 어려운 작업이다. 사실 공익에 대한 해석과 주장이 통일될 수 있다면, 사회에서 사람들 간의 갈등과 대립도 많지 않을 것이다. 셋째, 힘 있는 소수가 공익의 결정을 주도하게 되면, 일반 국민의 주장이 희생될 수 있다. 실체설에서는 공익이 선험적으로 실재(實在)하고 있음을 주장하지만, 이에 대한 해석이 다양하기 때문에 실제로는 조직화된 혹은 권력을 가진 소수의 해석이 지배할 수 있다. 이 경우에는 공익이라는 미명 하에 특수 이익이 추구되고, 일반 국민이나 사회적 약자의 이익은 희생될 수 있다.

과정설은 공익은 사익을 초월한 별개의 실체가 아니라, 다양한 사익 간의 갈등을 조정하고 타협하는 과정의 산물이라고 본다. 즉, 공익은 상호 갈등적인 다원적 이익들이 경쟁과 타협을 통하여 균형에 도달한 사익의 총합이다. 그리고 공익은 단일적인 것이 아니라, 다양할 수 있다. 즉, 공익의 다원성을 주장하는 것이다. 이러한 과정설은 현실주의적이고 개인주의적인 공익 개념에 입각해 있는 것으로서, 공익에 관한 보다 민주적인 견해라고 볼 수 있다. 선진국의 경우는 점증적인 의사 결정을 뒷받침하는 견해이기도 하다. 그러나 과정설 역시 비판이 있다. 우선 사익이 공익으로 전환되는 기재 즉, 사익이 어떠한 과정을 거쳐서 조정되고 타협에 이르게 되는지를 제대로 규명하지 못한다. 그리고 과정설 역시 협상력이 약한 사회적 약자나 조직화되지 못한 사람들의 이익을 어떻게 반영할 것인지에 대한 해답을 주지 못한다.

결국, 공익에 대한 실체설과 과정설의 대립은 공익이 사익과 별개로 존재하는가, 존재한다고 하더라도 단일적인 것인가 아니면 다원적인 것인가, 그리고 누가, 어떠한 과정을 거쳐서, 어떤 기준에 입각하여 공익을 결정하느냐에 관한 것이다. 현재 두 견해 중에서 과정설이 보다 민주적인 것으로 선호되고 있지만, 그렇다고 과정설이 절대적으로 옳다고 보기는 어렵다. 양자를 적절하게 조화하는 것이 필요하다. 현실적으로는 정치인이나 고위 공직자들이 어느 정도 재량을 가지고 공익을 결정하되, 국민에 대한 책임성과 도덕적 윤리성을 가지고 사익 간의 갈등을 적절하게 조화하고 조정하는 것이 필요하다.

공익과 사익의 충돌

공익에 대한 과정설을 따르는 경우에도 실제에서는 공익과 사익은 충돌하는 경우가 많다. 대표적인 경우가 님비(NIMBY: Not In My Back Yard) 현상이다. 님비 현상은 집단 이기주의가 발로된 것으로서, 특정 시설물을 설치하는 것이 국가적으로 필요는 하지만, '내 집 뒤뜰'에 설치하지는 말라는 것이다. 즉, 다른 지역에 설치하라는 것이다. 이는 이른바 혐오시설의 설치와 관련하여 지역주민들이 극렬하게 반대하는 경우인데, 쓰레기 소각장, 핵 폐기 시설, 화장장, 장애인 시설, 정신병원 등이 사회적으로는 필요하지만, 우리 지역에는 설치하지 말라는 것이다. 따라서 이러한 경우에 행정은 공익과 사익을 조화시키는 방안을 모색하며, 때로는 설득, 유인, 강제 등의 다양한 방안을 강구하여 지나친 사익의 추구를 억제하고, 공익을 실현하는 역할을 수행해야 한다. 반대로 핌피(PIMFY: Please In My Front Yard)는 특정 시설물을 자신의 지역에 적극적으로 유치하려는 것이다. 이 경우에는 대체로 지역주민들은 물론, 지방자치단체도 적극적으로 유치경쟁을 하게 된다. 경마장이나 국제공항을 유치하려는 것이 그 예이다. 이러한 시설들을 자기 지역에 유치하면, 지역의 산출이 증가하고 조세수입이 늘어나기 때문이다. 따라서 이러한 경우에 행정은 특정 집단이나 특정 지역의 이익에 치우치기보다는 공익을 증진시키는 관점에서 합리적이고 객관적으로 의사결정을 해야 한다.

결국, 공익과 사익은 때로 충돌하는 경우가 있지만, 이를 잘 조정하는 것이 행정의 중요한 역할이다. 그런데 오늘날은 공익을 위하여 사익을 무조건 희생하라고 강요하기가 어렵다. 따라서 행정은 사익의 내용을 잘 파악하고, 이 중에서 합리적이고 수용할 만한 것은 행정에 적극적으로 반영하며, 그렇지 않은 경우에는 설득, 협상, 조정 능력을 발휘하여 공익과 사익을 적절하게 조화하는 것이 필요하다.

2. 민주적이고 대응 능력이 있는 행정: 민주성

민주성(民主性, democracy)은 행정이 국민을 위해 존재해야 하고, 국민이 원하는 목표를, 국민이 원하는 방식으로 추구해야만 하는 것을 의미한다. 이는 "행정 과정에서 인간의 존엄성을 구현하라는 규범적 요청이며, 이를 위하여 행정을 수행하는 과정에서 국민의 의사를 반영하고 이들을 참여시키며, 국민으로부터 통제를 받으며, 행정의 결과에 대해서 책임을 지는 것이다. 그리고 행정 내부적으로도 구성원들의 자율성과 참여를 조장하며, 이들이 자아실현을 할 수 있도록 하는 것이다."

대외적 민주성과 대내적 민주성

행정의 민주성은 대외적 측면과 대내적 측면에서 동시에 구현되어야 한다. 우선 대외적 민주성은 국민과의 관계에서 행정이 추구해야 할 가치로서, 행정이 국민의 의사를 존중하고 이를 행정에 반영해야 함을 말한다. 대응성이 있는 행정을 실현하되, 특정 계층이 아닌 국민 전체를 위한 행정을 실현해야 한다. 국민으로부터 통제를 받아야 하며, 행정의 결과에 대해서 국민에게 책임을 지는 책임행정을 구현해야 한다. 이를 위해서는 다음과 같은 다양한 조치들을 내실화하고, 아울러 더 적극적인 행정이 필요하다.

- 국민 의사를 수렴하고 참여를 촉진한다. 이를 위하여 공청회, 주민 참여, 각종 지역협의회 등의 기능을 내실화한다. 아울러 욕구 조사, 지역사회 조사, 서비스 만족도 조사 등 보다 적극적으로 국민 의사를 수렴하는 방안을 강구한다.
- 행정에 대한 통제를 합리적으로 강화한다. 이를 위하여 자체 감사, 감사원 감사 등을 내실화하며, 입법 통제, 사법 통제, 시민 사회에 의한 통제 등의 외부 통제 장치를 강화함으로써 행정의 재량 남용을 억제한다.
- 행정 윤리를 강화한다. 이를 통하여 공직자들이 국민을 공평하게 대우하게 하며, 선공후사(先公後私)의 정신에 입각하여 국민 전체의 이익에 봉사하게 한다.
- 국민 전체를 위한 행정을 하되, 소수의 이익도 보호한다. 이를 위하여 대표 관료제, 옴부즈맨(ombudsman), 행정 구제, 민원 행정 등의 제도를 적절하게 구비한다.
- 책임 행정을 구현한다. 이를 위하여 주민감사 청구 제도, 주민 투표 제도, 주민 소환 제도, 정책실명제 등의 실효성을 제고한다.
- 공개 행정을 촉진한다. 이를 위하여 행정의 공공관계(PR, public relations)를 쌍방향으로 소통하게 하며, 정보공개를 강화한다.
- 고객 중심의 행정을 실천한다. 이를 위하여 행정의 전문성과 신속성을 향상시키며, 공직자들이 보다 친절하고 적극적으로 눈높이 행정을 실천하도록 한다.

대내적인 민주성은 행정 조직 내부에서, 구성원들의 자율성과 참여를 보장하며, 개방적 의사 전달을 조장하고, 구성원들의 자아실현 욕구를 충족시키는 것이다. 이를 위해서는 다음과 같은 다양한 조치들을 적극적으로 시행함으로써 행정의 구성원인 공직자들이 스스로 공익의 수호자라는 책무를 가지고, 민주적 가치를 구현하는 데 헌신하게 해야 한다.

- 행정 조직 내부의 분권화를 도모한다. 이를 위해서는 계층제적 조직 구조를 완화하는 탈 관료제적 조직 형태를 실현하며, 행정기관 간 및 행정 조직의 상하 간에 권한 위임을 강화한다.
- 참여적 의사결정을 촉진한다. 이를 위해서 '목표에 의한 관리'(MBO, Management By Objective)를 강화하며, 집단적 의사결정을 장려하며, 중 · 하급의 구성원들에게 권한 부여(empowerment)를 강화한다.

- 상향적 의사전달(bottom-up communication)을 촉진한다. 이를 위하여 제안 제도의 활성화 등을 통하여 중 · 하급 구성원들의 의견을 적극적으로 수렴한다.
- 민주적 리더십을 구축한다. 행정 조직의 상급자는 권위주의적 리더십 대신에, 참여 지향적이고 인간관계 지향적인 리더십을 배양한다.
- 행정 조직 구성원들의 능력 발전을 도모한다. 이를 통하여 구성원들의 자아실현 욕구를 충족시키고, 지속적인 동기 부여(motivation)를 행한다.

3. 분배의 가치를 실현하는 행정: 형평성

형평성(衡平性, equity)은 공정성(fairness), 공평성, 사회적 정의, 사회적 형평성 등 다양한 용어로 사용된다. 형평성은 '동등(同等, equal)한 것은 동등하게 대접하고, 동등하지 않은 것은 동등하지 않게 대우하는 것'이다. 전자는 수평적 형평성으로서 평등성(equality)에 해당하고, 후자는 수직적 형평성으로서 배분적 정의(distributive justice)와 관련이 있다(신현기 외, 2008). d'Holbach(돌바크)는 각자의 재능과 업적에 따라 대우하는 것을 형평성이라고 보면서, 기계적 평등은 사회적 정의에 어긋나며, 개인의 능력과 노력에 따라서 결과의 차이가 발생하는 것이 당연하다고 주장한다. 따라서 형평성의 개념 속에는 '정당한 차별'의 개념이 내포되어 있다.

행정에서의 형평성은 국민에게 서비스, 자원, 의무를 어떻게 배분하느냐와 관련이 있다. 아무리 능률적인 행정이라도 이것이 국민 전체가 아닌 특정 계층만을 위한 것이라면, 행정의 정당성을 확보하기가 어렵다. 행정이념으로서의 형평성은 통상적으로 수직적 형평성에 해당하는 경우가 많은데, 이는 행정 활동의 결과물인 공공서비스의 분배가 사회적으로 배분적 정의에 어느 정도 합치하느냐와 관련이 있다. 따라서 형평성 개념은 아무래도 산출물을 어떻게 나누느냐에 보다 큰 관심을 둔다. 하지만 형평성은 결과물의 형평성뿐만 아니라, 기회의 형평성도 포함하는 것이다. 기회의 형평성은 행정 과정에서의 공정한 참여, 사회적 약자에 대한 배려 등과 관련이 있다.

형평성은 행정이 추구해야 할 중요한 가치이다. 행정은 공공서비스를 생산하고 전달하는 과정에서 형평성을 실현해야 할 의무가 있다. 사회에서의 불공정은 대부분이 개인의 책임에만 기인하는 것이 아니라, 구조적인 문제에 기인하는 경우가 많다. 따라서 행정은 이를 해결해야 할 책무를 가지고 있으며, 정치 · 사회 · 경제적으로 불리한 입장에 있는 계층을 배려해야 한다. 이를 위해서 행정은 같은 조건이라면 사회적 약자의 편에 서서 결정을 하며, 균등한 기회를 보장하도록 해야 한다. 이러한 취지를 반영한 것들로서 의무 교육, 남녀 고용 평등, 장애인 고용 촉진, 선거 공영제 등을 들 수 있다.

형평성은 추상적, 상대적, 주관적, 정치적 성격이 강한 개념이다. 따라서 어느 정도가 되어야 형평성이 실현되었다고 판단할지에 대한 기준을 정하기가 어렵다. 사람마다 형평성의 실현 여부를 달리 볼 수 있다. 또한, 형평성은 경제적인 비용과 편익의 관점이 아닌 정치적 고려에 의해서 좌우될 소지가 크며, 이것이 지나치게 강조되면 과도한 정부 개입을 초래하고 개인의 자유를 침해할 수 있다. 인기 영합주의(populism) 정책을 남발할 수도 있으며, 개인의 정부 의존 심리를 심화시킬 수도 있다. 무엇보다도 행정은 질적 속성이 강하기 때문에 형평성의 관점에서 성과를 평가하기가 어렵다. 따라서 행정에서 형평성을 추구하는 데는 한계가 있음을 인지할 필요가 있다. 몇 가지 방안을 제시해보면 다음과 같다.

- 서비스, 자원, 권한, 책임과 의무를 공정하게 할당해야 한다. 여기서 공정하다는 것은 똑같이 나눈다는 것이 아니라, 공평하게 나눈다는 것이다.
- 사회적 약자를 보호해야 한다. 여기서 사회적 약자는 단순히 빈곤 계층만을 의미하는 것이 아니라, 상대적으로 힘이 열세에 있거나 불리한 상황에 있는 계층을 의미한다. 예로서 행정을 하는 데서 대기업보다는 중소기업, 정규직보다는 비정규직, 숙련 노동자보다는 비숙련 노동자, 주류보다는 소수자 집단, 대도시보다는 농촌 지역 등을 배려하는 것이 필요한 것이다.
- 행정에서 특정 이익이 과잉 대표되는 것을 방지한다. 주요 정책을 결정하고 주요 가치를 배분하는 지위에 있는 고위 공무원들이 지나치게 특정 집단 출신으로 편중되어 있으면, 행정의 공정성을 실현하기가 어렵다. 공무원들의 출신 배경을 다양화함으로써 이들의 국민 대표성을 높여야 하는데, 이런 장치가 대표 관료제(representative democracy)이다.
- 사인주의(私人主義. personalism) 행정을 지양해야 한다. 행정이 사적인 연고 관계에 의해서 편파적으로 작동하게 되면 행정의 형평성이 저해된다. 따라서 공정하고 중립적인 기관으로서의 위치를 정립해야 한다.
- 행정 과정의 공개성과 투명성을 제고한다. 행정이 폐쇄적이고 불투명하면 행정 과정에서 기회의 형평성이 저해됨은 물론, 결과물의 배분에서도 형평성이 저해된다.

행정과정에서 시민들의 참여를 조장하고, 행정 정보를 공개하며, 시민들의 요구를 적극적으로 수렴할 수 있는 장치를 구비해야 한다.

4. 사명감이 있는 행정: 책임성

책임성(責任性, responsibility)은 공무원이 직무를 수행할 때 윤리적 혹은 법규상의 일정한 기준에 따라 행동해야 할 의무를 말한다(김시영 외, 2005). 이러한 책임성은 직무수행의 결과에 대해서 책임을 지는 것뿐만 아니라, 행정 절차에 관한 과정상의 책임도 포함한다. 책임성에 관한 행동 기준은 행정 행위를 할 때 따라야 할 준거로서, 법규에 의해서 명문화된 경우도 있고, 사회 통념상 도덕적, 윤리적으로 당연하게 요구되는 규범도 있다. 구체적으로, 명문화된 경우는 행정인의 법적 책임성을 강조하는 것으로서, 성실, 법령 준수, 복종, 직무 전념, 비밀 엄수, 친절 봉사, 품위 유지 등의 의무를 법규에 의해서 부과하는 것이다. 이러한 내용들은 대부분 윤리적 행동 기준을 명문화한 것이다. 책임성에 관한 명문의 규정이 없는 경우에는 사회에서 보편적으로 통용되는 윤리적 가치와 행동 기준을 준수해야 한다. 이때의 행동 기준은 포괄적이고 추상적인 경우가 많으며, 시대와 상황에 따라 변화할 수 있다. 그리고 공무원이 전문가로서 기술적 능력을 갖추어야 하는 것도 윤리적 행동 기준에 포함된다.

행정에서 책임성이 중요한 것은 행정의 역할이 증대하는 행정 국가화 현상과 관련이 있다. 행정의 역할과 권한이 커지게 되면, 행정이 국민의 일상생활에 미치는 영향도 커지게 되며, 직무를 수행하는 과정에서 행정인의 재량도 커지게 된다. 그런데 행정의 권한과 재량이 커지는데 비례해서 행정의 책임성이 확보되지 못하면, 행정의 재량행위가 남용될 수 있으며, 그렇게 되면 국민의 권리가 침해받게 된다. 그리고 행정 권한이 자의적, 편의적, 차별적으로 행사되게 되어 행정이 추구하는 공익과 형평성이 저해될 수 있다. 특히, 행정의 책임성이 제대로 정립되지 못한 개발도상국의 경우는 민주주의를 구현하기 위해서도 행정의 책임성을 확보하는 것이 긴요하다.

책임성의 유형

책임성은 도덕적 책임성(responsibility)과 법적(제도적) 책임성(accountability)으로 구분된다. 도덕적 책임성은 공무원이 전문가로서의 직업윤리와 책임감에 기초하여 스스로의 자각에서 나오는 의무감으로 책임 있게 행동하는 자율적 책임성을 의미한다. 이는 공무원의 직무 수행이 도덕과 규범을 위반했을 때 적용되는 인격적이고 도덕적인 책임성으로서, Kernaghan과 Cooper의 주관적(subjective) 책임성과 유사하다. 이러한 도덕적 책임성에 근거하여 공무원들은 자발적으로 합리적인 대안을 선택하고, 국민의 요구와 기대에 부응하여 능동적으로 행동하게 된다. 법적 책임성은 법적 · 제도적 통제를 통해서 공무원들이 국민의 요구에 부응하도록 하기 위한 것으로서, 법규상에 명시한 규범을 위반했을 경우에 적용되는 책임성이다. 법적 책임성은 주로 책무와 관련되는 것으로, 공무원의 지위, 권한, 의무에 따르는 책임성을 말한다. Kernaghan과 Cooper의 분류에 따르면, 공무원들이 법규를 위반한 경우에 정치적, 행정적 상급자에 대해서 책임을 지는 객관적(objective) 책임성과 유사하다. [표 2-1]은 도덕적 책임성과 법적 책임성의 주요 내용을 비교한 것이다.

[표 2-1] 도덕적 책임성과 법적 책임성

도덕적 책임성	법적 책임성
문책자(問責者)의 내재화 또는 부재	문책자의 외재성
절차 준수와 책임 완수는 별개의 것	절차의 중시
공식적 통제의 부재	공식적 제도적 통제
책임성에 관한 객관적 기준의 부재	판단 기준과 절차의 객관화
제재의 부재	제재의 존재

출처: 이종수 · 윤영진 외(2008)에서 인용하여 정리함.

행정 담당자들의 책임성을 어떻게 확보할 것인가? 기본적으로는 공무원이 자발적으로 직업윤리 등을 확립함으로써 도덕적 책임성을 갖추는 것이 중요하다. 공무원 교육, 윤리 선언, 행동 강령 선포 등은 모두 행정 담당자들의 책임성을 확보하기 위한 노력이다. 하지만 자율적인 책임성 확보와 동시에 외부의 통제 장치가 필요하다. 행정에 대한 통제는 행정의 도덕적, 법적 책임성을 확보하기 위한 수단으로서, 행정 책임성과는 동전의 앞뒷면과 같다. 행정 통제는 국민, 시민단체, 국회, 감사원, 기관 감사 부서, 일반 언론기관 등에 의해서 공식적, 비공식적인 여러 방법으로 이루어질 수 있다.

5. 법규를 지키는 행정: 합법성

합법성(合法性. legality)은 행정이 법규에 따라 이루어져야 함을 말한다. 모든 행정 행위는 법규에 근거를 두고 행해져야 한다는 것으로서, 행정의 법규 적합성을 의미한다. 행정의 행위를 국회가 정한 법률의 테두리 내에서 행하게 함으로써 행정의 자의적인 권력 행사를 방지하기 위한 것이다.

법규에 근거한 행정 즉, 합법성에 따르는 행정은 여러 가지 장점이 있는데, 이를 구체적으로 살펴보면 다음과 같다. 첫째, 행정의 독단을 방지하고 국민의 자유와 권리를 보장하는 데 기여한다. 행정 행위를 국민의 대표기관인 의회가 제정한 헌법과 법률에 입각하여 행하게 함으로써 행정권의 자의적 행사와 부당한 권리 침해나 의무 부과를 방지할 수 있으며, 국민의 재산을 낭비하는 것을 견제하고 감시할 수 있다.

둘째, 공무원의 재량권 남용을 억제할 수 있다. 재량(discretion)은 '여러 가지 방안 중에서 어느 하나를 선택할 자유를 가지는 것'이며(Davis, 1969), 재량권은 이러한 재량을 행사할 수 있는 권한을 의미한다. 대부분의 공무원 특히 일선 공무원들은 행정 행위를 하는 데서 재량권을 행사하고 있다. 이는 불가피한 면도 있으며, 긍정적인 면도 있다. 그러나 자칫 재량권은 남용(overuse)이나 오용(misuse)될 소지가 있으며, 이를 적절하게 통제하지 않으면, 국민의 권리가 침해되고, 행정의 형평성이 저하된다. 따라서 재량권은 적절하게 통제되어야 하는데, 이를 위한 가장 확실한 방안은 공무원이 행정을 할 때 법규에 따르게 하는 것이다. 합법성은 이를 위해서 필요한 것이다.

셋째, 합법성은 사회 질서를 유지하고, 행정의 안정성을 확보하는 데 기여한다. 하나의 유기체로서의 사회가 유지되기 위해서는 변화와 개혁도 필요하지만, 질서와 안정의 유지도 이에 못지않게 중요하다. 흔히 질서와 안정을 강조하면 보수적 · 수구적이라고 비난하기도 하지만, 서구 사회의 발전 과정을 보면 변화와 개혁이라는 것도 질서와 안정을 토대로 할 때 보다 효과적이었음을 알 수 있다. 서구 선진국들은 안정된 정치사회 체제를 바탕으로 지속적으로 변화를 도모해 왔는데, 이는 흔히 동태적 균형(dynamic equilibrium)의 관점에서 설명된다. 그런데 이러한 질서와 안정을 담보하는 가장 확실한 방법은 행정의 권력이 법규에 입각하여 행사되게 하는 것이다. 법규에 입각하여 사회적 일탈을 통제하고 불법행위를 단속해야 사회 질서가 유지될 수 있다. 법규에 입각하여 공무원의 부패행위를 통제하고 자의적 행동을 감시해야 행정의 안정성이 확보된다. 물론 법규도 불변의 것이 아니라, 환경의 변화에 따라서 수정 · 보완되는 것이지만, 그래도 법규는 안정성이 높은 것이다.

넷째, 합법성은 행정 행위에서 기인하는 권리 침해에 대한 사후 구제를 가능하게 한다. 행정을 하는 데서는 과오를 범할 수 있으며, 의도적으로 잘못을 저지를 수도 있다. 이 경우에는 국민의 권리가 침해될 수 있다. 물론 부당하게 권리가 침해되면, 이를 구제하고 원상 복구하는 것이 필요하다. 그런데 이 과정에서는 행정이 국민의 권리를 어떻게 어느 정도 침해하였는지를 판단할 수 있는 기준이 필요하며, 이를 위해서 준거해야 할 법규가 필요한 것이다. 그리고 침해된 권리를 복구하고 구제하는 데서도 일정한 기준이 있어야 한다. 행정 구제에 관한 절차법이 필요한 것이다. 오늘날 행정 구제는 일차적으로는 행정 자체적으로 행하는 경우가 많지만, 이 역시 관련 법규에 따라서 행해지며, 최종적으로는 사법부의 판단에 의존하고 있다. 이 점에서 합법성은 행정에 대한 사법부의 사후 통제를 가능하게 하는 것으로서, 삼권분립 체제 하에서 행정권의 남용을 견제하는 중요한 수단이다.

다섯째, 합법성은 행정 행위의 통일성을 유지하는 데 기여한다. 행정은 획일적이어서는 곤란하지만, 그렇다고 제멋대로 이루어져서도 안 된다. 예로서, 서울의 4차선 도로에서는 시속 80km이던 차량 속도 규정이 서울 외곽을 조금만 벗어나면 시속 60km 밖에 허용되지 않는다면, 운전자는 매우 불편하게 될 것이다. 따라서 행정은 어느 정도 통일성이 있는 행정을 하는 것이 필요하다. 물론, 어떤 분야든 전국적으로 통일된 행정을 하기는 어려우며, 지역 특성 또는 행정의 대상에 따라서 어느 정도 차이가 있는 것도 필요하다. 그러나 이 경우에도 해당 지역 내에서 또는 해당 대상자 범주 내에서는 통일된 행정이 필요하다. 그렇게 해야 국민이나 주민들의 일생 생활이 편리해지고, 행정의 형평성도 높아질 수 있다.

여섯째, 합법성은 행정의 일관성(consistency)을 유지하는 데 기여한다. 행정의 일관성 유지는 행정의 안정과 국민의 편의를 위해서 필요하다. 물론 이것이 행정이 변화하지 않아야 한다는 것은 아니다. 환경의 변화에 부합하여 행정도 변화하고 적응해야 한다. 그러나 그렇다고 행정이 조령모개(朝令暮改)식이 되면 행정의 불안정성이 높아지고, 국민의 불편이 가중된다. 국민이 안정적으로 생업에 종사하기도 어렵다. 가령, 어제는 4차선 도로에서 시속 80km를 주행하였는데, 오늘 아침에는 이를 과속이라고 단속하면 국민의 일상생활이 얼마나 불편하겠는가. 어제의 행정과 오늘의 행정이 일관성이 없으면 이처럼 불편한 것이다. 행정과 국민 간에 시비도 많이 발생할 것이다. 이를 방지하기 위하여 법규에 입각하여 행정을 하게 하는 것이 필요하며, 부득이 법규를 고치더라도 일정한 예고 기간을 두어 국민이 충분하게 인지하도록 해야 하는 것이다.

마지막으로, 합법성은 행정의 예측 가능성을 제고하는 데 크게 기여한다. 행정 활동은 국민을 대상으로 서비스를 제공하거나 규제를 행하는 것이다. 따라서 국민은 행정 활동을 예측할 수 있어야 한다. 만약 그렇지 못하면, 국민의 일상생활이 매우 불편해질 것이다. 특히 규제행정의 경우는 더욱 그러하다. 법규에 의해서 규제의 범위나 방식을 정해놓지 않으면, 국민은 생업 활동에 큰 지장을 초래할 것이며, 규제 공무원과의 마찰도 많이 증가할 것이다. 가령, 차량의 속도에 관한 규정이 교통 법규에 의해서 정해져 있지 않다면, 운전자들은 과속 운전을 단속하는 교통경찰의 행위를 예측할 수 없게 될 것이다. 이렇게 되면 운전자들은 매우 불안하게 될 것이며, 교통경찰과의 다툼도 빈번할 것이다.

법규 만능주의의 폐단

합법성에 입각한 행정은 여러 가지 장점이 많다. 하지만 너무 법규에 집착하여 행정을 하는 경우에는 부작용도 적지 않게 나타날 수 있다(박연호 외, 2010). 즉, 법규 만능주의에서 발생하는 폐단이 큰 것이다. 첫째, 행정이 경직화(rigid)되기 쉽다. 법규는 대다수의 사람을 평균적으로 규율할 수 있는 선에서 정해지는 것이기 때문에, 이러한 평균에서 벗어나는 특히, 사회적 약자에 대한 배려가 부족할 수 있다. 따라서 사회적 약자를 보호하기 위해서는 행정을 하는 데서 때로는 배려와 융통성이 필요할 수 있다. 그러나 법규에 지나치게 집착하게 되면, 이러한 배려와 융통성을 발휘하기가 어렵다.

둘째, 합법성에 치중하다 보면 변화에 둔감할 수 있다. 어떤 때는 변화의 요구에 저항할 수도 있다. 법규는 대체로 보수적이고 사후적인 성격이 강한 것이다. 법규는 안정성을 중시해야 하기 때문에 잘 변하지 않으려는 속성이 있으며, 변화하더라도 절차가 까다롭다. 반면에 환경의 변화에 선제적으로 대응하고 예방하기 위해서는 보다 적극적인 행정이 필요한 경우가 많다. 따라서 법규에 너무 집착하게 되면, 급변하는 행정 환경에 적기에 대처하지 못할 수 있다.

셋째, 법규의 적용이 차별적이고 선별적으로 되는 경우가 적지 않다. 이렇게 되면 국민의 불만을 유발하고, 행정의 형평성을 저해하게 된다. 법규는 본래 보편적으로 적용될 것이 기대되지만, 현실적으로는 법규를 집행하고 해석하는 공무원들의 재량권이 크기 때문에, 법규의 적용이 완전하게 객관적이고 불편부당하게 되기가 어렵다. 따라서 법규를 사회 문제를 해결하는 만능의 열쇠라고 기대하기는 어려우며, 이를 보완할 수 있는 장치들이 필요하다.

넷째, 법규 만능주의는 공무원들의 무사안일(無事安逸)을 조장할 수 있다. 행정에서 무사안일주의는 공무원들이 일을 하지 않는다는 것이 아니라, 법규에 정해진 최소한의 수준을 충족하는 선에서 일을 한다는 의미이다. 즉, 소극적으로 업무를 수행하는 복지부동(伏地不動) 현상이다. 이는 법규를 지나치게 강조할 때 나타나기 쉬운 현상이다. 법규에 입각한 행정은 이를 위반하면 제재가 가해지는 것을 전제로 하는 것인데, 공무원들은 이러한 제재를 받지 않기 위하여 법규를 위반하지 않는 것에 행동의 기준을 두게 된다. 이는 궁극적으로 최소한의 기준을 충족하는 소극적 행정에 머무르게 되는 것이다.

이외에도 합법성에 대한 지나친 강조는 법규 만능주의로 인한 형식주의와 규제 만능주의를 초래할 우려가 있다. 즉, 행정을 하는 데서 내용에 충실하기보다는 법규를 지키는 데 급급한 형식주의 행정을 초래할 수 있다. 또한, 법규란 것이 대부분 서비스를 제공하는 것과 관련되기보다는, 규제를 부과하는 것들로 구성되어 있기 때문에 법규에 과잉 집착하면 결국 규제행정을 증가시키는 결과를 초래하게 된다. 그리고 법규의 내용 중에는 비현실적이고, 애매모호하며, 추상적인 것들이 많다. 따라서 법규가 현실과 괴리되는 경우가 발생한다. 이렇게 되면 행정의 적실성을 상실할 우려가 있으며, 공무원들의 재량권이 남용될 수 있다.

실질적 합법성으로의 전환

합법성은 중요한 행정 가치 중의 하나이기는 하지만, 새로운 시각에서 접근할 필요가 있다. 더구나 오늘날 행정권이 강화되고 행정의 재량이 증가하는 행정국가화 현상이 심화되면서 적극적 행정에 대한 요구가 커지고 있다. 새로운 방향에서 합법성이 추구하는 본질적 가치를 존중하면서, 아울러 행정의 적기성, 유연성, 적실성을 동시에 실현할 수 있는 방안을 모색해야 한다. 이를 위해서는 합법성을 단순하게 법규를 지키는 것으로 국한할 것이 아니라, 법규를 제정하게 된 동기와 취지를 적극적으로 고려하는 것이 필요하다. 즉, 형식적 합법성에서 실질적 합법성으로 전환해야 한다. 실질적 합법성은 법규의 입법 취지를 고려하면서, 내용 면에서의 합법성은 물론, 절차 면에서의 합법성도 함께 고려하는 것이다. 아울러 오늘날 행정이 보다 적극적이고 선제적이고 예방적인 행정을 지향하고 있으며, 행정의 재량권이 지속적으로 확대되고 있기 때문에, 법규의 적용도 보다 탄력적으로 행할 필요가 있다. 이를 위해서는 합법성과 합목적성의 조화가 필요하다.

6. 불편부당(不偏不黨)한 행정: 중립성

중립성(中立性, neutrality)은 행정이 당파적 이익을 대변하거나 정당 간의 정치 투쟁에 개입하지 않고 엄정중립을 유지함으로써 국민 전체를 위하여 공평무사하게 봉사하는 것이다. 즉, 행정의 중립성은 책임 행정의 핵심적 요건인 동시에 실적주의의 본질적 내용의 하나로서, 행정은 정치권력의 도구가 아니라, 국민 전체에 대한 봉사자여야 한다는 의미다. 행정 가치로서의 중립성은 주로 행정의 정치적 중립성을 의미하는데, 여기에는 정파나 정당으로부터의 중립성은 물론, 특정 이익집단으로부터의 중립성도 포함한다. 행정은 정치의 소용돌이에 휘말려서도 안 되고, 정치권력의 도구로 사용되어서도 안 되는 것이다.

중립성은 크게 공무원에 대한 신분 보장이나 공직 인사에 대한 정치의 개입 방지와 같이 공무원을 외부의 간섭으로부터 보호하는 것과 공무원이 능동적으로 정치 활동을 하지 못하게 하는 것을 포함한다. 중립성의 내용을 구체적으로 보면 다음과 같다.

행정은 선거 운동에 개입하거나 정쟁에 가담하는 등의 정치 활동을 해서는 안 된다. 공무원은 선거에서 특정 정당이나 특정 후보자를 공공연히 혹은 암암리에 지지해서는 안 된다. 특정의 정치 이념을 공공연히 지지하는 발언도 삼가야 한다.

행정은 정치로부터 부당한 압력을 받지 않아야 한다. 이는 행정의 정치로부터의 자율성과 상통하는 것이다. 이를 위해서는 정치가 행정에 부당하게 간섭하거나 개입하지 않아야 하며, 행정도 정치로부터의 압력을 뿌리칠 수 있는 의지가 필요하다.

행정은 어떤 정당이 집권하더라도 공평하게 봉사해야 한다. 행정이 특정 이해관계에 의해 과도하게 영향을 받거나, 공무원이 자신의 정치적 이익에 따라서 행정 업무를 처리해서는 안 된다. 공무원은 특정 정당이나 정치인을 편파적으로 지지하거나, 자신이 선호하는 정당에 유리한 정책을 남발해서는 안 된다. 그렇게 되면 행정의 공정성과 객관성이 유지될 수 없다.

공무원의 신분과 인사가 정치에 의해서 동요되거나 좌우되어서는 안 된다. 즉, 공직 관리의 비정치화이다. 공직의 인사 관리는 기회균등, 공개경쟁, 신분 보장의 틀 내에서 유지되어야 한다.

중립성이 필요한 이유는 다양하다. 우선, 행정이 국민으로부터의 수임자로서, 국민 전체의 이익에 불편부당하고 공정하게 봉사하기 위해서 중립성이 필요하다. 행정이 특정 정당이나 정치권력의 요구나 압력에 굴복하여 편파적인 행정 행위를 하게 되면, 국민 전체를 위한 이익 즉, 공익을 실현하기가 어렵다. 행정의 형평성과 공정성도 실현되기가 어렵다.

민주주의를 유지하기 위해서도 필요하다. 민주의의의 요체는 정치권력의 공정한 선발과 교체에 있으며, 이를 위해서는 선거의 공정성이 유지되어야 한다. 만약 행정이 특정 정파에 유리한 정책을 남발하고, 특정 정파를 돕기 위해서 선거 과정에 개입한다면, 선거의 공정성이 유지되기 어렵다. 관권선거가 대표적인 예이다. 그렇게 되면 민주주의가 유지되기 어려우며, 행정이 독재와 전체주의에 기여하는 결과를 초래하게 된다.

행정의 자율성을 보장하고, 이를 통해서 행정의 안정성을 확보하기 위하여 필요하다. 행정이 안정적으로 유지되기 위해서는 정치로부터 부당한 간섭을 받지 않아야 한다. 즉, 행정의 자율성이 보장되어야 한다. 그래야만 정치권력이 바뀔 때마다 행정이 혼란을 겪게 되는 것을 방지할 수 있다.

행정의 전문성과 효율성을 제고하기 위하여 필요하다. 행정이 정치의 영향을 과도하게 받고, 공무원이 정치에 밀착하게 되면 행정의 전문성을 유지하기가 어렵다. 공직 인사에 정치가 개입하거나 엽관제(獵官制. the spoils system)처럼 당파적 이해에 따라서 공무원이 교체되면 공무원이 업무 수행보다는 정치적 후원자를 구하는 데 몰두하게 된다. 신분 보장이 되지 않기 때문에 안정적으로 전문성을 함양하기가 어렵다.

행정의 중립성을 지나치게 강조하다 보면 다른 한편으로 공무원의 정치적 기본권을 침해할 우려가 있다. 공무원도 정치적 견해를 가지고 있으며, 이를 대내외적으로 표현할 권리가 있는데, 이를 지나치게 제약하는 것은 바람직하지 않을 수 있다. 더구나 오늘날은 공무원들이 정책 결정에 참여하고 자신의 의견을 적극적으로 개진하는 참여적 관료제를 지향하는데, 지나치게 정치로부터의 중립성을 강조하게 되면 공무원들을 정치나 사회로부터 격리시킬 우려가 있다.

어떻게 행정의 중립성을 확보할 것인가? 행정 내부적으로는 공무원의 공직윤리 강화, 공무원의 단체활동 인정, 직업 공무원제도의 확립, 신분 보장의 강화, 실적주의의 보완, 공무원의 대표성 강화 등이 필요하다. 외부적으로는 정치적 편파성에 대한 국민의 감시 강화, 공정 선거의 보장, 내부 고발자의 보호, 정치권력의 부당한 압력 근절 등이 필요하다. 현재 행정의 정치적 중립성 확보를 위해 국가공무원법, 공무원복무규정 등에 세밀하게 규정되어 있다. 공무원은 정당 기타 정치단체를 구성하거나 가입할 수 없으며, 선거에 있어서 특정 정당이나 특정인을 지지 혹은 반대하도록 투표를 권유해서는 안 된다. 서명 운동, 기부금 모금, 정당 가입 권유 등의 행위도 금지하고 있다. 공무원의 신분을 가지고 선거에 입후보하는 것도 금지하고 있다.

공무원은 투표 행위 이외의 정치 활동이 금지되어 있다. 그러나 문제는 이러한 규정들에도 불구하고, 공무원의 선거 개입은 여전히 근절되지 않고 있으며, 특정 정당에 유리하도록 여론을 조작하거나 정책을 시행하는 등의 행위도 계속되고 있다. 특히 지방자치제의 시행과 더불어 지방공무원들의 선거 개입, 특정 후보에 줄서기, 자치단체장의 인사 보복 등 후진적 행태가 줄어들지 않고 있다.

7. 이치에 맞는 행정: 합리성

합리성(合理性, rationality)은 이치에 맞는 성질, 또는 이성에 합치되는 것을 말한다. 그래서 행정 합리성은 행정이 이치에 맞게 이루어져야 함을 말한다. 행정 합리성은 행정 행위가 이성적, 논리적, 계산적, 능률적으로 수행되는 것을 가리킨다. 행정에서는 모든 추론 과정이 이성적이어야 하고, 과학적으로 논리 정연해야 한다. 엄밀한 계산, 능률적 판단이 함께해야 한다.

행정 합리성은 매우 다양하게 적용될 수 있다. 정해진 목표를 잘 달성하는 것도 합리적인 것이고, 예산을 능률적으로 잘 사용하는 것도 합리적이다. 법규를 잘 따르는 것도 합리적일 수 있고, 불가항력적인 자연재해에 맞서 법규를 어겨야만 하는 경우도 합리적일 수 있다. 주어진 예산을 모든 사람에게 똑같이 나눠주는 것이 합리적일 수도 있고, 불쌍한 사람에게 좀 더 많이 주는 것도 합리적일 수 있다.

합리성의 유형

합리성은 여러 형태로 유형화할 수 있다. 우선 Mannheim은 합리성을 실질적

(substantial) 합리성과 기능적(functional) 합리성으로 구분하고 있다. 실질적 합리성은 목표 자체의 적합성을 의미하는 것으로, 목표가 어느 정도 지성적 통찰력의 사고 작용에 입각하여 설정되었는지에 관한 것이다. 충동이나 본능에 입각한 목표 설정은 비합리적인 것이다. 반면에 기능적 합리성은 정해진 목표를 최선으로 달성하는 수단을 합리적인 것으로 보는 것이다. 행위가 목표 달성을 위해서 체계적으로 조직화되어 있어야 합리적이다.

Simon은 합리성을 실질적(substantive) 합리성과 절차적(procedural) 합리성으로 구분하고 있다. 전자는 경제학적 개념으로, 효용 극대화를 가져올 수 있는 가장 능률적인 행위를 하는 것이다. 이 경우 합리성은 행위가 목표 달성에 기여하느냐의 여부에 달려 있다. 즉, 목표 달성에 기여하는 행위가 합리적인 것이며, 이때의 목표 달성은 주로 효용을 극대화하는 것이다. 절차적 합리성은 심리학적 개념으로서, 어떤 행위가 의식적인 사유 과정(deliberation)의 산물이거나 인지력(cognitive power)과 결부되어 있으면 절차적 합리성이 있는 것이다. 절차적 합리성은 결과보다는 과정에 관심을 가지는데, 이때 과정은 단순한 과정이 아니라 인지적이고 지적인 과정을 의미한다.

Lineberry는 합리성을 개인적 합리성, 집단적 합리성, 사회적 합리성으로 구분하고, 이들이 항시 일치하는 것이 아님을 죄수의 딜레마(dilemma of prisoners)나 공유지의 비극(tragedy of commons) 개념으로 설명하고 있다. 죄수의 딜레마는 개인의 합리적 선택(개인적 합리성)이 사회 전체적으로는 비합리적일 수 있다는 것이다(집단적 비합리성). 이는 두 사람의 죄수가 각기 합리적이고 이기적인 전략을 추구하는 것이 두 사람 모두에게 나쁜 결과를 초래함을 보여주는데, 반대로 대립되는 이해 간의 협력 가능성을 시사하기도 한다. 개인적 합리성과 집단적 합리성 간의 갈등은 공유지의 비극에서도 나타난다. 공유지에서 많은 수의 가축을 사육하면 개인의 이익은 증가하지만, 목초지는 황폐해져 버린다. 이는 개인의 단기적 이익이 집단 전체의 장기적 손실로 연결되는 것이다(김시영 외, 2005).

Diesing은 합리성을 기술적(technical), 경제적(economic), 사회적(social), 법적(legal), 정치적(political) 합리성으로 구분한다(백완기, 2008). 기술적 합리성은 목표 달성에 적합한 수단을 찾는 것이며, 경제적 합리성은 비용에 비해서 효과가 큰 목표나 대안을 선택하는 것이다. 사회적 합리성은 사회체계 구성요소 간에 상호의존과 결속을 통해서 질서를 유지하는 조화로운 통합을 의미한다. 법적 합리성은 공식적 질서를 탄생시킴으로써 사람들의 행동을 예측 가능하게 하는 것이다. 정치적 합리성은 올바른 정책을 결정할 수 있는 구조적 장치를 마련하는 것이다.

합리성이 중요하지만, 현실에서는 합리성을 제약하는 요인이 많다. 그래서 만족할 만한 선에서 '제한된 합리성(bounded rationality)'을 추구하는 경우가 많다. 합리성을 제약하는 요인으로는 첫째, 인간이 가지고 있는 감정적 요소를 들 수 있다. 사람은 이성에 따라서만 행동하는 것이 아니라, 감정에 의해서도 크게 영향을 받는다. 또한, 경험, 판단력, 직관 등의 초(超)합리적 요소도 영향을 미친다. 둘째, 사람들 간에는 가치의 선호를 둘러싸고 갈등을 하는 경우가 많다. 이 경우에는 완전한 합리성을 추구하기가 어려우며, 타협과 양보가 필요하게 된다. 셋째, 지식 및 정보의 불완전성도 합리성을 저해한다. 이러한 상황에서 사람들은 각 대안이 가져올 결과를 정확하게 예측하기가 어렵다. 넷째, 기존에 확립된 가치체계도 합리적 대안의 선택을 저해하는 경우가 많다. 합리적이라고 생각되는 새로운 시도를 저지하는 것이다. 다섯째, 시간과 노력 등의 비용을 과도하게 요구하게 되는 경우에도 합리성은 저해된다. 상황이 긴박한 경우에는 다소 합리성이 떨어지더라도 신속하게 대응하는 것이 나을 수도 있다. 여섯째, 습관과 기억도 합리성을 제약한다. 대체로 습관은 보수적인 경향이 있으며, 기억도 사고나 행위를 보수적으로 만드는 경향이 있다. 마지막으로, 관성(inertia)도 합리성을 저해한다. 관성은 행위지속성 현상으로서, 한번 정해지면 계속 같은 방향으로 가는 성향을 보이는데, 이렇게 되면 보다 나은 가능성은 차단되는 경향이 있다(백완기, 2008).

8. 목표를 달성하는 행정: 효과성

효과성(效果性, effectiveness)은 목표 달성도를 말한다. 행정이 의도한 목표를 어느 정도 달성하였는가를 말한다. 행정은 국가와 국민을 위해 목표를 수립하고 이를 꼭 달성해야만 하는데, 이때 필요한 개념이 효과성이다. 공무원들의 노력이나 투입한 예산보다도 목표를 얼마나 달성하였는가가 중요하다.

행정 조직은 목표지향적(goal-oriented)이다. 행정은 달성할 구체적인 목표를 설정함으로써 국민에게 비전을 제시해야만 국민의 지지를 유도할 수 있고, 필요한 물적·인적 자원을 유인할 수 있다. 행정이 정해진 목표를 제대로 달성하였을 때 국민으로부터 신뢰를 얻을 수 있다.

한국은 1960년대 이후 본격적으로 경제발전이 추진되면서, 효과성을 어느 행정 가치보다 중시하였다. 행정이 주도하여 발전 목표를 수립하고, 이를 달성하기 위하여 다양한 수단을 동원하였으며, 강력하고 사명감 넘치는 정부 관료제를 구축하였다. 경제개발 5개년 계획 속에, 5년 단위로 명확한 발전 목표를 설정하였다. 그리고 경제기획원이나 재무부 등의 경제부처는 물론, 대통령까지 직접 나서서 목표 달성을 독려하였다. 그 결과 경제 발전이라는 목표를 훌륭히 달성하였다.

효과성은 행정 조직도 목표 달성을 추구하는 조직인 이상에는 중요한 행정 가치임에는 틀림이 없다. 그러나 기본적으로 효과성은 목표를 구체적으로 설정할 수 있고, 이러한 목표의 달성 여부를 측정할 수 있음을 전제로 하는 것이다. 그러나 목표를 구체적으로 설정하기 어려우면 효과성 판단도 쉽지 않다. 또 효과성을 지나치게 강조하게 되면 민주성, 형평성, 합법성 등 다른 중요한 행정 가치들을 훼손하게 될 우려가 있다. 따라서 행정활동을 하는 데서는 가급적 목표를 구체적으로 설정하고 이를 달성하기 위해서 노력하되, 다른 행정 가치들도 아울러 고려를 함으로써 조화를 이루어야 한다. 목표도 지나치게 계량적이고 단기적인 목표에만 집착할 것이 아니라, 질적이고 장기적인 목표도 충분하게 고려할 수 있는 방안을 강구해야 한다.

9. 낭비하지 않는 행정: 절약과 절제, 능률성

행정은 국민의 세금을 토대로 일을 하기 때문에 항시 아껴 절약하고, 낭비하지 않아야 한다. 정부가 일을 많이 하면 할수록 돈이 필요하고, 이는 국민의 주머니를 털어야만 만들어지는 것이다. 행정에서는 정부가 해야 하는 '꼭 필요한 일'만을, '필요한 최소한의 수준'까지만 해야 한다. 그리고 돈을 아껴 쓰고, 낭비하지 말아야 한다.

능률성(能率性, efficiency)은 투입에 대한 산출의 비율을 의미하는 것으로서, 가급적 최소한의 경비, 인력, 시간을 투입하여 최대의 성과를 얻는 것을 지향한다. 여기서 투입은 행정 활동을 위해서 사용하는 인적 · 물적 자원을 의미하며, 산출은 이러한 행정 활동의 결과물을 의미한다(최창호 · 하미승, 2014). 능률성은 두 가지 의미를 갖는데, 하나는 주어진 비용으로 최대한의 산출을 만들어 내는 것이며, 다른 하나는 일정한 산출을 만들어 내는 데 최소한의 비용을 투입하는 것이다. 어느 경우에든 투입 대비 산출의 비율이 1 이상이 되어야 능률적인 행정이라고 볼 수 있다. 이러한 능률성을 측정하기 위해서는 투입된 자원을 화폐 단위로 표시해야 한다. 능률성을 측정하는 기준으로는 파레토 최적(Pareto Optimality)을 들 수 있는데, 이는 다른 사람의 후생을 감소시키지 않고는 누구의 후생도 증대시키기가 불가능할 정도로 자원이 효율적으로 배분되어 있는 상태를 의미한다. 정책 분석에서는 능률성 판단 기준으로써 비용편익분석 등에서 사용하는 비용-편익 비율, 내부 수익률 등을 사용하고 있다(이종수 · 윤영진 외, 2008). 효과성이 목표 달성이라는 결과 중심의 개념인데 비해서, 능률성은 투입에서 산출에 이르기까지의 과정에서 낭비를 제거하고 성과를 극대화하는 과정 중심의 개념이다.

능률성 가치의 대두는 행정학의 출발과 맥을 같이한다. 즉, Wilson이 "행정의 연구"라는 논문을 통해서 행정을 정치의 영역으로부터 분리하여 관리(administration)의 영역으로 자리매김하는 소위 정치 행정 이원론을 주창할 때부터 능률성은 중요한 행정 가치로 등장하였다. 물론, 당시 정치적 파당에 기인하여 공무원을 충원하는 엽관주의의 폐단 특히, 전문성 부족으로 인한 행정 능률의 저하 현상도 능률성에 대한 관심을 촉발하는 요인이 되었다. 이후 20세기 들어 행정국가화 현상이 본격화되면서 행정의 개입 범위가 확대되고 이에 따라서 정부 지출이 급증하면서 능률성에 대한 요구가 커지게 되었다. 정부 지출의 증대는 당연히 세금의 증가로 연결되는데, 이 경우 납세자인 국민은 보다 적은 세금으로 보다 나은 행정서비스를 요구하게 되며, 이것이 능률성에 대한 요구로 나타나게 되는 것이다. 그리고 20세기 초반 풍미하던 Taylor 이래의 과학적 관리론(Scientific Management)도 능률성을 최고의 가치로 간주하였다. 20세기 중반 이후에는 능률성을 지나치게 강조하는 능률 지상주의와 인간의 가치를 도외시하는 기계적 능률성에 대한 비판이 제기되기 시작하였지만, 행정이 국민으로부터 징수하는 세금에 의존하여 작동해야 하는 이상에는 능률성은 중요한 행정 가치로 남을 수밖에 없다.

그런데 행정학이 등장한 이후 20세기 초반까지 강조되던 능률성은 대체로 기계적 능률성을 의미한다. 이는 행정과 경영의 유사성을 강조하면서, 행정관리를 기업관리와 유사하게 수익성 극대화라는 관점에서 바라보는 것이다. 따라서 시기적으로 경영학에서 고안된 과학적 관리론이 행정관리에도 도입되던 20세기 초반에 특히 중요시되었었다. 기계적 능률성은 능률이라는 개념을 수량적으로 표시할 수 있는 기계적, 물리적, 금전적 측면에서 파악하는 것이다. 따라서 기계적 능률성은 측정 가능성을 전제로 하는 것이며, 이를 통해서 가급적 적은 분량의 투입으로 가급적 많은 분량의 산출물을 만들어 내는 것을 좋은 행정이라고 본 것이다.

기계적 능률성에 집착하면 이른바 능률지상주의의 함정에 빠지게 되며, 이는 적지 않은 폐단을 낳게 된다. 무엇보다도 행정 활동을 물질적, 금전적 측면에서만 파악하게 되면, 행정에서 인간적 가치를 실현하기가 어렵게 된다. 능률성에 대한 과도한 집착은 절차적 민주성과 다원적 가치를 훼손할 수 있다. 행정 과정에서는 다양한 행위자들의 참여, 협의, 토론 등이 필요한데, 이는 자칫 능률성을 저해하는 것으로 생각하기 쉬우며, 이에 따라서 행정이 독단에 빠질 우려가 있다. 그리고 실현 가능성 측면에서도, 행정은 계량적으로 측정할 수 없는 부분들이 많기 때문에 능률성을 기계적으로 측정하기가 쉽지 않다. 따라서 능률성을 과도하게 강조하게 되면 행정의 질적인 부분을 간과할 우려가 있다.

사회적 능률성

1930년대 이후 인간 관계론(Human Relations)이 도입되면서 기계적 능률성에 대한 반성이 대두하고, 그 일환으로 Dimock 등에 의해서 사회적 능률성(social efficiency) 개념이 주창되기 시작하였다. 사회적 능률성은 기계적 능률성을 비판하고, 행정의 사회적 목적의 실현과 다원적 이해 간의 조정과 통합을 중시한다. 그리고 행정 조직 내에서는 성원 간의 인간적 가치의 실현을 중시한다(김시영 외, 2005). 이는 행정을 행정 과정상의 낭비 제거와 수익성 극대화의 관점에서만 바라보는 것이 아니라, 목적 실현 특히 인간적 가치의 실현도 중시하는 것이다. 따라서 가치와 능률을 조화시키고자 하며, 인간성의 측면을 고려하는 보다 장기적인 관점을 지향한다. 이 점에서 사회적 능률성은 합목적적 능률성으로서, 민주주의의 가치와 조화를 지향하는 것이다.

그러나 기계적 능률성과 사회적 능률성은 반드시 대립되거나 공존이 불가능한 것은 아니다. 기계적 능률성이 달성되지 않고서는 사회적 가치도 실현되기가 어려우며, 반대로 사회적 가치의 실현이 없이는 기계적 능률은 존재의 의미가 없는 것이다. 사회적 능률성의 강조가 자칫 시간이나 비용의 낭비에 대한 변명의 구실에 이용되는 것은 경계해야 한다. 행정이 국민이 납부하는 세금에 의존하는 이상, 최소의 투입으로 최대의 산출을 만들어 내는 것은 행정이 당연히 추구해야 하는 것이다. 다만, '과함은 아니함만 못하다'는 말이 있듯이, 지나친 능률지상주의에 입각하여 인간성 존중이라는 행정의 본질적인 목적 가치를 등한시하고, 행정 과정의 민주성을 저해하는 것은 삼가야 할 것이다.

Ⅲ. 행정 가치의 변화, 갈등과 조화

행정 가치는 매우 다양하다. 이들 중에는 목적 가치에 해당하는 것들도 있고, 수단적 가치에 해당하는 것들도 있다. 행정 가치는 시대와 장소에 따라 중요도가 달라질 수 있다(표 2-2 참조). 이런 행정 가치들 사이에는 조화롭게 공동으로 추구될 수 있는 것이 있는 반면에, 서로 대립적인 것들도 있다. 행정 가치들 사이의 갈등은 어떻게 해결하고, 어떻게 조화롭게 추구해 갈 것인가?

[표 2-2] 국가 발전 단계에 따른 행정 가치 변화

성장 단계	국가 건설기 (1945-1970)	경제 발전기 (1970-1990)	정치 민주기 (1990-2010)	문화 복지기 (2010-현재)
국가 목표	국가 건설 / 경제 발전	경제 발전	정치 민주화	국민 복지 / 문화 창달
사회	• 혼란, 무질서 극복 • 가치의 미분화 • 1차 산업 종사자 다수	• 경제발전 /국력 급성장 • 사회 분화 시작 • 빈부 격차 발생 • 도시화, 산업화	• 인구 증가 둔화 • 삶의 질 개선 욕구 증대 • 민간의 자율적 성장 • 노인층 증가	• 인구 감소 • 가족과 사회 분열 • 환경 제일주의 • 자율 만능 • 선풍(仙風)
행정 가치	• 기강 확립 • 독립 • 민족 • 단결 • 생존 • 의 · 식 · 주 해결	• 경제 성장 • 교육 • 개발 • 능률성 • 근대화, 산업화	• 민주 • 평등 • 민영화 • 참여 • 복지 • 형평 • 사회적 능률	• 문화 창달 • 개인 자율 • 복지 만능 • 환경 보존

1. 행정 가치들 간의 상호 관계와 갈등

행정 가치들 중에 중요하지 않은 것은 없다. 모든 행정 가치들이 나름대로의 중요성을 가지고 있다. 그러나 한정된 자원으로 모든 행정 가치들을 동시에, 동일한 비중으로 추구하기는 어렵다. 무엇보다도 행정 가치 간에는 서로 갈등하고 충돌하는 관계에 있는 경우도 있다. 즉, 행정 가치들은 서로 같은 방향으로 가는 경우도 있지만, 서로 대립하는 경우가 많다. 서로 정(正)의 관계에 있는 행정 가치들로는 우선 합법성과 민주성을 들 수 있다. 양자는 모두 행정으로부터 국민의 자유와 권익을 보호하는 데 기여한다. 물론 둘 중에서는 합법성은 다소 소극적인 데 비해서, 민주성이 보다 적극적인 것이다.

다음에 능률성과 효과성도 서로 정의 관계에 있을 수 있다. 능률성은 수단적인 것을, 효과성은 목표 지향성을 강조하지만, 양자 모두 계량적인 목표와 경제적 수단을 강조하면서 서로 비례적 관계를 형성할 수 있다. 능률성과 중립성도 모두 기술성과 도구성을 강조하는 면에서 상통할 수 있다. 특히, 중립성은 행정의 능률성을 보장하기 위해서도 필요하다.

반면에 행정 가치들 간에는 갈등, 대립하는 관계에 있는 것들도 적지 않다. 대표적인 것이 민주성과 능률성 간의 관계이다. 개념 면에서 민주성은 가치 함축적인 개념인 반면에, 능률성은 수단 함축적인 것이다. 능률성을 강조하다 보면, 민주성을 저해하는 경우가 많이 발생하게 된다. 민주성과 효과성도 서로 상충될 수 있는 행정 가치들이다. 민주성은 행정 과정에서의 정당한 절차와 과정을 중시하는 반면에, 효과성은 목표 달성에 치중한다. 따라서 행정 과정에서의 국민의 참여와 절차적 정당성은 경시하는 경향이 있다. 합법성과 효과성 간에도 충돌하는 경우가 많다. 합법성은 법규에 정해진 절차와 공식성을 강조하며, 지향하는 바가 보수적이다. 반면에 효과성은 목표를 중시하고 보다 진취적이다. 목표 달성을 중시하지만, 이를 초과 달성하는 것을 중시하며, 따라서 적극적인 행정을 선호한다. 마지막으로 민주성과 중립성 간에도 충돌할 우려가 있다. 민주성은 가치 지향성이 강하고, 공무원 충원에서의 대표성을 중시한다. 민주적 절차에 따른다면 정치적 임용에 대해서도 비교적 관대하다. 반면에 중립성은 기술적, 도구적 속성이 강하며, 객관성을 중시한다. 공무원 충원에서는 능력과 자격에 입각한 실적주의를 선호하며, 정치로부터의 불편 부당성을 강조한다.

이처럼 행정 가치들 간에는 조화로운 관계에 있는 것들도 있지만, 서로 갈등, 대립하는 관계에 있을 개연성이 높은 것들도 있다. 특히 행정 가치를 다루는 데서는 후자의 경우를 잘 관리하는 것이 중요하다. 정의 관계에 있다면 이를 모두 추구해도 문제 될 것이 없지만, 갈등, 대립하는 관계에 있다면 어느 하나를 중시하면 다른 하나와 충돌하기 때문이다. 그러나 충돌하는 행정 가치들을 방치하면 행정을 하는 데서 혼란을 유발하기가 쉽고, 공무원들도 어느 가치를 우선시할지에 대해서 혼선을 야기하게 된다. 그 결과 행정의 질서가 문란해지고, 행정의 신뢰성이 저하될 수 있다. 따라서 서로 갈등, 대립하는 행정 가치들 간에 적절한 조화 및 상호 보완 방안을 강구하는 것이 중요한데, 이를 위해서는 행정 가치들 간에 부득이 우선순위를 설정할 필요가 있다.

2. 행정 가치의 조화 방안

행정 가치의 중요도와 우선순위는 해당 국가의 통치 이념, 정치 체제의 성격, 최고 관리층의 리더십, 해당 국가가 처해 있는 특수성 등 상황적, 역사적 요인에 의해서 영향을 받는다. 역사적으로 보았을 때 행정의 횡포를 방지하고 개인의 자유와 권리를 보호하는 것이 중요할 때는 합법성이 강조되었으며, 정치가 행정의 영역을 침범함으로써 엽관제가 만연하고 과도한 조세 부담이 문제가 되었을 때는 능률성이 중시되었다. 국가 간에도 선진국은 국민의 의사를 행정에 반영하고 국민의 요구에 반응하는 것을 중시하여 민주성을 강조하는 반면에, 개발도상국들은 여전히 경제 발전과 빈곤 해결을 강조하면서 효과성을 중시하고 있다.

그러나 행정 가치는 역사적, 상황적 맥락에 따라서 시기적으로 강조점의 차이는 있지만, 어떤 행정 가치는 무시해도 된다는 것은 아니다. 앞에서 언급한 행정 가치들은 모두 중요한 것들이며, 어느 하나 소홀히 취급되어서는 안 된다. 다만, 행정 가치들 간에는 서로 충돌하는 것들이 있으며, 행정이 처해있는 여건상 모든 가치들을 동시에 동일한 비중으로 추구하기는 어렵다. 따라서 행정 가치들 간의 조화를 이룰 수 있는 방안을 모색해야 하며, 이를 위해서 행정 가치들 간에 우선순위를 설정하는 것이 필요한 것이다. 물론 이 경우도 비중과 정도의 문제이지, 어느 행정 가치는 경시해도 된다는 의미는 아니다. 그리고 우선순위도 시대적 요청과 상황에 따라 변화할 수 있는 가변적인 것이다.

현재의 시점에서 우리의 경우는 행정 가치들 간에 충돌이 발생할 때 공익, 민주성, 형평성, 책임성 등의 목적적 가치를 우선하고, 이를 실천하고 보완하기 위한 수단으로서 합법성, 합리성, 중립성, 효과성, 중립성 등의 절차적, 수단적 가치를 추구하는 것이 바람직할 것이다. 특히 목적 가치들 중에서도 공익과 민주성은 행정의 존립 근거가 되는 행정 가치들로서, 어떠한 이유에서든 이를 훼손하는 것은 경계해야 할 것이다. 특히 효과성과 능률성을 이유로 민주성을 저해하는 것은 오늘날과 같은 민주주의 시대에는 더 이상 지지를 받기가 어려울 것이다. 수단적 가치를 지나치게 앞세워서 목적 가치를 등한시하는 것은 일종의 목표 전치(轉置) 현상으로서 바람직하지 못한 것이다.

같은 맥락에서 합법성은 법규의 형식 논리적 적용보다는 더욱 적극적으로 법규의 제정 동기를 살리는 방향으로 탄력적으로 이해해야 할 것이며, 효과성도 즉흥적 목표 설정과 실적 위주의 전시 행정에 급급하여 목표를 왜곡하거나 자원을 낭비하는 것을 경계해야 한다. 능률성은 능률 지상주의를 경계하고, 인간적 가치도 동시에 실현하는 사회적 능률성에도 관심을 경주해야 한다. 합리성도 너무 형식 논리에만 치우치는 것은 바람직하지 않으며, 중립성은 이를 너무 경직적으로 해석하여 목적 가치인 공익 및 형평성 실현을 저해하거나 책임성을 망각하는 방향이 되어서는 안 될 것이다. 가외성은 능률성과 적절히 조화하면서 반드시 필요한 주요 기능에 한정함으로써 지나친 낭비를 초래하는 일이 없어야 할 것이다. 결국, 행정 가치 특히 절차적 · 수단적 행정 가치는 과유불급(過猶不及) 즉, '지나치면 오히려 부족한 것만 못하다'. 다른 가치들도 존중하면서 총체적으로 조화를 이루는 가운데 행정의 본질적 목표를 달성해야 할 것이다.

제3장 행정 조직

Ⅰ. 행정 조직

1. 행정 조직이란 무엇인가?

조직은 사람들을 질서 있게 짜 놓은 통일체이고,[1] 행정 조직(行政組織. public organization)은 행정인을 질서 있게 짜 놓은 통일체를 말한다. '짜다'라는 말을 전문 용어로 표현하면 구조화다. 그래서 행정 조직이란 행정인을 질서 있게 구조화해 놓은 통일체다. 이를 토대로 행정 조직의 특성을 들어보면 다음과 같다.

첫째, 행정인(行政人. administrator)의 모임이다. 행정인은 행정 담당 공무원이고, 행정조직은 공무원들의 모임이다.

둘째, 질서(秩序. order) 있게 만들어졌다. 제멋대로 만들어진 것이 아니라 일정한 원칙(原則. principle) 또는 규칙(規則. rule)에 따라 만들어졌다.

셋째, 구조화(構造化. structured. structuralization)되어 있다. 구조(構造. structure)는 짜인 얼개나 틀을 말하는데, 구조화되어 있다는 말은 상하 간의 위계질서(位階秩序. rank

1) 조직(組織. organization)이란 낱낱의 것을 질서 있게 짜 놓은 통일체, 또는 이를 만드는 일을 말한다. 원래 조직은 베를 짜는 것을 말하는데, 날줄(經)과 씨줄(緯)을 질서 있게 얽어매는 일, 또는 그 결과로서의 베(섬유)를 의미한다.

order)와 수평적 업무 분할(業務分割. task division)이 촘촘하게 잘 짜여 있다는 말이다.

넷째, 통일체(統一體. unified body, system)다. 통일체이기 때문에 행정인이 따로따로, 제멋대로 활동하는 것이 아니라 공통의 행동 규칙을 가지고 있다. 행동 규칙 속에는 업무 수행, 목표 추구, 환경 대응에 관한 것들이 모두 포함된다.

'조직의 쓴맛' 넘어서기

우리가 일상생활에서 즐겨 쓰는 '조직의 쓴맛'이란 용어는 농담 반 진담 반의 표현이다. 간단히 말해서 특정 조직의 이익과 개인의 이익이 서로 충돌할 때, 조직의 이익을 앞에 두어야지 그렇지 않으면 후환을 입게 된다는 것이다. 보통 때는 웃어넘길 수 있는 용어이지만, 이것이 실제 상황이 되면 그것을 당하는 사람은 아주 곤경에 빠지게 된다. 예를 들어 폭력조직에서 벗어나 새로운 삶을 살고자 하는 조직원이나, 공공조직의 구조화된 비리를 언론에 공개한 '내부 고발자(內部告發者. whistle blower)'를 보자. 그들은 다음의 사례처럼 모두 자기가 몸담고 있던 조직으로부터 보복을 당하는 것이 보통이다.

최근에 모피아(MOFIA, 구 재무부와 마피아의 합성어), 관피아(관료와 마피아의 합성어), 철피아(철도 관련 공공기관과 마피아의 합성어), 군피아(군 관련 납품비리와 마피아의 합성어) 등의 용어가 매스컴에서 자주 나타나고 있다. 이 용어가 보여주듯이 공공기관이 국익이나 사회 공익보다도 해당 기관의 조직 이익을 우선하는 경향은, 정권 차원의 혁신 노력에도 불구하고 지속적으로 나타나고 있다.

2014년에는 '유ㅇㅇ 호위무사'가 매스컴을 달궜듯이, 2013년에는 '검사 호위무사'가 세간의 입에 오르내렸다. 당시 채ㅇㅇ 검찰총장이 혼외자 시비로 물러나자, 김 모 당시 대검 감찰1과장이 이에 항의해 사표를 던지면서 한 말에 나타난 것이다. 의리가 점차 없어져 가는 세상에서, 김 모 과장이 상대적으로 의리 있는 사람으로 비춰지는 것은 좋았다. 하지만 검사가 국민(또는 국민의 대표자)이 아닌, 자기 조직 보스의 호위무사를 자처한 것은 넌센스가 아닐 수 없다. 물론 어느 정부 조직도 외부 환경으로부터 자유로울 수 없고, 외부 환경과 상호작용하면서 적응해간다. 또 권위의 원천이 국민이라고 해서 모든 정부 조직이 일사불란하게 한 방향으로 공익을 추진해 나갈 수도 없다. 그러나 아무리 상명하복의 명령 체계가 확실한 검사 사회라고 해도, 보스에 대한 충성을 다하느라 국민이나 사회 공익에 대한 고려를 제대로 못 하는 것은 문제가 아닐 수 없다.

〈공익 제보자 보호 못하는 한국… 2013년 내부 고발 42명 중 25명이 쫓겨나〉

2011년 청소년보호관찰소에서 근무하던 법무부 직원 B 씨는 한 언론사에 전화를 걸었다. 보호관찰소 내에서 청소년들에게 자행되는 폭행과 성추행 사실을 알리기 위해서다. B 씨의 제보로 보호관찰소의 적나라한 인권 침해 사례가 만천하에 공개됐다. 법무부는 이를 계기로 소년 인권 부서를 확대하고 폭행에 가담한 일부 직원을 징계했다.

B 씨의 용기 있는 행동은 음지에 있던 청소년들의 인권 개선을 이끌어냈다. 그러나 B 씨 자신의 인권은 오히려 뒷전으로 밀렸다. 파문이 가라앉은 뒤 B 씨는 4년간 맡았던 보호 관찰 대상자 관리 업무에서 배제돼 한직으로 밀려났다. 직장 동료들은 B 씨 앞에서 공공연하게 내부 고발자에 대한 험담을 늘어놓았다. 급기야 B 씨는 공문서위조 혐의를 받고 직장에서 쫓겨났다. 이듬해 재판을 통해 혐의를 벗었지만 B 씨가 돌아갈 자리는 없었다. 극심한 스트레스에 시달리던 그는 결국 정신 지체 장애 6급 판정을 받았다.

비밀스러운 정보를 속속들이 알고 있는 내부 고발자의 공익 신고는 부정부패를 줄이는 데 매우 효과적인 방안이다. 국민권익위원회에 따르면 2013년 내부 고발에 따라 수사를 벌인 결과 55건 가운데 40건의 부정부패가 사실로 드러났다.

그러나 한국 사회에서 내부 고발은 여전히 '용기 있는 결단'이 아닌 '소수의 무모한 도전'으로 평가받고 있다. 공익 제보자를 지원하는 시민단체 호루라기재단이 지난해 내부 고발자 42명을 대상으로 실시한 심층 조사 결과 25명이 제보 이후 파면 또는 해임 조치를 받았다. 절반 이상이 신분상 불이익을 받은 것이다.

〈동아일보 2014-09-01 기사 중 일부〉

조직인, 조직 관리

조직인(組織人. organization man)은 조직을 구성하는 사람이다. 조직을 정확히 이해하기 위해서는 조직인을 잘 살펴 알아야 한다. 행정 조직에서는 행정 공무원이 조직인이다. 행정 조직은 이 공무원의 생각, 행위, 역량이 어떠하냐에 따라 달라진다.

조직 관리(組織管理. organization management)는 조직을 건강하게 잘 유지하고, 작동시키는 것이다. 조직의 구성 원칙에 따라 질서가 잘 유지되고, 활동 규칙에 따라 생존과 목표 추구 활동이 잘 수행되도록 하는 것이 조직 관리다. 조직 외부 환경의 변화에 잘 적응하는 것도 중요하다.

조직 관리와 관련해 조직몰입(組織沒入. organization involvement)이란 개념을 생각해 볼 수 있다. 이것은 조직에 대한 조직인의 태도로서, 소속 조직을 개인이 얼마나 동일시하고 얼마나 헌신하고자 하는가 하는 정도를 말한다. 앞에서 살펴본 '조직의 쓴 맛'은 조직몰입을 높이기 위한, 해당 조직 차원에서 활용하는 대표적인 네거티브 전략(negative strategy)이다. 네거티브 전략은 공공부문과 민간부문을 막론하고, 대부분의 조직에서 암묵적으로 활용되고 있다. 한편 직무개입(職務介入. job involvement)이란 것도 있다. 이것은 조직인이 자발적으로 직무의 기본적 요구 수준을 넘어서, 적극적으로 직무를 수행하는 정도를 의미한다.

조직몰입과 직무개입이 높은 직원은, 출근율이 높고 이직률이 낮으며 직무를 열심히 수행할 가능성이 크다. 따라서 조직 관리를 위해서는 조직인의 조직몰입과 직무개입을 높게 유지할 필요가 있다. 이에 대해 해크만(J. R. Hackman)과 올드햄(G. Oldham)은 직무의 특성이 직무 담당자의 성장 욕구 수준에 부합되어야 한다고 주장한다. 그럴 때 직무가 그 직무 담당자에게 더 큰 의미와 책임감을 주고, 이로 인해 일하고자 하는 동기가 제대로 유발된다는 것이다(이종수 외, 2012: 329). 그 예로 직무 담당자의 성장 욕구 수준이 높은 경우에는, 직무를 재구성해 직무 정체성과 중요성을 높여주어야 한다. 그리고 직무 담당자에게 더 많은 자율성을 부여하고, 직무 수행의 결과를 즉각 알 수 있도록 해야 한다. 그럴 때 직무 담당자는 자신의 직무에 대해 큰 의미와 책임감을 경험하게 된다. 또 직무 수행 결과를 바로바로 알게 됨으로써, 직무 자체에 대한 내재적 동기가 유발된다. 이로부터 작업의 질과 만족도가 상승해, 이직과 결근이 줄어들게 된다. 이에 비해 직무 담당자의 성장 욕구 수준이 낮은 경우에는, 그 직무 담당자에게 정형화되고 단순한 직무를 제공해야 한다. 그럴 때 그 직무 담당자의 직무 자체에 대한 내재적 동기가 유발되고, 작업의 질과 만족도가 상승한다. 그리고 그 결과, 이직과 결근이 줄어들게 된다.

2. 관료제는 좋은가?

관료제(官僚制. bureaucrat organization, bureaucracy)는 관료 조직체로서, 관료인 공무원의 조직이다. 행정 조직과 같은 뜻이다. 원래 bureaucracy는 관료(bureaucrat)에 의한 통치(cracy)를 말하는데, 이는 왕정이나 민주정에 비해 관료가 국가 정치, 행정의 중심 역할을 수행한다는 뜻이다. 국왕이나 국민의 대표인 국회의원은 수시로 변하는 데 비해 관료, 공무원은 같은 위치에서, 평생 직업적으로 행정 업무를 수행하고 있기 때문이다. 관료제는 소수의 상관과 다수의 부하로 구성되는 피라미드 형태(pyramid type)를 취하고, 과두제의 철칙(寡頭制鐵則. iron law of oligarchy)이 적용된다.

우리가 보통 관료제라고 말할 때는 '관료'라는 단어 때문에, 정부 내의 관료 조직만 머리에 떠올리게 된다. 그러나 공공부문이든 민간부문이든 조직의 덩치가 커지게 되면, 조직 관리의 효율성 차원에서 사다리꼴 조직 형태와 규정에 입각한 상명하복의 운영 체제를 대부분 갖추게 된다. 따라서 '관료제'는 추구하는 조직 목적(공익이냐 사익이냐)보다도, 관리 대상인 조직 규모(큰 조직인가 작은 조직인가)에 의해 결정된다는 것을 알 수 있다.

관료제의 기본형을 제시한 것은 막스 베버(M. Weber. 1864~1920)라는 학자이다. 그는 당시 유럽의 신흥 강국으로 떠오른 프로이센의 근대 관료제가 치밀하게 작동하는 것을 보고, 그 특성을 뽑아내어 관료제의 기본형을 제시하였다.

A라는 사람이 B라는 사람의 요구에 순순히 따를 때, B는 A에 대하여 '권위(authority)'를 갖고 있다고 말할 수 있다. 여기서 A가 B의 요구에 순응하는 것은, 합리적 규칙에 따라 B가 A에게 명령했기 때문일 수 있다. 또 오래전부터 인정되어온 전통에 따라, 규율이 강한 선후배 관계에서 B가 A의 선배였기 때문일 수도 있다. 아니면 B가 보통 사람과는 다른 초능력, 다시 말해 카리스마를 갖고 있기 때문일 수도 있다. 물론 카리스마라고 해서 항우의 힘이나 제갈공명의 지략 같은 것만을 말하는 것은 아니며, 김ㅇ희나 장ㅇ건 같은 미모도 해당된다.

그런데 베버가 말한 관료제에서는 세 가지 경우 중에서, 합리적 규칙에 근거한 권위가 중시된다. 그리고 '권위의 계층제(hierarchy of authority)'를 따라 상관이 명령하면 부하가 복종하는 체계가 형성된다. 관료제의 특징은 다음과 같다.

첫째, 업무의 효율성 추구를 위하여, 분업(分業)과 전문화(專門化)를 꾀한다. 행정 업무를 특성에 따라 분류하고, 각각에 맞는 전문 공무원을 배치하여 수행한다.

둘째, 엄격한 계층제(階層制, hierarchy)의 원리에 따라, 권한과 책임이 부여된다. 부하는 상관의 감독과 통제를 받는다.

셋째, 모든 업무는 엄격한 규칙과 절차에 따라 이루어진다. 형식주의적 비정의성(形式主義的 非情誼性)이 존중된다.

넷째, 공무원은 능력에 따라 충원되고, 평생 직업으로 근무한다.

이런 특징 중에서 상대적으로 생소한 개념을 들자면 '형식주의적 비정의성(formalistic impersonality)'을 들 수 있다. 관료제는 개개의 사람을 인격으로 보지 않고 모두 똑같은 행정 처리의 대상으로만 다룬다. 그것이 '비정의성'이다. 관료제는 이것을 구체적으로 실행하는 방안으로서, 형식주의적 '문서 행정'을 활용한다. 규격화된 문서로 처리함으로써, 감정에 치우친 잘못된 행정을 막을 수 있다. 이를 통해 업무의 공정성과 합리성, 효율성이 나오게 된다.

이처럼 관료제가 매우 합리적인 조직 형태이기 때문에, 그것이 근대사회에 널리 퍼져나갔다고 베버는 보았다. 그러나 동시에 관료 조직은 근대적 삶의 무의미성을 유발하는 커다란 원인이 되고 있다고 분석하였다. 이것이 '합리화의 역설(合理化 逆說. paradox of rationalization)'이다. 관료제는 매우 합리적이고 체계적이지만, 그 조직 속의 각 개인은 거대 조직 내에서 급격히 무의미해지고, 단순히 비인격적인 기계의 톱니바퀴로 전락하게 된다는 것이다. 결국, 개인의 삶은 규제와 관리적 억압이라는 철창 속에서 이루어지게 된다고, 베버는 주장했다.

현대 관료제의 긍정적 측면을 들어보면 다음과 같은 것들을 들 수 있다.[2)]

1) **능률성(能率性. efficiency)**: 관료제는 전문적인 인력을 활용할 수 있어, 조직이 설정한 어떠한 목표라도 능률적으로 달성할 수 있는 기술적 우수성을 지니고 있다. 복잡하고 거대한 집단적 과업을 세분하여, 전문 인력에 분담시킴으로써 효율적으로 처리한다. 또 권한의 책임과 엄격한 위계질서가 확립되어 있어, 과업을 안정된 속에서 질서 있게 처리한다.

2) **공평성(公平性. justice, fairness)**: 관료제는 객관성과 합리성을 강조하고 있기 때문에, 사람이 감정에 의하여 행동하게 되는 사인주의(私人主義)나 정실주의(patronage system)를 배제하고 준칙주의에 입각한 보편주의를 추구한다. 이것은 '규칙 앞에 평등'을 의미하고, 결국 사회 내의 공평성을 제고해준다.

3) **공직 기회균등(公職 機會均等. equality of opportunity for public office)**: 관료제에 있어서는 전문적 지식과 능력에 의거한 임용을 원칙으로 하고 있기 때문에, 공무 담임이나 사회 참여에 있어서 신분적 차별을 하지 않고 기회균등이 보장되고 있다.

---

2) 「이해하기 쉽게 쓴 행정학 용어사전」, 2010.11.23., 새정보미디어.

4) **조직 안정성**(組織安定性. organizational stability): 관료제 하에서는 모든 것이 표준화, 제도화되어 있기 때문에, 조직 구성원의 상당수가 바뀌어도 조직의 목표 달성과 조직 체계는 안정적으로 지속될 수 있다.

관료제의 병리

관료제는 현대 거대국가의 행정을 처리하는 데 가장 적합한 조직이다. 그러나 조심해야 할 것은 수시로 나타날 수 있는 관료제의 병리(官僚制 病理. bureau-pathology) 현상이다. 이는 관료제에서 나타날 수 있는 역기능적이고 바람직하지 않은 행태와 현상을 말한다. 관료제의 병리 현상으로는 다음과 같은 것들이 있다.[3]

첫째, **번문욕례**(煩文縟禮, red-tape)**에 따른 비능률성**: 관료제에 있어서는 모든 사무를 문서로 처리하는 이른바 '문서 행정'에 의해, 업무 관련 제출 서류가 너무 많고 그 결재 절차 또한 번거롭다. 이로부터 신속한 업무 처리가 불가능하고, 비능률을 야기하게 된다. 하지만 현대 전자정부에서는 문서를 과감히 줄이고, 전자 결재, 문서의 디지털화, 결재 계층의 단순화를 통해 번문욕례를 거의 극복해내고 있다.

둘째, **과잉 동조**(過剩同調. over-conformity)**에 따른 목표 대치**(目標代置. displacement of goals): 관료제의 특성인 조직의 계층화, 사무의 문서화, 규칙과 절차의 중시 등은 목표 달성을 위한 수단이다. 그런데 관료제 하에서 그것들을 지나치게 강조하다 보면 동조 과잉이 일어나게 된다. 그러다 보면 본래의 목표보다 수단들을 더 중시하게 되어, 목표와 수단의 위치가 뒤바뀌는 이른바 '목표의 대치 현상'이 나타날 수 있다.

셋째, **할거주의**(割據主義. sectionalism): 관료제 하의 조직 구성원은 자기의 소속 부서만을 중시하고, 다른 부서에 대해서는 무관심할 뿐만 아니라 경쟁의식이나 적대의식을 갖게 되는 경향이 있다. 이러한 할거주의는 다른 부서에 비해 자기 부서의 영역을 끊임없이 확장하려고 노력하는, 이른바 '제국 건설(帝國建設. empire building)' 지향으로 이어지기도 한다.

넷째, **무사안일주의**(無事安逸主義. easy-going attitude): 관료제 하의 조직 구성원은 규칙과 선례에 집착하다 보니, 변화에 둔감하고 혁신에 대하여 저항적인 행태를 보이는

3) 행정학사전, 2009.1.15., 대영문화사.

것이 일반적이다. 그러다 보니 새로운 일을 하려는 적극성이나 창의성을 발휘하지 못하고, 상관의 지시에 무조건 영합하여 자리만을 지키려는 소극적인 행태를 보이게 된다. '공무원은 영혼이 없는 존재'라는 어느 고위공직자의 푸념은, 이를 단적으로 보여주는 표현이다.

다섯째, 훈련된 무능력(訓練 無能力, trained incapacity): 관료제가 요구하는 '분업에 따른 고도의 전문화'로 인해, 조직 구성원들은 특정 분야의 전문성에만 치우쳐 시야가 좁아지고 포괄적인 통찰력을 갖기 어렵게 된다. 이로부터 특정 전문 분야 이외에는 전혀 능력이 없는, 이른바 '훈련된 무능력' 현상이 나타날 수 있다.

관료제는 엄청난 장점을 가지고 있다. 이런 장점이 있기에 우리나라를 포함한 여러 개발도상국에서는, 빠른 경제 성장을 위해 행정 관료를 주도적 기구로 사용하게 되었다. 한국은 과거에 경제기획원, 상공부, 재무부 등이 수출 지향적 공업화 정책을 주도하였다. 그 결과 성공적인 고도 경제 성장을 통해, 중진국으로 진입할 수 있었다. 그러나 이 과정에서 행정부로의 권력 집중에 따라 관권이 비대화되면서, 앞에서 언급한 관료제의 병리 현상이 더욱 확대되어 나타나기도 하였다.

급격한 변화의 소용돌이 속에 놓인 현대사회에서, 근대 관료제가 종말을 고했다고 주장하는 학자들도 있다. 특히 최근에 정보화의 급속한 진행과 자동화 및 로봇화되어가는 조직 내 업무들을 놓고 볼 때, 관료제의 장점보다는 병리 현상이 더 크게 나타나기도 한다. 그러나 어느 사회이고 대규모 조직과 커다란 과업이 존재하는 한, 권위의 계층제(hierarchy of authority)에 기반한 합리적이고 효율적인 조직관리 방식인 관료제가 존재할 수밖에 없다. 이것은 미래 사회를 가정한 '스타워즈'나 '매트릭스' 같은 공상 과학 영화에서조차도, 관료제에 기반한 전투 조직이 나타나는 데서 알 수 있다. 다시 말해 관료제의 병리 현상이라는 그림자에도 불구하고 관료제의 장점이라는 빛이 더 강하기 때문에, 관료제는 미래 사회에도 존재할 수밖에 없다.

Ⅱ. 행정 조직은 어떻게 움직이나?

1. 훌륭한 지도자: 리더가 누구인가?

행정 조직, 관료제는 규칙과 절차에 따라 체계적으로 잘 작동하는 특성이 있다. 구성원인 행정인의 특성과 역량에 따라 행정 조직이 어느 정도 달라질 수 있겠지만 근본적인 관료제 특성에 따른 운용은 '어느 정도 비슷비슷하게 작동'한다. 문제는 행정 조직 전체를 관장하는 조직의 장(長), 지도자(指導者), 리더(leader)의 역량이다. 리더가 누구냐에 따라 행정 조직 전체가 영향을 받는다. 리더는 행정 조직을 근본적으로 업그레이드(up-grade)할 수도 있고, 형편없게 망가뜨릴(destroyed) 수도 있다. 행정 조직의 발전은 훌륭한 지도자, 리더에 의해 유도될 수 있다.

훌륭한 지도자, 리더는 어떤 특성을 가져야만 하는가?

1) **자질론**(資質論. traits theory): 리더는 특별한 자질을 가지고 있어야 한다는 이론이다. 신체적 특성이나 사회적 배경, 지적 능력, 성격, 사회적 특성, 과업 관련 지식 등에서 특출한 사람이 리더가 된다는 것이다. 그 예로 힘이 엄청났던 초패왕 항우는, 중국을 통일했던 진나라가 망한 이후의 혼란기에 리더로 등장하여 중원을 호령하였다. 머리가 좋았던 스티브 잡스는, 정보화시대에 애플이란 회사를 세워 세계 초일류 기업으로 만들었다. 전술 운용 능력이 탁월했던 나폴레옹은 장군에서 프랑스 황제가 되었고 유럽대륙의 70% 이상을 점령했었다. 대중 연설 능력이 뛰어났던 히틀러는, 오스트리아 출신임에도 독일의 총통에 올랐고 그도 유럽대륙의 70% 이상을 점령했었다.

2) **행태론**(行態論. behavioral theory): 행태론에서는 효과적인 리더의 행태(행동)는 그렇지 못한 리더의 행태(행동)와 다르며, 모든 상황에서 효과적인 리더의 행태(행동)가 존재한다고 주장한다. 예를 들어 보통의 회사 조직에서는 민주적 행태의 리더 하에서 제품의 질과 생산성이 높게 나타난다. 권위적 행태의 리더 하에서는 생산성이 어느 정도 높게 나타나지만 제품의 질은 떨어진다. 이에 비해 부하에게 모든 것을 믿고 맡기는 방목형 행태의 리더 하에서는, 생산성과 직원의 만족도 모두 낮게 나타난다. 이러한 결과는 진나라 멸망 후 천하를 두고 경쟁했던 항우와 유방의 리더십에도 적용된다, 권위적 행태를 보인 항우에 비해 민주적 행태를 보인 유방은, 경쟁 초기와 중기에는 밀렸으나 종국에는 승리하여 통일제국 한나라를 만들었다.

3) **상황론(狀況論. contingency theory)**: 상황론은 효과적인 리더의 특성, 기능, 행동이 상황에 따라 다르게 나타난다고 주장한다. 예를 들어 부하 직원의 직무 숙련도와 정신적 성숙도에 따라 리더의 행태가 달라질 필요가 있다. 부하 직원의 직무 숙련도와 정신적 성숙도가 낮을 때는 리더의 권위적 행태가 효과적이다. 직무 숙련도와 정신적 성숙도가 높을 때는 당연히 방목적 행태가 효과적이다. 그리고 직무 숙련도와 정신적 성숙도가 중간 수준일 때에는 민주적 행태가 바람직하다.

4) **조직의 변화 관리 능력**: 대부분의 조직은 일정 시간이 흐르면 조직의 활력과 역동성이 사라지고, 그 대신 관성과 무기력이 자리 잡게 된다. 이것은 마치 자연 상태에서 에너지가 넘치는 용암이 화산 분출 후 지표면을 흐르다가, 시간이 지나면 식어서 화산암으로 바뀌는 것과 마찬가지이다. 이렇게 모든 에너지는 가용한 것에서 무용한 것으로 변하는 경향이 있다. 이러한 자연적 변화의 방향성에 대하여 자연과학에서는 열역학의 제2 법칙, 일명 '엔트로피(Entropy)의 법칙'이라고 표현하고 있다. 여기서 엔트로피란 '무질서한 정도, 자연 물질이 변형돼 다시 원래의 상태로 환원될 수 없게 되는 현상'을 말한다. 다시 말해 뜨거운 물은 가만히 두면 차가운 물로 변화하고, 차가운 물은 에너지를 가하지 않는 이상 결코 자연적으로 뜨거워지지 않는 자연 현상을 말한다. 그런데 문명비평가이자 사회학자인 제레미 리프킨(Jeremy Rifkin)은 이 법칙이 비단 자연 현상에서뿐만 아니라 사회 현상에서도 유사하게 나타나고 있음을 간파하였다. 예를 들어 정치제도, 사회 · 문화적 관습은 지속적인 변화가 수반되지 않는다면 시간의 흐름에 따라 그것이 처음 의도와는 다르게 왜곡되거나 심한 경우 전혀 기능하지 않는 방향으로 변질되어 간다.

이것은 민간의 회사나 정부 조직에도 그대로 적용된다. 처음에는 많은 조직원이 열정과 에너지를 가지고 이상을 향해 달려가지만, 어느 시점을 지나면 발현되던 에너지가 점차 무용한 자원으로 바뀌거나 소멸된다. 문제는 조직 내 무용한 에너지의 양이 커질수록, 엔트로피가 증가하는 속도도 빨라진다는 것이다. 그동안 많은 조직이 이것을 평가, 보상, 구조 조정 등 강압적 통제 메커니즘을 활용해 해결하려는 것이 일반적이었다. 물론 이러한 통제 메커니즘이 즉각적인 변화 분위기를 만들어 낼 수는 있다. 하지만 변화 관리 측면에서 보다 근본적인 대응이 병행되지 않는다면, 변화의 흐름은 일시적인 것에 그치거나 오히려 엔트로피를 가속화시키는 방향으로 갈 수도 있다. 그렇다면 이러한 엔트로피의 증가에 대응하기 위한 조직의 변화 관리는 어떻게 추진해야 할 것인가?

변화관리를 통해 거두고자 하는 궁극적인 효과는 "가용한 에너지의 지속적 재생산"이다. 조직 내에서 자연스럽게 무용한 것으로 흘러가는 에너지의 흐름을 다시 가용한 에너지로 재생시키는 작업이다. 이를 위해서는 조직의 엔트로피를 가속화시키는, 앞서 살펴보았던 '관료주의의 병리'를 없애려는 노력을 해야 한다.

현실적으로 대부분의 조직을 보면 '리더십에 대한 부정적 인식'과 '비효율적 업무 추진 방식', 그리고 '팀 간 업무 협조 미흡'이 조직의 엔트로피를 높이고 있다. 따라서 조직의 엔트로피를 지속적으로 낮추기 위해서는, 리더십에 대한 조직 구성원들의 부정적 인식을 개선하는 것이 우선 필요하다. 이를 위해서 리더에게 필요한 리더십은 '변혁적 리더십'이라고 판단된다. 변혁적 리더십은 카리스마와 영감, 개별적 배려, 지적 자극이라는 네 가지 요소로 구성된다. 첫째, 카리스마(charisma): 리더가 난관을 극복하고 현재 상태에 대한 각성을 확고하게 표출함으로써, 부하에게 자긍심과 신념을 심어준다. 둘째, 영감(靈感. inspiration): 리더가 부하로 하여금 도전적 목표와 임무, 미래에 대한 비전을 열정적으로 받아들이고 계속 추구하도록 격려한다. 셋째, 개별적 배려(個別的配慮. individual consideration): 리더가 부하에게 특별한 관심을 보이고 부하의 특정한 요구를 이해함으로써, 부하에 대해 개인적으로 존중한다는 것을 전달한다. 넷째, 지적 자극(知的刺戟. intellectual stimulation): 리더가 부하로 하여금 정형화된 관례와 사고방식을 다시 생각하게 함으로써 새로운 아이디어를 촉발시킨다.

[그림 3-1] 조직의 엔트로피 가속화 요인(서명호, 2013: 85)

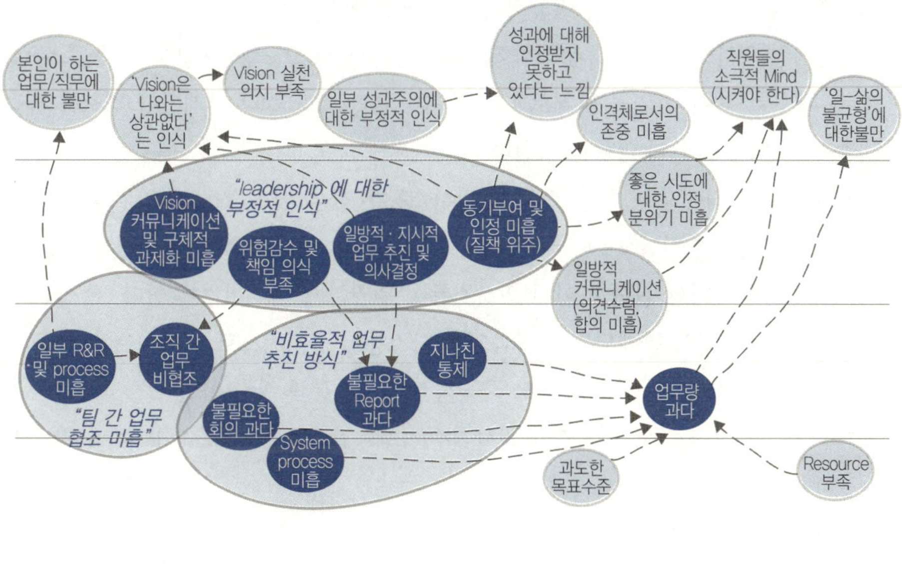

2. 원활한 소통, 합리적 의사 결정

조직 내에서 구성원 간 의사소통(意思疏通, communication)이 원활히 이루어져야만 한다. 의사소통이란 다수의 행위 주체가 정보를 교환해, 의미를 공유하는 과정이다. 사람과 사람 사이, 조직과 조직 사이에 정보나 지식, 지시와 복종, 자극과 반응이 오고 가는 것이 의사소통이다. 의사소통은 말과 글, 문서, 몸짓, 행동, 감정 등 여러 수단을 통해 이루어진다. 현대 행정 조직에서는 각종 전자정보 수단 즉, 홈페이지(homepage), 게시판, e-mail, SNS(예, Kakao talk, Facebook) 등이 중요한 의사소통 수단으로 사용되고 있다. 조직 내 의사소통은 조직이 기능하고, 활동하는 데 매우 중요하다. 정적(靜的)인 의미의 행정 조직은 소통과 함께 동적(動的)인 모습으로 가동된다. 의사소통의 형태와 기술은 조직의 의사 결정과 조직 구성원의 동기 부여에 큰 영향을 미친다.

조직에는 다양한 형태의 의사소통이 존재한다. 우선 의사소통은 공식적인 것과 비공식적인 것으로 나눠볼 수 있다. 공식적 의사소통이란 조직의 공식적 통로와 수단에 의해 이뤄지는 것이다. 공문서, 대면적 지시나 보고가 그것이다. 여기에는 다시 하향적, 상향적, 수평적, 대각선적 의사소통이 존재한다. 하향적 의사소통은 상사가 부하에게 전달하는 것으로서 명령이나 지시, 정보를 제공하는 것이다. 상향적 의사소통은 부하가 상사에게 행하는 보고나 정보 제공을 말한다. 수평적 의사소통은 동료들 간이나 부서 간에 이뤄지는 것이며, 대각선적 의사소통은 조직 내의 여러 기능과 계층을 가로질러 이뤄지는 의사소통이다. 이에 비해 비공식적 의사소통은 비공식 집단과 더불어 자생적으로 형성되는 의사소통으로, 비공식적 통로를 통해 은밀히 이뤄진다.

통상적인 의사소통 과정을 분해하여 보면, 발신자 ⇒ 코드화 ⇒ 발송 ⇒ 통로 ⇒ 수신자 ⇒ 해독 ⇒ 환류의 일곱 단계로 나눠볼 수 있다. 그리고 각 단계마다 정보를 왜곡시킬 수 있는 장애 요인이 영향을 미친다.

현대 행정 조직에서는 이런 조직 내 의사소통은 물론 행정 조직과 외부 환경 사이의 의사소통도 중요하다. 정부와 국민, 정부와 국회 및 정당, 정부와 시민단체, 정부와 언론, 정부와 정책 대상 집단 사이의 의사소통이 원활하게 이루어져야 한다. 행정 조직이 일을 하는 과정에서 관계되는 환경과의 의사소통이 긍정적으로 이루어져야만 좋다. 정책 과정에서의 참여, 정책 순응이 모두 긍정적 의사소통과 관련이 있다.

행정 조직은 지속적으로 합리적 의사결정(合理的 意思決定, rational decision)을 해야만 한다. 정책을 만들고, 집행하며, 서비스를 제공하는 모든 일이 의사 결정이다. 이 의사 결정은 반드시 합리적으로 이루어져야만 한다. '합리적'이라는 말은 '이치에 맞는다'는 뜻이고, 논리적, 계산적, 능률적이라는 뜻을 동시에 포함하고 있다. 합리적 결정은 이치에 맞게, 논리적으로 이루어지는 결정이다. 행정 조직, 관료제 속에는 의사 결정 규칙이 정해져 있는 경우가 많은데 이를 잘 따른 결정도 합리적이다. 이를 절차적 합리성이라고 한다.

합리적 의사결정을 위해서는 규칙과 절차를 잘 지켜야 하고, 정보나 지식을 최대한 활용하며, 논리가 잘 맞아야 한다. 합리적이지 못한 결정은 문제를 유발하고, 행정 실패를 낳거나 큰 비용 부담을 발생시킬 수 있다.

3. 갈등? 잘 해결되고 있는가?

행정 조직 내에는 갈등이 상존한다. 갈등(葛藤. conflict)은 비비 꼬여서 매우 풀기 어려운 상태를 말한다. 칡(葛)과 등(藤)은 넝쿨 식물로 비비 꼬여가면서 자란다. 그래서 쉽사리 풀기가 어렵다. 행정 조직 속에서의 갈등도 매우 풀기 어려운 상태를 말한다. 특히 두 가지 이상의 의견이 상충, 무엇이 옳은 처방인지 알기가 매우 어려운 상황, 이익을 보는 집단과 손해를 보는 집단 사이의 극단적 대립이 존재할 때 갈등이 커진다. 이런 갈등을 어떻게 잘 해결하는가가 조직 발전의 관건이다.

조직 내의 갈등은 조직의 한 단위(개인 또는 부서)가 다른 단위로 인해 자체의 관심사가 좌절될 때 발생할 수 있다. 갈등은 기본적으로 부정적인 모습을 띠고 있다. 조직 관리자는 항시 갈등의 양상을 정확히 파악하고, 원인을 찾아내 제거하는 데 노력해야 한다. 갈등이 상존하고 증폭되면 행정 조직이 제대로 기능을 할 수 없다.

갈등이 기존 관행이나 구태의연한 행정에 대항해서 나타나는 경우에는 긍정적인 모습을 띨 수도 있다. 이런 갈등은 행정 발전, 조직 발전을 위한 노력일 수 있기 때문이다. 갈등이 조직 내에서 새로운 추진력으로 작용하게 된다. 그렇기에 바람직하지 못한 갈등과 바람직한 갈등을 구분하여, 조직 목표 달성에 긍정적인 영향을 주는 갈등은 조장하고 부정적인 영향을 주는 것은 축소시켜야 한다.

조직 내의 갈등을 해소하는 방법으로는 첫째, 회피하는 방법이 있다. 이는 적극적으로 갈등을 해소하려 하지 않고, 무관심하게 모른 척 대응하는 것이다. 둘째, 경쟁을 격화시키는 것이다. 서로 싸워 이기든 지든 결론을 내도록 하는 것이다. 셋째, 순응이다. 이는 자신의 주장이나 이익을 희생하더라도 상대방의 주장이나 이익에 동조하는 것이다. 넷째, 협동이다. 가능한 한 서로 협력하여 최선의 해결책을 찾는 것이다. 다섯째, 타협이다. 자신과 상대방의 주장이나 이익의 중간 정도를 절충해 만족하는 식으로 해결하는 것이다. 조직 관리를 위해서는 조직의 각 단위(개인 또는 부서)가 갈등 상황에서 회피나 경쟁, 순응보다는 협동이나 타협을 선택하여 시너지 효과(synergy effect)를 내도록 유도할 필요가 있다.

4. 구조와 기능: 제대로 되어 있는가?

구조(構造. structure)는 짜인 얼개, 틀이다. 조직 구조란 조직의 얼개, 틀로서 상하 위계질서와 수평적 업무 분할이 촘촘하게 잘 짜여 있는 것이다. 기능(機能. function)은 일, 움직임, 업무, 작용, 활동을 말한다. 구조와 기능을 합쳐서 말할 때는 각 구조에 합당한 기능이 있음을 전제로 말하는 것이다.

조직 구조는 특정 부서들과 직무들 간의 분업 관계, 공식적 권한의 흐름, 과업 조정의 수단들을 어떻게 짜놓고 있는가를 살펴봄으로써 그 실체를 파악할 수 있다. 조직 구조는 조직 도표에 함축적으로 드러나는바, 조직이 어떤 직위들로 구성되는지, 직위들이 어떻게 집합되는지, 그리고 누가 누구에게 보고하는지를 간략하게 보여준다. 여기서 '직위(職位. position)'란 조직 구성원이 맡아서 수행할 직무와 책임이 부여된 자리를 말한다. 조직 내의 자연인 개인을 말하는 것이 아니고, 그 사람이 맡고 있는 자리를 말하는 것이다.

조직구조는 특성에 따라 기계적 구조(機械的 構造. mechanistic structure)와 유기적 구조(有機的 構造. organic structure)로 나눠볼 수 있다. 앞서 살펴보았던 관료제 모형에 충실한 것이 기계적 구조라면, 유기적 구조는 탈관료제(脫官僚制) 모형, 또는 반 관료제(反官僚制) 모형에 해당된다.

[표 3-1] 기계적 구조와 유기적 구조

	기계적 구조	유기적 구조
특성	엄격히 규정된 직무 많은 규칙과 규정 집권적 권한 분명한 명령 체계 좁은 통솔 범위 낮은 팀워크	광범위한 직무 적은 규칙과 규정 분권적 권한 모호한 명령 체계 넓은 통솔 범위 높은 팀워크
장점	내적 통제에 따른 높은 예측 가능성	환경에 대한 높은 적응성

[표 3-1]에서 '통솔 범위(統率範圍, span of control)'라는 용어는 조금 생소할 수도 있다. 이것은 '한 사람의 상관이 효과적으로 직접 지휘하고 감독할 수 있는 부하의 수 또는 조직 단위의 수'를 말한다. 따라서 통솔 범위가 넓어지면 조직 내에서 계층의 수는 줄어들고, 명령통일의 원칙은 지키기가 어려워진다. 반대로 통솔 범위가 좁아지면 조직 내에서 계층의 수는 늘어나고, 명령통일의 원칙은 지키기가 쉬워진다. 물론 명령통일의 원칙은 '조직의 각 구성원은 누구나 한 사람의 직속상관에게만 보고하고, 또 그로부터 명령을 받아야 한다'는 원칙을 말한다. 이것은 계층제의 원리에 포함되는 것으로서, 조직 내의 혼란을 방지하고 책임의 소재를 분명히 하고자 하는 데 목적이 있다.

조직 구조의 기본 단위는 직위인 바 조직이 원활하게 돌아가려면, 직위가 담당하는 직무와 책임을 명확히 할 필요가 있다. 그리고 어느 조직이든지 조직 목표를 제대로 달성하기 위해서는, 조직 내의 여러 기능을 구조적으로 잘 결합시켜야 한다. 조직 내의 여러 기능에 대해 회사를 예로 들면 인사, 제조, 회계, 판매 등의 여러 기능이 있다. 물론 여러 직위의 묶음이 조직 내에서 하나의 기능을 구성하는 것이 보통이다. 이렇게 조직 내 여러 기능을 구조화하는 데 있어서는 [그림 3-2]와 같이 기능 구조, 사업 구조, 매트릭스 구조, 네트워크 구조 등의 여러 방식을 생각해 볼 수 있다.

기능 구조(機能 構造, functional structure)는 조직의 전체 업무를 공동 기능별로 부서화하는 방식이다. 특정 기능에 관련된 조직 구성원들의 지식과 기술이 통합적으로 활용되므로 전문성이 높아진다. 그러나 부서별로 상이한 기능을 수행하면서 각각 독자적인 목표관을 갖게 된다. 이로부터 부서들 간의 조정과 협력이 요구되는 환경 변화에 둔감해질 수 있다.

[그림 3-2] 여러 방식의 조직 구조

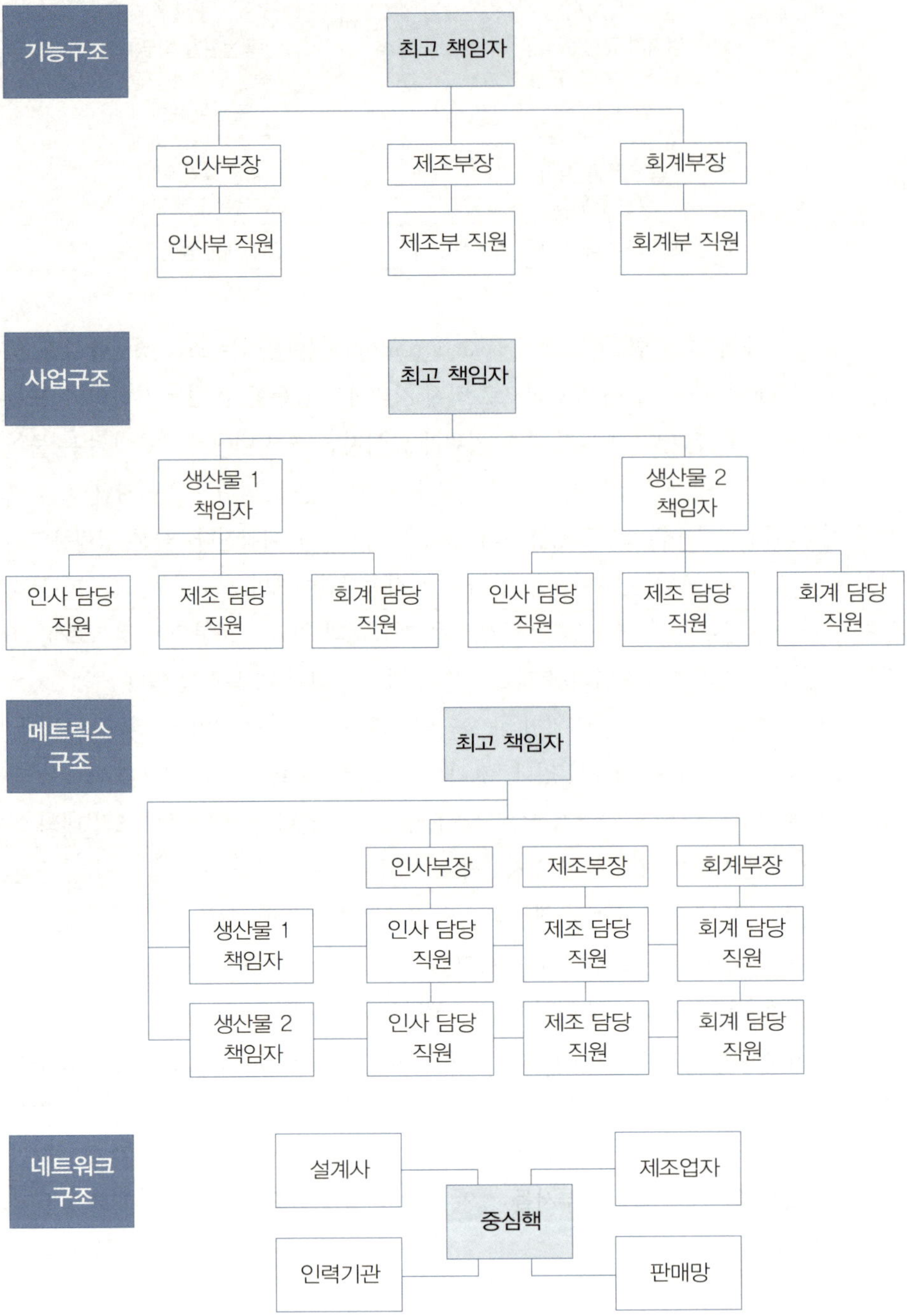

사업 구조(事業 構造. divisional structure)는 조직의 각 부서가 한 제품을 생산하거나, 한 지역에 봉사하거나 또는 특정 고객집단에 봉사할 때 만들어진다. 이러한 각각의 목적에 필요한 모든 기능적 직위를 부서 내에 갖고 있어, 개별 부서가 자기 완결적 단위라는 특성을 가진다. 사업 구조의 각 부서는 자기 완결적 기능 단위로 기능 간 조정이 용이하므로, 환경 변화에 더 신축적이고 대응적이라는 장점이 있다. 그러나 기능 직위가 부서별로 분산되므로 기술적 전문성이 기능 구조에 비해 떨어진다.

매트릭스 구조(matrix structure)는 기능 구조와 사업 구조의 혼합 형태로, 기능 부서의 기술적 전문성과 사업 부서의 신속한 대응성을 동시에 추구한다. 매트릭스 구조는 이원적 권한 체계를 갖고 있다. 기능 부서 통제 권한의 계층은 수직적으로 내려오고 동시에 사업 부서 간 조정 권한의 계층은 수평적으로 흐르게 된다. 이러한 이중 구조 속에서 조직 구성원은 동시에 두 명의 상관(기능부서와 사업부서)에게 보고하는 체계이다. 매트릭스 구조는 불안정하고 급변하는 조직 환경에 효과적인 구조라고 할 수 있다. 그러나 이원적 권한 체계가 개인에게 미치는 혼란과 기능 부서와 사업 부서 간의 갈등이 문제가 된다.

네트워크 구조(network structure)에서는 조직의 자체 기능을 핵심 역량 위주로 압축한다. 그리고 여타 기능은 외부기관들과의 계약관계를 통해 수행한다. 네트워크 구조는 고품질과 저비용의 외부 자원을 활용하면서도, 간소화된 조직 구조를 가진다. 그러나 계약 관계에 있는 외부 기관을 직접 통제할 수 없기 때문에, 조정 및 감시 비용이 증가할 가능성이 있다.

조직 구조를 설계할 때에는 외부 환경과 조직 구조의 특성이 서로 잘 맞을 때 조직의 성과가 높게 나타난다는 사실을 간과해선 안 된다. 기본적으로 불확실성이 낮은 환경에서는 기계적 구조가 효과적이고, 불확실성이 높은 환경에서는 유기적 구조가 효과적이다.

단순하고 안정적인 환경, 다시 말해 낮은 불확실성에서는 과업 수행의 예측이 용이하다. 따라서 기계적 구조를 지향하여 부서의 분화 정도를 낮게 가져가는 것이 좋다. 이에 비해 복잡하고 역동적인 환경, 즉 높은 불확실성에서는 과업 수행의 예측이 어렵다. 당연히 유기적 구조를 지향하여 부서의 분화 정도를 높게 하는 동시에, 통합과 기획을 담당하는 전담 부서를 둘 필요가 있다.

그리고 조직 규모가 커질수록 분업에 따른 능률성을 지향하여, 직무를 더 전문화시키고 부서를 더 세분화하는 것이 좋다. 이에 따라 조직의 복잡성이 증가하면, 부하에 대한 직접적 감독보다는 표준화에 의한 조정 방식을 선택하여야 한다. 다시 말해 일정한 준칙을 정해 놓고 이에 따르도록 하는 준칙주의가 필요하다. 그러다 보면 결국 관료제의 기본형으로 귀결되는바, 대규모 조직에서는 관료제가 필수적이라고 할 수 있다.

Ⅲ. 행정 조직의 실제: 대통령, 국무총리, 행정 부처

강력한 대통령 중심의 권력 구조를 가진 우리나라 정부 조직에서 '청와대'는 자타가 공인하는 최고의 권부(權府)이다. 청와대의 주인인 대통령의 통할 하에 행정 각부 조직이 있고, 소위 '2인자'인 국무총리가 대통령을 보좌하여 행정 각부의 업무 조정 역할을 부분적으로 수행하고 있다. 이러한 정부 조직은 민간의 일반적 조직인 회사에 비해, 추구하는 목적이나 운영 방식에서 상당한 차이가 나타나고 있다.

1. 정부 조직과 청와대

한국의 중앙정부는 기본적으로 입법부와 행정부, 사법부의 삼권분립을 통해 '견제와 균형(牽制 均衡, checks and balances)'을 추구하는 정부기구 형태를 지니고 있다. 이 중 입법부는 국민의 대의 기구로서 법률의 제정을 담당한다. 그리고 행정부는 법률을 집행하는 역할을 맡고 있다. 끝으로 사법부는 행정부의 집행 행위가 본래의 법률 취지에 부합하는지를 심사하는 역할을 담당한다. 이같이 삼권분립의 형태를 취한 주된 이유는,

세종 정부청사 전경
(출처: 행정자치부 정부청사관리소, 홈 페이지)

권력이 집중되는 것을 방지하기 위한 것이다. 이로부터 독재를 제도적으로 예방하고, 민주적인 국정 운영을 보장하려고 하는 것이다. 그러나 역사적으로 보면 행정부의 수반인 대통령이 국가 원수로서의 지위를 겸해 왔고, 또한 3부(三府)보다도 우월한 독자적인 존재로 활동했던 경험이 남아 있다. 이에 실질적으로는 행정부가 지금도 가장 많은 권력을 행사하고 있다.

보통 정부 조직이라 할 때는 행정부를 이야기하는바, [그림 3-3]에서처럼 정부 조직 구조는 대통령의 통할 하에 17개의 행정 각부로 존재한다.

[그림 3-3] 정부 조직 구조 (출처: 청와대 홈페이지)

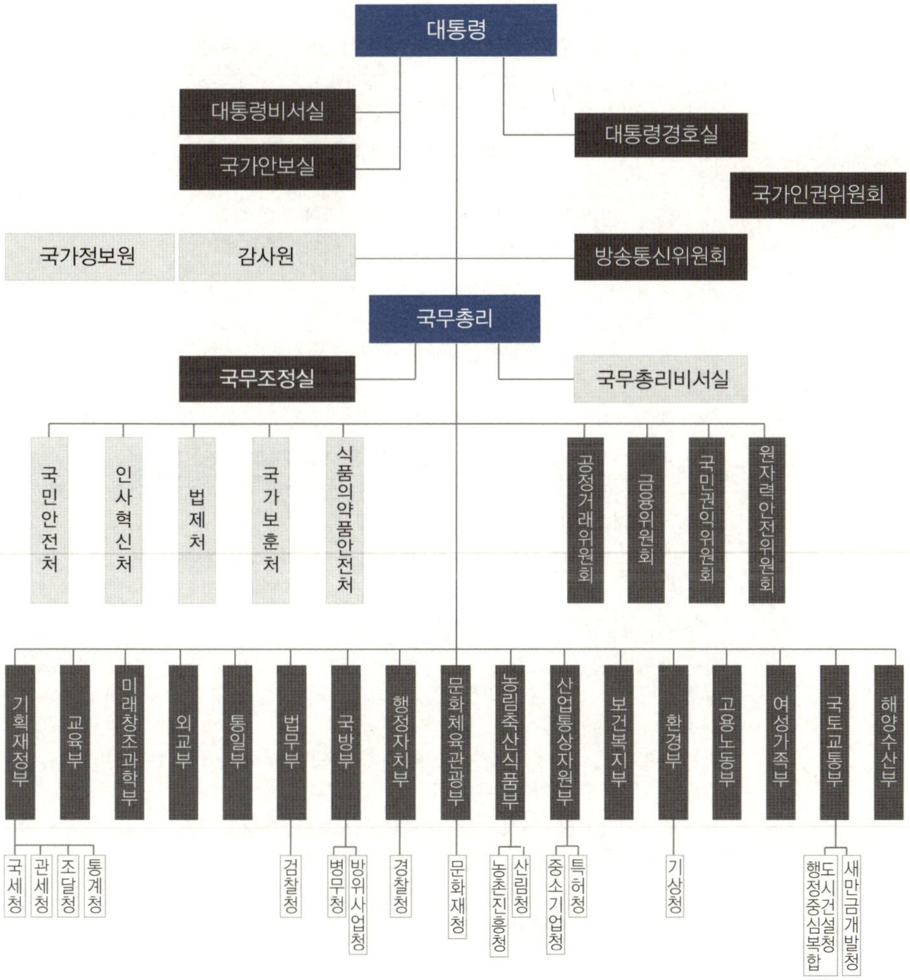

원칙적으로 행정 각부에는 장관(長官. minister) 1명과 차관(次官. vice-minister) 1명이 존재하지만, 기획재정부 · 미래창조과학부 · 외교부 · 문화체육관광부 · 산업통상자원부 · 국토교통부에는 차관이 2명씩 존재한다. 각부의 장관이 맡은 업무는 [표 3-2]와 같다.

[표 3-2] 행정 각부의 업무

행정 각부	업 무
기획재정부	중장기 국가발전전략수립, 경제 · 재정정책의 수립 · 총괄 · 조정, 예산 · 기금의 편성 · 집행 · 성과관리, 화폐 · 외환 · 국고 · 정부회계 · 내국세제 · 관세 · 국제금융, 공공기관 관리, 경제협력 · 국유재산 · 민간투자 및 국가채무
교육부	인적자원개발정책, 학교교육 · 평생교육, 학술
미래창조과학부	과학기술정책의 수립 · 총괄 · 조정 · 평가, 과학기술의 연구개발 · 협력 · 진흥, 과학기술인력 양성, 원자력 연구 · 개발 · 생산 · 이용, 국가정보화 기획 · 정보보호 · 정보문화, 방송 · 통신의 융합 · 진흥 및 전파관리, 정보통신산업, 우편 · 우편환 및 우편대체
외교부	외교, 경제외교 및 국제경제협력외교, 국제관계 업무에 관한 조정, 조약 기타 국제협정, 재외국민의 보호 · 지원, 재외동포정책의 수립, 국제정세의 조사 · 분석
통일부	통일 및 남북대화 · 교류 · 협력에 관한 정책의 수립, 통일교육, 그 밖에 통일에 관한 사무
법무부	검찰 · 행형 · 인권옹호 · 출입국관리 그 밖에 법무에 관한 사무
국방부	국방에 관련된 군정 및 군령과 그 밖에 군사에 관한 사무
행정자치부	국무회의의 서무, 법령 및 조약의 공포, 정부조직과 정원, 상훈, 정부혁신, 행정능률, 전자정부, 개인정보보호, 정부청사의 관리, 지방자치제도, 지방자치단체의 사무지원 · 재정 · 세제, 낙후지역 등 지원, 지방자치단체 간 분쟁조정 및 선거 · 국민투표의 지원
문화체육관광부	문화 · 예술 · 영상 · 광고 · 출판 · 간행물 · 체육 · 관광, 국정에 대한 홍보 및 정부발표
농림축산식품부	농산 · 축산, 식량 · 농지 · 수리, 식품산업진흥, 농촌개발 및 농산물 유통
산업통상자원부	상업 · 무역 · 공업 · 통상, 통상교섭 및 통상교섭에 관한 총괄 · 조정, 외국인 투자, 산업기술 연구개발정책 및 에너지 · 지하자원
보건복지부	보건위생 · 방역 · 의료정책 · 약업정책 · 생활보호 · 자활지원 · 사회보장 · 아동(영 · 유아 보육 포함) · 노인 및 장애인
환경부	자연환경, 생활환경의 보전 및 환경오염방지
고용노동부	고용정책의 총괄, 고용보험, 직업능력개발훈련, 근로조건의 기준, 근로자의 복지후생, 노사관계의 조정, 산업안전보건, 산업재해보상보험과 그 밖에 고용과 노동에 관한 사무
여성가족부	여성정책의 기획 · 종합, 여성의 권익증진 등 지위향상, 청소년 및 가족(다문화가족과 건강가정사업을 위한 아동업무 포함)
국토교통부	국토종합계획의 수립 · 조정, 국토 및 수자원의 보전 · 이용 및 개발, 도시 · 도로 및 주택의 건설, 해안 · 하천 및 간척, 육상운송 · 철도 및 항공
해양수산부	해양정책, 수산, 어촌개발 및 수산물 유통, 해운 · 항만, 해양환경, 해양조사, 해양자원개발, 해양과학기술연구 · 개발 및 해양안전심판

대통령에게 국정 권한의 대부분이 맡겨져 있기 때문에 청와대(대통령비서실) 보좌진이 [그림 3-4]와 같이 존재하여 대통령을 돕고 있다. 그림에서 나타나듯이 먼저 장관급의 비서실장이 존재한다. 그리고 17개 부처가 담당하는 업무를 기능별로 묶어서 차관급의 국정기획수석, 정무수석, 민정수석, 외교안보수석, 홍보수석, 경제수석, 미래전략수석, 교육문화수석, 고용복지수석, 인사수석 비서관 등을 두고 있다. 이외에도 총무비서관과 의전비서관, 연설기록비서관 등을 두고 있다.

[그림 3-4] 청와대의 조직구조(출처: 청와대 홈페이지)

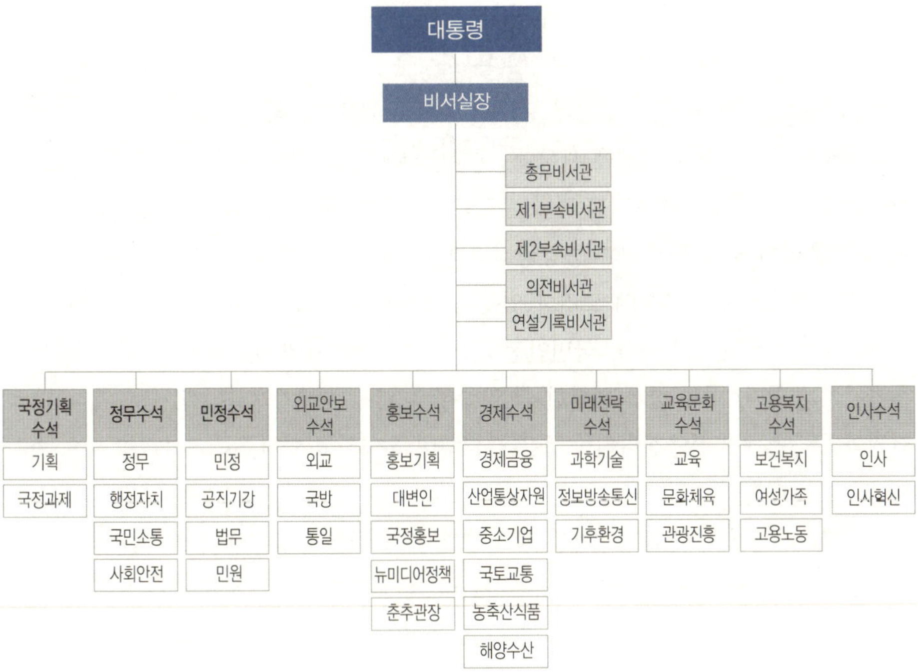

행정부의 수반인 대통령(大統領, the president)은 선거의 4대 원칙(보통선거, 평등선거, 직접선거, 비밀선거)에 입각한 국민 투표에 의해 선출된다. 임기는 5년 단임제로 되어 있다. 선출된 대통령은 국가의 원수로 외국에 대해 국가를 대표하고, 대통령을 수반으로 하는 정부에 소속해 있다. 대통령은 내란 또는 외환의 죄를 범한 경우를 제외하고는, 대통령 임기 중에 형사상의 소추를 받지 않는다. 또 대통령은 필요하다고 인정할 때에는 외교, 국방, 통일, 기타 국가 안위에 관한 중요 정책을 국민 투표에 회부할 수 있다. 그리고 조약을 체결 · 비준하고, 외교사절을 신임 · 접수 또는 파견한다. 이외에도 국군을 통수하여 선전 포고와 강화를 할 수 있는 권한이 부여되어 있다.

2. 국무총리는 '얼굴마담'인가?

국무총리(國務總理, prime minister)는 대통령을 보좌한다. 그리고 행정에 관해 대통령의 명을 받아, 각 중앙행정기관의 장(각부 장관, 위원장, 청장 등)을 지휘하고 감독한다. 이와 관련해 국무총리가 특별히 위임하는 사무를 수행하기 위하여 부총리(副總理, vice prime minister) 2명을 두고 있는데, 경제부총리와 교육부총리다. 경제부총리를 겸하는 기획재정부장관은 경제 정책에 관하여, 국무총리의 명을 받아 관계 중앙행정기관을 총괄 · 조정한다. 또 교육부총리를 겸하는 교육부 장관은 교육 · 사회 및 문화 정책에 관하여, 국무총리의 명을 받아 관계 중앙행정기관을 총괄 · 조정한다.

[그림 3-3] 중간 부분에 드러나 있듯이 국무총리의 직속기관으로는 정부조직법상 국무조정실, 국무총리비서실, 국민안전처, 인사혁신처, 법제처, 국가보훈처, 식품의약품안전처가 있다. 이와 함께 원활한 국정 수행을 위해 공정거래위원회, 금융위원회, 국민권익위원회, 원자력안전위원회 등을 설치하여 운영하고 있다. 이 기관들의 주요 기능은 [표 3-3]과 같다.

우리나라는 강력한 대통령제를 채택하고 있기 때문에 국무총리의 위상이, 내각제를 택하고 있는 국가의 그것과는 사뭇 다르다. 헌법상으로는 내각제의 요소가 일부 도입되어, 국무총리가 행정에 관하여 대통령의 명을 받아 행정 각부를 통할하게 되어 있다. 또 행정 각부 장관은 국무총리의 제청으로 대통령이 임명하고, 국무총리가 각부 장관의 해임을 대통령에게 건의할 수 있게 되어 있다. 그리고 정부의 주요 정책을 심의하는 국무회의의 의장이 대통령인데, 국무총리는 부의장을 맡고 있다. 따라서 겉으로만 보면 국무총리는 각부 장관을 호령하는, 정부 내의 제2인자이다.

[표 3-3] 국무총리 직속기관

기관	주요 기능
국무조정실	각 중앙행정기관의 행정의 지휘 · 감독, 정책 조정 및 사회위험 · 갈등의 관리, 정부업무평가 및 규제개혁
국무총리비서실	국무총리의 원활한 국정 수행을 위한 직무 보좌
국민안전처	안전 및 재난에 관한 정책의 수립 · 운영 및 총괄 · 조정, 비상대비, 민방위, 방재, 소방, 해양에서의 경비 · 안전 · 오염방제 및 해상에서 발생한 사건의 수사에 관한 사무
인사혁신처	공무원의 인사 · 윤리 · 복무 및 연금에 관한 사무
법제처	국무회의에 상정될 법령안 · 조약안과 총리령안 및 부령안의 심사와 그 밖에 법제에 관한 사무
국가보훈처	국가유공자 및 그 유족에 대한 보훈, 제대군인의 보상 · 보호 및 보훈선양에 관한 사무
식품의약품안전처	식품 및 의약품의 안전에 관한 사무
공정거래위원회	경쟁 촉진, 소비자 주권 확립, 중소기업 경쟁 기반 확보, 경제력 집중 억제
금융위원회	금융정책, 외국환업무취급기관의 건전성 감독, 금융기관에 대한 감독
국민권익위원회	고충민원의 처리와 이에 관련된 불합리한 행정제도의 개선, 부패 발생의 예방, 부패행위의 효율적 규제
원자력안전위원회	원자력안전관리, 원자력안전관리에 따른 연구 · 개발, 그 밖에 관련 법률에서 위원회의 사무로 정한 사항

그러나 현실은 법과는 다르게 돌아가고 있다. 행정 각부 장관에 대한 임명 제청은, 국무총리가 자기와 호흡을 맞출 사람을 선택하는 것이 아니다. 대통령이 미리 점찍어놓은 사람을 대상으로 하여, 사후에 형식적으로 이뤄진다. 이것은 국무총리 직속의 장 · 차관급 직위인 여러 실장 · 처장 · 위원장의 경우에도 마찬가지이다. 그리고 장관에 대한 국무총리의 해임 건의는, 각부 장관에 대한 감독자로서 국무총리가 갖는 중요한 통제 수단이다. 그러나 장관에 대한 국무총리의 해임 건의는 우리나라 현실에서 거의 이뤄지지 않고 있다. 대통령만이 권력의 핵심이고 제1인자이기 때문에, 대통령의 뜻에 따라서만 각부 장관의 임명과 해임은 결정된다. 또 대통령만이 행정 각부를 실질적으로 통할하지, 국무총리는 각부 장관에 대해 싫은 소리를 함부로 하지도 못하는 관계이다.

이렇듯이 국무총리는 소위 '책임 총리(責任總理)'가 전혀 되지 못하고 있다. 실질적인 정치권력을 갖지 못한 채, 단지 '대통령의 폼 나는 보조자'에 불과한 것이 현실이다. 단적으로 국무총리는 행정적 실무를 맡아 수행하다가, 가끔 정치적 역할을 하기도 한다. 정책상 큰 문제가 발생하거나 대통령의 인기가 바닥을 칠 때, 대통령에 대한 비난을 온몸으로 막아내는 정치적 역할을 한다. 그렇게 온몸으로 막다가 중과부적(衆寡不敵)이 되면 '희생양(犧牲羊. scapegoat)'이 된다. 다시 말해 소위 '정치 국면의 전환'용으로 새로운 총리 인사가 이뤄진다.

3. 정부 조직과 회사의 차이

민간의 회사와 비교해볼 때 정부 조직의 목표는 모호한 편이다. 회사는 '이윤(利潤. profit)'이라는 사익(私益)을 추구하는 데 비해, 정부 조직은 '공익(公益)'을 추구한다. 그런데 회사의 경우에는 이윤이라는 단일 지표에 입각하여, 경영 성과나 재무 상태를 분명하게 확인할 수 있다. 그리고 이윤 극대화를 달성하기 위한 수단도 매출 규모나 시장 점유율 등 구체화하는 것이 용이하다. 다시 말해 목표가 명확한 회사는, 바람직한 방향으로 조직을 변화시키고 조직이 해야 할 사업 영역을 결정하는 것이 어렵지 않다. 또 조직 목표에 비춰 조직 구성원이 해야 할 일을, 정부 조직에 비해 더 쉽게 파악할 수 있다.

그러나 정부 조직이 추구하는 공익은 추상적이고, '최대 다수의 최대 행복'이라든지 '국리민복(國利民福)' 또는 '국가 발전과 민족 번영' 등의 여러 형태로 표현된다. 이렇다 보니 추가적인 해석과 목표 달성을 위한 수단이 구체화되기 전에는, 그 내용을 파악하기가 어렵다. 또한, 정부조직은 단일 조직이라기보다는 여러 개의 하위기관으로 구성된 복합 조직이다. 이러한 하위기관들의 경우에는, 각기 추구하는 공익으로서의 기관 목표가 서로 충돌되는 경우도 많다. 예를 들어 경제 개발을 강조하는 기획재정부나 산업통상자원부는, 환경 보전을 강조하는 환경부나 고용 안정을 강조하는 고용노동부와 자주 갈등을 빚고 있다. 물론 이러한 갈등이 역기능만을 갖는 것은 아니다. 이렇게 충돌하는 가치들 간의 균형 내지 조화를 도모하는 것이, 오히려 다원주의 민주국가에서 지향하는 민주성 이념에 해당된다. 하지만 한정된 자원을 효율적으로 활용해야 된다는 '경제성' 원리에 비춰보면, 이런 갈등은 부정적인 면이 적지 않다. 결론적으로 목표가 모호한 정부조직은, 바람직한 방향으로 조직을 변화시키고 조직이 해야 할 사업 영역을 결정하는 것이 어렵다. 동시에 조직 목표에 비춰 조직 구성원이 해야 할 일을 파악하는 것이 민간

회사에 비해 더 어렵다.

목표 관리제와 성과 관리제

1990년대 후반에 정부에 도입된 목표 관리제(目標管理制. MBO: management by objective)는 상향식 접근을 특징으로 한다. 조직 구성원 개인이나 부서의 목표를 조직의 관리자가 일방적으로 제시하고 강제하던 하향식 접근과는 반대이다. 따라서 권위적 리더십보다는 민주적 리더십에서 많이 활용되는 관리 방식이다. 여기서는 하급자나 하위 부서가 상급자나 상급기관과 협의해 목표를 설정한다. 그리고 협약 기간이 지나가면 목표 달성도를 평가해, 그 결과를 부서 예산이나 개인의 연봉, 인사 등에 반영하게 된다. 여기서 협약 기간은 보통 1년이 되고, 해당 직위의 임기가 협약 기간이 되는 경우도 있다.

한편 목표 관리제와 병행하여 현재 우리나라에서 각 정부기관이 활용하고 있는 제도가 성과 관리제이다. 성과 관리제(成果管理制. PM: performance management)는 구체적인 성과에 초점을 맞춘 결과 중심의 관리이다. 옛날의 정부 조직에서는 '투입(input) → 산출(output) → 성과(outcome)'의 변환 과정에서, 통제를 지향하여 투입에 초점을 맞추었었다. 그러던 것이 능률성을 강조하면서 투입 대비 산출에 초점을 맞추는 쪽으로 한 번 변화가 나타났다. 그러나 능률성만 강조해서는, 실제로 국민의 만족도나 복지 수준이 올라갔는지를 알 수 없다. 예를 들어 예년과 똑같은 예산 규모로, 이미 국제적으로 사용이 금지된 화학무기를 과거보다 2~3배 더 생산했다고 하자. 그러면 능률성은 2~3배 올라간 것이다. 그러나 사용할 수 없는 무기라 국방력 강화에는 도움이 안 되고, 결국 국민의 복지 수준에는 변화가 없다. 오히려 국가 예산을 낭비했다는 사실을 알게 되면 국민은 화가 날 것이다. 그렇게 되면, 복지 수준을 낮추는 역효과가 나타나게 된다.

이에 사후적으로 나타난 결과로서의 성과를 강조하는 쪽으로 다시 변화가 나타났다. 이렇게 등장한 것이 성과 관리제이다. 성과 관리는 조직의 비전과 목표로부터 이를 달성하기 위한 부서 단위의 목표와 성과지표를 제시한다. 그리고 다시 부서 단위의 목표로부터 이를 달성하기 위한 개인 단위의 목표와 성과지표를 제시한다. 따라서 성과 관리제는 연역적 접근이자 하향식 접근이다.

이러한 목표 관리제와 성과 관리제는, 상대적으로 목표가 명확하고 평가 지표의 설정이 쉬운 민간회사에서 오래전부터 사용되어온 관리 방식이다. 그러던 것이 공공부문에 민간의 경쟁 메커니즘을 도입하여 효율성을 제고하려는 신공공관리론이 힘을 얻으면서, 우리나라에서도 1990년대 후반부터 활용되고 있다. 현재 우리나라 정부 조직의 각 하위기관에서 활용하고 있는 [그림 3-5]의 직무 성과 관리 흐름을 보면, 성과 관리제의 하향식 접근과 목표 관리제의 상향식 접근이 결합되어 있는 것을 알 수 있다.

[그림 3-5] 정부 조직의 직무 성과 관리 흐름

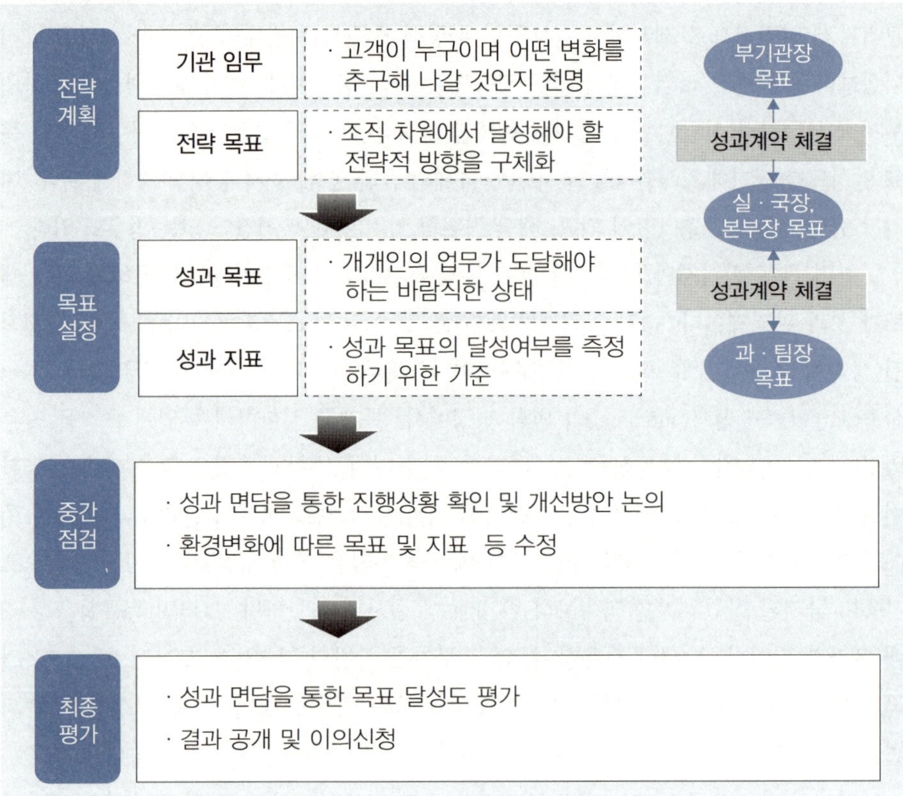

자료: 행정안전부 직무성과계약제 운영지침(2008. 3. 14)에서 인용.

제4장 인사

Ⅰ. 인사, 인사 행정이란 무엇인가?

1. 인사 행정이란 무엇인가?

인사(人事)는 사람에 관한 일이고, 인사 행정(人事行政, personnel administration)은 인사에 관한 행정이다. 정부에서 일하는 공무원에 관한 인사가 인사 행정이다. 이 책에서 조직, 인사, 재무, 정책 등으로 분류할 때 인사가 곧 인사 행정이다. 앞 장에서 설명한 행정 조직이 공무원들을 질서 있게 구조화한 통일체에 대한 것이라면 인사는 개별 공무원 자체에 대한 것이다. 공무원이 어떻고, 어떻게 뽑으며, 어떻게 근무하게 하느냐에 대한 내용이다. 인사와 조직은 행정 공무원을 중심으로 논의되기 때문에 개개 구성요소인 공무원 하나하나로부터 집단, 조직 전체에 이르기까지 연장선상에 있다.

공무원(公務員, public servant)은 공적(公的, public)인 일을 수행하는 사람이다. 특히 행정을 담당하는 사람을 공무원이라고 한다. 행정인, 공무원, 공직자(公職者)는 같은 의미로 새기면 된다. 공무원은 정부 조직에 채용되어, 봉급을 받으며, 행정(과 정책)을 수행하는 사람이다.

"머리는 빌릴 수 있지만, 건강은 스스로 책임져야 한다."

김영삼 대통령이 했다는 말이다. 이 말은 최고 통치권자인 대통령이 혼자 모든 일을 다 감당할 수 없기 때문에 전문가의 도움을 받아야 한다는 말이다. 여기서 전문가는 대통령을 가까이서 돕는 장관, 비서관, 참모들로부터 정책과 행정 사무를 담당하는 모든 공무원을 말하는 것이다. 대통령의 이 말은 매우 의미 있는 것이다.

대통령은 무엇이든 할 수 있을 정도로 막강한 권력을 가지고 있다. 하지만 혼자, 동시에 여러 가지 일을 해내기 곤란하다. 대통령은 국가원수로서 핵심적인 중요한 결정을 담당하고, 각 분야의 구체적인 정책에 대해서는 비서관이나 분야별 장관, 전문가를 뽑아 맡겨야 한다. 분야별 장관이 해당 분야의 전문가 공무원을 선발하고, 진두지휘하여 정책을 수행하도록 해야 한다.

예로부터 국왕이 국가를 다스리는 일을 정사(政事, ruling)라고 표현했는데, 이는 통치에 필요한 적임자를 뽑아, 적재적소(適材適所)에 배치하여 일을 수행하게 하는 것을 말한다. 정사가 곧 통치 행위이고, 이것이 바로 인사 행정이다.

우리는 언론매체를 통하여 '인사가 만사(人事萬事)' '인사가 망사(人事亡事)'라는 말을 수없이 들어 왔다. 인사를 잘하면 모든 일이 잘되고, 인사를 잘못하면 모든 일을 망친다는 뜻이다. 그만큼 인사는 정부뿐만 아니라 기업에서도 마찬가지로 매우 중요한 활동이다. 정부가 하는 인사 활동을 인사 행정(public personnel administration), 기업이 하는 인사 활동은 인사 관리(personnel management)라고 구분하는 것이 일반적이다. 하지만 개개 사람을 다루는 인사 활동의 과정이나 내용은 대동소이(大同小異)하다. 요즈음은 인사 행정의 중요성을 강조하여 인적 자원관리(人的資源管理), 인적 자본관리(人的資本管理) 등으로 불리기도 한다. 이는 행정을 담당하는 행정인 하나하나를 조직의 자원이나 자본으로 여겨 중시해야 한다는 생각을 담고 있다.

2. 인사(행정)의 내용

인사 행정은 다양한 내용을 포함하고 있다. 정부에서 일할 사람을 선발하여, 근무하게 하고, 마지막으로 퇴직할 때까지의 전 과정이 인사 행정과 관련되어 있다. 인사 행정에는 다음과 같은 여러 활동이 포함되어 있다.

(소요 판단) ⇒ (모집, 채용, 임용, 배치) ⇒ (근무, 보수, 교육훈련, 사기, 동기부여) ⇒ (성과 평가, 통제) ⇒ (승진) ⇒ (퇴직, 연금)

인사는 공무원 소요 판단(所要判斷, requirement adjudication)에서부터 시작된다. 어느 부서, 어느 직위에, 몇 명의 공무원이 필요한가에 대한 의사 결정이 있어야 한다. 소요 판단은 업무, 현인원, 재정 등을 종합적으로 고려하여 이루어진다.

모집, 채용, 임용, 배치를 통해 공무원이 탄생한다. 모집(募集, recruitment)은 소요 판단에 의해 공무원이 되고자 하는 사람들을 찾는 것이다. 모집은 정부 전체의 계획에 따라 규칙적으로, 또는 개별기관 필요에 따라 수시로 이루어진다. 모집은 공개적으로 하는 것이 원칙이기 때문에 기관 홈페이지나 언론매체를 통해 널리 알려야 한다. 이는 긍정적인 의미에서 좋은 사람을 널리 구하고자 하는 뜻으로도 볼 수 있다. 국가 차원의 모집 공고는 정부 인사기관(2015년 현재 인사혁신처)의 홈페이지(www.mpm.go.kr)에서 쉽게 확인할 수 있다.

채용(採用, adoption)은 모집 공고에 응시한 사람들을 대상으로 우수한 사람을 선별하여 합격시키는 일이다. 필기시험, 실기시험, 면접과 적성검사 등 다양한 방법으로 이루어진다. 채용 시험은 직급과 직무에 맞춰 적절하게 이루어져야 한다. 옛 과거시험처럼 오늘날에는 직급별 공개 채용 시험이 있다. 또 천거(薦擧)나 취재(取才)처럼 특별 채용 시험을 치르는 경우도 있다. 임용(任用, appointment)은 채용을 통해 선발한 사람을 공문서를 통해 공무원으로 임명하는 행위다. 신규 채용자를 특정한 직급, 직책에 배치(配置, placement)하는 것이다(임용은 넓게 보면 모집, 선발, 배치, 이동, 승진 등을 모두 포함하는 개념으로 사용될 수 있다.). 배치는 채용된 공무원을 그 사람의 능력, 적성, 전공, 경험, 경력, 업무의 중요성이나 시급성 등을 고려하여서 해야 할 업무에 배정하는 활동이다.

임용을 통해 배치된 공무원은 관청 사무실에 출근하여 행정 업무에 종사하게 된다. 이것이 근무(勤務, service, work)다. 기본적으로 아침 9시에 출근하여 저녁 6시까지 (1시간은 점심시간) 하루 8시간 일을 해야 한다. 야외 근무, 출장, 재택근무, 2교대 근무, 휴가, 출산 휴가 등 여러 가지 근무 관련 사항들이 인사에 해당한다. 근무를 한 공무원에게는 봉급이 주어진다. 시간급, 주급, 월급, 연봉, 수당 형태로 보수(報酬, wage)가 주어진다. 보수는 공무원의 직위와 직급, 근무 연한 등에 의해 결정된다. 보수는 공무원이 행복한 삶을 영위할 수 있을 정도로 충분해야 한다.

공무원에게는 수시로 직무 수행과 관련된 교육 훈련(敎育訓練, education and training)이 주어진다. 교육 훈련은 공무원이 업무를 성공적으로 수행하기 위한 지식이나 기술 등을 습득하게 하는 활동으로 신규 채용자, 새로운 업무를 담당하는 경우, 승진하는 경우, 새로운 지식이나 기술이 도입되는 경우 등에 실시된다. 교육 훈련이 공무원들의 직무 수행 관련 전문 지식 역량을 증대시키기 위한 것이라면 사기 진작(士氣振作, morale support)이나 동기 부여(動機附與, motivation)는 공무원들의 근무 태도나 열정을 증대시키기 위한 것이다. 사기와 동기 부여는 공무원들이 정부 업무를 담당하고 수행하면서 그 업무에 만족하고 조직에 잘 적응하면서 자신의 업무를 성공적으로 수행하도록 하는 관리와 지원 활동이다.

성과 평가(成果評價, performance evaluation)는 공무원이 수행한 업무의 성과를 평가하는 일이다. 평가 결과는 공무원의 승진, 배치전환, 보상, 징계 등에 사용하기 위한 기초 자료뿐만 아니라 공무원 개개인들에게 부족한 지식과 기술 등을 보충해주기 위한 교육훈련의 자료로도 활용된다. 통제(統制, control, regulation)란 공무원이 정부 업무를 수행하면서 부정과 부패를 하지 않고 공정하고 청렴하게 근무하도록 감시하는 일이다. 이른바 합법성, 능률성, 정치 중립성, 형평성 등 행정 윤리를 요구하는 것이다. 이러한 통제에 어긋나는 경우에는 징계 절차를 통하여 무거운 중징계(重懲戒, 파면, 해임, 강등, 정직)나 가벼운 경징계(輕懲戒, 감봉이나 견책)를 받게 된다.

승진(昇進, promotion)은 공무원이 업무 수행을 잘한 경우 또는 일정한 기간 동안(최소 승진 소요 연수) 공무원으로 근무한 경우 현재의 직급(계급)에서 담당 업무의 책임과 난이도가 더 어려운 바로 위 직급(계급)으로 올라가는 것이다. 공무원은 승진을 통해 봉급도 많아지고, 권한도 커지기 때문에 거의 모든 공무원이 승진에 목을 맨다.

퇴직(退職, retirement)은 공무원이 공직을 떠나는 것이다. 정년(停年)이 되어 퇴직하기도 하고 명예퇴직, 조기 퇴직도 있으며 처벌을 받게 되어 불명예 퇴직하는 수도 있다. 퇴직한 공무원은 그동안 해왔던 일을 마무리하고 책상을 정리하고 관청을 나서야 한다. 퇴직한 공무원에게는 대개 퇴직금과 연금이 주어진다. 연금은 재직 기간 봉급의 일부를 적립한 것과 정부에서 지원한 액수를 포함하여 받게 된다.

Ⅱ. 공무원: 어떤 사람인가?

공무원(公務員, public servant)은 정부 기관에서 공무를 담당하는 사람이다. 공무(公務, public service)는 (개인이나 기업의 이익을 위한 일이 아니라) 공공의 이익, 공익(公益, public interest)을 위한 일이다. 정부 기관과 같은 공공부문(公共部門, public sector)에서 하는 일이 대부분 공익을 위한 공무다. 또 유엔과 같은 국제기구, 종교단체, 교육기관, 자선단체 등 제3부문(third sector)에서 하는 일도 많은 부분이 공익을 위한 공무일 수 있다. 하지만 이 책에서는 정부 기관에서 하는 공무만을 대상으로 한다. 즉, 공무원은 정부 기관에서 공무를 수행하는 사람이다.

공무원은 정부에서 요구하는 법적 조건에 맞춰, 채용과 임용 과정을 거쳐, 관청(官廳, government office)에서 근무하는 사람이다. 인사는 이런 정부 공무원을 대상으로 이루어진다. 하지만 공무원의 활동이 모두 공무에 해당하지는 않는다. 공무원의 개인적인 일, 가정사, 공무 이외 시간의 활동은 사실 인사의 대상은 아니다(물론 공무원의 사적 활동도 '공무의 연장선상으로 보아' 주의를 필요로 하는 수가 있다.).

정부는 공무원을 효율적으로 관리하기 위하여 임용 주체, 임용 형태, 근무지 등에 의해 분류하고 있다. 우선 임용 주체에 의하여 국가공무원과 지방공무원으로 구분하고, 직무의 성격에 따라 경력직과 특수 경력직, 임용 형태에 따라 정규직과 임기제로 구분하고 있다.

국가공무원과 지방공무원: 임용 주체에 따른 분류

공무원은 임용 주체에 따라 나뉜다. 국가공무원법에 의하여 중앙정부에서 임용하는 국가공무원(國家公務員, 또는 중앙공무원)과 지방공무원법에 의하여 지방자치단체장이 임용하는 지방공무원(地方公務員, 즉 자치공무원)으로 구분한다. 국가(중앙)공무원은 대통령, 국회의장, 대법원장, 중앙선거관리위원장, 헌법재판소장 등이 임용권자이며, 보수는 국비(國費)로 지급한다. 지방(자치단체)공무원은 광역자치단체장 및 기초자치단체장이 임용하며 보수는 지방비(地方費)로 지급한다.

국가공무원은 중앙정부에서 공무를 수행하는 사람이지만, 경우에 따라서는 근무지가 전국적일 수 있다. 일선 행정기관이 전국에 걸쳐 있는 군과 경찰공무원, 교육공무원, 중앙선거관리위원회 공무원, 우정사업본부나 통계청 현장사무소 공무원은 지방에 근무한다. 지방공무원은 해당 지역 내에서만 근무한다.

경력직 공무원과 특수 경력직 공무원: 직무 성격에 따른 분류

공무원이 담당하는 직무 성격에 따라 다음 [표 4-1]과 같이 분류할 수 있다.

[표 4-1] 직무 성격에 의한 공무원 구분

구분		예
경력직 공무원	일반직 공무원	행정, 기술, 연구, 지도 등 담당 공무원
	특정직 공무원	법관, 검사, 외무공무원, 교육공무원, 경찰 및 소방공무원, 군인, 군무원 등
특수 경력직 공무원	정무직 공무원	대통령, 국회의원, 국무총리, 감사원장, 헌법재판소장, 대통령비서실장 등
	별정직 공무원	국회 위원회 수석전문위원, 감사원 사무차장 등

경력직 공무원(經歷職公務員)은 공무원 개인의 실적에 의하여 임용되고 신분이 보장되며 특별한 사유가 없는 한 정년이 보장되는 공무원이다. 경력직 공무원은 다시 일반직 공무원과 특정직 공무원으로 구분한다.

일반직 공무원(一般職公務員)은 행정 일반, 기술·연구에 대한 업무를 직군, 직렬, 직류별로 구분하여 담당하며, 계급으로 1급에서 9급까지 계급제를 기본으로 운영한다. 고위공무원단이 있는 행정부는 고위직 2등급(가, 나 등급)과 3급~9급까지 7계급으로 구성된다.

특정직 공무원(特定職公務員)은 특수 분야의 업무를 담당하여, 특별법에서 특정직 공무원으로 지정하는 공무원이다. 실적과 자격에 의해 임용되고 신분이 보장되며, 담당 직무에 필요한 자격, 복무규율, 정년, 보수 체계, 신분 보장의 특수성을 인정한다. 대표적으로 법관(대법원장, 대법관, 검사), 검사(검찰총장, 검사), 외무공무원, 경찰공무원, 국가소방공무원, 교육공무원(유치원·초·중·고 교원, 교수), 군인과 군무원, 국가정보원 직원, 경호공무원 등이다. 특정직 지방공무원은 공립대학 및 전문대학에 근무하는 지방교육공무원, 제주특별자치도 자치경찰공무원, 지방소방공무원 등이다.

특수 경력직 공무원(特殊經歷職公務員)은 경력직 이외의 공무원으로 실적제와 직업공무원제 적용을 받지 않는 공무원이다. 정무직과 별정직으로 구분된다. 정무직 공무원(政務職公務員)은 공직의 성격이 정치적이거나 고도의 정책 결정 업무를 담당하거나 이를 보조하는 공무원이다. 선거에 의해 취임하는 대통령, 국회의원, 도지사, 시장, 군수, 구청장 등과, 임명에 국회의 동의를 필요로 하는 일부 공무원으로 헌법재판소 소장, 감사원장, 국무총리 등이다. 그리고 고도의 정책 결정 업무를 담당하는 국회 사무총장, 중앙부처의 처장 · 차관 · 청장, 대통령비서실장, 대통령경호실장 등도 정무직 공무원이다. 별정직 공무원(別定職公務員)은 비서관, 비서 등의 보좌 업무를 수행하거나, 특정 업무 수행을 위해 법령에서 별정직으로 지정한 직위 공무원으로, 국회 위원회 수석전문위원, 지방의회 전문위원, 광역자치단체의 정무부시장(부지사) 등이다. 별정직 공무원의 계급 체계는 일반직 공무원에 준하여 1급부터 9급에 상당하는 보수를 받는다.

[표 4-2] 일반직 공무원의 분류 (공무원임용령 별표1) 〈개정 2014.6.30.〉

<table>
<tr><th rowspan="2">직군</th><th rowspan="2">직렬</th><th rowspan="2">직류</th><th colspan="7">계급 및 직급</th></tr>
<tr><th>3급</th><th>4급</th><th>5급</th><th>6급</th><th>7급</th><th>8급</th><th>9급</th></tr>
<tr><td rowspan="10">행정</td><td rowspan="7">행정</td><td>일반행정</td><td rowspan="10">부이사관</td><td rowspan="10">서기관</td><td rowspan="8">행정
사무관</td><td rowspan="7">행정주사</td><td rowspan="7">행정
주사보</td><td rowspan="7">행정서기</td><td rowspan="7">행정
서기보</td></tr>
<tr><td>법무행정</td></tr>
<tr><td>재경</td></tr>
<tr><td>국제통상</td></tr>
<tr><td>운수</td></tr>
<tr><td>노동</td></tr>
<tr><td>. . .</td></tr>
<tr><td>세무</td><td>세무</td><td>세무주사</td><td></td><td></td><td></td></tr>
<tr><td>검찰</td><td>검찰</td><td>검찰사무관</td><td>검찰주사</td><td></td><td></td><td></td></tr>
<tr><td>. . .</td><td>. . .</td><td></td><td></td><td></td><td></td><td></td></tr>
<tr><td rowspan="6">기술</td><td>공업</td><td>일반기계</td><td rowspan="3">부이사관</td><td rowspan="3">기술
서기관</td><td rowspan="3">공업
사무관</td><td rowspan="3">공업주사</td><td></td><td></td><td></td></tr>
<tr><td></td><td>농업기계</td><td></td><td></td><td></td></tr>
<tr><td></td><td>. . .</td><td></td><td></td><td></td></tr>
<tr><td>농업</td><td>. . .</td><td></td><td></td><td></td><td></td><td></td><td></td><td></td></tr>
<tr><td>임업</td><td>. . .</td><td></td><td></td><td></td><td></td><td></td><td></td><td></td></tr>
<tr><td>. . .</td><td>. . .</td><td></td><td></td><td></td><td></td><td></td><td></td><td></td></tr>
</table>

시간 선택제 공무원과 임기제 공무원: 근무시간, 임기에 따른 분류

공무원은 근무 시간에 따라 상근 공무원과 시간 선택제 공무원, 임용 형태에 따라 정규직 공무원과 임기제 공무원 등으로 구분할 수 있다. 시간 선택제 공무원(時間選擇制公

務員)은 가족 친화적 인사 정책을 활성화하기 위하여 유연근무제(柔軟勤務制)의 한 방법으로 통상적인 근무 시간보다 짧은 시간으로 근무하는 공무원이다. 임기제 공무원(任期制公務員)은 일반 임기제 공무원(직제 등 법령에 규정된 경력직 공무원의 정원에 해당하는 직위 등), 전문 임기제 공무원(특정 분야에 대한 전문적 지식이나 기술 등이 요구되는 업무), 시간 선택제 임기제 공무원(주당 15시간 이상 35시간 이하의 범위), 한시 임기제 공무원(1년 이내의 기간 동안 임용되는 공무원) 등이다. 자세한 사항들은 '공무원 임용령'에 나와 있다.

고위 공무원단

고위 공무원단(高位公務員團)은 담당하는 직무의 곤란성과 책임도가 높은 직위에 임용되기 위해 구성된 직위 그룹이다. 본래 실장과 국장급 공무원은 1~3급 공무원에 해당되었으나, 이 계급을 폐지하고 '가~나 급 직무 등급'으로 구분하여 직위 간 이동을 자유롭게 하였다. 고위 공무원단 직위는 중앙행정기관의 실장 · 국장 및 이에 상당하는 보좌기관 등이며, 일반직 공무원, 별정직 공무원, 특정직 공무원으로 구성되어 2015년 현재 약 1,500여 명이다.

고위 공무원단으로 신규 진입하기 위해서는 고위 공무원단 후보자 교육 이수, 역량평가를 통과해야 한다. 이러한 절차를 거치면 고위 공무원단 후보자 그룹에 포함되어 개방형 직위, 공모 직위, 기관 자율 직위 등에 임용되어 실장급(가 등급) 또는 국장급(나 등급) 업무를 수행한다. 기본적으로 고위 공무원단은 민간인과 공무원 간의 장벽을 허물어 개방적이며 유능한 사람을 임용한다는 취지 하에 도입한 제도로 개방(開放)과 경쟁(競爭)을 강조한다.

고위 공무원의 근무 성적 평점은 성과 계약을 체결하고 이를 평가받아 성과 연봉에 반영한다. 보수는 직무 성과급적 연봉제로 기본 연봉과 성과 연봉으로 구성되며, 성과 연봉은 성과 계약 평가 결과에 따라 성과 연봉 또는 성과 상여금을 지급된다.

Ⅲ. 인사: 어떤 관점에서 이루어지는가?

1. 직업 공무원제

'공무원은 매우 좋은 직업'이라는 관점에서 인사가 이루어지고 있다. 이를 직업 공무원제(職業公務員制. career civil system)라고 한다. 유능한 젊은 인재를 공직에 유치하여 이들이 공직에 근무하는 것을 명예로 인식하고, 정년 퇴임 할 때까지 장기간에 걸쳐 성실하게 근무하도록 하는 제도이다. 직업 공무원제는 다음과 같은 특징을 가지고 있다.

첫째, 장기 근무를 권장하므로 젊고 유능한 인재를 요구한다.

둘째, 장기간 근무하면서 교육 훈련으로 능력을 증대시키므로 채용 당시의 능력보다는 잠재력과 발전 가능성을 중요시한다.

셋째, 기본적으로 최하위 직위부터 근무하여 장기적으로 능력을 증대시키면서 상위 직위로 승진하는 제도를 강조한다.

넷째, 정치적 변동과 상관없이 공무원의 신분을 보장하며, 장기간 근무하도록 적절한 보수를 제공하고 퇴직 이후 생활도 어느 정도 보장되도록 연금 제도를 운영한다.

이러한 특성을 가진 직업 공무원제는 장점과 단점을 모두 가지고 있다. 먼저, 장점으로는 장기간에 걸쳐 근무하므로 공직을 평생 직업으로 인식하는 전문 직업이 가능하다는 점, 공직에 대한 자부심과 긍지로 높은 봉사 정신과 행동 규범이 가능하다는 점, 지속적으로 능력 발전 기회를 제공하여 유능한 고위직 공무원 양성이 가능하다는 점, 신분 보장과 장기 근무로 정치적 격변에 상관없이 행정이 일관성을 가질 수 있다는 점이다. 반면, 단점으로는 신분 보장이 이루어져 환경 변화에 둔감하고, 개혁을 거부하며, 행정 처리에 무사안일하기 쉽고, 공직 분위기가 침체되거나 전반적으로 공무원의 능력이나 업무 수행 수준이 낮아질 수 있다는 점이다. 또한, 전문성이 낮아 복잡한 행정에 효율적으로 대처하지 못할 수도 있다. 무엇보다도 공무원들이 자기 집단을 형성하여 변화에 저항하고 자신들의 이익을 증대하기 위하여 활동하기 쉽다는 것이다. 이러한 단점을 보완하기 위하여 일부 직위나 전문성이 필요한 직위에 민간인을 특별 임용할 수 있다. 이런 개방형 채용 제도를 통해 공무원의 경쟁과 능력 개발을 유도하거나 조직 침체를 개선할 수 있다. 개방형 공무원은 임용 직위를 제한하여 전문성을 강화시키고 있다.

2. 정실제와 엽관제

영국의 정실제

정실제(情實制, patronage system)는 공무원을 채용할 때 인사권자와의 개인적인 관계(예를 들면, 혈연, 지연, 종교, 학연 등)를 기준으로 임용하는 제도이다. 이 제도는 절대군주 국가 시대에 유럽의 왕이나 귀족이 자신의 측근을 관직에 임용하던 관례에서 유래되었다. 대표적인 국가로 영국에서는 '은혜적 정실제'라고 부르는데, 이는 국왕이 자신의 정치 세력을 강화하거나 반대 세력을 회유하기 위하여 국왕이 신뢰할 수 있는 사람에게 고위 관직이나 작위(爵位), 연금을 제공하였기 때문이다. 마찬가지로 장관들도 하위 관료를 임용할 때 이러한 기준과 방식을 사용하였다. 명예혁명 이후에는 의회 다수당이 국정 권한을 장악하여 일부 고위 귀족 정치인들이 개인적인 친소관계(親疎關係)를 기준으로 관직과 연금을 부여하는 '정치적 정실제'로 변모하였다.

미국의 엽관제

엽관제(獵官制, spoils system, political patronage system)는 인사권자에 대한 정치적인 충성도와 정당 기여도를 기준으로 공무원을 임용하는 제도이다. 이 제도는 주로 미국에서 발달하였는데, 집권당과 공무원의 동질성을 확보하여 국정 운영을 보다 원활하게 운영하기 위한 수단이었다. 미국은 독립 초기(1776년 독립) 엽관제를 도입하였으나, 공직은 대부분 좋은 가문(家門)의, 대학교를 졸업한 북동부 출신의 신흥 상류계층이 독점하였다. 제3대 제퍼슨 대통령(1801~1809)은 그동안 연방주의자들이 독점한 대통령 임명직의 25%를 교체하면서 정당에 대한 기여도를 공직 임용 기준으로 삼았다. 하지만 역시 일반 대중과 남부의 농업인, 서부 개척민들은 공직에 임용되는 것이 어려워 행정서비스는 일반 대중의 요구에 적절히 대응하지 못하였다. 제7대 잭슨 대통령(1829~1837)은 남부 농업인과 서부 개척민의 지지로 당선되었다. 그는 연방정부의 공직이 특정 계층에 독점되는 것은 평등과 기회균등이라는 민주주의 원리에 위배된다고 보았다. 그리고 일반 대중들에게 공직을 개방하기 위하여 정당에 충성하면 누구나 공직에 임명될 수 있다는 엽관제를 과감하게 도입하였다. 이러한 엽관제는 1865년 남북전쟁 이후 서서히 약화되어 갔다.

역사적으로 정실제와 엽관제는 그 등장 배경이나 의의, 효과는 서로 다르지만, 넓게 볼 때 혼용하여 사용되고 있다. 즉, 두 개념 모두 뒤에서 설명하는 실적제와 대비되는 개념으로 사용되고 있다. 정실제나 엽관제는 모두 공무원을 임용할 때의 기준이 공무원 개인의 능력이나 실적이 아니라, 임용권자와의 개인적인 관계를 기준으로 하고 있다. 정실제는 임용권자와 친소관계를 강조하고, 엽관제는 인사권자가 속해있는 정당에 얼마만큼 충성하거나 선거에서 승리하도록 기여하였는지를 강조하는 차이일 뿐이다. 두 개념을 하나의 개념으로 사용할 때는 대체로 정실제를 포함하는 엽관제로 사용하는 경향이 높다.

정당에의 충성도 등을 강조하는 엽관제의 장점과 단점을 살펴보면 다음과 같다. 먼저 장점으로는 첫째, 일부 특권층에게 독점되었던 고위 관료직을 일반 국민에게도 임용될 수 있는 기회를 제공하여 정당정치를 통한 민주정치 발전에 기여하였다. 둘째, 선거로 승리한 정당이 정부 관료를 지배하여 선거 공약이나 정책을 실천하는 데 크게 도움이 되어 정치의 책임성과 국민의 요구에 부응하는 대응성이 높아질 수 있다. 반면, 단점으로는 첫째, 소수의 정당 간부들이 고위 공직을 사고파는 상품으로 전락시켜 정치적 · 행정적 부패를 발생시킬 수 있다. 둘째, 공무원의 임기가 대통령 임기처럼 4년 정도이므로 신분이 불안하여 공직에 있는 동안 부정과 부패를 저지를 수 있다. 셋째, 정권과 함께 공무원들이 바뀌어 행정의 연속성 · 일관성 · 계속성이 어렵다. 넷째, 공무원의 행정 능력보다 정당에의 충성도를 강조하여 무능한 공무원이 임용되어 행정 능률이 낮아질 수 있다.

우리 한국은 공무원 임용의 기준으로 정실제나 엽관제보다는 다음에 설명하는 실적제를 기본으로 삼고 있다. 하지만 모든 공무원을 실적제로 임용하는 것이 아니라, 실적과 신분이 보장되는 직업 공무원에 대하여 실적제를 적용하고 있다. 이들 이외에 대통령선거에서 얼마만큼 충성하였느냐에 따라 보상 차원에서 고위직(장관, 차관, 공공기관 기관장 등)에 임용되는 공무원이 제법 많다. 이러한 엽관제는 대통령의 의지에 따라 상당한 차이가 있다. 능력에 관계없이 지나치게 정치적 충성도로 임용하는 경우 -이른바 낙하산 인사, 정(政)피아 등- 해당 기관의 행정서비스나 경영 실적이 낮아 국가와 사회 발전에 나쁜 영향을 미칠 수 있다. 결국, 국민에게 그 피해가 고스란히 돌아가는 불행한 상황이 발생할 가능성이 매우 높아진다.

3. 실적제

실적제(實績制. merit system)는 실적이 높은 사람을 공직에 임용하고, 승진을 시키는 제도이다. 정실제와 엽관제가 가지고 있는 단점, 문제점을 비판하고 이를 극복하기 위하여 강조되었다. 여기에서 실적이란 일반적으로 공무원 임용 대상자 개인의 업적, 성과, 능력, 지식, 자격, 기술, 교육 수준, 전공, 근무 경력, 훈련 경력 등을 말한다. 개인의 실적을 판단하는 가장 일반적인 방법은 필기시험이며, 나머지 기준은 상황에 따라 적절하게 이용하고 있다.

실적제의 장점은 첫째, 공개경쟁 시험인 경우 일정한 요건만 구비하면 누구나 공무원에 응모할 수 있어 기회균등이라는 민주적 요청에 적합하다, 둘째, 직무 수행 능력 등이 우수한 사람을 채용하므로 행정 능률 향상에 기여할 수 있다. 셋째, 엽관제와 달리 정치적으로 중립 되어 채용하므로 행정의 공정성에 기여할 수 있다. 넷째, 정치적 변동에 관계없이 유능한 직업공무원의 신분이 보장되므로 행정의 계속성, 안정성이 유지될 수 있다. 반면, 단점으로는 일반적으로 이용하는 시험은 직무 수행 능력을 제대로 측정할 수 없다는 점, 정치로부터 중립 되고 신분이 보장되어 정치인들이나 국민의 요구에 둔감해지고 무사안일이나 보신주의에 빠지는 경우 이를 통제하기 어렵다는 점 등이다.

4. 대표 관료제

대표 관료제(代表官僚制, representative bureaucracy)는 관료제가 국민 각 분야의 대표로 구성되는 것을 말한다. 관료제 속의 공무원들이 그 사회의 주요 세력들을 대표하는 사람들로 구성되어, 준거집단의 의견이나 입장을 충실히 반영하는 행정을 수행하도록 하기 위한 것이다. 공무원들이 국민의 요구 사항을 정책에 잘 반영하는 대응성을 확보하기 위한 것이다. 특히 인종, 문화, 민족, 종교, 언어, 지역 등으로 사회 집단 간에 갈등이 심하고 소수 집단에 대한 배려가 부족하여 사회 문제가 심각한 경우에 대표 관료제의 필요성이 강조되고 있다.

좀 더 확장하여 정의한다면, 그 사회를 구성하는 모든 주요 집단으로부터 인구 비례에 따라 관료를 충원하고 직무와 계급에서도 비례적으로 배치하여 관료들이 그 사회의 모든 계층이나 집단에 공평하게 대응하도록 하는 인사 제도다(강성철 외, 2014).

이론적으로는 공무원으로 임용되기 전의 대표 의식(소극적 대표)이 공무원으로 근무하면서도 그대로 그 집단을 대표하여 업무를 수행(적극적 대표)한다는 가정 하에 대표 관료제 이론이 주장되었다. 대표 관료제의 효용성은 첫째, 국민의 다양한 요구를 정책에 반영하여 국민의 신뢰감을 높이고 그만큼 정책의 집행력을 강화시키는 효과가 있다. 둘째, 다양한 집단, 특히 소외 집단에 공무원으로 진출하는 기회를 제공하여 관료의 국민 대표성과 사회적 형평성을 높이는 효과가 있다. 셋째, 다양한 국민의 의견을 수렴하고 반영하여 보다 합리적인 정책 결정을 유도할 수 있다.

이러한 효용성에도 불구하고 첫째, 소극적 대표가 실제로 근무하면서 자기가 대표하는 집단의 의견을 충분히 반영하는 적극적 대표로 이어지기 어렵다. 둘째, 공무원 사회를 각 집단의 대표로 구성할 경우에, 공무원 사이에 갈등이 발생할 가능성이 크다. 셋째, 대표 관료제를 엄격하게 적용하는 것이 현실적으로 매우 어렵다. 넷째, 자칫 능력이 있는 사람이 공무원에서 배제되고 능력이 부족한 사람이 공무원이 될 수 있다. 이런 식의 할당제는 역차별의 문제(과다하게 반영된 집단에 소속된 사람은 유능하더라도 공무원에서 배제됨)를 발생시킬 수 있다.

현실적으로는 모든 집단을 골고루 반영하는 대표 관료제는 한계가 있기 때문에 많은 나라에서는 일부 소외된 집단을 배려하는 차원에서 할당제 공무원 제도를 운영하고 있다. 우리는 여성을 고위직으로 할당했던 여성 채용 목표제(1996~2002)나 양성평등 채용 목표제(2003~현재), 지방 인재를 별도로 채용하는 지역 인재 추천 채용제와 지방 인재 채용 목표제, 저소득층을 우대하는 채용 제도, 장애인 채용 우대 제도, 이공계 채용 우대 제도, 다문화 가족이나 북한 출신 국민에 대한 우대 제도 등이 시행되고 있다.

5. 계급제, 품계제

계급제(階級制, rank system)나 품계제(品階制)는 관료제 속의 공무원을 몇 개의 등급(계급이나 품계)으로 나누어 권한, 근무와 보수, 승진 등에 차이를 두는 인사 제도이다. 우리의 공무원 9등급 체계는 고려 시대부터 1,000년 이상 이어져 내려온 것이다. 고려와 조선의 9등급 18품계 제도는 관료 사회의 안정화를 꾀하고 인사 관리를 매우 효율적으로 할 수 있었다.

계급제를 인도 카스트제도처럼 엄격한 신분 계층을 대변하는 인사 제도로 이해하는 경우도 있다. 사람이 가지는 신분(예로 성직, 귀족, 평민, 노예 등), 학력(초중고, 대학, 석사, 박사 등), 경력, 자격 등 개인적 특성을 기준으로 공직을 분류하는 것이다. 대표적인 예로 과거 영국에서는 중앙정부 일반 행정직을 행정 계급(대졸 학력자), 집행 계급(고졸 학력자), 서기 계급(고졸 미만 학력자)으로 구분하여 계급 간 이동을 제한하였으며, 승진도 그 계급의 최고 직위까지만 가능하도록 하였었다. 이런 계급제의 특징은 첫째로 교육제도에 따라 고등학교, 전문대, 대학교, 대학원에 따라 계급을 형성하는 것이다. 둘째로 계급 간 차별을 인정하여 각 계급에 따라 사회적 인정이나 보수가 다르고 계급 간 이동이나 승진이 어려워 원칙적으로 동일 계급에서 정년을 마친다. 셋째로 폐쇄형 충원 체제로 신규 채용은 당해 계급의 최하위직에 임용되며 상위 계급은 내부 승진에 의해서만 충원되므로 외부 인사가 동일 계급의 중간 계층으로 신규 채용이 허용되지 않는다. 넷째로 공직에 채용된 후 다양한 직무를 담당하면서 폭넓은 지식과 경험을 쌓으면서 승진하여 깊은 전문지식은 부족하지만 다양한 분야를 다룰 수 있는 일반행정가(generalist)를 양성하는 데 적합하다. 마지막으로 계급 간에 차이를 크게 하여 최고 계급은 좋은 학력을 요구하고 높은 보수와 대우로 고급공무원으로 양성하는 엘리트화를 추구한다.

보통 품계제 형태의 계급제의 장점은 계급이 동일하면 전보나 전직이 자유로워 인사 관리 운영이 탄력적이다. 또한, 폐쇄 체제로 내부 승진에 의해 장기근속이 가능하여 신분 보장과 직업 공무원제 확립에 도움을 준다. 단점으로는 담당하는 직무의 종류나 성격 등에 관계없이 동일 계급에는 동일 보수가 지급되어 '동일 노동, 동일 임금'이라는 원칙에 맞지 않는다. 여러 직무를 순환하면서 담당하는 순환 보직이 빈번하게 이루어져 행정의 전문화 추세와 관계없이 전문성이 약한 아마추어로 행정의 능률성을 저해한다. 폐쇄적이고 신분 보장이 이루어져 관료들의 경쟁심이 부족하고 무사안일해지며, 국민 위에 군림하거나 공무원 집단의 이익을 옹호하는 특권 집단화 가능성이 크다.

6. 직위 분류제

직위 분류제(職位分類制, rank-in-job)란 공무원 조직에 있는 수많은 직위(職位, position)를 직무(職務, job)의 종류와 수준에 따라 분류하여 관리하는 제도를 말한다. 직무 담당자인 공무원 개인이 아닌 직위가 지니고 있는 직무를 분석하고 평가하여 그 직위에 적합한 지식과 능력을 갖춘 사람을 임용하여 근무시키는 제도이다. 따라서 직무의 특성이나 차이를 기준으로 공직을 분류하기 때문에 직무 지향적 제도라고 부른다. 이 제도는 노동의 분화에 따른 전문화와 '동일 노동, 동일 임금'이라는 직무급으로 보상 체계가 이루어져 형평성 확립에 유리하다. 각 직위에는 그 직무를 담당하는 적임자를 임용하고 그 직위가 존재하는 동안 공무원도 근무하므로 직위의 수와 공무원의 수는 같다. 직무에 유능한 자를 임용하기 위하여 공무원 조직 내부와 외부 모두에게 그 직위를 개방하여 모집하는 개방형 인사 체계를 강조한다.

직위 분류제에는 몇 가지 주요 개념이 있다. 먼저 직위(職位, position)란 한 사람에게 부여할 수 있는 직무(업무)와 책임이며, 원칙적으로 직위의 수와 공무원의 수는 일치한다([표 4-2] 참조).

직급(職級, class)은 직무의 종류는 다르지만, 담당 업무의 난이도나 책임성이 유사한 직위를 묶은 것으로 동일한 직급은 임용 자격, 시험, 보수 등이 동일하다.

직군(職群, occupational group)은 직위들의 가장 넓은 대분류로 직무의 종류가 광범위하게 유사한 직렬의 집단이다. 한국은 크게 행정 직군, 기술 직군, 관리 운영 직군 3개로 분류하고 있다.

직렬(職列, series of classes)은 직군을 다시 세분한 것으로 직무의 종류는 비슷하지만, 곤란성이나 책임성이 서로 다른 직급의 집단이다. 예로 행정 직군의 행정 직렬, 세무 직렬, 검찰 직렬 등이 해당된다. 직렬을 바꾸려면 전직 시험을 치러야 한다.

직류(職類, sub-series)란 직렬을 다시 세분한 것으로 동일한 직렬 내에서 담당 업무가 동일한 직무의 집단이다. 행정의 전문성을 위하여 직류 간 이동은 제한적이며, 시험을 실시하지는 않는다.

등급(等級, grade)은 담당하는 직무의 종류는 서로 다르지만, 직무 수행의 곤란성, 책임 정도와 자격 요건이 매우 비슷하여 동일한 보수를 지급할 수 있는 모든 직위이다.

직무 조사(職務調査, job survey)란 직위 분류제로 분류할 모든 직위의 담당 업무와 관련한 대부분의 사항들을 조사하는 것이다. 직무의 내용, 곤란성, 책임 정도, 자격 요건, 외국어 정도, 전공 등을 설문지나 면접 방법으로 조사하여 직군, 직렬, 직류로 분류하는 기초 자료로 삼는다.

직무 분석(職務分析, job analysis)은 직무 조사 자료를 바탕으로 각 직위의 직무를 종류별로 세로로 분류하는 작업이다. 모든 직위를 나열한 다음 대분류로 직군으로 분류하고, 동일한 직군 내에서 다시 직렬로 분류하며, 동일한 직렬 내에서 다시 직류로 분류하는 작업이다.

직무 평가(職務評價, job evaluation)란 직무 조사 자료를 바탕으로 분류된 직군, 직렬, 직류를 가로로 나누는 작업이다. 즉, 각 직위가 가지고 있는 업무의 난이도, 곤란성, 책임성, 복잡성 등을 기준으로 상 · 중 · 하 등 여러 단계의 등급으로 나누는 것이다. 직무 평가 자료는 보수를 결정하는 데 매우 중요한 기준이 된다.

직위 분류제의 장점은 무엇보다도 동일 직무 동일 임금이라는 직무급에 적합하다. 각 직위가 필요로 하는 직무 수행 요건이 알려져 있으므로 채용, 전보, 교육 훈련, 승진 결정이 매우 합리적이다. 행정의 전문화가 이루어져 능률적이며, 직위 내용이 명확하여 담당 업무의 권한과 책임이 분명하다. 단점으로는 직위가 없어지면 공무원도 해고되어 신분 보장이 어렵고, 동일 직렬 내에서만 승진하여 승진 기회가 적으며, 유사한 업무만 담당하여 권태감을 느끼기 쉽다. 직렬 간의 이동이 어려워 신축적인 인사 관리가 쉽지 않다.

Ⅳ. 인사 기관: 누가 인사를 담당하는가?

1. 중앙 인사기관

공무원의 인사 행정을 다루는 기관은 크게 대한민국 공무원의 인사 행정을 총괄하는 중앙 인사기관과 각 부처마다 자체적으로 인사 행정을 다루는 부처 인사기관, 지방 공무원의 인사 행정을 관장하는 자치단체 인사기관으로 구분할 수 있다.

중앙 인사기관(中央人事機關)은 대한민국 공무원의 인사를 총괄하는 중앙정부의 인사행정기관을 말한다. 중앙 인사기관은 대통령으로부터 어느 정도 독립성을 가지느냐, 그리고 의사 결정을 할 때 기관장이 혼자 하느냐 또는 여러 명이 같이 하느냐에 따라 구분되는데, 독립 합의형(獨立合議型)은 엽관주의를 방지하고 인사 행정의 정치적 중립성과 실적제를 확보하기 위하여 대통령으로부터 독립되어, 의회 등의 추천을 받은 3~5명 정도의 위원으로 구성되는 인사위원회(위원장)로 운영한다.

비독립 단독형(非獨立單獨型)은 집행부 형태(장관, 처장 등)로 대통령이 임명한 한 명의 기관장이 단독으로 운영한다. 인사 행정의 책임 소재가 분명하고 신속하게 인사 정책을 추진하는 장점이 있지만, 인사 행정의 엽관주의나 정실주의를 방지하기 곤란하고 기관장이 빈번하게 교체되면 인사 정책이 혼란을 가져올 가능성이 크다.

절충형(折衷型)은 독립성은 있으나 합의제가 아닌 독립 단독형과 비독립이면서 합의제로 운영하는 비독립 합의형이 있는데, 과거 국민의 정부와 참여 정부 때 운영되었던 중앙인사위원회(1998~2008)는 비독립 합의형이었다.

중앙 인사기관은 법률의 범위 내에서 인사 행정 전반에 관한 인사 규칙이나 지침을 제정하는 준입법 기능, 인사 관련 법령에 따라 인사 행정의 전반(채용부터 퇴직까지)을 총괄하는 집행 기능, 위법하거나 부당한 처분(징계처분 등)에 대하여 공무원의 소청을 받아 이를 판단하고 결정하는 준사법 기능(소청심사위원회), 각 부처나 지방자치단체가 인사 행정과 관련하여 위법하거나 부당한지를 감독하고 판단하여 이를 시정하는 감사 기능을 가지고 있다.

2. 부처 인사기관

중앙 행정기관인 각 부처의 인사 업무를 총괄하는 기관이다. 기관장(장관, 처장, 청장 등)의 인사 행정을 보좌하는 참모 기관이다. 중앙 인사기관의 인사 정책을 집행하며, 소속 기관의 인사 행정 전반의 업무를 계획하고 집행하는 기능을 수행한다.

3. 지방자치단체 인사기관

지방자치단체 인사기관은 광역자치단체(특별시, 광역시, 도) 인사기관과 기초자치단체(시 군, 자치구) 인사기관으로 분류되지만, 그 기능은 비슷하다. 중앙행정기관의 인사 담당 기관처럼 중앙 인사기관의 인사 정책을 집행하며, 자치단체의 인사행정 전반의 업무를 계획하고 집행하는 기능을 수행한다. 승진이나 전보 등을 심의하는 부자치단체장을 위원장으로 하는 인사위원회, 지방공무원의 징계나 소청을 담당하는 소청심사위원회가 있다.

Ⅴ. 인사 행정의 실제

1. 임용

임용이란 신규 채용, 승진 임용, 전직, 전보, 겸임, 파견, 강임, 휴직, 직위 해제, 정직, 강등, 복직, 면직, 해임 및 파면을 말한다(공무원임용령 제2조). 임용은 외부 채용 또는 내부 채용 과정을 통하여 이루어지는 폭넓은 인사 행정 활동이다.

임용과 관련하여 대부분의 개념은 뒤에서 설명하고, 여기에서는 몇 가지 개념만 설명하기로 한다. 먼저 모집은 정부에서 필요한 사람인 공무원을 선발하겠다고 언론매체, 홈페이지(www.gojobs.go.kr) 등에 널리 알리는 행정이다. 정부가 정기적으로 실시하는 대표적인 모집 공고는 9급, 7급, 5급 공무원 모집 공고라고 할 수 있으며, 수시로 채용할 때 안내하는 모집 공고도 정부 인사기관(2015년 현재 인사혁신처)의 홈페이지(www.mpm.go.kr)에서 쉽게 확인할 수 있다.

채용은 모집 공고 이후 공무원 선발에 응시하는 사람들을 대상으로 우수한 사람을 선별하는 행정이다. 대표적인 방법은 필기시험이다. 다른 방법으로는 면접시험, 적성시험 등이 있다. 우수한 능력과 역량을 가진 사람을 선발하기 위하여 다양한 방법을 동시에 적용하고 있다. 채용시험에 학력 제한은 없으며, 연령의 상한선은 없으나 하한 연령으로 7급 이상은 20세 이상, 8급 이하는 18세부터 응시가 가능하다.

선발은 정부조직 밖 일반 국민을 대상으로 이루어지는 것(신규채용)이 일반적이지만, 정부조직 내부에서도 공무원을 대상으로 이루어지는 내부 채용도 있다. 배치는 채용된 공무원을 그 사람의 능력, 적성, 전공, 경험, 경력, 업무의 중요성이나 시급성 등을 고려하여서 해야 할 업무에 배정하는 활동이다.

2. 교육 훈련

일반적으로 교육이란 개인의 잠재력을 개발하는 과정이며, 훈련은 담당 직무 수행 능력을 향상시키기 위한 과정이다. 하지만 교육과 훈련은 동시에 진행되는 추세다. 교육 훈련은 공무원이 업무를 성공적으로 수행하기 위한 지식이나 기술 등을 습득하게 하는 활동으로 신규 채용자, 전직이나 전보로 새로운 업무를 담당하는 경우, 승진하는 경우, 새로운 지식이나 기술이 도입되는 경우 등에 실시한다. 교육 훈련은 공무원 개인의 공직 수행 능력을 향상시켜 직업적 성공의 기회를 제공하는 목적과 함께 조직에는 공무원이 효율적으로 업무를 수행하여 조직의 목표 달성에 기여하려는 목적도 포함한다.

교육 훈련의 종류는 처음 채용되어 실시하는 기본 교육(orientation, 오리엔테이션), 특정 분야의 직무 수행에 필요한 전문 교육, 조직 구성원으로 지녀야 할 가치관이나 태도 등에 관한 소양 교육, 과장급으로서 지녀야 할 지휘 · 감독 능력을 배양시키는 감독자 교육, 국장급 이상이 지녀야 할 종합 능력, 분석 능력, 리더십 등의 관리자 교육 등으로 구분할 수 있다.

교육 훈련의 방법은 강의, 회의, 토론, 감수성 훈련, 역할 연기, 분임 토의, 액션 러닝(action learning) 등이 있다. 감수성 훈련(sensitivity training)은 사전에 과제나 사회자를 지정하지 않고 10여 명 내외의 다소 이질적인 피훈련자들끼리 자유롭게 토론을 통하여 대인 간의 관계와 이해, 문제 해결 방법의 터득 등을 얻도록 하는 방법이다. 분임 토의(syndicate)는 10여 명의 피훈련 그룹게 가상적인 과제를 주고 주어진 일정한 공간 내에서 토론을 통하여 대안을 모색하는 제한적인 교육 훈련 방법이다. 매우 효율적인 방법으로 자주 이용되고 있다. 액션 러닝은 민간기업에서 경영 혁신을 위한 목적으로 도입한 교육 훈련으로, 정부에서는 2005년도부터 고위 공직자 교육 훈련 방법으로 도입하였다. 피훈련자 그룹이 각 기관에서 실제 직면하였던 정책 과제를 분석하면서 해결 가능한 정책 대안을 모색하는 교육 훈련 방법이다. 과제 해결 방안을 도출하기 위하여 현장 방문이나 기타 정보를 수집하여 실제로 문제를 해결할 수 있는 대안을 마련하는 것이 특징이다.

3. 성과 평가

조직은 목표를 달성하기 위하여 구성원의 근무 성과를 향상시키기 위하여 노력한다. 그 수단의 하나로 성과를 평가하여 그에 상응하는 보상이나 징계를 가한다. 공무원의 성과 평가는 근무 성적 평정(勤務成績評定)이라고 부르는데, 공무원이 업무를 담당하면서 얼마나 효율적으로 수행하였는지를 평가하는 활동이다. 이는 공무원의 승진, 배치 전환, 보상, 징계 등에 사용하기 위한 기초 자료뿐만 아니라 공무원 개개인들에게 부족한 지식과 기술 등을 보충해주기 위한 교육 훈련의 자료로도 활용된다.

근무 성적 평정은 여러 가지 기준에 따라 다양하게 분류하지만, 평가자를 중심으로 구분하는 경우, 감독자 평정, 자기 평정, 동료 평정, 부하 평정, 다면 평정이 있다. 감독자 평정(監督者評定)은 관리자가 부하 직원을 평가하는 것으로 가장 전통적인 방법이다. 이는 부하 직원의 성과를 평가하여 그 결과를 바탕으로 적절한 보상과 함께, 부하에게 환류시켜 부하가 조직 목표 달성에 기여하도록 정보를 제공하는 기능도 수행한다.

자기 평정(自己評定)은 피평가자가 스스로 자기 성과를 평가하는 방법이며, 동료 평정(同僚評定)은 동일한 직급(계급)에 해당하는 동료가 평가하는 것이고, 부하 평정(部下評定)은 피평가자의 부하로 하여금 상사를 평가하게 하는 방법이다. 다면 평정(多面評定)은 상사, 동료, 부하, 고객이 모두 평가하는 방법으로 '360도 평가'라고도 한다. 다면 평가는 평가 목적에 따라 평가자와 평가 요소 및 평가 방법을 달리 적용할 수 있다. 다면 평가가 성공적으로 운영되기 위해서는 피평가자의 수용성을 높이기 위한 장치 마련, 다면 평가 결과의 다양한 용도(승진, 상여금, 보직관리, 교육훈련 등)로의 활용 강화, 제도 실시 과정의 철저 준비(사전교육, 평가시간, 정보제공, 평가요소, 평가문항 등)가 중요하다(백종섭, 2003).

성과 평가는 사람이 수행하는 것이므로 오류가 발생할 가능성이 있다. 대표적인 평가 오류에는 다음과 같은 것이 있다. 연쇄 효과(連鎖效果, 후광효과, halo effect)는 피평정자의 한 평가 요소에 대한 평가 결과가 다른 평가 요소에도 영향을 미치는 오류이다. 집중화(集中化, central tendency) 오류는 평정자가 정보 부족이나 책임 회피를 위하여 모든 피평정자를 중간 정도로 집중하여 평가하는 것이다. 관대화(寬大化. leniency)와 엄격화(嚴格化, strictness) 오류는 평가를 우수하거나 나쁜 어느 한쪽 방향으로 치우쳐 평가하는 것이다. 이러한 평가 오류를 방지하기 위하여 강제 배분, 상대 평가 등을 보완하고 있으나 완벽하고 공정한 평가는 어려운 실정이다.

우리나라는 5급 이하 일반직, 연구직 및 지도직 공무원에 대해 근무 성적 평가 제도를 도입하여 운영하고 있다. 평가 항목은 근무 실적, 직무 수행 능력을 기본으로 기관에 따라 직무 수행 태도나 부서 단위의 운영 평가 결과를 추가할 수 있다. 평가는 평가자(1차 평가자)와 확인자(2차 평가자)에 의해 수행되며, 평가는 성과 면담, 성과 기록, 평가 결과의 본인에게 공개, 이의 신청 과정이 포함된다. 1차 평가자의 결과에 이의가 있으면 확인자에게 이의를 신청할 수 있으며, 확인자의 결정 내용에 불복하는 경우 근무 성적 평가 위원회에 이의 신청이 가능하다.

한편, 4급 이상 공무원은 성과 계약제(成果契約制)를 도입하여 운영하고 있다. 성과 계약 평가는 4급 이상 공무원(고위공무원단 포함)에 대해 개인 업무 실적 평가, 부서 단위 실적 평가, 그 밖에 직무 수행과 관련된 자질 또는 능력 등에 대한 평가 결과 중에서 하나 또는 그 이상으로 평가 항목을 정하여 평가 대상자와 평가자 간에 성과 목표 및 지표 등에 관하여 합의하고, 평가 대상 기간 중 평가 대상 공무원이 달성한 성과 목표의 추진 결과 등을 평가 지표 또는 평가 항목의 특성에 맞게 설정한 평가 기준에 따라 평가하여 그 결과를 인사 관리에 반영하는 제도이다(www.mpm.go.kr).

4. 보수와 연금

공무원의 보수

보수(報酬)란 근로자가 근로의 대가로 받는 금전이나 물품이다. 보수 수준은 조직 구성원에게는 물론 조직에게도 매우 중요한 의미를 갖는다. 개인에게는 직무에의 전념과 만족을 가져오는 사기 증가의 한 요인으로 작용하며, 조직에는 근무 성과 향상을 통한 조직 목표 달성의 유인책이기도 하다. 공무원의 보수 체계는 민간부문과는 다른 특성을 가진다.

먼저 공무원의 보수는 국민의 세금으로 지급하기 때문에 사회 일반의 보수 수준보다 낮은 편이다. 그리고 민간기업에 비하여 고위직은 상대적으로 낮고, 하위직은 높은 편이다. 둘째, 공무원이 담당하는 공무는 시장 가격으로 책정하기가 곤란한 측면이 강하여 '동일 노동, 동일 임금 원칙' 적용이 어렵다. 셋째, 공무원의 보수는 관련 부처, 국무회의의 결정을 거쳐 최종적으로는 국회의 의결을 받아야 하므로 노사 협상에 의해 결정되지 못하는 제약을 가진다.

공무원의 보수는 국가의 재정 능력을 상한선으로 하고, 인간다운 생활이 가능한 생계비 이상의 하한선을 기준으로, 다른 부문과의 상대적 수준, 공무원 내의 상대적 수준을 비교하여 결정한다.

공무원의 보수 수준은 '공무원보수규정'을 통하여 확인이 가능하다. 규정 제4조에서는 보수와 관련한 개념을 다음과 같이 정의하고 있다. 보수란 봉급과 그 밖의 각종 수당을 합산한 금액이며, 연봉제 적용 대상 공무원은 연봉과 그 밖의 각종 수당을 합산한 금액을 말한다. 봉급은 직무의 곤란성과 책임의 정도에 따라 직책별로 지급되는 기본 급여, 또는 직무의 곤란성과 책임의 정도 및 재직 기간 등에 따라 계급(직무등급이나 직위를 포함)별, 호봉별로 지급되는 기본 급여이다. 수당은 직무 여건 및 생활 여건 등에 따라 지급되는 부가 급여이며, 승급이란 일정한 재직 기간의 경과나 그 밖에 법령의 규정에 따라 현재의 호봉보다 높은 호봉을 부여하는 것을 말한다.

최근에 많이 사용하는 연봉이란 매년 1월 1일부터 12월 31일까지 1년간 지급되는 기본 연봉과 성과 연봉을 합산한 금액으로, 고정급적 연봉제 적용 대상 공무원의 경우에는 해당 직책과 계급을 반영하여 일정액으로 지급되는 금액이다. 여기에서 기본 연봉은 개인의 경력, 누적 성과와 계급 또는 직무의 곤란성 및 책임의 정도를 반영하여 지급되는 기본 급여의 연간 금액이며, 성과 연봉은 전년도 업무 실적의 평가 결과를 반영하여 지급되는 급여의 연간 금액을 말한다.

공무원의 연금

공무원 연금(年金)은 사회보험의 일종으로 국민 누구에게나 주어지는 일반적 성격의 연금과 공무원이라는 특수성을 고려한 특수성적 연금 성격을 가지고 있다. 우리나라 공무원 연금은 장기간 근무한 대가로 주어지는 퇴직 연금이 중심을 이루며, 근무 중에 장애 또는 재해로 인한 손실 보상 성격도 가진다. 연금 지급은 장기 급여와 단기 급여로 구분하고, 퇴직 연금은 공무원으로 일정 기간(20년 이상) 재직하고 퇴직한 경우에 사망 시까지 매월 일정 금액을 지급하는 것이다.

공무원 연금은 '공무원연금법'에 의하여 운영되는데, 그동안 공무원의 납부 금액(기여율)은 적고, 연금 지급액(지급률)은 높은 편이어서 매년 재정 적자가 눈덩이처럼 늘어나 대표적인 개혁 대상으로 논의되었다. 그동안 공무원은 매월 소득액의 7.0%를 납부하였고, 정부에서는 동일한 금액을 부담하여 적립금을 모아둔 뒤, 퇴직하면 연금을 지급하는 형태로 운영하여 왔다. 정부와 정치권은 이를 개혁하기 위하여 여러 차례의 협상과 논의 끝에 국회는 2015년 5월 29일 공무원 연금 개혁안을 통과시켰다. 개혁안의 골자는 다음과 같다.

첫째, 공무원의 현재 기여율은 7.0%인데, 2016년 8%, 2017년 8.25%, 2018년 8.5%, 2019년 8.75%, 2020년 9.0%로 5년에 걸쳐 인상하기로 했다. 지급률은 현재 1.9%에서 2016년 1.878%, 2020년 1.79%, 2025년 1.74%, 2035년 1.7%로 줄어든다. 둘째, 기존 연금 수급자의 부담도 증가하였는데, 매년 소비자 물가 상승률만큼 인상하던 기존 수급자(2014년 말 기준 39만 명) 연금액을 2016년부터 2020년까지 동결하도록 한 것도 '덜 받는' 효과로 이어진다. 셋째, 소득 재분배 기능을 강화하였는데, 지금까지는 [개인평균 기준 소득월액×지급률(1.9%)×재직 연수]로 연금액을 산출했지만, 앞으로는 전체 지급률 1.7% 중 1.0%에 대해 소득 재분배 요소를 도입했다. 국민연금은 전체 연금 수급자 평균 기준 소득 월액, 이른바 A 값을 감안해 수급액을 정함으로써 소득 재분배를 도모하였다. 즉, 기준 소득 월액은 매월 공무원 연금 기여금(부담액)과 수령액을 계산하는 기준이 되는 소득 금액으로, 각 공무원의 매월 총소득과 거의 일치한다. 개혁안은 기준 소득 월액에서 상한선을 현행 '전체 공무원 평균 소득의 1.8배'에서 1.6배로 낮추어 고액 연금 수급자 문제를 해결하려고 하였다. 넷째, 2010년 이전 임용자는 60세 이상, 이후 임용자는 65세 이상인 연금 지급 개시 연령은 단계적으로 연장하여 2033년에는 65세에 연금을 지급하도록 했다. 유족 연금 지급률도 70%에서 60%로 축소하였다. 수익비(기여금 대비 수령액을 뜻함)도 현재 2.08배에서 국민연금 수준(1.5배)인 1.48배로 낮췄다. 다섯째, 연금 수급자가 결혼해서 5년 이상 살다가 이혼할 때 해당 기간의 연금액 절반을 배우자에게 지급하도록 하는 분할 연금 제도도 눈에 띈다. 공무상 장애뿐 아니라 비(非)공무상 장애로 퇴직하더라도 연금을 지급하도록 했다(www.iseoul@seoul.co.kr).

5. 사기와 동기 부여

사기(士氣, morale)란 원래 전장에 나선 병사의 씩씩한 기개(氣槪)나 사람들이 일을 이룩하려는 기개라고 할 수 있다. 공무원의 사기란 공무원이 직무를 수행하려는 의욕, 직무 수행 동기나 근무 태도이다. 동기 부여(動機附與)는 조직의 관리자 입장에서 부하 조직원에게 어떤 특정한 자극을 주어 행동하게 하는 일, 즉, 사기를 높이는 방법을 말한다. 사기를 높이기 위한 동기 부여 이론은 내용 이론과 과정 이론의 두 가지 방법으로 간단하게 설명할 수 있다.

동기 부여의 내용 이론

동기 부여와 관련하여 내용 이론은 사람 마음속의 무엇(what)이, 그 사람을 행동하게 만드는가에 관심을 갖는다. 그러므로 그 사람의 사기를 높이기 위해서는 어떤 요인을 자극(보상)하는 것이 효과적인지 알아내면 되는 것이다. 내용 이론으로 대표적인 이론은 매슬로우의 욕구 단계이론과 허즈버그의 2요인 이론이다.

매슬로우(Maslow)에 의하면, 사람은 다섯 가지의 기본적인 욕구를 가지고 있다. 즉, 생리적 욕구(physiological need, 육체적 · 생물적 욕구: 의식주 욕구, 성 욕구), 안전 욕구(safety need, 안전, 안정, 보호 욕구: 물질, 신체 안정), 애정 욕구(love need, 사랑, 소속감, 관계 욕구), 존경 욕구(esteem need. 존경, 인정, 명예, 칭찬 욕구), 자아실현 욕구(self-actualization need)이다. 사람들은 앞에서부터 뒤로 가면서, 하위 욕구가 어느 정도 충족되면 다음 단계의 상위 욕구를 추구하게 된다. 아래 욕구는 열성적 욕구(형이하학적 욕구, 저차원 욕구)이고 위로 갈수록 우성적 욕구(형이상학적 욕구, 고차원 욕구)라고 할 수 있다. 사람마다, 문화마다 욕구 수준이나 충족하는 정도는 다를 수 있지만, 사람들이 가지고 있는 기본적인 욕구를 단계별로 구분하여 설명한 것은 매우 유용한 이론이다.

허즈버그(Herzberg)는 만족의 반대가 불만이 아니며, 불만족의 반대도 만족이 아니라는 것이다. 만족과 불만족은 서로 다른 별개의 감정이므로 만족시키는 요인과 불만족 요인을 없애는 것은 서로 다르다는 것이다. 즉 불만족 요인을 충족시켜 불만족이 없다고 해서 만족한다는 것은 아니라는 것이다. 쉽게 말하면, 부모님이 자녀에게 용돈을 충분히 준다면 자녀는 용돈에 대하여 불만은 없지만, 부모님과의 관계나 가정생활에 만족한다거나 공부를 잘한다는 것과는 별개라는 점이다. 부모님과의 관계나 가정생활에 만족하거나 공부를 잘하기 위해서는 또 다른 만족 요인이 있다는 것이다.

허즈버그는 불만족 요인은 이를 없애주는 것이 중요하므로 위생 요인(衛生要因)이라고 부르고, 만족 요인은 많을수록, 높을수록 좋으므로 동기 요인(動機要因)이라고 부른다. 위생 요인의 성격이 강한 것으로 조직의 방침과 행정서비스, 상사 · 동료 · 부하와의 관계, 관리 감독 스타일, 근무 환경, 보수 수준, 개인 생활, 지위, 안전 등이다. 이러한 욕구는 기본적으로 충족시켜 주어야 불만이 없어지고 충족되지 않으면 불만이 높아져 동기 부여가 이루어지지 않는다. 하지만 이러한 욕구가 충족되었다고 해서 동기가 높게 부여되는 것은 아니며 단지 불만만 없어지는 위생 요인인 것이다. 즉, 예방 차원 요인이므로 성과를 내도록 자극하는 동기 요인의 특성은 적다.

한편, 동기 요인은 성취감, 인정과 칭찬, 직무 수행 내용, 책임감, 승진이나 승급, 성장 등과 관련이 있다. 이러한 동기 욕구는 앞에서 설명한 위생 요인이 아니므로 충족되어도 불만이 제대로 해소되지는 않는다. 동기 요인을 충족시켜 주어야 구성원들은 성과를 내기 위하여 열심히 일을 하게 된다. 그러나 위생 요인(불만족 요인)을 충족시켜 주지 않은 채 동기 요인만을 충족시켜주면 성과는 크게 나타나지 않는다. 무엇보다도 중요한 것은 위생 요인은 기본적으로 충족시켜 주면서 동기 요인을 충족시켜 주어야 비로소 성과가 높게 나타나는 것이다. 보수가 낮은데 아무리 칭찬하고 책임감을 주고 승진시킨다고 만족하여 열심히 일하는 것은 아니라는 사실이다.

동기 부여의 과정 이론

동기 부여 이론에서 과정 이론은 무엇이 동기 유발을 일으키는가보다는 동기 유발 요인이 어떻게, 그리고 왜, 어떤 과정이나 관계를 통하여 영향을 미치는지에 관심을 둔다. 대표적인 것이 브룸의 기대 이론(期待理論, expectancy theory, VIE 이론)이다.

브룸(Vroom)은 사람들의 행동과 보상이 어떻게 연결되는지에 관심을 가지고 연구하였다. 사람들이 자발적인 행동을 할 때, 어떤 선택 행위를 하게 된다. 이 행동 대안을 선택할 때 사람들은 자신이 가장 중요하게 여기는 결과 달성이 보장되는 대안을 선택한다는 것이다. 이를 세 가지로 설명하면, 사람들은 어떤 행동을 하는 경우, 그 행동을 하면 성과가 나타나는지(기대감, Expectancy), 성과가 나타나면 보상이 주어지는지(수단성, Instrumentality), 주어지는 보상은 만족할만한 것인지(유의성, Valence)를 평가하여 행동한다. 따라서 열심히 노력해도 목표 달성이 불가능하거나(불가능한 목표), 목표를 달성해도 보상이 주어지지 않거나(약속 파기), 보상이 주어지더라도 만족할 만한 수준이나 내용이 아니면(쥐꼬리만한 보상) 동기가 부여되지 않아 열심히 일하지 않을 것이다. 공무원들이 주어진 업무를 열심히 수행하면 목표 달성이 가능하다고 인식할 때, 목표를 달성하면 보상(승진, 승급, 칭찬 등)이 주어진다고 믿을 때, 그 보상(승진이나 승급)이 자신이 만족할 만한 것일 때 열심히 일한다.

6. 행동 규범

행정 윤리

행동 규범(行動規範)은 공무원이 근무하면서 지켜야 할 여러 가지 윤리적 지침, 통제를 말한다. 통제란 공무원들이 정부 업무를 수행하면서 부정과 부패를 하지 않고 공정하며 청렴하게 근무하도록 감시하고 통제하는 이른바 행정 윤리를 요구하는 것이다. 특히 공무원으로서 따라야 할 윤리를 행정 윤리 또는 공직 윤리라고 한다.

공직 윤리(公職倫理)는 헌법상의 윤리, 국가공무원법상 윤리, 공직자윤리법상 윤리, 선언적 강령상 윤리를 포함한다. 먼저 헌법상 윤리는 공무원은 국민 전체에 대한 봉사자이며 국민에 대하여 책임을 지는 윤리이다(제7조). 국회의원은 청렴 의무, 국가 이익을 우선하여 양심에 따라 직무 수행 의무, 지위 남용 금지 의무 등이 있다(제46조). 대통령은 헌법 준수 의무, 국가 보위 의무, 성실하게 대통령 직책 수행 의무(제69조)가 주어진다.

국가공무원법상 윤리는 선서의 의무(법령준수 의무, 상사 직무명령복종 의무, 직무전념 의무, 창의적 직무수행 의무, 비밀준수 의무, 정의실천 의무), 외국 영예나 증여 허가 의무, 품위 유지 의무, 직장 이탈 금지 의무, 부패 행위 금지 의무, 영리 업무 및 겸직 금지 의무, 정치 운동 금지 의무, 집단 행위 금지 의무 등이 있다.

공직자윤리법상 의무는 비윤리적 행위의 발생 가능성을 낮추기 위하여 제정된 부패방지법으로 크게 ① 공무 수행 시 공직자의 재산상 이해와 충돌하는 것을 예방하는 이해 충돌 방지 규정, ② 대통령부터 4급 이상 일반직 공무원 등에 대하여 본인 명의 · 배우자 · 직계 존속 · 직계 비속의 재산을 등록 및 공개하는 규정, ④ 일정한 직위와 업무를 수행하는 공무원이 주식을 가지고 있는 경우에 공정한 업무 수행이 곤란하다고 판단하여 소유 주식을 본인이 직접 매각하거나 해당 주식의 처분에 대해 본인의 의사를 개입시킬 수 없는 제3자에게 신탁하도록 한 주식의 매각 또는 백지신탁 규정, ④ 공무원 또는 공직 유관 단체의 임직원이 외국(인)으로부터 선물을 받은 경우 지체 없이 소속 기관 · 단체의 장에게 신고하고 그 선물을 인도를 의무화한 규정, ⑤ 공직자로 근무한 사람이 퇴직한 이후에 일정한 기관에 근무하는 것을 사전에 심의하여 취업의 적정 여부를 판단하는 퇴직 공직자의 취업 제한 및 행위 제한 규정이 대표적이다.

공무원의 충성

공무원의 충성은 절대군주 국가에서는 군주 개인에 대한 충성이지만, 현대 민주주의 국가에서의 충성은 공무원이 재직하고 있는 국가의 국민에 대한 충성이요 헌법 기본 질서와 국가적 이념에 대한 헌신을 의미한다. 국가 공동체에 대한 충성인 것이다. 다만 민주주의 국가에서는 모든 국민의 자유와 권리를 보호하는 이념과 충성 의무를 요구하는 공무원 개인의 인권 간 충돌 가능성이 있으므로 유념하여 다루어야 한다.

헌법의 기본 질서를 지키기 위해서는 국가에 대한 충성심이 높은 유능한 사람을 임용해야 하므로 공무원으로 근무하고자 하는 사람의 충성도를 확인할 필요가 있다. 이른바 충성 조사가 이루어져야 한다. 충성 조사의 대상 범위는 국가마다 다르며, 한국은 전체 공무원을 대상으로 실시한다. 우리나라는 법률에 위반하는 특별한 경우가 아니면 공무원 임용 절차의 한 수단으로 신원 조회라는 이름으로 충성 조사를 실시하고 있다. 충성 조사는 공식적으로 진행하는 절차이지만, 비공개적이며 본인에게 진술의 기회나 법적 방어의 기회를 제공하지 않아 인권 침해의 소지를 내포하고 있다.

공무원의 정치적 중립

공무원의 정치적 중립이란 집권당(여당)이든 비집권당(야당)이든 모든 정당을 차별하지 아니하고 공정하게 행정서비스를 제공하도록 요구하는 것을 말한다. 공무원 자신 또는 어느 정당의 이익을 위하여 정당적 활동이나 업무에 부당하게 관여하거나 결탁하여 행정서비스를 제공하는 당파성과 불공정성을 금지하는 것이다.

정치적 중립성은 본래 엽관제가 가져오는 폐해를 극복하는 측면에서 바라볼 수도 있다. 정치적 중립은 정치로부터 행정 간섭을 배제하여 정치적 변동에 관계없이 공무원이 행정을 계속 수행하도록 하는 행정의 계속성, 안정성, 전문성을 확보하는 측면과 함께 공무원 자신의 신분 보장을 확대시키는 측면도 지니고 있다.

다만, 정치적 중립은 공무원 개인의 정치적 참정권 제약이라는 한계를 지니고 있기 때문에 어느 범위까지 요구하느냐로 논란의 소지가 있다. 이 문제는 그 나라의 정치 발전의 정도나 국민의 의식 수준 등 여러 가지 측면에서 검토되어야 할 속성을 가지고 있어 일률적으로 속단하는 것을 어렵다. 하지만 민주적 기본 질서의 확립, 행정의 공평성과 공익성, 행정의 안정성과 계속성, 행정의 전문성과 능률성, 공무원의 신분 보장과 실적제의 확립을 위해서는 행정의 공공성이라는 특수성을 고려하여 어느 정도 공무원 개인의 정치적 권리 제약을 불가피하다고 할 것이다.

7. 공무원 노동조합

대한민국 헌법 제33조 제1항에서 근로자는 근로 조건의 향상을 위하여 자주적인 단결권, 단체 교섭권 및 단체 행동권을 가진다고 규정하고, 근로기준법은 근로자를 직업의 종류에 관계없이 임금을 목적으로 사업이나 사업장에 근로를 제공하는 자로 규정하고 있다. 공무원도 임금을 목적으로 근로를 제공하므로 근로기준법상 근로자이다. 헌법 제33조 제2항은 "공무원인 근로자는 법률이 정하는 자에 한하여 단결권, 단체 교섭권 및 단체 행동권을 가진다."라고 규정하고 있으며, 노동조합법은 공무원과 교원에 대하여는 따로 법률로 정하여 노동기본권을 보장하고 있다.

이러한 근거를 바탕으로 정부는 교원(교사)과 공무원에게 노동 기본권(노동 3권)을 법률로 보장하고 있다. 교원에 대하여는 교원노조법에 의하여 1999년 7월부터 노동조합 활동을 보장하였고, 일반 공무원에 대하여는 공무원노조법에 의하여 2006년 1월 28일부터 보장하였다(백종섭, 2013).

근로자의 노동 기본권(노동 3권)

공무원의 노동 기본권은 노동 3권인 단결권, 단체 교섭권, 단체 행동권이다. 노동 3권은 근로자의 인간다운 생활의 보장이라는 측면에서 경제적 약자인 근로자의 실질적인 자유와 평등을 확보하기 위한 수단으로 보장되는 권리로 본다.

근로자의 단결권이란 근로자들이 자주적으로 노동조합을 설립 · 운영하고 이에 가입하여 활동할 수 있는 개별적 단결권과 근로자 단체인 노동조합이 자주적으로 활동할 수 있는 집단적 단결권을 말한다(김유성, 2004: 26).

단체 교섭권은 근로자가 근로 조건을 유지하고 개선하기 위해 노동조합 기타 단결체의 대표자를 선출하여 사용자 또는 사용자 단체와 집단적으로 교섭할 수 있는 권리이다. 사용자인 정부는 성실 교섭 의무를 질 뿐 노동조합 측의 요구를 수용하여 단체협약을 체결하여야 할 의무까지 지는 것은 아니다. 단체 교섭권에는 단체 협의권과 단체 협약 체결권까지 포함되어 있는 것으로 보고 있다.

단체 행동권이란 근로자가 근로 조건 등 자신의 요구를 관철하기 위하여 사용자에 대하여 집단적인 압력 행동을 취할 것을 보장하는 권리다. 단체 행동권은 쟁의권(쟁의 행위)과 조합 활동권으로 구분되는데, 쟁의권이란 파업, 태업, 직장 폐쇄 기타 노동관계 당사자가 그 주장을 관철할 목적으로 행하는 행위와 이에 대항하는 행위로서 업무의 정상적인 운영을 저해하는 행위를 말한다(노동조합법 제2조). 조합 활동권이란 쟁의 행위 및 단체 교섭 이외의 단결체 행동으로 리본 착용, 휴게 시간 중의 유인물 배포, 집회, 연설 등으로 업무의 정상적인 운영을 방해하지 않는 방식으로 사용자에 대하여 요구 또는 시위하거나 제3자에 대하여 선전 활동을 행할 수 있는 권리(김유성, 2004: 32)이다. 민간기업의 근로자와 달리 교원과 일반 공무원에게는 업무의 공공성 등으로 인하여 원칙적으로 단체 행동권을 인정하지 않고 있다.

교원 노조에 가입할 수 있는 교원은 초 · 중등교육법상 교원으로 초등학교, 중학교, 고등학교, 공민학교, 고등공민학교, 고등기술학교 및 특수학교에 근무하는 교장, 교감, 수석교사 및 교사가 가입대상이 된다.

공무원 노조에 가입할 수 있는 일반 공무원은 6급 이하의 일반직 공무원 및 이에 상당하는 일반직 공무원, 특정직 공무원 중 6급 이하의 일반직 공무원에 상당하는 외무, 행정, 외교, 정보관리직 및 별정직 공무원이다. 다만, 일반 공무원 중 사실상 노무에 종사하는 일부 공무원(우정사업본부에 근무하는 공무원)은 다른 법률에 의하여 별도로 노동기본권을 보장하고 있다.

교원은 특별시 · 광역시 · 도 단위 또는 전국 단위로 노동조합을 설립할 수 있으며, 단위 학교 차원의 노조 설립은 금지하고 있다. 일반 공무원은 국회 · 법원 · 헌법재판소 · 선거관리위원회 · 행정부 · 상급자치단체(특별시, 광역시, 도) 및 기초자치단체(시, 군, 구)를 최소 단위로 인정하고 있다. 따라서 행정부의 각 부 · 처 · 청 단위나 읍 · 면 · 동 단위의 공무원 노동조합 설립은 불가능하고, 지부나 분회 등으로 설치할 수 있다.

교원 노동조합의 대표자는 그 노동조합 또는 조합원의 임금, 근무 조건, 후생 복지 등 경제적, 사회적 지위 향상에 관한 사항에 대하여 교육부 장관, 시 · 도 교육감 또는 사립학교를 설립 · 경영하는 자와 교섭하고 단체 협약을 체결할 권한을 가지고 있다. 다만, 교육 과정과 교육기관 및 교육행정기관의 관리, 운영에 관한 사항은 교섭, 협의의 대상이 될 수 없다고 규정하고 있다.

[표 4-3] 교원노조법상 교원 노조의 단체 교섭 대상

단체 교섭 대상	① 노동조합에 관한 사항 ② 조합원의 임금 ③ 조합원의 근무 조건 ④ 조합원의 후생복지 등 경제적 · 사회적 지위 향상에 관한 사항

일반 공무원 노동조합의 단체 교섭 대상은 노동조합에 관한 사항, 조합원의 보수 · 복지, 그 밖의 근무 조건에 관한 사항이다. 법령 등에 의하여 국가 또는 지방자치단체가 그 권한으로 행하는 정책 결정에 관한 사항, 임용권의 행사 등 그 기관의 관리, 운영에

관한 사항으로서 근무 조건과 직접 관련되지 아니하는 사항은 단체 교섭의 대상이 될 수 없다.

[표 4-4] 공무원노조법상 단체 교섭 대상과 제외 대상

단체 교섭 대상 (공무원노조법 제8조)	① 노동조합에 관한 사항 ② 조합원의 보수 ③ 조합원의 복지 ④ 그 밖의 근무 조건에 관한 사항
단체 교섭 제외 대상 (공무원노조법 시행령 제4조)	① 정책의 기획 또는 계획의 입안 등 정책 결정에 관한 사항 ② 공무원의 채용 · 승진 및 전보 등 임용권의 행사에 관한 사항 ③ 기관의 조직 및 정원에 관한 사항 ④ 예산 · 기금의 편성 및 집행에 관한 사항 ⑤ 행정기관이 당사자인 쟁송(불복 신청을 포함한다)에 관한 사항 ⑥ 기관의 관리 · 운영에 관한 그 밖의 사항

근로자 조직인 노동조합은 근로 조건의 개선을 위하여 사용자인 정부와 단체 교섭을 진행할 수 있다. 사용자인 정부의 단체 교섭 당사자는 다음과 같다.

〈표 4-5〉 단체 교섭 당사자

구분		사용자 측(정부)	노동조합 측
단체 교섭 당사자	교원	교육부 장관, 광역시 · 도 교육감, 사립학교 연합단체 대표자	교원노동조합
	일반 공무원	국회 사무총장, 법원행정처장, 헌법재판소사부저상, 중앙선거관리위원회 사무총장, 행정자치부 장관(행정부 대표), 특별시장, 광역시장, 도지사, 특별자치도지사, 시장, 군수, (자치구)구청장, 교육감	공무원노동조합

자료: 백종섭(2013).

8. 신분 보장과 징계

공무원의 신분은 국가공무원법과 지방공무원법에 의하여 보장하고 있는바, 법에 정하는 사유에 의하지 아니하고는 자신의 의사에 위배되는 신분상의 불이익을 받지 않도록 규정하고 있다. 공무원의 신분 보장을 법으로 규정하고 있는 이유는 신분상의 안정을 통하여 공무원의 계속 근무를 유도하고 사기를 높여 행정 능률과 국민에 대한 봉

사를 잘 수행하도록 하자는 취지이다.

징계(懲戒)란 통제의 한 수단으로 공무원으로 하여금 법률에 따라 성실하게 자신의 직무를 수행하라는 행동 규범을 준수시키기 위한 것이다. 국가공무원법에는 공무원은 형의 선고, 징계 처분 또는 이 법에서 정하는 사유에 따르지 아니하고는 본인의 의사에 반하여 휴직, 강임 또는 면직을 당하지 아니한다. 단, 1급 공무원과 가 등급 고위공무원단 공무원은 제외(제68조)하고 있다.

국가공무원법은 공무원의 징계 사유로 제78조에서 국가공무원법 및 이 법에 따른 명령을 위반한 경우, 직무상의 의무(다른 법령에서 공무원의 신분으로 인하여 부과된 의무를 포함한다)를 위반하거나 직무를 태만히 한 때, 직무의 내외를 불문하고 그 체면 또는 위신을 손상하는 행위를 한 때로 규정하고 있다.

징계의 종류는 중징계(파면 · 해임 · 강등 · 정직(停職))와 경징계(감봉 · 견책(譴責))로 구분한다. 파면과 해임은 공무원의 신분을 박탈하는 징계로, 파면된 자는 향후 5년 동안 공무원으로 근무할 수 없고, 연금액의 1/2을 감액(5년 미만 근무자는 1/4 감액)하여 지급한다. 해임된 자는 향후 3년 동안 공무원으로 근무할 수 없으며, 연금액은 그대로 지급한다.

강등은 1계급 아래로 직급을 내리고(고위 공무원단에 속하는 공무원은 3급으로 임용하고, 연구관 및 지도관은 연구사 및 지도사로 한다) 공무원 신분은 보유하나 3개월간 직무에 종사하지 못하며 그 기간 중 보수의 2/3를 감한다.

정직은 1개월 이상 3개월 이하의 기간으로 하고, 정직 처분을 받은 자는 그 기간 중 공무원의 신분은 보유하나 직무에 종사하지 못하며 보수의 2/3를 감한다. 감봉은 1개월 이상 3개월 이하의 기간 동안 보수의 1/3을 감하는 징계이며, 견책(譴責)은 전과(前過)에 대하여 훈계하고 회개하게 하도록 하는 것이다.

징계는 아니지만, 공무원에게 신분상 불이익을 주는 규정도 있다. 임명권자는 다음과 같은 사유가 발생할 때 직권으로 공무원을 면직시킬 수 있다. 직권 면직 사유는 ① 직제와 정원의 개폐 또는 예산의 감소 등에 따라 폐직(廢職) 또는 과원(過員)이 되었을 때, ② 휴직 기간이 끝나거나 휴직 사유가 소멸된 후에도 직무에 복귀하지 아니하거나 직무를 감당할 수 없을 때, ③ 대기 명령을 받은 자가 그 기간에 능력 또는 근무 성적의 향상을 기대하기 어렵다고 인정된 때, ④ 전직 시험에서 세 번 이상 불합격한 자로서 직무 수행 능력이 부족하다고 인정된 때, ⑤ 징병검사 · 입영 또는 소집의 명령을 받고 정당한 사유 없이 이를 기피하거나 군 복무를 위하여 휴직 중에 있는 자가 군 복무 중 군무(軍務)를 이탈하였을 때, ⑥ 해당 직급 · 직위에서 직무를 수행하는 데 필요한 자격증의 효력이 없어지거나 면허가 취소되어 담당 직무를 수행할 수 없게 된 때, ⑦ 고위 공무원단에 속하는 공무원이 제70조의 2에 따른 적격 심사 결과 부적격 결정을 받은 때이다.

임용권자는 다음 각 호의 어느 하나에 해당하는 자에게는 직위를 부여하지 아니할 수 있는 직위 해제가 있다. 직위 해제의 사유는 ① 직무 수행 능력이 부족하거나 근무 성적이 극히 나쁜 자, ② 파면 · 해임 · 강등 또는 정직에 해당하는 징계 의결이 요구 중인 자, ③ 형사 사건으로 기소된 자(약식 명령이 청구된 자는 제외한다), ④ 고위 공무원단에 속하는 일반직 공무원으로서 제70조의 2 제1항 제2호부터 제5호까지의 사유로 적격 심사를 요구받은 자, ⑤ 금품 비위, 성범죄 등 대통령령으로 정하는 비위 행위로 인하여 감사원 및 검찰 · 경찰 등 수사기관에서 조사나 수사 중인 자로서 비위의 정도가 중대하고 이로 인하여 정상적인 업무 수행을 기대하기 현저히 어려운 자가 해당된다.

한편, 공무원의 계급(직급)을 1단계 아래로 임명하는 강임 제도는 직제 또는 정원의 변경이나 예산의 감소 등으로 직위가 폐직 되거나 하위의 직위로 변경되어 과원이 된 경우 또는 본인이 동의한 경우에는 소속 공무원을 강임할 수 있다.

공무원이 징계 처분이나 직위 해제, 강임, 휴직 등 본인의 의사에 반하는 불이익 처분을 받은 경우 그에 불복하여 이의를 제기하여 구제받는 절차와 제도가 소청심사 제도이다. 소청은 본인의 의사에 반하여 불리한 처분을 받은 공무원이 위법적인 사항에 한하여 제기할 수 있는 세도이다. 위법 사항이 아닌 부당한 사항은 고충 상담에 의한 치리 대상이 된다.

소청심사위원회는 행정 기관인 인사혁신처, 국회사무처, 법원행정처, 헌법재판소 사무처 및 중앙선거관리위원회 사무처에는 각각 해당 소청심사위원회를 두도록 하였다. 소청심사위원회의 결정은 처분 행정 기관을 기속하며, 부당한 결정이라고 생각하면 재심을 요구할 수 있다.

제5장 예산

Ⅰ. 예산

1. 예산이란 무엇인가?

예산(豫算. budget)이란 정부의 돈 씀씀이를 미리 정해 놓은 것이다. 일정 기간 동안의 국가 수입과 지출을 계획한 것이 예산이다. 사람들이 생활을 해나가는 과정에 돈이 필요하듯이 정부가 일을 하는 데도 돈이 필요하다. 행정에 필요한 돈을 어떻게 조달하고, 어떻게 사용할 것인가를 미리 약정해 놓은 것이 바로 예산이다. 다음 연도의 수입과 씀씀이를 미리(豫) 계산해서(算) 정해 놓기 때문에 예산이라고 부른다.

예산이 조금은 정적(靜的)인 용어로 쓰인다면 재정(財政. finance)이란 말은 예산과 관련된 동적(動的) 활동을 가리킬 때 사용된다. 재정은 재무행정(財務行政)의 줄임말로서 국민으로부터 조세 등 세입을 받아들이고, 예산 내용에 따라 지출 행위를 하며, 정부의 모든 돈과 관련된 행정을 총칭한다.

예산을 짜는 과정이 예산 편성(豫算編成. budgeting)이고, 그 결과물이 예산서(豫算書)라는 문서다. 이 예산, 예산서는 국회의 승인을 받아야만 확정이 되어 법적 효력을 가진다. 예산 속에는 1년 동안 정부로 들어올 세입(歲入. revenue)과 사용할 세출(歲出. expenditure)에 대한 내용이 상세하게 나타나 있다. 예산 속의 세입과 세출 총액은 똑같아야만 한다.[1)]

정부는 매년 1월 1일부터 예산에서 정해 놓은 대로, 세금을 거두고, 돈을 지출한다. 세금으로 거둔 돈은 한국은행에서 관리하는 국고(國庫)로 들어간다. 예산이 결정되면 각 기관으로 예산이 배정되고, 행정 공무원들은 업무를 처리하면서 지출 원인 행위를 하여 기관 내 예산 담당 부서에 요청한다. 돈을 관리하는 일과 돈을 쓰는 일을 분리해 놓은 것이다.

회계연도: 예산은 1년 단위로 운영된다.

정부의 회계연도(會計年度. FY : Fiscal Year)는 매년 1월 1일부터 12월 31일까지다. 예산은 이 기간 동안에 시작되고 마무리되어야만 한다. 일본과 영국은 회계연도가 4월 1일부터 3월 31일까지이고, 미국은 10월 1일부터 9월 30일까지다.

예산은 회계연도 시작 전에 국회 승인이 완료되어야 하고, 매년 말이 되면 정부의 지출 원인 행위가 종료되어야만 한다. 중앙정부의 경우에는 다음 회계연도 개시 90일 전(10월 2일)까지 예산안이 국회에 제출되어야 하고, 30일 전(12월 2일)까지 의결되어야 한다. 반면 시, 도(광역자치단체)는 50일 전까지 지방의회에 제출되어, 15일 전까지 의결되어야 한다. 시, 군, 자치구(기초자치단체)는 40일 전까지 지방의회에 제출되어, 10일 전까지 의결되어야 한다. 지방정부는 중앙정부가 지원하는 자금을 포함시켜 예산을 편성해야 하기 때문에 중앙정부의 결정을 기다리는 시간이 필요하다.

연말까지 예산의 세입, 세출이 완료되지 못할 것이 예상될 경우에는 미리 정해놓은 규칙에 따라 대처해야 한다.

예산의 생애 주기: 3년 단위로 반복된다.

예산의 생애 주기(生涯週期. life cycle)는 3년이다. 예산이 결정되고, 집행된 다음, 결

---

1) 영어를 공부할 때, 모르는 단어가 나오면 사전을 참조한다. 재무행정의 경우 이러한 사전에 해당하는 자료가 '국가재정법'이다. 그리고 기획재정부가 발표하는 당해 연도의 '예산 개요' 책자를 보면 이하에 제시되는 모든 논의에 관한 구체적인 수치가 나타난다. 이 자료는 www.dbrain.gr.kr에서 참조가 가능하다.

산이 이루어지기까지는 3년이 걸린다. 예산 짜는 1년, 집행하는 1년, 마무리하는 1년이 필요하다. 2015년을 기준으로 생각해 보면, (1) 2016년도 예산을 짜는 일 (2) 2015년 예산을 집행하는 일 (3) 2014년 결산을 하는 일이 중첩되어 있다. 예산 담당 부처는 항상 바쁘다.

정책이 만들어지고, 시행되어, 효과를 나타내는 데 많은 시간이 걸리듯 예산 과정도 긴 시간을 필요로 한다. 어떤 문제가 발생하여 예산 투입이 필요하다고 판단하면, 그에 맞춰 예산이 짜여져야 하고, 국회 승인을 얻어 결정된 다음 연도에 비로소 돈을 지출할 수 있다.

'하루 벌어, 하루 먹고 사는 사람'이라면 예산이 필요 없을 것이다. 하지만 안정된 삶을 원하는 가족이나 발전을 꾀하는 기업, 정부는 반드시 예산이 필요하다. 정부의 예산 과정은 절대 왕정이나 독재자에 대항하여 나타난 민주주의의 역사와 함께한다. 정부의 씀씀이에 필요한 모든 돈은 국민으로부터 거둔 것이기 때문에 기본적으로 국민의 희생을 전제로 하고 있다. 그래서 정부가 제멋대로 세금을 거두지 못하게 하는 시민투쟁으로부터 시작해서, 모든 씀씀이를 국민의 대표기관으로부터 승인을 받도록 한 것이 바로 민주주의 역사다. 현대 민주주의 국가에서 정부 예산을 국회에서 승인받도록 하는 것이 같은 의미다. 예산 과정에서는 국회와 행정부 사이에 팽팽한 권력 대응, 통제와 자율 경쟁이 벌어진다.

예산 과정에서 재정 민주주의 원칙(財政民主主義原則. principle of fiscal democracy)이 고려되어야 한다. 예산은 민주주의 목적 가치를 지향해야 하고, 이해 당사자의 참여와 정보 공개 원칙이 충실히 지켜져야만 한다.

〈우리나라 재정 체계〉

(중앙 재정)

- 예산 + 기금
- 예산 = 일반회계 + 특별회계

(지방 재정)

- 일반재정 + 교육재정
- 일반재정 = 예산 + 기금
- 교육재정은 교육비특별회계

[그림 5-1] **재정 체계와 규모** (출처: 재정혁신타운 홈페이지. http://www.budget.go.kr)

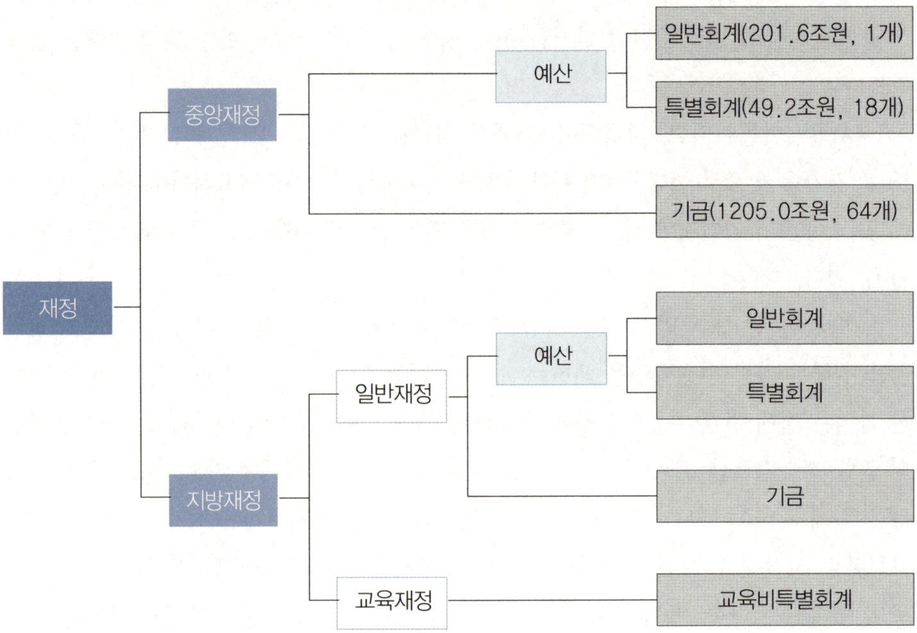

2. 예산의 기능

정부 예산은 1년 동안의 정부 수입과 지출에 관한 명세서이고 활동이다. 행정의 모든 활동에 필요한 돈에 대한 내용이 담겨 있다. 예산은 정부 정책을 뒷받침하는 것이기 때문에 '예산 편성이 곧 정책 결정'이 되기도 한다. 정부의 예산 편성과 국회의 승인 과정에서 수많은 정책 결정이 이루어지고, 정치적 흥정과 게임이 이루어진다. 행정부와 국회의 정치적 관계가 형성된다. 예산은 행정 공무원들의 업무 수행의 지침이 되고, 법적 효력을 가진다. 예산이 지출되면서 관련 분야의 경제가 살아나고, 사회 문화가 발전할 수 있다. 예산은 그 내용의 결정과 집행 과정을 통해 정치적, 법적, 행정적, 경제적, 사회 문화적 기능을 수행한다.

정치적 기능

예산의 편성과 집행은 행정부와 국회, 이해관계 집단 사이의 치열한 경쟁 속에서 이루어진다. 자기들이 선호하는 정책에 대한 예산 지원을 늘리려고 애를 쓰고, 세금은 적게 내고 지원은 많이 받으려고 다툰다. 이 모든 것이 정치 작용(politics)인데 예산을 통해 적절히 조정이 이루어진다.

예산의 결정을 통해 세금이 징수되고 세출이라는 이름으로 집행된다. 이러한 과정에서 이루어지는 배분은 합리적 분석이나 과학적인 과정을 통해 결정되기보다는 다양한 이해관계의 조정과 타협으로 결정되는 측면이 강하다. 국방과 복지, 경제 성장 중 어느 분야에 우선적으로 예산을 배분하느냐와 관련하여 보수와 진보의 논리가 대립한다. 미국에서는 "민주당의 빵이냐 공화당의 총이냐(Butter or Gun?)"라는 논쟁이 전개된다. 빵은 복지를 상징하고, 총은 국방을 상징한다.

예산 과정은 다양한 이해관계를 조정하는 과정이다. 그래서 갑자기 특정 항목이 끼어들고, 액수가 크게 늘거나 줄어들기가 쉽지 않다. 항목별로 조금씩 증감하는 점증주의(漸增主義. incrementalism) 형태가 나타난다.

법적 기능

예산은 입법부가 행정부에 대하여 재정권을 부여하는 형식이다. 예산이 법률의 형식을 갖지 않더라도, 입법부의 승인을 받음으로써 강제적으로 집행해야 될 의무를 안게 된다. 이때, 세출 예산은 보다 엄격하게 구속된다. 의회 승인액 액수보다 많은 지출을 하려면 별도 승인을 받기 위한 절차를 거쳐야 한다. 그러나 세입 예산은 추계치(推計値)에 불과하기 때문에 강제성이 약하다. 세금이 법적 근거에 의해 징수되기는 하지만, 경기 변동에 따라 얼마가 징수될지는 미리 알 수가 없기 때문이다.

최근 예산법률주의(豫算法律主義)를 도입하자는 주장이 제고되고 있다. 이는 몇 가지의 다양한 쟁점을 담고 있다. 첫째는 법률처럼 결정하자는 것이다. 예산서를 보면 단순히 숫자만 나열되어 있으나 앞으로 구체적으로 사업을 설명하도록 하자는 의미를 담고 있다. 실제 미국은 각 부처의 예산법이라는 형식으로 통과된다. 예컨대 '2014년 농림부 예산법'이라는 명칭으로 국회에서 통과되고 있다. 둘째는 법률의 절차처럼 행정부가 제출하면 국회가 최종적으로 결정하자는 것이다. 이럴 경우 행정부 수정은 인정되지 않는다. 어떤 의미이든 예산법률주의가 갖는 의미는 행정부의 재량을 줄이고 국회의 권한을 강조한다는 의미를 담고 있다.

행정적 기능

예산 자체가 행정 기능을 수행하는 측면을 말한다. 쉬크(A. Schick) 교수는 예산 제도의 발전과 관련하여 행정적 측면에서 통제, 관리, 계획으로 구분하고 있다. 통제 기능은 과세 동의권에서 민주주의가 시작하기 때문에 집행부는 의회의 결정에 구속받아야 한다는 입장이다. 관리 기능은 예산을 통해 사업을 수행하는 관리 기능을 강조하는데, 이럴 경우에 예산은 능률성을 지향한다. 미국의 예산 담당 기관인 OMB(관리예산처 : Office of Management and Budget)가 예산이 가지고 있는 관리 기능을 상징한다. 예를 들면 공무원 정원 관리는 인사 담당 부서만이 아니라 월급을 주는 예산기관에서도 함께 담당하고 있다. 계획 기능은 예산을 통해 중장기 계획과 1년 기준의 예산이 연계된다는 것이다. 예컨대 특정 산업을 중장기적 관점에서 지원하려고 하면 계획 기능과 연계되어야 한다는 것이다.

한편 자원이 부족하여 경제가 어려웠던 1980년대에는 행정적 기능으로 감축 기능이 등장하였다. 예산의 감축을 통해 사업을 줄이는 것이다. 이 시기에 전년도 예산에 구애받지 말고 원점에서 예산을 편성하려는 영기준 예산(零基準豫算. Zero-base budget)이 발전하였다. 이는 시장 기능을 강조하고 정부의 기능을 축소하려고 시도했던 신보수주의 이념이 바탕이 되었다.

경제적 기능

예산이 국민 경제에 미치는 영향을 고려하여, 예산을 재정 정책의 수단으로 활용한다. 예산이 자원 배분, 소득 재분배, 경기 안정, 경제 성장의 기능을 수행한다.

첫째는 자원 배분 기능(資源配分機能)이다. 예산이 어느 분야에 쓰이느냐에 따라 그 분야가 발전할 수 있다. 예산 배정이 곧 그 분야로 자원이 투입되는 것을 의미한다. 자원 배분 과정에서는 어느 분야에, 얼마나 많은 예산을 투입할 것인가에 관한 우선순위 판단이 매우 중요하다. 예컨대 1970년대에는 국방비 비중이 높았다가, 1980년대는 경제개발비가 많았고, 2000년대에 와서는 문화복지비 비중이 높아졌다. 정부는 예산 사용을 통해 도로와 항만, 상수도, 가스, 전기 등과 같이 국가 전체로 중요한 공공재(公共財. public goods)를 공급한다. 공공재는 국가적으로 꼭 필요한 것이지만 개인이나 일반기업 등 민간 부문에서는 충분히 공급되지 못하는 경우가 많다. 이는 공공재가 비배제성(非排除性. non-excludability)과 비경합성(非競合性. non-competitability)을 가지고 있기 때문이다. 전자는 '공짜로 이용하려는 사람(무임승차자. free-rider)을 막을 수 없는 것'이고, 후자는 '별로 관심이 없어 어느 누구도 공급하려고 애쓰지 않는 것'을 말한다. 그래서 공공재는 정부가 나서야만 하는데 이를 예산을 통해 공급한다.

둘째는 소득 재분배 기능(所得再分配機能)이다. 예산 배정을 통해 사회 계층 간의 소득 불균등을 해소한다. 즉 세입 영역에서 가난한 사람들에게는 세금을 면제해주고, 누진세(累進稅)와 상속세(相續稅)를 강화해서 부유한 사람이 세금을 더 많이 납부하도록 한다. 세출에서는 사회 보험, 공적 부조를 강화하여 저소득층, 노약자 등 상대적 약자에게 많은 혜택을 주는 것이다.

셋째는 경기 안정 기능(景氣安定機能)이다. 정부는 예산을 활용하여 시장 경제 안정을 꾀한다. 즉 시장에 돈이 많아서 경제가 인플레이션(inflation)일 경우에는 재정 지출을 축소하여 재정 흑자(財政黑字. 예산 지출을 줄여 돈이 남도록 하는 것)를 유도한다. 반대로 시장에 돈이 부족하여 디플레이션(deflation)인 경우에는 재정 지출을 확대하여 재정 적자(財政赤字. 예산 지출을 늘려 돈이 부족하도록 유도하는 것)를 유발하는 정책을 수행한다. 예산을 시장 경제의 균형 인자(均衡因子. balancing factor)로 사용하는 것이다. 외환 위기, 금융 위기로 경제가 좋지 않은 시기에는 정부가 재정 지출을 확대하고, 이른 시기에 빨리 집행하도록 하여 경기 활성화 정책을 수행하는 것이 좋은 예다.

〈정부의 예산 조기(早期) 집행〉

2008년 외환 위기로 인해 경기가 나빠지기 시작하자 정부는 예산을 상반기 중에 60%를 조기 집행하는 정책을 수행하였다. 국가 경제의 디플레이션이 예상되는 2015년에도 마찬가지였다. 경제 상황이 나빠질 때, 재정 지출을 하면 소비를 자극하는 효과가 있기 때문이다. 또 연말에 사업을 하게 되면, 연도 내에 집행을 완료하지 못해 다음 연도로 넘기는 이월(移越)이나 예산을 다 집행하지 못하는 불용(不用)이 발생하기 쉽다. 전반부에 사업을 시작하면 그만큼 예측 가능성이 높아지는 효과도 있다. 전문가들의 연구에 의하면 통상적인 경기 변동기보다는 경제 위기 시에 GDP에 대한 재정 지출의 기여도가 높은 것으로 나타나고 있다.

넷째는 경제 발전 기능(經濟發展機能)이다. 정부의 예산은 국가 경제 발전에 매우 중요한 역할을 수행한다. 민간부문(民間部門. private sector)의 자발적 투자가 부족한 상황에서는 정부가 좀 더 적극적으로 경제 발전의 주역이 되어야 한다. 1970~1980년대의 경제 발전 과정에서 정부부문(政府部門. government sector. public sector)이 중요한 역할을 수행했었다. 정부 예산이 투자금으로 지출되고, 필요할 경우에는 외국의 차관을 빌려 경제부문에 투자했다. 민간부문에 자본이 부족한 경우에 정부가 도로, 항만, 철도 등에 대한 자본 지출을 통해 자본 형성의 기능을 수행한다.

사회 문화적 기능

예산 속에는 사회, 문화에 관한 지출이 포함되어 있다. 문화 예술의 발전, 국민 문화 향수의 증대를 위해 예산 속에는 적지 않은 문화 예산이 포함되어 있다. 또한, 국민 의료, 보험, 공적 부조, 연금 등 수많은 양의 사회 예산이 들어 있다. 예산이 투입되는 분야의 사회 문화가 발전할 수 있다.

3. 예산의 원칙

예산 원칙(豫算原則. budget principles)이란 예산 과정 전체에 적용되는 근본적인 기준을 말한다. 예산 원칙은 예산의 편성, 심의, 의결, 집행, 결산 행위에 반드시 고려되어야 한다. 법적 효력을 지니는 것은 아니지만, 이런 원칙이 충실히 지켜질 때 바람직한 예산이 될 수 있다.

예산 원칙은 정부의 예산 씀씀이를 엄격히 통제하기 위한 것들이 주를 이루면서, 국가 발전을 위해 예산 운용을 원활하게 하려는 원칙들이 추가되고 있다. 전자 속에는 공개성, 명확성, 사전 의결, 정확성, 한계성, 통일성, 단일성, 완전성 등이 있다. 후자 속에는 계획의 원칙, 책임의 원칙, 보고의 원칙, 수단 구비의 원칙, 다원적 절차, 재량의 원칙, 시기 신축성의 원칙, 예산 기구 상호성의 원칙 등이 있다. 여기서는 전자에 초점을 맞춰 살펴보기로 한다.

첫째, 공개성(公開性)이다. '모든 예산은 공개되어야 한다'는 것이 재정 민주주의의 제1요소이다. 현재 우리나라에서 「예산 개요」를 통해 예산 내용을 국민에게 공개하고 있다. 중앙 재정의 경우 digitalbrain.go.kr을 방문하면 중앙정부의 재정 관련 자료를 볼 수 있다. 지방재정의 경우 e-호조 사이트를 방문하면 된다. 정부 공공기관의 경우에는 알리오 시스템(www.alio.go.kr)을 방문하면 304개 공공기관에 대한 정보 획득이 가능하다.

둘째, 명확성(明確性)이다. 예산 구조(豫算構造. budget structure)나 과목(科目. subject)은 무슨 말이고 무엇에 쓸 돈인지 명확해야만 한다. 가능한 한 단순하여 국민이 쉽게 이해할 수 있어야 한다. 예산 과목은 국가 사회의 발전에 따라 새롭게 구성된다. 이러한 맥락에서 1970년대에는 없던 「정보화」나 「문화」의 과목이 새롭게 추가되었다. 현시대 상황을 반영한 것이다. 예산의 명확성에 대한 예외적 장치가 최근에 등장한 총괄 예산(總括豫算)이다. 항목별로 예산을 구분하지 않고, 구체적인 사용 내역도 밝히지 않으며, 대강의 범위만 정하여 둔 예산이다.

셋째, 사전 의결 원칙(事前議決原則)이다. 예산은 미리 결정되어서 회계연도가 시작되면 바로 집행할 수 있도록 해야 한다. 행정부에서는 예산안을 편성하여, 다음 회계연도 개시 90일 전까지 국회에 제출해야 한다. 국회는 다음 회계연도 개시 30일 전까지 의결해야만 한다. 그런데 현실적으로 국회는 여당과 야당의 정쟁(政爭)으로 예산안을 정해진 기간 내에 통과시키지 못하는 수가 있다. 그래서 예외적으로 재정상의 긴급 명령이나 준예산 제도를 인정하고 있다. 회계연도가 개시될 때(1월 1일)까지 국회에서 예산이 심의되지 못하면 행정부에서 예산을 집행할 수 없으나, 꼭 필요한 부분에 대해, 일정한 조건에 한에서 예산을 집행할 수 있도록 하고 있다.

넷째, 정확성(正確性)이다. 예산 수치가 정확하게 맞아야만 한다. 예산과 결산이 꼭 들어맞기는 곤란하지만, 가능한 세입과 세출의 추계가 명확해야 하고, 세입의 유래와 지출의 용도가 분명해야 한다. 예측을 과학적으로 하여 가능한 결산과 예산이 일치하도록 엄밀성을 견지해야 한다.

다섯째, 한계성(限界性)이다.[2] 예산은 주어진 범위 내에서 집행되어야 한다. 한계성은 주어진 목적의 범위와 시간 범위로 구분된다. 우선, 예산은 목적 외 사용이 금지된다. 노인 복지에 지출하도록 되어 있는 경비를 도로 건설비로 지출하지 못한다는 원칙이다. 하지만 이에 대한 예외로써 이용(移用)과 전용(轉用), 그리고 예비비(豫備費) 등이 있다. 예산은 주어진 회계연도 내에 집행되어야 한다는 회계연도 독립의 원칙을 준수해

2) 여기에서는 논의되는 각종 개념은 예산의 과정 중 집행 부분에서 다시 논의된다. 구체적인 제도의 운영과 관련하여서는 뒤에서 다시 학습하기 바란다.

야 한다. 여기에도 명시 이월(明示移越)과 사고 이월(事故移越)을 포함한 이월, 계속비(繼續費) 등 예외가 있다.

여섯째, 통일성(統一性)이다. 국가는 모든 세입을 한데 모아서, 이를 재원으로 우선 순위에 따라 예산을 정하고 지출을 하게 된다. 이는 특정 수입과 특정 지출이 직접 연계되어서는 안 된다는 조건이다. 이는 근대국가가 되면서 왕실의 재산과 국가의 재산을 구분하려는 목적에서 유래된 원칙이다. 다만 예외적인 장치로서 특별회계, 목적세, 수입대체경비 등이 있다.

일곱째, 단일성(單一性)이다. 예산은 가능한 단일의 회계 장부를 통해서 관리되어야 한다. 회계 장부가 너무 많으면, 재정 구조를 이해하기가 어렵기 때문이다. 다만 예외적인 장치로서 특별한 목적을 수행하기 위해 특별회계, 기금, 추가 경정 예산 등을 활용할 수 있다.[3)]

여덟째, 완전성(完全性)이다. 이는 예산 총계주의(豫算總計主義)로서 모든 세입과 세출은 모두 예산에 포함되어야 한다는 원칙이다. 예컨대 지방정부가 징수한 재원을 중앙으로 이전시킬 때, 징수비를 공제한 순수입만을 계상하는 순계 예산(純計豫算)[4)]을 사용해서는 안 된다는 것이다. 즉 100원을 징수하는 과정에서 10원의 비용이 유발되었으면, 100원을 보고하고 10원을 사후적으로 다시 돌려받는 방식을 채택하는 것이지, 90원만 이전시켜서는 안 된다는 것이다. 다만 현물 출자(現物出資)나, 외국 차관을 도입하여 전대(轉貸)할 때는 예외적인 장치로서 인정된다. 그러나 이러한 예산외 지출(off budget)이 많아지면 재정이 분산되기 때문에 가능한 한 통제되어야 한다.[5)]

---

3) 이에 대한 구체적인 운영 방식은 다음의 예산의 종류에서 학습하기 바란다.

4) 중간경비를 상계하지 않는 예산 총계주의를 총계 예산이라고 하며 순계 예산에 반대되는 개념이다. 반면 일반회계에서 특별회계로 전출입하여 중복 계리된 것을 상계하지 않고 합산한 것은 예산 총계라고 하고, 이를 상계한 것을 예산 순계라고 하여 구분한다.

5) 국립대학에서 수입은 수업료와 기성회비의 2가지 종류가 있었다. 수업료는 국가에 들어오는 수입이다. 그러나 기성회비는 대학 자체에서 징수하여 직접 지출하는 자금이었다. 즉 중앙정부가 통제하는 것이 아니라, 개별 대학에서 자율적으로 집행하였다. 이것도 예산외 활동(off budget)의 하나이다. 이에 학생들의 반발이 있었고, 정부도 국립대학 특별회계를 통해 이를 정부가 직접 통제하기 위한 노력을 하고 있다.

TAP (Transparency, Accountability, Participation; 투명성, 책임성, 참여)

1997년 외환위기를 지나면서 그리고 2002년 참여정부를 강조한 노무현 정부를 지나면서 투명성, 책임성, 참여 등이 우리 사회의 중요한 가치로 자리 잡고 있다. 이러한 가치들이 2006년에 제정된 국가재정법에 담겨있다.

이는 국제적 활동과도 연계되어 있다. 1998년 IMF는 "Code of Good Practices on Fiscal transparency"를 제정하여 투명성을 위한 기준을 제시하였다. 2001년에는 OECD가 회원국들의 경험을 바탕으로 "Best Practices for Budget Transparency"를 발간하였다. 한편 IMF는 각 국가들의 자발적 평가프로그램을 운영한 결과를 바탕으로 2007년에 "Manual on Fiscal Transparency"를 발행하였다.

한편 미국의 시민단체인 IBP(International Budget Partnership)은 Open Budget Initiative 작업을 통해 100여 개 국가에 대해 전문가 설문을 통해 2년에 한 번 각국의 투명성 평가의 결과를 공표하고 있다.

우리나라에서도 경실련, 함께하는 시민운동 등의 단체 활동을 통해 이러한 투명성과 참여에 관한 활동이 활성화되고 있다.

Ⅱ. 예산의 종류

1. 일반회계, 특별회계, 기금

'재정 규모가 얼마나 되는가?'라고 질문하면 한마디로 대답하기가 어렵다. 일반회계, 특별회계, 기금 등 관리하는 장부가 많기 때문이다. 집에도 통장이 많으면 혼란스럽다. 월급 통장, 주택을 구입하기 위해 적립하는 통장, 결혼 자금을 마련하기 위해 적립하는 통장 등 여러 가지가 있다. 그러나 목적별로 통장을 관리하다 보면 특정한 목적을 달성하는 것은 좋으나 때로는 불편하다. 주택 구입을 위해 급히 자금이 필요한데 결혼 준비 자금이라고 절대로 손을 대지 못하게 하는 것과 같다.

정부도 마찬가지이다. 일반회계(一般會計, general accounts)는 세금을 받아서 재정 지출을 하는 통장이다. 사람들의 월급 통장에 해당된다. 일반회계에 대해서는 국민대표 기관인 국회가 법규나 절차를 통해 엄격하게 통제하고 있다. 이에 대한 예외로써 집행부의 재량을 확대하기 위해 특별회계(特別會計. special accounts)나 기금(基金. fund)이 발달하고 있다. 특별회계와 기금은 모든 예산을 '모아서 사용하라'고 하는 예산 통일 원칙의 예외이다.

특별회계와 기금은 특정한 목적을 가지고, 집중적으로 특정 영역을 지원하고 관리하는 예산이다. 특별회계는 '특별한 수입으로서 특정한 세출에 충당하며 일반의 세입세출과 구별하여 경리되는 회계'이다. 경제 규모가 커지고 국민 경제 활동이 복잡해짐에 따라, 국가가 특별히 관리해야 할 사업이 많아지게 되자, 사업 수행을 위해 별도로 자금을 관리하기 위한 것이다. 따라서 이는 정상적인 예산 운용에 비해 예외적인 것이므로, 필요 최소한으로 운용되어야 한다. 능률적이라는 생각에서 편법적으로 운영되어서는 안 된다.

한국의 재정을 제대로 알기 위해서는 기금 제도를 이해하는 것이 매우 중요하다. 기금은 1970년대~1980년대 특정한 사업분야를 지원하기 위해 만들어졌다. 당시에는 일반회계, 특별회계와 달리 국회의 심의를 받지 않고 대통령이 결정하여 집행하는 제도였다. 때로는 일반회계에서 자금을 전출하여 이를 재원으로 별도로 기금이라는 장치를 만들어서 활용한다. 예컨대 남북협력기금은 일반회계에서 재원을 전출시켜 자금을 적립시켜두고 있다. 필요에 따라 북한 지원 사업을 했다가 관계가 좋지 않으면 사업을 중단한다. 이처럼 신축적으로 활용하기에는 편리한 제도이다. 때로는 세금이 아니라 부담금을 재원으로 별도로 활용하기도 한다. 예컨대 농지로 활용하다가 여기에 공장을 짓게 되면 농지가 줄어들기 때문에 농지 진용 부담금을 받아서 이 자금으로 다른 지역에 농지를 조성한다. 이러한 자금을 관리하기 위해 농지관리기금이 있고 이러한 사업을 수행하는 주체가 '한국농어촌공사'이다. 다른 자금과 섞이지 않게 하기 위해 별도 기금으로 운용하는 것이다.[6)]

이처럼 기금은 특정한 사업을 집중적으로 지원하기 위해서는 매우 유용한 장치요,

6) 국가재정법에서는 기금을 설치하고자 할 때에는 심사를 받아야 하며, 다음의 조항에 해당될 때 설치된다고 규정하고 있다. ① 부담금 등 기금의 재원이 목적사업과 긴밀하게 연계되어 있을 것 ② 사업의 특성으로 인하여 신축적인 사업추진이 필요할 것 ③ 중 · 장기적으로 안정적인 재원조달과 사업추진이 가능할 것 ④ 일반회계나 기존의 특별회계 · 기금보다 새로운 특별회계나 기금으로 사업을 수행하는 것이 더 효과적일 것 ⑤ 특정한 사업을 운영하거나 특정한 세입으로 특정한 세출에 충당함으로써 일반회계와 구분하여 계리할 필요가 있을 것

정책 수단이다. 문제는 이것이 정상적인 예산 운용에 대해 예외적인 것이라는 점이다. 꼭 필요할 경우에, 최소한도로 운영되어야만 한다. 그러나 1980년대 이후 방만하게 확대되었고, 급기야 이를 통제하기 위해 기금관리기본법(1991년)이 제정되었다. 이전에는 국회의 심의를 받지 않았으나, 국회의 심의도 받게 바뀌었다. 그러다가 2006년에 국가재정법이 제정되면서 기금관리기본법이 폐지되었다. 이때부터는 한번 기금으로 적립되면 다시 일반회계로 전출되는 것이 허용되지 않아 '칸막이식 재정 운영'이라는 비판이 있었다. 그래서 일반회계에서는 재원이 부족하여 국채를 발행해야 하는 상황이면서도, 기금에서는 여유 자금을 적립하는 모순이 있었다. 이를 해결하기 위해 회계 및 기금의 목적 수행에 지장을 초래하지 아니하는 범위 안에서 회계와 기금 간, 또는 기금 간에 전출입이 가능하도록 하였다. 그러나 여전히 '우리 부서의 기금은 우리 자금'이라는 부처 이기주의로 인해 활용에 제한이 있다.

[표 5-1] 일반회계 예산서의 예시 1

[일 반 회 계]
1. 세 입 세 출 예 산 총 괄

가. 세입예산 (단위 : 천원, $)

관	항	2014 예산안	2013 예산	증 △ 감
11 재산수입		44,000	43,000	1,000
	51 관유물대여료	43,000	42,000	1,000
	54 기타이자수입및재산수입	1,000	1,000	-
12 경상이전수입		1,000	1,000	-
	59 기타경상이전수입	1,000	1,000	-
13 재화및용역판매수입		10,050	10,000	50
	69 잡수입	10,050	10,000	50
15 관유물매각대		17,000	17,000	-
	71 고정자산매각대	17,000	17,000	-
대통령비서실 및 국가안보실 세 입 합 계		72,050	71,000	1,050

나. 세출예산 (단위 : 천원, $)

장(분야)		2014 예산안	2013 예산	증 △ 감
관(부문)	항(프로그램)			
장(분야) 010 일반·지방행정		($144,560) 84,262,910	($109,070) 83,026,817	($35,490) 1,236,093
016 일반행정		($144,560) 84,262,910	($109,070) 83,026,817	($35,490) 1,236,093
	1000 기관운영	($144,560) 49,372,910	($109,070) 48,684,081	($35,490) 688,829
	1100 국정지원	34,890,000	34,342,736	547,264
대통령비서실 및 국가안보실 세 출 합 계		($144,560) 84,262,910	($109,070) 83,026,817	($35,490) 1,236,093

[표 5-2] 일반회계 예산서의 예시 2

4. 세출예산 사업별 설명

(단위 : 천원, $)

장(분야)/관(부문) 항(프로그램)	장(분야)/관(부문) 사업(단위사업)	2014 예산안	2013 예산	증 △ 감	사업개요 및 경비내역
장(분야) 010 일반·지방행정		($144,560) 84,262,910	($109,070) 83,026,817	($35,490) 1,236,093	
관(부문) 016 일반행정		($144,560) 84,262,910	($109,070) 83,026,817	($35,490) 1,236,093	
1000 기관운영		($144,560) 49,372,910	($109,070) 48,684,081	($35,490) 688,829	
	1. 인건비	31,102,910	30,582,081	520,829	<사업개요> 1. 인건비 31,102,910
	2. 기본경비	($144,560) 18,270,000	($109,070) 18,102,000	($35,490) 168,000	<사업개요> 1. 기본경비 18,270,000
1100 국정지원		34,890,000	34,342,736	547,264	
	1. 국정운영 지원	29,484,000	29,866,020	△382,020	<사업개요> 1. 사업내용 : 대통령의원활한국정수행과활동을위한사업 2. 사업기간 : 계속 3. 지원형태 : 직접수행 4. 시행주체 : 국가 <경비내역>

2. 본예산, 수정예산, 추가경정예산

본예산(本豫算, main budget)은 정기 국회에서 정상적으로 통과된 예산이다. 수정예산(修正豫算, revised budget)은 행정부가 예산을 편성하여 국회에 제출한 후에, 국회에서 예신을 심의하고 있는 도중에 환경 변화로 인해 예산이 국회를 통과하기 전에 행정부가 예산을 다시 수정하여 제출한 것이다. 2010년에 금융 위기로 인해 갑자기 환율이 크게 변동을 하자 행정부가 제출했던 예산을 스스로 수정하여 다시 제출한 것이 그러한 예에 해당된다.

추가경정예산(追加更正豫算, supplementary budget)은 예산이 국회를 통과한 이후에 다시 제출되는 것이다. 즉 새로운 회계연도가 시작되어 이미 예산이 집행되고 있는데 이를 수정하는 경우이다. 우리나라 헌법 56조에서는 추경의 성립 요건을 '예산에 변경을 가할 필요가 있을 때'라고 규정하고 있다. 과거 예산회계법 33조에서는 '예산 성립 후에 생긴 사유로 인하여 이미 성립된 예산에 변경을 가할 필요가 있을 때'라고 하여 헌법 조항보다 엄격한 요건을 규정하고 있었다. '예산 성립 후'에 생긴 사유만 인정되었던 것이다.

한편 2006년에 제정된 국가재정법에서는 더욱 엄격한 규정을 두고 있다.[7] 1970년대까지만 하더라도 태풍의 피해를 복구하기 위한 경비에 지출하기 위해 추가경정예산을 편성하였다. 그러다가 1980년대 이후에는 매년 관행적으로 추경이 편성되어 왔다. 특히 문제가 되는 것이 세계 잉여금(歲計剩餘金)의 처리 문제였다. 2013년 일 년 동안 예산을 집행하고 나면 2014년에 집행 결과를 결산하게 된다. 이때 예정했던 세입보다 세금이 많이 들어오거나, 예정했던 세출보다 적게 집행하게 되면 돈이 남게 된다, 이를 세입과 세출의 결과로 발생한 잉여금이라고 하여 '세계 잉여금(歲計剩餘金)'이라고 하는 것이다. 이를 가지고 추가경정예산을 편성하여 왔다. 남는 돈을 사용하는 것이어서 낭비적 요소가 많았던 것이 사실이다. 이를 통제하기 위해 추가경정예산의 편성 요건을 어렵게 한 것이다. 재정 건전화를 위한 조치였다.

3. 잠정예산, 가예산, 준예산(예산불성립 시의 예산집행)

예산은 다음 회계연도 개시 전(1월 1일)까지 의결되어야 하지만, 불가피한 사유로 국회가 의결하지 못해 성립되지 못하는 경우가 발생한다. 이때 사용하는 제도가 준예산(準豫算)이다. 예를 들어 대통령이 소속한 정당과 국회의 다수당이 서로 다른 여소야대의 정국에서 국회의 정치성이 강화될 때, 또는 미국에서처럼 예산이 갖는 이념적 성격이 강하여 정당 간 대립이 격화될 때, 주어진 기간 내에 통과되지 못하는 경우가 발생할 수 있다. 미국의 경우 예산이 국회에서 통과되지 못하면 연방정부 폐쇄 조치가 발생한다. 대통령제의 미국에서는 국회의 권한이 매우 강하다.

일본, 영국, 캐나다는 잠정예산(暫定豫算) 제도를 채택하고 있다. 일정 금액(최초 4, 5개월분)에 해당되는 예산의 국고 지출을 허용하는 제도이다. 예산이 성립되면 잠정예산의 유효 기간이나 지출 잔액의 유무에 관계없이 본예산에 흡수된다. 프랑스는 별도로 1개월 이내의 가예산(假豫算)을 의결하여 사용한다. 우리나라의 경우 이승만 행정부 초기

7) 2006년 국가재정법은 재정건전화 법이라고 한다. 방만한 지출을 통제하기 위한 것이다. 정부는 다음 각 호의 어느 하나에 해당하게 되어 이미 확정된 예산에 변경을 가할 필요가 있는 경우를 제외하고는 추가경정예산안을 편성할 수 없다. ㉠ 전쟁이나 대규모 자연재해가 발생한 경우 ㉡ 경기 침체 · 대량 실업 등 대내 · 외 여건에 중대한 변화가 발생하였거나 발생할 우려가 있는 경우 ㉢ 법령에 따라 국가가 지급하여야 하는 지출이 발생하거나 증가하는 경우

에 가예산 제도를 도입하였었고, 전쟁 시에도 활용하였다.

우리나라는 1960년도 이후로 준예산 제도를 채택하고 있다. 독일이 그러하다. 준예산이란 예산이 회계연도 개시일까지 의결되지 못한 경우에 ① 헌법이나 법률에 의해서 설치된 기관 또는 시설의 유지, 운영, ② 법률상 지출 의무의 이행, ③ 이미 예산으로 승인된 사업의 계속을 위한 경비를 전년도 예산에 준하여 지출한다. 그러나 아직 한 번도 사용한 적은 없다. 12월 31일까지는 예산안을 통과시켰기 때문이다.

[표 5-3] 예산 불성립 시의 예산 집행 방안

	사용 기간의 제한	국회 의결	우리나라	채택 국가
잠정 예산	제한 없음	필 요	채택한 바 없음	영국, 캐나다, 일본
가 예산	1개월 제한	필 요	1948~1960년 채택	프랑스
준 예산	제한 없음	불필요	현재 채택	독일

4. 조세 지출 예산제도

조세 지출 예산(租稅支出豫算)이란 조세 감면의 구체적 내역을 예산 구조로써 밝히는 것이다. 조세는 세입인데 '조세 지출'이라는 용어가 생소할 수 있다. '받아야 할 조세를 지출한다는 것'은 조세를 받지 않았다는 것이다. 즉 조세지출이라는 것은 달리 말하면 조세감면의 내역을 관리한다는 것이다.

조세 지출 즉 조세 감면은 정부가 민간을 지원하는 보이지 않는 하나의 형식이다. 정부가 민간에 대해 지원하는 방식은 재화나 용역을 구입하거나 민간에 보조금 형태로 지원하는 직접 지출(direct expenditure)이 있고, 징수해야 할 조세를 면제함으로써 지원하는 조세 지출(tax expenditure)이 있는 것이다. 사실 조세 감면은 조세 특혜(tax preference), 합법적 탈세(tax loophole) 혹은 '숨은 보조금'이라고도 하는바, 정부가 징수해야 할 조세를 받지 않고 그만큼 보조금으로 지불한 것과 같다는 의미이다.

현재 국세의 경우는 조세특례제한법, 지방세의 경우는 지방세법에서 각각 조세감면에 대해 규정하고 있다. 이는 구체적인 재정 집행이 행정부의 권한이기 때문에, 국회 차원에서 예산을 통제하고, 정책 효과를 판단하기 위해 도입되는 것이다. 국가재정법에 의하면 2010년부터 도입하도록 규정하고 있다. 조세 지출은 법률에 따라 집행되기 때문에 경직성이 강하다. 따라서 조세 지출 예산은 그 효과를 평가하기 위한 기초 자료가 될 수 있다.

그간 비과세 제도 및 조세 감면에 따르는 일반 국민의 의혹을 불식하고, 조세 수입을 증대하며, 자원 배분의 효율성과 과세의 형평성을 제고하기 위해 조세 지출 예산 제도의 도입이 필요하다고 주장되어 왔다. 박근혜 정부에서 세입 확충을 위한 방안으로 조세 감면을 축소하기 위해 대대적인 노력이 이루어지고 있다. 이에 따라 조세지출 일몰법,[8] 조세 지출 예비 타당성[9] 조사 등 조세 지출 제도에 대한 정비가 이루어지고 있다.

5. 공적 자금

공적 자금(公的資金)은 정부가 가지고 있는 공공 목적의 돈이다. 1997년 IMF 외환위기를 지나면서 공적 자금이라는 용어가 보편화되었다. 공적 자금은 지금까지 논의한 예산과는 완전히 구분되는 용어이다.

한국은 1997년 IMF 관리체제 이후에 금융 위기를 극복하기 위하여 2가지 방향의 중요한 정책을 실시하였다. 은행이 자본금을 늘리기 위해 증자를 할 수 있게 하였고, 또한 예금자 보호를 위한 대지급 제도를 도입하였다. 이를 지원하기 위해 예금보험공사의 기능을 확대하였다. 그리고 기업이 가지고 있는 부실 채권의 자산 매각을 위해 자산관리공사의 기능을 확대하였다. 예금보험공사와 자산관리공사는 정부와는 구분되는 공기업이다. 이러한 과정에서 필요한 자금을 확보하기 위하여 예금보험공사와 자산관리공사는 채권을 발행하였으며, 정부는 이러한 채권에 대해 지급 보증을 하였다. 다만 이러한 채권에 소요되는 이자는 재정에서 부담하도록 하였다. 즉 공적 자금은 그 자체로서는 정부의 부채가 아니고, 회수되지 못하는 경우 정부가 최종적으로 책임을 지게 되는 성격을 가지고 있다. 현재는 채무가 아니지만 미래에 발생할 우려가 있다고 하여 우발채무(偶發債務)라고 한다. 이 경우 가장 쟁점이 되는 것은 투입된 공적 자금의 회수율이다. 정부는 투입된 공적 자금 156조 원 중 87조 원이 회수되어 회수율이 55.6%라고 하

8) 일몰(sun set)은 일정한 기간이 지나면 자동적으로 폐지되는 것이다. 규제 관련 법 등에서 이를 활용하고 있다.

9) 예비타당성(preliminary)은 제도를 도입하기 전에 미리 제도가 갖는 비용과 편익을 계산하여 비교한다는 의미이다.

고 있다. 즉 회수되지 못한 44.4%는 결국 정부의 부담으로 귀속된다. 그래서 예금보험공사와 자산관리공사는 자금 확보를 위해 다시 2차 공적 자금을 조성하였다.

공적 자금이 국민의 분노를 자아내게 한 것은 공적 자금이 투입된 기관이 자체 개혁을 위해 노력하거나 이 자금으로 구조 조정을 하기보다는 직원의 퇴직금에 충당하거나 보수를 인상하는 등 도덕적 해이가 발생하였기 때문이다.

Ⅲ. 예산의 분류

1. 예산 분류의 뜻

예산 분류(豫算分類, budget classification)란 국가의 세입과 세출을 일정한 기준에 따라서 유형별로 구분하여 체계적으로 배열한 것이다. 예산을 어느 부분에 얼마나 사용했는가를 이해하기 위한 목적이다. 이때 예산을 이용하는 목적이 상이하므로 단일의 분류 방법으로는 모두의 욕구를 충족시켜주기 어렵기 때문에, 다양한 분류 방법이 사용된다. 학생들은 교육비 지출을 알고 싶을 것이고, 농민들은 농업 관련 지출을 알고 싶을 것이다. 국회는 인건비의 통제를 하고 싶을 것이다. 이처럼 목적에 따라 다양한 기준에 의한 분류를 하게 된다.

2. 예산 분류 방법

기능별 분류

정부가 수행하는 기능(활동 영역)별로 예산 내용을 분류한다. 정부가 수행하는 주요 사업의 목록표와 같다. 즉 정부 업무에 관한 총괄적인 정보를 시민에게 제공한다는 의미에서 '시민을 위한 분류'라고 한다. 현재, 국방비, 교육비, 사회개발비, 경제개발비, 일반행정비, 지방재정교부금, 채무상환 및 기타로 분류되고 있다.

조직별 분류

예산 내용을 그 편성과 집행 책임을 담당하고 있는 정부 부처별로 분류한 것이다.

문화관광부, 농림부, 국방부 등으로 구분하는 것이다. 이는 기능별 분류와 구분하여야 한다. 농림부가 농촌 지역에 문화 관련 투자를 한다면 농림부 예산이지만 한편 기능별 분류로는 문화 관련 지출이 될 수 있기 때문이다. 이런 분류 방식은 국회의 상임위원회가 대체로 부처별로 구성되어 있으므로 예산 심의에 적합하며, 회계 책임의 확보에 유리하다. 그러나 사업의 우선순위 결정이나, 경비 지출의 목적 파악이나, 경제에 미치는 영향의 파악이 어렵다.

품목별 분류 혹은 지출 대상별 분류

예산으로 구입하고자 하는 재화와 용역의 종류를 기준으로 예산 내용을 분류한 것이다. 즉, 예산으로 구입할 품목들의 목록이다. 이는 정부 지출을 통제하고 공무원들의 재량권 남용을 방지하기 위한 것이다. 장점은 예산 집행자의 회계 책임이 명확하고, 행정부 통제가 용이하며, 예산 명세성의 원칙에 부합된다. 단점은 정부 지출의 전체 규모와 지출 목적 및 사업의 우선순위 파악이 어렵다. 그리고 예산 집행의 신축성을 저해하며, 사업 간의 비교가 불가능하고 국민의 이해도 어렵다. 현재 품목별 분류로는 ① 인건비 ② 물건비 ③ 경상이전비 ④ 자본지출 ⑤ 융자금 ⑥ 출자금 ⑦ 보전재원 등으로 하고 있다.

경제 성질별 분류

예산이 국민 경제 활동의 구성과 수준에 미치게 되는 영향을 파악할 수 있게 하여 정책 결정상 필요한 자료를 얻기 위한 분류이다. 즉, 예산이 국민 경제에 미치는 총체적인 효과를 파악하고 정책 결정의 자료를 얻기 위한 분류이다. 이는 고위 정책 결정자에게는 필요하나, 실제 예산을 집행하는 실무자에게는 도움이 되지 못한다.

3. 우리 예산의 분류 체계

2004년 이전까지는 예산을 분류할 때, 큰 분야의 기준으로부터 작은 분야로 내려가면서 장(章), 관(款), 항(項), 세항(細項), 목(目)으로 구분하였다. 예컨대 대학에서 단과대학, 학과, 학습 팀으로 구분하는 것과 같다. 군대를 예를 들면 사단, 연대, 대대, 소대로 구분하는 것과 마찬가지로 각 조직에서 사용하는 예산의 범위에 따라 과목 명칭을 달리한다.

장, 관, 항은 기능별 분류의 대분류, 중분류, 소분류에 해당된다. 세항에서는 단위 사업이 되고 목은 품목별 분류에 해당된다. 장, 관, 항은 국가적 의미가 있는 큰 범위이기 때문에 이 범위를 벗어나게 되는 경우에는 국회의 심의를 받아서 하도록 하였다. 이를 입법 과목(立法科目)이라고 한다. 반면 세항, 목은 도로 항만 사업과 같은 단위 사업을 기준으로 하고 있다. 따라서 이 범위에서 융통성 있게 수정하여 사용하고자 하는 경우에는 행정부 재량으로 할 수 있다고 하여 행정 과목(行政科目)이라고 하였다.

노무현 행정부 들어서서 프로그램 예산 과목 체계 개혁이 있었다. 과거의 분류 방식인 '장-관-항-세항-목'의 과목 체계는 정확한 정보를 제공하지 못하였다. 세항이 단위 사업이라고 하지만, 수조 원이 투입되는 새만금 간척사업과 몇억 원의 도로사업이 같은 세항으로 분류되었다. 그리고 인건비, 물건비 등과 같이 품목 단위로 편성이 되었기 때문에 사업을 이해하기도 쉽지 않았다. 이러한 문제점을 해결하기 위해 참여정부 들어서 과목 체계를 전면적으로 개편하였다. 이에 '분야-부문-프로그램-단위사업-목'의 체계로 개편되었다. 단순히 과목 체계를 바꾸는 수준이 아니라 품목 단위가 아니라 사업 단위로 함으로써 시민들이 예산서를 알기 쉽게 하도록 하였다. 중앙정부에서는 '프로그램'이라는 용어를 사용하고 지방자치단체에서는 '사업별'이라는 용어를 사용하고 있다. 따라서 사업별 예산과 프로그램 예산은 같은 개념이다.

노무현 정부 재정 개혁을 3+1 개혁이라고 한다. 3은 계획(국가재정운용계획), 성과관리, Top down 방식의 예산 결정의 3가지 개혁을 의미한다. 그리고 이러한 과정의 개혁이 작동될 수 있도록 디지털 예산회계 시스템을 구축하였다. 이럴 경우 디지털 예산회계 시스템 구축은 단순히 정보 기술을 통한 예산 제도의 도입이 아니라 복식 부기(複式簿記)와 발생주의(發生主義) 도입, 그리고 프로그램 예산 과목의 도입과 같은 시스템의 개편을 전제로 하는 것이다. 따라서 프로그램 예산은 재정 개혁을 위한 인프라를 구축하는 과정의 연장에 있었다.

장 · 관을 대체하여 분야로 설정하고, 항을 대체하여 부문으로 설정하였다. 이를 통해 정부의 기능을 이해하는 체계로 구성하였다. 그리고 종래 사업 단위인 세항을 프로그램으로 개편하고, 세세항을 단위 사업으로 하였다. 즉 몇 개의 단위 사업이 모여서 프로그램이 되도록 하였다. 예컨대 '도서관 활성화'가 프로그램이 되고, 그 아래에 '도서구입', '찾아가는 도서관', '전자도서' 등의 단위 사업이 포함되는 것이다. 따라서 프로그램은 정책 사업이 되고, 단위 사업은 활동(activity)이 된다.

중요한 것은 목은 유지가 되지만 종래의 49개에서 23개로 감소했다는 점이다. 그리고 세목(細目)도 102개에서 90개로 감소했다. 과목 수가 감소한다는 것은 집행의 신축성을 제고한다는 의미를 갖는다.

종전에는 예산서를 통해 사업을 이해할 수 없었다. 품목 단위였기 때문이다. 이제는 예산서를 통해 사업을 이해한다는 것이 가장 중요한 의미를 갖는다. 그리고 개별 사업이 기능별 분류와 연계되어 국가 전략을 이해하도록 한다. 이럴 경우 프로그램 단위와 정책을 연결시켜 예산을 편성함으로써 조직 목표와 예산의 성과를 연계시키게 된다. 이는 기존의 투입 중심의 예산 과정에서 벗어나 성과 중심의 예산 관리가 되게 한다. 아울러 원가 관리가 가능해진다. 프로그램이 조직과 연계되어 관리되어 비용 항목의 체계적인 관리가 이루어진다. 따라서 프로그램 단위의 원가 계산이 가능하기 때문이다.

무엇보다 예산 사용의 자율성, 책임성이 강화된다. 각 사업 부처에서 프로그램별 예산의 범위 내에서 사용이 이루어지기 때문에 그 하위 단위인 단위 사업 즉 활동 범주에서는 과목 변경이 가능하여 집행부서의 자율성이 제고될 수 있다.

Ⅳ. 예산의 과정

예산은 3년 주기로 운영된다. 1년 동안에 걸쳐 편성 · 심의되어 결정되고, 1년 동안에 집행되며, 그 후 1년에 걸쳐 결산이 이루어진다. 결국, 예산은 3년이 되어야 하나의 순환이 끝난다. 다음 그림과 같이 표현될 수 있다.

[그림 5-2] 예산의 과정

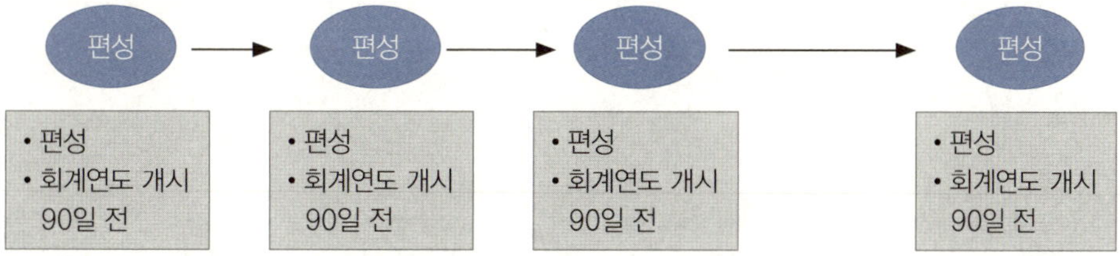

1. 예산 편성

예산 편성(豫算編成, budget formulation)은 행정부에서 예산 항목과 수치를 정하는 일이다. 각 부처에는 기획예산 담당관이 있어서 개별 부처 단위의 예산을 편성한다. 그리고 이러한 개별 부처의 예산을 전부 모아서 행정부의 예산으로 담아내는 조직이 중앙예산기관이다. 중앙예산 행정기관에서 국회로 예산안을 제출하면 행정부의 예산 편성 작업이 완료된다. 현재 중앙예산 행정기관은 기획재정부다.[10)]

예산 편성 절차는 다음과 같이 진행된다.

1) 각 중앙 관서의 장은 1월 31일까지 5 회계연도 이상을 단위로 하는 중기사업계획서를 기획재정부에 제출한다. 이때 예산이 남성과 여성에 미치는 영향을 분석한 성인지(性認知) 예산서가 첨부되어야 한다.

2) 기획재정부 장관은 4월 30일까지 예산안 편성 지침을 각 부처에 지시한다. 이때 지출 한도를 통보한다. 각 부처의 지출 한도(ceiling)를 설정하기 위해 국가 재정 운용 계획의 논의가 이루어져야 한다. 예산안 편성 지침은 국회에 보고된다.

3) 각 부처는 6월 30일까지 기획재정부에 예산안을 요구한다. 이때 성과 계획서와 전년도 성과 보고서가 첨부되어야 한다. 이는 매우 중요한 의미가 있다. 예산 요구 시에 성과 지표가 작성되어야 한다는 것이다.

4) 개별 부처가 제출한 예산 요구에 대해 국가 전체적인 중요성, 그리고 개별 사업에 대한 평가를 전제로 개별 부처와 기획예산처 간의 조정 과정, 즉 사정(査定)이 이루어진다. 이러한 조정이 끝나고 나면, 당정회의, 국무회의 심의 그리고 대통령 승인을 받아서 다음 회계연도 90일 전까지 국회에 제출하게 된다.

---

10) 미국의 경우 중앙예산기관이 관리예산처(OMB : Office of Management and Budget)로서 두 가지 중요한 의미를 가지고 있다. 즉 행정부 예산은 대통령의 정책적 의지를 반영해야 하고 개별 부처의 이익을 조절해야 한다는 의미에서 대통령 직속기관으로 하고 있다. 그리고 관리와 예산의 기능을 묶고 있다. 이에 따라 미국에서의 각종 행정 개혁은 OMB에서 담당하고 있다.

[그림 5-3] 예산 편성 절차

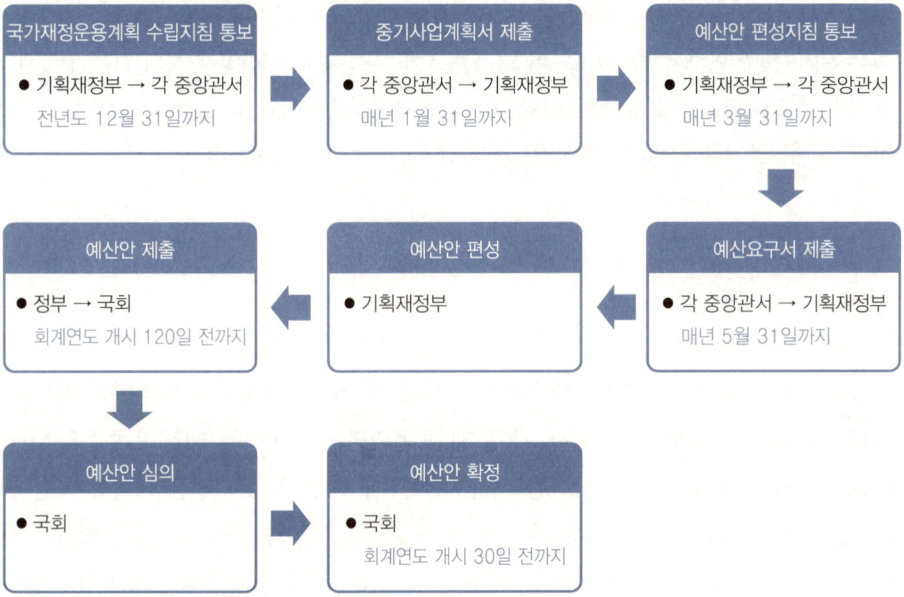

출처: 재정혁신타운 홈페이지(2015.1.8.)

국가 재정 운용 계획

국가재정법 제7조에서 국가 재정 운용 계획의 수립에 관하여 규정하고 있다. 이에 의하면 “정부는 재정 운용의 효율화와 건전화를 위하여 매년 당해 회계연도부터 5회계 연도 이상의 기간에 대한 재정 운용 계획(이하 ‘국가 재정 운용 계획’이라 한다)을 수립하여 회계 연도 개시 120일 전까지 국회에 제출하여야 한다.”고 되어 있다.

이는 의회가 행정부를 통제하기 위하여 채택해 온 단연도(單年度. 즉 1년) 예산 편성 방식을 탈피하기 위한 것이다. 예산의 시계(視界)를 3~5년으로 연장하고 중기에 걸친 재정 운영 정책을 수립하여 이를 기초로 재정 배분 방향을 설정함으로써 한정된 재원을 효율적으로 배분하려는 중기 재정 계획이다.

노무현 정부에 들어서 도입된 국가 재정 운용 계획은 “3+1”의 한 축을 이룬다. 즉 계획과 연계하여 예산을 편성하는 제도적 기반을 이룬다. 이는 연동 계획(連動計劃. rolling plan)으로 운영되는 특징이 있다. 5년을 단위로 이루어지지만 매년 1년씩 연동되어 운영된다. 국가 재정 운용 계획은 고정불변의 것이 아니라, 매년 수정된다.

매년 4월 30일에는 대통령 주재로 국가재정전략회의를 개최한다. 이는 전체 국무위원과 민간 전문가들이 참여하여 본격적인 예산안 편성 작업 개시 이전에 향후 5년간의 국가재정운용방향을 논의하는 회의이다. 이 회의를 통해 다음 연도 예산안 편성의 기본 방향과 영역별 한도(ceiling)를 설정하게 된다. 그리고 국가재정운용계획의 기본적인 골격을 결정하며 이 계획을 9월에 국회에 예산안을 제출할 때, 첨부 서류로 제출하게 된다.

2. 예산 심의

예산 심의(豫算審議. budget deliberation)는 국회에서 행정부 제출 예산안을 면밀히 검토하여, 승인하는 일이다. 행정부가 편성한 예산안을 국회가 심의하여 확정한다. 국회의 예산 심의 과정은 행정부에 대해 재정 동의권을 부여하는 재정 민주주의(fiscal democracy)의 실현 과정이다. 이러한 측면에서 볼 때 예산 심의 과정은 사실상 국민 주권의 실현 과정이라고 할 수 있다. 우리가 낸 세금으로 정부가 대신 사업을 수행하는 것이기 때문이다. 특히 심의 과정에서는 다양한 이해관계를 조정 통합하는 정치성과 합리적으로 결정하는 과학성의 의미가 조화되어야 한다. 예산 심의 과정의 합리성 수준은 그 나라의 정치 발전 수준과 밀접한 연관이 있다.

예산 심의 절차를 보면 다음과 같다.

1) **국정 감사(國政監査)**: 예산 심의에 들어가기 전에 우선 국정 감사가 실시된다. 국정 감사는 예산 운영에 대한 현장 조사 및 지료 수집의 의미가 있다.

2) **시정 연설(施政演說)**: 회계연도 개시 90일 전까지 예산안이 제출되면, 대통령이 국회에 와서 시정 연설을 한다. 예산의 방향을 국회에 와서 설명하는 것이다. 예산안에 대해서는 시정 연설이 있지만, 결산안에 대해서는 없다.

3) **상임위원회 예비 심사**: 사실상 국회의 활동은 상임위원회 예비 심사에서 시작된다. 우선 소속 장관이 정책 설명을 하고, 이에 대해 소속 의원의 정책 질의가 있게 된다. 상임위원회에는 30여 명의 의원이 소속하여 있기 때문에 합의 도출을 위하여, 일반적으로 소위원회를 구성하여 최종적인 합의를 구한다.

4) **예산결산특별위원회 종합 심사**: 상임위원회 예비 심사를 거친 다음에는 예결위에 전달된다. 상임위원회는 관련 부처의 것만 심의하지만, 예결위에서는 예산 전체를 두고 심의한다. 우선 정책 질의를 하고 그다음에 부처별 심사, 그리고 계수 조정 소위원회에

의한 최종 계수 조정(計數調整)을 통해 결정된다.

5) **국회 본회의 최종 결정:** 본회의에 제출된 예안에 대해 최종 결정을 하여 승인한다.

예산 심의 과정의 실제와 문제점

현실적으로 예산 심의 과정을 들여다보면 몇 가지 특징적인 모습이 눈에 띈다.

첫째, 상임위원회의 선심성 증액(善心性 增額)이 많다. 상임위원회의 의사 결정 과정을 보면, 증액하는 경우가 많다. 결국은 예결위에서 최종적인 조정이 이루어지기 때문에, 해당 부처와의 원만한 관계를 형성하기 위해 선심성 증액을 하고 있다. 이는 이익집단, 행정부, 국회의 상임위원회가 서로 연계되어 이익을 추구한다는 '철의 삼각 연맹'(iron triangle) 고리를 형성하고 있기 때문이다.

둘째, 예결위원회 심의 과정이 상임위원회 심의와 연계되어 있지 못하다. 개별 상임위원회에서 예비 심사를 하고 난 다음에는 예산결산 특별위원회 심의를 거쳐 본회의에서 확정된다. 이 과정에서 가장 중요하고 실질적인 심의는 역시 예산결산 특별위원회에서 이루어진다. 상임위 예비 심사에서 증액된 것이 예결위 종합 심사에서 삭감되거나, 역의 현상도 발생하여 사실상 상임위원회 심의가 의미가 없어진다.

셋째, 계수 조정 소위원회의 나눠먹기식 조정 작업이 있다. 상임위에서 시작하여 예결위의 정책 질의, 그리고 부별 심사를 거치지만 사실상 중요한 결정은 계수 조정 소위원회에서 이루어진다. 여기에서 일률적으로 모든 결정이 완결되며 이전의 많은 논의가 여기에서 집결된다. 그러나 제대로 공개하지 않아 나눠먹기식 결정이 이루어지고 있다. 밀실에서 개인적 관계에 의해 결정된다고 하여 이를 '쪽지 예산'이라고 한다. 미국에서도 예산 과정에서 나눠먹기가 이루어진다고 이를 구유통 정치(pork barrel politics)라고 부른다.

넷째, 예산 심의가 정치적인 타협의 대상으로 전락하고, 예산 심의가 항상 파행으로 점철된다. 예산 결정이 국정(國政)에서 차지하는 비중이 높은 만큼 정치적 협상이 판을 친다. 즉 매년 정기국회는 예산 통과를 조건으로 여야 간 정치적 타협이 진행되었다. 전문성을 바탕으로 경제적 합리성에 근거하여 결정하기보다는 지도적인 정치력에 의해 예산 결정이 이루어졌다. 이로 인해 예산 국회는 정치적 쟁점으로 인해 심도 있는 예산 심의를 하지 못하고 정치적 파동 속에 휩쓸리는 경우가 많았다. 1980년대 정기국회에서의 예산 심의는 매년 특정 정치적 사건과 연계되어 표류되었으며, 예산 심의가 경제적인 논리로써 이루어지지 못하고 정치적 협상의 희생물이 되어 왔다.

다섯째, 예산 심의가 대부분 법정 기한을 경과하였었다. 예산안의 법정 기한을 경과하여 처리하는 현상이 1980년대 후반 이후 지속되고 있다. 민주화가 진행되고 국회의 권한이 강해지면서 이러한 현상이 더 심하게 발생하고 있다. 이것이 한편으로는 정치가 활성화되면서 국회의 역량이 강화되고 정치적 과정이 중시되는 측면을 나타내기도 하지만, 다른 한편으로는 정상적인 논의와 조정 과정을 거치지 못하고 예산이 '정치적 타협의 산물'이 되고 있음을 말해준다.

예산 심의와 관련하여 국회 운영을 제도적으로 정비하기 위해서는 무엇보다도 예산결산 특별위원회를 상임위원회로 만드는 것이다. 현재도 일 년 내내 활동하는 상설화가 되어 있지만, 임시적인 특별위원회가 아니라, 지속적으로 정보를 축적하고 전문성을 제고하기 위한 상임위화가 필요하다.[11] 다만 이럴 경우 다른 상임위원회와 어떠한 관계를 정립할 것인가를 결정해야 한다. 즉, 각 부처별로 중요한 사업별 쟁점은 상임위가 지적하고 예결위는 이러한 지적을 종합 정리하는 역할을 하는 것이다. 상임위가 삭감하거나 증액한 항목과 액수를 전체적인 관점에서 이를 종합 정리하는 역할을 예결위가 수행하도록 하는 것이다. 이러한 과정에서 예결위의 종합 조정을 다시 개별 상임위로 환류(feedback)시켜 상임위의 동의하에 이를 의결하는 이중 장치를 도입하는 것도 고려해 봄직하다. 특히 다부처 복합 기능으로서 여러 부처에 관련되는 사업, 대형 국책 사업 등에 대해 집중적인 검토가 필요하다.

다음으로는 국회와 감사원의 연계가 필요하다. 결산과 관련하여 직무 감찰권과 회계 검사권을 가지고 있는 감사원의 감사 기능은 매우 중요하다. 그러나 감사원의 감사가 국회의 심의 자료로 충분히 활용되지 못하고 있다. 감사원이 제대로 기능을 수행하려면 장기적으로는 미국의 GAO(Government Accountability Office)처럼 국회 소속으로 하여야 할 것이다.[12] 그러나 단기적인 차원에서는 국회와의 연계를 강화하는 방안이 필요하다. 이에 2003년 국회법 개정을 통해 국회는 그 의결로 감사원에 대하여 감사원법에 정한 감사원의 직무 범위에 속하는 사항 중 사안을 특정하여 감사를 청구할 수 있다.

---

11) 16대 국회에서 상설화하였다. 다만 임기가 1년이고, 다른 상임위원회에 소속하면서 겸임하도록 하였다.

12) 미국의 감사원인 GAO는 종전에 회계 검사를 중시한다는 측면에서 General Accounting Office이었으나 1993년 클린턴 대통령 이후 성과 관리를 중시한다는 측면을 강조하기 위해 Government Accountability Office로 개칭하였다.

이 경우 감사원은 감사 청구를 받은 날부터 3월 이내에 감사 결과를 국회에 보고하여야 한다. 감사원은 특별한 사유로 이 기간 내에 감사를 마치지 못한 경우 중간보고를 하고 감사 기간의 연장을 요청할 수 있다. 이 경우 의장은 2월의 범위 내에서 감사 기간을 연장할 수 있다.

3. 예산 집행

예산 집행(豫算執行, budget implementation)은 국회에서 의결하여 승인한 예산을 실행에 옮기는 과정이다. 실행에 옮긴다는 것은 다음의 두 가지 의미를 함축하고 있다. 첫째는 의회가 최종적으로 승인한 예산을 실행에 옮기는 것이기 때문에 의회가 승인한 대로 집행해야 한다는 통제 지향적 예산 집행의 의미가 있다. 둘째는 예산이란 일 년 전에 성립한 것이기 때문에 실제 집행 과정에서는 상황의 변화가 발생할 수 있다. 즉 승인해 준 대로 집행하는 것이 아니라, 상황 변화에 적응하여 적절히 융통성 있는 집행 즉 재량적 집행의 원리가 필요하다. 이 두 가지 상충되는 가치를 잘 조율하는 것이 집행 과정의 핵심적 과제이다.

예산이 국회에서 심의·확정되면 회계연도 개시와 더불어 예산 집행 단계로 들어간다. 예산 집행은 예산 배정(豫算配定)으로부터 시작된다. 예산이 배정되면 각 부처는 예산의 범위 내에서 계약 등 지출 원인 행위(支出原因行爲, obligation)를 하게 된다. 즉 계약 등을 하는 것이다. 모든 예산은 지출 원인 행위를 한 때로부터 예산을 지출할 수 있는 근거가 생기게 된다.

예산의 정기 배정은 1년을 4분기 별로 연간 배정 계획에 의거 정기적으로 예산을 배정하는 것이다. 즉 예산이 국회에서 확정되면 각 중앙 관서의 장은 기획재정부 장관에게 예산 배정 요구서를 제출하여야 한다. 기획재정부 장관은 이러한 예산 배정 요구서와 월별 자금 계획에 의거 4분기 별 예산 배정 계획을 작성하여 국무회의의 심의를 거쳐 대통령의 승인을 얻어 각 부처에 시달하게 된다. 예산의 재배정은 기획재정부에 의해 배정된 예산의 범위 내에서 다시 각부 장관이 부속 기관이나 하위 기관에 배정하는 과정이다. 이 두 가지는 모두가 1년을 기준으로 4분기로 나누어 예측 가능하게 지출하려는 장치이기 때문에 통제 지향적 집행 장치라고 분류한다.

예산 집행의 신축성을 보장하기 위한 제도

예산 편성 시점과 집행 시기에 시차(時差. time lag)가 존재하고, 행정 수행 과정에서는 다양한 변수가 존재하기 때문에 예산 집행에도 변화가 필요하다. 그런데 예산은 국회 승인 사항이기 때문에 행정부 마음대로 변화시킬 수 없다. 그래서 법적으로 미리 예산 집행에 융통성을 주는 여러 가지 장치들이 마련되어 있다.

첫째, 총괄 예산(總括豫算)이다. 이는 구체적으로 용도를 제한하지 아니하고, 포괄적인 지출을 허용하는 것이다. 예컨대 교부금(交付金. grant)이나 포괄 보조금(包括補助金. block grant)과 같은 형식이다. 이는 중앙정부가 지방정부에 자금을 지원하는 경우에 구체적인 항목을 정하지 않고 포괄적인 범위만 정해주면, 그 범위 내에서 지방정부가 용도를 정하여 사용할 수 있게 한 것이다.

둘째, 예산의 이용(移用), 전용(轉用)이다. 예산의 이용은 입법 과목(장, 관, 항) 사이의 상호 융통인데, 국회의 승인과 기획재정부 장관의 승인을 얻어야 한다. 이때 국회의 승인이란 건건이 승인을 받는 것이 아니라, 이용의 구체적인 과목에 대해 예산 형식의 하나인 예산 총칙에서 사전 승인을 받는 것이다. 전용은 행정 과목(세항, 목) 간의 융통이며, 기획재정부 장관의 승인을 통해 가능하다. 그러나 일일이 기획재정부 장관의 승인을 얻는 것도 어렵고 번잡하기 때문에 자체 전용권을 인정하여 일정한 항목에 대해서는 부처에서 전용할 수 있도록 하고 있다. 이용과 전용은 국회의 승인을 받는 범위 내에서 이루어지기 때문에 신규 사업을 신설하는 것은 국회의 재정 심의권을 침해하는 것이기 때문에 금지된다. 이용과 전용은 전통적 예산 원칙 중 목적 외 사용을 금지하는 한정성(限定性)에 예외적인 제도이다.

셋째, 예산의 이체(移替)다. 정부 조직 등에 관한 법령의 제정, 개정, 폐지로 인하여 그 직무 권한에 변동이 있을 때에 예산도 이에 따라서 변동시키는 것이다. 예컨대 외교통상부의 통상 기능을 떼어 산업자원부에 넘겨서 산업자원통상부로 신설하는 경우에 관련 예산의 이체가 이루어지는 것이다.

넷째, 예산의 이월(移越)이다. 이는 예산을 다음 연도로 넘겨서 다음 연도의 예산으로 사용하는 것이다. 이에는 명시 이월과 사고 이월의 두 가지가 있다. 명시 이월은 세출 예산 중 연도 내에 그 지출을 필하지 못할 것이 예측될 때에는 미리 국회의 승인을 얻어서 다음 연도에 사용할 수 있게 한 것이다. 사고 이월은 연도 내에 지출 원인 행위를 하고, 불가피한 사유로 인하여 연도 내에 지출하지 못한 경비를 다음 연도에 사용하게 하는 것이다. 즉 지출 원인 행위의 실행 여부가 쟁점이 된다. 명시 이월은 한 번 더 이월하는 재이월이 법적으로 가능하지만, 사고 이월의 재이월은 허용되지 않는다. 사고 이월의 재이월을 인정하게 되면, 한 번 이월한 경비는 몇 번이라도 연속적으로 무제한 사용한다는 모순이 생기기 때문이다.

다섯째, 계속비(繼續費)다. 완공에 수년을 요하는 공사, 제조, 연구개발 사업의 경우에 총액과 연부금(年賦金)을 정하여 인정하는 것으로 회계연도 독립의 원칙에 대한 예외적인 장치이다. 당해 연도부터 5년 이내에 한하여 사용하나, 필요하다고 인정되면 국회의 승인을 얻어 연장 가능하다. 계속비의 연도별 소요 경비의 금액 중 당해 연도 내에 지출하지 못한 금액은 당해 계속비의 사업 완성 연도까지 차례차례로 이월하여 사용할 수 있다. 이를 체차 이월(遞次移越)이라고 한다. 우리나라의 경우 계속비 사업과 관련하여 사업의 비일관성, 낭비가 발생하고 있다. 5년간 1조 원의 재원으로 사업을 한다고 시작하고는 7년이 걸리거나 2조 원이 소요되는 경우가 발생하기 때문이다. 특히 선거 시에 인기성 사업 위주로 진행하는 전시용 행정을 극복해야 하며, 총액 관리가 중요하다.

여섯째, 예비비(豫備費)다. 예측할 수 없는 예산 외의 지출 또는 예산 초과 지출에 충당하기 위하여 세입, 세출 예산 외에 예비비를 설정하여야 한다. '예산 외의 지출'이라 함은 예산에 계상되지 않은 신규 소요를 말하며, '예산 초과 지출'이라 함은 예산에 계상된 경비 중 일부가 부족한 경우 해당 소요 예산으로 충당이 불가능한 추가 소요를 말한다. 여행을 갈 때, 식사비, 숙박비 등을 정하여 가지만 혹 예측하지 못한 경우에 대비하여 자금을 조금 더 가져가는 것과 같다. 종전에는 예비비 책정 강제 규정으로 '세입 세출 예산의 1/100 이상을 계상하여야 한다'고 규정하고 있었으나, '상당하다고 인정되는 금액'으로 변경하였다. 그러나 아직도 관행적으로 1.8% 내외가 인정되고 있다. 이러한 관행을 철폐하기 위해 2006년의 국가재정법에서는 예비비는 1% 이하로 책정하도록 하는 예비비 책정 상한 규정을 두었다. 이러한 논쟁이 발생하는 이유는 예비비의 일부를 국가정보원이 국가 안보라는 이름으로 내역을 공개하지 않으면서 사용하는 부분이 있었기 때문이다. 이러한 예비비는 기획재정부에서 총액을 관리하며, 개별 부서의 요구에 의해 건 별로 지출된다. 그리고 다음 연도 의회의 승인을 얻어야 한다. 예산은 실제 일 년 전에 결정되는 것이기 때문에, 아무리 정확하게 추정하더라도, 집행 과정에서 부족하거나 남는 경우가 발생하기 마련이다. 예산 편성 과정에서 전혀 예상하지 못한 중대한 사항이면 추가경정예산을 편성해야 하지만, 그 정도에까지는 이르지 않는 예산의 부족에 대처하기 위한 제도이다. 따라서 국회에서 거부한 용도, 국회 개회 중 거액의 지출, 예산 성립 전부터 존재하던 사태에 대한 사용은 자제해야 한다.

일곱째, 국고 채무 부담 행위(國庫債務負擔行爲)다. 국가 채무[13]라 함은 차관, 국공채, 국고 채무 부담 행위의 3가지를 포함하는 개념이다. 이때 국고 채무 부담 행위란 국고의 부담을 야기하는 채무를 체결할 권한을 부여하는 것이다. 예로써 2년 이상의 기간으로 대지 또는 건물을 임차하는 경우에 해당된다. 이는 채무를 부담할 권한만 부여받는 것이며, 지출에 대해서는 다시 국회의 의결을 얻어야 한다. 미리 의결된 채무를 집행하는 세출이기 때문에 국고 채무 부담 행위의 세출은 경직성 경비의 성격을 가진다.

4. 결산

결산(決算. final accounts)이란 국가의 수입과 지출의 실적을 확정적 계수로써 표시하는 행위이다. 예산은 미리 어떻게 하겠다고 하는 계획이다. 반면 이를 집행한 결과가 결산이다. 결산의 기능은 예산의 범위 내에서 재정 활동을 어떻게 했는지를 확인하고, 장래의 재정 운영에 반영하는 것이다. 예산 과정의 마지막 단계에 해당한다.

최근 결산에 관한 관심이 제고되고 있다. 결산을 통해 사업의 성과를 확인하고 이를 통해 다음 연도의 예산 편성을 위한 기초 자료로 활용해야 하기 때문이다. 과거에는 얼마를 집행했는지를 보는 숫자 확인의 과정이었다면 이제는 사업을 평가하는 과정으로 접근하고 있다. 특히 2006년의 국가재정법을 통해 결산의 절차에 전면적인 개편이 있었다. 조기 결산을 통해 결산의 결과가 다시 예산에 반영될 수 있는 통로를 만든 것이 핵심이다. 과거에는 결산이 다음 회계연도 120일 전까지 제출되었기 때문에 예산과 겹쳐 적극적인 관심을 갖지 못하였다. 그래서 6월에는 결산, 10월에는 예산을 하는 2원적 절차를 마련한 것이다.

결산의 절차는 행정부 과정과 국회 과정으로 구분된다.

13) 채무와 부채는 구분된다. 채무는 바로 현금으로 지급의 의무가 발생하는 것이다. 그러나 부채는 직접 현금의 지급 의무가 발생하지 않는 확정되지 않은 의무, 미래에 발생하게 될 불확실한 부담을 포함한다. 당연히 부채의 규모가 채무의 규모보다 크다.

행정부의 결산 절차

1) 개별 부서는 각 부서의 결산을 마무리하여 세입 결산 보고서, 세출 결산 보고서, 계속비 결산 보고서, 국가의 채무에 관한 계산서를 2월 말일까지 기획재정부 장관에게 제출해야 한다. 이를 결산의 조제(決算調劑)라고 한다. 이때 성인지 결산서(性認知決算書)도 첨부되어야 한다. 한편 개별 부서는 다음 연도 3월 10일까지 세입 세출의 출납에 관한 사무를 완결해야 한다. 이를 출납 기한이라고 한다. 반면 출납 정리 기한은 수납 및 지출을 원칙적으로 연도 말까지 마무리해야 하는 기한이다.

2) 기획재정부 장관은 4월 10일까지 대한민국 정부 전체의 세입세출 결산 보고서, 계속비 결산 보고서 및 국가의 채무에 관한 계산서를 첨부하여 감사원에 제출해야 한다. 이때 기획재정부 장관은 국가 재무 보고서를 국무회의의 심의를 거쳐 대통령의 승인을 받은 후 다음 회계연도 4월 10일까지 감사원에 제출하여야 한다.

3) 감사원은 세입 세출 결산서를 검사하고 그 보고서를 5월 20일까지 기획재정부 장관에게 제출한다. 이때 감사원의 성과 검사 보고서도 함께 제출된다. 그리고 국가회계법에 따라 감사원은 기획재정부 장관이 제출한 국가 재무 보고서를 검사하고, 이에 대한 보고서를 다음 회계연도 5월 20일까지 기획재정부 장관에게 보내야 한다.

4) 정부는 감사원의 검사를 거친 세입 세출 결산을 5월 31일까지 국회에 제출한다. 이때 국가 재무 보고서도 첨부된다.

[그림 5-4] 행정부의 결산 절차

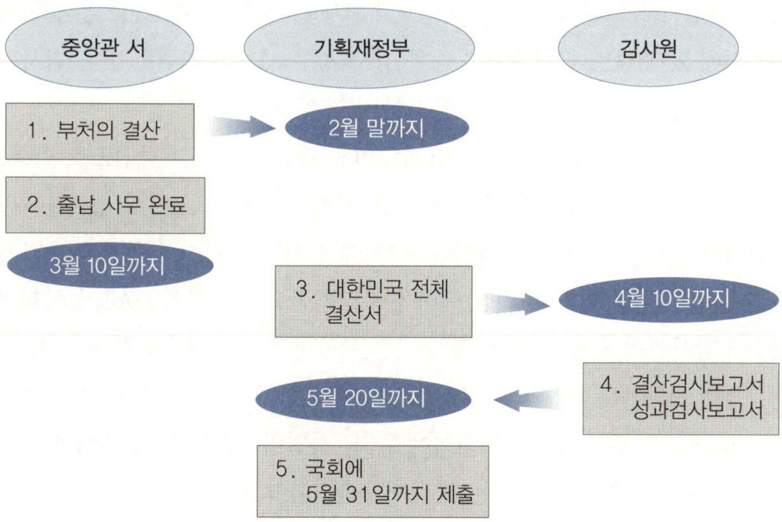

국회의 결산 절차

결산의 최종적인 과정은 국회의 심의를 거쳐서 끝난다. 우선 상임위원회의 결산 예비 심사가 있다. 상임위원회는 소관 부처에 대한 결산 예비 심사를 국정 감사 실시 전에 완료하여야 한다. (그러나 이 조항은 2003년도에 국회의 결산 절차가 전면 개정되면서 삭제되었다) 다음에 예산결산 특별위원회는 전 부처의 결산 전체에 대하여 종합 심사를 한다. 이때에도 상임위의 예비 심사 후에 진행되기 때문에 형식적이다. 결산도 본회의의 의결을 거쳐 최종적으로 확정된다. 즉 결산의 의결권도 국회가 가지고 있는 것이며, 본회의를 거쳐 최종적으로 확정된다. 국회는 결산에 대한 심의 의결을 정기회 개회 전까지 완료하여야 한다.

결산은 사실상 이미 지출하고 난 자금에 대해 조정을 할 수 없다는 무력감(無力感)과 국고국의 결산과 감사원의 감사를 거쳤다는 자위(自慰)로 인해 국회의 결산 심의는 활력이 떨어질 가능성이 크다. 여러 이유가 있겠지만, 우선 가장 중요한 것으로 책임 확보 수단이 없다는 점 때문이다. 이미 집행한 결과에 대해 책임을 물을 수단이 없다는 것이 문제이다. 이에 2003년에 국회법 개정을 통해 '결산의 심사 결과 위법 또는 부당한 사항이 있는 때에 국회는 본회의 의결 후 정부 또는 해당 기관에 변상 및 징계 조치 등 그 시정을 요구하고, 정부 또는 해당 기관은 시정 요구를 받은 사항을 지체 없이 처리하여 그 결과를 국회에 보고'하도록 하였다.

결산은 이미 집행한 사항에 대한 것이기에 형식적인 절차에 그칠 수 있다. 국회에서도 다음 예산에 반영하기 위한 사업에만 관심이 있지 결산에 대해서는 무관심하다. 이를 극복하기 위해 다음 연도 5월 31일까지 결산안을 제출하도록 하였고, 국회는 정기회 개최 전까지 이를 의결하도록 하였다. 국회의 전문성이 부족한 것도 문제이다. 이를 극복하기 위해 2003년도에 감사원에 대한 감사 청구 제도를 신설하였다. 감사원과 국회의 관계 설정이 헌법 개정에서 항상 쟁점이 되고 있다.

결산은 예산의 사전 심의 성격을 띨 수 있다. 결산의 결과가 예산으로 환류되어야 한다. 그런 의미에서 결산은 숫자를 확인하는 과정이 아니라 사업의 성과를 확인하는 과정과 연계되어야 한다. 예산의 과정을 통해 예산 사업의 가치가 증가되는 가치 사슬(value chain)이 되어야 한다. 이러한 맥락에서 장기적으로 미국의 GAO가 국회에 소속되어 있듯이 감사원의 기능 중 회계 검사 기능은 국회로 편입되어야 한다. 이를 통해 의회의 전문성을 보완하는 제도적 장치가 개발되어야 한다. 이를 통해 사업에 대한 생애주기관리(life cycle management)가 되어야 한다. 사업이 태어나고 집행되어 관리되고, 그리고 그 성과가 연계되어 관리되는 체계가 구축되어야 한다.

제6장 정책

Ⅰ. 정책

1. 정책이란 무엇인가?

정책(政策, public policy)이란 정부에 의해 결정된 행동 방침이다. 좀 더 구체적으로 말하면 정책이란 (공공문제 해결이나 목표 달성을 위해) 정부에 의해 (권위 있게) 결정된 (미래의) 행동 방침이다. 정(政, ruling)은 통치, 다스림을 말하고, 책(策, policy, plan)은 꾀, 방안, 방도를 말한다. 정책은 국가 통치, 행정, 다스림에 필요한 방안, 방도를 말한다. 우리가 행정을 말할 때, 그냥 정책과정(政策過程, policy process)이라고 해도 좋다.

실제 행정에서 정책은 여러 가지 다른 이름으로도 불린다. 국회에서는 정책을 '법' 형태로 결정하여 공포한다. 국방 계획, 국토종합개발 10개년 계획처럼 '계획'이라는 이름으로 불리기도 하고, 4대강 개발 '프로젝트'로 불리기도 하며, 임대 주택 건설 '사업'처럼 불리기도 한다. 정부 각 부처와 기관에서 하는 '기능' '활동'이 곧 정책을 의미하기도 한다.

정책의 특징에 대해 좀 더 구체적으로 살펴보자.

첫째, 정책의 행위 주체는 '정부'다. 여기서 정부란 단순히 행정부만을 가리키는 것이 아니라 국정 운영과 관련해 국민으로부터 어떠한 형태로든 권위를 부여받은 모든 국가기관을 말한다. 개인이나 삼성과 현대 같은 기업에서 하는 일을 정책이라고 부르지 않는다. 물론 경영에서도 정책이라는 말을 쓰고 있긴 하지만, 근본적으로 정부에서 하는 일만을 정책이라고 부른다. policy라는 측면에서는 공통분모가 있지만, 정부의 정책은 public policy라고 부르고, 민간의 그것은 private policy라고 부른다. 경영에서 말하는 private policy는 그냥 전략(strategy), 전술(tactics)로 부르는 것이 옳다.

둘째, '결정'된 것이어야 한다. 기안(起案)을 하고, 계획(計劃. plan)을 수립하고, 논의(論議)하는 수준에서는 정책이 될 수 없다. 반드시 '결정'된 것만을 정책이라고 부른다. 국토종합개발계획도 연구자들에 의한 검토 단계의 계획이어서는 정책이 될 수 없고, 반드시 관련 결정자에 의해 결정이 이루어져야만 정책이 될 수 있다. 국회에서도 법으로 결정이 완료되는 순간에 정책이 된다.

셋째, 결정은 '권위(權威. authority) 있게' 이루어져야만 한다. 이 말은 결정권을 가진 사람이, 정해진 규칙에 따라, 정해진 장소에서 '권위 있게' 결정해야만 한다는 것이다. 결정권이 없는 사람, 규칙에 어긋난 결정, 행정 업무 수행 장소가 아닌 곳(물론 비상시는 다르겠지만)에서의 결정은 모두 정책이 될 수 없다.

넷째, 행동 방침(行動方針. a cause of action)이다. '무슨 일을, 어떻게 하겠다'는 행위 방법을 정해 놓은 것이다. 정책은 여러 가지 행위들을 포함하고 있다. 사람을 채용하고, 돈을 지출하며, 서비스를 제공하거나 결과물을 창출하는 행위와 일들을 포함하고 있다.

다섯째, '공공문제를 해결하거나 목표 달성을 위해' 만들어진 것이다. 공공문제(公共問題. public problem)는 개인이나 가족 단위의 문제가 아니라 규모가 큰 사회나 국가 차원의 문제를 말한다. 정책은 이런 수준의 문제 해결을 위한 것이다. 문제 해결만이 아니라 정부가 정한 목표를 달성하기 위해서 만든 것일 수도 있다.

정책의 유형

정책은 다양한 형태로 분류할 수 있다. 우선 각 부처나 기관별로 하는 일에 따라 분류할 수 있다. 복지정책, 교육정책, 문화정책, 통일정책, 국방정책 등으로 나누는 것이다. 복지정책은 보건복지부와 여성가족부 등에서 관장하는데 다시 세부적으로 나누어 정책이라고 지칭할 수도 있다. 예를 들면 문화체육관광부의 정책은 다음과 같이 세분된다. 가장 상위의 정책 목표가 '국민 문화 체감 확대'이고, 이를 실천하기 위한 최상위 정

[그림 6-1] 문화체육관광부 정책(http://www.mcst.go.kr)

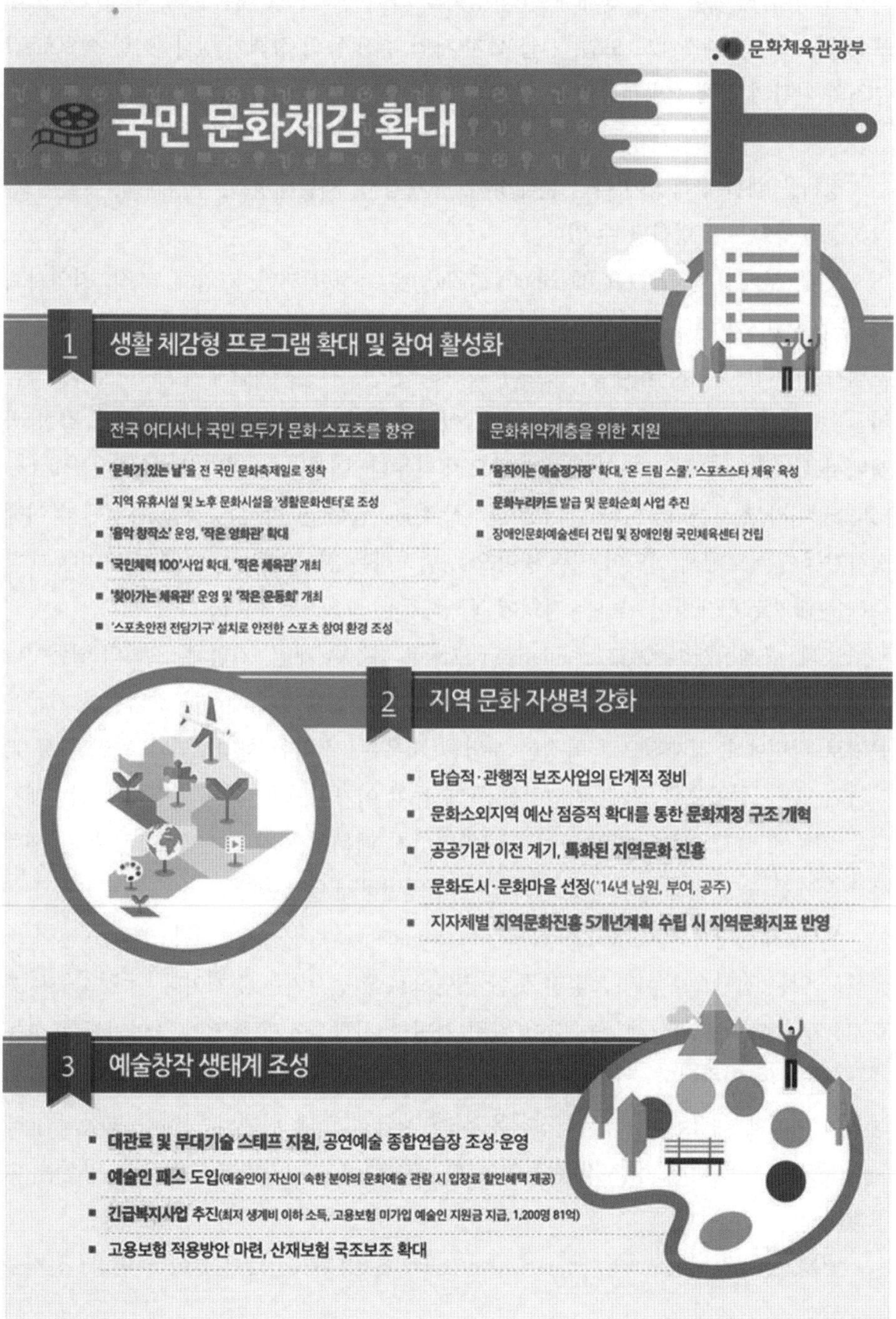

책이 생활 체감형 프로그램 확대 및 참여 활성화, 지역 문화 자생력 강화, 예술 창작 생태계 조성이다. 예술 창작 생태계 조성 정책의 하위 정책으로 대관료 및 무대기술 스태프 지원, 예술인 패스제도 도입, 긴급 복지 사업 추진 등의 정책이 있다. 이런 식으로 각 부처와 기관의 정책들이 분류될 수 있다.

정책을 객관적 특성에 따라 분배정책, 규제정책, 재분배정책, 구성정책, 추출정책, 상징정책 등으로 유형화할 수 있다.

첫째, 분배정책(分配政策. distributive policy)은 특정한 개인, 기업체, 조직, 지역사회에 공공서비스와 편익을 배분하는 것을 내용으로 한다. 대학생들을 위한 학자금이나 무주택자를 위한 주택자금 대출, 도로나 항만의 건설, 지방자치단체에 대한 국가보조금 지급 등과 같은 것들이 여기에 해당한다. 이러한 분배정책의 수혜자들은 정책 결정 과정에서 서비스와 편익을 더 많이 배분받으려 다툰다. 이를 '나눠먹기식 다툼(pork-barrel politics)'이라고 부른다. 이와 반대로 상부상조(log-rolling) 방식은 정책 과정에서 이해당사자들이 서로에게 이익이 되는 방향으로 협력하는 현상이다. 보통 특정 이익에 대한 수혜를 대가로 상대방이 원하는 정책에 동의해주는 방식으로 이뤄진다.

둘째, 규제정책(規制政策. regulative policy)은 특정한 개인, 기업체, 조직의 행동이나 재량권에 규제(즉, 제한이나 통제)를 가하는 정책이다. 법령에서 제시한 광범위한 기준을 근거로 국민에게 강제적으로 특정한 부담을 지우는 것이다. 환경오염과 관련된 규제, 독과점 규제, 공공요금 규제, 기업활동 규제 등이 여기에 속한다. 규제정책에서는 제시되는 기준에 따라 이해관계의 충돌이 불가피하기 때문에 누가 손해를 보고, 누가 혜택을 보는지를 놓고 이해 당사자들 간의 갈등이 빈번하게 발생한다.

셋째, 재분배정책(再分配政策. redistributive policy)은 재산이나 권력, 권리를 많이 소유하고 있는 집단으로부터 그렇지 못한 집단으로 이전시키는 정책이다. 누진소득세(累進所得稅)는 부자로부터 세금을 많이 거둬 가난한 사람들에게 혜택이 돌아가도록 하는 재분배정책의 일종이다. 영세민 취로사업이나 임대 주택 건설, 세액 공제나 감면 등의 정책이 여기에 해당된다. 재분배정책은 사회 계급적 토대 위에서 정책이 결정되기 때문에 규제정책에 비해 계층 간 갈등이 보다 가시적이고 치열하게 전개되는 양상을 띠고 있다.

넷째, 구성정책(構成政策. constructive policy)은 정부기관의 신설이나 변경, 선거구의 조정 등과 같이 정치 체제의 구조와 운영에 관련된 정책을 말한다. 구성정책은 정부가 일을 하기 위해 정부 구조나 기관을 만드는 것이다. 새로운 정부가 출범할 때 정부 조직 개편이 많이 이루어지는데 이는 새로운 정부 구성을 위한 정책이 된다.

다섯째, 추출정책(抽出政策. extractive policy)은 국민으로부터 인적, 물적 지원을 거둬 사용하는 정책이다. 국가 운영에 필요한 조세를 걷거나 국방을 위해 젊은 장정을 동원하는 일, 국가가 재난에 빠졌을 때 각종 물자를 동원하는 일들이 이에 해당한다.

여섯째, 상징정책(象徵政策. symbolic policy)은 태극기, 애국가, '대한민국' 등 국가와 정부를 상징하는 정책을 말한다. 국민을 하나로 통합하려는 목표로 추진되는 정책이다.

2. 정책 체제와 정책 환경

정책이 만들어지고, 시행되는 모든 과정을 하나의 체제로 이해할 수 있다. 이것이 정책 체제(政策體制. policy system)인데, 다음과 같은 특징을 지닌다. 정책 체제 내부의 정책 담당자(政策擔當者. policy stakeholder)들은 국민으로부터 정책 요구(政策要求. policy demand)와 정책 지지(政策支持. policy support)를 받아 정책을 만들고, 시행한다. 정책을 만들고 시행하는 과정(過程. process)을 통해 외부의 국민에게 정책 산출(政策産出. policy output)을 내보낸다. 이때 외부의 국민과 여러 상황은 정책 체제의 환경, 즉 정책 환경(政策環境. policy environment)이 된다. 정책 환경은 정책 체제를 둘러싸고 있는 정치, 경제, 사회, 문화, 과학기술, 국제 여건 모두를 의미한다. 정책 담당자들이 결정을 하고, 집행을 하는 모든 활동은 정책 환경을 고려하면서 이루어져야 한다. 정책 산출물이 정책 환경에서 원하는 것이면, 그것은 더욱더 촉진될 수 있지만, 원하지 않는 것이라면 줄이라는 압력을 받게 된다. 앞의 경우를 정의 환류(正의 還流. positive feedback), 뒤의 것을 부의 환류(負의 還流. negative feedback)라고 부른다. 전자의 예로는 정부의 부동산경기 활성화 정책이 효과를 보여 부동산 거래가 활성화될 경우에, 이런 정책을 더욱 촉진하도록 국민이 요구하는 경우다. 후자의 예로는 공단 조성이 된 뒤 환경오염이 심화되자 지역주민들이 공단 자체를 폐쇄하라고 요구하는 경우다.

정책 체제의 기본 구성원(構成員. constituent)은 정부의 정책 담당자들이다. 정책 담당자란 최고위 수준의 정책과 관련된 대통령, 장관과 차관으로부터, 중간 단계의 국장과 과장, 계장 수준, 가장 일선의 현장 공무원 수준까지 모두를 포함한다. 각자 자신이 맡은 분야의 정책에서 결정자가 되고, 집행자가 된다. 이들의 정책 관련 역량이 곧 정책 체제의 역량이 된다.

정책 체제의 구성원들은 외부 정책 환경과 원만하고 적절한 '상호작용 관계(相互作用關係. mutual relationship)'를 유지해야만 한다. 국민의 민주화 요구를 받아들이지 못하고 강제로 막을 경우에 정권이 큰 위기에 처하게 되고, 오일 쇼크나 금융 위기를 제대로 대처하지 못해 국가 경제가 파탄 나는 경우가 좋은 예다.

정책 체제는 항상 건전하게 유지되고, 운영되어야 한다. 그리고 외부 환경 변화에 발맞춰 적응할 수 있는 능력이 있어야 하고, 시대 변화에 맞게 적절히 쇄신해 가야만 한다. 국가의 발전은 정책 체제의 능력, 역량 자체가 높은 수준으로 상향 조정(upgrade)되는 것과 맥을 같이 한다.

3. 정책 과정과 참여자

정책 과정(政策過程. policy process)은 정책을 만들어 시행하는 과정을 말한다. 여기서 정책을 만드는 일을 정책 형성(政策形成. policy making, policy formulation)이라고 하고, 정책을 시행하는 일을 정책 집행(政策執行. policy implementation)이라고 한다. 정책 형성은 정책 문제를 파악하여 정책의제로 정하는 정책의제 설정(政策議題設定. policy agenda setting), 정책을 통해 얻고자 하는 바람직한 상태를 정하는 정책 목표 설정(政策目標設定. policy goal setting), 목표를 달성하기 위해 필요한 수단을 찾아내는 정책 대안(政策代案. policy alternative) 탐색과 비교, 대안 중에서 가장 최적의 안을 추진할 정책으로 정하는 정책 결정(政策決定. policy decision) 작업이 잇달아 이루어진다.

정책 형성 작업의 최종 단계가 정책 결정인데, 경우에 따라서는 정책 형성 작업 전체를 정책 결정이라고 부르기도 한다. 정책을 '만드는 작업'을 중요시하면 정책 형성 속에 정책 결정을 위치시키는 것이 좋고, '최종 결정'을 중요시한다면 그냥 정책 결정이라고 부르는 것도 좋다.

정책 집행은 정책을 시행하는 일인데, 규칙을 만들고, 사람을 뽑아 조직화하여 일을 맡기며, 예산을 배정하고, 실질적으로 서비스를 제공하고 산출물을 만드는 것이다. 일은 순차적으로, 또는 동시다발적으로 진행된다.

정책 과정을 주관하는 사람은 정책 결정권자와 정책 실무자, 그리고 정책 집행 담당자들이다. 이들은 공식적으로 정책을 주관하는 사람들이다. 정책 결정권자는 그 정책에 대해 최종적으로 결정권을 행사하는 사람이다. 행정부의 수반인 대통령은 모든 정책의 최종 책임자이다. 하지만 권한 위임에 따라 부처의 장관, 차관, 국장들이 실질적인 결정권자가 된다. 정책 실무자는 정책의제 설정에서부터 결정까지 정책 형성 작업에 관여하는 공무원들이다. 정책 결정 이후에 실질적인 집행을 담당하는 하위, 일선 공무원들이 집행 담당자들이다. 여기에 법적으로 참여가 보장되어 있는 각종 위원회 위원(시민대표, 전문가, 정치인, 언론인 등), 정책 평가자, 관계법을 다루는 국회의원과 지방의회 의원들이 공식적 참여자(公式的 參與者. formal attendant)가 된다. 공무원이라도 그 정책과 직접 관련이 없는 사람들은 공식적 참여자가 될 수 없다. 예를 들어, 교육부 공무원은 교통정책에 관한 한 직접적인 공식적 참여자가 될 수 없다. 마찬가지로 모든 국회의원이 공식적 참여자가 되는 것은 아니다. 법원, 감사원처럼 감사와 판결 기능을 가지고 있는 정부기관들도 보통은 공식적 참여자가 될 수 없다. 사후적으로 정책 과정에 관여하기 때문이다. 하지만 동성동본 결혼금지 결정, 수도 이전 여부 판결 등 주요 정책 판결에 관여하는 헌법재판소는 관련 정책에 대한 공식적 참여자가 된다. 또 행정 행위에 대해 심판하는 행정 법원도 관련 정책에 관해서는 공식적 참여자가 될 수 있다.

정책 과정에는 비공식적 참여자(informal attendant)도 있다. 앞서 설명한 공식적 정책 참여자가 아닌 사람으로서, 정책 과정에 관심을 갖고 영향력을 미치고자 하는 사람들이 여기에 포함된다. 공식적 참여자가 아닌 정치인, 공무원, 언론인, 시민단체, 전문가, 일반 국민이 이런 부류다. 이들은 어떻게든 정책 결정이나 집행을 자신들에게 유리하게 만들고자 애를 쓴다. 비공식적 참여자들 중에는 고객 집단(顧客集團. client group)이라고 부를 수 있는 사람들도 있다. 이들은 직접적인 정책 대상 집단은 아니지만, 정책과 관련하여 적지 않은 영향을 받게 되는 사람들을 말한다. 예를 들면, 대학 입시 정책에 있어서 학부모들 같은 경우다. 직접 수험생은 아니지만 자녀들의 교육 내용과 관련하여 큰 영향을 받기 때문이다.

정책 과정의 최종 지향점은 정책 대상 집단(政策對象集團. policy target group)이다. 이들은 정책을 통해 영향을 받는 사람들이다. 정책 집행을 통해 나타나는 서비스와 산출물의 혜택을 입는 사람들이다. 정책 대상 집단은 정책을 통해 좋은 혜택을 받는 수혜 집단(受惠集團. beneficiary group)과 세금을 내거나 상대적으로 손해를 보는 피해 집단(被

害集團) 또는 비용 부담 집단(費用負擔集團. cost-burden group)으로 나눌 수 있다. 전자에 속한 사람들은 관련 정책의 시행을 적극적으로 옹호하며 지원하려 하고, 후자에 속하는 사람들은 정책 결정과 집행을 끊임없이 방해하고 저지하려고 애를 쓴다. 어느 집단의 영향력이 큰가에 따라 정책의 형성과 집행이 영향을 받게 된다.

비공식적 참여자 중 정당과 이익 집단은 정책 과정에 큰 역할을 미친다. 정당(政黨. political party)은 정치적 목적으로 만들어진 조직으로, 대통령, 국회의원, 자치단체장, 지방의회 의원 등 선출직 공직자들을 통해 정책 과정에 큰 영향을 미친다. 정당은 정치적 이슈를 형성하고 이것을 정책으로 공약함으로써 유권자들에게 지지를 호소한다. 정책 과정에서 정당은 사회의 다양한 이익을 결집하는 기능을 수행한다. 이익 결집 기능이란 각종 요구들을 행정 및 정치 체제의 정책 대안으로 전환시키는 것을 말한다. 정책 형성과 집행에 지속적으로 관심을 가지고 영향을 미치고자 한다.

이익 집단(利益集團. interest group)은 구성원들의 공동 이익을 추구하기 위해 만들어진 조직이다. 이익 집단은 관심을 가지고 있는 정책의 형성과 집행에 관심을 가지고 영향력을 미치고자 노력한다. 이익 집단은 언제라도 자신들의 이익을 위해 정책 과정에 대한 압력 단체(壓力團體. pressure group)로 변모할 수 있다. 결정 과정에서 자신들의 이익을 반영시키기 위해 공청회 참석, 건의서 제출, 정책 결정권자 면담, 각종 세미나 개최, 집회 등 다양한 방법을 동원한다. 상황에 따라서는 자신들의 이익에 반하는 정책 결정을 무산시키거나, 정책 집행 과정에서 최초에 의도한 정책 목표가 자신들의 이해관계와 다를 경우 집행을 왜곡시키기도 한다.

전문가(專門家. specialist)는 정책 관련 분야에 특별한 지식과 경험을 가지고 있는 사람인데, 정책 아이디어 제시와 자문 활동 등을 통해 정책 과정에 영향을 미친다. 전문가들은 일반 시민들이 미처 생각하지 못하는 사회문제를 검토해 그 사회문제가 정책의제가 되도록 영향을 미치기도 하고 정책 대안 분석, 정책 평가 등의 과정에도 전문적인 지식을 제공해 영향을 행사한다.

시민 단체(市民團體. civil organization)는 양식 있는 시민들의 모임으로 관심 있는 정책 과정에 적극적으로 관여하고자 한다. 어찌 보면 이익 집단의 일종인데, 정치 민주화 과정에서 '정치성을 띤' 많은 시민 단체들이 등장하였다. 경실련, 참여연대, 환경운동연합, 녹색연합 등과 같은 시민 단체들은 시민 여론을 통해 정책의제 설정에 영향을 미칠 뿐만 아니라 정책 대안의 제시, 집행 활동의 감시 등 정책 과정 전반에 걸쳐 상당한 영향력을 행사하고 있다. 공익을 추구하는 시민 단체의 활동은 사적 이익의 극대화를 목표로 하는 특수 이익 집단의 영향력을 저하시키는 역할을 수행하기도 한다. 시민 단체는 또한 행정기관의 비리나 부조리를 감시하거나, 정책 활동 결과에 대한 평가 등을 통해 정책 내용은 물론 정책 담당자에 대한 비판과 감시 활동을 수행하고 있다.

언론(言論. mass media)은 정책 과정에서 대중의 여론을 형성하는 데 중요한 역할을 한다. 언론은 방송이나 신문 등 대중매체를 통해 사회 구성원들 간의 의사전달을 돕고 사회에서 발생하는 주요 사건들을 구성원들에게 알려주는 공중 의제화(public agenda)에 중요한 역할을 한다. 언론을 통해 형성된 여론은 정책의제의 설정에서 정책 집행 및 평가에 이르기까지 정책 과정에 대한 감시자이자 정책의 정당성을 부여하는 기능을 수행한다.

일반 국민도 민주주의 사회에서 정책 과정에 대한 참여를 보장받고 있다. 국민은 투표를 통한 공직자의 선출, 공청회 참석, 민원이나 청원 제기, 시위 등 다양한 방법으로 정책 과정에 참여할 수 있다. 개별 정책 사안에 미치는 국민 개개인의 영향은 미약하지만, 최근 정보 통신 기술(ICT)의 발달과 인터넷, SNS 등의 활용이 보편화되면서 시민들의 의사 표현과 의견 수렴의 범위와 속도가 매우 빨라지고 있다.

Ⅱ. 정책 형성

1. 정책은 합리적으로 만들어져야만 한다

정책은 합리적으로 잘 만들어져야만 한다. 정책 형성의 첫 작업부터 최종 결정에 이르기까지 모든 과정은 합리적으로 이루어져야 한다. 합리적인 정책 결정을 위해서는 고려해야 할 요소가 있고, 반드시 따라야만 하는 절차가 있다.

'합리적(合理的. rational)'이라는 말은 '이치(理致)에 맞는' '이성(理性)에 합치되는'이라는 뜻이다. '이치에 맞다'라는 말은 정책이 과학적 진리의 법칙에 맞아야 한다는 뜻이다. 논리적, 계산적, 과학적, 능률적, 효율적이라는 말들을 총칭한 표현이다. '이성에 맞다'라는 말도 인간의 논리적 추론과 판단에 맞아야 한다는 뜻이다. 합리성(合理性.

rationality)도 같은 맥락이다. 합리적 정책 결정은 이치에 맞게 잘 이루어진 정책 결정을 말한다. 정책을 합리적으로 만들기 위해서는 과학적 지식과 정보, 논리적 추론, 이성적 판단을 토대로 정책이 만들어져야 한다.

하지만 합리적 결정을 위해서는 정책이 처해 있는 상황적 여건도 충분히 고려해야만 한다. 정책 결정자들은 정책 체제의 특성을 잘 이해하고, 정책 환경 여건을 충실히 고려하여 정책을 결정해야 한다. 정책 체제의 능력을 잘 고려하여 결정 수준을 판단하고, 미래 상황 변화를 고려하여 결정해야 한다. 주어진 예산의 범위 내에서 최선의 결과를 얻고자 하는 능률성(能率性. efficiency), 목표로 정한 산출물을 최소의 노력과 비용으로 달성하고자 하는 능률성, 투입된 노력과 비용에 대비해 가장 높은 성과를 얻고자 하는 효과성(效果性. effectiveness), 정치와 경제 사회 여건을 고려한 상황 적응적 판단이 모두 합리적인 결정이다. 자원이 부족한 상황에서 절약을 꾀하고, 정치적 반대에 직면하여 실현 가능성 판단을 하는 것도 합리적이다.

정책 결정 과정에서는 불변의 진리인 정도(正道)만을 고집해서는 안 된다. '시의적절한 진리'인 권도(權道)가 더욱 중요하다. 보통의 경우에는 '사람을 죽여서는 안 된다'는 정도가 옳지만, 전쟁터에 나선 군인에게는 '적군은 반드시 죽여야만 한다'는 권도가 옳은 길이다. 정책 결정도 권도를 좇아 이루어져야만 오히려 합리적일 수 있다.

정책 결정(policy decision)은 문제 해결이나 목표 달성에 가장 적합한 수단으로서의 정책을 정하는 일이다. 정책 형성(policy making)의 최종 단계다. 의사 결정(意思決定. decision making)이 일반적인 용어라면, 정책 결정은 정부 차원의 좀 더 중요한 결정을 말한다.

정책 결정은 문제 해결의 정답, 목표 달성의 최선책을 찾는 것이고, '정확한 문제 풀이'를 통해 정답을 찾는 일이다. '정답'이 아닌 결정은 향후의 정책 집행을 잘못되게 만들고, 목표 달성을 어렵게 만든다. 정부의 정책은 영향력이 크고, 예산 투입이 막대하기 때문에 결정이 잘못되면 큰 폐해가 발생할 수 있다.

2. 어떤 절차를 거쳐야 하는가?

정부의 정책 결정은 이론적으로 합리적이어야 함(=이론적 합리성)은 물론 법규나 절차에 맞게(=절차적 합리성) 이루어져야만 한다. 아울러 실제 정책 문제 해결이나 정책 목표 달성에도 최선의 것(=실질적 합리성)이 되어야 한다. 절차적 합리성은 정부 각 부처나 기관별로, 정책 분야별로 잘 마련되어 있는 수가 많다. 예를 들어 고용노동부에서 산업인력공단에 위임하여 실시 중인 건설 안정 정책을 보면 다음 [그림 6-2]와 같이 절차가 정해져 있다. 이 절차를 충실히 따르면 정책 결정이 합리적으로 이루어지는 것이다. 이런 최일선의 운영 절차(運營節次. operating procedure)는 집행을 위한 구체적인 정책 결정이다.

실질적 합리성의 예로는 자원 개발을 위해 해외에 투자한 정부의 자원 외교 정책이 과연 원하는 목표를 달성하였는가에 대한 국회 차원의 논쟁을 들 수 있다. 또 4대강 개발 사업이 과연 원하는 홍수 예방, 담수 능력 고양, 환경 정화 등의 목표를 제대로 달성하였는가에 대한 논란도 좋은 예다.

[그림 6-2] 노동부 유해 위험 방지계획서 심사 확인 절차(http://www.kosha.or.kr)

여기서는 교과서적인 이론적, 논리적 합리성 차원에서 정책 결정에 대해 살펴보고자 한다. 정책 형성 과정(policy making process)은 정책 문제에 대한 인지와 채택, 정책 목표 설정, 정책 대안 비교 평가, 정책 결정식으로 전개된다. 차례차례 설명해 보기로 하자.

정책 문제의 인지와 채택: 정책의제 설정

정책 형성 작업의 출발은 정책 문제(政策問題. policy problem)에 대한 인지(認知. knowing, cognition)로부터 시작된다. 정책 문제는 정부에 의해 정책적으로 해결해야 한다고 생각되는 문제를 말한다. 사적 문제(private problem)는 개인, 가족, 지역사회가 책임지고 해결해야만 한다. 하지만 정책 문제는 중요한 공공 문제(public problem)로서 뜨거운 이슈가 되었거나, 갈등이 심하여 좀처럼 민간 차원에서는 해결이 어려운 문제들이다. 정부가 나서서 많은 시간, 노력, 재정, 정보, 기술을 투입해야만 해결이 가능한 것들이다.

정책 문제의 속성을 들어보면,

첫째, 공공성(公共性)을 띤다. 공공성이란 개인이나 민간 차원이 아니라 많은 사람과 관련된 큰 규모의 사회, 국가, 국제와 관련된 것이라는 뜻이다.

둘째, 주관적이고 인공적(人工的. artificial)인 성격을 띤다. '주관적'이라는 말은 정책 문제 판단에 개인의 생각이 반영된다는 뜻이고, '인공적'이라는 말은 문제의 실상이 다루는 사람에 따라 달라질 수 있다는 뜻이다. 어떤 문제는 보는 사람에 따라 문제로 보는 사람도 있고, 문제로 보지 않는 사람도 있다. 문제의 심각성도 모두 다를 수 있고, 문제를 보는 모습도 서로 다를 수 있다.

셋째, 복잡 다양하고 상호의존성을 띤다. 정책 문제의 원인은 매우 여러 가지가 복합되어 있다. 다양한 요인들이 서로 얽혀 상호작용하면서 문제를 복잡하게 만든다.

넷째, 역사적 산물인 경우가 많다. 정책 문제는 어느 한순간에 나타날 수도 있겠지만 대부분 오랜 기간을 거쳐 숙성되고 심화된 것들이다.

다섯째, 동태적 성격을 띤다. 정책 문제는 한시도 가만히 있지 않고 변화하고, 발전해 간다. 그래서 특정 시점에서의 정책 문제만을 보고 있어서는 곤란하다.

정책 문제의 인지(認知)란 정책 문제의 심각성을 알아채는 것이다. 누가? 언제? 어떻게 할 것인가? 정책 문제 인지는 우선 정책 담당 실무자들에 의해 이루어진다. 정책 담당 실무자들은 공무원으로서 관련 업무에 직업적으로 관여하고 있는 사람들이다. 이들은 항시 자신이 맡고 있는 업무 현장을 살피면서 '문제성'을 감지하려고 노력한다. 정책 대상 집단 사람들도 정책 문제의 심각성을 잘 알아차릴 수 있다. 직접 자신들의 이해와 관련되어 있기 때문이다. 정치인과 언론, 고객 집단들도 정책 문제에 관심이 많다.

정책 문제에 대한 인지가 이루어지더라도 정책적 논의가 전개되기 위해서는 정책의제 채택(政策議題採擇. policy agenda setting)이 있어야 한다. 정책의제(政策議題. policy agenda)란 정책적 해결이 필요하다고 생각되는 여러 공공문제 중에 '정부가 공식적으로 다루기로 결정한 문제'다. 정책의제 채택의 주도자는 정책 담당자(정책 결정권자, 정책 실무자)다. 정책 담당자는 자기 소관 업무 분야의 정책 문제를 수시로 채택하여 정책화를 시도한다.

Cobb & Elder는 세 가지 형태의 정책의제 채택 형태가 있다고 한다. 첫째, 내부 접근형(內部接近型)으로 정책 담당자가 자체적으로 정책 문제를 채택하고, 정책 결정 작업을 추진하는 것이다. 둘째, 외부 주도형(外部主導型)으로 외부의 정책 대상 집단, 정치인,

언론, 고객 집단 등 관련자들이 문제를 인식하고 정책의제 채택에 노력하는 경우다. 이들은 정책 담당자에게 의제 채택을 권유하고, 때로는 언론이나 정치인들을 통해 이슈화하여 문제의 심각성을 부각시킨다. 정책 문제의 인식과 논의의 출발점이 정책 담당자가 아니라 외부의 관련 집단인 것이다. 셋째, 동원형(動員型)으로 정책 담당자가 먼저 문제의 심각성을 인식하고, 정책의제화를 꾀한다. 그렇지만 정책 형성과 집행에 외부 관련 집단의 도움이 절실히 필요하기 때문에 관련 대중들에게 문제의 심각성을 알리고, 지지를 요청하는 것이다. 외부의 지원이 강력할수록 정책 담당자들에 의한 정책의제화가 쉬워지기 때문이다.

정책 문제 채택 즉, 정책의제 설정에 영향을 미치는 요인으로는 첫째, 정책 문제의 성격과 중요성을 들 수 있다. 정책 문제가 쉽게 의제화할 수 있는 것이 있고, 그렇지 못한 것도 있다. 예를 들어 원전 설비에서 방사능 누출 사고가 났다면 이 문제를 해결하기 위한 논의는 매우 쉽사리 정책의제화될 수 있다. 사람들이 모두 심각하다고 느끼기 때문이다. 하지만 초등학교 수학 교육의 내용을 좀 더 업그레이드시켜야만 할 것인가와 관련된 문제는 정책의제화하기가 어렵다. 긴급하다고 느끼는 사람이 적기 때문이다.

둘째, 정책 문제가 이슈화되었거나 위기가 심각하다고 느낄 때, 극적 사건이 발생했을 때는 의제화가 좀 더 쉽게 이루어질 수 있다. 진도 세월호 침몰 사고가 나자, 정부에서 긴급하게 해운항만 관련 정부기관을 개편한 것이 좋은 예다.

셋째, 정책 담당 체제의 특성도 영향을 미친다. 정책 체제가 외부 여론을 잘 받아들이는 조직이라면 외부 주도형 의제화가 잘 일어날 수 있지만, 반대로 폐쇄적이고 강압적인 조직이라면 내부 접근형이나 동원형 형태의 의제화가 일어날 가능성이 크다. 조직이 권위적이라면 고위 정책 결정권자의 의견이 많이 반영될 것이고, 민주적이라면 하위직 실무자들의 의견도 많이 반영될 수 있다.

넷째, 정책 문제의 의제화를 시도하는 주도 집단(主導集團) 또는 문제 인지자의 역량에 따라 영향을 받을 수 있다. 정책의 수혜자인 주도 집단이 강력하고 큰 규모라면 그런 정책 문제는 정책의제화가 쉽겠지만, 그들이 피해자가 되어 반대하는 것이라면 의제화가 어려울 것이다.

다섯째, 정책 문제와 관련되어 있는 정치, 경제, 사회, 문화 상황도 주요한 영향 변수이다. 이런 요소들에 의해 긴급성이 필요하다고 여겨질 때 의제화가 쉬워질 수 있다. 하지만 실현 가능성 측면에서 힘이 들 것이 예측되면 의제화가 어려워질 수 있다.

정책의제 설정과 관련하여 몇 가지 이론이 있다. 엘리트론(elite theory)은 영향력 있는 소수의 핵심 엘리트들이 의제 설정 과정에서 중요한 역할을 수행한다고 본다. 이런 엘리트 중에는 최고 결정권자, 정책 실무자, 정당과 정치인, 시민단체 대표자, 언론인 등이 포함될 수 있다. 다원주의론(多元主義論. pluralism)에서는 정책 분야별로 다양한 영향력 집단이 존재하고 이들이 각각의 영역에서 주도적 역할을 수행하고 있다고 말한다. 정책 분야별로 엘리트 및 집단이 존재하고, 이들이 서로 경쟁을 하면서 정책의제화를 주도한다고 본다. 앞서 살펴본 정책 체제론(體制論. system theory)에서는 정책 체제의 문지기(gatekeeper), 체제 특성, 체제의 역량 등이 의제화에 영향을 미친다고 본다. 무의사결정(無意思決定. non-decision making)이라는 말도 있는데 이는 정책의제화를 막는 의사결정을 말한다. 정책 체제나 권력 집단이 자신들에게 불리한 정책의제의 설정을 방해하고 미리 차단하는 것을 말한다.

정책의제 채택 과정의 마지막 작업은 정책 문제를 정확히 표현하여 정의(定義. definition)내리는 일이다. 정책 문제를 정확히 정의해야만 향후의 목표 설정이 가능하고, 수단인 대안 탐색과 비교 평가가 이루어질 수 있다. 정책 과정에 관여하는 참여자들의 모든 사고와 행동의 지향점이 이 정책 문제로 집중될 수 있다. 정책 문제 정의는 관련 요소를 파악하는 것으로부터 시작된다. 정책 문제 속의 핵심 용어를 추출하고, 관련인들이 원하는 가치를 찾아낸다. 그리고 이들 사이의 인과관계(因果關係. causal relation)나 상관관계(相關關係. correlation)를 파악하여 논리적으로 연결시키는 것이다. 아울러 정책 문제의 역사적 맥락을 파악하는 것도 중요하다.

정책 목표의 설정

정책의제를 채택한 뒤에는 곧바로 정책 목표를 세우게 된다. 정책 목표(政策目標. policy goal. objective)는 정책을 통해 도달하고자 하는 미래의 바람직한 상태를 말한다. 정책 문제를 해결하여 도달하고자 하는 수준 또는 정책을 통해 얻어내고자 하는 산출물의 정도를 말한다. 정책 목표는 정책 체제의 역량을 고려하여 타당성 있게 정해야만 한다.

정책 목표는 정책 대안 선택의 기준, 정책 집행의 지침과 기준, 최종 정책 성과 판단의 기준(효과성 판단 기준)이 되기 때문에 매우 중요하다. 정책을 만들 때도 첫 번째 고려 요인이지만 집행할 때도 가장 중요한 고려 사항이다.

정책 목표는 어떻게 세우는가?

첫째, 과거에 시행된 적이 있는 정책 선례의 목표를 토대로 적절히 가감(加減. ± α) 하여 정한다. 가장 손쉬운 방법이다.

둘째, 다른 기관이나 국가의 비슷한 사례로부터 유추(類推)하여 정한다. 정책 과정에서 선례를 검토하고, 다른 나라 사례를 찾아보는 이유가 바로 이런 데에 있다.

셋째, 창의적으로 설정한다. 기존 선례나 다른 나라 사례를 검토하기보다는 정책 문제와 현실 상황, 정책 체제 특성을 잘 고려하여 독창적으로 목표를 정하는 것이다. 이때는 정확한 사실 판단과 함께 가치 판단도 잘 이루어져야만 한다.

넷째, 정책 목표는 수단 선택의 가능성을 고려하여 설정해야 한다. 정책 체제의 역량을 고려하지 않고 지나치게 높게 설정하면 달성하기가 어렵고, 너무 낮으면 달성하기는 쉽겠지만 능률성이 떨어진다. 또 실현 가능한 수단이 없다면 정책 목표는 무의미하다. 정책 목표와 수단은 밀접하게 연계되어 있다. 이를 목표-수단 연계(ends-means chain)라 한다. 목표 달성을 위한 수단을 찾듯이, 수단을 고려하여 목표 수준을 설정해야 한다.

다섯째, 한 정책 영역 내에 다양한 목표들이 공동으로 존재할 경우에는 우선순위를 정해야 한다. 정책 담당자의 역량, 재정, 시간과 노력에 한계가 있기 때문에 어느 것을 먼저 달성하고, 어느 것을 나중에 달성할 것인지를 정하는 것이다.

정책 대안의 탐색

정책 목표를 세우고 나면 이를 달성할 수 있는 수단을 찾아야 한다. 이런 수단을 정책 대안(政策代案. policy alternative)이라고 하는데 이는 정책을 만드는 단계에서 여러 가지 수단을 동시에 고려할 때 사용하는 용어다.

정책 대안은 어떻게 찾아낼까? 가장 쉬운 첫째 방법은 정책 목표를 설정할 때처럼 선례가 있는 정책 수단을 그대로 사용하는 것이다. 이런 선례는 이미 정책으로 시행해 본 실적이 있기 때문에 쉽게 알 수 있고 활용할 수 있기 때문이다. 둘째, 외국이나 다른 정부기관의 정책 사례에서 사용되었던 정책 수단을 끌어오는 것이다. 셋째, 관련된 이론이나 지식 및 기술을 활용하여 찾아낼 수도 있다. 새로운 정보와 기술이 발전하면 정책 목표를 달성할 수 있는 수단도 새롭게 탄생할 수 있다. 넷째, 전문가의 주관적 판단에 의해 정책 대안을 찾아낼 수도 있다. 불확실성(不確實性. uncertainty)이 매우 높은 상황에서는 관련 이론이나 기술, 정보가 부족하기 때문에 논리적 판단, 계산적 추론이 어렵다. 이럴 때는 전문가들의 모든 역량을 동원할 수 있는 정책 델파이(Delphi) 방법이나 두뇌짜기(brain storming) 기법 등을 동원할 수 있다. 이는 전문가들을 모아 놓고, 이들로 하여금 최선의 정책 수단을 찾아내 보도록 하고, 이를 취합하여 대안을 마련하는 것이다. 다섯째, 전혀 다른 영역으로부터 유추(類推. analogy)하는 수도 있다. 예를 들면 사회 문제 해결의 실마리를 동물이나 식물의 세계에서 힌트를 얻어내는 경우가 있다.

정책 대안에는 여러 가지가 있을 수 있다. 그러나 다음 단계의 정책 대안 비교 평가 작업을 수행하기 위해서는 3~5개 정도의 대안 숫자가 적당하다. 모든 대안을 다 고려할 수 없기 때문이다. 가능한 여러 대안을 대략적으로 고려하여 걸러내야 한다. 정책 대안에 대한 개괄적인 예비 분석을 통해 걸러내기(screening)를 해야 한다.

정책 대안의 비교, 평가

정책 대안이 마련되면 다음 단계는 이들을 서로 비교하여 평가하는 일이다. 어느 것이, 얼마나 좋은가를 판단하는 일이다. 평가가 잘 이루어져야 최적안을 선정할 수 있다.

정책은 앞으로 미래에 시행할 것이기 때문에 미래에 대한 판단이 중요하다. 정책 예측(政策豫測. policy forecasting)은 정책 문제, 목표, 상황, 대안의 미래 상태를 파악하는 것이다. 미래 상황은 불확실성(uncertainty)이 매우 높다. 시간의 흐름에 따른 변화, 역사적 변천을 잘 가늠해야 한다. 정책 예측 방법으로는 주관적 판단에 의한 예측, 시계열 통계자료를 통한 예측, 인과관계(因果關係. causal relation)를 통한 예측 등이 있다.

정책 실험(政策實驗. policy experiment)을 해보는 수도 있다. 이는 정책 시행에 앞서 예비로, 소규모로, 제한된 여건 속에서, 실제로 정책을 만들어 시행해보는 것이다. 실험해 봄으로써 정책의 실질적 효과를 알아낼 수 있고, 정책의 장단점, 상황 변화 등에 대해 좋은 정보를 얻을 수 있다. 이 실험 결과를 정책 대안 평가에 활용할 수 있다.

대안들을 비교 평가할 때 사용하는 기준으로는

첫째, 장점과 단점(merit & demerit), 문제점을 챙겨본다. 장점이 크고 단점이 적으면 좋다. 시행 과정에서 나타날 수 있는 문제점에 대해서도 면밀히 검토해야 한다.

둘째, 소망성(所望性. desirability)을 비교해 본다. 소망성은 대안의 바람직한 정도를 말하는데 이는 단순히 장점이나 산출물이 많다고 해서 좋은 것이 아니라 대안 자체가 전반적으로 좋은 것이어야 함을 의미한다.

셋째, 실현가능성(實現可能性. feasibility)이 있어야 한다. 행정, 정치, 경제, 사회 문화, 기술적으로 실현 가능한 수단인가를 살피는 것이다.

넷째, 효과성(效果性. effectiveness) 즉 목표 달성도가 높은 것이어야 한다. 효과성이 높은 대안은 정책 문제 해결을 잘할 수 있는 것이고, 원하는 목표를 충실히 달성할 수 있는 것이다.

다섯째, 능률성(能率性. efficiency)이 좋아야 한다. 능률성은 비용과 효과를 대비하여 볼 때 주어진 비용으로 최대의 성과를 내는 것이나 주어진 목표를 가장 적은 비용으로 달성하는 경우를 말한다. 능률성이 높으면 그만큼 낭비가 줄어들고, 절약할 수 있다.

여섯째, 형평성(衡平性. equity) 기준도 고려할 필요가 있다. 비용 부담이나 혜택이 골고루 분포하는가? 정책 대상 집단 중에 불만이 있는 경우는 없는가?

최적안 선택: 정책 결정

정책 형성의 마지막 단계는 최적 대안(最適代案)을 정하는 정책 결정이다. 정책 결정(政策決定. policy decision)은 최종 결정권자 또는 결재권자(決裁權者)에 의한 선택 행위다. 이 최적안이 정책으로 결정되어 다음 단계의 시행으로 넘어간다.

정책 결정 방법은 단일의 결정권자일 경우에는 결심하여, 문서에 서명하면 된다. 다수, 또는 위원회 결정일 때는 의사결정 절차에 따라 다수결이나 만장일치 등의 방법으로 결정하게 된다.

3. 고려해야 할 요소

정책을 합리적으로 잘 만들기 위해서는 많은 요소를 고려해야 한다. 절차를 잘 따라야 함과 아울러 논리적으로 치밀하게 잘 이루어져야 한다.

정책 결정자는 어떤 사람인가?

정책을 합리적으로 만들기 위해서는 우선 정책 결정자 자신도 합리적 인간이어야 한다. 합리적 결정자(合理的 決定者, rational decision maker)는 온전한 감성적 지성(感性的 知性. emotional intelligence)의 인격자로서 냉철한 지성과 균형 잡힌 감성을 갖춘 사람이어야 한다. 지성인으로서 치밀한 분석력과 정확한 상황 판단력이 있어야 한다. 균형 잡힌 감성을 가진 사람으로서 정책 대상인 국민의 감성을 잘 이해할 수 있어야 하고, 자신의 감성 조절 능력도 뛰어나야 한다. 굶어 죽어가는 북한 동포를 보고 '문제가 심각하다, 정책적으로 지원을 해야만 한다'고 생각하는 사람은 감성적으로 그들과 공감을 이루었기 때문일 것이다. 하지만 김정은이 서울 공격을 계획하고, 북한 군인들은 잘 먹고 사는 현실을 냉철히 고려하면, '북한을 섣불리 지원해서는 안 된다'고 판단하는 것이 옳을 수도 있다.

정책 결정자는 또한 역사적 감각과 미래 예측력도 뛰어나야만 한다. 정책 문제의 변화를 알아야 하고, 관련 분야의 역사적 변천에 대해 잘 알고 있어야 한다. 과거로부터의 역사 흐름을 잘 이해하면서 동시에 정책 문제와 해당 정책의 미래 전개 상황에 대해서도 가늠할 줄 알아야 한다. 역사를 모르고, 미래 발전 방향을 알지 못하면 정책을 합리적으로 잘 만들기 어렵다. 일본의 성 노예 할머니들에 대한 사과 문제, 일본이 독도를 분쟁 지역화 하려는 음모에 대처하기 위한 정책을 세우기 위해서는 정책 결정자의 역사관과 미래 예측력이 꼭 필요하다.

정책 결정자에게는 창조적 사고도 필요하다. 정책 목표를 설정하고, 대안을 찾는 과정에서 창의적 사고 능력이 없는 사람은 기존의 것을 베끼기에 급급하다. 또 다른 기관이나 남의 것을 따라 하기 바쁘다. 정책 결정자가 마주치는 문제 상황은 항상 새롭게 변모하기 때문에 이에 발맞춰 새로운 사고를 하려는 자세가 필요하다.

정책 결정자에게는 어느 순간에 직관적 통찰력도 필요하다. 항상 과학적, 논리적, 통계적 분석이 가능한 정책 형성 과정이 전개되지만은 않기 때문이다. 전혀 새로운 문제 상황이거나 아니면 긴급히 정책 결정을 해야만 하는 상황에서는 짧은 기간에 직관적 통찰력으로 결정을 해야만 한다. 예를 들어 침몰하는 세월호를 마주하고 있는 상황에서, '어떻게 대처할 것인가?'에 대한 함장의 판단은 빠른 직관적 통찰력을 필요로 한다. 과학적 분석, 민주적 결정이 모두 불가능하기 때문이다.

정책 결정자들의 합리성 부족, 불합리성 문제는 정책 과정을 심각하게 왜곡시킬 수 있다. 그들의 정보 수집과 분석 능력 부족, 상황 판단력의 부족, 시간과 노력 부족은 정책 형성 과정을 어렵게 만들 수 있다. 또 외부 영향력에 흔들려서 합리적 사고와 판단을 하지 못한다면 문제가 심각하다.

정책 결정자가 하나가 아니라 다수, 위원회일 경우에는 또 다른 문제가 생겨날 수 있다. 위원들 사이의 이념 대립, 가치관 대립이 있을 수 있고, 정치적 성향에 따라 심각한 대립각을 세울 수 있다. 임진왜란 직전에 똑같은 현상을 보고 온 사신들이 하나는 '전쟁 위험이 없다'하고 하나는 '전쟁이 날 것이니, 얼른 준비해야 한다'고 상반된 의견을 제시하였다. 결국, 정부는 전쟁 대비를 제대로 하지 못하고 큰 피해를 자초했다.

정책 상황은 어떠한가?

정책 상황(政策狀況. policy situation)은 정책 문제와 정책 체제의 상태나 정치, 경제, 사회 문화적 환경을 총체적으로 말하는 것이다. 정책 상황은 정책 문제는 물론 목표 설정, 대안 탐색, 정책 결정, 정책 집행 모든 부분에 관련되어 있다. 정책 과정 전반에 걸쳐서 상황 파악을 잘해야만 한다. 정책 문제의 상황과 변화 가능성, 관련 집단의 상황과 변화 가능성, 정치, 경제, 사회 문화, 기술의 상황과 변화 가능성을 잘 살펴야 한다.

정책 체제 자체의 상황과 변화 가능성에 대해서도 항시 유념해야만 한다. 정책 결정권자, 정책 담당 실무자, 정책 집행자, 정책 대상 집단, 정책 체제의 규칙과 절차 등의 상황과 변화 가능성을 살펴야 한다. 정책 결정 모형에 쓰레기통 모형이라는 것이 있는데 이는 정책 문제, 결정자, 결정 기회, 해결책이 제멋대로 떠다니다가 어느 한순간에 결정이 이루어지는 모습을 말하고 있다.

국민의 가치관과 욕구는 어떠한가?

정책 문제를 유발하는 국민의 욕구와 가치관은 수시로 변모한다. 정책이라는 것은 국민의 욕구 충족을 지향할 수밖에 없기 때문이다. 정책 목표는 결국 국민의 욕구와 가치관의 결집체여야 한다. 국민의 부자가 되고 싶은 욕구가 강할 때는 경제 발전 정책이 최우선이며, 자유로운 삶을 원할 때는 정치 민주화가 최우선이고, 문화 복지를 원할 때는 문화 정책, 복지 정책이 가장 우선적으로 고려되어야 한다.

한 정책 분야와 관련해서도 다양하고 복잡한 국민의 욕구와 원망(願望)이 있을 수 있다. 이것을 어떻게 정책화하느냐가 관건이다. 정책 결정자는 국민의 욕구와 가치관 파악에 항시 유념해야 한다. 하지만 국민의 욕구와 가치관은 참으로 다양하고 복잡하다. 그래서 누구의 것을, 언제, 어떻게 정책화하느냐에 대한 판단이 필요하다. 정책 결정자들이 자기가 선호하는 국민, 집단의 욕구와 가치관만을 고려하여 정책을 만든다면 문제가 있다.

현실적으로 국민은 변화무쌍(變化無雙)한 욕구와 선호를 가지고 있다. 변덕쟁이 국민이 많다. 어찌할 것인가?

가용 자원은 충분한가?

정책을 만들기 위해서는 가용 자원(可用資源)에 대한 판단이 필요하다. 첫째, 가용 재정에 대한 판단이 필요하다. 정책 결정에서는 쓸 수 있는 예산, 기금, 조세 역량의 충분성에 대한 판단이 동시에 고려되어야 한다. 재정이 부족한 정책은 시행되기 어렵다. 둘째, 물적 자원에 대한 판단이 필요하다. 필요 물품, 재료, 장비 등이 얼마나 충분한가를 고려해야 한다. 셋째, 정책을 만들고 시행할 전문가, 기술자 등 인적 자원에 대해서도 고려되어야 한다.

이외에도 합리적 정책 결정을 위해서는 고려할 요인들이 많이 있다. 축적된 정보와 자료는 충분한가? 특히 시계열(時系列) 자료(time series data), 정책 대상 집단에 관한 통계 자료 상태는 어떠한가? 관련 이론과 지식은 충분한가? 통계적 분석 능력이 있는가? 정책 결정에 필요한 시간은 충분한가 등에 대한 고려가 필요하다.

4. 다양한 정책 결정 방식

정책 결정이 합리적으로 이루어져야 한다지만 현실적으로는 다양한 형태의 결정들이 존재한다. 대표적인 것이 점증주의식 결정, 자동화 결정이다.

점증주의식 정책 결정: (기존 정책) ± α ⇒ (새로운 정책)

기존 정책을 토대로 하여, 조금 수정한 정책을 만드는 것을 말한다. 현실적으로 이런 방식으로 정책이 만들어지는 경우가 많다. 대표적인 것이 예산을 책정할 때, 전년도 예산을 토대로 다음 연도의 예산을 책정하는 것이다.

점증주의식 정책 결정(漸增主義式 政策決定. incremental policy decision)은 이미 만들어졌던 정책을 기반으로 하기 때문에 정책과 관련된 많은 정보와 지식, 경험이 축적되어 있다. 정책의 장점, 단점, 실현 가능성 등에 대한 정보가 이미 알려져 있어 위험 부담이 적다. 정책 문제 정의나 목표 설정, 대안 탐색이 그리 어렵지 않다. 관련 집단들의 정책에 대한 생각과 반응, 정치 사회적 지원 여부도 이미 노출되어 있다.

이런 결정 방식이 선호되는 이유는

첫째, 시간과 비용, 노력을 적게 들일 수 있다.

둘째, 정책 체제 자체가 보수적이어서, 쇄신적 결정보다는 기존 정책을 존중하는 방식으로 결정하게 된다.

셋째, 선례(先例)를 존중하거나 강요받을 때 이런 결정이 나타난다.

넷째, 정책 담당자의 새로운 대안 창출 능력이 부족할 때 나타난다.

다섯째, 정책 담당자들이 위험 부담을 줄이기 위한 방편으로 사용한다.

여섯째, 이미 시행된 정책을 연장해야만 하는 상황이 생겼기 때문일 수 있다. 즉 매몰 비용(埋沒費用. sunk cost)이 발생하여 정책을 되돌릴 수 없을 때 나타난다.

일곱째, 한번 태어난 정책은 스스로 생명력을 갖고 지속되는 성향이 있기 때문이기도 하다.

점증주의식 정책 결정은 미래의 불확실성이 높은 상황에서, 조금씩 정책 범위와 심도를 높여가려는 노력과 함께 나타날 수 있다. 그래서 한꺼번에 완벽한 결정을 추구하기보다는 조금씩 수정하면서 정책 내용을 향상시켜 가려고 할 때 유용하다. 정책 결정을 한순간에 끝내지 않고, 상황 변화를 고려하여 여러 차례 결정-수정-재결정하면서 향상시켜 간다. 이는 정보나 지식이 부족한 상태에서 목표 설정이 어렵고, 인과관계를 알 수 없을 때, 적절한 수단이라는 확신이 없을 때, 외부 상황 변화를 알기 어려울 때 정책 실패를 줄이기 위해 사용된다.

계속직, 구체적 정책 결정 절차를 마련해두고 활용하는 수도 있다. 정책을 시행하면서 학습 효과가 나타나고, 정보와 자료가 얻어진다. 조금씩 정책 수정이 일어나기 때문에 국민의 정책 순응이 확보될 수 있다. 정책 시행 과정에서 이익 집단이나 참여 집단 간의 합의가 일어날 수 있고, 정책 상황 변화에 적절히 적응해 갈 수 있다.

이런 결정 방식은 기존의 정책이 좋지 않은 것일 경우에는, 지속적으로 잘못된 결정이 반복될 가능성이 크다. 그리고 안정된 사회에서는 어느 정도 적용이 쉽지만, 불안정한 정치, 경제, 사회 상황에서는 적용이 어렵다. 또 쇄신적 정책을 만들어내기가 어렵다. 한번 결정된 정책이 지속적으로 확대 재생산되는 특징으로 인해 정책을 축소하거나 종결하기 어렵다.

자동화 정책 결정

자동화 정책 결정(自動化 政策決定. automated policy decision)은 결정 절차의 자동화를 통한 결정을 말한다. 어떤 결정이 똑같은 형태로 계속될 때 나타나는 결정 방식으로, **(결정 원칙) + (필요 정보) ⇒ 정책 산출** 형태를 취한다. 이때 결정 원칙은 단순히 결정 방침을 정하는 수준에서 나아가 스스로 결정 시기, 수준, 질과 양, 우선순위를 판단할 수 있는 자동화된 결정 원칙을 말한다. 자동화 정책 결정은 축적된 많은 정보(data base), 정보 통신 기술(ICT), 세련된 정책 분석 기법과 세련된 모형, 정보의 표준화, 결정 양식의 통일 등을 통해 가능하다.

행정 업무 중 일선 행정 수준에서는 자동적으로 반복되는 결정들이 많다. 예를 들면, 조세액 결정, 인허가서 발급, 각종 증명서 발급 결정들이 이에 속한다. 정부에서는 일상적, 반복적으로 이루어지는 정책 결정을 위해 표준 운영 절차(標準運營節次. standard operational procedure)를 마련해두고 사용하는 경우가 많다.

자동화 결정은 정책 관련 집단의 가치를 파악하여 반영하기 어렵고, 결정 원칙이 현실성이 떨어질 우려도 있다. 잘못된 결정 원칙이 계속된다면 정책 결정의 악순환이 일어날 수도 있다.

Ⅲ. 정책 집행

1. 집행을 통해 정책 효과가 나타난다

정책 집행(政策 執行. policy implementation, execution)은 만들어진 정책을 시행하는 것이다. 만들어진 정책은 집행을 통해 효과를 얻을 수 있다. 정책 형성 이후에, 실질적으로 정책 효과(政策效果. policy effect)를 창출하기 위해 하는 일이 정책 집행이다. 정책 시행을 위해 법규를 만들고, 직원을 채용하여 조직화하며, 재원을 마련하여, 정책 형성 단계에서 정해 놓은 일정대로 행정서비스를 제공하고, 산출물을 만들어 가는 것이다. 정책 집행이 본 궤도에 올라 일상적으로 이루어지면, 그때부터는 일반 사무 관리와 모습이 비슷하다.

정책 집행의 특징을 들어 보면

첫째, 만들어진 정책을 현실에 맞춰 구체화하는 작업으로 상세하게 세부적인 결정을 하는 것이다.

둘째, 실질적으로 정책 문제의 해결을 하는 것이다. 모든 활동은 정책을 통해 해결하고자 하는 문제를 지향하면서 이루어진다.

셋째, 정책 목표 달성을 추구한다. 정책 형성 당시에 목표로 세웠던 것들을 차근차근 성취해 가는 것이다.

넷째, 정책 대상 집단에 실질적인 영향을 끼치는 것이다. 정책 수혜 집단에게는 이익을, 비용 부담 집단에게는 비용을 부담시키고 피해를 유발하는 것이다.

다섯째, 정책 집행 과정에서 합법성, 능률성, 효과성 노력이 동반된다.

여섯째, 정책 효과가 나타남과 동시에 새로운 갈등이 발생할 수 있다. 정책 형성 당시에는 몰랐거나 잠재해 있던 갈등이 집행 과정에서 나타날 수 있다.

정책 집행의 구체적 활동을 보면, 결정 내용을 공식화하는 일을 한다. 관보, 언론 보도, 정책 홍보를 통해 정책 대상 집단과 국민에게 알리는 일이다. 집행을 담당할 기관과 사람을 설정하고, 업무 시행 세칙과 업무 집행 매뉴얼을 만들기도 한다. 대통령이나 집권 여당(執權與黨)에서 크게 관심을 가지고 있는 정책의 경우에는 시정 방침, 대통령 특별 지시 사항, 기관 업무 지침 등으로 강조되어 시달된다. 정책 집행은 결정된 정책 내용 관련 법규에 대해 담당자들이 새롭게 해석하고 적용하는 일을 한다.

정책 집행 과정에서는 다양한 정치 게임(political game, politics), 관료 정치(官僚政治. bureaucratic politics), 이익 집단 관여, 언론 플레이가 성행한다. 모두가 자신들의 의견을 유리하게 반영하고자 애를 쓴다. 이익 집단 사이에 강력한 갈등이 나타나는 수가 많다. 정책 집행에 필요한 자원 확보와 이를 적절히 배분하는 일이 벌어진다. 특히 예산과 관련하여 많은 노력을 경주한다. 집행 과정에서 나타나는 여러 가지 새로운 문제 상황, 갈등, 문제점 등을 적절히 관리하고 대처하는 노력이 필요하다. 정책 집행 담당자들은 물론 정책 결정자들도 집행이 제대로 이루어지는지 탐지(monitoring)하고 감독하는 것을 게을리하지 않는다. 집행 단계에서도 수시로 평가 작업이 이루어지고, 필요할 경우에는 정책 목표, 내용, 수단을 수정하기도 한다.

정책을 만드는 일과 집행하는 일은 연속적으로 잘 이루어져야만 한다. 그런데 현실에서는 정책 결정자와 집행자가 같은 사람이 아닌 경우가 제법 많다. 그래서 결정과 집행 사이에 오해가 있을 수 있고, 적당히 간극(間隙. 틈)이 있을 수 있다. 또 정책을 형성하는 기간이 길다 보면 실제 집행 때까지는 시차가 커질 수 있다.

R.T. Nakamura & F. Smallwood(1980)는 정책 결정자와 집행자의 권한, 역할 관계에 따라 5가지로 두 집단 사이의 관계를 유형화하였다. 첫째는, 고전적 기술자형(古典的 技術者型. classical technocracy)이다. 정책 결정자가 정책의 목표와 내용의 구체적 항목까지 결정하고, 관료제 조직을 통해 집행자를 꾸준히 통제한다. 목표 달성을 위한 구체적인 기술적 권한만 집행자에게 위임한다. 정책 집행자는 정책 목표와 내용 대부분을 받아들이고, 구체적 수단 선택 행위만 수행한다. 집행자는 집행에 필요한 기술적 능력만 소유하면 된다.

둘째, 지시적 위임형(指示的 委任型. instructed delegation)이다. 정책 결정자가 정책의 구체적 목표까지 결정하고, 목표 달성에 필요한 수단을 고안하도록 지시하며, 행정관리 권한을 현장의 집행자들에게 위임한다. 정책 집행자는 만들어진 정책과 목표를 지지하면서 수단 선택에 관한 재량권을 행사한다. 목표 달성을 위한 수단을 집행자들 사이에서 협상으로 결정할 수 있다.

셋째, 협상형(協商型. bargaining)이다. 정책 결정자가 목표 수립 권한을 소유하고 있지만, 실질적으로는 결정자와 집행자가 서로 상의하여 목표와 수단을 정하고 정책을 시행해간다.

넷째, 재량적 실험형(裁量的 實驗型. discretionary experimentation)이다. 정책 결정자는 정책의 필요성, 정책 방향에 대해서는 어느 정도 알고 있지만, 구체적인 부분에 대해서는 잘 알지 못한다. 그래서 추상적인 목표를 내세울 수밖에 없다. 구체적 수단 선택 시간이나 능력이 부족하여 집행자에게 목표와 수단에 대한 광범위한 권한을 위임한다. 정책 집행자가 결정자를 위해 목표와 수단을 구체화하고, 임무 수행 책임을 지고자 한다. 집행자는 정책에 대해 충분한 능력을 소유하고 있다.

다섯째, 관료적 기업가형(官僚的 企業家型. bureaucratic entrepreneurship)이다. 정책 집행자가 정책 목표를 수립하고, 목표 달성에 필요한 구체적 수단을 강구하는 등 정책 과정 전체를 주도적으로 관여한다. 정책 결정자로 하여금 목표와 수단을 받아들이도록 설득한다. 정책 결정자는 집행자들이 선택한 목표와 수단을 지지할 뿐이다.

2. 정책 집행에 영향을 미치는 요인

정책의 성공은 집행이 얼마나 잘 이루어지는가 여부에 달려 있다. 정책의 성공적 집행에 영향을 미치는 요인으로는 어떤 것들이 있을까?

첫째, 정책 요인이다. 정책의 소망성(所望性)이란 면에서 정책 내용과 목표가 관련된 사람들이 원하는 바람직한 것이어야 한다. 또 정책 내용과 목표가 누구나 알 수 있는 명확한 것이면 좋고, 정치적 타협으로 생긴 애매한 정책이나 지나치게 추상적인 목표를 세우면 집행에 실패할 우려가 있다. 정책의 목표와 수단 사이에 인과관계(因果關係. causal relation)가 타당성 있어야 한다. 정책(X)을 추진하면, '목표 달성과 문제 해결(Y)'이 이루어질 것이라는 확신이 있어야 한다.

둘째, 집행 요인이 있다. 집행기관의 내부 구조, 인적 연계, 의사소통, 권한 관계가 바람직해야 한다. 집행에 필요한 법규, 시행령, 사무 관리 세부 규칙이 잘 확립되어 있으면 좋다. 또 집행기관 책임자의 책임 의식, 적극성, 리더십, 새로운 문제 해결 능력이 필요하다. 집행 조직은 물론 외부 관련 기관, 이익 집단, 정책 대상 집단들과 소통, 협력 역량이 필요하다. 아울러 집행 담당 공무원의 능력과 책임성도 중요하다. 대체적으로 정책 결정자들에 비해 집행자들의 역량이 부족할 우려가 있다. 물론 정책과 관련된 현장 능력은 우수할 수 있다. 경우에 따라서는 집행기관이 여럿으로 분리되어 있는 수가 있다. 이럴 때는 집행기관 상호 간에 할거주의(割據主義)가 없어야 하고, 긴밀한 협력 관계가 형성되어야 한다. 외부 전문가, 지지자의 참여가 필요할 경우 외부 인사를 적극 활용하는 것도 좋다. 무엇보다도 가장 중요한 것 중 하나는 재원(인적 자원, 물적 자원, 예산 등)의 충분성이다. 정책 집행에 필요한 모든 자원이 적절한 시기에, 적절한 양이, 원활하게 공급될 수 있어야 한다.

셋째, 환경과 맥락 요인이다. 정치, 경제, 사회 상황이 집행에 유리해야 한다. 여당의 지지는 필수이고, 야당이나 반대 이익 집단의 반발을 잘 극복해야 한다. 재원 마련은 경제 상황에 좌우될 수밖에 없고, 사회적으로 민감한 사항은 집행에 유의해야만 한다. 최고 통치자, 기관장의 지원도 꼭 필요하다. 정책 결정권자의 지속적인 관심과 지지가 있으면 그만큼 집행이 탄력을 받게 된다. 관련 이익 집단의 적극성과 지원도 중요하다. 정책 옹호 집단, 수혜 집단, 관심 언론, 고객 집단의 지원이 필요하다. 환경 단체 등 외부 반발 집단, 피해 집단의 방해 극복도 고려 사항이다. 관련 대중의 관심과 지지도 관건 중 하나다.

넷째, 정책 문제 관련 요인이다. 정책 문제의 핵심 구성 요소 중 하나인 정책 대상 집단을 잘 살펴 대응해야 한다. 정책 대상 집단이 소집단으로 나뉘어 있고, 경쟁이 심하면 집행이 매우 어렵다. 사람들의 가치관, 사고방식이 수시로 변하고, 언제 어떻게 변할지 예측이 불가할 수 있다. 정책 대상 집단의 규모와 구조 면에서 정책으로 영향을 미치고자 하는 집단이 너무 크면 집행에 힘이 든다. 이들의 지원을 끌어내기 위해서는 대상 집단이 좀 더 조직화되고 호의적인 리더가 있으면 좋다. 대상 집단 사람들에게 요구되는 행태 변화의 폭이 크면 저항 가능성이 크기 때문에, 차근차근 단계적 변화를 시도해야 한다. 정책 문제를 분석할 수 있는 이론이나 기법이 밝혀져 있으면 좋지만, 전혀 새로운 문제거나 불확실성이 높으면 다루기 곤란하다.

어떻게 순응을 끌어낼 것인가?

정책 집행 시, 관련 집단들의 순응이 있어야만 성공할 수 있다. 순응(順應. compliance)이란 정책 집행의 내용이나 법규, 요구되는 행태 변화에 관련자들이 순순히 따르는 행위를 말한다.

정책 집행자들의 (정책 결정자나 정책 내용에 대한) 순응은 기본적으로 필수 요건이다. 집행자들이 결정자들과 생각이 다르거나 반발하는 위치에 선다면 집행이 제대로 이루어질 수 없다. 집행 단계에서 비용 부담 집단이나 반대자들의 반발은 꼭 극복해야만 한다. 님비(NIMBY) 현상이 대표적인데, 공적으로 꼭 필요한 시설인데도 주민들은 혐오스럽다고 해서 반발하는 경우다. 집행자로서는 이들의 반발을 무마하고 순응을 끌어내야만 한다. 정책 대상자나 집단들 입장에서도 행태 변화나 가치관 수정에 어려움을 겪을 수 있다.

순응에 영향을 미치는 요인으로는 정책 자체에 대한 믿음과 신뢰 즉 소망성이 높은가 여부, 또 정책 결정자나 집행자에 대한 신뢰 정도를 들 수 있다. 정책 관련자들이 정책을 잘 이해하고 따를 줄 아는 역량을 소유하고 있는지 여부도 고려 사항이다.

순응 확보 수단으로는 도덕적 설득(도덕적으로 정책의 필요성 설득), 논리적 설득(인과관계 설명. 정책 효과 설득 등), 적절한 보상 제공(돈, 역할, 지위 부여), 처벌과 규제(공권력을 동원하여 강력한 제재, 처벌) 등의 수단이 있다.

Ⅳ. 정책 평가, 정책 변동

1. 정책 평가

정책 평가(政策 評價, policy evaluation)는 정책이 원하는 결과를 낳았는지 따져보는 것이다. 정책이 집행된 후에 설정된 목표를 효과적으로 달성했는지 확인하는 과정이다. 정책 평가의 결과는 새로운 정책 결정과 집행 과정에 필요한 정보가 되어 정책 과정에 환류될 뿐만 아니라 정책 담당자의 책임성 규명, 정책 집행의 효과성과 능률성을 증진시키기 위한 지식의 축적에도 활용된다.

정책 평가는 첫째, 의도한 정책 목표가 얼마나 잘 충족되었는지 파악하기 위해, 둘째, 정책의 성공과 실패의 원인을 구체적으로 제시하기 위해, 셋째, 정책의 효과성을 증진시키기 위해, 어떤 수단이 적절한지 파악하기 위해, 넷째, 목표 달성을 위해 사용된 수단과 하위 목표들의 인과관계가 적정하게 설정되었는지 여부를 파악하기 위해 실시된다. 정책 평가는 비용과 시간이 많이 소요되지만 ① 평가 대상의 효과가 복잡하거나 관찰하기 어려울 때, ② 다음 단계의 결정이 중요하거나 비용이 많이 드는 경우, ③ 결론의 타당성에 관한 증거가 필요할 때 특히 필요한 작업이다.

우리나라는 2010년부터 중앙행정기관, 지방자치단체, 공공기관 등의 정책, 사업, 업무 등에 관해 계획의 수립과 집행 과정 및 결과 등을 점검, 분석, 평정하는 정부 업무 평가 제도를 운영하고 있다. 정부 업무 평가 기본법에 따라 실시되는 정부 업무 평가는 대표적인 성과 관리 및 정책 평가 제도라고 할 수 있다. 이 제도는 크게 중앙행정기관의 자체 평가, 지방자치단체의 자체 평가, 특정 평가, 지방자치단체의 합동 평가, 공공기관 평가 등으로 구분된다.

국무총리는 정부업무평가위원회의 심의, 의결을 거쳐 정부 업무 성과 관리 및 정부 업무 평가에 관한 정책 목표와 방향을 설정한 정부 업무 평가 기본 계획을 수립해야 한다. 또한, 국무총리는 정부 업무 평가 기본 계획, 전년도 평가 결과, 평가 대상 기관의 의견을 토대로 매년 3월 말까지 연도별 정부 업무 평가 시행 계획을 수립하고 이를 평가 대상 기관에 통지해야 한다.

평가 결과는 기관 차원에서 정책 개선, 예산 편성, 조직 관리 등에 활용되고, 개인 차원에서는 성과급 및 인사와 연계된다. 평가 결과를 바탕으로 시행 중인 정책에 문제점이 발견되면 이를 수정하거나 정책 집행의 중단, 축소 등의 시정을 위해 지속적으로 정책 개선을 추진해야 한다. 2005년부터는 국가재정법 제8조 제6항에 근거해 재정 사업 자율 평가 제도가 시행되어 중앙행정기관의 장이 3년을 주기로 평가해 사업 예산을 차등적으로 조정하고 있다. 또 평가 결과에 따라 조직 인력 증원, 직급별 정원 조정 등에도 활용된다. 개인 차원에서는 직무 성과 계약에 평가 결과가 반영되며, 모든 공무원의 성과 관리 카드를 기록해 축적하고 있다. 이 자료는 승진 심사, 개방형 직위 심사, 인재 추천 등에 활용된다. 평가 결과는 성과급과도 연계해 운영되는데 고위 공무원단 및 과장급 공무원에 대한 성과 연봉 결정 시 반영된다.

1) 중앙행정기관의 자체 평가: 중앙행정기관장은 국무총리가 정한 매년도 '정부 업무 평가 시행 계획'에 따라 자체 평가 계획을 수립하고, 자체 평가위원회를 구성해 평가를 실시하고 있다. 자체 평가는 기관의 임무, 전략 및 성과 목표, 평가 대상 연도의 주요 정책 및 사업 등을 대상으로 한다. 국무총리는 자체 평가 결과의 신뢰성 및 공정성에 문제가 있다고 판단될 경우 정부업무평가위원회의 심의, 의결을 거쳐 재평가를 실시할 수 있다.

2) 지방자치단체의 자체 평가: 지방자치단체의 자체 평가와 관련해 지방자치단체의 장은 정부 업무 평가 시행 계획에 따라 소속 기관의 정책 등을 포함해 자체 평가를 실시해야 한다. 행정자치부 장관은 평가의 객관성과 공정성을 높이기 위해 평가와 관련된 사항들에 관해 지방자치단체를 지원할 수 있다. 지방자치단체의 자체 평가 대상 및 절차 등에 관한 사항은 지방자치단체의 장이 정하도록 하고 있다.

3) 특정 평가: 특정 평가는 국정의 통합적 관리를 위해 국무총리가 두 개 이상의 중앙행정기관을 대상으로 중앙행정기관 관련 시책, 또는 주요 현안 사업 중 대통령령이 정하는 부문에 대해 시행하고 그 결과를 공개하도록 하고 있다. 국무총리는 특정 평가를 위해 특정 평가의 대상 기관에 필요한 자료를 요구하거나 평가 업무 수행자로 하여금 특정 평가 대상 기관을 방문해 평가에 관한 자료를 확인, 점검하게 할 수 있다.

4) 지방자치단체 합동 평가: 지방자치단체 합동 평가는 행정자치부가 주관하는데, 지방자치단체 또는 그 장이 위임받아 처리하는 국가 사무, 국가 보조 사업, 그리고 국가 주요 시책 등에 대해 효율적인 집행 여부를 확인하기 위해 시행된다. 합동 평가를 효율적으로 추진하기 위해 행정자치부 장관 소속 하에 지방자치단체 합동 평가위원회를 설

치, 운영할 수 있으며, 위원회의 구성, 운영 및 국가 위임 사무 등의 평가에 관한 절차는 대통령령으로 정하도록 하고 있다.

5) 공공기관 평가: 공공기관 평가는 '공공기관의 운영에 관한 법률'에 규정된 공기업과 준정부기관, '지방공기업법'에 의한 지방공사와 지방공단, '정부 출연 연구기관 등의 설립, 운영 및 육성에 관한 법률'에 의한 연구기관, '과학기술 분야 정부 출연 연구기관 등의 설립 및 운영에 관한 법률'에 의한 지방자치단체 출연 연구원 등을 대상으로 한다. 공공기관 평가는 개별 법령에 의해 진행되는 경우 대체할 수 있도록 했고, 그렇지 않은 공공기관은 소관 중앙행정기관의 장이 평가를 실시할 수 있다.

2. 정책 변동

정책 변동(政策變動, policy alteration, change)은 정책이 집행되는 과정에 변화가 일어나는 것이다. 앞서 살펴본 대로 정책 과정은 순환적이고 동태적이다. 정책 과정에서는 지속적이고도 적절한 환류 활동을 통해 정책이 직면하는 새로운 환경의 요구와 문제 해결에 적절한 정책 수단을 확보해 나가야 한다. 많은 경우 정책 과정에서 환류는 정책 평가의 결과물을 제공하는 형태로 이루어진다. 각 단계에서 일어나는 정책 활동은 다양한 정보를 산출하고, 이러한 정보는 다른 단계의 정책 활동에 영향을 미친다. 예를 들어, 정책 평가를 통해 얻은 정보를 토대로 집행 전략이 달라질 수 있는데, 이러한 정책 활동의 변화를 통해 정책은 변동하게 된다. 정책 변동은 정책 과정 전반에 걸쳐 발생하는 여러 가지 변화의 양태를 말하는데, 정책의 내용뿐만 아니라 정책 집행 방법의 변화도 포괄하고 있다.

그러나 정책 과정에서 정책 대상 집단 또는 이해 관계자의 정책 불응이나 저항으로 인해 정책 정보의 소통이 원활하지 못해 환류가 제대로 기능하지 못하는 상황도 발생한다. 정책 변동은 정책 결정 과정에서 정책의 수정과 종결의 형태로 나타날 뿐만 아니라 정책 집행의 단계에서도 발생하게 된다.

정책 변동의 대표적인 유형으로 정책 혁신, 정책 유지, 정책 승계, 정책 종결 등 네 가지를 들 수 있다. 첫째, 정책 혁신(政策革新, policy innovation)은 정부가 그동안 관여하지 않던 분야에 개입할 목적으로 새로운 정책을 결정하는 것을 의미한다. 예를 들어, 김영삼 정부 시절의 금융실명제(金融實名制) 도입처럼 정부가 '새로운' 정책 문제에 직면하여 '새로운' 정책을 결정하는 것을 말한다. 따라서 정책 혁신으로 채택된 정책을 집행하려면 그에 따른 프로그램, 예산, 조직이 추가되어야 하기 때문에 새로운 정책 결정과 유사하다.

둘째, 정책 유지(政策維持. policy maintenance)는 현재의 정책을 새로운 정책으로 대체하는 것이 아니라 본래의 정책 목표를 달성하기 위해 정책의 기본 골격은 유지하면서 사업 내용이나 인적, 물적 자원의 투입 혹은 정책 집행 절차 등을 변경하는 유형이다. 기존의 고객에게 추가적인 혜택이나 규제를 시행하거나 정책으로 수혜를 받고 있는 기존 고객의 범위를 확장하는 것 등이 이에 해당한다.

셋째, 정책 승계(政策承繼. policy succession)는 현존하는 정책의 기본적 성격을 바꾸는 것으로 실제 정책 과정에서 가장 많이 나타난다. 정책 승계는 정책의 기본 목표는 그대로 유지하면서 정책을 근본적으로 수정하는 경우나 기존의 정책을 없애고 새로 대체하는 경우 등도 포함된다. 어느 경우이든 기본 정책 목표가 변하지 않는다는 점에서 정책 종결과 다르고, 사업이나 예산 항목 등에서 중대한 변화가 일어난다는 점에서 정책 유지와 차이가 있다.

넷째, 정책 종결(政策終決. policy termination)은 현존하는 정책을 완전히 폐지하는 것을 의미한다. 정책수단이 되는 사업을 지원하는 예산이 완전히 소멸되고 이를 대체할 다른 정책도 결정하지 않는 경우이다. 정책 종결은 정책, 사업, 그리고 담당 조직을 폐지하여 정부의 개입을 완전히 중단하는 것이다. 예를 들면, 중학교 입학시험 폐지, 야간 통행금지 폐지 등이 여기에 해당한다.

제7장 행정 업무

Ⅰ. 행정 업무

행정 업무란 무엇인가?

행정 업무(行政 業務. administrative service, work)란 행정에서 하는 일, 서비스, 활동을 말한다. 행정 사무 관리(事務管理)라고도 한다. 행정을 정책 과정으로 이해할 수 있듯이, 다른 한편에서 보면 행정은 이런 활동, 사무 관리일 수도 있다. 정책의 형성과 집행도 모두 행정 업무, 사무 관리에 해당된다.

역사적 맥락에서 보면 행정 업무는 1961년부터 공문서 작성, 보관, 검색 등의 서식과 문서 관리에 대한 기본적인 방침을 정한 '정부 공문서 규정'을 통해서 제도화되기 시작하였다. 이후 30년이 지난 1991년에 이르러 본격적인 문서 관리 제도를 정착시키기 위해 '사무 관리 규정'을 제정하였다. 이를 통해 볼펜이나 타이프 라이터를 통한 수작업(手作業)에 의한 문서 작성에서 1980년대에 도입된 행정 전산화를 통한 PC 중심의 서류 작성을 법제화시켰다. 즉 사무 처리의 간소화(簡素化. simplification), 표준화(標準化. standardization), 과학화(科學化. scientification)를 위한 기틀을 다진 것이다.

1990년대 시작한 전자정부의 성과를 도입하고, 정부 문서가 귀중한 국가 자산으로 인식됨에 따라 문서 작성 과정을 정보 처리 과정, 나아가 정보 자원 관리 맥락에서 파악해야 한다는 논리를 받아들임으로써 기존의 사무 관리 관련 규정들을 통합하여 2011

년 12월 '행정 업무의 효율적 운영에 관한 규정'으로 전부 개정하였다.[1] 종래에는 일 즉, '업무'의 본질을 종이를 사용한 기록 · 활용 및 보존이라는 '사무'의 범위 내로 좁게 인식하였다. 이에 따라 '업무'의 개념도 사무실에서 이루어지는 서류의 생산 · 유통 · 보존 등 서류에 관한 작업(paper work, desk work)으로 한정하여 파악하였었다. 그러나 사무 관리에서 업무 처리의 효율성 강조로 행정 공무원이 일하는 방식이 질적으로 변화한 근거는 행정 업무 처리를 위한 정보 통신 기술의 행정 조직 내 확산에서 찾아볼 수 있다.

이처럼 현대에는 고도 정보화 사회가 되어 감에 따라 정보의 가치가 중요해지면서 '업무'의 개념에 행정 목적을 달성하기 위한 정보의 수집 · 가공 · 저장 · 활용 등 일련의 정보 처리 과정을 포함시켰다. 또한 행정 업무의 국민에 대한 성과를 강조함에 따라 사무실에서 이루어지는 일뿐만 아니라 국민과의 접점에서 이루어지는 일련의 행정 과정까지 포괄하는 것으로 업무의 개념이 확대되었다.

오늘날 공무원이 일하는 방식을 공문서→사무 관리→행정 업무로 개념을 확대시킨 것은 조직의 목적 달성에 필요한 행정 업무의 과정이 효율적으로 이루어질 수 있도록 행하는 제반 관리 활동을 투명화, 간소화, 과학화시키고자 한 것이다.

정부가 만들어내는 정보가 자산으로서의 가치를 지니게 됨에 따라 통계 자료 및 수많은 행정 정보의 체계적 축적과 관리 그리고 활용에 많은 관심을 두고 있다. 웹(web) 시대가 도래함에 따라 웹 사이트(web site)를 통한 정보 공개와 거래 그리고 각종 민원의 처리가 이루어짐에 따라 정부기관의 웹 사이트 관리는 매우 중요한 행정 업무가 되었다. 내부 처리 시스템(back office)과 행정기관 홈페이지(front office)를 통한 행정서비스의 제공과 시민 참여까지 포함하여 이루어지는 행정 과정 전체가 행정 업무가 되었다. 이는 전자정부에 의해서 더욱더 구체화되고 있다. 뿐만 아니라 다양한 형태의 모바일 앱(mobile app)을 통해 행정서비스를 더욱 적극적으로 수행하는 시대가 되었다.

행정 정보가 문서뿐만 아니라 다양한 형태의 디지털 정보(동영상, 사진 등)가 다양한 형태의 디바이스(device, PC, CCTV, APP, 소셜미디어 등)를 통해서 엄청나게 생산되고 축적되고 있다. 그래서 이러한 대량 정보를 정책 결정과 각종 국가적 문제에 직면해서 실시간(實時間, real time) 대응 처리해야 하는 새로운 과제에 정부가 직면하게 된 것이다.

1) 안전행정부, 행정업무운영 편람(2012), pp.7-13.

'문서가 아닌 정보'를 바탕으로 행정은 과거와는 다른 형태로 변화하고 있다. 이를 위해 정부는 행정 업무 운영 시스템의 첨단화, 효율화, 제도화에 많은 노력을 기울여 왔다.

공무원의 업무 처리에 관한 영역은 행정학의 일반적인 분류인 조직, 인사, 정책, 재무 등의 구분과는 달리 독자적인 성격을 가지기보다는 과정적인 성격을 강하게 지닌다. 따라서 아주 협소하게 보면 주어진 업무 처리 프로세스를 의미하기도 하고, 좀 더 넓게 바라보면 행정의 이념인 투명성과 효율성을 확보할 수 있는 수단으로서의 성격을 지니게 된다. 따라서 행정 업무 처리 과정에서 행정학의 실천적 영역인 행정 윤리가 작용하는 곳이며, 행정 부패가 발생하는 영역이다. 행정 성과가 드러나는 곳이며, 동시에 행정의 무능과 전문성을 의심받는 지점이기도 하다. 그리고 행정 문화가 존재한다면 바로 이 부분에서 행정 문화의 실질적인 모습이 드러나기도 한다.

행정 업무의 효율화를 위해 기존의 문서 관리라는 획일적이고 집행적인 사고에서 벗어나 주어진 일을 조직의 목적에 맞도록 달성하기 위한 업무 처리를 필요로 한다. 조직 전체의 종합적인 시각을 갖고 개별적, 협업적 노력과 함께 결과의 공생산(共生産. co-production)을 위한 조직 문화의 개조(改造. re-invention)까지 요구된다.

행정 업무를 통해서 국가는 정부 기능의 칸막이 분류가 필요함을 보여주는 동시에 국가로서의 종합적 기능을 달성하게 만드는 조정, 협업이 필요함을 보여준다. 아울러 법적 측면으로 법과 제도가 시대적 상황에 맞게 작동하고 있는지의 여부[2]와 공무원의 재량 행위와 규제가 공식적인 업무 처리 절차를 형식화 혹은 무의미하게 만들지는 않는지 판단도 해야 한다. 행정 업무 그 자체는 단순할지 몰라도 실질적인 맥락에서 행정 자체의 존재 이유를 보여주는 매우 중요한 영역이라고 말할 수 있다.

2) 한 예로 적재적소의 인재를 선출하고, 배치하도록 만드는 국가공무원법 직무 분석 규정에 의한 직무 분석 실시지침이 행정부처에 제대로 작동하여 행정의 효율을 높이는가 하는 것을 들 수 있다.

Ⅱ. 행정 업무의 실제 모습: 구조와 기능

1. 공무원이 하는 일(업무)은 어떻게 정해지는가?

'공무원은 어떤 일을, 왜 해야 하는가?'에 대한 답은 우선 정부조직법에서 찾아야 한다. 정부조직법은 국가 행정 사무의 체계적이고 능률적인 수행을 위하여 국가 행정기관의 설치 · 조직과 직무 범위의 대강을 정함을 목적(제1조)으로 하고 있다. 중앙행정기관의 설치와 직무 범위는 이 법률로 정하게 되어 있다(제2조). 헌법에 의하면 행정권은 대통령을 수반으로 하는 정부에 속하는데, 정부가 행하는 일은 모두 국무회의를 거치게 되어 있다. 헌법 제88조에는 정부의 권한에 속하는 주요 정책을 심의한다고 되어있다. 국무회의 주요 기능 중에서 국가 사무와 관련된 기능을 보면 다음과 같다.[3)]

> 1. 국정의 기본 계획과 정부의 일반 정책
> 3. 헌법개정안 · 국민투표안 · 조약안 · 법률안 및 대통령령안
> 4. 예산안 · 결산 · 국유재산 처분의 기본 계획, 국가의 부담이 될 계약 기타 재정에 관한 중요 사항
> 10. 행정 각부 간의 권한의 획정
> 11. 정부안의 권한의 위임 또는 배정에 관한 기본 계획
> 12. 국정 처리 상황의 평가 · 분석
> 13. 행정 각부의 중요한 정책의 수립과 조정
> 15. 정부에 제출 또는 회부된 정부의 정책에 관계되는 청원의 심사 (외교, 국방 등의 정책 사항은 제외)

3) 청원이란 국민의 기본권 (헌법 제126조 제1항) 중의 하나로 국민이 국가에 대하여 불만 또는 희망 사항을 나타내고 이를 고쳐줄 것을 문서로서 제출하는 행위를 말한다.

정부는 법 26조에 의거 다음과 같은 명칭과 기능을 수행하는 조직 구조를 가진다. 우리 행정의 특징은 '중앙행정기관은 반드시 법정기관'이라는 점이다. 이름을 바꾸거나 신설할 경우 반드시 정부조직법을 개정해야만 한다. 정부 조직 개편은 매우 정치적으로 이루어진다.

박근혜 정부 아래에서는 대통령의 통할 하에 다음과 같은 중앙행정기관(행정 각부)을 설치하여 운영하고 있다.

[중앙행정기관 17부]

기획재정부 MINISTRY OF STRATEGY AND FINANCE
교육부 Ministry of Education
미래창조과학부
외교부 Ministry of Foreign Affairs
통일부 MINISTRY OF UNIFICATION
법무부 MINISTRY OF JUSTICE
대한민국 국방부 Ministry of National Defense
행정자치부
문화체육관광부 Ministry of Culture, Sports and Tourism
농림축산식품부 Ministry of Agriculture, Food and Rural Affairs
산업통상자원부
보건복지부
환경부
고용노동부 Ministry of Employment and Labor
여성가족부 Ministry of Gender Equality & Family
국토교통부 Ministry of Land, Infrastructure and Transport
해양수산부

'행정기관의 조직과 정원에 관한 통칙'(대통령령)에 의하면, '중앙행정기관'이라 함은 국가의 행정 사무를 담당하기 위하여 설치된 행정기관으로서 그 관할권의 범위가 전국에 미치는 행정기관을 말한다. 다만, 그 관할권의 범위가 전국에 미치더라도 다른 행정기관에 부속하여 이를 지원하는 행정기관(청이나 외청을 말함)은 제외한다.

행정기관의 조직과 정원은 그 업무의 성질과 양에 따라 행정기관의 설치와 그 소관 업무를 정하고, 하부 조직과 그 분장 업무를 정하며, 직위에 부여되는 계급과 함께 공무원의 종류별 · 계급별 정원을 정해주어야 한다. 이렇게 구조화된 조직은 업무 수행을 위한 적정 규모가 유지되도록 하여야 한다(제3조 ①), 행정기관의 조직은 다른 행정기관의 조직과 기능상의 중복이 없어야 하며, 종합적이고 체계적으로 편성되어야 하고(제3조 ②), 행정기관의 기능과 업무량이 변경될 경우에는 그에 따라 행정기관의 조직과 정원도 조정하도록 하고 있다(제3조③).

한국은 지방자치를 실시하고 있기 때문에 중앙행정기관의 역할과 지방자치단체의 업무 성격이 다르다. 행정기관의 업무 중 기획 · 조정 또는 통제 기능에 속하는 업무와 전국적으로 통일을 요하는 집행 업무는 중앙행정기관에, 기타의 집행 업무는 지방행정기관에 배분되어 있다(통칙 제5조).

이러한 조직 구조를 통해서 행정 부처는 다음과 같은 기능을 행하고 있다. 이 모든 기능이 엄청난 양의 공문서(公文書)를 생산하고 있는 것이다.

[그림 7-1] 여러 가지 행정 업무

민원 처리	- 인 · 허가 처리, 제 증명 발급 등
정보 제공	- 의무 고지, 예고 · 고시, 기타 정보 제공 · 안내
금전 지불	- 지불, 조세 환급, 사회적 급여 지급 등
전자 거래	- 물품 조달, 입찰 및 서비스 대가 지급 등
공동 이용	- 문서 · 지식 관리 정보 공유, DB 공동 이용 등
의사 교환	- 전자 문서 유통 등
행, 재정	- 인사 · 조직, 급여, 예산, 자금 등 관리
의사 결정	- 전자 결재, 영상 회의 등
신청, 제출	- 인 · 허가 신청, 이의 제기, 신고, 고발 등
국정 참여	- 공청회 등의 의사 표시, 전자 투표 등
금전 납부	- 조세 · 공과금 납부, 서비스 대가 지급 등

2. 행정 업무에 맞게, 공무원이 배치되고 있는가?

행정 업무가 제대로 이루어지기 위해서는 무엇보다도 일에 맞게, 적합한 사람을 배치해야만 한다. 적재적소(適材適所)에 공무원을 배치하는 일이 인사 행정(人事行政,

personnel administration)이다. 옛날에는 국가 통치 행위 전체를 정사(政事)라고 불렀는데, 이는 알고 보면 인사 행정이다. 각 행정 업무 일자리에 가장 적합한 인물을 배치하는 것이 통치의 기본이었다.

정부에서는 필요한 모든 행정 업무를 세세히 규정하고, 이에 맞는 공무원을 선발하여 배치한다. 행정 업무는 하나하나의 직무(職務. job, duty, function)로 표현되고, 비슷한 유형(類型. type, category)끼리 직렬(職列. series of class)로 나뉘며, 업무의 중요도에 따라 직위(職位. position)로 분류된다. 이에 맞춰 공무원을 선발하여 배치하는데, 가장 우선적으로 해당 직무에 관련된 전문성이 있는가를 판단하고, 아울러 직위에 따라 나누어 선발하여 배치한다.

직무 분석 지침(職務分析指針)에는,[4] '국가공무원법' 「직무 분석 규정」에서 정한 직무 분석의 실시 및 활용과 직무 등급의 배정 등에 관하여 필요한 사항을 규정하고 있다. 직무 분석의 실시 주체는 행정자치부 장관 또는 소속 장관(표 참조)으로 효율적인 정부 조직 · 정원 관리 및 합리적인 인사 관리를 위하여 필요한 때에 직무 분석을 자율적으로 실시할 수 있다. 직무 분석을 통해서 직위 분류제가 뿌리내려야 행정 업무를 제대로 수행할 수 있는 인력을 채용, 배치할 수 있다.

[표 7-1] 직무 분석 실시 소속 장관

〈소속 장관〉
• 중앙행정기관인 부처청의 장과 대통령비서실장 · 감사원장 · 국가인권위원회 위원장 · 방송통신위원회 위원장 · 국무조정실장 · 공정거래위원회 위원장 · 금융위원회 위원장 · 국민권익위원회 위원장 · 민주평화통일자문회의 사무처장 • 특별시 · 광역시 · 도 및 지방자치단체인 구(區), 시, 군에 근무하는 공무원에 대한 소속 장관은 행정자치부 장관으로, 특별시 · 광역시 및 도의 교육청과 그 소속 기관에 근무하는 공무원에 대한 소속 장관은 교육부 장관으로 함 • 특별시 · 광역시 · 도 및 자치구 · 시 · 군에서 농촌진흥사업에 종사하는 연구직 및 지도직 공무원의 소속 장관은 농촌진흥청장으로 함

4) 2013년, 안전행정부(조직진단과)에서 만든 직무분석지침[안전행정부예규 제1호, 2013.3.25., 타법 개정]

직업 공무원제(職業公務員制. career service system) 원칙에 따라 공무원들은 평생 직업으로 정해진 임기까지 근무한다. 대개는 직업 선택 초기에 공무원이 되어 정년으로 은퇴할 때까지 공무원 신분을 유지한다. 공무원으로 선발될 당시의 직무에서 근무를 시작하여, 같은 직렬을 따라 정년까지 근무하게 된다. 하지만 경우에 따라서는 한 자리에 머물러 있지만은 않고 수시로 순환 보직(循環補職. circulation of posts)하면서 행정 업무를 수행한다.

순환 보직을 시키는 이유는 공무원이 한 곳에 장기간 근무함으로써 발생할 수 있는 부정부패를 예방하고, 다른 연관 업무를 수행해봄으로써, 업무 협조를 원활히 할 수 있고, 창의적인 직무 수행을 이끌 수 있다는 취지에서다. 여러 업무에 골고루 행정 수행력을 보이는 사람이 공무원 인사에서 우대받기도 한다. 그러나 오히려 한 곳에서 장기간 일하며 전문성을 키우려는 공무원을 찾기 힘들며, 꼭 필요한 곳에 필요한 인재가 적어 업무의 연속성과 일관성이 훼손되고 정책 결정이 늦어지는 폐단도 없지 않다. 공무원 사회에 대한 비난 중에 너무 잦은 순환 보직 인사로 인해 전문성이 떨어지고, 업무 효율이 낮다는 것이 포함되어 있다.

순환 보직제를 실시하는 한국에 있어서는 인사 행정과 조직 관리에 필수적인 직무 분석이 중요하다. 지속가능한 성장과 복지, 세계화, 기후 변화 그리고 점차 복잡해지는 국가 간의 관계를 능숙하게 다룰 수 있는 유능한 인력의 채용과 활용은 행정 업무와 함께 동시에 고려해야 할 부분이다. 여러 영역 업무를 골고루 잘해낼 수 있는 일반 행정가(generalist) 못지않게, 한 분야에 특화된 전문 행정가(specialist)도 중요하다.

직무 분석에 따라 공무원들이 적재적소에 배치되지 않고 순환 보직을 시킬 경우 다음 사례와 같은 부작용을 낳을 수 있다.

(사례 1) 환경부에선 이달 중순 5명의 과장이 1년도 안 돼 자리를 옮겼다. 특히 일부 과장은 이전 업무와 거의 상관없는 보직을 맡았다. 감사담당관이 환경보건관리과장으로, 토양지하수과장이 규제개혁법무 담당관으로 이동하는 식이다. 이번 인사에서 자리가 바뀐 한 과장은 "인사라는 것이 상황에 따라 다른 것 아니냐"며 문제 될 게 없다는 반응을 보였다.

(사례 2) 산업통상자원부도 지난 2~3월 인사에서 3명의 국장이 1년을 못 채우고 다

른 자리로 이동했다. 강성천 원전산업정책관이 산업정책관으로, 김학도 창의산업정책관이 FTA(자유무역협정)정책관으로, 채희봉 에너지수요관리정책단장이 에너지산업정책관으로 옮겨갔다. 산업부 인사팀 관계자는 "빈자리가 생기는 등 어쩔 수 없는 인사 수요가 있었다"고 말했다.

(사례 3) 어느 부처를 막론하고 국 · 과장급은 1년 정도면 다른 자리로 인사가 나기 일쑤다. 경제부처를 총괄하는 기획재정부도 지난 3월 전체 116개 과장급 직위 중 67명을 교체하면서 같은 실 · 국에서 3년 이상 근무한 상당수 과장을 다른 실 · 국으로 내보냈다. 이에 따라 정책 조정 업무에 정통한 과장급 인사가 예산실로 발령 나거나 정통 세제맨이 예산실로 발령 나는 일이 벌어졌다. 일각에선 "황당하다"는 반응을 보이기도 했다.

(사례 4) 엄밀히 따지면 이런 인사 관행은 공무원 인사 원칙과 맞지 않는다. 공무원임용령은 잦은 인사이동에 따른 전문성 하락을 막기 위해 일정 기간 내 공무원의 전보(동일직급 이동)를 제한하고 있다. 예컨대 국장급(고위공무원단)은 한 자리에 최소 1년 이상, 과장급(3, 4급)은 1년 6개월 이상, 사무관(5급) 이하는 2년 이상 머물러야 한다. 하지만 한국경제신문이 안전행정부의 '국가공무원 인사통계(2012년 기준)'를 활용해 일반직 국가공무원의 전보 현황을 분석한 결과 현실은 딴판이었다. 그해 국장급 이상 고위 공무원 전보 인사는 모두 415명. 이 중 90%가 한 부서에서 2년을 넘기지 못했고 규정과 달리 1년도 못 채운 고위직이 53.3%로 절반이 넘었다. 반면 5년 이상 장기 근무한 고위직은 불과 2명에 그쳤다. 과장급(3, 4급)도 사정은 크게 다르지 않았다. 한 부서에서 2년도 안 돼 다른 부서로 발령 난 공무원이 80.1%나 됐고 특히 1년도 못 채운 경우가 40%에 육박했다. 사무관(5급) 이하 공무원 중에서도 규정대로 2년을 넘겨 자리를 옮긴 공무원은 36.9%에 불과했다. 이런 현상은 기관장이 필요하다고 판단하는 경우 전보 제한 원칙을 적용하지 않는 예외 조항 탓이다. 이렇다 보니 관료사회 내에서조차 "일 좀 할 만하면 다른 곳으로 손들고 가버린다"라는 볼멘소리가 터져 나온다.

(사례 5) 실제 이 같은 잦은 인사이동은 국익에 불리하게 돌아갈 때가 많다. 대표적인 분야가 통상이나 국제 금융 같은 외국 관료들을 상대해야 하는 부서다. 2004년 한 · 칠레 FTA 협상 때 최종 합의 한 달 전에 우리 측 담당 국장과 과장이 갑자기 다른 부서

로 인사 발령이 나는 바람에 협상이 결렬 직전까지 가기도 했다.

(사례 6) 순환 보직 관행은 공무원들이 장기적 안목으로 일하는 것을 방해하기도 한다. 특정 보직을 맡고 있는 1~2년 내 성과를 내야 하기 때문에 먼 미래의 문제보다는 당장 손에 쥘 수 있는 일에 매달리는 부작용이 초래될 수 있다는 것이다. '내 임기 중(not in my term)에만 무사히 넘기면 된다'는 생각이 부지불식간에 공무원 사회에 퍼져 있다는 것이다.[5]

3. 공무원의 일하는 방법

공무원들은 다음과 같은 4가지 형태의 행정 업무를 처리하고 있다. 즉, 행정기관 내 업무(내부와 이해관계자들과 하는 일), 행정기관 간 업무(협업), 국민과 업무(서비스 제공과 국민 참여), 국회와 업무(예산심사, 국정감사, 결산, 입법과정)들이다. 이러한 대상과의 관계에서 '공무원은 어떤 일(업무)을 어떻게 행하는가(업무 처리)?'가 관건이다. 동시에 '누구와 함께 일을 하는가?'도 중요하다. 이는 행정 조직 문화와 밀접한 것으로써 행정 윤리와 사기(士氣) 및 리더십과 밀접한 연관을 맺는다.

행정 업무는 정부와 기업, 개인에 의해 이루어지기도 하며, 행정기관 내 그리고 행정기관 간에도 이루어진다. 이 모든 행위의 결과를 기록하여 남기는 것이 문서(文書. document, papers)이다. 문서화 작업은 행정 업무에서 가장 중요한 요소이다. 왜냐하면, 공무원 행위의 정당성을 부여하고, 공무원의 행위 결과에 대한 객관성, 공정성, 위법성, 적법성 등을 평가하는 데 근간이 되기 때문이다. 그렇기 때문에 '행정=문서'라는 생각을 공무원들은 가지고 있다. 아래와 같이 정부는 다양한 행정 행위를 행하게 되는데, 이 모든 행위가 모두 문서로 남게 된다. 과거 전자정부 행정 이전에는 문서가 하나의 통제 수단으로 작용하였었다. 전자정부의 등장과 함께 정부 문서를 국가 자산 가치를 지닌 것으로 보면서, 문서라는 표현보다는 데이터(data), 즉 정보(情報. information)라는 의미를 지니게 되었다. 문서 감축(文書減縮)에서 시작한 정부 정보 자원 관리는 정부가 적극적으

5) 자료: http://www.spo.go.kr/spo/nation/freebbs/

로 정보를 개방하고, 공개하며, 민간과 기업의 행정 행위에 적극적으로 참여시키는 계기가 되었다.

4. 왜 행정 업무가 제대로 처리되지 않는가?

2014년 4월 22일, 청와대에 따르면 박 대통령은 세월호 침몰 관련 특별수석비서관회의에서 사고 수습을 위해 무려 18개 항목에 달하는 지시 사항을 쏟아냈다. 각계에서 불거져 나온 문제점을 거의 모두 숙지한 박 대통령은 작정하고 공무원을 질타하고, 신속하게 움직이라고 지시한 것이다. 박 대통령은 이 자리에서 공무원 복무 태도와 관련, 가장 기초적인 부분까지 언급해야 했다. 그녀는 "공직 기강 확립은 단순히 근무 시간을 준수하고, 문제를 일으키지 않으면 된다는 자리보전을 위한 것이 아니라 자신에게 주어진 책무를 생명처럼 여기고, 어떤 일도 완수해 내는 것"이라고 강조했다. 사실상 복지부동(伏地不動)이 몸에 밴 공무원 집단에 크게 실망하고 질책한 셈이다. 그녀는 "모든 공직자들은 나의 작은 업무 태도 하나가 국민의 생명을 좌우할 수 있다는 사명감과 책임감을 항상 가슴에 품고 살아야 한다"며 "가장 중요한 건, 사람!"이라고 호소에 가까운 당부를 했다.

박 대통령이 공무원들에게 복무 기본자세를 강조한 건 어제오늘의 일이 아니다. 그녀는 지난달 20일 열린 '규제 개혁 장관 회의 및 민관 합동 규제 개혁 점검 회의'에서도 규제 개혁은 대통령 혼자 할 수 있는 일이 아니라며 공무원들의 협조를 촉구했다. 그녀는 "규제 개혁 성공에 있어 가장 중요한 건 공무원들의 적극적인 자세"라며 "아무리 정부가 나서고 대통령이 나서도 실제적인 행정의 키(key, 방향타)를 쥐고 있는 공무원들의 의지가 없다면 현장에서 사장(死藏)돼 버리기 때문"이라고 밝혔다. 박 대통령은 당시에도 "보신주의(補身主義, self protectionism)[6]에 빠져 국민을 힘들게 하는 부처와 공무원은 책임을 물어야 할 것"이라고 했고, 그로부터 32일이 흘러 세월호 침몰 희생자가 크게 불어난 전날에도 "자리보전을 위해 눈치만 보는 공무원들은 우리 정부에서는 반드시 퇴출

6) 보신주의란 사전적인 의미로 자신의 직무는 대충하면서 외부의 위협으로부터 자신의 지위 따위를 지키는 일에만 급급한 태도를 말한다. 일반적으로 무사안일주의와 보신주의는 같이 사용된다.

시킬 것"이라고 말했다.[7)]

왜 이런 일들이 벌어졌을까? 왜 공무원들이 일을 하지 않을까? 이러한 비난은 어느 시기에나 있었던 불만이기도 하다. 근본적인 이유는 아래와 같은 국가공무원 복무규정[8)]이 제대로 지켜지지 않고 있기 때문이다. 국가공무원은 국가공무원법 제55조(선서)에 의거 취임할 때에 소속 기관장 앞에서 규칙과 대통령령으로 정하는 바에 따라 아래와 같이 선서하도록 하게 되어 있다.

> (선서) 나는 대한민국 공무원으로서 헌법과 법령을 준수하고, 국가를 수호하며, 국민에 대한 봉사자로서의 임무를 성실히 수행할 것을 엄숙히 선서합니다.

그리고 공무원의 업무 수행 자세로서 책임 완수, 근무 기강 확립 그리고 친절 · 공정한 업무 처리를 하도록 요구하고 있다.[9)]

공무원들이 선서 당시의 초심(初心)을 잃게 되는 연유는 무엇일까? 행정은 생각한 것보다 매우 복잡한 요인과 과정을 통해서 움직이고 있다. 조직과 인력 그리고 예산을 통해서 행정 업무가 처리되고 있다. 이 과정에서 공무원들은 현실 상황을 고려하여 행정을 해야만 한다. 법규에 정해져 있는 '원칙'대로 일을 하기가 쉽지 않다. '원칙'을 강조하기보다도 '상황 적응적 업무 수행'이 훨씬 중요할 수 있다.

일반적으로 행정은 법령에 의해서 이루어진다고 여기고 있다. 법률에 의한 과제와 새로운 국정 과제(법적 또는 비법적 업무)에 의해서 행정기관은 사무 분장(事務分掌)을 하게 되고, 이 사무를 추진하기 위해서 아주 구체적인 업무 해석과 업무 처리 절차를 마련하게 된다. 시행령(施行令)을 통해 각종 지침(指針. guideline)과 규칙(規則. rule), 편람(便覽. handbook, manual)을 가지고 있다. 하지만 모든 경우의 수를 미리 규정해 놓기 어렵기

7) 헤럴드경제, 2014.4.22
8) [시행 2014.1.1.] [대통령령 제24927호, 2013.12.11., 일부 개정] 안전행정부(복무담당관실).
9) 제2조의2(책임 완수) 공무원은 국민 전체의 봉사자로서 직무를 민주적이고 능률적으로 수행하기 위하여 창의와 성실로써 맡은 바 책임을 완수하여야 한다. 제3조(근무기강의 확립) ① 공무원은 법령과 직무상 명령을 준수하여 근무기강을 확립하고 질서를 존중하여야 한다. 제4조(친절 · 공정한 업무 처리) ① 공무원은 공사(公私)를 분별하고 인권을 존중하며 친절하고 신속 · 정확하게 업무를 처리하여야 한다.

때문에 마지막 순간에는 재량 행위(裁量行爲. discretional act)로 업무를 처리해야 한다. 또 수시로 대통령 지시사항, 국무총리 지시사항 그리고 장관 지시사항을 처리해야 한다. 지방자치단체 공무원의 경우 시장, 도지사 지시사항까지 처리해야 한다.

이것뿐만 아니다. 공정한 인사가 이루어졌는가에 따라 공무원의 일하는 마음가짐이 달라지며, 조직 자체의 문화 역시 일하는 방식에 영향을 미친다. 또한, 조직 개편에 따라 타 조직의 곁가지가 되는 경우도 많아서, 공무원들은 항상 신분 불안을 느끼고 있다.

[기고] "창원시 공원 녹지는 시민 자존심이다!"

창원시는 2012년에 이어 올 2013년에도 공원 녹지 조직을 축소하려는 움직임을 보이고 있어 심히 우려되지 않을 수 없다. 이번 조직 개편안에 따르면 시 본청 산림과를 없애고 공원사업소의 녹지조성과에 산림 업무를 붙여 대폭 축소하는 것으로 나와 있다. 또한, 구청의 기존 공원 관리 업무를 건설과 재난 업무와 합쳐 재난녹지과로 만든다는 것이다. 이렇게 되면 산림을 포함 공원녹지 업무는 대폭 축소되고 구청마저 재난과 산불 업무로 이 과에 근무하는 공무원들은 1년 내내 비상근무에 시달려야 할 판이다.

조직 개편은 비효율을 제거하고 조직에 활력을 불어넣어 일 할 수 있는 조직으로 만들기 위한 것이 핵심이다. 그렇지만 창원시는 안타깝게도 이런 고민이 보이지 않는다. 오히려 직원들의 사기 저하에 따른 시민 피해로 이어지지 않을지 걱정된다.[10]

행정기관을 권력의 주체(국민을 위한 서비스 제공자)에서 국민과 기업을 위한 서비스 조직(개방, 공개, 협업 기관)으로 전환시킬 수 있도록 관련 법령 내용을 전면 개편하는 작업이 마련되어야 한다. 따라서 공무원의 복무규정에 상응하는 참여 혹은 서비스 요구 시민들의 자세 규정도 동시에 마련되어야 한다.

서산면사무소에서 행정직 9급으로 공직에 첫발을 들인 뒤 서산군청과 서산시청을 거치며 36년을 일하고, 2013년 6월 말 3급 부이사관을 끝으로 물러난 정상덕(59) 씨는

10) 경남도민일보, http://www.idomin.com/news/articleView.html?idxno=406211

〈대한민국 공무원 36년사〉를 발간했다. 이 책을 통해서 그는 공무원에 대한 개인적인 경험담을 통해 공무원의 자질과 일에 대해서 언급하고 있다.

"공직에 들어오기 전에는 잘 몰랐던 현장 업무, 대민 업무, 인사이동, 무수한 갈등과 오해 등등. 때로는 법과 규정에 따라 원칙대로 일하고도 주민들에게 추궁당하거나 뼈 시린 비난의 화살을 맞는 일도 잦았다. 심하면 별다른 잘못도 없이 사법기관이나 감사기관에 불려가 구구하게 해명하는 치욕도 감수해야 한다. 여느 회사와 마찬가지로 공직 사회에도 일이 많은 격무 부서와 그렇지 않은 부서가 있기 마련이다. 운 좋게 비(非) 격무 부서로 발령 나면 정확한 시간에 출근하고 퇴근하는 일이 어느 정도 가능하다. 하지만 격무 부서에서는 퇴근 시간이 따로 없고 주말에도 걸핏하면 사생활까지 반납한 채 밤 12시가 임박해서야 귀가할 정도로 일에 파묻혀 지낸다."

그도 새마을운동이 한창일 때 새마을과에 배치돼 "밤을 낮 삼아 일했던" 당시 상황을 아직도 선명하게 기억하고 있다. 기획예산계에서 일할 때에도 야근을 밥 먹듯이 했다. 하지만 그는 "휴일까지 반납하고 격무에 시달렸지만 한편으로는 주위에서 인정받는다는 자부심과 즐거움도 상당히 컸다"며 "지나고 나면 다 아름다운 추억"이라고 회고한다.

"국민의 얘기를 귀담아듣고 국민을 위해 무엇을 해야 할지 고민하며 성실하게 일하는 것은 모든 공무원의 의무이자 사명"이라고 못 박고, "공무원이 국민을 섬길 때 국민도 비로소 공무원에게 고마워하고 공무원을 인정하는 마음을 가진다"고 강조한다. 봉사와 희생정신을 바탕으로 하면 공직은 매력적인 직업이고 많은 보람을 느낄 수 있는 자리라는 것이다.[11]

5. 문서 작성, 결코 쉽지 않다!

'모든 행정 업무는 문서로 시작해서 문서로 끝난다'고 할 정도로 행정 활동은 대부분 문서로 이루어진다. 이처럼 문서는 인체의 혈액처럼 행정 업무를 수행하는 과정에서 필수적인 요소다. 일반적으로 다음과 같은 경우에 문서가 필요하게 된다.

---

11) http://www.yonhapmidas.com/people/peoples/2012-12/121205175902_945649

– 내용이 복잡하여 문서가 없이는 업무 처리가 곤란할 때
– 업무 처리에 대한 의사소통이 대화로는 불충분하여 문서가 필요한 때
– 행정기관의 의사 표시 내용을 증거로 남겨야 할 때
– 업무 처리의 형식상 또는 절차상 문서가 필요한 때
– 업무 처리 결과를 보존할 필요가 있을 때[12)]

그런데 문서 작성에 대한 지침이 없다는 것이 공무원에게는 큰 문제이다. 게다가 제대로 된 교육도 받지 못한다. 몸담고 있는 조직에서 간부나 선배들이 해온 그대로 답습하는 것이 대부분이다. 행정 업무 운영 편람이 유일하지만, 이는 문서 서식이나 기안문 작성 방법에 대해 기본적인 사항만 알려준다. 문서 작성법이 그동안 없었던 이유를 정리해 보면, 문서의 목적과 종류가 워낙 다양하고, 부서마다 독특한 양식(Style)이 있고, 결재권자의 취향에 크게 좌우되기 때문이다. 그러다 보니 공무원이 문서를 제대로 쓰도록 안내하는 자료도 없고 교육도 없다.

공무원들이 조직에서 일하는 상황별로 구체적인 실제 행동 사례를 제시한 〈그 사람과 일하고 싶다〉(안전행정부 인사실, 2014)의 편집 후기에 다음과 같은 글이 실려 있다.

> 우리나라의 연평균 근로 시간은 2,000시간이 넘어 OECD 국가 중 가장 많이 일하는 국가에 속합니다. 하지만 장시간 근로에도 불구하고 노동 생산성과 국가 경쟁력은 20위권에 머물고 있습니다. 이런 결과는 우리나라 사람들이 일을 효율적, 생산적으로 하지 못한다는 의미이며, 그 주요 원인의 하나로 비생산적인 조직 문화와 행태를 꼽을 수 있습니다.
>
> 안전행정부가 실국 부서별 근무 여건 만족도 조사를 해보았더니 만족도가 낮은 순위였던 어떤 부서는 부서장이 바뀌자 만족도 수준이 상위권으로 올라간 사례가 있었습니다. 하는 일은 그대로인데 관리자 한 명이 바뀌었다고 직원들의 만족도가 크게 올라간 이 사례는 사람들 간의 관계 맺기, 행태와 문화의 중요성을 일깨워준 소중한 경험이었습니다.

12) 안전행정부. (2013)「행정업무운영 편람」. 8–19.

업무 성과와 조직 문화는 매우 밀접한 관련이 있다. 2015년 현재에도 다음과 같은 장점과 단점이 동시에 우리의 행정기관에서 이루어지고 있다. 우리와 같은 품의제(稟議制. approval system)[13] 의사전달 조직하에서는 문서의 기안에서 최종 집행에 이르기까지 무수히 많은 사람이 관여한다. 이 과정에서 성과가 나기도 하고, 불필요한 시간과 노력이 낭비되기도 한다.

다음의 사례는 안전행정부의 〈그 사람과 일하고 싶다〉[14]에 실린 사례의 일부이다.

[같이 일하고 싶은 상사(上司. superior, boss)]

- 공무원은 일을 하다 보면 실수를 하는 경우도 있고, 일이 예상과 달리 진행되어 당황스러운 경우도 있습니다. 이런 상황을 상사에게 보고할 때는 질책받을 것에 대비하여 마음을 단단히 먹게 마련입니다. 그런데 우리 과장님께서는 의외로 담담하게 보고를 받으시고, 야단이나 질책보다는 함께 문제를 해결하는 데 집중하여 만회할 기회를 만들어 주십니다. 감동과 존경심이 절로 우러나옵니다.
- 부서장님께서 업무처리 시 명령하는 것이 아니라 같이 연구하고 토론하는 방향으로 이끌어 주셔서 기존에 마련했던 방안보다 더 훌륭한 결과가 나왔던 적이 많았습니다.
- 실무자와 실 · 국장님 사이를 잘 연결해준 과장님이 인상에 남습니다. 실무적으로 볼 때 문제점이 있는 지시 사항을 실 · 국장님들께 잘 전달해 주셨고, 직원들이 갖기 힘든 거시적 관점을 잘 제시해 주셔서 업무를 매끄럽게 처리할 수 있었습니다.

---

13) 품의제란 정부 혹은 기업 관료제의 말단에서 기안된 결재 서류가 밑에서부터 계통적 조직 구조를 따라서 순차적으로 상급자에게 회람돼 최종 결재권자에게 도달되는 일본식 의사결정 방식이다. 품의제는 조직 전체 구성원이 권한과 책임을 공유하는 장점이 있지만 단점으로는 결재에 소요되는 시간을 너무 길게 한다. 결재 단계가 많고 또 그중에 한사람이라도 자리에 없으면 서류는 진행하지 못하고 지체하게 된다. 또 품의제도는 상관으로 하여금 자기가 직접 연구하고 안을 작성하는 적극성을 결여하게 만든다. 모든 것은 말단의 기안자로부터 올라와야 하기 때문이다. 또 하나의 결정의 하는 과정에서 결재 과정에 참여한 사람의 수가 많기 때문에 나중에 문제가 생기게 되면 누가 책임자인가를 가리기 힘들고, 서로 책임을 회피하는 현상을 초래하게 된다.
자료: http://www.kapa21.or.kr/epadic/epadic_view.php?num=496&page=55&term_ca.

14) 안전행정부 인사실, 2014.

- 저희 과장님은 윗분에게 보고할 경우, 초기에 보고드린 보고서를 함께 지참하여 보여드리며, 먼저 기억을 상기시켜 드린 후 보고하는 것을 보았습니다. 보고가 매끄럽게 진행되었습니다.
- 적당한 준비 기간을 주면서 업무 지시를 하고 짧은 보고 사항은 즉시 보고를 받고 보완 지시를 내리지만, 긴 보고서에 대해서는 '찬찬히 읽어 본다'며 두고 가라고 하고 나중에 피드백을 해 주는 상사가 있습니다.

[피하고 싶은 상사]

- 부서장님께서 평소 보고드린 내용을 갑자기 찾으시며, 기존에 보고한 내용은 전혀 기억하지 않으시고, '왜 진행 상황을 제때 보고하지 않느냐?'며 화를 내신 적이 있는데 그럴 때는 당혹스러웠습니다.
- 보고서를 여러 번 고치라고 지시하고는, 나중에 마음에 안 들거나 일이 잘못되면 '누가 이렇게 고쳤느냐?'며 책임을 전가하는 상사는 신뢰가 가지 않습니다.
- 윗사람에게 칭찬받을 보고서는 꼭 본인이 직접 보고하고, 애매모호하거나 일 처리가 잘못된 보고서는 부하 직원에게 보고하도록 하여 기분이 많이 나빴습니다. 특히, 본인의 판단 실수로 인해 잘못된 보고도 부하 직원에게 시키는 경우가 있었습니다.
- 특정 업무 추진 방향과 관련하여 국장과 과장이 서로 이견이 있는 사항에 대하여 과장이 구체적인 추진 방안을 제시하여 국장을 설득하지 않고 담당 사무관에게만 무작정 자료를 만들어 다시 보고하라고 하는 등 담당 사무관만 상당히 곤란하게 하고 본인은 역할을 하지 않으면서 책임을 회피하는 모습에 실망했던 적이 있습니다.
- 실내(室內)의 업무 중 어떤 업무는 둘 내지 세 개 부서에 걸쳐 있는 업무가 있습니다. 실장님이 주재하시는 회의 시에 업무 영역이 중첩되는 사안의 경우 다른 과장님들은 모두 쉽게 답변하기 어려운 상황임에도, 특정 과장님은 업무에 대한 법적 권한이나 업무 처리 능력 등을 무시하고, 전에도, 이번에도, 다음에도 무조건 자기가 하겠다고 실장님 앞에서 큰소리치면서 가지고 옵니다. 하지만 과원들에게 부담을 엄청 주고, 일을 했으나 나중에는 '일을 망쳤다'고 실장님의 대노(大怒)만 있었습니다.

- 대부분의 보고서는 처리 기한이 정해져 있습니다. 상사의 수정 시한을 감안해 여유 있게 보고드리면 대충 검토하고 제출하라고 하시고는 꼭 마감 시한이 지나서 수정을 지시하는 분이 계셔서 많이 힘들었습니다. 또한, 여러 업무 처리로 바쁜데 조금씩 계속 수정을 지시하시어 다른 일을 할 수 없었던 적도 있습니다.
- 업무 관련 건의사항이나 처리 방안에 대해 경청하기보다는 보고 내용을 중간중간에 끊으며 자신의 구상대로 처리할 것을 강요하고, 과거 경험이나 관례 등만 일방적으로 강요하여 업무를 진행하기 힘들었던 적이 있습니다.
- 일부 보고서는 서식과 분량이 정해져 있습니다. 그러나 기준을 무시하고 임의로 작성을 지시하는 간부가 있습니다. 이런 경우 보고서를 취합하는 기획조정실 등에서 서식에 맞지 않는다고 타박(打撲)을 해, 실무자만 어려움을 겪게 됩니다.

6. 보고서 작성, 또 다른 괴로움

업무처리가 완료되면 대부분 보고서를 작성하여 마무리하게 되어 있다. 모두가 그런 것은 아니지만, 일상적인 업무 처리의 마지막 단계가 보고서 작성이라고 보아야 한다. 보고서가 중시되는 공직사회의 특성상 '보고서의 품질을 10%만 향상시킬 수 있다'고 해도 큰 의의가 있다고 생각한다.

정부 업무는 문서와 마찬가지로 '보고서로 시작해서 보고서로 끝난다'고 해도 과언이 아니다. 그런데 보고서 작성에 관한 체계적인 교육이나 지침이 없이 선배, 상급자로부터 도제식 학습(徒弟式學習)[15]에 의해 습득되고 있다. 중앙공무원교육원의 신임 관리자 과정, 또는 초급 관리자 과정 등에서 일부 교육을 시키고 있지만 대학에서 가르치는 원론적 수준이거나 사무 관리 규정의 교육에 불과하다.

15) 서양 중세의 공장에서 수공업적(手工業的) 기능의 후계자를 양성하던 제도로 제자가 스승에게 절대복종하며 배우는 방식의 교육을 말하는데, 창의성보다는 일방적 강요에 의한 훈련에 중점을 둔다.

[그림 7-2] 공무원이 작성하는 업무 보고서의 종류[16)]

기안 문서	○ 공문서 처리 규정에 따라 작성되는 공문서로서 가장 기본적인 보고서
결재 요약	○ 기안 문서나 각종 보고 내용 중 핵심 부문만 별지 요약정리, 결재권자로 하여금 쉽게 파악할 수 있도록 작성되는 보고서
회의 서류	○ 간부회의 자료 ○ 실, 과, 소, 동장 등 회의 서류 ○ 유관기관, 산하단체와의 회의 서류 등
업무 보고	○ 주요 업무 계획서 ○ 주요 시책 추진 지침 ○ 다음 년도 시책 구상 ○ 심사 분석, 각종 시책 추진 상황 ○ 일일 업무 보고 및 동향 보고 ○ 지휘 보고 등
행사 관련	○ 주요 행사 계획 ○ 행사 진행 시간 계획(일정표 등) ○ 훈시, 말씀 자료, 치사, 축사 자료

각종 보고서를 일정한 지침 없이 작성하게 되어, 작성자의 개인적 성향에 따라 내용, 형식 등이 매우 다양해진다. 한편, 보고서 목적 및 유형별로 적합한 보고서가 제대로 작성되지 못하는 예가 빈번하다. 특히, 대통령 비서실의 경우 작성자의 출신 배경이 매우 다양하여 수석 보좌관실별, 개인별로 보고서 작성 방식이 매우 다양하다. 그러다 보니 대통령이나 장관이 받아보는 보고서는 다음과 같은 문제점 때문에 실효성을 갖기가 어렵다.

16) 울산광역시 동구청의 사례임. 현재 구 본청 및 시 본청에서 이루어지고 있는 행정보고서 종류의 전체를 망라한 것이 아니며, 보고서작성의 빈도수가 높을뿐더러 하위직에서 반드시 알아야 할 부분만 열거하였음.

“현재의 보고서, 이것이 문제이다” (흔히 범하는 5가지 오류)[17]

(1) 보고서를 보면 볼수록 궁금한 것이 생긴다?
- 추진 경과에 논의 과정이나 쟁점, 조정결과 등이 없이 간략한 일정만 기재
- 보고서에 담겨있는 정보가 너무 적어 적절한 판단이나 조치가 불가능

(2) 보고서 하나 읽고 이해하는데도 ‘하~ 세월’
- 장황하고 초점이 분산되어 읽는 사람의 시간을 빼앗는 보고서
- 보고하지 않아도 될 보고는 쓰는 사람, 읽는 사람 모두에게 업무 부담

(3) 정책보고서, 2% 부족하다
- 정책의 배경, 원인, 효과, 활용 방안 등에 대한 다각적인 분석이 없음
- 정책에 대한 근본적인 문제의식이 보이지 않음

(4) 이 보고서를 읽고 내가 무엇을 해야 하지?
- 보고서를 읽는 사람에 대한 주문 사항이 명확하지 않음

(5) 기본이 안 된 보고서는 ‘이제 그만~’
- 기본적인 보고서 형식조차도 갖추어져 있지 않음
- 문장 표현, 단어 선택, 체계 등이 정확하지 않아 혼란을 줌

〈보고서 작성에 대한 대통령비서실 학습(2005.9.3) 발표 자료 중〉

7. 왜 문서 업무가 줄지 않는가?

세월호 사건과 관련하여 다음과 같은 기사를 통해서 문서 감축이나 정보 공유가 제대로 이루어지지 못하고 있음을 알 수 있다.

17) 청와대, 보고서 품질향상연구팀, 보고서 작성 매뉴얼(보고서 잘 쓰는 방법), p.171.

22일 새벽 1시, 세월호 참사 사망자의 검안소가 마련된 전남 목포기독병원 장례식장에 환갑여행을 떠났던 초등 동창생들의 시신이 들어왔다. 이곳에서 유족과 고인의 DNA 채취가 있었다. 진도 체육관에서 한 번, 팽목항에서 한 번, 병원에서 다시 한 번, 모두 3번 DNA를 채취한 것이다. 갈등은 '서류'에서 시작됐다. 검안을 맡은 검사는 고인이 가족임을 증명하는 '가족관계등록부'를 요구했다. 유족들은 "이 밤에 어디서 어떻게 가족관계등록부를 떼오느냐"며 항의했다. 흥분한 유족들은 '절차'를 강조하던 검안팀을 몰아붙였다. 한 유족이 "우리 엄마를 이 상태로 계속 방치하자는 건가요?"라고 하자 검사는 입을 굳게 다물었다. 같은 시각 목포중앙병원에서도 똑같은 일이 일어났다. 희생자의 유족은 "이름, 관계, 주소까지 다 적어줬는데 왜 시신을 내어주지 않느냐"고 했고, 역시 "가족이라는 사실을 증명할 만한 서류를 가져오라"는 답변을 들었다.

정부가 시신 확인 방법을 수차례 바꾼 이유는 시신을 직접 보고 확인하다가 시신이 바뀌는 일이 발생했고, 시신이 일부 훼손돼 얼굴과 지문을 통한 신원 확인이 어려워졌기 때문이라고 한다. 검찰 관계자는 "시신과 인수자의 관계를 확인할 서류가 필요했다"고 했다. 검찰과 경찰은 직계가 아닌 일부 유족이 시신을 요구하는 경우가 있는데, 신분 확인 없이는 시신을 바로 내줄 수 없다는 입장이다.

하지만 숨진 윤모(60) 씨의 딸은 "이런 서류가 필요하다고 미리 알려줬으면 진작 떼놨을 텐데 이제 와서 요구하는 정부가 무책임하다"고 했다. 정부는 가족관계등록부 확인을 위해 지난 20일부터 목포중앙병원과 기독병원 인근 주민센터를 24시간 운영하고 있었다고 했다. 하지만 유족들은 그 사실을 몰랐고, 심지어 법원의 근무 시간이 아닌 밤에는 가족관계등록부를 뗄 수 없었다.

소동이 계속되자 법원은 이례적으로 이날 새벽 4시쯤 유족에게 가족관계등록부를 발급해줬다. 전날 밤 10시에 발견된 '실종자'가 '사망자'로 확인되기까지 6시간이 걸렸다. 환갑 기념 제주도 여행을 떠났던 인천 용유초등학교 동창 7명과 이들의 유족은 바로 인천의 장례식장으로 향했다. 공무원들에겐 "더 이상 연락도 하지 마라"고 했다.

(조선일보, 2014.04.23.)

2013년 3월에 대법원은 가족관계 등록사항별 증명서 및 제적 등·초본의 인터넷 발급 서비스를 시작했다. 지금까지는 해당 서류를 발급받기 위해서는 직접 등록 관서를 방문하거나 우편으로 신청해야 했으나, 앞으로는 대법원 전자가족관계등록시스템(http://efamily.scourt.go.kr)에 접속해 발급받을 수 있도록 했다. 서비스는 평일 오전 8시~오후 8시, 토요일 오전 8시~오후 2시에 이용할 수 있으며 발급 수수료는 무료였지만 세월호 같은 비상사태 시에도 해당 시간 외에는 해당 서류를 뗄 수 없는 것이다.

(연합뉴스, 2013.03.04.)

미국은 정부가 국내에서 정보를 가장 많이 생산하는 조직이고, 이는 귀중한 국가 자산이기 때문에 이의 효율적 관리의 필요성을 절감하고, 정보 자원 관리에 대해서 1990년부터 많은 관심을 가져왔다. 이러한 노력에 앞서 미국 연방정부는 지나친 문서 작성과 유통이 시간과 비용의 낭비로 행정의 생산성을 저하시키고 국민에게 불편을 초래하고 있다는 점을 개선하기 위해 1980년 문서 업무 감축법(Paperwork Reduction Act of 1980)을 제정하였다. 15년 후인 1995년에 연방기관이 일반 국민과의 관계(국민, 기업, 각종 협회, 주정부, 자치정부 등을 포함)에서 발생하는 문서 업무 부담을 줄이고 연방정부 기관이 가지고 있는 정보의 수집, 보관, 사용, 배포 등에 정보 자원 관리의 효율화를 기하고 이를 바탕으로 국민에게 혜택이 돌아가게 하고자 하는 취지로 문서 업무 감축법을 개정하였다.

이러한 미국 정부의 노력을 벤치마킹(bench marking)하여 한국은 2001년 전자정부법을 제정하면서 문서 감축 조항을 넣고, 문서 감축 감독기관으로 문서감축위원회를 설치하도록 하였다. 그러나 2008년 기사에 의하면(연합뉴스, 2008.5.27.) 법정 조직인 문서감축위원회는 한 번도 구성된 적이 없었다. 정부는 법의 제정은 곧 관련 행정기관에는 문서 업무 부담을, 그리고 국민이나 기업에는 문서 구비 부담(시간과 비용)을 주고 있음을 망각하고 있다.

'문서'에서 '정보 자원'이라는 인식 전환이 미국 정부는 15년에 걸쳐 있어 왔지만 정부는 여전히 행정 업무의 처리 결과로서 문서 관리 수준에 머물러 있다. 제도는 수입한다고 해서 뿌리내리는 것이 아니라 실행 가능한 부분에 대해 사회적 합의를 하고 이를 지키고자 하는 문화가 형성되어야 한다. 제도는 시간이 지날수록 원뜻에서 멀어지게 된다.

Ⅲ. 정형화된 업무와 형식적 처리

행정의 선진화가 이루어지려면 정보의 공개, 행정서비스의 효율성 그리고 시민 참여가 필수적이다. 최근에는 웹 2.0(Web 2.0) 정신을 받아들여 '공개-참여-협업'이 우리 행정에도 자연스럽게 스며들고 있는 '2012년 행정 업무의 효율적 운영에 관한 규정'에서 협업과 융합의 내용이 공식화된 것은 크게 평가할 일이다. 그리고 '민원사무 처리에 관한 법률'과 '행정절차법'은 중요한 행정 행위를 하도록 하고 있는데, 하나는 행정서비스이며, 또 하나는 정보 공개와 시민 참여이다.

1. 민원 행정서비스

민원 행정 업무(民願行政業務)는 행정서비스의 접점으로 공무원과 민간기업이나 개인 혹은 집단 행위와 관련된 업무이다. 이 업무 처리 과정에서 각종 문서 업무가 발생하며, 업무 처리의 효율성을 위해 시행령과 세칙, 규칙과 지침 그리고 세세한 업무 편람까지 마련해 놓고 있다. 마땅한 준칙이 없을 경우는 재량권이 발동되기도 한다.

행정 규제가 작동하는 부분이 대부분인 개별법과 관련한 특정 업무의 허가(許可. permission), 인가(認可. accreditation), 승인(承認, approval), 추천(推薦. recommendation), 협의(協議. consultation), 또는 확인(確認. check, confirmation) 등을 거쳐 처리되는 것이 민원 업무다. 민원 업무, 사무는 국민 경제 활성화나 생명 안전과 재난의 대비를 위해 사전에 일정한 요건 등을 구비하도록 되어 있기는 하지만, 사안의 해석에 예외적인 상황이 발생할 수 있다. 행정의 가장 최일선에서 직접 국민과 관계하고 교류하기 때문에 국민의 칭찬과 함께 불평, 불만이 많이 발생할 수 있는 부분이다.

2. 공청회와 전자 공청회 실시

공청회(公聽會. public hearing)는 정책 형성 과정에서 공개적으로 관련 국민의 의견을 청취하는 것이다. 정책의 전체 과정을 설명하고, 이해관계에 있는 국민의 의견을 청취하며, 정책 결정은 물론 집행에 필요한 정보와 지식을 수집하는 절차이다. 이를 통해 정책 목표가 수정되기도 하고, 최적 대안에 대한 평가가 달라질 수도 있다. 정책을 국민에게 널리 알리는 효과가 있고, 아울러 집행 과정에서 순응을 확보하기 위한 목적으로도 쓰인다. 전자 공청회(電子公聽會. electronic public hearing)는 공청회를 홈페이지나 정보 공간을 활용하여 수행하는 것이다.

행정절차법에 있어서 참여(參與. participation)는 행정의 투명성 확보와 민주주의의 확대라는 의미와 함께 공무원이 국민이나 이해 관계자들의 이익이나 형평을 위해 노력해야 함을 보여준다. 이는 법 제정 목적에 있어서 '국민의 행정 참여를 도모함으로써 행정의 공정성, 투명성 및 신뢰성을 확보하고 국민의 권익을 보호한다'고 명시하고 있다. 특히 법 38조는 행정청은 공청회를 개최하려는 경우에는 공청회 개최 14일 전까지, (제목, 일시 및 장소, 주요 내용, 발표자에 관한 사항, 발표 신청 방법 및 신청 기한, 정보통신망을 통한 의견 제출, 그 밖에 공청회 개최에 필요한 사항) 내용을 당사자 등에게 통지하고 관보, 공보, 인터넷 홈페이지 또는 일간신문 등에 공고하는 등의 방법으로 널리 알려야 한다. 정보통신시대에 걸맞은 방법으로 전자 공청회도 적극 실시할 것을 권유하고 있다.

[공청회의 현실]

공청회가 정책 형성, 행정 업무 수행에 매우 중요한 역할을 하는 것은 분명하다. 하지만 실제에 있어서는 공청회가 형식적으로 치러지고, 실질적인 청문 의지나 문제 해결에 적극적이지 못함을 보여주기도 한다.

대부분의 공청회는 지역사회의 이슈가 되고 있는 공공시설 건립에 관한 부분이나, 사고에 대한 소송을 대비하면서 원인 규명에 관한 것이다. 사전에 행정청이 실시하는 사업에 대해 실시 업체가 있고, 이 업체는 행정청과 논의하여 행정청의 의도를 충분히 반영한다. 이 사업의 일부 내용이 언론을 통해 보도됨으로써 시민 및 전문가의 불만이 높게 된다. 이를 무마하기 위해 공청회를 실시하는 것이 대부분이다. 문제는 1~2회에 걸쳐 공청회를 실시하지만 사전에 충분한 정보의 제공이 이루어지지 못하는 수가 많다. 동시에 다른 전문가들이나 시민들의 질문에 대해서도 시간과 소통의 제약으로 인해 충분한 설득과 대응이 어렵다. 따라서 행정청은 법적 의무감으로 혹은 이를 통해 '사업의 정당성을 확보했다'는 목적으로 공청회 개최 의의를 가진다. 시민들은 이미 이 사안이 사소한 부분을 제외하고는 이미 모든 것이 결정되었다는 것을 알고 있기 때문에 공청회의 결과에 대해서 큰 의미를 두지 않고 있다.

[전자 공청회의 현실]

전자 공청회의 경우는 좀 더 생각할 부분이 많다. 안건의 사안이나 중요성의 측면에서 볼 때, 그리고 시민 참여의 정도에서 볼 때 개선이 필요하다.

금융위원회가 정책 추진에 관한 업계와 국민의 의견 수렴을 위해 운영 중인 전자 공청회, 정책 포럼 등의 이용이 극히 미미한 것으로 나타났다. 엄청난 시간과 비용을 들여서 실시한 공청회나 전자 공청회의 결과를 나타내는 수많은 공문서가 귀중한 정보로서의 역할을 하지 못한 채 실시 여부 혹은 실시 횟수 등의 단순한 통계 수치로 전락하는 것이다.

전자 공청회와 정책 포럼 등은 금융위원회가 정부 정책 추진에 대한 국민의 의견을 수렴하기 위해 지난 2006년 도입한 것이다.

금융위원회는 은행 상품의 가입을 강요하는 관행을 근절하고, 해외 진출 규제를 개선하기 위해 '은행업 감독 규정 일부 개정'을 추진하면서 전자 공청회를 통해 11월 13일부터 12월 2일까지 의견 수렴을 했지만 조회 수가 4건에 불과했고 의견은 전혀 없었다. 이어 금융위원회가 12월 10일부터 1월 7일 '금융 투자업 규정 일부 개정'을 추진하면서 진행한 전자 공청회도 조회 수가 37건에 불과했고 역시 의견이 없었다. 11건의 전자 공청회는 각각 최소 3건에서 최대 46건 조회되는 데 그쳤다. 의견은 단 6건이 올라왔다.

금융 현안 토론을 위해 마련된 정책 포럼 코너도 마찬가지다. 금융위원회는 지난해부터 4월까지 5건의 토론을 진행했는데 조회 수는 각각 최소 8건에서 최대 33건에 불과했다. 2013년 11월 22일부터 12월 20일까지 진행된 전자 금융 사기 예방 서비스 시행에 관한 토론은 33건 조회 수에 의견은 단 1건이 올라왔다. 올해 3월 26일부터 4월 1일까지 진행된 '바람직한 우리은행 민영화 방안 정책 토론'은 조회 수가 28건에 불과했고 의견은 하나도 없었다.

일각에서는 금융위원회가 전자 공청회와 정책 포럼을 제대로 활용하지 못하고 있다고 지적하고 있다. 전자 금융 사기, 대포 통장, 우리은행 민영화 등 국민의 관심이 많은 정책 현안 대신 단순히 범정부 차원에서 진행하는 사안을 형식적으로 운영하고 있다는 것이다. 한 금융권 관계자는 "국민들은 금융위에 전자 공청회, 정책 포럼이 있는지도 모르고 어떤 주제가 논의되는지는 더 모른다"고 말했다(디지털타임즈, 2014.5.6.).

아래 자료들을 보면 제목 끝 부분의 괄호 안 숫자는 공청회나 정책 토론에 참여하여 자신의 생각을 밝힌 경우이다. 그리고 조회 수는 참여함이 없이 보고 지나가는 것이다. 시민이나 이해관계자들이 참여하지 않으면 공무원은 전자 공청회를 형식적으로 처리하거나 일종의 감사나 보고를 위한 절차 행위로 바라보게 된다.

행정 업무와 관련된 내용은 좀 더 종합적인 시각에서 살펴보아야 한다. 과거 사무관리론처럼 문서 관리 과정에 대한 연구나 사무 생산성을 높이기 위한 사무 자동화에 관한 논의는 더 이상 의미가 없다. 행정의 투명성이나 민주성 그리고 효과성을 높이기 위한 가장 본질적인 부분이 행정 업무에서 이루어지기 때문이다.

전자공청회

- 홈 > 정책마당 > 정책 토론 > 전자공청회

신청일 -
분 류 전체
제 목 검색

[전체 50개] 정렬선택 정렬

번호	제목	기간	조회수	진행상태
50	금융기관검사및제재에관한규정 일부개정규정안 규정변경... (1)	14.06.17.~14.07.26.	17	토론중
49	금융투자업규정 일부개정규정안 입법예고	13.12.10.~14.01.07.	37	종료
48	자본시장과 금융투자업에 관한 법률 시행령 일부개정령...	13.12.10.~14.01.07.	32	종료
47	「은행업감독규정 일부개정규정안」 규정변경예고	13.12.06.~14.01.08.	23	종료
46	보험업감독규정 일부개정규정안 (3)	13.11.15.~13.12.02.	46	종료
45	보험업법 시행규칙 일부개정령안 (1)	13.11.15.~13.12.02.	37	종료
44	보험업법 시행령 일부개정령안 (2)	13.11.15.~13.12.02.	41	종료
43	상호저축은행업 감독규정 일부개정규정안	13.11.14.~13.11.18.	3	종료
42	상호저축은행법 시행령 일부개정령안	13.11.14.~13.11.18.	6	종료
41	신용협동조합법 일부개정법률안	13.11.14.~13.11.18.	5	종료

정책포럼

- 홈 > 정책마당 > 정책 토론 > 정책포럼

신청일 -
분 류 전체
제 목 검색

[전체 17개] 정렬선택 정렬

번호	제목	기간	조회수	진행상태
17	바람직한 우리은행 민영화 방안 정책토론	14.03.26.~14.04.01.	44	완료
16	「전자금융사기 예방서비스」 전면시행 (1)	13.11.22.~13.12.20.	34	완료
15	예금자보호법 시행령 일부개정령안 토론 (2)	13.11.14.~13.11.28.	12	완료
14	금융지주회사법 시행령 일부개정령안 관련 의견수렴	13.11.14.~13.12.02.	12	완료
13	금융지주회사감독규정 일부개정에 따른 의견 수렴	13.11.14.~13.12.02.	17	완료
12	재래시장.중소가맹점 카드 수수료를 대폭 인하 (6)	10.01.11.~10.01.29.	55	완료
11	'증권시장 결제제도 선진화' 추진 (1)	09.12.01.~09.12.22.	40	완료
10	채권 유통시장 개선 방안 마련 (1)	09.10.13.~09.10.30.	36	완료
9	저소득층 소액보험 사업 확대 시행 (1)	09.07.10.~09.07.24.	21	완료
8	전통시장 영세상인 소액대출 확대 시행	09.07.10.~09.07.24.	23	완료

* 자료: 금융위원회 웹사이트(http://m.fsc.go.kr 참조)

세상만 네트워크화된 것이 아니라 행정 자체도 다양한 영역이 서로 거미줄처럼 연결되어 있다. 그렇지만 행정을 공부할 경우 기능별로 나누어 공부를 하다 보면 행정의 전체 모습을 파악하기가 쉽지 않다. 이런 맥락에서 살펴본다면 행정 업무의 관리에 관한 공부는 '행정의 시작이요 끝이다'라고 할 수 있다. 특히 정부조직법, 국가공무원법, 행정 업무의 효율적 운영에 관한 규정, 전자정부법, 행정절차법, 행정규제 기본법, 민원사무 처리에 관한 법률 등은 행정 업무의 구분과 인력의 배치 그리고 수많은 개별 법률을 처리함에 있어서 필요한 기본적인 행정 업무 처리 절차를 요구하는 기본법과 같은 성격을 지니고 있다. 행정학에 관심을 가지는 독자들은 위에서 언급한 법령에 대한 관심을 반드시 가져야 한다.

제8장 공기업(정부 공공기관)

Ⅰ. 왜 공기업(+ 정부 공공기관)이 필요한가?

1. 공공재와 시장, 정부, 공기업의 역할

우리는 아침에 일어나서 세수와 식사를 하고, 버스를 타거나 전기를 이용한 지하철을 타고 출근해서, 하루 생활을 한다. 우리의 삶은 물, 전기, 도로, 지하철, 항만, 쓰레기 소각 등과 함께 어우러져 있다. 이렇게 우리가 살아가는 데 꼭 필요한 깨끗한 물, 안전한 전기와 같은 것을 우리는 필수재(必需財. necessities) 또는 공공재(公共財. utilities)라고 한다. 이런 필수 재화나 서비스를 누가 생산, 공급, 관리하는 것이 효율적일까? 가난한 사람에게도 공공재의 혜택을 누릴 수 있도록 하려면 정부가 책임지는 것이 좋을 것이고, 효율적인 생산과 배분을 위해서는 경쟁이 있는 시장에 맡기는 것이 옳을 것이다.

궁극적으로 모든 국민이 값싸게, 좋은 양질(良質)의 필수재 혜택을 누릴 수 있도록 하는 방법은 없을까? 이런 고민을 해결하기 위하여 생성되기 시작한 것이 바로 공기업이다. 공기업은 필수 재화를 시장의 기업과 같이 경제적으로 생산, 배분하면서 정부에서 수행하는 것과 같이 모든 국민이 골고루 혜택을 누릴 수 있도록 하는 것을 목적으로 한다. 구체적으로 공기업은 시장의 사기업과 같이 기업성(企業性. entrepreneurship)을 수단으로 하여, 정부와 같이 공익성(公益性. public interest)이라는 목적을 달성하기 위하여 설립된 조직이다. 우리나라에서 물을 생산 · 분배하는 한국수자원공사와 전기를 생산 판매하는 한국전력공사, 그리고 지하철을 운영하고 있는 서울 메트로(Seoul Metro)는 이러한 목적으로 설립된 대표적인 공기업이다.

수익성과 공익성의 조화를 목표로 하고 있는 공기업이 때로는 수익성을 갖추지 못하고 공익성도 함께 놓침으로써 비난의 대상이 되기도 한다. 공기업을 책임지고 있는 CEO의 임명에서 전문성이 약한 정치권의 인사를 임명함으로써 소위 '낙하산 인사'라는 논란을 일으키기도 하고, 과도한 복지로 인하여 '방만 경영(放漫經營)'이라는 비판을 받기도 한다. 이런 문제들로 인해 필수 공공재의 생산 · 공급을 공기업이 담당하다가도 민간위탁을 통해서 민간에 넘기거나, 아예 공기업을 민영화(民營化. privatization)하기도 한다. 공기업 민영화를 주장하는 사람들은 민간부문(民間部門. private sector)의 역할이 위축되는 것을 방지하기 위해서라도 민영화를 해야 한다고 주장한다. 사실상 민간기업의 역량이 점차 향상됨에 따라 민영화 주장은 더욱 힘을 얻고 있다.

이와 같이 어느 나라에서나 국민의 생활에 필요한 필수재의 공급 주체를 누구로 할 것인가를 두고 아직도 많은 논쟁을 하고 있다. 다만 [그림 8-1]에서 보는 바와 같이 공공재 생산의 공익성을 중시할 때에는 정부에서, 기업성을 염두에 둘 때는 민간기업에서, 그리고 공익성과 기업성을 동시에 추구하고자 할 때는 공기업이 주로 필수재 생산 및 공급의 공급 주체가 된다.

[그림 8-1] 필수재의 생산, 공급 주체

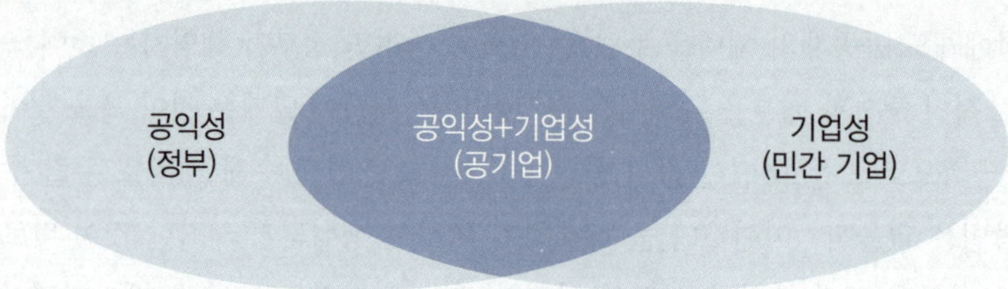

정부와 공기업 및 시장의 역할은 정부의 크기와 기능을 어떻게 규정하느냐에 따라 달라진다. 정부가 많은 기능을 수행하게 되는 큰 정부(big government)에서는 시장의 역할이 줄어들게 되고, 그 반대로 작은 정부(small government)에서는 시장의 역할이 커지게 된다.

그러나 공기업은 시장과 달리 큰 정부와 작은 정부에 따라 그 규모가 커졌는지 아니면 작아졌는지에 대해서 한마디로 규정하기가 어렵다. 따라서 큰 정부와 작은 정부에 따라 공기업의 역할과 규모를 역사적으로 살펴볼 필요가 있다.

2. 큰 정부에서 공기업의 필요성

역사적으로 19세기 중반 이후 산업화를 경험하게 되면서부터 정부의 역할이 점차 강화되기 시작하였다. 특히 1930년대 전후 미국을 중심으로 대공황과 세계대전을 겪으면서 정부의 역할이 급격히 팽창하게 되는데 이를 두고 '행정 국가 시대'라고 한다. 전통적으로 행정부에 비해서 입법부의 권한이 강했던 미국에서 행정부의 권한과 기능이 상대적으로 강해지면서 적극적인 행정 국가, 즉 큰 정부가 탄생하게 되었다.

산업화가 시작된 유럽에서도 농촌 인구가 급격하게 도시로 유입되면서 이전에 미처 겪어보지 못한 도시화의 문제를 겪게 된다. 인구가 밀집한 도시에서 창궐하는 콜레라와 같은 전염병을 방지하기 위해서는 깨끗한 상수도의 공급과 의료 시설이 필요하였고, 도시 빈민을 위한 주택이 요구되었다. 이런 문제를 정부에서 전담하기에는 인력과 예산이 부족하여 새로운 공기업을 만들어 이러한 수요에 대응하게 되었다.

대공황을 겪은 미국에서는 넘쳐나는 실업 문제를 해결하고 일반 국민에게도 복지의 혜택을 주기 위해서 적극적인 정부의 역할이 요구되었다. 테네시 강 유역 개발공사(TVA; Tennessee Valley Authority)를 창설하여 우선적으로 일자리를 잃은 많은 실업자에게 새로운 일터를 제공하였고, 전력 생산과 농지 개발을 통하여 테네시 강 주변의 많은 주민이 함께 살아갈 수 있는 터전을 제공하였다. 실업 구제, 복지국가를 기치(旗幟)로 내건, 이러한 큰 정부의 흐름은 국가 발전을 최대의 목표로 1960년대와 1970년대까지 지속하게 된다. 이 시기에는 정부 조직의 팽창과 더불어 정부의 업무를 대신할 많은 공기업이 창설되는데 이를 두고 '공기업 시대(public enterprise era)'라고 부르기도 한다. 근본적으로 큰 정부의 탄생 배경에는 국민이 필요로 하는 재화나 서비스를 고전 경제학자들이 믿어 왔던 시장이 원활하게 제공하지 못했기 때문이다. 소위 '시장 실패(市場失敗. market failure)'가 그 원인이었다. 이와 같이 도시화 문제, 대량 실업 문제, 복지 문제 등 미국과 유럽의 큰 정부 시대에는 정부 조직과 더불어 공기업도 함께 성장하였다고 할 수 있다.

한편 개발도상국에서는 공기업을 경제 발전의 초석으로 활용하고자 많은 공기업을 설립하기도 하였다. 우리나라도 공기업을 바탕으로 국가 경제의 유도 발전에 성공한 전형적인 나라 중의 하나이다. [그림 8-2]에서 보는 바와 같이 큰 정부 시대에 선진국에서는 시장 실패가, 개발도상국에서는 유도 발전이 공기업 성장의 원인이 되었다고 할 수 있다.

[그림 8-2] 큰 정부와 공기업의 성장

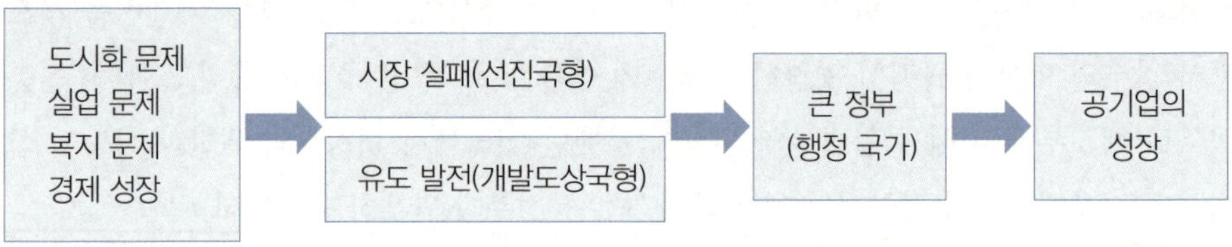

3. 작은 정부에서 공기업의 필요성

1980년대에 들어오면서 과도한 정부 지출에 대한 반성의 일환으로 정부도 민간기업과 같이 예산 절감과 운영 효율성에 관심을 가지게 되었다. 영국과 많은 영연방 정부에서는 공공부문을 민영화하고 나아가 공공부문도 시장에서와같이 성과에 따른 인센티브 지급과 같은 경쟁 시스템을 도입하게 된다. 이러한 전반적인 시대적 흐름을 신공공관리론(新公共管理論. NPM; New Public Management)이라고도 한다.

이 시기에 정부 부문의 인력 및 예산의 대폭적인 축소를 중심으로 한 감축 관리(減縮管理. cutback management)가 이루어지게 된다. 시장 실패를 치유하기 위해서 등장한 큰 정부 시대의 비효율적인 사업 관리, 관료들의 이기적인 발상에 의한 예산 극대화 현상 등이 비난을 받게 되면서 자연스럽게 작은 정부의 기조가 형성되었다.

작은 정부 시기의 정부와 공기업 관계는 두 가지 측면에서 살펴볼 수가 있다.

첫째, 감축 관리로 인한 정부의 업무가 기존의 공기업에 이관됨으로써 새로운 공기업 신설의 원인이 되기도 했다. 뒤에서 설명하는 바와 같이 넓은 의미의 공기업에 포함되는 책임 운영 기관(責任運營機關. execution agency)과 다양한 준정부 기관(準政府機關. Quangos)이 새로이 생성되기도 하였다.[1] 이런 이유 때문에 이 시기에 많은 국가가 정부부문(政府部門. government sector)의 감축을 통해 작은 정부 실천을 주장하였지만, 이는 단지 정부의 역할을 준정부 조직에 넘긴 것에 불과하다는 비판을 받기도 한다. 즉 감축관리로 행정기관의 인력과 예산은 일부 축소되었지만, 정부의 업무들이 고스란히 준정부 조직으로 이전되었기 때문에 공기업을 포함한 공공부문의 전체적인 규모는 결코 줄어들지 않았다.

둘째, 공공부문의 민영화(民營化. privatization)를 들 수 있다. 공기업에서 생산 및 운영을 담당하던 영국의 석탄 및 철도사업을 아예 민영화하기도 하였다. 작은 정부 시기에 국가의 핵심 기간산업을 담당하던 공기업을 민영화한 것은 공공부문의 규모를 어느 정도 줄이고 민간부문의 성장을 가져오는 데 기여한 측면이 있다.

작은 정부 시기에 정부 조직의 규모는 분명히 줄어들었지만 이의 영향으로 준정부 조직이라고 할 수 있는 넓은 의미의 공기업의 규모와 역할은 확대된 측면이 있으며, 일부 공기업은 민영화되기도 하였다. 이를 총체적으로 살펴본다면 [그림 8-3]에서 보는 바와 같이 행정 국가 이후 정부 조직과 공기업은 함께 지속적으로 성장하고 있었다. 1980년대 신공공관리론이 논의되는 것을 기점으로 정부 조직은 대폭 감소한 반면에 준정부 조직인 넓은 의미의 공기업은 많이 늘어나는 모습을 보이고 있다. 즉 신공공관리론 시대에 일부 공기업이 민영화되었지만, 행정기관에서 진화한 많은 준정부 조직이 새롭게 창설되었기 때문에 넓은 의미의 공기업은 오히려 팽창하였다.

전체적인 맥락에서 큰 정부 시대와 작은 정부 시대를 막론하고 넓은 의미의 공기업은 지속적으로 성장해 오고 있다.

1) 협의의 공기업 개념보다는 준-정부조직인 QUGOS(Quasi-governmental organizations), 준-자율적 정부조직인 QUAGOS(Quasi-autonomous governmental organizations), 준-자율적 비정부조직인 QUANGOS(Quasi- autonomous non government organization)의 범위가 훨씬 넓다고 할 수 있다. 그러나 정부 기업적으로 운영되는 공기업특별회계 사업, 책임운영기관도 넓은 의미의 공기업에 포함시키고 있다. 자세한 것은 이상철(2012)을 참조하기 바라고, '정부 기업' 및 '책임운영기관'에 대해서는 다음 절에서 자세히 설명하기로 한다.

[그림 8-3] 정부 조직과 공기업의 성장(이상철, 2012a, 97)

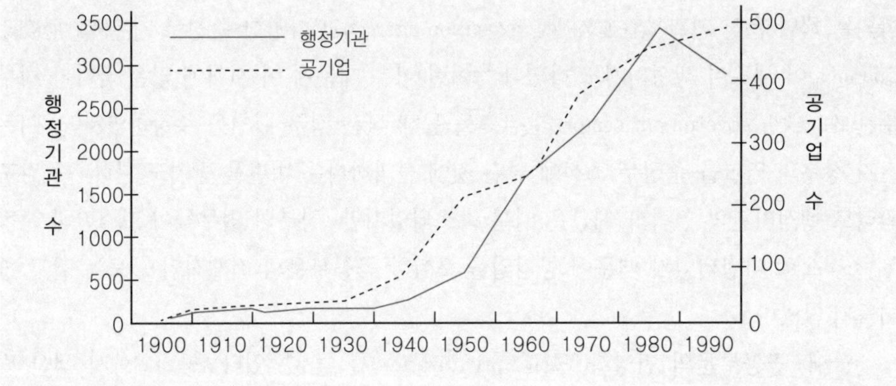

Ⅱ. 왜 공기업(+정부 공공기관)의 형태는 다양한가?

어느 나라에서나 공기업(+정부 공공기관)이라는 이름으로 사용되고 있는 공사 혼합(公私混合, public-private hybrid) 영역에는 다양한 형태의 조직들이 있다. 처음부터 공익성과 기업성의 조화를 통하여 국민에게 필요한 필수 재화를 제공할 목적으로 설립된 공기업이 있는가 하면 정부 부문의 감축 관리 과정에서 행정기관에서 공기업으로 전환된 기관도 적지 않다. 우리나라에서 기간 도로망을 건설 관리하는 한국도로공사는 처음부터 공기업으로 설립된 기관이고, 한국철도공사나 한국철도시설공단은 행정기관인 철도청에서 전환된 공기업이다.

1. 공기업(+정부 공공기관)의 일반적 속성

다양한 동기로 설립되어 여러 가지 형태를 띠고 있는 공기업(+정부 공공기관)들은 민간기업이나 행정기관과는 구분되는 몇 가지 특징을 지니고 있다.

첫째, 공기업은 한번 창설되면 쉽게 없어지지 않는 '불멸성(不滅性, immortality)'이라는 특징을 가지고 있다. 어떤 동기로 설립되었든 한번 설립되면 아무리 없애려고 해도 없어지지 않거나, 일시적으로 사라지더라도 다른 이름으로 재탄생하게 된다. 공기업에서는 행정기관의 공무원들에게 적용하고 있는 직업 공무원제와 같은 평생 근무를 취업 조건으로 하고 있다. 더욱이 행정기관에서 공기업으로 전환한 기관에서는 이전 행정기관 때의 공무원 고용 조건을 쉽게 바꿀 수 없는 제약을 가지고 있다. 이러한 특수한 고용 환경을 바탕으로 공기업에 근무하는 직원들과 노동조합은 철저하게 자기 조직의 보호 본능을 가지게 된다. 따라서 설립 목적을 다해서 공기업을 폐지하려고 해도 내부 직원들의 고용 승계 문제 때문에 현실적으로 공기업을 해산하기는 지극히 어렵다. 비록 설립 목적을 다하여 없애는 것이 당연한 공기업이라도 기존 공기업의 설립 목적을 추가하거나 변경하여 다른 이름으로 재탄생하는 절차를 거치게 된다.[2] 이를 공기업이 '화장하고 다시 나타나기(cosmetic cutbacks)'라고 하는데, 이러한 현상은 어느 나라에서나 공통적으로 발견되고 있다(이상철, 2012a, 72-78).

둘째, 공기업은 어느 나라에나 존재하는 보편성(普遍性, ubiquitousness)을 특징으로 한다. 나라마다 공기업의 수가 많고 적고의 차이가 있고 그 유형은 다르지만 공기업이라는 형태의 기관이 존재하지 않는 나라는 없다. 공기업은 현대 행정국가가 생성되면서부터 함께 성장한 가장 보편적인 공공기관(public institution) 유형이다. 시장의 실패가 있어 공공부문의 역할이 강조될 때에도 공기업은 당연히 있었고, 정부 실패가 있어 시장의 역할이 요구될 때에도 정부와 시장의 중간 영역인 공기업은 필요했다. 우리나라와 같이 급속한 경제 성장을 위한 유도 발전의 축으로 공기업이 필요한 나라도 있었고, 미국과 같이 경제 공황으로 야기된 시장 실패를 치유하기 위해서 공기업이 설립된 나라도 있었다. 더욱이 공적 소유권이 강한 중국이나 동유럽의 사회주의 국가에서는 그 배분적 형평성을 강조하는 사회적 특성 때문에 서구 자본주의 국가에서보다 더 많은 공기업을 가지게 되었다.

셋째, 공기업은 다양성(多樣性, diversity)을 특징으로 한다. 많은 공기업은 그 기관

2) 공기업의 설립 목적의 추가 또는 변경의 예로서는 미국의 타운센드(Townsend) 조직을 들 수 있다. 이 조직은 1933년 설립 당시에는 60세에 해당되는 사람에게 월 200달러의 연금을 지불하여 퇴직하게 함으로써 미국의 경제적 불황을 극복하도록 하는 것을 목표로 했다. 설립 후 사회보장법(Social Security Act)이 제정됨으로써 공적인 연금 수혜자가 많이 생기게 되었고 상대적으로 이 조직의 활동은 크게 축소되었으며 결국 존폐의 위기에 몰리게 되었다. 이러한 위기를 벗어나기 위해 이 조직은 정치적 운동단체에서 사회운동단체로 탈바꿈하였고 마지막에는 사교클럽으로 그 목적을 바꾸었다. 그러나 그 조직이 없어지지는 않았다(이상철, 2012a, 82).

만의 고유한 목적(single purpose)을 달성하기 위하여 설립된다. 한국전력공사는 전력의 안정적 공급을 위해서 설립되었고, 가스공사는 가스 생산과 공급망 건설 및 유지 관리를 위해서 창설되었다. 이처럼 공기업마다 설립 목적이 다른 만큼 공기업의 존재 양식 또한 다양할 수밖에 없다. 이런 공기업 유형의 다양성은 공기업 관리의 난맥상을 가져오기도 한다. 특히 공기업의 경영 효율성을 높이기 위하여 시행하고 있는 공기업 경영 평가에서 서로 다른 목적으로 설립된 공기업을 같은 평가 기준으로 평가하는 데에는 많은 문제점을 내포하고 있다. 공기업의 설립과 역할의 다양성이 공기업 평가에서 평가의 유용성을 떨어뜨리는 요인으로 작용하기도 한다. 사실상 공기업이라는 기관 형태는 나라마다 다른 형태로 운영되고 있다. 각 나라의 공공부문의 운영 체제는 그 나라의 역사와 문화가 굴절된 하나의 제도(institution)라고 할 수 있다. 자본주의 국가와 역사적 문화적 배경이 다른 사회주의 국가의 공기업 형태는 서로 다를 수밖에 없다.

넷째, 공기업은 정보의 비대칭성(情報 非對稱性. asymmetric information)을 특징으로 한다. 나중에 공기업의 주인-대리인 문제에서 자세히 언급하겠지만 공기업의 원래 주인은 국민(principal)이다. 다만 그 업무를 공기업이 대신 수행하고, 그 관리 감독을 정부에게 위임하고 있는 구조이다. 가령 한국전력공사의 원래 주인은 국민이지만 전력의 효율적인 생산 공급을 위하여 전문기관인 한국전력공사가 이를 수행하도록 하고 있으며, 그 감시 감독은 정부가 하고 있다. 이와 같이 공기업은 '주인'인 국민과 '대리인'인 공기업 경영진 사이에 정부라는 '감독자'가 있는 복합적인 주인-대리인 관계를 유지하고 있다.

이러한 구조적인 특징으로 인하여 국민은 공기업의 주인이면서도 늘 대리인들인 공기업이 수행하는 경영 내용에 대해서 정확하게 알지 못하고 있다고 불만을 토로한다. 즉 공기업 경영에 대한 정보를 정작 공기업의 주인인 국민이 감독자인 정부나 공기업보다 모르고 있다는 것이다. 이와 같이 공기업의 주인인 국민, 감독자인 정부, 그리고 대리인인 공기업 사이에 정보가 편재(偏在)되어 있는 것을 정보의 비대칭성이라고 한다.

국민은 공기업의 소유 · 감독자인 정부가 공기업의 경영진을 전문성과 역량을 갖춘 사람을 옳게 임명하였는지, 또는 임명된 경영진이 공기업의 책임 경영을 위하여 최선의 노력을 하고 있는지를 늘 궁금해하고 있다. 전자를 역선택(逆選擇. reverse selection)이라고 하고, 후자를 도덕적 해이(道德的 解弛, moral hazard)라고 한다.[3] 즉 정부에서 능력 있는 사람을 배제하고 정치적인 목적에서 경영진을 잘못 임명하는 것을 역선택이라고 하고, 임명된 경영진이 애초 임명될 때의 계약 사항을 지키지 않고 사적 이익(私的 利益, private interest)에 몰두하는 것을 도덕적 해이라고 한다. 공기업에서 발생하고 있는 역선택과 도덕적 해이 문제는 정보의 비대칭성과 밀접한 관련이 있다.

[그림 8-4] 공기업의 일반적 속성

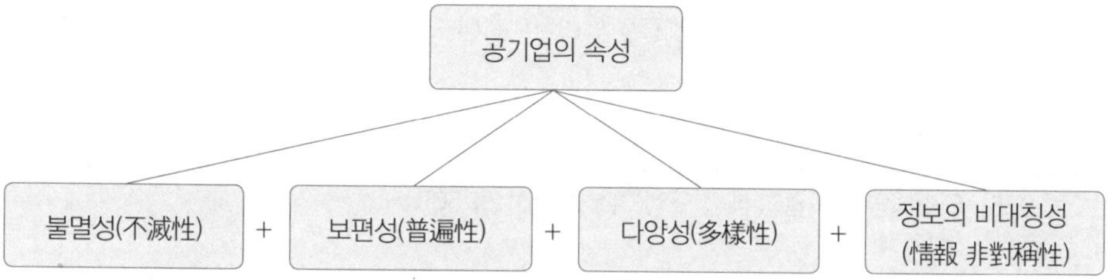

2. 공기업(+정부 공공기관)의 의미, 분류

공기업(+정부 공공기관)의 유형이 너무나 다양하기 때문에 어디까지를 공기업이라고 해야 하는지에 대하여 명확하게 정의된 바는 없다. 정부기관, 공공기관, 정부투자기관, 공기업 등 용어에 대한 정리가 필요하다. 이 책에서는 가장 보편적인 용어로 공기업이라고 쓰고 있는 중이다. 일반적으로 공기업이라고 지칭되기 위해서는 몇 가지 기본 요건을 갖추어야 한다.

첫째, 공기업은 정부나 지방자치단체와 같은 공공부문에서 그 소유권을 전부 또는 일부를 가지고 있어야 한다.

둘째, 공기업은 그 운영에 반드시 공적 통제가 있어야 한다.

셋째, 공기업은 행정기관과 달리 스스로 의사 결정을 하고 이에 대해서 책임을 질

3) 정보의 비대칭은 '역선택'과 '도덕적 해이(解弛)'의 두 가지 유형이 있다. '역선택'은 의료보험 계약에서 흔히 나타나는 현상으로 주인인 보험회사는 대리인인 피보험자가 건강한 사람이라고 생각하고 계약을 체결하나, 건강하지 못한 사람이 건강한 것처럼 속이고 보험에 가입하는 경우를 말한다. '도덕적 해이'는 자동차보험에서 보험회사는 피보험자가 보험에 가입했더라도 평소와 같이 성실하게 안전 운전을 할 것으로 기대하지만, 피보험자는 보험에 가입했으므로 보험에 가입하기 전보다 안전 운전을 소홀히 하는 것을 말한다(이상철, 2012a, 286).

수 있는 능력을 갖추어야 한다.

넷째, 공기업은 기관을 스스로 운영할 수 있는 최소한의 수익성을 갖추어야 한다.

이런 의미에서 본다면 '공기업'이란 [그림 8-5]에서 보는 바와 같이 '공익성을 담보하기 위한 공적 소유와 공적 통제의 수단을 가지면서, 동시에 기업성을 확보할 수 있는 자율적 의사 결정 능력과 자기 수익 능력을 갖춘 생산 주체'를 말한다. 한국전력공사 또는 한국환경공단과 같이 공익적 목적으로 설립되고 공적 통제를 받으며, 자체의 이사회가 있어 자율적 의사결정 능력을 갖추고 자기 수익성을 갖추어야 한다. 공사(公社) · 공단과 같이 법인 형태를 갖춘 공기업을 우리는 '일반적 의미에서 공기업', 또는 '좁은 의미의 공기업'이라고 한다.

[그림 8-5] 일반적인 공기업의 개념 구성(이상철, 2012a:50)

공(公: public)
- 공공부문의 설립(공공 소유)
- 공공부문의 통제(공적 통제)

기업 (企業: enterprise)
- 자율적 의사 결정권(자율성)
- 자기 수익 능력을 갖춘 생산 주체(시장성)

최근에는 정부 조직인 행정기관이 점차 예산 집행의 효율성과 적극적인 수익 활동을 추구하게 되면서부터 다양한 준정부 조직 형태로 변형(transformation)하게 되었다.[4] 행정기관이 복잡한 형태의 준정부 기관으로 바뀌어 가게 됨으로써 어느 나라에서나 공통적으로 적용할 수 있는 공기업의 개념 정의가 어렵게 하였다.

행정기관에서 변형된 공기업에는 철도청이 한국철도공사나 한국철도시설공단과 같이 공사 · 공단형 법인으로 진화된 것도 있지만, '정부기업' 및 '책임운영기관'과 같이 정부 조직의 형태를 유지하면서 공기업과 같이 수익적으로 운영되는 것도 있다. 이들 정부 기업 및 책임운영기관은 예산의 탄력적 운영, 시장의 경쟁적 운영 시스템 도입 등을

4) 행정기관이 좀 더 기업적으로 운영되기 위하여 예산의 탄력적 운영과 더불어 책임경영이 가능한 법인 형태의 기관으로 바뀌는 것을 '진화(evolution)'라고도 한다. 행정기관의 진화 개념은 공익성을 목적으로 하는 공공기관이 수익성을 목적으로 하는 시장의 기업과 같이 바뀌어 가는 것을 발전적 의미로 해석한 정의라고 할 수 있다.

통하여 기업적인 기관 운영 방식 때문에 우리는 '넓은 의미의 공기업'에 포함시키고 있다.

[그림 8-6] 공기업(+정부 공공기관)의 의미

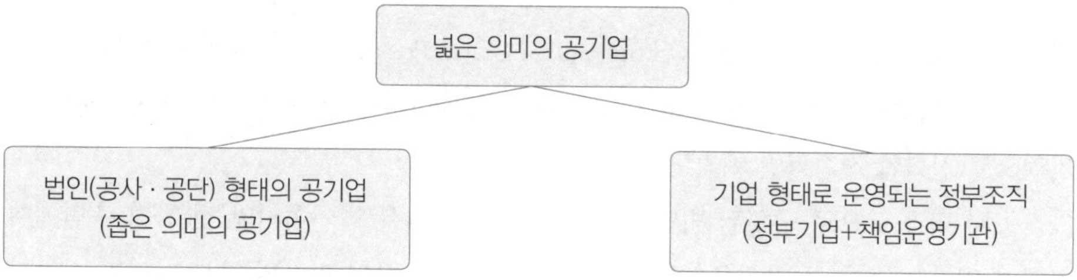

3. 공기업(=좁은 의미의 공기업)

공기업(公企業. public enterprise)은 좁은 의미로 볼 때, 행정기관과 다른 별도의 의사결정 능력을 갖춘 공사, 공단 등 법인형 기관을 말한다. 이에는 한국도로공사와 같이 처음부터 법인으로 설립된 기관도 있지만, 행정기관에서 진화한 공사 · 공단형 공기업도 적지 않다.

[그림 8-7] KT&G의 진화 과정

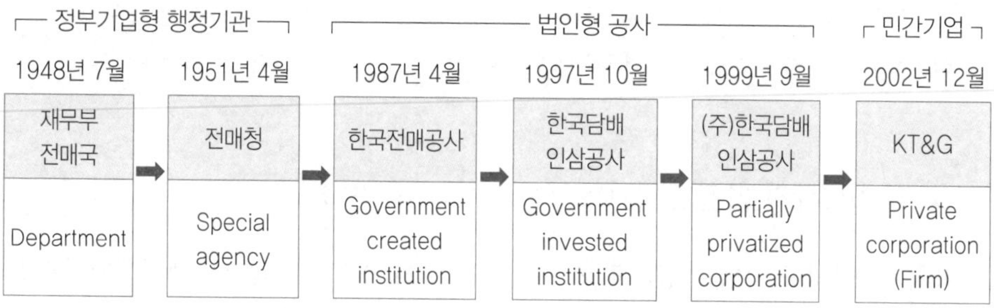

우리나라의 한국철도공사와 한국철도시설공단은 행정기관인 철도청에서 변형되었고, 지금 KT&G의 전신인 한국담배인삼공사는 행정기관인 (구)재무부 전매국에서 진화하였다. [그림 8-7]에서 보는 바와 같이 재무부 전매국 및 전매청 시절에는 예산만 전

매특별회계로 운영되는 정부기업형 행정기관이었지만, 한국전매공사, 한국담배인삼공사 및 (주)한국담배인삼공사를 거치면서 법인형 공사로 변형되었고, KT&G가 되면서 완전히 민간기업으로 민영화되었다.

미국에서 전통적으로 행정기관으로 운영되던 United States Post Office가 1971년에 우편 업무를 맡고 있는 USPS(the United States Postal Service)와 소포 부문을 맡고 있는 별도 법인인 UPS(United Parcel Service of America)로 분리된 것도 행정기관이 공기업으로 진화한 전형적인 예라고 할 수 있다.

공사 및 공단으로 구성된 법인형 공기업은 비록 같은 법인이지만 몇 가지 측면에서 차이가 있다. 공사형 공기업은 [표 8-1]에서 보는 바와 같이 민간의 자본 참여가 가능한 출자회사이고, 공단형 공기업은 법인 자산의 전부를 정부 또는 지방자치단체가 출연한 법인이다. 따라서 공사는 자본금 형식으로 자산이 운영되며 법인 해산 시에는 출자자 지분에 따라 일정한 비율대로 자산이 출자자에게 귀속된다. 반면에 공단형 공기업은 출연재산(出捐財産) 또는 출연금(出捐金)으로 공기업의 자산이 운용되며, 해산 시에는 자산 전액이 설립 행정기관에 귀속되는 특징을 가지고 있다.

[표 8-1] 공사와 공단

구분	공사	공단
기본 성격	정부가 출자한 회사	정부가 출연한 준정부기관
자본 조달	민간 출자 가능(공사채 발행)	민간 출자 불가(공단채 발행)
예산 구성	자본금+판매 수익	출연금+수탁금+수수료 수익
해산 시 자산 귀속	출자자에게 귀속	설립 행정기관에 귀속

4. 공기업(+정부 공공기관): 넓은 의미의 공기업

넓은 의미의 공기업은 공기업(좁은 의미의 공기업)과 '정부기업'과 '책임운영기관'을 모두 포함한다.

첫째, '정부기업(政府企業, government enterprise)'이란 '조직 형태는 행정기관에 그대로 두면서 단위 사업에 대한 예산의 자율성과 탄력성을 부여하기 위하여 만든 특별회계'를 말한다. 정부기업 특별회계는 일반회계와 달리 예산의 수익적 운영을 허용하고 있다. 따라서 정부기업에서는 자체 수익을 높이기 위하여 금년에 남는 예산을 다음 연도에 이월하여 사용하거나, 예산 항목 간에 전용을 용이하게 하는 제도적 장치를 마련하고 있다. '정부기업예산법'에서 정부기업이란 '기업 형태로 운영하는 우편사업, 우체국예금사업, 양곡관리사업 및 조달사업'을 말한다('정부기업예산법' 제2조).

둘째, '책임운영기관'은 '국가 사무 중 공공성을 유지하면서도 경쟁 원리에 따라 운영하는 것이 바람직한 업무에 대하여 기관의 장에게 행정 및 재정상의 자율성을 부여하고 그 성과에 대하여 책임을 지도록 한 기관'을 말한다. 우리나라의 책임운영기관의 모델이 되고 있는 영국의 집행기관(executive agency)은 1980년대의 신공공관리론을 배경으로 탄생하였다. 즉 행정 효율성을 지향하는 방향으로 정부 조직을 개혁하는 방향에서 기획적이면서 핵심적인 행정 기능은 중앙 부 · 처(department or ministry)에서 수행하고, 상시적이면서 서비스적 성격을 가진 업무는 집행기관으로 이전하면서 시작되었다. 중앙 부 · 처의 역할을 소위 '방향잡기 기능(steering function)'이라고 한다면, 집행기관의 역할을 '노젓기 기능(rowing function)'이라고도 할 수 있다.

'책임운영기관의 설치 · 운영에 관한 법률'에서는 그 설치 기준으로 '① 기관의 주된 사무가 사업적 · 집행적 성질의 행정서비스를 제공하는 업무로서, 성과 측정 기준을 개발하여 성과를 측정할 수 있는 사무, ② 기관 운영에 필요한 재정 수입의 전부 또는 일부를 자체적으로 확보할 수 있는 사무'로 규정하고 있다(동법 제4조). 책임운영기관은 행정기관의 지위는 그대로 유지하지만 일반회계에서 분리되어 독립적인 정부기업 특별회계로 운영될 뿐만 아니라 기관의 CEO를 민간에서 전문가를 뽑을 수 있는 특징을 가지고 있다. [표 8-2]에서 보는 바와 같이 지방통계청, 국립과학수사연구원, 국립국제연구원, 국립중앙과학관, 국립서울병원, 지방항만청 등의 여러 가지 기관이 있다.

한편, 군 조직 중에서 비전투적이면서 기업적 성격의 기관을 '군 책임운영기관'으로 운영하고 있다. '군 책임운영기관의 지정 · 운영에 관한 법률'에서는 '군 책임운영기관'이란 '국군이 수행하는 업무 중에서 경쟁 원리에 따라 운영하는 것이 바람직한 업무에 대하여 기관의 장에게 행정 및 재정상의 자율성을 부여하고 그 운영 성과에 대하여 책임을 지도록 하는 국군의 부대 및 기관'을 말한다고 규정하고 있다. [표 8-2]에서 보는 바와 같이 국군인쇄창, 국군수도병원 등이 있다.

지방에서는 서울특별시에서 2008년 이후 산하에 서울역사박물관, 서울시립미술관, 서울교통방송 등 3개의 책임운영기관을 두고 있다.

우리나라에서 행정의 효율성을 제고하기 위하여 책임운영기관을 도입한 취지는 충분히 이해되지만 너무 적은 행정기관이 책임운영기관으로 전환함으로써 기관 전환에 따른 비용만 지출하였다는 비판이 있다. 행정 개혁 차원에서 집행기관을 추진한 영국과 뉴질랜드에서는 전체 공무원의 70~80%가 집행기관의 공무원으로 전환되었지만, 우리나라의 경우에는 1~2% 공무원만이 집행기관으로 전환되었다. 애초 책임운영기관을 도입할 때에는 소속기관이 많은 교육부와 행정자치부, 그리고 지방자치단체에서 이 제도를 도입할 것이라고 기대하였지만 강제 조항이 없었기 때문에 더 이상 확대되지 못하고 있다.[5)]

〈표 8-2〉 책임운영기관 및 군 책임운영기관

<table>
<tr><th colspan="3">소속 책임운영기관(37)</th><th>군 책임운영기관(10)</th></tr>
<tr><td rowspan="2">조사 연구형 기관(16)</td><td>조사 및 품질관리형 기관(8)</td><td>국립종자원, 국토지리정보원, 경인지방통계청, 동북지방통계청, 호남지방통계청, 동남지방통계청, 충청지방통계청, 항공기상청</td><td rowspan="2">국군인쇄창, 국군수도병원, 육군2보급단, 해군보급창, 공군제40보급창(이상 5개는 당초 지정기관)</td></tr>
<tr><td>연구형 기관(8)</td><td>국립과학수사연구원, 국립수산연구원, 국립생물자원관, 통계개발원, 국립문화재연구소, 국립원예특작과학원, 국립축산과학원, 국립산림과학원</td></tr>
<tr><td colspan="2">교육 훈련원기관(2)</td><td>국립국제교육원, 한국농수산대학</td><td rowspan="2">지정 확대</td></tr>
<tr><td colspan="2">문화형 기관(6)</td><td>국립중앙과학관, 국립과천과학관, 국립홍보원, 국립중앙극장, 국립현대미술관, 한국정책방송원</td></tr>
<tr><td colspan="2">의료형 기관(9)</td><td>국립서울병원, 국립나주병원, 국립부곡병원, 국립춘천병원, 국립공주병원, 국립마산병원, 국립목포병원, 국립재활원, 경찰병원</td><td rowspan="2">국군대전병원, 육군특수무기정비단, 해군1함대정비대대, 국군83정비창, 육군3정비창(이상 5개는 추가 지정기관)</td></tr>
<tr><td colspan="2">시설 관리형 기관(4)</td><td>울산지방해양항만청, 대산지방해양항만청, 국립자연휴양림관리소, 해양경찰정비창</td></tr>
</table>

* 중앙책임운영기관(1): 특허청
자료: 책임운영기관의 설치 · 운영에 관한 법률 시행령
별표 1 – 군 책임운영기관의 지정 · 운영에 관한 법률 시행령
별표 1에서 정리
자료: 이상철(2012b, 284)

---

5) '책임운영기관의 설치 · 운영에 관한 법률' 제6조에서 "교육부장관, 안전행정부장관 및 지방자치단체의 장은 이 법의 취지에 따라 지방자치단체에 책임운영기관에 관한 제도를 도입하도록 노력하여야 한다."고 규정하고 있다. 그러나 동법 제4조에서 "안전행정부장관은 기획재정부 및 해당 중앙행정기관의 장과 협의하여 책임운영기관을 설치하거나 해제할 수 있다. 이 경우 안전행정부장관은 해당 중앙행정기관의 장의 의견을 존중하여야 한다."고 하고, 또한 "중앙행정기관의 장은 소관 사무 중 책임운영기관이 그 설치 목적을 달성할 수 없다고 인정하는 경우에는 책임운영기관의 해제를 안전행정부장관에게 요청할 수 있다."고 규정하고 있다.

Ⅲ. 공기업(+정부 공공기관)의 체계

1. '공기업' 용어 사용의 혼란

우리나라는 초기 급속한 경제 성장을 공기업이 주도적으로 선도한 나라라고 평가되고 있다. 현재 민간기업에서 잘 운영하고 있는 자동차와 전자산업의 성장 배경에는 많은 공기업의 헌신이 있었다. 공기업인 한국전력공사에서 안정적이고 값싼 전기를 공급하였고 이를 바탕으로 역시 공기업이었던 포항제철(지금은 민영화된 포스코, POSCO)에서 산업의 쌀이라고 하는 양질의 철을 생산할 수 있었기 때문이다. 이처럼 우리나라의 경제 성장에서 많은 공기업이 역할을 하게 되면서부터 정부나 지방자치단체에서 일정 부분 자본이 참여한 기관에 대해서는 모두 공기업이라는 용어로 통용되기 시작하였다. 최근에는 이런 기관에서 '방만 경영'과 '도덕적 해이', 그리고 소위 '낙하산 인사'라고 불리는 정치적 경영진 임명이 이루어지면서부터 공기업이라는 용어가 다소 부정적인 의미로 사용되기도 한다.

2. 국가 공기업(+정부 공공기관)의 체계

공기업은 일단 '국가 공기업'과 '지방 공기업'으로 구분하는 것이 필요하다. 중앙정부에서 설립을 주도하고 중앙 행정부처에서 운영을 감독하는 공기업을 우리는 '국가 공기업'이라고 한다. 국가 공기업은 기관 고유의 '설립법'을 가지고 있을 뿐만 아니라, 총칙법이라고 할 수 있는 '공공기관의 운영에 관한 법률(일명 '공운법')'의 적용을 받고 있다. 가령 한국도로공사의 운영에는 '한국도로공사법'과 '공운법'을 동시에 적용하고 있다.

국가 공기업은 흔히 '공공기관(公共機關, public institution, government office)'으로 불린다. 공공기관의 수는 해마다 다른데 우리나라에는 약 300여 개가 있다. 해마다 공공기관의 수가 다른 이유는 공공기관의 지정 요건을 갖춘 기관이 모두 해당되는 것이 아니고 해마다 정부에서 판단하여 지정하기 때문이다. 즉 정부(기획재정부 장관)는 해마다 공공기관으로 지정하는 것이 그 기관의 경영 책임성을 높이는 데 효과적인지 아닌지를 공공기관 운영위원회의 심의 · 의결을 거쳐 결정한다. 가령 산업은행과 기업은행은 2013년도에는 민영화를 용이하게 추진하기 위하여 공공기관에서 해제되었지만, 민영화를 포기한 2014년도에는 다시 공공기관으로 재지정되었다.

'공운법'에 따르면 우리나라의 공공기관은 [그림 8-8]에서 보는 바와 같이 크게 '공기업', '준정부 기관', 그리고 '기타 공공기관'으로 구분하고 있다.

첫째, '공운법'에서 규정하는 공기업은 '직원 정원이 50인 이상이고, 자체 수입액이 총수입액의 2분의 1 이상인 공공기관 중에서 기획재정부 장관이 지정한 기관'이라고 명시하고 있다. 공기업은 '시장형 공기업'과 '준시장형 공기업'으로 나뉜다. '시장형 공기업'은 자산 규모가 2조 원 이상이고, 총수입액 중 자체 수입액이 85% 이상인 공기업으로서, 이사회를 중심으로 경영에 대하여 자율적인 의사 결정을 하고 그 책임을 지는 상업성이 강한 기업 구조로 되어 있다. 한국전력공사 등 14개 기관으로 구성되어 있다. '준시장형 공기업'은 시장형 공기업에 포함되지 않는 공기업으로서 기업적 성격과 정부의 통제가 부분적으로 이루어지고 있는 공기업을 말한다. 한국수자원공사 등 16개 기관으로 구성되어 있다.

둘째, '준정부 기관'이란 '직원 정원이 50인 이상이고, 공기업이 아닌 공공기관 중에서 기획재정부 장관이 지정한 기관'을 말한다. '준정부 기관'은 '위탁 집행형 준정부 기관'과 '기금 관리형 준정부 기관'으로 나뉜다. '위탁 집행형 준정부 기관'은 정부의 정책사업을 위탁받아 전문적으로 수행하는 기관으로 이사회는 자문적 성격이 강하며 주무부처(主務部處)에 의한 강한 통제를 특징으로 하는 기관을 말한다. 한국소비자원 등 70개 기관으로 구성되어 있다. '기금 관리형 준정부 기관'은 '국가재정법'에 따라 기금을 관리하거나, 기금의 관리를 위탁받은 준정부 기관을 말한다. 국민연금공단 등 17개 기관으로 구성되어 있다.

셋째, '기타 공공기관'은 공기업, 준정부기관이 아닌 공공기관으로 (주)한국가스기술공사, 한국산업은행 등 187개 기관으로 구성되어 있다(기획재정부, 2014).

[그림 8-8] 공공기관 설계 기본 방향(이상철, 2012: 372)

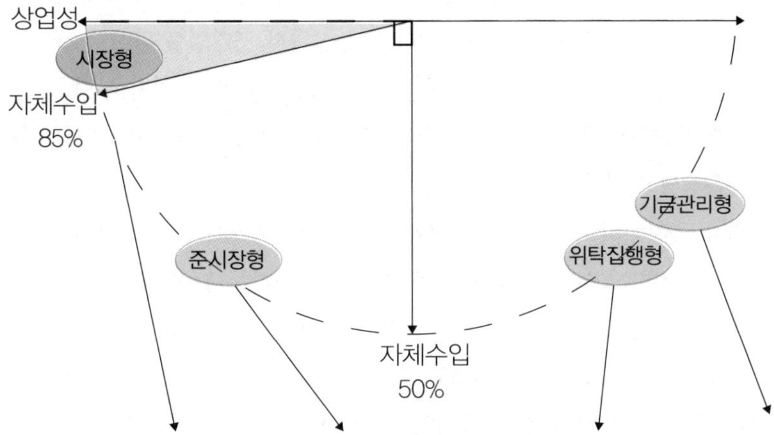

	시장형	준시장형	위탁집행형	기금관리형
대표기관	한전	수자원공사	한국소비자원	국민연금공단
업무 특성	상업성	준상업성	정책 목적 사업 수행	정부기금 직접운용
지배구조 설계 방향	강한 기업 원리	기업원리 + 일부통제	공적 감독	공적 감독
이사회모형	이사회 중심 모형	이사회 강화 모형	자문형 이사회 모형	기금운용위 · 이사회 Dual Board 모형
경영감독	운영위 (기획재정부)	운영위 (기획재정부)	주무부처	주무부처

3. 지방 공기업의 체계

지방 공기업은 주민의 복리 증진을 위한 공익사업으로서 수익성이 있는 사업을 중심으로 공익성과 수익성의 조화를 목적으로 설립한 공기업을 말한다. 독립 채산제 원칙(獨立採算制原則)에 의해 운영되며 재원 조달은 수익자 및 원인자 부담을 원칙으로 하고 있다. 개별법에 의해서 창설되는 국가 공기업과 달리 단일법인 '지방공기업법'에 의해 설립 · 운영되고 있다.

지방 공기업의 경영 형태는 크게 지방자치단체에서 직접 운영하는 '지방 직영 기업' 방식과 '지방 공사나 지방 공단'을 만들어 운영하는 간접 경영 방식으로 나눌 수 있다. 직접 경영 형태인 '지방 직영 기업'은 지방자치단체가 직접 사업을 수행하기 위하여 공기업 특별회계를 설치해 운영하고 있는데 상수도, 하수도, 공영 개발, 지역 개발 기금 등이 이에 속한다. 간접 경영 형태인 '지방 공사 · 공단'은 지방자치단체가 50% 이상을 출자한 독립 법인으로 자치단체와 독립적으로 운영된다. 지하철공사 및 지역도시개발공사, 시설 및 환경관리공단 등이 주축을 이루고 있다.

지방 공기업에는 지방 공사 및 지방 공단 외의 제3섹터형 '출자 · 출연 법인'이 있다. 이는 '지방자치단체가 자본금 또는 재산의 50% 미만을 출자하여 자치단체 이외의 자와 함께 설립한 상법상 주식회사 또는 민법상 재단법인'을 말한다. 제3섹터형 지방 공기업은 공공부문의 신용과 민간부문의 자본을 적절히 혼합하여 민간의 창의성과 기업성을 활용할 목적으로 설립된다. 부산의 (주)벡스코와 같은 제3섹터형 공기업이 많이 있다.

국가 공기업(+정부 공공기관) 및 지방 공기업을 실정법 체계에 따라 분류하면 다음 [표 8-3]과 같다.

[표 8-3] 우리나라 실정법상 공기업의 체계

국가 공기업

- ▶ 정부 기업형 공기업: 정부기업특별회계
  (우편사업, 우체국예금사업, 양곡관리사업, 조달사업)
- ▶ 행정 기관형 공기업: 책임운영기관
- ▶ 법인형 공공기관: 시장형 · 준시장형 공기업+준정부기관+기타공공기관

지방 공기업

- ▶ 행정 기관형(직접 경영) 공기업:
  지방 직영 기업(상수도, 하수도, 공영개발, 지역개발기금)
- ▶ 법인형(간접 경영) 공기업: 지방공사, 지방공단, 출자출연법인(제3섹터)

Ⅳ. 공기업(+정부 공공기관)의 책임 경영, 무엇이 문제인가?

1. 공기업 책임 경영

공기업을 관리하는 데 있어서 공기업의 책임 경영이 공기업의 성공적인 운영의 핵심 요소로 등장하고 있다. 공기업 책임 경영에는 본질적으로 공기업의 자율적인 운영이 전제되어 있다. 즉, 공기업에 대한 소유권을 가진 정부에서는 일상의 공기업 경영 사안(經營事案)마다 관여하고 간섭하기보다는 공기업의 경영 목표에 대하여 공기업 경영진과 계약을 통하여 사전에 경영 방향을 설정하고 실질적인 경영은 공기업의 경영진의 자율에 맡긴다는 것이다. 다만 경영 결과에 대해서는 철저한 평가를 통하여 공기업의 기관 및 경영진의 책임을 묻도록 하여야 한다. 공기업 운영의 기본법이라고 할 수 있는 '공공기관의 운영에 관한 법률'에서도 '정부는 공공기관의 책임 경영 체제를 확립하기 위하여 공공기관의 자율적 운영을 보장하여야 한다'고 규정하고 있다(동법 제3조).

공기업 관리의 책임 경영에 대한 논의는 많이 있지만 실질적으로 잘 이루어지지 않고 있는 것이 현실이다. 이는 물론 소유권을 가진 정부의 의지와 공기업 경영진의 인식 부족에도 원인이 있지만, 무엇보다도 공기업의 소유-경영-통제의 분산에서 오는 공기업의 구조적 문제점에서 기인하는 점이 적지 않다. 왜냐하면, 공기업의 원래 주인은 국민이지만 이의 소유권 행사를 정부에 위임해 두고 있고, 경영은 공기업 경영진이 대리하여 행사하도록 하고 있어 감독 및 통제에 본질적으로 구조적인 어려움을 가지고 있기 때문이다. 주인-대리인 문제(principal-agent problem)가 발생한다.

2. 공기업의 주인-대리인 문제

어느 조직에서나 주인이 직접 업무를 수행하지 않고 다른 사람이 대신 일을 하게 되면, 주인만큼 조직을 위하여 충성심을 가지고 일하는 것을 기대하기 어렵다. 자본주의 사회에서 많은 기업 거버넌스의 핵심을 이루고 있는 주식회사 형태도 전형적으로 주인인 주주와 경영진이 분리되어 있어 이러한 대리인 문제가 빈번히 발생한다. 따라서 주식회사에서 주주들은 경영진의 경영 성과를 해마다 평가하여 그들의 진퇴를 엄격하게 한다. [그림 8-9]에서 보는 바와 같이 주식회사에서 주주를 주인, 경영진을 대리인이라고 한다.

[그림 8-9] 주식회사의 주인-대리인

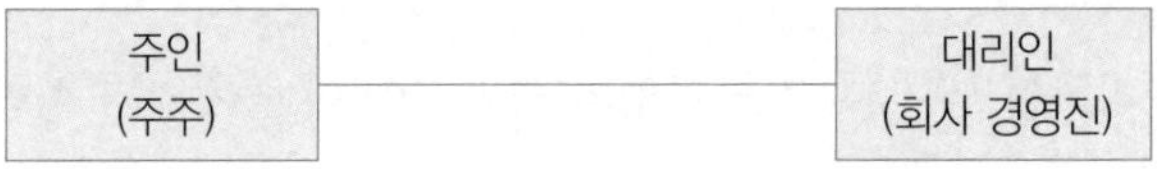

공기업의 거버넌스 구조는 일반 주식회사보다도 훨씬 더 다층적이고 복잡한 구조를 가지고 있어 이러한 주인-대리인 사이의 갈등이 더욱 심하게 나타나고 있다. [그림 8-10]에서 보는 바와 같이 공기업의 업무는 주식회사에서와같이 대리인인 공기업 경영진이 수행하지만, 공기업의 원래 주인은 국민이고, 주식회사의 주주권에 해당하는 그 소유권은 정부가 행사하도록 위임하고 있다.

[그림 8-10] 공기업의 주인-대리인

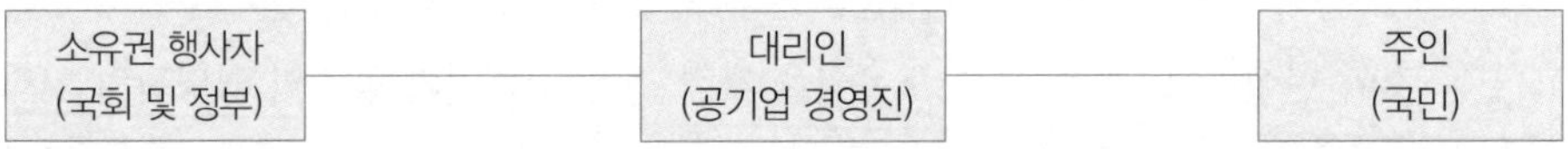

이처럼 다단계적 소유-감독 구조에서 주인인 국민은 대리인인 공기업 경영진이 하고 있는 일에 대해서 정부나 경영진보다 잘 알지 못하는 정보의 비대칭성에 대한 불만을 가지게 된다. 가령 한국전력공사의 경우 일반 국민은 한국전력공사의 내부 경영에 대하여 정부보다 잘 모르기 때문에 정부가 한전을 적절히 감독하고 있는지에 대한 의심을 하게 된다.

한편 대리인인 공기업 경영진 입장에서는 정부와 같은 많은 중간 감독자들(intermediator bosses) 때문에 원활한 업무 수행이 어렵다고 불평을 토로하고 있다. 실질적으로 한전은 그 설립법에 근거하여 국회와 정부의 통제를 받아야 한다. 공기업 운영(management)에 대해서는 기획재정부, 수행하는 사업(business)에 대해서는 주무 부처인 산업통상자원부의 감독을 받아야 한다.

이처럼 주인과 대리인 사이의 복잡한 소유 및 통제 구조로 인해 공기업 책임 경영에 핵심적 걸림돌이라고 할 수 있는 도덕적 해이와 역선택의 문제가 발생한다. 주인인 국민에게서 멀어져 있는 공기업에서, 공기업에 대한 감독을 위임받은 정부는 주인인 국민처럼 애착을 가지고 대리인을 통제하지 않을 수 있다. 때로는 대리인인 공기업은 정부의 관료들에게 다양한 편의를 제공하면서 관료들을 포획(捕獲, capture)하기도 한다. 국민의 감시와 정부의 통제를 벗어나기 쉬운 공기업 감독 구조에서 공기업 경영진의 도덕적 해이 현상은 더 심하게 나타날 수 있다.

또한, 공기업의 경영진을 국민이 직접 선출하지 않고 정부에 위임하여 선발하도록 되어 있는 공기업 인력 채용 구조에서는 전문성이나 역량이 있는 경영진을 선발하지 못하고 친정부 인사가 경영진에 임명될 가능성이 많은 것도 현실이다. 흔히 '낙하산 인사'라는 비난을 받고 있는 공기업 CEO 인사는 이런 주인-대리인의 구조적 문제 때문에 발생한다. 이를 공기업 인사의 역선택 현상이라고 한다.

[그림 8-11] 공기업 민영화의 원리(이상철, 2012a: 179)

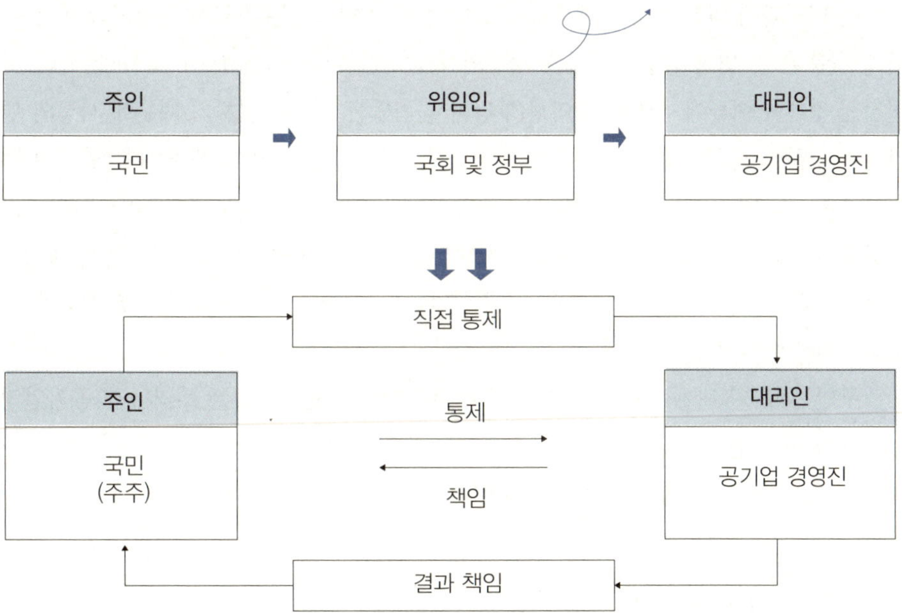

이러한 주인과 대리인 사이에서 일어나고 있는 문제점을 해결하고 공기업의 책임경영을 달성하기 위해서는 공기업을 민영화하는 방법이 최선이라는 주장이 설득력을

얻기도 한다. 공기업의 중간 감독자인 국회나 정부를 없애고 주인인 일반 국민을 주주로 만들어 직접적으로 공기업을 통제할 수 있도록 하는 것이 민영화의 원리이다. [그림 8-11]에서 보는 바와 같이 민영화 이전에 국민은 공기업 경영에 대해서 무관심한 무임승차자(無賃乘車者. free rider)에 불과했지만 해당 공기업이 주주로 바뀐 후에는 공기업 경영에 대해서 세심한 관심을 가지게 된다. 민영화 이후에 주주가 된 국민은 소유하고 있는 공기업 주식의 주가가 올라가고 내려가는 것은 바로 자기 재산의 증감을 뜻하기 때문이다.

공기업 민영화는 주주인 국민에게 직접 책임을 지도록 하기 때문에 대리인 구조일 경우보다는 훨씬 책임 경영을 달성하기 쉬운 구조이다. 그러나 공기업 민영화에는 많은 장애와 한계가 있다. 현실적으로 공익성이 강한 공기업은 사실상 민영화가 불가능하다. 안전하게 국민의 기여 자산을 유지 · 증식시켜야 할 국민연금공단(National Pension Service)을 민간에 맡길 수는 없다. 이처럼 시장성이 약하고 공익성이 강한 공기업에 대해서는 민영화에 의한 시장 경쟁 시스템보다는 경영 평가라는 간접적 경쟁 방법이 유용하게 활용된다. 민영화된 공기업은 시장의 가격 메커니즘(price mechanism)에 따라 자연적인 경쟁이 이루어지지만, 공익성이 강한 공기업은 그렇지 못하기 때문에 시장의 평가를 대신하여 전문가에 의한 인위적인 평가를 통하여 강제적인 경쟁 체제를 만들어 주어야 한다. 이것이 공기업 경영 평가를 통한 공기업 책임 경영 확보 방법이다. 한마디로 시장성이 있는 공기업은 민영화를, 공익성이 강해서 민영화가 어려운 공기업에 대해서는 경영 평가를 철저하게 해서 경쟁 체제를 만들어 주는 것이 공기업의 경영 책임을 제고하는 방안이라고 할 수 있다

주인-대리인 관계에서 나타나는 구조적 문제라고 할 수 있는 우리나라 공기업의 책임 경영에서 현실적으로 등장하고 있는 또 다른 핵심 문제는 '공기업의 과도한 부채(負債. debt) 문제'와 '지방 공기업의 팽창(膨脹. expansion) 문제'이다.

3. 공기업의 과도한 부채 문제

공기업의 책임 경영 확보를 위하여 역사적으로 많은 방안이 강구되어 왔다. 전통적으로 입법부의 권한이 강한 미국에서는 국회에서 공기업의 경영진에 대한 추천 또는 임명 승인을 통하여 적임자를 임명하고자 노력하였고, 공기업의 자율 책임에 대한 기대가

강한 유럽에서는 공기업 자체 이사회를 통한 자율적 통제에 의지하여 왔다. 또한, 행정부의 권한이 강한 사회주의 국가에서는 정부에 의한 공기업에 대한 직접 통제에 중점을 두어 왔다. 그러나 이런 공기업에 대한 타율적인 통제보다는 부채에 의한 통제가 공기업 책임 경영을 확보하는 데 가장 효율적이라는 주장을 하는 사람도 있다.

Allen & Gale(2000)은 '높은 부채에 의한 공기업 통제는 공기업이 불필요한 투자나 내부 사익을 효율적으로 통제할 수 있는 가장 확실한 방법이다'라고 하였다(이상철, 2012a). 무거운 부채를 지고 있는 공기업에서 기관 자체의 이익을 위한 투자나 이익 배분은 현실적으로 어렵기 때문이다.

최근에 우리나라의 공기업 책임 경영에서 가장 큰 문제점으로 등장하고 있는 것이 공기업 부채 문제이다. 공기업이나 민간기업을 막론하고 적정한 부채는 조직의 미래 성장 측면에서 꼭 필요하다. 특히 공기업에서는 국가 경제 전체가 침체 국면일 경우에는 경기 방어적인 측면에서 부채를 통해서라도 신규 투자와 고용을 늘려야 한다. 그러나 우리나라 공기업은 최근 부채의 전체 규모뿐만 아니라 그 증가 속도가 너무 가파르다는 비판을 받고 있다. 민간기업보다 높은 공기업의 부채 증가 추이와 부채 비율 증가가 큰 문제점으로 등장하고 있다.[6)]

우리나라의 정부 부채 대비 공기업 부채 비율은 118.3%로 호주(62.9%), 일본(43.0%)에 비해 월등히 높은 것으로 평가되고 있다. 공기업의 자본 대비 부채 비율만 보더라도 [표 8-5]에서 보는 바와 같이 2007년에 102.1%였던 것이 2012년에는 207.6%로 늘어났다. 이는 부채 비율이 줄어들고 있는 민간기업에 비해 공기업의 자산 건전성이 크게 악화되었음을 의미한다. 공기업의 부채 문제를 더 이상 미루어 놓기에는 이미 한계에 도달한 것으로 판단된다. 특히 이명박 정부의 집권 시기에 공기업의 부채 비율이 급격하게 증가하였다. 다수의 전문가는 이명박 정부에서 보금자리, 세종시, 4대강 사업 등 정부 재정 사업으로 시행해야 할 국책사업을 공기업이 대행하였고, 물가 안정을 위하여 공공요금을 지나치게 억제했기 때문이라고 지적한다(박진 외, 2012; 박정수, 2012).

6) 어느 나라나 공기업의 부채 비율은 정도의 차이는 있지만 민간기업에 비해 높다. 공기업은 민간기업에 비해 신용이 높고, 경기 방어적인 투자나 고용이 많이 이루어지기 때문이다.

[표 8-6] 공기업의 부채 비율 추이 (단위:%)

년도	2007년	2008년	2009년	2010년	2011년	2012년
부채 비율	102.1	126.7	144.0	173.9	192.6	207.6

* 자료: 기획재정부(2013)

가파르게 상승하고 있는 부채 비율의 증가 추세는 지방 공기업도 예외는 아니다. 2014년도 지방 공기업의 전체 예산 49조에 비해 부채액 72조로 부채가 예산보다 훨씬 더 많고 부채 비율은 77%에 달했다.[7] 지방 재정 자립도는 2004년 57.2%에서 지속적으로 감소해 2011년에는 51.9%, 2013년에는 51.1%까지 떨어졌다(헤럴드경제, 2013).[8]

국가 및 지방 공기업 부채에 대해서 정부와 공기업 간의 책임 논쟁은 있지만 공기업의 부채를 적정하게 관리해야 할 시점에 왔다는 점은 분명한 사실로 인식되고 있다. 국가 및 지방 공기업을 막론하고 부채 과다 공기업에 대해서는 「중장기 재무관리 계획」의 수립을 의무화하고 있으며, 공기업별로 「부채 감축 목표제」를 도입하여 시행하고 있다.[9]

그 외에도 공기업의 적정한 부채 관리를 위하여 어떤 노력을 하여야 할까?

첫째, 원가에 크게 못 미치고 있는 공공요금의 체계를 합리적으로 조정할 필요가 있다.

둘째, 공기업 경영에 큰 부담이 되고 있는 사회적 약자를 위한 공기업의 공적 지원(public service obligation)은 공기업의 요금 조정이 아닌 주무 부처의 예산 지원을 통하여 투명하게 이루어지게 함으로써 정부와 공기업의 회계적 책임을 명확하게 구분할 필요가 있다.

셋째, 무엇보다도 공기업 자신의 경영 합리화를 통한 비용 절감 노력이 선행되어야 한다. 앞에서 언급된 공공요금 및 PSO 합리화 등의 제도적 개선 방안은 국민의 공기업에 대한 신뢰를 바탕으로 국민의 충분한 이해가 있을 때 가능하다. 국민의 협조를 얻기

7) 2012년 말 기준 지방자치단체 채무는 약 27조 원, 지방공기업 부채는 약 73조 원으로 합계 100조 원에 이르고 있다.
8) 지방공기업의 지자체 예산 대비 채무는 2003년 27%에서 2011년 48%로 급등했다.
9) 지방공기업에서는 사채 발행 한도를 단계적으로 축소하여 2012년 400%에서 2017년에는 200%까지 줄이려고 계획하고 있다.

위해서는 공기업 스스로의 철저한 자구 노력(自救努力)이 있어야 한다.

4. 지방 공기업 팽창의 문제

공기업 책임 경영과 관련하여 핵심적인 문제 중의 또 다른 하나는 지나친 공기업의 팽창 문제이다. 앞에서 언급한 바와 같이 19세기 및 20세기 행정국가 시대에는 행정 수요의 증대로 인하여, 1980년대 이후 신공공관리론 시대에는 많은 행정기관이 공기업으로 전환되면서 공기업 수가 급격히 팽창하였다. 즉 초기 행정국가 시대에는 시장의 실패를 치유하기 위해서 정부의 역할이 증대되고 공기업이 대폭 신설되었으며, 그 이후 신공공관리론 시대에는 정부의 실패를 보정하기 위하여 정부 행정기관의 기능을 대폭 공기업으로 이관하면서 공기업이 성장하였다.

최근에는 정치인과 행정부 관료들의 이기적인 발상으로 공기업이 팽창하였고 이는 미처 예상하지 못했던 많은 부작용을 낳기도 했다. 정치인들은 선거에서 자기들의 승리를 위해 노력한 사람들에게 자리를 마련해 주기 위해서, 관료들은 자기들의 영향력을 미칠 수 있는 공공기관을 만들기 위해서 공기업을 양산하였다. 이러한 현상은 지방 정치권을 중심으로 지방 공기업에서 더 심각한 문제를 야기하고 있다.

[표 8-7] 지방 공기업 성장 대비표 (단위 : %)

구 분		2000년	2014년	증감률(%)	특 성
지방공기업	지방공사	63	60	▼ 4.8	소폭 감소
	지방직영기업	175	254	▲ 45.1	중폭 증가
	지방공단	33	80	▲ 142.4	대폭 증가

[표 8-7]에서 보는 바와 같이 지방 공기업은 2000년 271개이던 것이 2014년에는 394개로 45.3%로 대폭 증가하였다. 그간 지방 자치권 강화 차원에서 중앙정부(행정자치부)에서 가지고 있던 지방 공기업의 설립권과 CEO를 포함한 경영진의 임명권을 2000년에 '지방공기업법' 개정을 통하여 지방자치단체로 이관하였다. 애초 '지방공기업법'을 개정할 때에는 지방 공기업 중에서 지방 공사의 확대를 기대하였으나, 결과는 지방 직

영기업이나 지방 공단은 대폭 증가하고 지방 공사는 오히려 감소하였다. 그 당시 지방 공기업법의 개정 취지는 자치단체의 공적 신용과 민간의 자본 및 창조적 기술력을 잘 접목할 수 있는 지방 공사를 육성할 목적으로 지방 공기업의 개정을 시도하였으나, 결과는 지방정부의 예산 동원이 용이한 지방 직영기업 및 지방 공단만 늘리는 결과를 초래하였다. 이는 지방 정치권에서 활용할 수 있는 공적인 자리만 늘린 것을 의미한다.

공기업 책임 경영 확보를 위하여 가장 엄격하게 관리되어야 할 분야가 바로 공기업의 남설(濫設)을 방지하는 문제이다. 공기업을 신설하고자 할 경우에는 그 목적과 필요성에 대해 객관적인 기준을 통해 엄격하게 일출 심사(日出審査, sunrise review)를 하여야 하고, 또한 시대적 환경이 변함에 따라 공기업에 대한 수요의 변화와 그 성과가 부진한 공기업에 대해서는 퇴출을 위한 일몰 심사(日沒審査, sunset review)가 있어야 한다(이상철, 2012a).[10)]

감독권이 중앙정부와 지방자치단체에 분산되어 있는 지방 공기업에서 그동안 설립과 퇴출 심사가 명확하게 이루어지지 않았기 때문에 지방 공기업이 팽창하는 원인이 되었다.

10) 최근에 '지방공기업법'의 개정을 통하여 시 · 도에서 공기업을 설립할 때에는 안전행정부와 사전에 협의하도록 하고, 기초자치단체에서 공기업을 신설하고자 할 때에는 광역자치단체와 협의하도록 하였다. 또한 경영진단을 통하여 부실 공기업에 대해서는 퇴출을 제도화하였다. 이런 최근의 노력들은 지방공기업 책임 경영 확보에 한발 다가선 긍정적인 제도로 평가된다.

제9장 지방 행정

Ⅰ. 지방행정

1. 지방행정이란 무엇인가?

'지방(地方. local, region)'은 중앙(中央. center)에 대비되는 말이다. 국가와 행정을 논할 때 '중앙'은 국가 전체 또는 행정부를 총체적으로 표현하는 것이고, 이에 대비하여 '지방'은 국가와 정부의 일부분으로서 지역(地域. area)과 연계되어 사용된다. 지방행정 또는 지방자치라는 표현에서의 '지방'은 권역으로 나누어진 영역으로서의 지역을 의미한다. 충청도, 대구시, 제주도는 물론 서울, 경기도, 수도권도 지방에 해당한다.

지방행정(地方行政. local administration)은 (권역으로 나뉘어 있는) 지역에서 이루어지는 행정을 의미한다. 중앙행정이 국가 전체의 행정을 말한다면, 지방행정은 지역 내에 국한된 행정이다. 지방행정이 지역 주민들에 의해 자율적으로 이루어질 때 이를 지방자치(地方自治. local autonomy)라고 말한다.

지방행정의 방식: 자치와 관치

지방행정 업무를 처리하는 방식에는 두 가지가 있다. 하나는 중앙정부가 모든 지방의 행정을 일괄적으로 처리하는 방식(관치. 官治)이고, 다른 하나는 지역별로 대표를 선출하여 '스스로' 처리하게 하는 방식(자치, 自治)이다. 일반적으로 행정의 효율성을 민주성보다 강조하는 국가의 경우에는 중앙정부가 지방의 행정을 모두 일괄적으로 처리하는 관치 방식을 선호하고, 반대로 민주성을 강조할 때는 자치 방식을 선호한다. 후자의 방식을 우리는 '지방자치'라고 부른다.

지방자치는 특정 지역을 대상으로, 그 지역의 문제를, 주민들이 직접 지역의 대표를 선출하여 처리하는 것이다. 작은 마을이나 읍 수준에서는 주민 모두가 직접 지방행정에 참여하는 직접 민주제적 행정 처리 방식도 가능하다. 하지만 면적이 넓어지고 인구가 많아지면 직접 민주제적 행정 처리가 불가능해진다. 오늘날 인구의 증가, 행정의 전문화 등에 의해 직접 민주주의가 곤란한 상황에서 주민의 대표기관인 지방의회와 지방자치단체장 선출 등을 통해 지방의 중요 정책이 결정되는 대의 민주주의(代議民主主義, representative democracy) 형태가 주류를 이루고 있다.

지방행정의 범위

지방자치제가 실시되기 이전에도 지방행정이라는 용어는 광범위하게 사용되고 있었다. 지방행정이 없는 지방자치는 생각할 수 없지만, 지방자치 없이도 지방행정은 존재할 수 있다. 중앙부처의 일선 기관, 즉 하급기관에 의해서도 지방행정이 가능하다. 지방자치제가 실시되지 않는 국가에서도 지방행정은 존재한다.

지방행정을 수행하는 기관을 지방행정기관이라 하는데, 우리나라의 경우 두 가지 형태의 지방행정기관이 존재한다. 하나는 지방자치단체의 지위를 가지면서 동시에 중앙정부의 일선 기관, 즉 하급기관으로서의 기능을 담당하는 기관이 존재하는데, 이를 우리는 보통 지방행정기관이라 칭한다. 우리가 흔히 볼 수 있는 특별시청, 광역시청, 도청, 시청, 군청, (자치)구청 등이 그것이다. 다른 하나는 중앙 부처의 일선 기관으로서의 역할만을 수행하는 기관이 존재하는데, 이를 우리는 특별 지방행정기관이라 칭한다. 각 지방에 산재해 있는 중앙부처의 지방청, 예를 들면, 지방환경청, 지방통계청 등이 그 예이다.

지방행정은 보통 지방행정기관에 의한 행정과 중앙정부의 일선 기관인 특별 지방행정기관에 의한 행정을 포함한다. 그러나 실질적 의미의 지방행정은 보통 지방행정기관에 의한 행정, 즉 중앙 부처의 일선 기관이 아닌 도청, 시청, 군청 등에 의한 행정을 의미한다.

2. 지방자치단체와 자치권

지방자치단체(地方自治團體. local government)는 지방행정을 담당하는 행정기관이다. 자연인이 아니고 법인체(法人體)로서, 지방행정을 담당하는 조직이다. 앞에서 설명한 바와 같이 넓은 의미의 지방행정은 중앙 부처의 일선 기관(특별지방행정기관)과 지방자치단체(보통 지방행정기관)라는 2가지 주체에 의하여 수행된다. 지방자치를 실시하는 경우, 지방자치단체가 매우 중요하다. 지방자치를 이끌고 있는 단체 또는 기관을 지방자치단체라고 한다.[1)]

지방자치단체가 지방행정을 원활히 수행하기 위해서는 자치권(自治權. right of autonomy)이 있어야 한다. 자치권은 지방자치단체가 스스로 행정을 수행할 수 있는 권한으로 헌법과 법규에 의해 주어진다. 자치권은 법률의 범위 안에서 자치 법규인 조례(條例. ordinance)를 제정할 수 있는 자치 입법권(自治立法權), 지역 문제를 자율적으로 처리할 수 있는 자치 행정권(自治行政權), 자치 사무의 처리에 필요한 조직을 구성하고 인적 자원을 충원하고 관리할 수 있는 자치 인사조직권(自治人事組織權), 지방 자치단체의 운영과 자치 사무의 처리에 필요한 재원을 조달하고 관리할 수 있는 자치 재정권(自治財政權), 그리고 조례와 규칙에 대한 위반 행위를 심판하고 제재할 수 있는 자치 사법권(自治司法權)을 모두 포함한다. 그러나 우리나라의 경우에 자치 사법권은 인정되지 않고 있다.

자치권은 중앙정부에 의해 주어지는 것이 일반적이며, 그에 따라 법률의 범위 안에서 행사되고 있다.

3. 지방행정 체제의 기본 구조: 계층과 구역

지방자치단체의 계층

일반적으로 업무를 효율적으로 수행하기 위하여 계층제적 조직 구조가 만들어져 있듯이 지방정부가 업무를 수행하는 데 있어서도 계층 구조가 존재할 수 있다. 이 경우

---

1) 최근에는 지방자치단체라는 용어와 더불어 지방정부(地方政府. local government)라는 표현이 빈번하게 사용되고 있다. 학문적으로는 중앙정부와 대비되는 개념으로서 지방정부라는 표현을 보다 빈번하게 사용하나, 법규정상으로는 중앙정부를 '국가', 지방정부를 '지방자치단체'로 칭한다. 이하에서는 두 가지 용어를 필요에 따라 혼용하기로 한다.

지방정부의 계층은 하나일 수도 있고, 2개 이상의 계층이 존재할 수도 있다. 이와 같은 지방정부 간의 수직적 계층 구조를 자치계층(自治階層)이라고 한다. 자치계층이 하나만 존재하는 형태를 단층제(單層制. single-tier system)라고 하고, 둘 이상의 자치계층이 존재하는 형태를 중층제(重層制. multi-tier system)라고 한다. 우리나라에서는 광역자치단체와 기초자치단체의 2계층을 기본으로 하고 있다. 단층제와 중층제는 상호 간에 반대의 방향성을 갖는 장단점을 가지고 있고, 나라마다 다소 상이한 제도를 가지고 있다.[2)]

자치계층은 행정계층(行政階層)과 구분된다. 자치계층이 선거를 통하여 구성되는 지방자치단체 간의 수직적 구조를 의미하는 데 비하여, 행정계층은 행정 업무를 수행하는 행정기관 간의 수직적 구조를 의미한다. 행정기관에는 자치권을 가진 지방자치단체와 더불어 자치권이 없는 일반 행정기관도 포함된다. 따라서 행정계층은 광역자치단체인 시와 도, 기초자치단체인 시-군-구, 그리고 행정시, 행정구, 읍-면-동 등을 포함하는 보다 복잡한 구조의 특징을 보인다.

이러한 자치계층과 행정계층의 개념을 적용할 경우, [그림 9-1]에서 보는 바와 같이 우리나라는 자치 2층제를 기조로 하면서 일부 지역에서 단층제를 채택하는 형태를 취하고 있다. 예를 들면, 광역자치단체인 도(道)는 그 구역 안에 기초자치단체인 시 · 군을 두는 자치 2층제를 채택하고 있고, 역시 광역자치단체인 특별시 · 광역시도 그 구역 안에 기초자치단체인 자치구 · 군을 두고 있다. 서울특별시와 종로구의 관계, 충청남도와 금산군의 관계가 그 예이다. 그러나 제주특별자치도는 기초자치단체를 갖지 않고, 행정시와 읍-면-동만 갖는 단층제를 유지하고 있다. 제주특별자치도에도 그 구역 안에 제주시와 서귀포시가 있으나, 제주시와 서귀포시에서는 시장을 선거로 선출하지 않고, 지방의회도 존재하지 않는다. 제주시와 서귀포시는 지방자치단체가 아닌 행정기관이다. 그래서 자치계층의 경우 단층제가 적용되고 있는 것이다. 2012년 출범한 세종특별자치시도 읍-면-동만 있는 단층제를 채택하고 있다.

이에 비해 행정계층은 지역별로 다양하다. 특별시 · 광역시는 자치구 · 군과 읍-면-동으로 이루어진 행정 3층제를 유지하고, 세종특별자치시는 읍-면-동으로 구성되는 행정 2층제로 이루어져 있으며, 제주특별자치도는 행정시와 읍-면-동으로 이루어

2) 단층제와 중층제의 장단점에 관한 상세한 내용은 김병준(2011: 175-178) 참조.

진 행정 3층제를 유지하고 있다.

도(道)의 경우 인구 50만 명 이상의 대도시와 일반 시 · 군이 다르다. 인구 50만 명 이상 대도시는 도, 시, 행정구, 읍-면-동으로 구성되는 행정 4층제를 유지하고 있고, 일반 시(市)와 군(郡)은 도, 시-군, 읍-면-동의 행정 3층제를 유지하고 있다. 그 이유는 인구 50만 명 이상 시의 경우에는 일반 시와 다르게 그 구역 안에 행정구(行政區)를 둘 수 있는 특례가 인정되기 때문이다. 예를 들면, 경기도 성남시의 경우 인구가 50만이 넘기 때문에 특별시 · 광역시와 유사하게 구(區)가 존재한다. 분당구, 수정구가 그 예이다. 그러나 이러한 구에서는 구청장 선거가 이루어지지 않으며, 구 의회도 존재하지 않는다. 분당구와 수정구는 지방자치단체가 아닌 행정기관이며, 이러한 구를 특별시 · 광역시의 자치구와 구별하여 행정구라 칭한다. 그리고 이러한 행정구가 존재하는 자치단체의 경우 행정 4계층제가 적용된다.

[그림 9-1] 자치계층과 행정계층

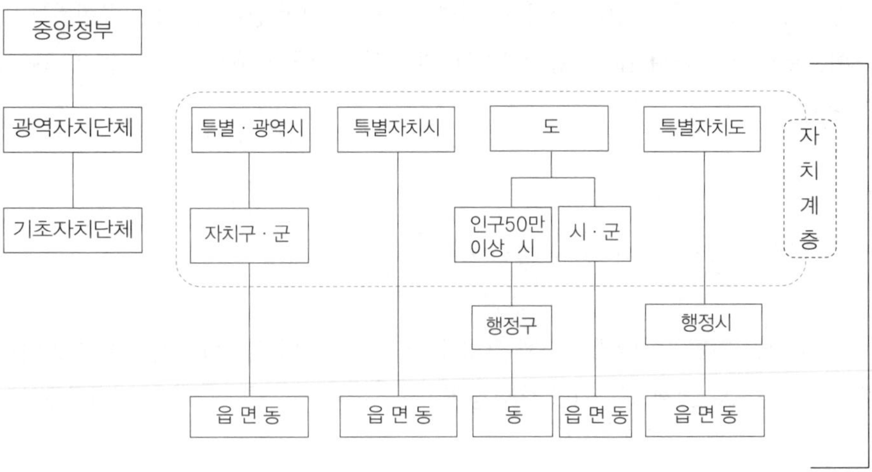

지방자치단체의 구역

지방자치단체의 구역(區域)은 지방자치단체의 자치권과 통치권이 미치는 지리적 영역을 의미한다. 지리적 경계로서의 구역이 가지는 의미는 매우 중요하다. 왜냐하면, 지방자치단체의 구역은 지방자치단체의 권리와 책임을 규정짓고, 주민의 공동체 의식과 정체성에 영향을 미치며, 선거 구역으로서의 의미도 갖기 때문이다.

구역은 또한 지방자치단체의 자치역량과도 밀접한 관련을 가진다. 인구와 지역 산업 등의 조건이 유사하다는 전제 하에 구역이 넓을수록 자치역량이 높으며, 그에 따라 중앙정부의 권한 이양이 적극적으로 이루어질 수 있다. 지방자치단체의 자율성과 지역주민에 대한 서비스 수준이 높아질 수 있기 때문이다.

어느 정도의 규모가 자치단체의 구역으로 적정한가에 대해서는 다양한 논의가 이루어지고 있다. 그러나 구역 설정의 기준은 자연조건 및 교통 통신의 발달을 고려하되, 자주 재원을 확보해 행정을 능률적으로 수행할 수 있어야 하며, 동시에 주민의 참여를 고양할 수 있는 규모여야 한다는 것이 일반적이다. 다만, 이러한 지방자치단체의 구역 설정 기준은 광역자치단체와 기초자치단체에 따라 적용 여부와 우선순위가 달라질 수 있다. 구역 개편의 목적이나 지향점에 따라 기준들이 차별적으로 적용될 수 있을 것이다.

우리나라의 경우 1995년 지방자치제가 부활되면서, 자치단체의 재정역량 강화 등을 위해 시 · 군의 통합이 대대적으로 추진되어 40개 통합시가 창설되었고, 이후 읍을 인근의 면과 구별하여 별도의 시로 승격시키는 방식보다 읍을 포함한 군 지역 전체를 시로 승격하는 도농 복합 형태의 시를 설치하는 구역 개편이 중점적으로 이루어지고 있다, 3여(여수시-여천시-여천군)의 통합과 2010년 창원-마산-진해시의 통합 등이 대표적인 사례이다.

Ⅱ. 지방행정은 어떻게 운영되는가?

우리나라는 지방자치단체의 기관 구성에 있어서 주민이 선출한 지방의회와 독립된 집행기관이 별도로 존재하는 기관 대립형 방식을 채택하고 있다.[3] 이러한 체계에서는

3) 지방자치단체의 기관구성방식은 크게 세 가지로 구분된다. 일반적으로 의결기관과 집행기관의 구성형태에 따라서 일원형인 기관통합형, 이원형인 기관대립형, 그리고 이 두 가지의 절충형으로 분류한다. 기관통합형은 지방의회가 의결기관인 동시에 집행기관이 되는 형태를 의미한다. 주민의 참여 폭이 넓으며 주민자치의 인식이 널리 퍼져 있다. 기관대립형은 지방의회와는 독립된 집행기관이 존재하는 형태를 의미한다. 이 유형은 의결기관과 집행기관이 분리되기 때문에 상호관계 설정과정에서 견제와 균형의 원리를 구현하기 위한 다양한 법적 · 제도적 장치들이 등장하게 된다. 절충형은 위의 두 가지 유형을 적절히 조합하여 두 유형의 장점을 구현하려는 시도로서 등장하였다. 절충형은 기본적으로 의결기관으로서 지방의회가 있고, 지방의회에 대하여 집행에 책임을 지는 수장이나 이사회가 있는데, 이들 아래에 집행조직이 구성되어 행정업무를 관장한다.

지방의회와 지방자치단체의 장을 지방선거에 의하여 선출하며, 지방의회와 지방자치단체장이 지방정부 운영의 양대 축을 이루게 된다. 이하에서는 지방정부의 대표를 선출하는 방식으로서 지방선거 절차와 지방의회 및 집행부의 운영 체계를 고찰한다.

1. 지방선거

지방선거는 지역 주민들이 지역의 대표자를 선출하는 제도로서, 지방자치에 있어서 지역 주민의 정치적 의사가 표출되는 기본적인 과정이다. 특히 최근 지방자치를 실시하는 국가가 늘어남에 따라 주민의 대표자를 어떻게 선출할 것인가가 중요한 문제로 떠오르고 있다. 이것은 지방자치를 실시함에 있어서 지방정부의 기관 구성에 주민의 의사를 보다 적정하게 반영할 수 있는 선거제도의 설계 문제라고 할 수 있다.

지방선거의 방식: 선거구

[그림 9–2] 지방선거 포스터

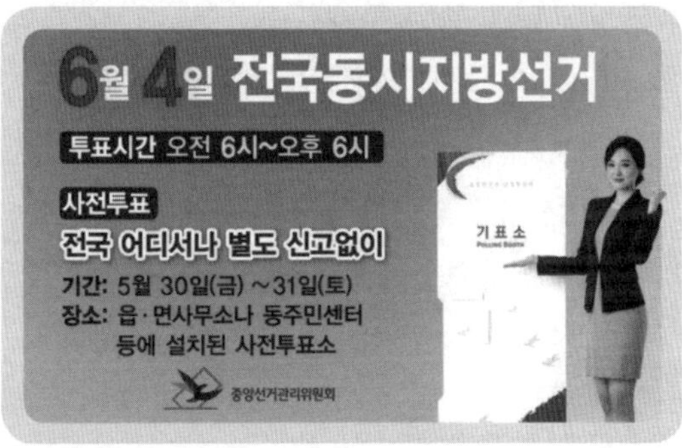

* 출처: 중앙선거관리위원회

지방의원 선거구를 소선거구, 중·대선거구 중에서 어느 것으로 선택하느냐 하는 것은 국가마다 다르다. 대부분의 국가는 중앙정부 선출직의 선거구나 지방의원 선거구를 정치, 사회적 환경 변화에 부응하여 지속적으로 개선하고 있다.

선거구를 좁게 설정하여 하나의 선거구에서 1인을 선출하는 제도를 소선거구제(小選擧區制)라 한다. 소선거구제는 기본적으로 다양한 당파적 이해나 사회, 경제적 이해관계를 반영할 수 있다는 장점과 더불어 궁극적으로 양대 정당의 등장을 용이하게 하여 정국을 안정시킬 수 있다는 장점을 가진다. 유권자의 부담을 경감시켜 주고, 후보자의 난립이 줄어들며, 선거의 단속이나 관리도 용이하다. 그러나 후보의 선택 범위가 줄어들고, 전문성보다는 지역 연고를 중시하는 경향이 생길 수 있으며, 당선 이후 활동 과정에서도 지역적 이해에 치중할 가능성이 크다.

선거구를 상대적으로 넓게 설정하여 하나의 선거구에서 2인 이상을 선출하는 제도를 중 · 대선거구제(中大選擧區制)라고 한다. 이것은 소선거구제에 비하여 특정 지역보다는 상대적으로 지역사회 전체의 이익을 잘 반영할 수 있고, 아울러 지역 연고를 가진 인사보다는 능력 있는 인사 및 새로운 인사가 당선될 가능성이 클 수 있다. 그러나 한편으로는 소수 집단을 대표하는 당선자를 내기 어렵고, 주민 입장에서 후보자에 대한 정보를 얻기가 상대적으로 어려우며, 풀뿌리 민주주의의 기반이 될 수 있는 주민과 대표와의 관계가 멀어질 수 있다는 단점도 나타날 수 있다.

우리나라의 경우 광역의회의 지역구 선거는 기본적으로 기초자치단체를 둘로 분할하여 선거구를 획정하고, 각 선거구별로 1명의 의원을 선출하는 소선거구제를 채택하고 있다(공직선거법 26조 1항). 한편 기초의회 지역구 선거의 경우에는 한 선거구에서 2인 내지 4인을 선출하는 중선거구제를 운영하고 있다(동법 26조 2항).

정당 공천제

정당 공천제(政黨公薦制, party nomination system)는 정당이 그 소속 당원을 각급 공직 선거에 후보자로 추천하는 제도를 의미한다. 지방선거에 정당 공천을 허용할 것인가의 문제에 대해서는 지속적으로 다양한 논의가 있어 왔고, 수시로 변화를 겪고 있다.

지방선거에 있어서 정당 공천제를 찬성하는 측에서는 정당을 매개로 중앙과 지방 간의 원활한 협력을 도모할 수 있고, 지역 연고 중심의 인사보다는 참신한 정치 신인의 등장이 가능하다는 점과 주민이 후보자 선택을 보다 용이하게 할 수 있다는 점을 장점으로 제시하고 있다. 또한, 우리나라의 과거 사례에서 볼 수 있듯이 형식상 정당을 배제하더라도, 정당은 비공식적인 행위를 통하여 선거에 관여할 수 있다는 점도 정당 공천을 찬성하는 논거가 되기도 한다.

정당 공천제를 반대하는 측에서는 기본적으로 지방정부가 하는 일은 지역개발 문제나 행정관리의 문제 등 대부분 실용성이 강조되는 일로써 본질상 정치적으로 처리될 일이 아니라는 점을 강조한다. 그리고 정당을 매개로 공천 비리(公薦非理) 등의 부패 문제가 발생할 수 있고, 결과적으로 상대적으로 질이 낮은 인사가 당선될 가능성이 커질 수 있다는 점을 경고한다. 한편으로는 우리나라의 고질적인 지역주의 투표 성향이 정당 공천제의 중요한 반대 논거로 제기되기도 한다.

우리나라는 정당 공천제와 관련하여 짧은 기간 동안 수차례의 제도 변화를 겪어 왔다. 2006년 지방선거부터 광역-기초의회 의원 및 광역-기초자치단체장 선거 모두에 정당 참여가 허용되는 제도를 유지하고 있다. 특히 이러한 제도의 변화 과정에서 최근까지도 여야 간의 대립으로 정국의 긴장이 고조되는 등 많은 부작용을 야기한 바 있다.

선거 공영제

선거 공영제(選擧公營制)란 선거운동의 자유방임으로 인하여 야기될 수 있는 폐단을 방지하기 위하여 국가나 지방자치단체가 선거운동을 관리하거나 선거운동에 소요되는 비용의 일부 또는 전부를 부담하는 제도를 뜻한다. 선거에서 국가의 비용 부담 없이 선거에 나서는 후보자들의 재원만으로 선거를 수행하도록 하면, 부유한 후보자가 당선될 가능성이 크다. 이러한 문제점을 개선하기 위한 제도가 선거 공영제이다. 선거 공영제의 운영은 후보자 간 선거운동 기회의 형평을 기하고 선거비용을 절감하며, 나아가 공명선거를 실현하려는 법적 장치로 이해할 수 있다. 이것은 선거에 있어서 기회균등의 원리가 경제적 재원의 불평등한 배분에 의하여 자금력이 약한 후보자의 피선거권이 제약되는 것을 방지하는 역할을 수행하는 것이다.

현행 헌법은 선거 공영제를 선거운동의 기본 원칙으로 천명하고 있다.[4] 이에 따라 공직선거법에서 선거비용의 개념과 산정 방식을 상세하게 규정하고(공직선거법 119조, 120조, 121조), 선거비용 제한액을 공고한다(동법 122조). 정치자금법에서는 후원금 및 회계보고에 대한 규제를 강화하는 등 비교적 엄격한 규제를 행하고 있다.

한편으로는 비용 보전 제도를 마련하여, 지역구 지방의회 의원 선거 및 지방자치단체의 장 선거의 경우 i) 후보자가 당선되거나 사망한 경우 또는 후보자의 득표수가 유효투표 총수의 100분의 15 이상인 경우 후보자가 지출한 선거비용의 전액을 보전하고, ii) 후보자의 득표수가 유효투표 총수의 100분의 10 이상 100분의 15 미만인 경우 후보자가 지출한 선거비용의 100분의 50에 해당하는 금액을 보전해 주고 있으며, iii) 비례대표 지방의회 의원 선거 후보자 명부에 올라 있는 후보자 중 당선인이 있는 경우에도 당해 정당이 지출한 선거비용의 전액을 보전해 주고 있다.

---

4) 현행 헌법은 제116조 제1항에 '선거운동은 각급 선거관리위원회의 관리하에 법률이 정하는 범위 안에서 하되 균등한 기회가 보장되어야 한다'라고 규정되어 있으며, 제2항에 '선거에 관한 경비는 법률이 정하는 경우를 제외하고는 정당 또는 후보자에게 부담시킬 수 없다'라고 규정하고 있다.

지방선거 절차

지방선거는 1988년 제정된 '지방의회 의원 선거법'과 1990년에 제정된 '지방자치단체장 선거법'에 근거하여 개별적으로 실시되어 오다가, 1995년에 제정된 '공직선거 및 선거부정 방지법'에 따라 통합되어 선거제도가 규정되어 왔다. 이후 이러한 방향성은 동법을 개정하여 2005년 다시 만들어진 '공직선거법'에서도 유지되고 있다.

지방선거의 주요 절차를 법령의 내용을 중심으로 개괄하면 다음과 같다.

ㅇ 선거일 /후보 등록 /선거인 명부 작성:

우리나라의 모든 선거일은 공직선거법 제34조에 규정되어 있는데, 이 규정에 따르면, 지방의회 의원 및 지방자치단체의 장의 선거는 '그 임기 만료일 전 30일 이후 첫 번째 수요일'이다. 이처럼 선거일을 법률에 의하여 명확히 규정하고 있는 것은 예측 가능성 제고를 통하여 선거일과 관련하여 발생할 수 있는 불필요한 갈등을 해소하고, 아울러 합리적인 선거 행정을 도모하기 위함이다.

후보 등록은 등록을 위한 추천과 기탁금 납부, 후보자 등록으로 이루어진다. 후보자 등록을 위한 추천은 정당 추천과 선거권자 추천으로 나누어 이루어진다(공직선거법 47조 및 48조).

그리고 구청장, 시장, 군수는 지방자치단체의 의회 의원 및 장의 선거의 경우 선거일 전 19일 현재 관할구역에 주민등록 또는 국내 거소 신고가 되어 있는 선거권자를 투표구별로 조사하여 5일 이내에 선거인 명부를 작성하여야 한다(공직선거법 37조 1항).

ㅇ 선거운동:

선거운동의 범위를 제한하는 방식은 크게 선거운동의 범위를 정해 놓고 이 범위 내에서의 활동만 허용하는 선별 허용 방식(選別許容方式)과 이와는 반대로 허용되지 않는 선거운동 활동을 정한 후 그 외의 모든 활동을 금지하는 선별 금지 방식(選別禁止方式)으로 분류할 수 있다. 1995년 지방선거 전까지 선별 허용 방식을 채택하여 왔으나, 지나치게 엄격한 제한으로 선거운동이 적절하게 이루어지지 못하고 있다는 지적에 따라 1995년 이후 선별 금지 방식으로 전환하였다. 선거운동은 후보자 등록 마감일의 다음 날부터 선거일 전일까지에 한하여 할 수 있다(공직선거법 59조 1항). 선거운동의 종류는 매우 다양하며(공직선거법 64조~82조의 7), 특히 특정한 방식에 의한 선거 방식을 공직선거법으로 제한하고 있다(공직선거법 84조~114조).

ㅇ 투표와 당선자 결정:

모든 절차가 진행된 이후 최종적으로 선거일에 투표가 이루어지고, 이후 구 · 시 · 군 선거관리위원회 단위로 개표가 실시된다(공직선거법 제172조). 개표 결과 선거구 선거관리위원회가 유효투표의 다수를 얻은 자를 당선인으로 결정한다. 다만, 최고 득표자가 2인 이상인 때에는 연장자를 당선인으로 결정한다(공직선거법 190조 1항, 191조 1항).

2. 지방의회

지방의회(地方議會. local council, assembly)는 주민으로부터 선출된 의원으로 구성되어, 지방자치단체의 의사를 결정하고 그 집행기관을 감시하는 합의제 의결기관이다. 지방의회의 기본 구성 요소는 주민에 의하여 선출된 의원이며, 지방의회의 기본적인 가치는 대표성을 확보하는 것이다. 지방의회는 지방자치가 발전되는 과정에서 핵심적인 역할을 수행하여 왔으며, 특히 지역주민과 지방정부를 연결하는 매개체로서의 역할이 중시되고 있다.

지방의회의 권한

지방의회가 어느 정도의 권한을 가지는가 여부는 기본적으로 민주주의의 발전 단계와 깊은 관계를 가진다. 국회의 영향력이 민주주의 제도의 발달 정도에 따라 달라지는 것과 같다. 지방 민주주의의 발달은 자연히 주민의 대표자인 의원의 영향력을 증대시키고, 이것이 제도적으로는 의회의 권한 강화로 나타날 것이기 때문이다. 지방의회의 주요 권한을 제시하면 다음과 같다.

[그림 9-3] 경기도 의회. 위원회 모습

* 출처: 경기도 의회 동영상 캡처

ㅇ 주요 의사 결정권(발의권 및 의결권)

의결 기능은 지방의회가 수행하는 기능의 핵심적인 부분이며, 이 기능이 제도화된 것이 발의권(發議權. right of initiative)과 의결권(議決權. right to resolution)이다. 지방자치법 제66조 1항에서는 '지방의회에서 의결할 의안은 지방자치단체의 장이나 재적 의원 5분의 1 이상 또는 의원 10명 이상의 연서(連署. joint signature)로 발의한다'라고 지방의회의 발의권을 규정하였다. 그리고 동법 제39조에서 의결권의 범위를 정하고 있는데, 그 내용은 자치입법에 관한 사항, 넓은 의미의 재정운용에 관한 사항, 그리고 기타 청원이나 법령사항 등이다. 특히 현행 지방자치법은 제39조 제2항에서 '지방자치단체는 제1항의 사항 외에 조례로 정하는 바에 따라 지방의회에서 의결되어야 할 사항을 따로 정할 수 있다'라고 규정하여 의결권의 범위가 확대될 가능성을 보여주고 있다. 법령에 의하여 규정되지 않은 사항이라도 주민의 대표기관으로서, 그리고 최고 의사결정 기관으로서 의결권의 범위를 확대하려는 노력 강화를 요구하고 있다.

ㅇ 조례 제정, 개정권

지방의회의 의결권 중 가장 기본적인 것은 조례 제정 및 개정권이다. 우리나라 지방자치법 제22조는 지방자치단체가 법령의 범위 안에서 그 사무에 관하여 조례를 제정할 수 있음을 규정하고 있고, 이 경우 조례 제정 및 개정의 의결권은 지방의회에서 가진다. 원칙적으로 조례로써 규정할 수 있는 사항은 법령의 범위 안에서 지방자치단체의 권한에 속하는 일체의 사무를 포함한다. 즉 지방의회의 조례 제정 및 개정권에는 기본적으로 상위 법률에 의한 제약이 따른다. 조례는 헌법을 비롯한 각종 국가의 법령과 함께 국법 질서의 일부를 구성하고 있으므로 법령과 모순되어서는 안 된다.

ㅇ 예산 심의, 확정권

조례 제정, 개정권과 더불어 지방의회 권한의 핵심을 이루는 것이 예산 심의, 확정권이다. 이 권한은 지방자치의 실질을 보장하기 위한 핵심적인 권한으로 평가할 수 있다. 우리나라의 지방자치법은 예산안의 편성권은 지방자치단체장에게 속하도록 하고 있으나(지방자치법 제127조 제1항), 그 의결권은 지방의회가 행사하도록 하고 있다(동법 제127조 제2항). 그러나 지방의회의 예산 심의, 확정권은 현실적으로 많은 제약을 받고 있다. 예산 심의 과정은 물론이고 결산 과정에서도 전문성의 부족으로 인해 적절한 수준의 통제를 하지 못하고 있다. 또한 지방의회의 입장에서는 지방세법에 규정된 사항을 넘어서는 권한을 행사할 수 없고, 부채(負債)를 비롯한 기채(起債)에 대해서도 중앙정부의 제약을 받는 등 세입 부문에 있어서 지방의회의 권한이 매우 축소되어 있다.

ㅇ 행정사무 감사권 및 조사권

지방의회는 집행부의 행정 과정과 결과에 대해 관여할 수 있는 권한을 가진다. 집행부에 대한 관여 권한은 포괄적인 것으로, 행정사무의 조사나 감사와 같은 감독 권한, 서류와 보고를 요구하는 권한, 집행부의 업무에 대한 의견 제시 권한 등이 광범위하게 포함된다. 그 핵심이 행정사무 감사권 및 조사권이라고 할 수 있다. 행정사무 감사권은 집행부의 행정 결과에 대하여 총괄적으로 감독하는 권한이다. 한편 행정사무 조사권은 감사권과는 달리 본 회의에서 의결된 특정 사안에 한하여 업무가 적법하고 적절하게 처리되었는가를 조사하는 권한이다. 통상적으로 비리(非理), 비효율(非效率), 독단적 업무 처리, 그리고 공직자의 도덕성 등이 조사 대상이 된다.

지방의회의 조직과 운영

ㅇ 지방의회의 규모

지방의회는 주민의 정치적 이해를 집적하고, 갈등을 다양한 절차에 의하여 해결하는 장소이기 때문에 지방의회의 규모, 즉 의원의 수가 현실적으로 중요성을 가진다. 전통적으로 지방의회의 규모 문제는 지방의회 운영의 민주성과 효율성 가치의 선택 문제에 귀착한다고 보는 시각이 강하였다. 최근 변화 경향이 나타나고 있으나, 전통적으로 영국은 상대적으로 의원의 수가 많은 대의회제(大議會制)를 채택하고 있고, 미국은 의원 정수가 상대적으로 적은 소의회제(小議會制)를 채택하는 경향이 있다.

우리나라의 경우 광역의회 의원 정수는 그 관할구역 안의 자치구·시·군 수의 2배수로 규정되어 있으며(공직선거법 22조 1항), 최소 의원 정수는 19명이다(동법 22조 3항). 한편 기초의회 의원 수에 대해서는 광역 자치단체별로 기초의회 의원 총 정원수가 정해져 있으며, 기초의회 의원의 최소 정수는 7인이다(동법 23조 2항). 즉 한국의 지방의회 규모는 행정구역의 수를 고려하여 하한(下限)을 두고 획일적으로 정하여져 있다. 그러나 지역의 규모 및 사회 경제적 특성, 상임위원회의 활용 가능성 등을 고려하여 지역별 차별화를 고려할 필요가 있다.

ㅇ 지방의회의 조직

지방의회의 조직은 국가마다 다르기도 하고 일부 국가에서는 지방마다 상이하나, 대체적으로 지방의회의 내부에는 의장단, 위원회, 사무기구와 같은 조직을 설치하는 것이 일반적이다.

지방의회의 의장과 부의장을 의장단(議長團)이라고 하고, 상임위원회가 있는 경우에는 위원장이 별도로 있다. 지방의회 의장은 의회를 대표하고, 의사(議事)를 정리하며, 회의장 내의 질서를 유지하고, 의회 사무를 감독한다(지방자치법 제49조). 그리고 의장은 위원회에 출석하여 발언할 수 있다(동법 제50조).

한편 지방의회 내의 위원회는 상설하여 한정된 업무를 관장하는 상임위원회와 특정한 안건을 일시적으로 심사, 처리하기 위한 특별위원회로 나누어진다. 상임위원회의 수는 국가에 따라 다르다. 다만 너무 많으면 의결 및 심의의 효율성이 떨어지고, 너무 적으면 전문적이고 체계적인 검토가 어려워진다. 우리나라의 경우 과거에는 지방의회 정원이 13인 이상인 경우에만 상임위원회를 설치할 수 있도록 제한을 두었으나, 2006년 지방자치법 개정으로 상임위원회의 설치에 관한 사항을 지방자치단체의 조례로 정할 수 있게 함으로써 소규모 지방의회의 경우에도 상임위원회를 설치할 수 있게 되었다(동법 56조 1항). 그리고 어느 국가든 상임위원회 이외에 특별위원회를 두는 것이 보통인데, 특별위원회는 기존의 위원회에서 전문적으로 다루기가 어렵다고 판단될 때, 안건의 소관이 분명하지 않을 때, 복수의 상임위에 속할 때 구성할 수 있다. 특별위원회도 조례에 의하여 설치된다(동법 56조 1항 및 2항).

의회에는 통상적으로 그 운영을 지원하기 위한 지원 조직이 있다. 지방의회는 그 자체의 규모와 업무가 한정적이기 때문에 지원 조직의 규모도 적을 수밖에 없다. 지원 조직의 기능은 행정적인 지원, 조례 제정과 관련된 법률적 전문성 확보, 예산과 행정에 대한 연구 및 분석 기능 등이다. 특히 행정적인 지원 기능 수행을 위하여 공직자로 구성된 의회 지원 조직이 있기 마련인데, 의회 사무처나 사무국이 여기에 해당한다. 광역의회에는 조례로 정하는 바에 따라 사무처를 둘 수 있으며(동법 90조 1항), 기초 의회에는 조례로 정하는 바에 따라 사무국 또는 사무과를 둘 수 있다. 그리고 지방의회에 두는 사무직원의 정수는 조례로 정하며(동법 91조 1항), 사무직원은 지방의회 의장의 추천에 따라 그 지방자치단체의 장이 임명한다. 다만 사무직원 중 별정직 · 기능직 · 계약직 공무원에 대한 임용권은 지방자치단체의 장이 지방의회 사무처장 · 사무국장 · 사무과장에게 위임하도록 하고 있다(동법 91조 2항). 이는 지방의회 의장이 사무기구의 장에 대한 지휘권을 행사한다는 점을 고려할 때, 지방의회 의장의 지휘를 강화하기 위한 조치로 해석할 수 있다.

○ 지방의회의 운영

지방의회의 회의 운영에 있어서는 일반적인 회의 원칙이 다수 적용되고 있다. 지방의회의 의사 정족수는 재적 의원 3분의 1 이상으로 규정되어 있으며(지방자치법 63조 1항), 과반수 의결의 원칙이 적용된다. 지방의회의 회의는 정례회와 임시회로 구별되는데, 정례회는 법령에 정한 기일에, 임시회는 자치단체의 장 또는 재적 의원 3분의 1 이상의 요구가 있을 때 의장이 소집하도록 하고 있다(동법 45조 2항). 지방의회는 매년 2회 정례회를 개최한다(동법 44조 1항).

법적으로 의회가 활동할 수 있는 기간을 의미하는 회기(會期)는 지방의회의 의결로 정한다(지방자치법 47조 1항). 정례회와 임시회 모두 과거에는 법정의 한정된 기간 내에서만 개회하도록 제한되어 있었다. 그러나 2006년 지방자치법 개정으로 회기에 관한 모든 제한을 철폐하여 회기 운영에 관한 사항을 조례로 정하여 운영할 수 있도록 하였다. 지방의회가 다루고 있는 문제들이 복잡하고 전문적으로 변하고 있기 때문에 회기의 제약을 철폐하여 심층적인 논의를 보장할 필요성이 있다는 주장에 따른 것이다.

지방의회 의원의 지위와 역할

○ 지방의회 의원의 권리와 의무

지방의회 의원은 지방정부의 최고 의사결정기구인 지방의회의 구성원으로서의 권리와 의무를 가진다. 그러나 지방의회 의원은 국회의원에게 부여된 불체포 특권(不逮捕特權. 헌법 제44조)이나 면책 특권(免責特權)과 같은 특권(헌법 제45조)은 갖지 않는다. 지방의회 의원의 임기는 2년 정도의 단기로 규정하는 나라도 있고 5년 이상의 장기로 규정하는 나라도 있다. 우리나라는 4년을 택하고 있다(지방자치법 32조).

지방자치법에 나타난 지방의회 의원의 권리는 회의 출석 및 발언권, 의안 제출권,

동의 제출권, 표결권, 발의권, 행정조사 발의권, 임시회 소집 요구권, 회의의 재개 요구권, 청원을 소개할 수 있는 권한 등이다. 한편 지방의회 의원에게는 의회의 운영과 관련된 법적 의무가 존재하는데, 회의 출석 의무, 규율의 준수 의무, 상임위 겸임 의무, 징계 복종 의무, 재산 신고 의무 등이 그것이다. 그리고 공인으로서의 의원직을 유지하는 데 있어서는 겸직 금지 의무, 영리 목적 거래행위 등의 금지 의무, 공익 우선 의무, 청렴 및 품위 유지 의무, 지위 남용 금지 의무 등이 요구된다(동법 35조 및 36조).

ㅇ 지방의회 의원의 보수: 유급제 논의

현대 사회에서 '유력자의 무보수 지역 봉사'의 의미는 상당히 퇴색되고 있다. 공직에 임하는 동기가 금전에 있지 않다고 하더라도 일정 수준의 경비와 활동비, 그리고 추가적 보상이 필요한 경우가 많다. 이러한 이유로 각국에서는 지역사회 대표자로서의 지방의원에 대하여 다양한 금전적 보상을 제도화하고 있다.

우리나라의 경우에는 과거에 지방의회 의원은 '명예직'으로 규정되어 있었다. 그러나 2003년 지방자치법 개정으로 이 부분이 삭제됨으로써 금전적 보상을 받을 수 있게 되었다. 현재의 지방자치법은 보수에 관한 명문 규정을 두고 있지 않으나, 이와 유사한 비용 지급 규정을 두고 있다. 즉 지방의회 의원에게 의정 자료를 수집하고 연구하거나 이를 위한 보조 활동에 사용되는 비용을 보전하기 위하여 매월 의정 활동비를 지급하게 하고 있다. 공무로 여행할 때 여비를 지급하고, 아울러 직무 활동에 대하여 매월 월정 수당을 지급하도록 하고 있다(지방자치법 33조 1항). 그리고 지급 기준은 대통령령으로 정하는 범위에서 해당 지방자치단체의 의정비 심의위원회에서 결정하는 금액 이내로 하여 지방자치단체의 조례로 정하도록 하고 있다(동법 33조 2항).

지방의회 의원에 대한 이러한 금전적 지원의 증가는 지방의회 의원을 사실상의 유급직으로 전환시키고 있다. 지방 재정의 부담 증가와 지방 의회제도의 가치 훼손이라는 측면에서 우려가 있기도 하나, 다른 한편으로는 지역 상공인이 과다 대표되고 있는 지방의회 구조를 교정하여 대표성을 제고하고 전문인들의 지방의회 진출을 촉진시킬 수 있다는 반론도 존재한다. 유급제의 효과에 대해서는 외국에서도 긍정적, 부정적 측면의 다양한 연구 결과가 제시되고 있으며, 우리나라에서도 관련 제도 변화 이후의 의원 행태 및 의정 활동 변화 등에 대한 지속적인 연구와 대안 개발이 필요하다.

3. 지방자치단체장과 행정 조직

지방행정에서 협의의 집행기관은 지방의회와 대립적 위치에 있는 최고 집행기관으로서의 지방자치단체장을 지칭한다. 그러나 광의의 집행기관은 집행의 최고 기관인 단체장과 이를 보조하는 보조기관 및 하부 행정기관, 그리고 소속 행정기관으로 구성되는 일반 집행기관을 포함한다.

지방자치단체장의 지위와 권한

ㅇ 단체장의 지위

지방자치단체의 장은 주민에 의하여 선출되며 지방정부를 대표한다. 단체장은 지방정부의 설립 목적을 실현하는 최고 집행기관으로서 당해 지방정부를 책임지고 해당 지방정부의 모든 행정 사무를 통할한다. 우리나라의 경우 도지사, 시장, (자치)구청장, 군수 등이 이에 해당하는데, 자치단체장은 임기 4년의 선출직 공무원으로서 3기에 한하여 계속 재임할 수 있다(지방자치법 제95조).

단체장의 지위는 두 가지로 대별된다. 하나는 지방자치단체 대표로서의 지위이고, 다른 하나는 국가의 행정을 일선에서 책임지는 국가기관의 장으로서의 지위이다. 따라서 한 기관이 두 가지의 이중적 지위를 가짐으로써, 기능 수행 과정에서 대립과 갈등이 존재할 수 있다. 그러나 지방자치의 헌법적 취지를 볼 때, 지방자치단체 대표로서의 지위가 본질적이며 고유한 것이고, 국가의 일선 기관 혹은 상급 자치단체의 하급 행정기관으로서의 지위는 부수적인 지위라고 볼 수 있다.

ㅇ 단체장의 권한

단체장은 그 직을 수행함으로써 다양한 권한을 행사한다. 이러한 권한들은 내용에 따라 아래와 같이 대별할 수 있다.

우선 법적으로 단체장은 지방자치단체를 대표하고 사무를 총괄하는 권한을 가진다(지방자치법 제101조). 그리고 다양한 지휘 감독권을 가진다. 국가 행정 처리기관으로서의 지휘 감독권, 광역자치단체장의 기초자치단체에 대한 지휘 감독권, 관할구역 내의 공공단체의 지휘 감독권 등이 그것이다. 그리고 단체장은 본질적으로 다양한 관리 및 집행권을 가진다. 여기에는 사무관리 및 집행권(동법 제103조), 사무의 위임 · 위탁권(동법 제

104조 제1항). 조직 및 인사 관련 권한(동법 제105조), 규칙 제정권(동법 제23조) 등이 포함되며, 아울러 예산 편성권과 집행권 그리고 지방채 발행권 등의 재정권도 보유한다.

한편 자치단체의 업무 수행 과정에서 단체장과 지방의회는 양대 축을 형성하며, 이 과정에서 자치단체장은 지방의회에 대하여 다양한 권한을 갖게 된다. 우리나라의 경우 자치단체장의 대 의회 관련 권한은 비교적 강한 편이다. 대 의회 관련 권한은 지방의회에 대한 견제라는 관점에서 행사하는 권한이 대부분이며, 재의 요구권(再議要求權), 선결처분권(先決處分權) 등이 이에 해당된다. 재의 요구권은 단체장이 지방의회의 의결 중 월권(越權), 위법(違法), 부당(不當), 공익 위배(公益違背) 등이 인정될 경우 지방의회에 대해 재심의를 요구하는 권한으로서 조례안(지방자치법 26조), 일반안건 의결(동법 107조), 그리고 예산안 의결(동법 108조)에 대해 행하여진다. 그리고 단체장은 지방의회의 의결 사항 중 주민의 생명과 재산 보호를 위하여 긴급하게 필요한 사항으로서, ⅰ)의회가 성립되지 아니한 때, ⅱ)의회를 소집할 시간적 여유가 없는 때, ⅲ)의회에서 의결이 지체되어 의결되지 아니한 때에는 선결처분을 할 수 있는 권한을 가진다(지방자치법 제109조 제1항). 다만, 선결처분은 지체 없이 지방의회에 보고하여 승인을 받아야 하며, 지방의회의 승인을 받지 못하면 그 선결처분은 그때부터 효력을 상실한다(동법 제109조 제2항 및 제3항). 이외에 전술한 바와 같이 단체장은 지방의회에 소속된 사무직원의 임면권을 가지며(동법 제91조 제1항 및 제2항), 임시회 소집 요구권(동법 제39조), 의안 발의권(동법 제66조 제1항), 의회의 출석 및 의견 진술권(동법 제42조 제1항) 등을 가진다.

지방자치단체의 행정 조직

집행부는 지방의회의 의결에 기초하여 업무를 효율적으로 처리하는 기관이다. 그러나 현대 지방정부가 수행하는 정책과 행정 사무는 상당히 전문적이어서 집행부는 전문성을 가진 관료들로 구성되며, 계층제의 원리에 따라서 업무를 체계적이고 효율적으로 처리하게 된다. 현행법상 지방자치단체의 행정 조직은 일반 집행기관과 교육 · 학예에 관한 기관으로 분류된다.

ㅇ 일반 집행기관

일반 집행기관은 보조기관과 하부 행정기관 및 소속 행정기관으로 분류된다. 보조기관은 행정청의 내부기관으로서 기관장을 보조하는 권한과 책임을 갖는 행정기관을 말한다. 부지사, 부시장, 부군수 등과 그 아래의 국장이나 과장까지도 보조기관에 포함된다. 광역단체장의 경우 부단체장은 서울시의 경우 3인 이내, 타 시도의 경우는 2인 이내로 둘 수 있다. 다만, 인구가 800만 명을 넘는 경기도의 경우 3인 이내의 부단체장을 둘 수 있다. 한편 기초자치단체의 경우에는 1인의 부단체장을 둘 수 있으며, 인구 규모에 따라 부단체장의 직급에 차이를 두고 있다.

하부 행정기관은 지방정부의 관할구역을 지역적으로 나누어서 업무를 분담하는 일선 행정기관을 지칭한다. 보조기관과 달리 한정적이지만 외부적으로 지방자치단체의 의사를 표시하고 그에 따른 법적 효력을 발생시키는 행정기관이다. 자치구가 아닌 구(행정구)의 구청장, 읍장, 면장, 동장 등이 이러한 예이다(지방자치법 제117조). 하부 행정기관은 자치단체장이 일반직 공무원 중에서 임명한다(동법 제118조).

소속 행정기관은 계선조직에 속하기는 하지만 지방정부의 기능 중에서 특수한 업무를 분리하여 전문적으로 관장하는 조직으로서 직속기관(지방자치법 제113조), 사업소(동법 제114), 출장소(동법 제115조), 합의제 행정기관(동법 제116조) 등이 여기에 포함된다.

ㅇ 교육 · 학예에 관한 기관

업무의 전문성과 정치적 중립성을 고려하여 집행기관을 단체장과 분리하여 다수 설치하는 경우도 있다. 미국의 주정부나 지방정부가 이러한 형태를 취하고 있는데, 대표적인 사례가 교육과 학예에 관한 별도의 집행기관이다.

우리나라도 이러한 제도를 일부 수용하고 있는데, 지방자치법 제121조에서는 지방자치단체의 교육 · 과학 및 체육에 관한 사무를 분장하기 위하여 별도의 기관을 두도록 하고, 기관의 조직과 운영에 관하여 필요한 사항은 따로 법률로 정하도록 하고 있다. 이러한 조치는 교육자치제의 실시에 따른 것으로서, 이에 따라 '지방 교육자치에 관한 법률'에서는 지방의 교육, 학예에 관한 사무를 특별시, 광역시, 도의 사무로 규정하고 있으며(제2조), 교육, 학예 사무의 집행기관으로서 시, 도 교육감을 두고 있다(제18조).

Ⅲ. 지방행정의 재원은 어떻게 마련되는가?

1. 지방재정의 의미와 구조

지방재정(地方財政. local finance)이란 지방행정에 필요한 재원을 획득하고 지출하는 활동을 의미한다. 지방재정은 지방자치에 있어서 매우 중요한 의미를 가진다. 지방정부가 처리할 권한이 있는 사무가 있더라도 처리 비용을 조달할 수 없다면, 사무 처리가 불가능하기 때문이다. 따라서 지방재정을 논의하는 데 있어서는 지출 구조보다는 수입 구조에 초점을 맞추어 논의하는 것이 일반적이다.

재정 활동에 필요한 재원을 획득하는 세입은 자주성(自主性)을 기준으로 자주재원(自主財源)과 의존재원(依存財源)으로 나누어진다. 자주재원은 지방정부가 스스로 권한을 행사하여 조달하는 것이며, 의존재원은 상위 정부가 정한 기준에 의하여 지방정부에 수동적으로 이전되는 것을 의미한다. 자주재원에는 후술하는 바와 같이 지방세, 세외수입 등이 포함되고, 의존재원에는 지방교부세, 국고보조금 등이 포함된다. 전체 재원 중에서 자주재원 비중이 높을수록, 수입 구조가 안정성이 높다고 볼 수 있으며, 지방정부의 자율성을 높이는 데 도움이 된다. 자주재원 중 가장 큰 비중을 차지하는 지방세가 총 조세에서 차지하는 비중은 약 22% 수준으로 국세의 1/4 정도로서 낮은 편이며, 의존재원보다도 그 규모가 작다. 특히 의존재원이 급속도로 늘어남에 따라 재정 자립도가 하락하고 있으며, 국가(중앙정부)에 대한 의존도가 심화되고 있는 실정이다.

지방정부가 주민을 위해 재정을 지출하는 세출은 기능별 기준으로 사회개발, 경제개발, 교육 등으로 구성된다. 지방정부의 세출 중에서 경제개발비 지출 규모가 가장 크나, 그 비중은 감소하고 있으며, 사회개발비 비중이 점점 늘어나고 있다.

지방재정의 규모는 2012년 말 기준으로 206조 4,707억 원에 달하며, 이 중에서 광역 자치단체의 비중이 전체 지방재정의 약 51.5%, 기초자치단체의 비중이 약 48.5%를 차지한다. 지방재정의 규모는 국내총생산(GDP)의 약 13%, 그리고 총 정부 재정의 약 43%를 차지한다.

2. 지방정부의 자주재원

지방세

지방세(地方稅. local tax)는 지방정부의 활동에 소요되는 재원을 공권력에 기반을 두고 조달하는 재정 수단이다. 지방세 중에는 특정한 행정서비스의 제공과 그 비용의 교환이라는 원리에 따라 자발적으로 징수되는 경우도 있지만, 행정서비스 전반에 대한 일반적 보상관계에 따라 강제적으로 부과, 징수되는 것이 보통이다.

지방세는 국세와 같이 소득과 사업, 소비, 그리고 부를 세원(稅源)으로 하여 부과될 수 있다. 전통적으로 국세는 납세자의 부담 능력을 기준으로 하는 응능 원칙(應能原則)을 보다 중시하고, 지방세는 납세자가 누리는 서비스 편익을 기준으로 하는 응익 원칙(應益原則)에 근거하는 것으로 이해되고 있다. 그러나 각국에서는 국가 기능의 배분 상의 문제와 세수 확보 가능성을 고려하여, 다양한 조합을 선택하고 있다. 우리나라는 소비와 재산을 주요 기반으로 지방세가 구성되어 있는데, 재산세의 비중이 높고 소비와 소득순으로 비중이 작아진다.

ㅇ 재산 관련 과세

많은 지방정부에서 공통적으로 활용하고 있는 지방세는 재산세로서, 재산인 부동산과 동산에 대해 과세하는 것이다. 보통 부동산이 주요한 세원이 된다. 경기 변동과 관계없이 세수(稅收)를 안정적으로 확보할 수 있다는 점에서 장점이 있으나, 소득과 관계없이 부과되기 때문에 조세 저항이 강할 수 있다는 단점도 가진다. 우리나라의 재산세가 여기에 해당한다.

ㅇ 소비 관련 과세

소비 관련 과세는 경기 변동에 민감하여 안정성이 떨어지나 담세 능력(擔稅能力)에 따른 형평성을 높일 수 있는 장점도 가진다. 이러한 종류의 지방세는 세입을 증대시키는 수단이 되기도 하지만, 사회적으로 바람직하지 않은 소비를 줄이기 위해서 부과되기도 한다. 우리나라의 경우 담배소비세가 대표적인 소비 관련 세목이다.

ㅇ 소득 관련 과세

지방세를 재산 과세 위주로 편성하는 경우, 재산 가치가 오르지 않을 경우에는 세입의 증가가 제한적일 수 있다. 이에 따라 지방정부는 나름대로 세입의 신장성(伸張性)을 높일 수 있는 방안으로 소득을 세원으로 하려는 동기를 가지게 된다. 특히 유럽 국가나 일본은 지방세의 소득 과세 비중이 높다. 미국에서도 소득세가 지방세로서 차지하는 비중이 커지고 있다. 우리나라에서는 기존의 주민세 소득할(住民稅所得割) 제도를 개편한 지방소득세가 대표적인 세목이다.

지방세는 2014년 8월 현재, 총 11개의 세목(稅目)으로 구성된다. 취득세, 등록면허세, 재산세, 레저세, 주민세, 자동차세, 담배소비세, 지역자원시설세, 지방소득세, 지방소비세, 지방교육세가 그것이다. 이러한 11가지의 지방세 중 특히 지역자원시설세와 지방교육세는 재원의 용도가 정해져 있는 목적세(目的稅)에 해당한다. 그리고 지방자치단체의 유형별로 징수하는 지방세의 세목은 아래와 같이 차별화된다.

[표 9-1] 지방세 세목

광역 자치 단체		기초 자치 단체	
특별시 · 광역시세	취득세, 레저세, 주민세, 자동차세, 담배소비세, 지역자원시설세, 지방소득세, 지방소비세, 지방교육세	자치구세	등록면허세, 재산세*
도세	취득세, 등록면허세, 레저세, 지역자원시설세, 지방소비세, 지방교육세	시 · 군세	재산세, 주민세, 담배소비세, 자동차세, 지방소득세

* 재산세는 일반적으로 자치구세이나, 서울시는 타 자치단체와 달리 재산세의 50%를 특별시분 재산세로 확보하여 전액을 자치구의 재정 조정 재원으로 교부하고 있음.

세외수입

세외수입(稅外收入, non-tax revenue)은 지방세 이외의 지방정부 자체 수입을 말한다. 이론적으로 공공시설을 이용하거나 서비스나 재화를 공급하는 데 대해서 부과하는 부담금, 어떤 행위를 하는 데 필요한 특권이나 사용권에 대해서 지불하는 면허세 또는 면허료, 재산의 특수한 물리적 특성이나 특수한 서비스에 대해서 부과되는 재산세의 일종인 특별 부과금 등으로 분류된다.

세외수입은 조세에 대한 저항의식이 강해지고 있는 최근의 경향을 고려할 때, 향후 중요성이 보다 강조될 가능성이 크다. 세외수입은 본질적으로 구체적인 편익과 그 부담을 일치시키는 수익자 부담 원칙의 성격이 강하고, 지방세에 비하여 지방정부의 재량성이 상대적으로 높기 때문이다. 수수료 수입, 징수교부금, 이월금, 부담금 등의 중요성이 높다.

한편 세외수입을 넓게 해석하면, 지방채(地方債)도 세외수입의 일종으로 볼 수 있는데, 지방채는 지방정부가 공공부문과 민간부문으로부터 빌려오는 차입금(借入金)을 의미한다. 지방정부가 외부로부터 자금을 차입하는 경우는 도로, 공공시설, 상수도와 하수도 등 공공투자사업에 소요되는 자금을 동원하는 것이다. 이러한 사업의 특징은 편익은 장기간에 걸쳐 나오지만, 비용은 단기간에 지불되어야 한다는 것이다. 따라서 지방정부는 자본 지출을 위해 사용된 자금(지방채)을 미래의 세금으로 상환함으로써 편익과 비용의 세대 간 불일치를 해소하기 위해 지방채를 발행한다. 다만, 현재의 주민들이 미래의 주민에게 비용 부담을 지울 수 있게 되면 과도한 자본 투자를 하게 될 가능성은 내포하고 있다. 따라서 각국에서는 지방채의 발행에 관한 다양한 통제 제도를 도입하고 있다.

3. 지방정부의 의존재원: 지방재정 조정제도

지방재정 조정제도의 필요성 및 기능

지방재정 조정제도(地方財政調整制度)는 국가를 구성하는 각급 정부 사이에 재정적 측면에서 지원 및 협조 기능을 수행하도록 설계된 제도를 말한다. 지방자치의 취지를 고려할 때, 지방정부가 행정 기능을 수행하는 데 필요한 경비는 지방세와 세외수입 등 자체 재원을 통해 충당하는 것이 바람직하다. 그럼에도 불구하고 지방재정 조정제도의 필요성은 상존하는데, 그 이유는 이것이 다음과 같은 기능을 수행하기 때문이다.

첫째, 지역 간에 발생하는 외부효과(外部效果. external effect)의 문제를 교정할 수 있다. 예를 들면, 특정 지역에 공항, 도로 등을 설치할 경우, 그 효과는 지역의 경계를 뛰어넘어 다른 지역의 주민에게까지 미칠 수 있다. 이러한 외부성이 존재하는 지방 공공재는 국가 전체적 관점에서 필요한 최적량보다 적게 공급될 가능성이 크다. 그래서 정부 간 재정 이전을 통하여 지방정부의 공공서비스를 추가적으로 공급함으로써 사회적 효율성을 증대시킬 수 있다.

둘째, 재정 불균형 문제를 시정할 수 있다. 재정이 상대적으로 풍부한 중앙정부는 재정 여건이 열악한 지방정부에 재원을 이전해줌으로써, 중앙정부와 지방정부의 재정 균등화를 달성할 수 있다. 이러한 기능은 중앙정부가 자체 수입이 부족한 지방정부의 필수적인 재원을 확보하여 주는 의미가 강하다. 아울러 지방정부 간에도 재정력의 격차가 존재하기 때문에 지역 간 재정 불균형을 해소하는 기능도 수행할 수 있다.

마지막으로 지방재정 조정제도는 지방정부가 다양한 재정 지출을 가능하게 함으로써 거시 경제를 안정시키는 역할을 할 수 있다. 지방정부가 대 재난으로 큰 어려움을 겪고 있을 때, 상위 정부가 해당 지역의 재정적, 경제적 안정을 위해서 이전 재원을 활용하는 것 등이 그 예이다.

우리나라의 지방재정 조정제도

우리나라의 대표적인 지방재정 조정제도는 지방교부세와 국고보조금이다, 그리고 지방정부 사이에는 조정교부금 제도, 재정보전금 제도, 도비 · 시비 보조금 제도 등이 운영되고 있다.

ㅇ 지방교부세

지방교부세(地方交付稅. local grant tax)는 중앙정부가 지방정부의 재정 수요와 재정 수입을 비교하여 부족한 재원을 보전할 목적으로 내국세의 적정 비율에 해당하는 금액을 일정한 산식(算式)에 따라서 지방정부에 교부하는 재원이다. 지방교부세는 보통교부세(普通交付稅)와 특별교부세(特別交付稅)로 나뉘는데, 전자는 특별한 용도의 지정 없이 교부하는 것이며, 후자는 특별한 수요에 대비하여 용도를 지정해서 교부하는 것이다. 전자는 사실상 지방정부의 자주 재원과 같은 용도로 사용되므로 지방정부의 예산을 증대시키는 소득 효과를 가져오며, 재정이 상대적으로 건전한 지방정부는 지급 대상에서 제외된다.

지방교부세의 재원은 해당 연도의 내국세 총액의 19.24%(2014년)에 해당하는 금액이다. 이 중에서 먼저 96%를 보통교부세의 재원으로 사용하고, 나머지 4%는 특별교부세의 재원으로 사용한다.

지방교부세는 사실상 지방정부의 자주 재원으로서 지역 간 수평적 재정 형평화 기능을 주로 수행하고 있다. 즉 상대적으로 부유한 지역과 그렇지 않은 지역의 재정 상태를 조정하는 역할을 수행한다. 다만, 근본적으로 지방교부세율을 법률로 고정하는 것이 바람직한가와 현행 법정교부율이 적정한 수준인가에 대한 검토가 꾸준히 이루어질 필요가 있다. 아울러 지방교부세로 인하여 지방정부의 중앙정부 의존도가 심화되지 않고, 세수 확충을 위한 노력이 약화되지 않도록 섬세하게 운영할 필요가 있다.

ㅇ 국고보조금

국고보조금(國庫補助金)은 중앙정부가 지방정부의 특정 사업에 대하여 그 경비의 일부를, 용도를 지정하여 부담하는 것이다. 이는 보조금을 주는 대신, 보조금 사용에 대하여 중앙정부의 규제가 이루어지는 것을 의미한다. 즉, 국고보조금의 지급이 있으면, 중앙정부는 지방교부세와 달리 업무의 내용, 수행 방식, 결과의 평가와 보고 등에 대해서 상당한 규제를 가하게 된다.

국고보조금 제도는 두 가지 시스템으로 운영되고 있다. 하나는 각 중앙부처에서 운영하는 국고보조금이며, 다른 하나는 국가균형발전 특별법에 의해 규정된 광역 · 지역발전 특별회계로 기획재정부 장관이 운영하는 국고보조금이다. 두 가지 보조금 모두 지원을 위해서는 지방정부의 신청이 있어야 하며, 아울러 지방비 부담이 요구된다. 다만, 국고보조금 제도에 대해서는 어떤 사업에 국고보조금이 지원되어야 하는가에 대한 객관적이고, 합리적인 기준이 결여되어 있다는 지적이 있다. 국고보조 사업에 대한 중앙정부의 보조율이 낮기 때문에 재정력이 취약한 지방정부는 상대적으로 불리하다는 비판도 제기되고 있다.

ㅇ 지방정부 상호 간의 재정조정제도

전술한 바와 같이 지방정부 상호 간에도 조정교부금제도, 재정보전금제도, 도비 · 시비 보조금제도 등이 운영되고 있다. 조정교부금이란 특별시/광역시의 자치구 간 재정격차를 해소하여, 균형적인 행정서비스를 제공하기 위한 자치구 간의 재정조정제도를 말한다. 지방자치법은 특별시장이나 광역시장은 시세(市稅) 수입 중의 일정액을 확보하여 조례로 정하는 바에 따라 해당 지방자치단체의 관할 구역 안의 자치구 상호 간의 재원을 조정하도록 하고 있다(지방자치법 제173조).

그리고 재정보전금제도는 서울특별시를 제외한 광역시와 도가 광역시세 · 도세의 일부를 소속 시 · 군에 이전하도록 하는 광역지방정부와 기초지방정부 사이의 재정이전

제도를 말한다. 지방재정법은 광역시와 도지사가 시 · 군에서 징수하는 광역시세, 도세의 총액의 27%에 해당하는 금액, 해당 시 · 도의 지방소비세액을 일정한 기준에 의하여 시 · 군에 배분하도록 하고 있다(지방재정법 제29조).

도비 · 시비 보조금은 도 또는 특별시 · 광역시가 관할 시군 및 자치구에 대해 특정한 사업을 장려하기 위하여 재정을 지원하는 것을 말한다. 도비 · 시비 보조는 도세 또는 특별시 · 광역시세의 일부를 예산에 반영하여 지원된다.

제10장 행정 통제

Ⅰ. 행정 통제

1. 행정 통제란 무엇인가?

행정 통제(行政統制. administrative control)란 행정을 올바르게 바로잡는 것이다. 통제란 '통솔하여(統), 바로잡는(制)' 것이다. 행정이 국민의 뜻과 헌법 정신에 따라 잘 이루어지도록 하는 것이 행정 통제다. 행정 통제는 행정을 담당하는 주체인 행정부와 행정 공무원이 업무를 잘 수행하여 국민 행복과 국가 발전 목적을 달성하게 하는 것이다.

통치권의 삼권분립을 원칙으로 하는 민주주의 국가 한국에서 행정은 행정부가 담당한다. 행정부는 일차적으로 행정에 책임을 지고 업무를 수행해야 한다. 행정부가 모든 일을 잘한다면 행정 통제는 행정부 스스로 법과 절차에 따라 엄정하게 자율 관리하는 것이 될 것이다. 하지만 행정부의 자율적 행정 통제가 잘 이루어지지 못해 국민의 뜻에 어긋나고, 법규와 국민대표 기구인 입법부의 결정을 어긴다면 문제가 있다. 행정이 법률의 테두리 안에서 국민이나 국민의 대표인 입법부의 요구, 공익, 정책 목표를 잘 달성하도록 하는 것이 필요하다. 행정 통제가 행정부의 자율적 관리 수준을 넘어서면 다른 행정 통제 방법이 필요하다. 외부의 국민이나 입법부, 사법부, 시민 단체에 의한 행정 통제가 등장하게 된다. 이런 방식의 행정 통제는 행정부나 공무원의 자율적 재량 행위를 제한하는 것으로 규제(規制. regulation)에 해당한다.

행정 통제의 목적은 국민이 바라는 행정을 실시하고, 위법하고 부당한 행정 행위를 방지하는 것이다. 다시 말해 주권자인 국민의 사회적 요구를 충족하고 국민의 바람대로 행정이 이루어지도록 하는 것을 말한다.

행정 통제가 필요해진 이유는 행정의 권한이 막강해진 행정 국가화 현상 때문이다. 행정부의 재량권이 커지고, 방대한 예산 사용, 중요한 정책 시행에 따라 국민에게 미치는 영향이 커졌기 때문이다. 이에 따라 행정의 국민에 대한 책임성을 확보하고, 행정의 합법화, 민주화, 능률화를 보장하기 위해서이다. 삼권분립을 기반으로 하는 국가에서 행정 국가화 현상을 견제하고, 통제하여 바람직한 권력의 균형을 이루기 위해 행정 통제가 필요하다.

행정 책임

행정 책임(行政責任)이란 행정(또는 공무원)이 반드시 해내야 하는 임무를 말한다. 그냥 '해야 할 일'로서의 담당 업무(duty, mission, task)일 수도 있고, 헌법이나 법규, 국회 결정에 의해 강제되는 것으로서의 법적 의무(accountability)일 수도 있으며, 또 행정 공무원이 '자부심 있는 공직자로서 스스로 해야 할 일'이라고 여기는 도덕적 책임(responsibility)일 수도 있다.[1] 또 국민이 원하는 것을 해결해주는 대응성(responsiveness)일 수도 있다.

다시 정의하자면, 행정 책임은 행정(기관과 조직, 공무원)이 업무를 수행할 때 법률적, 도덕적 규범에 따라 행동해야 하는 임무(또는 의무)를 말한다. '수임자(受任者) 및 공복(公僕)으로서의 광범위한 도의적, 자율적 책임'을 의미하는 '책임성(responsibility)', '변명적, 법률적, 제도적 책임'으로서 비교적 한정된 의미인 '책무성(accountability)', '국민에 대한 반응, 응답'이라는 뜻인 '대응성(responsiveness)' 등 크게 세 가지 의미로 사용되고 있다. 책임성(responsibility)은 도덕적, 도의적 책임이기 때문에 타인이나 부하의 행위에 대해서도 책임을 지게 되며, 법적 요건을 충족하였음에도 책임을 지는 경우가 많다. 우

1) 영어와 우리의 한글이 개념 차원에서 동등할 수는 없지만, 임무를 제대로 수행하지 않았을 때 가해지는 법적 제재만을 생각할 때는 accountability, 법적 제재는 없지만 국민들의 비난이 수반되는 경우라면 responsibility 로 나누어 생각할 수 있다.

리나라에서 특정 사건에 대하여 공직자들이 자신의 책임이 미미하거나, 분명하지 않음에도 불구하고, 공직자들이 도의적 책임을 지고 공직에서 사퇴하거나, 사과하는 경우가 잦다. 이것은 동양 사회, 특히 한국사회에서 책임성(responsibility)을 특히 중시하는 전통 때문이며, 이는 공직자의 법적, 제도적, 직무적 책임을 명확히 하는 서양사회와 다르다. 법적, 직무적(책무적) 책임(accountability)은 법적 책임과 직무적(책무적) 책임으로 나눠볼 수 있다. 먼저 법적 책임은 공식적으로 행위의 결과가 법적인 요구 수준에 부합하는가에 관하여 책임을 따지는 것이다. 하위 공무원이 자신의 업무 성과에 대한 상급 공무원의 기대에 부응해야 하는 의무인 위계적 책임(hierarchical accountability)은 바로 이러한 법적 책임을 확보하기 위한 기능을 한다. 다음으로 직무적(책무적) 책임은 직무나 작업을 수행해야 한다는 의미에서의 책임을 말한다.

2. 행정 통제가 왜 필요한가?

모든 공무원은 법과 원칙에 따라 근무하면서 행정 목적 추구에 노력한다. 원칙적으로 자율성이 보장되고, 도덕적 양심에 따라 판단하고 행동하며, 업무를 수행한다. 이렇게 반듯한 행정이 수행된다면 별로 문제 될 것이 없다.

그러나 법규에 모든 판단 기준과 행동 원칙이 규정되어 있지 못하다. 그래서 공무원이 재량적으로 판단하고 행동해야 할 경우가 많다. 법규를 어기면 법적 처벌이 뒤따르지만, 재량 행위(裁量行爲. discretionary action)의 경우에는 어겨도 벌을 받지 않는 경우가 많다. 공무원이 법을 어기지 못하게 하는 것과 동시에 이런 재량 행위가 잘못되는 것도 막아야 한다. 이때 필요한 것이 행정 통제다. 여기서 더 나아 가서 행정과 공무원의 쇄신과 미래 지향적 발전을 요구할 때도 행정 책임이 논의된다.

행정 통제는 다음과 같은 경우에 필요하다.

첫째, 법규를 어기지 못하게 하는 데 필요하다. 법규는 국회 제정 법률, 행정부 책임자인 대통령의 명령, 각 부처의 규칙, 지방의회의 조례 등인데 공무원이 이를 어기면 법적 처벌을 받는다. 즉 법적 통제가 가해진다. 행정에 대한 합법성 요구는 가장 강력한 행정 통제의 일종이다.

둘째, 법규를 어긴 것은 아니지만 재량 행위가 국민의 상식적 판단 기준이나 도덕적 규범을 어겼을 경우에 국민의 비난과 항의가 뒤따른다. 민원 상담, 자율적 판단, 재량적 선택 행위 시에 공무원은 국민 상식과 도덕적 판단을 고려해야만 한다. 이를 어기게 되면 국민에 의한 외부 통제가 발생하게 된다.

셋째, 조직의 기관장이나 상관은 실무 직원들의 행정을 수시로 점검하고, 지시하며, 복종을 요구한다. 하위에 있는 일선 공무원 개인 차원에서는 생각지 못했던 조직 전반, 장기 미래, 국가 발전 등의 관점에서 상관에 의한 통제가 나타나는 것이다.

넷째, 공무원이 적극적, 능동적으로 업무를 수행하지 않아 국민이 피해를 보게 될 때 외부 통제가 나타날 수 있다. 공무원이 시간만 때우면서 인허가 승인을 해주지 않을 때 시민 단체나 언론에서 비난을 하는 경우가 있다. 호흡기 전염병이 유행처럼 번지고 있는데 정부가 아무런 조치를 취하지 않을 경우 국민 비난에 직면한다.

다섯째, 행정과 공무원의 역할 변화와 쇄신이 필요할 때 국민, 시민 단체, 언론, 정치로부터 더욱더 높은 수준의 행정 책임을 요구받는 수가 있다. '법규만 어기지 않으면 된다' '열심히 일한다고 누가 알아주나?'는 식의 행정(공무원)에 대해서 전방위적으로 비난이 일어난다. 정부의 무기력증, 나태함에 대한 외부 통제가 발생한다.

3. 행정 통제의 유형

행정 통제는 첫째, 행정부 내부와 외부를 구분하여 내부 통제와 외부 통제로 나눌 수 있고 둘째, 법규에 정해져 있는가 여부에 따라 공식 통제와 비공식 통제로 나눌 수 있다.

내부 통제(內部統制. internal control)는 행정부 내부에서 자체적으로 이루어지는 통제다. 행정부 내에서 상부 감독 기관이나 상관에 의해 이루어지는 통제다. 행정 수반인 대통령이나 감사원, 상급 행정기관에 의한 하급 행정기관 감사, 정부 내 옴부즈만(ombudsman)에 의한 통제가 대표적인 예다. 공무원 노조에 의한 행정 통제도 사실 내부 통제의 일종으로 보아야 할 것이다. 외부 통제(外部統制. external control)는 행정부 밖의 외부 기관이나 사람에 의한 통제다. 국민, 입법부와 사법부, 시민 단체, 언론, 정당, 정치인들에 의한 행정 통제다. 행정의 민주성과 대응성 확보를 목적으로 하여 정치적 성격이 강하다.

공식 통제(公式統制. formal control)는 법이나 제도가 부여한 공식적 권한을 지닌 기관이나 사람에 의한 통제를 의미한다. 행정부 외의 입법부와 사법부가 대표적인 외부 통제기관이며, 행정부 내부에서는 행정 수반, 중앙행정기관, 감사원 등이 공식적 내부 통제 기관의 예이다. 옴부즈만 제도는 행정부 내부에서 운영되는 수도 있고, 행정부 외부에서 운영되는 수도 있다. 비공식 통제(非公式統制. informal control)는 공식적 권한이 없는 기관 및 사람에 의한 통제다. 정당과 정치인, 이익 집단, 언론, 시민 단체 등이 비공식적 외부 통제 기관 혹은 제도이다. 행정부 내부의 자율적 통제와 공무원 복무규정, 행정 문화에 의한 통제, 공무원 노조에 의한 통제 등이 비공식적 내부 통제 기제이다.

각각의 행정 통제 유형에 대해서는 아래에서 상세히 설명하고자 한다.

[표 10-1] 행정 통제의 유형 구분

구분	공식 통제	비공식 통제
내부 통제	- 대통령과 비서실에 의한 통제 - 국무총리실에 의한 통제 - 감사원에 의한 통제 - 중앙행정기관에 의한 통제 - (행정부 내) 옴부즈만에 의한 통제	- 공직 윤리와 강령에 의한 통제 - 행정 조직, 문화에 의한 통제 - 공무원 노조에 의한 통제
외부 통제	- 입법부(국회, 지방의회)에 의한 통제 - 사법부(법원, 헌법재판소)에 의한 통제 - (행정부 밖의) 옴부즈만에 의한 통제	- 국민, 대중, 시민에 의한 통제 - 정당과 정치인에 의한 통제 - 이익 집단, 시민 단체에 의한 통제 - 언론에 의한 통제

4. 행정 통제는 어떻게 이루어져 하는가?

행정 통제는 어떻게 이루어져야 하는가? 행정 통제는 행정이 국민의 뜻과 헌법 정신에 따라 잘 이루어지도록 하는 것이다. 행정이 더욱더 발전해 가도록 하는 것이며, 잘못된 행정을 반듯하게 바로잡는 것이다. 행정 통제는 다음과 같은 원칙 하에 이루어져야 한다.

첫째, 행정 통제는 행정부와 공무원의 성공적 업무 수행을 전제로 이루어져야 한다. 통제의 수준이 지나쳐 행정부와 공무원의 행정 행위, 업무 수행을 저해해서는 곤란하다. 행정의 주체인 공무원이 올바르게 일을 처리하도록 지원하는 것이 우선이다. 쓸데없는 행정 간섭, 무분별한 참여, 행정 지연만을 유발하는 식의 행정 통제는 불필요하다.

둘째, 행정부와 공무원이 국민 행복과 국가 발전을 위해 능동적으로, 혁신 지향적으로 일할 수 있도록 촉진하는 행정 통제가 되어야 한다. '통제는 행정 규제'가 아니다. 늘어지고, 무기력한 행정 공무원을 부추기고, 적극적으로 일을 해가도록 유도하는 통제가 필요하다.

셋째, 행정 통제가 효과적으로 이루어지기 위해서는 꼭 필요한 분야에 제한적으로 이루어져야만 한다. 전 방위적으로, 모든 영역에 걸쳐, 한꺼번에 행정 통제를 시도해서는 곤란하다. 실질적으로 통제 효과를 얻기가 쉽지 않기 때문이다.

넷째, 행정 통제는 정확한 통제 대상을 향해, 적시(適時)에, 적절한 형태로 이루어져야 한다. 대상이 지나치게 다양하고 복잡하면 통제를 적절히 수행하기 어렵다. 또 통제가 적시에 이루어지지 못하면 통제의 실익(實益)이 없고, 행정 부정부패를 억제할 수 있을 정도로 충분한 통제력이 발휘될 수 있어야 한다.

다섯째, 공식적, 비공식적 행정 통제가 잘 이루어지기 위해서는 법규와 제도가 잘 갖추어져 있어야 하고, 통제 수단이 마련되어 있어야 한다. 공식적 통제의 경우에는 그래도 법규가 마련되어 있겠지만 비공식적 통제의 경우에는 그렇지 못할 수가 있다. 법규나 제도가 마련되어 있지 못한 비공식적 통제는 행정 공무원에 의해 무시되기 쉽고, 자칫 무분별한 통제 시도가 만연하는 폐단이 생길 수도 있다.

여섯째, 정부 관료제의 민주성, 외부 개방성도 행정 통제를 촉진하는 데 기여할 수 있다. 행정 공무원들이 여론을 중시하고, 시민 참여를 유도하며, 정보를 적극적으로 공개할 경우에 행정 통제가 수월해진다.

Ⅱ. 행정 내부 통제: 행정부 자율 통제

행정 내부 통제는 행정부 내부에서, 자율적으로 이루어지는 행정 통제다. 공식적 통제 방법으로 대통령과 비서실에 의한 통제, 국무총리실에 의한 통제, 감사원에 의한 통제, 중앙행정기관에 의한 통제, (행정부 내) 옴부즈만에 의한 통제 등이 있다. 비공식적 통제 방법으로는 공직 윤리와 강령에 의한 통제, 행정 조직과 문화에 의한 통제, 공무원 노조에 의한 통제가 있다.

1. 대통령과 비서실에 의한 통제

행정부 수반인 대통령은 국민대표로 선출되어 5년 동안 재직하면서 행정부 전체를 통솔한다. 대통령은 각 부처 장관을 비롯한 주요 보직자를 임명하면서 전체 조직을 통제한다. 법규와 절차를 토대로 모든 공무원의 행정 행위를 통제하고, 정부 관료제 전체를 거느린다. 대통령 비서실의 도움을 받아 통제력을 행사한다.

대통령의 통제 수단으로는 사정 기관을 통한 암행 감사, 고위직 공무원에 대한 임명권, 각종 시행령 및 재정 · 경제상 긴급 명령 등 행정 입법, 행정 개혁이 있다. 주로 직접적이고 일상적으로 이뤄지기보다는 일시적으로 불시에 이뤄지는 사정 기관을 통한 암행 감사를 활용하는 경향이 있다. 이러한 활동은 검찰 · 경찰 등의 특별 권력 부서의 활동과 함께 이뤄지는 경우가 많다. 정치적 중립성과 공정성 확보의 문제가 있다.

2. 국무총리실에 의한 통제

국무총리실에서는 '정부 업무 평가에 관한 기본법'에 의하여 내부 통제 기능을 수행한다. '정부 업무 평가에 관한 기본법'은 정부 업무 등의 평가에 관한 기본적인 사항을 정함으로써 업무 추진의 효율성을 높이고, 책임성을 확보하며 정부 업무에 대한 국민의 신뢰를 높이는 것을 목적으로 한다.

국무총리는 매년 당해 연도의 평가와 관련된 주요 사항 등에 관한 평가 지침을 작성하여 중앙행정기관의 장에게 시달하고, 중앙행정기관의 장은 평가 지침에 따라 평가 계획을 작성하여 국무총리에게 제출하여야 한다. 또한, 평가 결과에 따라 국무총리는 중앙행정기관의 장에게 시정과 감사를 요구할 수 있고, 평가 결과는 향후 예산 편성에 반영한다.

3. 감사원에 의한 통제

행정부 내에 독립된 감사기관으로 감사원(監査院)이 있다. 감사원은 헌법기관이면서 대통령 직속 기구로 헌법적 지위를 보장받는 기관이다. 감사원은 헌법 제97조와 감사원법 제20조의 규정에 따라 국가의 세입 · 세출의 결산을 검사하고, 국가기관과 법률이 정한 단체의 회계를 상시 검사 · 감독하여 그 집행에 적정(適正)을 기한다. 행정기관의 사무와 공무원의 직무를 감찰하여 행정 운영의 개선과 향상을 도모한다.

감사원의 감사 기능은 전문성이 매우 높다는 점이 특징이며, 사후 통제적 성격을 가진다. 행정 통제와 관련하여 감사원의 기본적 기능은 직무 감찰과 회계 검사로 구분되었지만, 최근에는 행정부가 추진하는 각종 정책에 대한 성과 중심의 감사에 대한 요구가 증가하고 있다.

4. 중앙행정기관에 의한 통제

중앙행정기관은 여러 가지 방법으로 행정 부서를 통제한다. 행정자치부는 정원 관리 및 조직 개편, 인사 정책 및 집행, 지방 교부세, 행정 감사의 조정 · 통제를 통해 통제력을 행사한다. 기획재정부는 재정 개혁 및 예산 통제 및 배정, 자금 배정 및 결산, 국고보조금을 통하여 다른 행정기관을 통제한다. 환경부는 환경영향평가와 같은 방법을 통해, 문화체육관광부는 문화재관리법에 의해 다른 행정기관을 통제한다. 이외에도 조달청은 물자 구매 및 공사 계약을 통하여, 국민권익위원회는 민원 처리 시 불평불만 조사 등을 통하여 요소별 통제가 이루어진다. 특히 국민권익위원회는 부패 방지와 국민의 권리 보호 및 구제를 위하여 과거 국민고충처리위원회와 국가청렴위원회, 국무총리 행정심판위원회 등의 기능을 합쳐 2008년 새롭게 출범한 기관이다. 국민권익위원회는 고충민원의 처리와 이와 관련된 불합리한 행정 제도 개선과 공직사회 부패 예방 및 부패 행위 규제를 통한 청렴한 공직 및 사회 풍토 확립을 목적으로 하고 있다. 내부 통제를 주요 업무로 삼고 있다.

옴부즈만(ombudsman)

옴부즈만은 스웨덴어로 대리자 · 대표자를 뜻하며, 영국과 미국에서는 민정관(民政官) 또는 호민관(護民官)이라는 뜻으로 사용된다. 우리나라에서는 행정 감찰 전문인(行政監察專門人) 제도라고 한다. 옴부즈만 제도는 1809년 스웨덴에서 헌법에 의회 소속기관인 사법 민정관 제도를 명문화하여 행정과 재판에 대한 의회 통제를 강화하고자 한 것에서부터 시작되었다. 이후 핀란드와 덴마크, 노르웨이 등 스칸디나비아 제국은 모두 옴부즈만 제도를 시행하였고, 1960년대 뉴질랜드와 영국까지 확대되면서 선진 민주국가에서 활발하게 논의되어 현재 80개 이상의 국가에서 도입하였다.

통상 옴부즈만 제도는 의회나 정부에 의해 임명되며, 임명하는 기관으로부터 직무상 엄격히 독립되어 국정을 통제한다. 국민의 권리 보호와 권리 구제를 위하여 조사권과 시정 권고권 등을 행사하지만 행정 처분에 대한 직접적인 취소권 등 결정권은 가지지 않는다. 옴부즈만 제도는 국민의 권리 보호와 권리 구제를 목적으로 관료제에 대한 새로운 통제와 함께 행정 공개와 책임 행정을 담보해낼 수 있는 행정 통제 수단이다.

우리나라의 경우 1993년 김영삼 정부 출범과 함께 발족한 행정쇄신위원회의 건의를 수용하여 한국형 옴부즈만 제도로써 국민고충처리위원회가 19994년 출범하게 되었다. 이런 옴부즈만은 행정부 내부에서, 각 부처를 뛰어넘는 형태로 조직화되고, 내부 통제 업무를 수행한다. 이 위원회에는 입법부, 사법부 대표는 물론 시민 대표, 전문가 대표도 위원으로 참여한다.

선진 외국의 예처럼 행정부를 뛰어넘어, 입법부, 사법부, 행정부를 통합한 형태로 만들어진 옴부즈만도 있다.

5. 공직 윤리와 강령에 의한 통제

행정 공무원은 관료제에 몸을 담고 있으면서, 관료로서, 공직자로서 지켜야 할 행정 윤리, 공직 윤리를 지켜야 한다. 공무원은 관료제 규칙을 존중하고 따라야 하며, 자신이 맡은 분야 업무에 대해서, 국민에 대한 선량한 봉사자로서 행동해야 한다. 공무원의 직업윤리는 공직 윤리(公職倫理)라고도 불리며, 국민 전체에 대한 봉사자로서 마땅히 지켜야 할 의무를 일컫는다.

공무원은 국민 전체에 대한 공익 추구의 봉사자이기 때문에 일반 국민이나 사기업 근로자보다 엄격한 윤리 기준이 요구되며, 또한 이에 상응하는 여러 가지 규제를 받고 있다. 공무원에게 요구되는 행정 윤리는 구체적으로 「국가공무원법」의 공무원 복무규정이나 「공직자윤리법」, 그리고 공무원 취임 선서와 복무 선서, 「공무원 윤리 헌장」과 신조 등에 의해 나타난다. 국가공무원법과 공직자윤리법은 기본적으로 부정부패를 방지하기 위한 소극적 윤리를 강조하며, 취임 선서와 복무 선서 및 공무원의 윤리 헌장과 신조 등은 충성과 봉사, 창의성을 강조하는 행동 규범을 천명하며 적극적 윤리를 강조하고 있다. 이런 법에 나타나 있는 각종 강령(綱領)은 항시 마음에 새겨 행정 수행에 반영해야 한다.

1981년에 제정된 공직자윤리법에서는 부정부패를 방지하기 위해서 고위공직자(1~4급)의 단계적 재산 등록, 외국인의 선물 신고, 퇴직 공무원의 취업 제한 등을 담고 있었다. 1993년 5월 법 개정을 통해 4급 이상의 일반직 공무원과 이에 상응하는 공직 유관단체 임원들도 재산 등록을 하도록 하였으며, 1급 이상의 중앙부처 공무원과 유관단체 임원들은 등록 재산에 대하여 공개하도록 규정하였다. 2011년 6월 개정에서는 재산 공개 대상 퇴직 공직자의 유관기관 취업을 2년간 제한하였으며, 유관 업무의 범위도 퇴직 전 5년으로 확대하였다. 2014년 12월 개정에서는 취업 제한 기간을 3년으로 확대하였고, 취업 제한 대상 기관도 비영리 분야(시장형 공기업, 안전 · 인허가 · 조달과 직결된 공직 유관단체, 대학과 설립 학교법인, 종합병원 및 설립 법인, 사회복지 법인)까지로 확대하였다. 또한, 업무 관련성의 판단 범위도 종전의 소속 부서의 업무에서 2급 이상에 대해서는 소속 기관의 업무로 확대하였으며, 취업 심사 결과는 공개하도록 하고, 취업 이력은 퇴직 후 10년간 취업 이력을 신고, 공시하도록 강화하였다. 공직자 윤리위원회의 기능과 권한도 확대하여 공직자 윤리위원회의 취업 심사를 받지 않고 임의로 취업하는 경우 종전 1년 이하의 징역 또는 1천만 원 이하의 과태료 부과를 2년 이하의 징역 또는 2천만 원 이하의 과태료 부과로 강화하였다.

1980년 12월 제정된 「공무원 윤리 헌장」에서는 '공무원은 민족중흥의 선봉자로서 국가에 충성을 다하여야 하고, 국민 전체에 대한 봉사자로서의 책임이 크며, 직무를 수행함에 있어서는 공명정대는 물론 창의와 성실로써 맡은 바 책무를 다할 것이 요구된다.'라고 공무원의 직업윤리를 밝히고 있다. 여기에서 공무원의 신조로 다섯 가지의 행동 지침이 제시되어 있다. 즉, 국가에 헌신과 충성, 국민에게 정직과 봉사, 직무에 대해서는 창의와 책임, 직장에서는 경애와 신의, 생활에서는 청렴과 질서를 지킬 것을 요구하고 있다.

공무원의 직업윤리에는 다음과 같은 내용이 포함된다(Stahl, 1983). 첫째, 국민 전체에 대한 공평한 봉사이다. 공무원이 직업윤리로서 부정부패의 방지가 중요시되지만 사실 공무원의 제일의 덕목은 국민 다수의 이익 증진에 기여함에 있다. 둘째, 국민 의사에 대한 존중이다. 이는 국민을 대표하는 대의 기관 및 대표자들을 존중하는 것을 의미한다. 따라서 민주적으로 선출된 정치적 리더십에 대해 공무원은 그 지시를 따라야 한다. 셋째, 민주적 가치의 존중과 조직 내 민주주의의 확립이다. 조직 내 구성원 간에도 인력을 존중하고 개인의 가치와 존엄성을 존중해야 한다. 조직 내에 민주적 가치가 확립되지 못할 때 조직에 대한 일체감과 충성심이 배양되기 어렵기 때문이다.

공무원의 부패 방지를 좀 더 효과적으로 수행하기 위하여 2001년에는「부패방지법」이 제정되었고, 대통령 직속으로 부패방지위원회(현재는 국민권익위원회로 통합)를 설치해서 부패 방지에 대한 종합적 정책 기능을 담당하도록 하였다. 내부 고발자 보호제도를 시행해서 부패 행위 신고자에 대하여 적극적인 보호와 보상제도를 마련하였다. 또한, 국민 감사 청구제를 규정해서 공공기관의 사무 처리에 대해 국민이 연서(連署)로 감사를 청구할 수 있도록 하였다.

6. 행정 조직과 문화, 공무원 노조에 의한 통제

공무원들은 그가 몸담고 있는 관료제 조직에 의해 통제를 받는다. 또 그가 속하고 있는 행정 문화에 의해서도 영향을 받는다. 법규나 상관의 지시처럼 공식적 통제를 받는 경우도 있지만 관료 조직 자체의 특성과 행정 문화에 의해 영향을 받는다.

대부분의 조직은 구성원들의 책임성을 확보하기 위한 다양한 장치를 확보하고 있는데, 대표적인 장치로 관료 계층제가 있다. 조직 내의 수직적 명령 복종 관계를 전제로 상관이 부하를 통제하여 조직 과정의 책임성을 확보하는 방안으로서, 계층제는 주요한 통제 수단이 된다. 기본적으로 관료제는 수직적 계층제의 형태를 하고 있어, 상관은 부하에게 적법한 지시를 내려 부하의 일탈 방지 및 책임성 확보를 꾀한다.

인사 행정의 한 부분이라고 할 수 있는 조직 과정이 책임성 확보와 통제 방안이 되는데, 이는 인사 평가 제도를 통하여 이뤄지고 있다. 인사 평가 제도는 행정부 내부 직원들의 실적 및 직무 수행을 평가하는 것으로서, 실질적으로 관료들을 통제하는 가장 강력한 수단이라 할 수 있다.

법률이나 제도적으로 감독 및 지시권을 보유하고 있지 않은 상사의 조언이나 지시, 그리고 동료의 충고, 조직 내 널리 통용되고 있는 관행 등도 행정 조직 구성원에 대하여 일정한 통제력을 발휘한다. 공직사회의 조직 문화는 구성원 개개인보다 단체를 중요시하는 경향이 있어, 관료 개인에 대한 조직 내 직원들 사이에서의 평가는 매우 중요한 의미를 가진다. 따라서 이러한 조직 문화는 비공식적이고 비제도적이지만 공직자 개개인의 행동에 상당한 통제를 가할 수 있다. 조직이라는 특성상 조직 내 친소관계(親疎關係)

등을 통한 비공식 조직이 발생하기 마련이다. 이는 행정 조직원의 사기와 의욕 등에 영향을 미칠 수 있다는 점에서 통제의 일종으로 볼 수 있다.

하위직 공무원의 노동단체로 공무원 노조가 있다. 공무원 노조는 2004년 12월 24일 「공무원 노동조합 설립 및 운영에 관한 법률」이 통과되기 전까지는 단결권과 단체교섭권을 인정받지 못하는 비공식 조직[2]이었다. 공무원 노조에서 추진한 공직 부조리 추방운동 및 정실 인사 비판 등의 운동은 내부적 · 비공식적 행정 통제의 하나로 볼 수 있다.

내부 고발자 보호제, 공직자 재산 등록제

내부 고발자 보호제와 공직자 재산 등록제는 비공식적 행정 내부 통제 장치다. 흔히 양심선언(良心宣言)이라고 불리는 내부 고발은 정부기관 내에 근무하거나 근무하였던 관료가 조직 내부에서 저질러지는 부정(不正), 부패(腐敗), 불법(不法), 비리(非理), 예산낭비(豫算浪費) 등을 알았을 경우 이를 시정하기 위하여 내부 책임자 및 감사 부서, 언론에 보고 또는 폭로하는 행위를 말한다.

내부 고발은 사회 공동체의 이익을 위한 공익적 행위로 평가되며, 개인의 윤리 의식과 양심에 의거한 행동으로 볼 수 있다. 하지만 조직에서는 내부 고발자를 조직의 배신자로 낙인찍어 보복을 가하는 경우가 있는데, 이는 정당하지 않은 행위이다.

이러한 내부 고발자를 보호하기 위해서 만들어진 제도가 내부 고발자 보호 제도이다. 대표적으로 1989년 미국이 내부 고발자 보호법(Whistleblower's Protection Act)을 제정하였고, 우리나라는 2002년 부패방지위원회가 설치되면서 내부 고발자 보호 제도를 운영하고 있다. 이후 2011년 「공익 신고자 보호법」을 공익을 침해하는 행위를 신고한 사람 등을 보호하고 지원함으로써 국민 생활의 안정과 투명하고 깨끗한 사회 풍토의 확립에 이바지함을 목적으로, 신고자를 누설할 경우에 3년 이하의 징역이나 3천만 원 이하의 벌금을 부과하는 것을 주요 내용으로 제정하였다. 이러한 내부 고발자에 대한 보호 제도는 폐쇄적이고 계층적인 구조의 행정 조직에서 상급자의 비리나 조직의 잘못된 관행을 바로잡을 수 있는 행정 통제 수단이라는 점에서 의의가 있다.

---

2) 「공무원 조동조합 설립 및 운영에 관한 법률」에서는 공무원의 단결권과 단체교섭권은 인정하지만 단체행동권과 정치활동은 금지하고 있다.

또한, 공익을 우선시해야 하는 공직자들의 부정부패를 막기 위해 일정 이상의 공무원들의 재산을 등록하는 제도로 공직자 재산 등록 제도가 있다. 공직자 재산 등록 제도는 「공직자윤리법」에 근거하고 있으며 1993년부터 시행하고 있다. 공직자 재산 등록 제도는 공직자의 재산 공개와 함께 공직자들의 청렴성을 보장하기 위한 장치로서의 역할을 하고 있다. 현재 공직자 재산 등록 제도의 대상이 되는 공무원은 일반직 공무원의 경우 4급 이상이며, 법관과 검사는 전원, 군인은 대령 이상을 대상으로 하고 있다. 또 국립대학의 총장, 부총장, 대학원장, 학장도 대상이다. 등록 재산은 본인과 배우자 그리고 직계 존비속이 소유하고 있는 부동산과 동산이다.

Ⅲ. 행정 외부 통제: 행정 감시

행정부에 대한 외부 통제는 행정을 적절히 감시, 감독하는 것이다. 국민대표 기관인 입법부와 법 감시 조직인 사법부, 다양한 형태의 국민과 언론 등이 행정부와 공무원을 감시하는 것이다.

1. 입법부에 의한 통제

입법부(立法府)에 의한 통제는 국민대표 기관인 국회와 지방의회에 의한 행정 통제를 의미한다. 의회의 행정 통제는 의회의 입법에 관한 권한과 더불어 서구의 근대국가 성립 초부터 현대의 민주국가에 이르기까지 역사적이고 본질적인 기능과 권한이다.

원칙적으로 입법부의 구성원인 국회의원과 행정부의 수반인 대통령은 국민에 의하여 직접 선출되기 때문에 입법부와 행정부는 상호 독립적인 기관이다. 따라서 재임 중 대통령은 국회에 대하여 정치적 책임을 지지 않으며, 국회도 대통령에 대해 불신임 결의를 할 수 없다. 지방자치단체의 장과 지방의회도 마찬가지다. 반면, 삼권분립에 의거하여 입법부와 행정부는 상호 견제하는 기능도 수행한다. 따라서 국회는 대통령에 대하여 탄핵소추권을 행사할 수 있으며, 국정 감사 및 법률안 거부권을 가지고 있다.

입법을 통한 통제

입법을 통한 행정부 통제의 방법으로는 적극적으로 의회가 입법 활동, 즉 법률 제정을 통해서 행정부를 통제하는 방법과 행정부가 제안한 입법을 의회가 거부함으로써 소극적으로 통제하는 방법이 있다. 입법을 통한 통제 방법에는 입법부의 대표적인 권한인 법률안 제 · 개정권과 조례 제정권을 통한 통제가 있다. 의회는 법률의 제 · 개정권을 통하여 행정 조직의 절차, 정책의 목표와 대상을 결정하여 행정부를 통제할 수 있다. 법률안 제출권은 행정부도 가지고 있지만 최종적으로 법률을 심의하고 통과시키는 권한은 입법부의 전속적 권한이므로 가장 중요한 통제 수단이다. 경제 발전기 동안에는 입법부의 입법권을 통한 행정부 통제력이 매우 미약했으나, 최근에 오면서 강화되는 추세에 있다.[3)]

현대 사회에서 의회의 행정에 대한 통제는 위임 입법에 의해 행정부의 준 입법 기능이 확대됨에 따라 어느 정도 한계성을 지니고 있다. 또한, 행정권의 상대적 강화로 인한 행정 국가화 현상으로 행정부의 법률 발의 건수가 입법부의 법률 발의 건수를 넘어서 입법을 통한 통제가 많이 약화되고 있다.

한국 국회의 저조한 통제 역할은 민주화가 진행되면서 국회 개혁의 가장 시급한 과제가 되었었다. 김영삼 행정부 때인 14대 국회에서 의원 입법 보좌 기구인 법제 예산실이 신설되었다가 법제실로 개편되었고, 김대중 행정부 때인 15대 국회에서는 법안 실명제가 도입되었다. 노무현 행정부 시기 16대 국회에서는 2003년에 국회 예산정책처를 신설하였고, 17대 국회에서는 2007년에 국회 입법조사처를 신설하였다. 그리고 입법 기능을 간접적으로 활성화하는 조치로서 연중 상시 개원 체제의 도입, 상임위원회 활동의 활성화, 상임위원회에서의 법안 심의 과정의 강화, 기록 표결제의 도입 등이 이루어졌다. 이러한 일련의 제도적 개선은 의회의 입법 기능을 활성화하는 데 기여하였다. 특히 국회 개혁을 통해서 국회의 입법 활동이 활성화되면서 의원들의 법안 발의율도 대폭 높아졌다. 12대 국회 이후 14대 국회만 제외하고 의원 발의안(發議案) 수가 정부 제출안

3) [표 10-2]에서 보듯이 역대 국회별 법률안 제출 건수와 결된 법률안 수를 살펴보면 1990년대까지 국회의 정책결정 역할은 극히 축소되어 왔고, 1980년대 말 이후 민주화가 진행되면서 다소 호전되는 양상을 보여주고 있다. 제6대 국회에서 63.2%로 의회 발의율 비중이 높아졌다가 다시 감소하고 있으며, 전두환 정부 시절 약간 의회 발의율 비중이 올라가다가, 민주화가 진행되면서 다소 호전되는 상황이며 노무현 정부 때의 16대 국회 이후 의회 발의율 비중은 대폭 상승하였다.

수를 초과하였다. 그러나 의원 발의안의 가결율(可決率)을 따지면 정부 발의 법안의 가결율이 의원 발의안의 가결율보다 여전히 높다.

[표 10-2] 법률안 발의율 중 의회의 법률안 발의율 비중

국 회 (기간)	제1대 (48-50)	제2대 (50-54)	제3대 (54-58)	제4대 (58-60)	제5대 (60-63)	제6대 (63-67)	제7대 (67-71)	제8대 (71-72)	제9대 (73-79)
	이승만 행정부(48-60)				장면 (60-61)	박정희 행정부(1961-1979)			
의회 발의 비중(%)	38.0	45.7	41.2	37.2	46.2	63.2	45.6	31.1	24.3
국 회 (기간)	제10대 (79-80)	제11대 (81-85)	제12대 (85-88)	제13대 (89-92)	제14대 (92-96)	제15대 (96-00)	제16대 (00-04)	제17대 (04-08)	제18대 (08-12)
	최규하 행정부 (79-81)	전두환 행정부(81-87)	노태우 행정부(87-92)		김영삼 행정부(92-97)	김대중 행정부(97-02)	노무현 행정부(02-07)		이명박 행정부(07-12)
의회 발의 비중(%)	3.8	41.5	55.7	60.8	35.6	58.6	76.3	85.2	

의회의 입법 통제의 또 다른 측면은 정부 제출 법률안에 대한 수정 비율이다. 권위주의 체제 하에서 50%도 못 미치던 수정 비율이 노무현 행정부 시기 17대 국회에서는 법률안 수정 비율이 전체 76.5%에 달했고, 정부 제출 법률안의 수정 비율은 80% 이상을 차지하였다. 이렇게 정부 제출 법률안에 대한 국회의 수정 비율이 증가하는 것은 행정부에 대한 국회의 통제 역할이 점차 강화되고 있다는 증거다.

재정을 통한 통제

입법부에 의한 재정 통제 방법에는 ① 예산 심의와 결산 심사권, ② 긴급 재정경제 처분 · 명령에 대한 승인권, ③ 예비비 지출에 대한 승인권, ④ 기채 및 국가에 부담이 될 계약 체결에 대한 동의권, ⑤ 재정적 부담을 지게 하는 조약의 체결 · 비준에 대한 동의권 등이 있다. 이 가운데 의회의 재정 통제권 중에서 가장 중요한 수단이 바로 예산

심의와 결산 심사권이다. 행정부의 사업은 예산의 뒷받침이 있어야 하고, 행정부에서 편성한 예산은 국회 심의를 거쳐야만 한다. 의회의 예산 심의 결과는 행정부의 한 해 활동 범위를 한정하게 되며, 지출 조건의 제시는 행정부 사업의 성격을 규정하게 된다. 의회의 예산안 심의와 결정, 결산안 심의는 의회가 행정부를 효과적으로 통제할 수 있는 주요 수단이다. 기채(起債), 계약(契約), 조약(條約) 등 비준 동의권의 활용도 행정부의 대외 활동을 제한할 수 있다. 2005년부터 논의되었던 한미 자유무역협정(FTA)이 국회의 동의를 얻지 못하다가 2011년에 이르러서야 비준된 사례가 대표적인 예이다.

의회의 예산 심의도 의회 입법을 통한 행정부에 대한 통제 권한과 마찬가지로 그 통제 효과가 제한적이다. 그 이유는 의원들의 예산과 재정에 대한 전문성 부족으로 인해 여당의 예산안에 대한 당정 협의(黨政協議)나 의회 예산결산위원회의 활동이 사업 타당성이나 예산 규모의 적절성을 판단하지 못하고 형식에 치우치거나, 명확하고 타당성 있는 분석에 근거하지 않는 심의가 이루어지고 있다.

의회의 결산 심사도 마찬가지다. 결산 심사는 예산 심의와 달리 여야가 정당을 떠나서 행정부 예산 집행의 적법성과 효율성을 심사하고, 이를 통해 행정부에 대한 감독 및 견제 기능을 수행하는 의회의 대표적 권한 중 하나이다. 그런데 동일한 위원회에서 예산과 결산이 이루어지고, 중복 심의로 인한 의원들의 낮은 관심과 열의 부족으로 말미암아 정부의 재정 집행에 대한 엄격한 심사가 이루어지지 못하고 있다. 행정부의 재정 집행을 사후적으로 승인해주는 절차 이상의 의미를 갖지 못하고 있다.

행정부 구성 및 인사권과 관련된 통제

대통령 중심제 하에서 의회는 대통령에 대한 탄핵 소추권과 고위직 공무원의 임명에 대한 동의권을 통하여 행정부를 통제한다. 반면 의원 내각제에서는 의회가 실질적으로 수상 임명권을 가지며, 내각 불신임권도 가지고 있다. 현행 헌법에서 의회는 국무총리 임명에 대한 동의권, 감사원장에 대한 임명 동의권, 대통령 · 국무총리 · 국무위원 등에 대한 탄핵 소추를 의결할 권한, 국무총리 · 국무위원에 대한 해임 건의권을 가지고 있다.

의회는 김대중 행정부 때인 2002년 2월과 6월에 국회법 개정과 인사청문회법 제정을 통해서 국회의 임명 동의가 필요한 대법원장, 헌법재판소장, 국무총리, 감사원장 및 대법관과 국회에서 선출하는 헌법재판소 재판관, 중앙선거관리위원회 위원에 대한 임명동의안을 심사하기 위하여 인사 청문 특별위원회를 설치하였다. 또한, 2003년 1월에는 국회법과 인사청문회법을 다시 개정하여 소위 4대 권력 기관의 장, 즉 국가정보원장, 국세청장, 검찰총장, 경찰청장 후보자에 대하여 소관 상임위원회별로 인사청문회를 실시할 수 있도록 하였다.

현행 헌법은 국회의 탄핵소추(彈劾訴追. impeachment)의 대상을 폭넓게 규정하고 있으며, 탄핵의 사유는 직무 집행 시 헌법이나 법률을 위배했을 경우로서 법률과 같은 효력을 갖는 조약, 긴급 명령, 긴급 재정 명령 등을 포함한다. 탄핵소추는 국회 재적 의원 1/3 이상의 발의가 있어야 하며, 재적 의원 과반수의 찬성이 있어야 통과된다. 다만 대통령에 대한 탄핵 소추는 헌법 제65조 제2항에 의거하여 국회 재적 과반수의 발의와 재적 의원 2/3 이상의 찬성이 있어야 한다. 한국에서도 2004년 3월 10일 헌정 사상 처음으로 국회의원 159명에 의해 노무현 대통령에 대한 탄핵소추가 발의되었고, 본회의 재적 의원 271명 중 195명이 투표에 참여해 찬성 193표, 반대 2표로 탄핵소추 의결이 이루어졌다. 동시에 대통령 직무 권한이 정지되고 고건 국무총리가 대통령 직무를 대행한 바 있다. 이후 헌법재판소에서 탄핵 심판 절차가 진행되었으나 전원 재판부에서 탄핵 심판 청구를 기각하였다.

국회가 해임 건의를 할 수 있는 사유를 법에서 따로 규정하고 있지는 않지만, 직무 수행 중 헌법 및 법률을 위반하거나 정책 수립 및 집행에 있어 중대한 과실을 범한 경우 등에 해임을 결의하여 건의할 수 있다. 장관 해임안이 가결된 사례는 총 5건이 있으며, 2008년 한미 쇠고기 협상과 관련하여 정운천 농림수산식품부 장관의 해임안건을 제출했으나 부결된 사례가 있다.

국정에 관한 통제

의회가 국정에 대하여 갖는 통제권에는 ① 국정 감사, 조사권, ② 국무총리, 국무위원에 대한 국회 출석 요구 및 질문권, ③ 조약의 체결, 비준에 대한 동의권, ④ 계엄 선포, 국군의 해외 파견 등에 대한 동의권이 있다.

국정 감사권은 국정 조사권과 함께 의회가 행정부의 국정 운영에 대한 감시와 비판을 할 수 있는 주요한 수단이다. 국정 감사 제도는 1948년 제헌 헌법에서 처음 채택된 후, 1972년 유신 헌법에 의해 폐지되었다가, 1987년 헌법 개정으로 부활되었다. 특정한 국정 사안에 대하여 본회의 의결로서 조사할 수 있는 국정 조사 제도는 헌법상 명문 규정이 없었으나, 헌법상 국회의 고유한 권한이라는 해석에 따라 1980년 헌법에 근거 규정을 마련하였다.

국회의 국정 감사는 소관 상임위원회별로 매년 정기 국회 다음날부터 20일 동안 시행하는데, 본회의 의결에 의해 그 시기를 연장할 수 있다. 의회는 국정 감사를 통하여 국정 전반에 관한 조사를 행하여 행정부를 감시 및 비판할 수 있다. 의회는 국정 감사의 효율적인 수행을 위해 위원회에 관련 서류 제출 요구, 증인 · 감정인 · 참고인의 출석 요구, 검증, 청문회의 개최 등의 권한을 가지며 누구든지 이에 협조해야 한다. 과거에 국정 감사를 효과적으로 수행하기 위한 전문성이 행정부에 비하여 미약하다는 지적을 받아온 의회는 이를 보완하기 위하여 2003년 국회 예산정책처와 2007년 국회 입법조사처를 출범시켜 국회의 정책 전문성을 강화하였다.

국정 감사가 국정 전반을 대상으로 하는 것에 반해 국정 조사는 국정의 특정 사안을 대상으로 하며, 특별위원회나 상임위원회가 주최 기관으로서 재적 의원 1/4 이상이 서명한 국정 조사 요구서를 제출해 국회 본회의 의결을 거쳐 국정 조사권이 발동된다. 그러면 국회의장은 각 교섭 단체 대표들과 협의, 교섭 단체 비율에 따라 국정조사위원회를 구성하고, 국정조사위원회는 활동 시한, 조사 목적, 조사 대상 및 범위 등이 포함된 국정 조사 계획서를 작성한다.

국회의 행정부 감독에 대한 또 하나의 수단은 대정부 질문이다. 대정부 질문은 본회의 또는 위원회에서 일정한 기간을 정해 국정 전반이나 특정 분야를 대상으로 정부에 대해 질문하는 것으로, 원래 내각제 국가에서 발달한 제도이다. 우리나라는 대통령제임에도 불구하고 제헌 헌법에서 국회의 국무위원 출석 요구권과 국무위원의 출석 · 답변 의무를 규정하였다. 전두환 행정부 때인 11대 국회에서는 구두 질문 외에 서면 질문 제도가 새로 도입되었고, 김영삼 행정부 때인 14대 국회에서는 긴급 현안 질문 제도가 새로 도입되어 다양한 질문 제도가 활용되고 있다.

2. 사법부에 의한 통제

사법부의 행정 통제는 법률 전문가에 의한 통제라는 점에서 입법부의 행정 통제와는 다르다. 사법부에 의한 행정 통제는 헌법과 법률에 의하여 행정을 평가하고 판단하여 통제한다는 점에서 정치적 측면이 반영되는 입법부의 행정 통제와 차이가 있다.

법원에 의한 통제

사법부의 행정 통제 중 가장 일반적인 수단은 법원에 의한 통제다. 사법부의 행정 통제는 기본적으로 재판에 의해 이뤄지며, 대체로 행정부의 행위를 사법부가 심사하는 것으로 한정되어 있다. 구체적으로 법원은 행정 심판, 명령, 규칙, 처분의 심사 및 법령 해석을 통한 행정 통제를 수행한다.

행정 심판은 정부의 행정 입법 및 집행이 국민의 권익을 침해하였다고 판단되는 경우 소송 절차를 통하여 구제할 수 있다. 행정 입법이 위헌 · 위법하다고 판단되는 경우 그 적용을 거부하고, 행정 처분이 위헌 · 위법하다고 판단되는 경우 취소나 무효 확인을 할 수 있다.

또한, 법원은 명령과 규칙에 관해 심사할 수 있다. 법원은 재판의 대상이 되고 있는 구체적 사건에 적용할 명령과 규칙의 효력을 심사하고 만약 무효라고 판단되는 경우 해당 명령과 규칙을 그 사건에 적용하는 것을 거부할 수 있다. 심사의 대상이 되는 명령과 규칙은 헌법, 법률에 위반되는지의 여부가 재판의 전제가 되어야 하며, 이때 심사의 대상이 되는 명령과 규칙은 행정 규칙을 제외한 일반적 구속력을 가지는 법규 명령만 해당된다. 또한, 명령과 규칙이 헌법이나 법률에 위반된다고 판단되는 경우에 당해 사건에만 적용할 수 있으며, 무효를 선언할 수는 없다.

헌법재판소에 의한 통제

헌법재판소는 헌법 재판을 통하여 헌법이 정하고 있는 국민의 기본권을 보장하며, 국가 권력의 남용을 막는 특별 법원으로서 행정 통제 권한을 가진다. 헌법 재판은 입법, 행정, 사법과 구별되기 때문에 헌법재판소는 국회, 행정부, 법원과 독립적인 지위를 가진다.

헌법재판소는 9인의 재판관으로 구성되며, 재판관은 대통령이 임명하고, 이 중 3인은 국회에서 지명하는 자를, 3인은 대법원장이 지명하는 자를 임명하여야 한다. 헌법재판소의 재판 효력은 법률의 위헌 심사, 탄핵 심판, 국가기관 상호 간, 국가기관과 지방자치단체 간 및 지방자치단체 상호 간의 권한 쟁의에 관한 심판 모두 법원, 국가기관, 지방자치단체를 기속한다.

헌법에서는 법치 행정을 구현하기 위하여 행정부의 포괄적 위임 입법을 금지하고 있고 집행 명령도 제한하고 있다. 따라서 헌법재판소는 정부가 제안해 국회가 제정한 법률의 위헌 여부에 대한 최종적인 심판을 통해 그 효력을 결정하여 정부를 통제할 수 있다. 또한, 헌법재판소는 대통령을 비롯한 고위 공무원에 대한 탄핵 심판권을 가지고 있어 강력한 통제를 가할 수 있다. 국회의 탄핵 소추권이 발동되어 의결되면, 헌법재판소에서 탄핵 여부를 결정하고 해당 공직자를 파면한다.

헌법재판소는 권한 쟁의 심판권도 가지고 있어 정부기관 간에 권한의 존부(存否)나 범위를 명백히 규정할 수 있다. 권한 쟁의 심판의 경우 헌법이나 법률에 의해 부여받은 청구인의 권한을 침해했거나 침해할 현저한 위험이 있는 경우에 청구할 수 있다. 따라서 헌법재판소의 권한 쟁의 심판은 행정 기관의 위법한 처분이나 부작위(不作爲)에 대한 강력한 통제 수단이라고 할 수 있다.

마지막으로 행정기관이 공권력의 행사 및 불행사(不行事)에 있어 헌법상 보장된 기본권을 침해한 때에는, 기본권을 침해당한 당사자의 헌법 소원 청구를 통해 기본권을 구제할 수 있다.

특별 검사제에 의한 통제

사법부는 법원과 헌법재판소 이외에도 특별 검사 제도를 통하여 행정 통제를 할 수 있다. 특별 검사제는 대통령을 포함하여 고위 공직자의 비위 또는 비행에 관해 자료를 수집하고 기소(起訴)하기까지 독자적으로 수사할 수 있는 제도를 의미한다. 특별 검사 제도는 1973년 워터게이트(Watergate) 사건을 계기로 미국에서 처음으로 채택되었다. 한국에서는 1999년 9월 30일 김대중 행정부 시절 19개 조항과 부칙 3개 조로 구성된 「한국조폐공사노동조합 파업 유도 및 전 검찰총장 부인에 대한 옷 로비 의혹 사건 진상 규명을 위한 특별검사의 임명 등에 관한 법률」이 제정 · 공포되면서 특별 검사 제도가 실시되었다.

3. 국민, 대중, 시민에 의한 통제

국민은 주권자로서, 통치 권력을 창출하는 주체다. 그래서 통치 권력을 바탕으로 이루어지는 행정은 국민의 통제를 받아야만 한다. '전체로서의 국민'(people)은 주요 정책에 대한 투표나 공직자 선출을 위한 선거를 통해 행정을 통제한다. 공중(公衆, public)은 '다수의 국민'으로서 특정한 사안과 관련하여 행정을 통제한다. 주로 시위, 언론이나 인터넷 등을 통한 적극적 의견 개진을 통해 행정에 관여한다. '양식 있는 시민(市民. citizen)'은 정치력을 발휘하거나 전문가적 의견을 개진하여, 또는 시민 단체를 결성하여 행정에 관여한다.

시민 통제의 효과성에 대해서는 여러 가지 의견이 있다. 현대 사회에서 다수 시민의 의견을 정부가 파악하기도 힘들고, 시민들의 의견도 서로 상반되는 경우가 비일비재하다. 또한, 정치적 후진국에서는 시민들의 의견이 관료 집단에 의하여 조작되는 경우도 있다. 그러나 점차 시민들의 교육 수준이 향상되고 시민 의식이 높아짐에 따라 행정에 대한 시민 통제의 수준 역시 높아지고 있다.

개별 시민에 의한 행정 통제는 주권자로서 가지는 다양한 권리 중 하나로서, 선거 이외에도 주민 투표, 주민 소환, 주민 감사 청구, 주민 소송 등이 있다. 특히 선거는 주민이 갖는 가장 중요한 행정 통제 수단이다. 주권자인 개별 시민이 행정부의 수반인 대통령을 투표로 선출하고, 임기 내 활동을 평가하여 마음에 들지 않을 경우에는 다음 선거에서 투표로 심판을 내릴 수 있다. 따라서 선거는 정책 사안에 대해서 직접적인 통제보다는 포괄적이고 간접적인 통제의 성격을 지닌다.

오늘날 시민 단체들이 정부 정책과 관련하여 찬성 및 반대 집회를 하는 것은 매우 흔하게 볼 수 있다. 시민 단체는 중요한 행정 통제 수단이다. 시민 개개인에 의한 행정 통제는 선거 등 간접적인 통제이지만, 시민 단체에 의한 통제는 뜻을 같이하는 시민들이 모여 자발적으로 이루어진 집단인 만큼 강력한 힘을 가진다. 시민 단체의 특징으로는 각 분야별로 시민 단체가 존재하고 있고, 특정 분야에 대해 보다 전문적인 지식을 갖는 집단이라는 점이다. 따라서 시민 개개인이 이해하기 어려운 부분을 보다 잘 이해하고 있으며, 이러한 전문성을 바탕으로 다양한 활동을 할 수 있다.

2014년 기준, 등록된 비영리 민간단체의 수는 1만 2,060개로 계속 증가하는 추세에 있다. 각 분야별 시민 단체의 대표적인 예로는 바른 정치를 이루기 위한 목적으로 활동하는 경제정의실천시민연합(경실련), 참여연대 등이 있으며, 경제 민주화 실천을 위한 활동을 하는 시민 단체로는 녹색소비자연대, 한국소비생활연구원 등이 있다. 최근 우리나라의 시민 단체들은 정부 정책에 대한 감시와 견제에 큰 비중을 두고 활동하고 있다. 대표적인 예가 지방자치단체의 예산 낭비 감시 및 개발 사업에 대한 타당성 여부에 대한 검사이다. 즉 시민 단체들의 활동을 통하여 일반 시민들이 알기 어려웠던 정보들이 공개되고 있다.

4. 정당과 정치인에 의한 통제

정당은 국민의 이익을 위하여 책임 있는 정치적 주장이나 정책을 추진하고, 공직 선거에 후보자를 내거나 지지함으로써 국민의 정치적 의사를 형성하는 기능을 담당한다. 즉 정당은 국민의 다양한 이해를 결집하여 정치, 행정 과정에 반영시키는 정치 단체이다. 정당이 추진하는 정책이나 정당 소속의 정치인들은 의회 및 정부 부처나 여러 기구에 소속되어 직접적으로 법안 및 정책안을 만들고, 정치 · 행정 과정에 영향력을 미친다. 일반 국민은 이러한 정당의 제반 활동에 참여하거나, 지지함으로써 정당을 통해서 간접적으로 행정 통제를 행하게 된다.

5. 이익 집단에 의한 통제

현대자본주의 사회에서 이익 집단은 매우 중요한 의미를 가진다. 이익 집단은 다원화된 사회에서 같은 이익을 추구하는 사람들이 모여 집단을 이룬 것이다. 자신들에게 이익이 되는 정책을 지지하며, 손해가 되는 정책에는 집단적으로 반발한다. 이익 집단은 정당과 마찬가지로 시민의 요구를 수렴하여 정책 과정에 전달하는 매개체 기능을 한다. 정당과의 차이점은 매개 기능이 정당보다 구체적이라는 점이다. 따라서 이익 집단은 정당의 매개 기능을 보완한다. 특히 이익 집단은 비선거 기간에도 상시적으로 활동한다는 점에서 정당의 기능을 보완하고, 이러한 기능은 정책 결정자에 대해 큰 영향력을 행사하는 근거가 된다.

실제로 정부 정책 결정의 핵심에 접근하기 어려운 시민들의 경우 정부 내의 정책 과정에 대해 실질적인 영향력을 행사하는 것은 매우 어려운 일이다(Sharkansky & Van Meter, 1975). 이런 측면에서 이익 집단의 활동은 민주주의에서 매우 중요하다. 자신들의 이익과 직결되는 정책에 대하여 진정한 요구를 한다는 점에서 정부에게 큰 영향을 미친다.

6. 언론과 인터넷에 의한 통제

오늘날 미디어 정치 시대에서 언론은 새로운 정치 주체로 등장하였다. 여론과 매스

컴은 정치 사회적으로 영향력이 매우 크다. 언론은 자신의 의견 표출, 행정 정보의 공개, 여론 확산을 통해 부적절한 행정을 통제할 수 있다. 언론 본연의 의무는 진실을 밝히고 정의를 실천하는 것인데, 이러한 언론의 공익성은 정보의 홍수 속에서 국민이 민주 시민으로서 알아야 할 정보를 정확하게 전달하고 민주적인 여론이 형성될 수 있는 공론의 장을 매개하는 것이다. 그런데 정치권력의 통제와 조작, 자본의 개입과 간섭, 언론의 상업화 등은 언론의 공익성을 저해하는 요인이다(이효성, 1996: 36-37).

민주주의 하에서 정부와 언론은 상호 긴장관계에 있다. 정부는 효과적인 정책 수행을 위하여 국민의 긍정적인 반응을 이끌어내기 위해 노력한다. 반면, 언론은 정책 수행에 있어 정부의 능력 및 정책적 효과성을 공정히 평가하고 보도한다. 관찰자로서 국민에게 정보를 전달하는 언론의 기능은 정부의 권력 남용을 견제하는 매우 중요한 수단이다. 하지만 자본주의 사회에서 언론은 대중들의 관심을 이끌어내기 위하여 보다 자극적인 이슈에 집중하는 경향이 있어, 객관적인 관점에서의 정보 전달자의 역할을 종종 망각하는 경우가 있다. 예를 들어, 정부와 고위 공직자의 비리나 문제점에만 초점을 맞추어 보도하는 경우다. 따라서 중요한 행정 통제 수단인 언론은 공익성을 담보하고 국민에게 올바른 정보를 전달하려는 노력이 항시 요구된다.

정보통신기술의 발달로 인하여 인터넷(internet)은 여론 형성의 새로운 매체로 자리잡았다. 특히 SNS 등 사용이 확대되면서 이슈에 대한 접근과 논의가 용이해지고 활발해졌다. 시민 누구나 인터넷에서 접속하는 것이 가능해지면서 여러 계층의 정치 참여가 보장된다는 점은 매우 긍정적인 부분이다. 하지만 무분별하고 부정확한 정보도 역시 광범위하게 퍼지게 되면서, 잘못된 여론이 형성되는 경우가 많아지고, 이에 대한 책임을 지는 사람이 없다는 점에서는 부정적인 측면 역시 존재한다.

Ⅳ. 행정 통제의 한계와 발전 방안

행정부의 위상이 점차 높아지고 행정 국가화 현상이 나타나는 시점에서 행정 통제를 통한 권력의 분권은 매우 중요한 사안이다. 하지만 전근대적인 정치 · 행정 문화가 잔존한 상황에서는 효과적인 행정 통제가 매우 어렵다. 효과적인 행정 통제를 위한 제도적 보완은 지속적으로 이루어지고 있지만, 운영 과정에서의 미숙함은 제도 본연의 기능을 발휘하지 못하게 하는 장애 요인이 되고 있다.

행정 통제의 한계 중 하나는 최고 국정 책임자인 대통령의 지시에 따라 이뤄지는 정책에 대해서는 사실상의 통제가 이뤄지지 않는다는 점이다. 그리고 외부 통제를 거의 받지 않는 부서(예: 청와대, 국가정보원)의 조직, 예산이 증가하는데도 불구하고 통제가 효과적으로 이루어지지 못하고 있다.

행정 목표가 공익, 사회적 정의 등 추상적인 경우가 많아 통제의 기준을 설정하기 어려운 경우가 많다. 계량화의 어려움, 성과 측정의 복잡성은 행정 통제의 저해 요인이 되고 있다. 또한, 행정 수요와 행정 환경이 급변함에 따라 정부 관료제의 규모는 계속 팽창하고 기능의 복잡성이 증대하여 행정 체제 내의 분립화, 관할권의 중첩 등 책임 소재 불분명 등의 문제점은 행정 통제를 갈수록 어렵게 하는 원인이 된다. 이외에도 일부 공무원의 권위적 행태, 목적보다 절차를 우선시하는 경직된 행태는 행정 통제의 실효성을 저해하고 있다.

공무원의 직업윤리 미확립 역시 행정 통제의 어려움으로 작용하고 있다. 한국 사회에서는 공무원의 일상적인 부패에 대한 사정 기관의 통제 의지가 약하고, 사법 당국도 이들에게 국가를 위해 헌신한 공로를 참작하는 등 관용을 베풀고 있다. 따라서 부패 공직자들은 자신들이 단속되었어도 반성하기보다는 단지 운이 없다고 생각하는 경우가 많다.

행정 통제를 효율화하기 위해서는 공무원의 개인적 행정 윤리, 행정 제도, 행정 문화를 종합적으로 검토하여 다차원적인 발전 방안을 모색할 필요가 있다. 우선 첫째, 행정 윤리를 제고하기 위해서는 무엇보다 정부의 투명성을 확보하여야 한다. 투명성을 제고하기 위해서 정보 공개법, 정책 실명제, 공직자 재산 등록 제도 등이 있지만, 국민의 알 권리 보장 차원에서뿐만 아니라 행정 비밀주의가 행정 성과를 저해할 수 있으며, 거버넌스 시대에도 맞지 않는 행동 방식이므로 이제 좀 더 실천적이고 적극적인 정보 공개 방안이 마련되어야 한다.

둘째, 내부 윤리 관리 시스템의 정비가 필요하다. 우선 공무원 개인들의 자율적 통제 이전에 공무원들에 대한 바람직한 행동이나 의사 결정의 기준들에 대한 체계적인 윤리 교육이 시행되어야 한다. 공무원 개인의 행동은 단순히 개인적 행정 윤리를 강조하는 것만으로는 해결되지 않는다. 많은 경우 공무원 개인의 행동은 조직적 행동의 일부로서 이루어진다. 따라서 공무원 집단의 부정적 행위를 근절하기 위하여 내부 윤리를 강화하고, 그런 차원에서 내부 감사 시스템의 정비와 활성화가 요구된다. 이미 운용되고 있는 공무원 행동 강령의 내실화도 필요하다.

셋째, 윤리 관련 법 제도의 정비도 필요하다. 기존의 공직자윤리법, 부패 방지법, 공무원 행동 강령 외에 공직자의 이해 충돌 방지를 위한 법 규정이 제정될 필요가 있다. 오랜 논란 끝에 2015년 3월에 제정된 소위 '김영란 법(부정청탁 및 금품 등 수수 금지에 관한 법률)'에서도 공직자 이해 충돌의 내용은 포함하지 않고 있는데, 미국 등에서는 '백지 신탁(blind trust)'과 같은 제도로서 공직자의 이해 충돌을 방지하고 있다. 우리나라는 2005년에 고위 공직자의 보유 주식의 직무 관련성을 심사해 직무 관련성이 있는 주식에 대해서 공직 취임 전에 매각하거나 백지 신탁하게 하는 주식 백지 신탁 심사 제도를 도입한 바 있는데, 이의 적극적 추진이 요구된다. 마지막으로 이러한 윤리적, 제도적 개혁 이외에 궁극적으로 사회 전체적인 차원에서, 작게는 정부 전체 차원에서 청렴하고 성실하며, 책임 있는 행정 문화를 조성하는 것이 필요하다. 행정 문화의 변화는 많은 시간이 소요되는 것이므로 행정 통제를 주관하는 당국이나 지도자는 체계적인 종합적인 계획을 수립하여 실천해나갈 필요가 있다. 행정 공무원 개인, 부서, 각 기관과 정부 부처에서 청렴하고 책임 있는 행정 문화가 형성될 때, 균형 잡힌 행정과 공동체를 지향하는 행정 서비스 창조, 거버넌스적 참여와 소통, 협력에 의한 서비스가 확대될 것이다.

제11장 행정 윤리

Ⅰ. 행정 윤리

1. 행정 윤리란 무엇인가?

행정 윤리(行政倫理. administrative ethics)는 행정 담당 공무원들이 갖추어야 할 윤리다. 윤리는 사람(人)이 지켜야 할 도리(道理)인데, 한 인간으로서의 '사람다움'과 사회 속에서의 '바람직한 질서(秩序)'를 동시에 포함하고 있다. 행정 윤리는 행정 담당 공무원들의 사람다움, 공무원다움을 말한다. '사람답다'라는 면에서 공무원은 선한 인간 본성을 잘 갖추고 있어야 하고, '공무원답다'라는 면에서 행정을 담당하는 공직자의 반듯한 모습을 지니고 있어야만 한다.

사람이 지켜야 할 도리, 즉 '사람다움'에는 어떤 것들이 있을까? 배고프면 먹고, 졸리면 자야 하는 것이 사람다운 것이다. 좋은 사람을 만나면 사랑하고 싶고, 역겨운 사람을 보면 찡그리는 것이 '사람다운 것'이다. 다른 사람과 더불어 살아가야 하는 사회 속에서는 '도둑질하지 마라' '사람을 죽이지 마라' '거짓말하지 마라'와 같은 기독교의 십계(十戒), 우리 전통의 오상(五常. 仁義禮智信), 삼강오륜(三綱五倫), 초등학교 도덕책에 나오는 잠언(箴言)들이 '바람직한 질서' 윤리 덕목에 해당될 것이다. 우리는 이런 덕목들을 잘 갖추는 일을 '도덕적' '윤리적'이라고 한다.

행정 공무원들의 '공무원다움'에 해당하는 덕목은 어떤 것들일까? 다음 공무원 윤리 헌장을 보면 어느 정도 가늠해 볼 수 있다.

〈공무원 윤리 헌장〉

(제정 1980.12.29. 대통령훈령 제44호, 시행일 1999.1.1.)

우리는 영광스러운 대한민국의 공무원이다. 오늘도 민족중흥의 최일선에 서서 겨레와 함께 일하며 산다. 이 생명은 오직 나라를 위하여 있고, 이 몸은 영원히 겨레 위해 봉사한다. 충성과 성실은 삶의 보람이요 공명과 정대는 우리의 길이다. 이에 우리는 국민 앞에 다하여야 할 숭고한 사명을 민족의 양심으로 다지며, 우리가 나가야 할 바 지표를 밝힌다.

○ 우리는 민족사적 정통성 앞에 온 신명을 바침으로써 통일 새 시대를 창조하는 역사의 주체가 된다.
○ 우리는 겨레의 엄숙한 소명 앞에 솔선 헌신함으로써 조국의 번영을 이룩하는 민족의 선봉이 된다.
○ 우리는 창의적 노력으로 최대의 능력을 발휘함으로써 민주 한국을 건설하는 국가의 역군이 된다.
○ 우리는 불의를 물리치고 언제나 바른 길만을 걸음으로써 정의사회를 구현하는 국민의 귀감이 된다.
○ 우리는 공익 우선의 정신으로 국리민복을 추구함으로써 복지국가를 실현하는 겨레의 기수가 된다.

〈공무원의 신조〉

1. 국가에는 헌신과 충성을 1. 국민에겐 정직과 봉사를 1. 직무에는 창의와 책임을
1. 직장에선 경애와 신의를 1. 생활에는 청렴과 질서를

2. 공무원의 윤리적 고민

충무공 이순신 장군의 유명한 전투인 명량해전을 다룬 영화 〈명량〉이 한동안 장안의 화제였다. 컴퓨터 그래픽을 적극적으로 활용한 영화의 스펙터클한 전투 장면도 많은 관객을 끌었던 주요 요인이었겠지만, 절체절명의 상황에서 이순신 장군이 공직을 수행하며 보여준 투철한 윤리의식과 책임감에 우리 국민은 더 큰 박수를 보낸 것으로 보인다. 영화 중간쯤에 이순신 장군은 명량해전이 있기 전날 밤 전장에 나가는 것을 말리는 아들 회(薈)의 질문에 응대하는 장면이 있다. "장수된 자의 의리는 충(忠)을 좇아야 하고 충은 백성을 향해야 한다. 백성이 있어야 나라가 있고 나라가 있어야 임금이 있는 법이지." 승리가 불가능할 것 같은 전투를 그가 포기할 수 없었던 이유는 바로 조선의 백성이었던 것이다.

사실 장수된 자로서의 이순신의 충성은 백성뿐만 아니라 동시에 직접 책무를 부과한 절대 상관인 임금에게도 향해야 할 것이다. 이렇듯 '상충하는 충성심'에 윤리적 딜레마, 즉 책임의 충돌이 존재하기 마련이다. 오늘날 공직자가 윤리적 딜레마를 경험하는 가장 전형적인 방식 역시 상충(相衝)하는 충성심과 책임의 범주를 벗어나지 않는다고 본다. 공직자가 경험하는 행정 책임의 충돌은 일반적으로 권위의 충돌, 역할의 충돌, 이해관계의 충돌로 범주화될 수 있을 것이다.

프레데릭 모셔(Frederick Mosher 1968)의 표현처럼, "공적이든 사적이든 책임이야말로 모든 행정 용어 가운데 가장 중요한 말이다". 책임은 공직 윤리를 행하는 데 있어 핵심개념이므로, 공직자는 어느 쪽을 선택하더라도 큰 대가를 지불해야 하는 두 범주의 기대나 성향 사이에서 갈등하게 된다. 이른바 "해도 비난받고 하지 않아도 비난받는다."라는 표현처럼 공직자는 양립할 수 없는 대안 사이에서 고뇌하는 경우가 허다할 것이다.

문제는 우리가 이러한 딜레마를 윤리 문제가 아니라, 현실 문제로 치부한다는 데 있다. 그렇지만 기본적으로 이 상황은 의식적이든 아니든 간에 우리의 여러 가치와 역할에 서열을 매겨야 한다는 점에서 현실 문제이자 윤리 문제인 것이다. 공직 윤리의 측면에서 딜레마는 둘 또는 그 이상의 경쟁하는 가치가 똑같이 중요하면서도 상충적인 경우를 말한다. 이 경우 가치는 압도적인 다수의 국민에 의해 오랫동안 유지되어온 신념, 정념 및 원칙으로서 개별 공직자의 도덕 선택의 핵심이 된다. 그러므로 선택에서 가치의 역할을 이해하는 것이 행정의 윤리 쟁점을 해명하는 데 결정적으로 중요할 것이다. 특히 행정인이 경쟁적이고 상호 배타적인 가치, 예컨대 조직 내 상사의 잘못된 지시와 시민의 공동선에 대한 간접적인 고려를 두고 선택해야만 하는 상황에서 더욱 절실하다. 이렇듯 조직의 명운과 사회의 복리가 윤리적 의사 결정 과정과 직결되어 있음에도 오늘날 우리 사회는 현실 문제에 급급한 나머지 가치에 대한 성찰은 뒷전이고 행위에만 집착하는 경향을 보인다.

행정 윤리의 정치성

공무원들에게 요구되는 행정 윤리 덕목들은 대체로 어느 시기, 어느 국가에서도 요구되는 것들이다. 거의 완벽할 정도의 '사람다움' '공무원다움'을 요구하고 있다. 이런 덕목들은 공무원 스스로 노력하여 갖추기도 하지만, 법규에 의해 강제되는 수도 있다. 그런데도 불구하고 현실에서는 부정부패에 대한 논란이 끊이지 않고, 공무원들의 자질에 대해 의문을 가진 사람들이 많기만 하다. 또 수시로 행정 개혁, 공무원 개혁을 외치면서 발전적 변화를 꾀하고 있다. 공무원들은 행정 환경 변화에 따라 자신들의 사고방식과 행동을 변모시켜야 할 때도 있다.

최근의 공직 윤리 논쟁은 과학행정 패러다임이 불러온 윤리 공백에 대한 반성으로 촉발되었다. 미국에서 닉슨 대통령이 사임한 1970년대 초, '신 행정'(New Public Administration) 운동을 표출한 젊은 학자들은 상부의 지시를 집행만 하는 가치 중립적인 공직자들의 태도를 문제 삼았다. '책임 있는 공직자'는 단순히 선출직 공무원의 중립적인 도구가 아니라, 정책 과정에서 전문 직업상의 윤리 원칙인 사회적 형평과 시민 참여에 준해 재량권을 행사할 수 있어야 한다고 주장하였다.[1)]

이러한 측면에서 공직 윤리는 "행정의 정치 이론"(쿠퍼 2013, 84)이라 할 수 있으며 행정 윤리, 정치 윤리, 정책 윤리를 포괄하는 광의의 개념이다. '공직' 윤리(public ethics)와 '행정' 윤리(administrative ethics)는 거의 동의어로 사용된다. 그러나 그동안 행정 윤

1) 신행정의 출현 이후 근 40년 동안 두 차례 더 미노부룩 회의가 열렸다. 신행정 회합 20주기를 기념하는 1988년 제2차 미노브룩 회의에서 제시된 주요 안건은 이제 가치와 윤리가 신행정분야의 핵심이라는 점이었다. 이러한 가치는 2008년의 제3차 미노브룩 회의에서도 두드러졌다. 이 회의에서 새롭게 등장하는 신진 학자의 지지층은 행정분야에서 점증하는 다양성을 반영하고 이에 대한 협력증대의 방안을 제안하며, 이론과 실천을 매개하는 데 공중의 개입에 대해 중점적으로 논의했다.

리가 과학적 전문성과 기술적 합리성을 강조하면서 고객 중심의 접근 방법을 제고하는 경향을 보였던 반면에, '공직 윤리'는 기존의 정치적 기풍이나 국민성을 규범적으로 검토하는 의미로 정의될 수 있다(Cooper 2001, 264).

테리 쿠퍼(Terry L. Cooper, 1938~)는 책임 있는 행동에 도움이 되는 '의사 결정 과정과 조직의 조건'을 집중적으로 조명하고자 했다. 공직 가치와 규범 체계를 행정 영역에서도 체계적으로 다루고자 시도하였다. 덴하트(Kathryn G. Denhardt)도 개인의 윤리적 발달이나 조직 맥락 강조와 함께 공직 윤리를 윤리적 의사 결정에 도달할 수 있는 숙의(熟議), 자료 수집, 가치 우위 정하기의 과정으로 이해하고자 하였다.

3. 행정 윤리의 실천성

행정이 윤리로 진지하게 다가갈 때 공직 윤리가 제대로 둥지를 틀어야 할 곳은 실천 철학임이 분명하다(Denhardt 1988, 184). 철학적으로 공직 윤리는 두 흐름의 윤리 정향, 즉 '의무론적'(義務論的, deontological) 정향(定向)이나 '목적론적'(目的論的, teleological) 정향에서 생각해볼 수 있다. 공직 윤리에 대한 의무론적 접근 방법은 행위 결과와 관계없이 정의, 자유나 진실성과 같은 어떤 윤리 원칙에 대한 우리의 의무에 초점을 둔다. 목적론적 공직 윤리는 행동의 목적이나 결과에 더 큰 관심을 보인다. 이는 공리주의 및 최대 다수의 최대 행복 계산과 결부되어 있는 입장이다(샌델 2010 참조).

모든 공공서비스가 본래 이성의 사용(the use of practical reason)에 뿌리를 내리고 있다면, 공직자들은 어떤 범주의 실천 이성을 활용할 것인가? 공공서비스는 특정 사례가 어떤 법 조항에 저촉되고, 왜 그런지에 대한 정치적 · 윤리적 판단을 통해서 이루어질 수 있다. 따라서 자신의 이성을 사용하는 일은 용기 있는 행위임이 분명하다(Stivers 2008, 25-33 참조). 성찰적 공직자가 활용할 수 있는 실천 이성으로 우리는 대략 다음 세 범주를 생각해볼 수 있다. 즉 실천 이성은 '실용', '윤리', '도덕'의 차원으로 구분된다(Habermas 1993).

첫 번째 실용적 차원의 실천 이성은 공리주의에서 유래하며, 가능한 한 사적 이익의 축적을 그 목표로 한다. 이러한 이성은 다른 사람 또는 집단과 의사소통적인 교섭을 할 때 자신의 이익을 극대화하고 비용을 최소화하려는 공리적 계산(utility calculus)을 중심으로 작동한다. 오늘날 경제학, 사회과학 전반, 정책 결정 과정에서 선호하고 있는 합리성은 이러한 합리적 선택 모형에 의존하고 있다(Denhardt 1988, 48-52).

이에 반해서 세 번째 도덕적 차원의 실천 이성은 의무론적 윤리를 강조하는 칸트의 정신에 따라 작동하며, 누군가가 도덕적인 관점에서 판단하는 데 요구되는 필수적인 논증(argumentation)의 전제와 불편 부당성을 강조하게 된다. 개인 차원에서는 행동의 결과보다 행위의 선한 동기와 개별적 · 공적 자율성이 중요하다. 자율적으로 행동한다는 것은 천성이나 사회적 관습에 따라서가 아니라 '내가 나에게' 부여한 법칙에 따라 행동하는 것이다. 이렇듯 자율적으로 행동한다 함은 곧 자유롭게 행동하는 것이 된다. 이러한 관점에서 실천 이성은 상황 지어지지는 않지만 보편적으로 타당한 삶의 형식, 어떤 준칙이 만인에 의해서 인정될 수 있는 한 정당화되는 규칙의 절대 구조(예컨대, 점차 각국의 시민에 의해서 의견일치를 보이고 있는 인권)를 지향한다. 따라서 세 번째 유형은 공리주의 유형과 달리 그 기준이 "상대적인 당위"가 아니라 보편타당성을 주장하는 정언적(categorical)이거나 무조건적인 원리가 된다.

이 양자 사이에 윤리적 차원의 실천 이성이 존재한다. 잘 알려진 것처럼, 윤리적 실천 이성은 아리스토텔레스의 윤리나 헤겔의 변증법적 철학에서 기인한다. 독일의 19세기 철학자 헤겔은 자신의 객관 정신과 도덕성을 윤리적 삶(ethical life)의 지향 과정에서 공동적이면서도 개인주의적인 자유 개념이 종합될 수 있음을 보여주고자 했다. 이렇듯 윤리 차원에서 볼 때 자유는 소극적 자유와 적극적 자유로 구별된다. 소극적 자유는 누군가를 간섭하지 않는 한 그대로 두는 것에 관한 것이다. 반면에 적극적 자유는 정치권력을 이용해 인간의 잠재성을 계발하는 자유의 순기능적인 해석을 담고 있다. 여기서 조심해야 할 부분은 소극적 자유가 자유방임적인 개인주의 그 이상임에도 자칫 공동체를 강조하는 실천 이성이 적극적 자유에 대한 과도한 해석으로 인해 자칫 소극적 자유를 경시할 가능성이 있다는 점이다. 따라서 두 번째 차원인 윤리적 삶은 다만 세 번째 차원의 도덕성으로부터 구분되는 것뿐만 아니라 공리주의적 유형으로부터도 구분되어야 하며, 이 양자는 두 번째 차원의 규제적 이념으로 기능함을 알 수 있다.

실용 차원의 실천 이성은 목적론적(결과론적) 정향과 상응하고, 도덕 차원의 실천 이성은 의무론적(의무 지향적) 정향과 상응하며, 윤리적 의사결정 모형은 이 두 정향의 결합으로 이해된다. 앞의 두 접근 방법은 최선의 결과를 추구하면서 최대 다수의 최대 행복을 계산하는 공리주의에서처럼 행동 과정의 결과물을 저울질한다(프랑케나 2003, 제3장 참조). 후자의 접근 방법은 어떤 의무가 우선적인가를 결정하는 탐색에서 정직성이나 정의와 같은 윤리 원칙에 초점을 둔다(벨머 2009, 제1장 참조).

실제로는 위 두 접근 방법을 완전히 분리할 수 없기에 쿠퍼의 윤리적 의사결정 모형의 경우 양자를 포괄한다(쿠퍼 2013, 47). 그럼에도 쿠퍼와 같은 공동체주의자는 윤리 차원의 실천 이성에서와같이 원칙이나 원자처럼 독립된 개인이 아니라 맥락으로부터 시작하고자 한다. 개인은 진공상태에서 선한 행동이나 악한 행동을 하지 않는다는 것이다. 이러한 맥락에서 공직 윤리는 개인이 형성되었던 사적인 맥락과 공동적-역사적 맥락 사이의 상호변증법적 인과성을 중시한다. 사실 이 맥락이 없는 인간 개개인은 지각 불가능한 암호에 불과할 뿐일 것이다.

행정 윤리적 딜레마(dilemma)

1944년 8월 파리에 주둔해 있던 히틀러의 독일 부대, 콜티즈 육군 대장은 큰 고민에 빠졌다. 히틀러는 파리를 방어하는 것은 군사적 측면뿐만 아니라 정치적으로 대단히 중요하기에 콜티즈 장군에게 전세가 불리한 경우 파리를 파괴하라는 명령을 내렸다. 전세가 극단적으로 불리하게 전개되자 콜티즈는 결정 상황에 직면했다. 최고 상관인 히틀러의 명령에 복종해야 할 것인가? 이 아름다운 도시 파리를 박살 내야만 하는가? 지시-복종의 군대 규율에 따른다면 당연히 히틀러의 명령을 따라야만 하지만, 마음속으로는 갈등이 깊어졌다.

행정 공무원은 이처럼 양립 불가능한 긴박한 상황, 이러지도 저러지도 못하는 윤리적 모호성 상태에 곧잘 빠져든다. 윤리적 딜레마는 사건이 앞으로 어떻게 전개될지 불확실하기 때문에 발생하기도 한다. 한국은행에서는 디플레이션 경기를 막기 위해 금리를 내려야 할 것인가? 아니면 올려야 할 것인가? 북한의 김정은이 저리도 전쟁광이 되어 있는데, 북한 동포를 위해 식량 지원을 계속해야 할 것인가?

거의 모든 공공조직에서 다음과 같은 세 가지 대립 구도가 나타날 수 있다. 첫째, 생(生)과 사(死), 즉 탄생(birth)과 필멸(death)의 대립이다. 이는 조직 내의 생존 여부, 즉 조직 내 '맥락화'(contextualization)와 '탈맥락화'(de-contextualization)라는 이중 구조 안에서 경험하는 대립이라 할 수 있다. 예컨대, 문제 사병으로 낙인찍힌 관심 병사나 비정규직 직원이 부대나 조직 내에서 고군분투하는 모습이 이러한 경우에 해당할 것이다. 이러한 대립은 아렌트의 '탄생성'(natality)과 '필멸성'(mortality)의 개념 쌍에서 기인한다. 둘째, 내부(inner)와 외부(outer)의 대립이 있다. 이는 조직 내의 집단적 정체성(a collective identity)으로 경험하게 될 '우리'라는 내 편과 '그들'이라는 네 편의 갈등 상황이라 할 수 있다. 집단적 정체성은 조직 구성원들 사이에서 강한 동일화를 낳는 정념적·정서적 투입(a passionate affective investment)을 통해서 형성된다(Mouffe 2013, 46 참조). 마지막으로 거의 모든 조직 형태에 미만해 있는 계층 구조로서 상(above)과 하(below)의 대립이 있다. 이는 헤겔과 마르크스가 주인과 노예의 비유를 사용해 모든 사회관계를 구조화하는 장치이기도 하다(Koselleck 2002, 236-264).

사실 어떤 공공조직 내에서 대립적 경험은 화해 불가능한 적대(antagonism)라기보다는 경쟁이나 고뇌(agonism)의 의미에서 "고뇌의 학"(agonistics)에 가까운 경험이라 할 수 있다. 모든 윤리 교육이 고대 그리스 비극을 외면할 수 없는 이유가 바로 여기에 있다. 그리스 비극의 여주인공 안티고네의 윤리적 딜레마는 가족애의 관행과 시민법 양쪽에 충성할 의무를 지고 있다는 데 있었다. 그녀에게 가족과 도시라는 이중 구속은 피할 수 없는 것이다. 이 비극적인 대립은 미제로 남아있다. 그래서 그리스 시인 아이스킬로스는 "고통받는 것이 이해하는 것이다(pahtei mathos)."라고까지 했다.

> "한 장관은 '청와대 특보와 경제기획원'에 가장 신경이 쓰인다고 한다. 장관은 다음과 같이 말한다. "대통령에게 제일 신경 씁니다. 아침 일찍 또는 늦은 밤에 소집하여도 가야 하니까요. 또 하나는 솔직히 말씀드려 밑의 공무원을 못 믿겠습니다. 그래서 결재 올릴 때 꼭 장관이 선택을 할 수 있는 몇 개의 대안을 올리라 해서 그 대안 중에서 하나를 고릅니다"(이문영 1996, 374).

Ⅱ. 윤리적 의사결정과 설계적 접근 방법

> 우리는 사랑하는 사람들 앞에서는 용감해질 수 있고, 자신의 고용주 앞에서는 소심해지며, 자녀에게 지시할 때는 원칙주의자가 되고, 어떤 비밀스러운 유혹을 받으면 부패하게 된다. 우리는 진지하기도 하고 경솔하기도 하며, 떠들썩하기도 하고 조용하기도 하며, 공격적이기도 하고 쉽게 머뭇거리기도 한다. …… 그렇기는 하면서도 우리는 망가지거나 미치지 않는 한, 보통은 우리가 누구인지에 대한 비교적 분명한 감(感)을 가지고 있다(살만 루시디의 〈타

임〉지 기고문, 쿠퍼 2013, 62f.에서 재인용).

1. 공직 윤리에서 법치의 중요성

얼마 전 서울중앙지법 형사21부는 2012년 대통령 선거 당시의 국가정보원 댓글 판결을 선고했다. 당시에 국정원이 조직적으로 '정치 개입'을 한 것은 맞지만, '선거 개입'을 한 것은 아니라고 하면서 공직 선거에 관한 무죄 판결이 내려졌다. 담당 판사는 필시 국정원의 정치 개입과 선거 개입을 놓고 많은 고뇌를 했을 것이다. 사회적 파장이 큰 이 판결을 두고, 어떤 판사는 법원 내부 게시판을 통해서 정의를 위한 판결인지 사심(私心)이 가득한 판결인지 공개적으로 물었다. 재판 과정에서 판사야 형식적으로 사실에 의거해서 법대로 판단하면 되는 것이지만, 다른 한편 공직자로서 담당 판사는 사심과 양심, 주관적 책임과 객관적 책임을 두고 윤리적 의사결정의 과정을 밟지 않으면 안 되었을 것이다.

> 오늘날 세계에서 시행되고 있는 민주주의는 법치주의와 관련이 있고 정치과정에서 대변되지 않거나 잘 드러나지 않는 사람들을 보호한다. 그래서 민주주의는 잘 작동하는 계층제 조직과 평등주의 옹호자를 필요로 한다. 계층제적 권력자(hierarchs)는 민주적 거버넌스의 모든 규칙과 규정이 집행되는 것을 확실히 하고, 반면에 평등주의자는 정치 지도자가 정치 과정에서 대변되지 않는 사람들을 위해 제공할 수 있도록 장려한다(Shin 2012, 88).

세월호 비극을 경험한 우리 국민에게 자유는 법에 '맞서서' 환기되는 개념, 즉 자의성이 아니라 모든 자의성의 배제와 극복에서 찾아야 할 것이다. 법 안에서 자유의 중요성을 최초로 갈파한 루소와 칸트는 자유의 의미와 목적이 인간을 법의 억압과 제약으로부터 해방하는 것이 아니라, 모든 개인이 자기 자신에 관해 수립한 불가침의 엄격한 법에 예속될 필요가 있음을 강조했다. 그래서 루소는 윤리적 자유가 없는 정신적 자유가 인간에게 그 어떤 이득도 없다고 보았다.

말할 것도 없이 윤리적 자유를 성취하기 위해 필수적인 것은 사회 질서의 근본적인 개혁일 것이다. 근본적인 개혁의 요체는 무엇이며 어떻게 가능할까? 개혁의 출발점은 법으로부터의 해방이 아니라 법에 대한 승인이 되어야 할 것이다. 이러한 승인으로부터 사회 질서와 자유의 진정한 성격이 규정된다. 루소식으로 표현하면, 자유의 본성은 시민의 공통적 · 이성적 의지인 일반 의지(*volonté générale*) 내에서 실현될 수 있다. 인간의 세 가지 의지, 즉 자기 이익만을 추구하는 개인 의지, 통치의 이익에만 관여하는 집단 의지, 전체로서 시민의 의지인 일반 의지 가운데에서 일반 의지만이 인간의 행위를 본능에서 정의로, 육체의 충동을 의무로, 욕망을 법으로 바꾸어 놓을 수 있다(루소 1999, 26; 루소 2003, 840).

우리 인간에게 "일반 의지는 항상 가장 약하며, 집단 의지는 두 번째이고, 개별 의지가 모든 것 중에 가장 우선한다. 따라서 누구나 저마다 자기 자신이 첫째이며, 그다음이 위정자이며, 그다음이 시민이다"(루소 2003, 841). 결국, 모든 개인의 의지와 자유가 다른 사람의 자유와 공존할 수 있기 위해서는 무엇보다 법에 대한 존중, 즉 모든 자의성을 일소할 수 있는 법의 내적 필연성이 전제되어야 할 것이다.

2. 이성의 공적 사용으로서 윤리적 의사 결정

대부분의 공직자는 특정한 조직의 환경 속에서 자신의 이성을 사용해서 공무(public service)에 필요한 의사 결정을 내리고자 한다(Stivers 2008, 27-33). 루소에 이어 자신의 시대를 앞서갔던 칸트 역시 공적 삶에서 어떤 후견인 없이 자신의 지성과 이성을 사용할 수 있는 능력을 높이 평가했다. 윤리적 의사결정에서 이루어지는 윤리적 판단에서도 이성의 사용, 특히 '이성의 공적(公的) 사용'이 중요하다. 칸트에게 이성의 공적 사용은 한 개인으로서 모든 것을 비판하고 판단할 수 있는 정신적인 자유의 영역에 속한다. 이성의 공적 사용에서처럼 개인의 수준에서 우리는 윤리적 행동 방안을 추론하는 데 거의 어떤 어려움도 없지만, 자신의 윤리적 결정이나 판단을 실행에 옮기고자 할 때는 문제가 달라진다. 사회 제도 내의 집행 과정에서 무엇보다 중요한 것은 자신이 소속된 조직의 구조와 문화의 특징에 대한 고려이다. 이는 칸트가 언급하는 '이성의 사적(私的) 사용' 또는 '시민적 자유'처럼 자신에게 맡겨진 어떤 시민적 지위나 공직 범위 내에서 이성을 사용하는 경우를 의미한다. 이성의 사적 사용에 있어서 누구도 자신이 속해 있는 제도와 조직의 권위로부터 자유로울 수 없을 것이다.

윤리적 의사결정(倫理的 意思決定)을 하고자 할 때 가장 중요한 것은 시종일관 "기술적(記述的)–분석적인" 접근 방법을 견지하는 일일 것이다. 사실 공직 윤리는 기술적인 관점이나 규범적인 관점에서 논의될 수 있는 사안이다. 기술적인 차원에서 윤리는 근본이 되는 가정을 밝혀 이들이 행동과 어떻게 관련되는지를 드러내려고 한다. 이에 반해 규범적인 측면의 윤리는 특정한 행동 방침이 구체적 상황에서 다른 방침보다 더 낫다는 것을 제시하고자 한다.

기술적 접근 방식을 강조하는 윤리적 의사결정 모형은 단순히 합리적이거나 원칙 중심적이지만은 않다. 본질적으로 이 모형에 윤리적 의사결정과 행동의 정서적인 차원을 반영하는 것이 중요하다. 그러기 위해서는 윤리적 의사결정을 진행하며 단선형적인 과정과 비선형적인 과정을 동시에 가동할 필요가 있다. 전자는 윤리 문제를 지각하고 윤리적인 상황을 기술하며, 윤리적 쟁점을 정의한 후에 가능한 대안들을 찾아보고 그 대안을 선택하는 과정이다. 이에 반해서 후자는 도덕 규칙, 윤리 원칙, 자아상, 정치 공동체의 규범을 포함한 여러 핵심 요소의 부합 관계를 탐색하는 과정이라 할 수 있다. 특히 비선형적인 과정에는 상황에 대한 명확한 이해, 강령이나 가치 하위 체계를 인도하는 관련 역할의 이해, 가능한 모든 대안에 관한 고려, 각 대안의 결과에 대한 광범위하고 상상력이 풍부한 투영 및 예견적 자기 평가와 같은 이른바 '도덕적 창의성' 또는 '브레인스토밍'이 요구된다.

윤리적 의사결정의 단선형적 · 비선형적 과정을 확인하기 위해 앞에서 간단히 소개했던 콜티즈 육군 대장의 사례로 되돌아가 보자. 육군 대장은 히틀러의 명령을 받자마자 심각한 고민에 빠져들었을 것이다. 무엇보다 그는 긴박한 상황에서도 자신이 처한 상황을 신속히 기술하며 윤리 쟁점을 다음 두 방식으로 정리하고자 했을 것이다. 그가 선택할 수 있는 대안은 군인으로서 직속상관의 명령에 복종하는 것과 명령 불복종으로 상관의 처벌을 받을지라도 인류의 문화유산이 가득한 파리를 파괴하지 않는 것이었다. 여기까지는 의사결정의 단선형적 과정이다. 이후부터는 비선형적 과정으로서 아래 [그림 11-1]의 원 내부에 있는 네 요소 간의 부합 관계를 찾는 과정에 해당한다. 이 지점에서 콜티즈 장군은 도덕적 상상력을 발휘해 자신만의 투철한 군인정신, 도덕적 · 윤리적 원칙, 파리라는 도시의 인류 보편적 가치 및 예견적 자기평가를 두고서 '브레인스토밍' 하느라 여념이 없었을 것이다. 이처럼 긴박하게 예행연습을 한 연후에 그는 자신의 최종 결정을 실행에 옮길 것이다.

'파리의 구세주'로 평가받는 콜티즈 장군의 용단에 기본적으로 요구되는 것은 무엇

[그림 11-1] 윤리적 의사 결정의 처방 모형

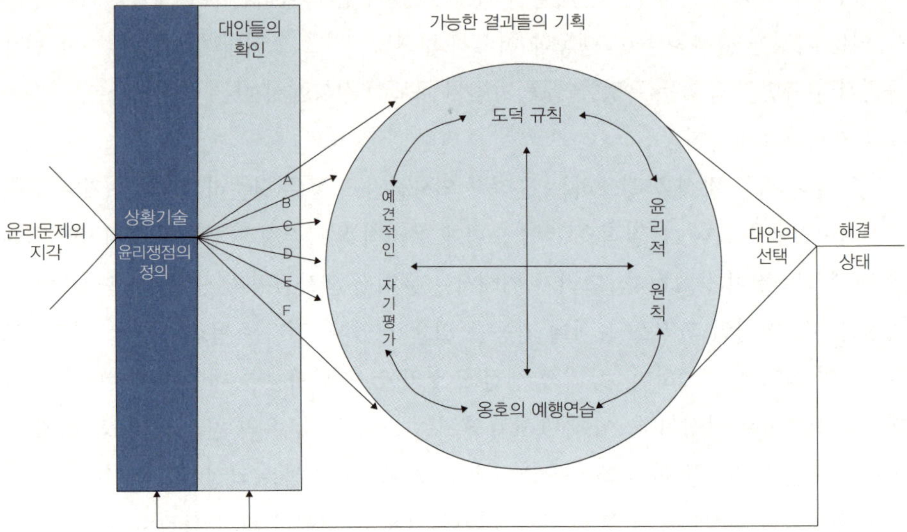

일까? 아마도 그것은 '조직 내 윤리적 자율성을 견지하는 일'과 '적국의 수도 파리의 보편적 가치가 자국의 위대한 문화유산과 다를 바 없다고 느끼는 공감 능력'이었을 것이다. 우리는 후자를 '상상된 공감'(imagined sympathy, 헌트 2009, 39)이라 부를 수도 있다. 이른바 콜티즈 장군의 상상된 공감과 명량해전을 앞둔 이순신 장군의 깊은 시름을 테리 쿠퍼식으로 표현하자면 다음과 같다. "우리의 마음속에 실재 배역, 믿을 만한 각본, 분명한 영상을 가진 영화를 생산하는 능력이다. 우리가 만드는 영화는 스테레오 음향과 복잡한 줄거리를 가지고 있는 총천연색 장편 서사 영화라기보다는 오히려 슬라이드 쇼나 흔들리는 흑백의 무성 멜로드라마와 더 유사할 것이다. 각 대안의 가능한 결과를 예측함에 있어 우리의 상상이 풍요로울수록 윤리적 의사결정은 더 향상된다"(쿠퍼 2013, 47).

이것 아니면 저것 식으로 생각하려는 경향을 피하고 우리의 상상력을 활용해서 '다양한 경쟁적 행동방침'에 대해 '드라마 같은 예행연습'으로 실험하는 과정이 바로 '숙의'(熟議; deliberation)이다. 홈즈의 보통법 경우에서처럼 윤리적 의사결정 모형을 옹호하는 논리 역시 단선형적인 삼단논법의 계산이 아니라 앞서 언급한 브레인스토밍 과정에 떠오르는 요소들 간의 비율과 균형을 잡아주는 '미학적 또는 비유적 논리에 더 가까운 무엇'(48)이라 할 수 있다.

그러므로 윤리적 의사결정 과정에서 중요한 능력은 경험으로부터 이론화하고 일반화하는 '운영상의 윤리'(an operational ethic) 역량과 관계있다. 구체적인 행정 상황에서 전문 직업적인 책임을 규정하는 과정과 실제 의사결정에서 윤리 문제에 관해 생각하는 기량이 함양되는 과정을 '운영상의 윤리'라 할 수 있을 것이다. 운영상의 윤리 과정을 통해 우리는 윤리의 가장 중요한 요소인 진실성(integrity)을 이루어간다. 이러한 맥락에서 진실성은 단일한 성품이나 몇몇 특정한 역할에 제한되는 것이 아니라, 오히려 합리적 분석력, 도덕적 판단, 창의성 및 직관 능력을 포괄하는 가운데 세계의 경험을 계속해나가는 복잡한 상태이다.[2] 급기야 행정상의 정치가 이루어지는 공직 윤리의 '공공성'(公共性)은 바로 이러한 윤리적 결단과 판단이 이행되고 축적되는 과정에서 드러나게 될 것이다.

3. 윤리적 의사결정에서 설계적 접근으로

지금까지 살펴본 윤리적 의사결정은 어디까지나 개인적인 차원에서의 윤리 결정이다. 우리가 어떤 결단을 두고 홀로 고심하건 직원이나 상사와 같은 다른 누군가와 논의하건 간에 우리는 그 상황을 스스로 기술하고 윤리적 판단을 내리게 된다. 공직 윤리 연구의 초기에는 주로 개별적 의사 결정자를 강조한 나머지 윤리적 사고와 행동을 지지할 수 있는 조직을 설계하는 일에는 관심이 미치지 못했다. 따라서 대부분의 연구는 개인적인 차원에서 어떤 결정에 따르는 윤리적 행위에 기여하는 윤리적 의사결정과 특성을 통해 윤리적 난국을 언급하는 데 치중했다. 하지만 현실 행정 세계의 윤리 문제를 해결

2) 테리 쿠퍼는 운영상 윤리의 중요성을 다음과 같이 역설한다. "우리의 기본 관심사는 실제 의사결정에서 타결된 바로 이 운영상의 윤리이다. 윤리적 언어로 표현하면, 운영상의 윤리가 시간이 지나면 어떤 사람의 전문직업적 품성의 실체가 된다. 이 품성은 특정한 방식으로 행동하게 하는 경향이나 성향(predisposition)을 만든다. 이것이 '품성'(character)이라는 용어의 의미를 이해하는 일상적인 방식이다"(쿠퍼 2013, 24). 또한 그는 말하기를, "우리가 전문직업윤리에 대한 합리적 이해를 내재화하고 몇몇 윤리적 의사결정기량을 습득했다는 것이 반드시 거기에 따라 행동하리라는 것을 의미하지는 않는다. 우리가 윤리적 행동으로 알고 있는 것을 이행하도록 성향 지어진다는(predisposed) 것 또한 아주 중요하다. 이는 우리가 윤리적으로 행동하려는 일련의 태도와 철저한 의지를 가지고 있다는 말이다"(쿠퍼 2013, 222).

하기 위해서는 조직의 문화와 구조도 고려해야 할 것이다.

개인적인 차원에서의 윤리적 의사결정과 실제 공공조직 내에서 윤리적 결단의 집행 과정 사이에도 커다란 간극이 존재하기 마련이다. 이는 마치 칸트가 말하는 시민적 자유의 정도와 시민이 향유할 수 있는 정신적 자유가 역설적인 관계에 있는 것과 같다. 다시 말해서 윤리적 의사결정을 내리는 과정에서 이성의 사용 방식과 그 결정을 실행에 옮기는 과정에서 이성을 사용하는 방식은 판이하게 다르다. 공직자 자신만의 의사결정 과정에서는 어떤 제약도 따르지 않지만, 어떤 결정을 집행하는 과정에는 업무상 많은 어려움과 제약을 받게 될 것이다. 칸트식으로 표현하면, 전자는 '이성의 공적 사용'이 되고 후자는 '이성의 사적 사용'이라 할 만하다.[3] 공직 윤리의 용어로 말하면, 전자는 '윤리적 의사결정'(ethical decision making)이라 할 수 있고 후자는 여러 실질적 상황을 고려해야 한다는 의미에서 '설계적 접근 방법'(設計的 接近方法, the design approach)이라 할 수 있다. 다시 말해서 이는 윤리 문제의 분석에 중점을 두고 있는 윤리적 의사결정 모형만으로는 현실 세계의 행정에 대응할 수 없음을 의미한다. 따라서 공직 윤리의 성패는 설계적 접근에 달려있다. 이는 한마디로 특정 조직이 처한 상황을 신중하고 체계적으로 고찰하며 법 또는 사명이나 역사에 뿌리내린 조직의 궁극적인 한계를 이해하려는 접근을 말한다.

기존의 다양한 윤리적 의사결정 모형 가운데에서도 우리가 특별히 테리 쿠퍼가 제시한 실천 모형에 주목하고자 하는 것도 그의 모형이 구체적인 행정 상황에서 적용하기에 가장 용이하다는 점 때문이다. 어떤 공직자가 자신이 속한 조직 내에서 윤리문제를 처리한다는 것은 늘 제한된 시간과 미흡한 정보만을 가지고서 당면한 특정 상황을 위해

3) 「'계몽이란 무엇인가'에 대한 답변」에서 칸트는 공직 윤리 영역에서도 주목해야 할 정신적 자유(사상과 표현의 자유)와 시민적 자유(행동의 자유)의 역설관계를 명확히 보여준다. 그는 시민적 자유의 정도를 한층 크게 하는 것이 국민의 정신적 자유에 유리한 것처럼 보이지만, 실은 정신의 자유에 넘을 수 없는 한계를 설정하는 것이라고 주장한다. 그 좋은 예가 최근 많은 네티즌이 우려했던 정부의 인터넷 사전검열 제도이다. 제도 그 자체만으로도 네티즌은 자기검열의 과정을 거치게 되고 급기야는 자신이 오랫동안 속해있던 사이버공동체를 떠나려 한다. 반대로 시민적 자유의 정도를 한층 적게 함으로써 오히려 국민 각자는 자신의 능력을 한껏 발휘할 수 있게 된다는 것이다. 이런 자유사상에로의 경향이 급기야는 국민의 행동자유에도 점점 영향을 미치고, 나아가 통치원리에까지 영향을 미쳐 궁극적으로 정부는 국민을 기계 이상의 인간, 즉 품위 있는 인간으로 대하는 시대가 온다는 것이다. 중요한 것은 모두가 인간의 자유를 향유하기 위해 '적정한' 수준의 강제력이 수반되어야 한다는 점이다(칸트 2009b, 22). 이는 공직자의 윤리적 의사결정과 집행과정에도 그대로 적용된다.

최상의 행동 방침을 설계하는 지속적인 과정이라 할 수 있다. 간단히 말해서 설계적 접근 방법은 윤리 문제의 분석과 최상의 윤리적 행동 방안의 결정을 뛰어넘는 '윤리적 사고'(쿠퍼 2013, 336)라 할 수 있다. 이를 통해서 우리의 윤리적 사고는 조직 구조와 조직 문화를 포함한 조직 환경 전반으로 확장된다. 관리자의 가장 중심적인 윤리 의무 역시 조직 내의 윤리적 행동을 지지할 수 있는 적절한 환경을 설계하고 관리하는 일이 될 것이다. 최적의 설계란 조직 내에서 개인 특성, 조직 구조, 조직 문화 및 사회적 기대와 같은 요소가 균형 잡힌 방식으로 다른 요소들을 강화하는 효과를 극대화할 수 있도록 섬세하게 조율될 수 있는 환경을 조성하는 것이다.

조직의 구조와 문화에 대한 설계적 접근 방법이 우리에게 요구하는 것은 자신의 윤리적 추론과 성품 양쪽에 뿌리를 내리고 있는 신중한 판단 능력이다. 이 방법을 구체적으로 적용하는 일은 동료나 상사로부터 오는 반발로 많은 고통을 당할 수 있는 매우 복잡하고 까다로운 과정이다. 그래서 무엇보다 요망되는 것은 '공직자의 역할과 자신의 윤리적 행동에 대한 헌신 사이에서의 균형'(쿠퍼 2013, 337)이다.

쿠퍼의 윤리적 의사결정 모형과 설계적인 접근 방법이 획기적인 또 다른 이유는 윤리적 사고가 '있는 그대로의 세계'를 다루는 기술모형(記述模型; descriptive model)에서 출발하고 있다는 점이다. 사람들의 일상적인 생활 과정에서 어떻게 전형적으로 윤리적 결정을 하는지에 초점을 두고 있는 기술모형은 처방모형을 개발하는 데 중요한 토대를 제공한다. 즉 기술모형은 의사결정의 인지적 · 감성적 측면의 이해를 위한 준거틀과 의사결정이 조직적 · 사회적 환경 양자에 의해 영향을 받는 방식을 더 잘 설명할 수 있는 방법들 중에서 어떻게 의사결정이 이루어져야 하는지를 처방한다. 규범모형이나 처방모형은 우리의 윤리적 의사결정을 개선하는 방법으로 제시된다.

사실 윤리적 의사결정 수준과 설계적 접근 방법 수준의 보완적인 관계에 있어서 가장 중요한 쟁점은 '조직 내 윤리적 자율성'의 문제이다. 개인 차원에서 윤리적 자율성은 부패한 권위에 저항하는 양심의 행사를 가능하게 하는 데 얼마간 필요할지 모르지만, 조직 차원에서 윤리적 자율성은 모든 공직자가 항상 대면해야 하는 대단히 심각한 사안이 된다. 이는 곧 조직, 제도, 사회의 맥락에 있는 공직자가 자기 양심 또는 일반 의지를 행사하는 문제이기 때문이다. 즉 개인이 계층제적 관계에 합류하는 경우에 주로 양심의 제약을 받았던 행동은 적정한 위상과 질서에 맞춰 조정되지 않으면 안 된다. 누군가가 계층 구조 안으로 들어서자마자 양심은 움츠러들고 그(녀)의 자아는 자기도 모르는 사이에 자율적인 기능에서 조직 지향적인 기능으로 이행하게 된다는 것이다. 우리는 영화 〈명량〉에서 이순신 장군이 나약하고 부패한 조직 내의 온갖 회유에도 불구하고 백성에 대한 객관적 책임을 저버리지 않은 것을 윤리적 자율성 또는 정체성의 문제로 이해할 수 있다.

쿠퍼는 조직의 압력을 견디지 못하고 주체의 자율적-자기 지시적 양식에서 조직적-체계적 양식으로의 이행을 '대리인으로의 전환'(쿠퍼 2013, 284)이라 부른다. 대리인으로서의 자아는 자신의 목적을 행동으로 옮기면서 다른 사람의 소원을 이루기 위해 실천하게 된다. 이러한 전환의 최종적인 결과는 다른 사람이 자신에게 명령하는 권위에는 책임감을 느끼지만, 권위가 지시하는 조치의 내용에 대해서는 어떤 책임감도 느끼지 못하게 된다는 점이다. 대리인적 전환의 전형이 바로 독일의 나치 친위대 아돌프 아이히만(Adolf Eichmann)이다. 그는 수백만의 유대인 대학살에 관여했으면서도 이에 대해 일말의 사적 책임감도 느끼지 않았다. 아이히만은 아르헨티나에서 이스라엘 특공대에 체포되어 이스라엘에서 조사를 받고, 다시 재판을 받는 도중에 자기 행위를 거리낌 없이 인정했다. 그는 상사의 명령을 이행했을 뿐이고, 이러한 범행을 '돕고 방조한' 죄밖에 없다고 거듭 주장했다. 아이히만은 자신의 죄에서 벗어나려는 시도에서 개인적으로 이러한 극악무도한 살인과 고문 행위를 저지르지 않았으며, 조직과 행정을 위한 자신의 의무를 행하면서도 유대인에 대한 사적인 증오 감정으로 실행한 것이 아니라고 주장했다(Arendt 1963).

자기 자신을 다만 대규모 계층조직의 도구로 삼는 경우가 아이히만과 같은 예외상황에만 해당하는 것으로 볼 수는 없을 것이다. 개인이 국가와 가족 사이에 억눌리고 '나'보다 '우리'나 '그들'을 우선시하며, 나이, 성별, 직업, 재산, 교육 정도 등에 따라 철저하게 서열을 매기고자 하는 우리의 조직 구조와 문화에서도 주체의 대리인적 전환은 항상 가능하다. 조직의 내부와 외부의 대립 구도에 따른 '우리'와 외부의 '그들' 사이의 분리에 의해 조성되는 '팀 플레이어 윤리'도 '자신이 근무하는 기관의 일사불란한 업무 활동 너머 더 큰 공공선에 충성을 보임으로써'(쿠퍼 2013, 274) 윤리적 자율성을 행사하려는 그 어떤 직원도 잔인하게 억누르려는 경향을 보인다.

윤리적 자율성과 정체성의 측면에서 볼 때, 엄격한 조직사회 구성원들이 윗사람에게는 복종하고 아랫사람에게 명령하는 인간관계나 강한 자 앞에서는 비굴하고 약한 자 앞에서는 큰소리치는 인간형은 이미 대리인 상태에 있다고 보아야 할 것이다. 이러한 계층구도에서 아랫사람일 때는 윗사람을 따르지만 윗자리에 올라가면 아랫사람에게 과도한 권위를 행사하는 것 또한 심각한 문제이다. 우리가 흔히 듣는 '모난 돌이 정 맞는다'와 '억울하면 출세하라'와 같은 여러 속담도 조직 내에서 대리인으로의 전환을 부추긴다(정수복 2012, 142-148 참조). 대리인적 전환의 최종 결과는 '사람이 자신에게 명령하는 권위에는 책임감을 느끼면서도 권위가 지시하는 조치 내용에 대해서는 일말의 책임감도 느끼지 못한다는 점'이다(Milgram 1974, 145-6). 이처럼 공직자가 상부의 권위를 인정하는 것이 너무 몸에 밴 탓으로 조직 내에서 윤리적 자율성을 견지하는 일은 지극히 어렵고도 크나큰 대가를 치러야 하는 중대 사안임을 알 수 있다. 경력 사다리를 올라갈수록 상사를 존중해야 한다는 규범이 관료적 사회화 과정을 통해서 내면화되고 강화되는 경향이 있음은 더는 말할 나위가 없다.

그럼에도 불구하고 조직 차원에서 어느 정도의 윤리적 자율성을 유지하기 위해서 다음과 같은 실천 방안을 고려해볼 수 있다.

1) 공직자는 자신이 근무하는 조직에 대한 책임의 한계를 의식적으로 정하고 이 경계선을 넘어서는 윤리적 정체성을 키운다.

2) 개인의 권리와 양심을 보호하기 위한 법적 · 제도적 장치가 마련되어야 할 것이다.

3) 의식적으로 자기 지각을 계발할 필요가 있다. 이는 우리가 자신의 직업과 관련된 쟁점에 대해 어떤 입장을 취하고 광범위한 정치적, 철학적, 사회적 관심사 중에서 무엇에 입각하고 있는지 정기적으로 성찰함으로써 가능할 것이다.

4) 원칙적 사고를 함양하고자 한다.

윤리적 자율성과 관련해 공직생활에서 대면하게 되는 대부분의 윤리적 딜레마가 궁극적으로 우리 자신 밖에서 강요되는 기대로서의 객관적 책임과 자신의 기대와 관계있는 주관적 책임 사이의 충돌에서 기인함을 알 수 있다.

한편 객관적 책임은 어떤 다른 사람에게 설명을 해야 하고 특정한 범주의 실질적인 의무를 떠맡는 것과 관련이 있다. 모든 객관적 책임은 어떤 사람이나 어떤 집단에 '대한'(to) 책임과 어떤 과제, 부하 직원의 인사 및 목표 달성을 '위한'(for) 책임과 관련이 있다. 따라서 객관적 책임은 선출직 공직자, 상사와 부하 직원, 시민에 대한 책임을 지게 되는 것이다. 그 이유는

첫째, 행정인은 상사의 지시와 상호 동의한 목표를 수행하거나 부하 직원의 행동에

대해 조직 상사에게 직접 책임을 져야 하기 때문이다.

둘째, 행정인은 선출직 공무원이 원하는 것을 공공정책을 통해 구현해야 하고 이를 이행할 책임이 있기 때문이다.

셋째, 행정인은 시민의 선호, 요구, 기타 이해관계를 간파하고 이해하며 평가함에 있어서 시민에게 책임을 지기 때문이다. 예를 들어, 영화 〈명량〉에서 이순신 장군의 고뇌는 객관적 책임과 주관적 책임 사이의 충돌보다는 임금을 위한(for) 객관적 책임 및 백성과 신하에 대한(to) 객관적 책임에서 기인함을 알 수 있다.

다른 한편 주관적 책임은 충성, 양심 및 정체성에 대한 우리 자신의 신념에 근거하고 있으므로 개인적 경험을 통해 발전해온 전문직업적 윤리를 반영하게 된다. 우리는 합법적인 것을 믿으면서도 특수한 방식으로 행동하라는 양심의 강요를 받는다. 이렇게 강요받는 이유는 상사나 법이 그렇게 하라고 요구하기 때문이 아니라 신념, 가치 및 성품 등으로 구성된 내적 동인(inner drive) 때문이다. 책임의 이러한 내적 근원은 교육과 사회화를 통해 시간이 지나 내면화된 외면적 표준과 기대에서 비롯된다고 할 수 있다. 객관적 책임과 주관적 책임 사이에 발생하는 충돌의 전형적인 예로 전세가 불리할 경우 파리를 파괴하라는 히틀러의 명령을 받고서 심각한 고뇌에 빠진 콜티즈 장군을 들 수 있을 것이다. 그는 군인으로서 상관의 명령에 복종해야만 하지만 부당한 명령에 대한 자신의 양심과 인류의 보편적 가치에 대한 내적 확신에 의거해 인류의 문화유산이 가득한 파리를 파괴하지 않기로 결심했을 것이다.

어떤 위급한 상황에 처한 공직자는 객관적 책임과 주관적 책임 사이에서 전자의 '위반'(transgression) 행위에 직면한 또 다른 사례로 미국 연방정부의 한 공무원을 들 수 있다.

> 허리케인 카트리나가 몰려왔을 때 연방재난관리청(FEMA) 소속의 더글러스 도안(Douglas Doan)은 아이의 이유식, 기저귀 및 생수를 구하려는 주 방위군의 '약탈'에 관한 월마트 사장으로부터 걸려온 항의 전화를 처리해야 했다. 그는 월마트 사장에게 그러한 생필품들이 계속 빠져나가도록 두고 이에 대한 보상을 확실히 해주겠노라는 도발적인 결정을 내렸다(challenged). 그의 상사는 칭찬 대신에 감사(監事)를 보내 법적 대응을 하겠다고 위협했다. 이에 대해 도안은 단 세 줄의 진술서를 써냈다. "나는 그 결정을 내렸다. …… 나는 다시

라도 그 결정을 내릴 것이다. 대통령은 나의 행동에 동의할 것이다." 그는 몇몇 더 많은 사건을 처리한 후에 연방재난관리청을 사임했다(Stivers 2008, 148).

이처럼 문제의 심각성은 우리의 통제 범위를 넘어선 사안에 대해서도 책임을 지지 않으면 안 되는 경우가 발생한다는 것에 있다. 이 상황에서 공직자는 공식적인 명령 계통을 통해서 어떤 긴박한 사안을 독자적으로 결정하는 데 방해를 받게 된다. 이 경우 여러 어려움에도 공직자가 이성적으로 자신에게 주어진 공무를 수행하기 위해서는 심각한 성찰적 판단이 요구된다. 그 근거는 법의 자구(字句)가 아니라 법 정신을 분별해내는 것이다. 이러한 의미에서 공공행정은 행정 권력과 행정 재량의 사용에 입각한 규범의 영역임을 알 수 있다. 그런데 위에서 예로 든 더글러스 도안처럼 공공조직의 긴박한 정황과 맥락에서 현명한 판단과 집행을 위한 공직 윤리 고유의 역량은 어디에서 기인하는 것일까? 우리는 이 대답을 최근 테리 쿠퍼를 포함한 일부 뜻있는 행정학자들이 제창하는 윤리 역량에 대한 논의에서 찾고자 한다. 그들은 조직 차원에서 윤리 문제를 관리할 수 있고 조직의 윤리 역량 또한 신장할 수 있다고 주장한다(Cooper & Menzel 2013).

4. 설계적 접근 방법의 토대로서 윤리 역량

일반적으로 갓 임관된 학사 장교 소위가 자신의 예하 부대를 장기 선임 하사관의 도움 없이 능숙하게 지휘하리라 상상하기 어렵다. 하버드 의대를 수석으로 졸업한 신출내기 의사가 곧바로 유능한 신경외과 의사나 심장병 전문의가 되리라는 것도 기대하기 어려운 일이다. 무엇보다 전문 분야의 역량은 어린 야구선수나 플루트 연주가처럼 오랫동안 어떤 외형적 이득을 바라지 않고 자신의 경기와 연주를 즐기다 보면 스스로 터득되는 '내적 선'(內的 善, internal good)을 지향할 것이다. 이는 그 자체로 이득을 가져다준다는 점에서 '내적 선'이라 할 만하다. 그렇다고 해서 이러한 이득이 광범위한 사회 · 정치적 영향력을 발휘할 수 없는 것은 아니다.

모름지기 이러한 전문 기능, 속성, 지식, 태도를 함양하고 훈련하며 가르치기 위해 다양한 학교기관이 존재한다. 법학이나 의학 분야와 유사한 방식으로 행정이라는 전문 영역에서 보편적 능력을 평가하고자 한다면 무엇이 되어야 할까? 더 구체적으로 말해서, 새로 부임한 행정직 사무관이 자신의 직무와 연관이 있는 조직적 · 윤리적 책임을 잘해낼 수 있는 유능한 인재임을 어떻게 보장할 수 있는가? 이것이 곧 윤리 역량의 문제이다.

그렇지만 대다수의 행정대학원은 윤리와 같은 추상적 영역보다는 측정 가능한 능력 표준을 제정하기에 용이한 재정 및 예산 분석, 인력 자원, 기획 등과 같은 하위 영역에서의 관리 역량을 테스트하는 데 중점을 두게 될 것이다. 현실적으로 우리 사회의 많은 문제가 '어떤 목적'을 강조하는 윤리 역량을 등한시하고 평가의 객관성과 '어떻게'의 질문에 답할 수 있는 기술 역량을 높이 사는 데서 발생함을 쉽게 찾아볼 수 있다. 요즘 젊은이들이 직장을 구할 때나 입시를 치를 때 요구되는 학벌, 학점, 토익 점수 등의 평가 요소를 일컫는 '스펙'(specification)이라는 자신의 객관적 사양을 중시하는 것이 이러한 사회의 추세를 잘 반영하고 있다.

'기술 역량' 또는 '형식적 합리성'이라는 용어와 대비된다고 볼 수 있는 '윤리 역량'(倫理力量, ethical competence)이라는 개념은 아직 우리말 사전에 등재되지도 않았다. 그럼에도 우리는 윤리 역량이 '공직 가치'에 준하는 역량, 내재적 선(善), 당위(當爲), 원칙(原則), 가치(價値)에 속한다는 것을 잘 알고 있다. 사실 이러한 요소들은 모든 사람이 평생 추구해야 할 도전적인 가치라는 점에서 윤리 역량에 대한 구체적으로 정식화하기가 결코 쉬운 일이 아니다(가다머 2000, 41-94 참조).

여기서는 윤리 역량의 문제를 조직 차원에서 논의하고자 한다. 조직 차원에서 윤리 역량에 관한 논의는 직장의 윤리적 문화를 강화하는 과제에 적절하다. 따라서 이는 설계적 접근의 사안이다. 이러한 의미에서 개인 차원의 윤리와 조직의 환경을 아우르는 설계적 접근은 윤리 문제를 맥락의 차원에서 이해하려는 시도이다. 말 그대로 설계적 접근은 조직의 윤리를 관리한다는 생각이 전제되어 있긴 해도 이 접근의 핵심 사안은 윤리 문제를 조직의 맥락에서 이해하고 문제의 원인을 결정하자는 데 있다(Cooper & Menzel 2013, 9).

우리가 설계자, 즉 디자이너처럼 생각한다 함은 특정 조직이 처한 상황을 신중하고 체계적으로 고찰하며 법, 임무, 역사에 뿌리내린 조직의 궁극적인 한계를 이해하려는 것이다. 이처럼 조직의 궁극적인 한계를 자각하며 근무하고자 할 때 중요한 것은 공직자 자신의 윤리적 추론, 책임, 의사결정 기법, 탁월한 감지력 및 도덕적 상상력을 가지고서 창의적으로 사고할 수 있는 능력일 것이다. 따라서 윤리 역량은 법이나 형식적 규정을 이해하고 이들을 획일적으로 적용하는 것과는 아주 거리가 멀다. 그렇다고 윤리 역량이 더 윤리나 의무에 의존한다는 것은 윤리 역량의 개념을 너무 불분명하게 하는 경향이 있다. 한 가지 확실한 것은 윤리 역량의 추구가 개인을 뛰어넘는 것이라는 점이다. 공직자에게 절실히 요구되는 윤리 역량은 바람직한 조직 환경을 설계하고 관리해 '기대되는 윤리 행동을 후원하며 동시에 윤리적 자율성을 위한 공간을 유지하려는'(쿠퍼 2013, 172) 데서 찾아야 할 것이다. 이를 위해 중요한 것은 개별적인 의사 결정자가 아니라 윤리적 사고와 행동을 장려하는 조직을 설계하고 "맥락 속의 윤리 역량"을 끌어내는 것이다. 요컨대, 공직 윤리에서 윤리 역량이란 조직 내의 윤리를 적극적으로 장려하는 것이다.

쿠퍼와 멘젤에 따르면, 윤리 역량의 범주를 숙고함에 있어서 갖춰야 할 세 가지 요소가 있다.

첫째, 공직 윤리의 규범적 기초에 대한 식견이 필요하다. 행정학 분야는 궁극적으로 민주사회의 선을 위한 재량권과 행정 권력의 사용에 기반을 둔 규범영역이므로 규범적 관점에서 볼 때 협의의 윤리강령 너머의 체제 가치, 시민권 윤리, 사회적 형평, 공익과 같은 윤리적 헌신으로의 확장이 필요하다.

둘째, 조직 맥락에서 인간 행태의 이해를 동반한 조직 구조와 문화에 대한 식견이 필요할 것이다. 이를 통해 윤리적 사고와 행동을 지지하는 조직 구조 및 조직 문화와 협력이 가능하다.

셋째, 앞에서 논의했던 조직 발전과 설계적 접근 방법에 대한 지식을 필요로 한다. 변화로 이어지는 조직 구조와 문화의 효과를 진단 차원에서 사고할 수 있는 능력과 규범적 · 윤리적 정초가 중요하므로 윤리적 행동이 덜 방해받고 더 장려되는 조직을 만들어갈 수 있기 때문이다(Cooper & Menzel 2013, 6-9; Menzel 2001).

이어서 멘젤(Donald Menzel 2010, 18)은 『정부에서의 윤리적 순간』(Ethics Moments in Government)에서 윤리 역량을 ① 높은 수준의 개인적 · 전문 직업적 행동에의 헌신, ② 윤리강령과 윤리법에 대한 관련 지식, ③ 도전적 윤리 상황에 직면할 때 윤리적 추론에 관여할 수 있는 능력, ④ 공직 윤리 및 가치에 부합하는 행동과 일체화하는 능력, ⑤ 공공기관과 공공조직에서 윤리적 실천과 행동을 장려하는 데 헌신하는 것 등으로 포괄적으로 정의한다. 멘젤이 구상하는 윤리 역량의 역학을 [그림 11-2]와 같이 제시할 수 있다.

[그림 11-2] 윤리 역량의 역학

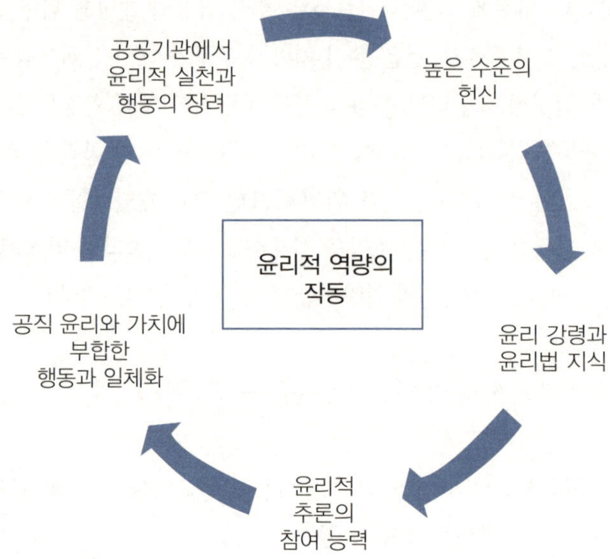

윤리 역량을 쌓아간다는 것은 누구에게나 어려운 과정일 것이다. 쿠퍼는 일상 업무 처리에 필요한 윤리 역량으로 첫째, 고도의 윤리적 자각 능력, 둘째, 여러 윤리 쟁점에 대처할 수 있는 기술, 셋째, 기능적인 조직 구조와 관행, 넷째, 의사소통과 논변기법, 마지막으로 자신감과 정서적 안정을 꼽는다. 이러한 업무 처리 과정에서의 윤리 역량을 지나치게 윤리적 의사 결정자의 개인 차원으로 밀고 나가는 것은 경계할 필요가 있다. 모름지기 리더십으로 연결될 수 있는 윤리 역량이란 윤리적 사고와 행동을 지원할 수 있는 조직을 설계하거나 디자인할 수 있는 능력을 말한다. 따라서 조직 내의 윤리 역량을 제고하기 위해서는 무엇보다 공직 윤리의 규범적 토대에 대한 식견이 필요하다. 사실 모든 윤리적 의사결정 과정은 윤리에 대한 의무론적이고 목적론적인 접근 방법을 택해야 한다는 사실을 숙지해야 한다.

지금까지 논의를 요약하면, 윤리 역량은 다음과 같이 정의될 수 있다. 첫째, 높은 수준의 개인적 · 전문직업적 행동 표준에 헌신하는 것, 둘째, 적절한 윤리강령과 윤리법에 대한 식견, 셋째, 윤리 상황의 도전에 직면했을 때 도덕적 상상력, 윤리적 추론 및 숙의를 할 수 있는 능력, 넷째, 공공서비스 윤리와 가치를 확인하고 이에 영향을 미칠 수 있는 능력, 다섯째, 공공기관과 조직에서 윤리적 실천과 행동을 향상하는 데 투신하는 것을 들 수 있다. 이러한 정의에 내재되어 있는 것은 행정 윤리에 대한 규범적 토대의 식견, 조직이론과 행태에 대한 기초(특히 조직의 문화와 구조 및 행태에 대한 식견), 윤리적 행동에 대한 조직 구조와 문화의 영향에 관해서 진단적으로 사고할 수 있는 기능과 능력이다.

지금 우리가 살고 있는 세계는 분명 공직 윤리와 윤리적 리더십을 통해 시대의 난제를 돌파할 수 있는 시점에 도달한 것으로 보인다. 여기서 윤리적 리더십과 지금까지 논의한 윤리 역량은 상당 부분 겹친다. 일반적으로 윤리 역량이 사람에게 귀속되는 것이라면, 윤리적 리더십은 성격상 인간관계와 평판에 좌우되는 측면이 있다. 그러므로 윤리적 리더십은 지도자의 단순한 윤리 역량을 뛰어넘는다고 할 수 있다. 이는 어떤 사람이 윤리 역량이 있다고 하는 평판을 필요로 하기 때문이다. 공직에 입문하려는 사람들이 갖춰야 할 것은 공익을 발전시키는 데 필요한 리더십으로서의 윤리 역량일 것이다.

Ⅲ. 행정 윤리는 어떻게 확보할 것인가?

지금까지 행정 윤리에 관한 윤리적 의사 결정, 설계적 접근 방법, 윤리 역량에 대해 살펴보았다. 행정 공무원 개인 차원과 함께 조직 차원에서 행정 윤리 확보 방안에 대해 논의를 한 것이다.

정부는 행정인 개인 차원에서 윤리를 확보하기 위해 지속적인 심성교육, 윤리교육을 실시하고 있다. 중앙공무원교육원을 비롯하여 각 부처, 기관별 교육연수원을 통해 인성교육을 실시하고, 감성적 지성인 육성을 위해 노력하고 있다. 각 분야별 전문능력 고양을 위한 교육 프로그램도 많이 있지만, 인성과 심성 고양을 위한 교육 과정도 많이 있다. 그렇지만 이런 교육 프로그램과 연수교육은 항시 시간이 부족하여, 짧은 시간에 충분한 교육 효과를 보기가 쉽지 않다. 또 어릴 적부터 형성되어 온 행정인들의 심성, 윤리 역량이 짧은 기간 동안에 변모하는 것을 기대하기도 쉽지 않다.

정부에서는 공무원 선서를 통해 윤리 서약을 하게 하고, 공무원 헌장, 윤리 강령을 제정하여 항시 유념하도록 유도하고 있다. 국민교육 헌장을 제정하여 모든 학생들과 교육자들이 [illegible] 외우면서 체득하도록 하기도 하였다. 이제는 각 부처와 기관별로 자체적인 윤리 [illegible] 제정하여 활용하고 있다. 국기에 대한 경례나 애국가 제창도 국가에 대한 충성과 '공무원다움'을 유지시키는 데 일조하고 있다.

국가에서는 국가공무원법을 제정하여 법적으로 공무원 윤리를 강제하고 있다. 법에 정한 규정을 위반하면 처벌을 받게 된다.

〈국가공무원법〉 제7장 복무

제55조 (선서) 공무원은 취임할 때에... 정하는 바에 따라 선서(宣誓)하여야 한다.

제56조 (성실 의무) 모든 공무원은 법령을 준수하며 성실히 직무를 수행하여야 한다.

제57조 (복종의 의무) 공무원은 직무를 수행할 때 소속 상관의 직무상 명령에 복종하여야 한다.

제58조 (직장 이탈 금지) 공무원은 소속 상관의 허가 또는 정당한 사유가 없으면 직장을 이탈하지 못한다.

제59조 (친절 · 공정의 의무) 공무원은 국민 전체의 봉사자로서 친절하고 공정하게 직무를 수행하여야 한다.

제59조의2 (종교 중립의 의무) 공무원은 종교에 따른 차별 없이 직무를 수행하여야 한다.

제60조 (비밀 엄수의 의무) 공무원은 재직 중은 물론 퇴직 후에도 직무상 알게 된 비밀을 엄수(嚴守)하여야 한다.

제61조 (청렴의 의무) 공무원은 직무와 관련하여 직접적이든 간접적이든 사례 · 증여 또는 향응을 주거나 받을 수 없다.

제62조 (외국 정부의 영예 등을 받을 경우) 공무원이 외국 정부로부터 영예나 증여를 받을 경우에는 대통령의 허가를 받아야 한다.

제63조 (품위 유지의 의무) 공무원은 직무의 내외를 불문하고 그 품위가 손상되는 행위를 하여서는 아니 된다.

제64조 (영리 업무 및 겸직 금지) 공무원은 공무 외에 영리를 목적으로 하는 업무에 종사하지 못하며 소속 기관장의 허가 없이 다른 직무를 겸할 수 없다.

제65조 (정치 운동의 금지) 공무원은 정당이나 그 밖의 정치단체의 결성에 관여하거나 이에 가입할 수 없다.

제66조 (집단 행위의 금지) 공무원은 노동운동이나 그 밖에 공무 외의 일을 위한 집단 행위를 하여서는 아니 된다.

행정 공무원의 행정 업무 수행 과정은 투명하게 공개되고 있다. 홈페이지를 통해 공개되고 있고, 국민의 정보 공개 청구에 따라 공개해야만 하는 경우도 많다. 능동적으로 또는 수동적으로, 직접 또는 간접 방법으로, 즉시 또는 적당한 시차를 두고 공개하고 있다.

모든 공무원 출장, 행위, 예산 지출은 문서와 증명을 남겨야만 한다. 반드시 카드를 사용하여 모두가 알 수 있게 하고, 보고와 결산을 해야만 한다. 공무 출장 중 노선과 행동이 CCTV, 출입국 관리기록, 자동차 Black Box에 찍혀 있다.

행정 공무원은 온 국민이 뚫어지게 바라보고 있는 '유리 상자' 속에서 근무하고 있다. 혼자만의 방에서, 비밀스럽게 수행되는 행정 업무가 크게 줄어들었다. 그만큼 객관적 행정 윤리 확보가 가능해졌다. 하지만 주관적 행정 윤리 확보는 공무원 개개인의 몫이다. 법이나 외적 감시 장치에 의한 통제가 쉽지 않다.

제12장 행정과 국민 참여

Ⅰ. 행정과 국민 참여

1. 행정과 국민의 관계: 국민은 어떤 존재인가?

행정은 국민과의 관계 속에서 진행된다. 행정의 모든 일은 국민을 위해, 국민과 함께 이루어진다. 행정의 주체, 행정 담당 실무자인 공무원은 항상 국민을 의식하면서 사고하고 행동해야 한다. 행정에서 국민은 어떤 존재인가?

주권자로서의 국민

국민은 국가의 주인이고, 핵심 구성 요소다. 국민은 주권자(主權者, sovereign)로서 행정의 근간인 헌법을 만드는 데 기여하고, 이를 토대로 이루어지는 모든 정부 행정의 존립 근거를 제공한다. 행정은 주권자인 국민의 뜻을 최대한 받들어야 한다. 국민은 헌법 제정과 운영에 책임을 지는 위치에 있고, 국민 투표를 통해 주권을 행사한다.

그런데 주권자로서의 국민은 매우 상징적이고 최상위 차원의 개념이어서 실제 행정, 행정인에게 직접적으로 관계되는 일은 드물다. 주권자로서의 국민은 행정보다는 정치에 영향을 미치는 수가 더 많다. 최근에 헌법재판소에서 판단하는 주요 사건 중에 주권자로서의 국민을 고려한 것들이 제법 있다. 가장 좋은 사례가 수도 서울의 이전에 관련된 판결이다.

〈수도 이전에 관한 위헌 판결〉

2003년 2월 취임한 노무현 대통령은 '수도권 집중 억제와 낙후된 지역경제를 해결하기 위해 청와대와 정부 부처를 충청권으로 옮기겠다'고 선언한 공약을 이행하기 위해 대통령 산하에 '신행정 수도 건설 추진 기획단'을 발족시켰다. 몇 달간의 계획 과정을 통해 국회에 법안을 제출하였다. 정치적 이해관계를 고려한 국회는 2003년 12월 29일, 여야 합의로 신행정수도의 건설을 위한 특별조치법(이른바 신행정수도법)을 통과(찬성 167표, 반대 13표, 기권 14표)시켰다. 이 법안은 2004년 1월 16일 공포되었고, 정부(신행정수도건설추진위원회)는 연기군과 공주시의 일부를 신행정수도의 입지로 결정했다(8월 11일).

그러나 대다수 국민은 이 수도 이전에 강력히 반발하고 나섰다. 반대하는 국민의 청구를 받아들여 심리한 헌법재판소는 이 신행정수도법에 대해 위헌 결정을 내렸다(10월 21일). 결정 논리는 다음과 같았다.

"서울이 대한민국의 수도인 점은 불문의 관습 헌법이므로 헌법 개정 절차에 따라 새로운 수도 설정의 헌법 조항을 신설함으로써 실효되지 아니하는 한 헌법으로서의 효력을 가진다. 따라서 헌법 개정의 절차를 거치지 아니한 채 수도를 충청권의 일부 지역으로 이전하는 것을 내용으로 한 이 사건 법률을 제정하는 것은 헌법 개정 사항을 헌법보다 하위의 일반 법률에 따라 개정하는 것이 된다. 한편 헌법 제130조에 의하면 헌법의 개정은 반드시 국민 투표를 거쳐야만 하므로 국민은 헌법 개정에 관하여 찬반 투표를 통하여 그 의견을 표명할 권리를 가진다. 그런데 이 사건 법률은 헌법 개정 사항인 수도의 이전을 헌법 개정의 절차를 밟지 아니하고 단지 단순 법률의 형태로 실현시킨 것으로서 결국 헌법 제130조에 따라 헌법 개정에 있어서 국민이 가지는 참정권적 기본권인 국민 투표권의 행사를 배제한 것이므로 동 권리를 침해하여 헌법에 위반된다."

헌법재판소에 의한 호주제 폐지 결정(2004.2.3.), 간통죄 폐지 결정(2015.2.26.)은 국민의 뜻을 헤아린 정치적 판단이었는데, 행정에 큰 영향을 미치게 되었다.

행정 목적으로서의 국민

행정의 최종 목적은 '우리 대한 국민과 자손의 영원한 안전, 자유, 행복'(헌법 전문의 내용)이다. 이것을 달성하기 위해 대통령 이하 모든 공무원이 노력해야만 한다. 국민의 안전과 자유, 행복을 위해 조직을 만들고, 정책을 시도하며, 업무를 추진해야 한다. 모든 정부 부처와 기관의 최종 목표는 바로 '국민'이다.

정부 각 기관에서는 사명(使命), 비전(vision), 국정 목표(國政目標) 속에 이를 표현하고 국민을 위한 일을 추진한다. 기관의 하부 조직은 다시 이를 세분하여 정책화하고 국민에게 용역과 서비스를 제공한다. 정부 각 부처와 기관은 전문 영역에 따라 세분화되어 국민 안전, 자유, 행복에 관한 정책을 시행한다.

행정 대상으로서의 국민

행정은 국민을 위해 존재하지만, 동시에 국민을 대상으로 작용한다. 국민이 원하는 것이 무엇인가를 파악하고, 이를 제공해주기 위해 노력하는 것이 행정이다. 국민과 관련된 공공 문제를 해결하여 바람직한 목표에 도달하게 하는 것이 행정이다. 그래서 행정은 항시 국민을 지켜보고, 그들의 욕구를 파악하며, 그들을 만족스럽게 하기 위해 노력해야 한다.

행정과 정책의 대상인 국민은 행정에 의해 크게 영향을 받는다. 그래서 행정 공무원은 신중하게 판단하고 행동해야 한다. 모든 정책에는 혜택을 보는 수혜 집단과 손해를 보는 비용 부담 집단이 공존하게 되어 있다. 수혜 집단은 정부를 지지하고, 자신들이 원하는 정책을 더욱더 요구하게 되지만, 비용 부담 집단은 반발하고 없애려 안달을 한다. 모두가 '국민'이지만, 행정에서는 어느 한쪽 편을 들어야 할 경우가 많다.

국민에게 제공되는 정책의 내용이 어떠하냐에 따라 국민의 삶은 크게 영향을 받게 된다. 정부가 나서서 '좌측통행을 금지하고, 우측통행을 하라'고 하면 국민은 이에 따라야만 한다. 행정 수도를 세종시로 이전하였기 때문에, 모든 국민은 세종시로 행정 업무를 보러 가야만 한다. '행정은 바람이고, 국민은 그에 따라 움직이는 풀'과 같은 존재다.

행정 참여자로서의 국민

(공무원이 아닌) 국민 중에서도 직접 · 간접적으로 행정에 참여하는 사람들이 있다. 직접 행정에 참여하는 경우란 일반 국민이 한시적으로 행정 담당자가 되거나(예, 임기제

개방형 공무원), 위원회 위원, 또는 현장의 행정서비스 제공자(예, 예산 지원으로 복지 업무를 수행하는 민간기관 종사자)가 되는 것이다. 이때는 주어진 기한과 여건 속에서 직접 행정을 담당한다. 간접적으로 행정에 참여하는 경우는 문제나 의견을 제시하거나, 행정 감시, 시위, 행정에 대한 외부 평가, 탐지(monitoring), 정보 제공 등을 하는 것들이다.

국민의 행정 참여는 개인적으로도 이루어지지만, 단체나 조직 차원에서 참여하는 수도 있다. 각종 전문가 단체가 관련 분야 행정 업무를 대행하는 경우도 있고, 시민단체나 조직이 행정 업무를 정부 대신 수행하는 수도 있다. 각종 복지기관이나 청소년단체에서 정부의 복지서비스를 대행하는 경우도 있다.

이 장에서는 행정 참여자로서의 국민, 행정과 국민 참여에 대해 구체적으로 살펴보고자 한다.

2. 국민 참여

국민 참여(國民參與. people's participation)란 국민이 행정에 참여하여 업무를 수행하는 것을 말한다. 이때 국민은 직업적으로 공직에 근무하는 사람(=행정 공무원)이 아닌 사람들로서, 개인, 집단, 조직 형태로 행정에 참여하게 된다. (전체로서의 국민이 아니라) 한정된 지역의, 한정된 숫자의 사람들이, 한정된 분야에, 한정된 기간 동안 참여하게 된다. 전체로서의 국민은 헌법 제정이나 개정, 주요 정책에 대한 국민 투표, 대통령 선출, 정당 지지 등 정치 작용을 통해 행정에 영향을 미치는 수는 있다. 하지만 여기서 논의하는 국민 참여는 정치 행위 수준이 아니라 행정 수준으로 한정한다.

국민 참여란 말 대신에 시민 참여, 거버넌스, 파트너십, 협치 등의 용어를 사용하기도 한다. 시민 참여(市民參與. civic participation)는 시민의 행정 참여를 말하는데, 이는 민주주의 발전 과정에서 '양식 있는 시민'(noble citizens)의 적극적인 행정 참여를 말할 때 사용된다. 대다수 국민이 아직 민주적 국정 운영에 눈을 뜨지 못하고 있을 때 이들 시민은 적극적으로 의견을 개진하고 직접 · 간접으로 행정에 관여하였었다. 우리도 1980년대 후반부터 정치 민주화가 진행되면서 수많은 시민단체가 등장하였고, 이들의 행정 참여가 활발하게 이루어졌었다.

거버넌스(governance)란 통치 행위(governing)를 정부와 시민단체, 민간 부분이 공동으로 수행하는 것이다. 거버넌스라는 용어는 매우 다양하게 사용되는데, (1) 정부가 주도적으로 국정을 책임지면서 시민단체나 민간 부분이 일부 참여하는 형태의 거버넌스로부터, (2) 정부와 민간이 균형 있게 국정을 담당하고 권한을 행사하는 형태, (3) 민간이나 시민단체가 주도권을 잡고 정부가 일부 참여하는 형태까지 다양하다. 또 가장 높은 차원의 통치 수준에서의 거버넌스도 생각할 수 있고, 일선 행정 수준에서의 거버넌스도 생각할 수 있다. 통치 차원의 거버넌스는 협치(協治. co-ruling)로 표현할 수 있겠고, 하위 행정서비스 수준의 거버넌스는 공동 행정(共同行政), 파트너십(partnership)으로 표현할 수 있다.

공중 참여(公衆參與. public participation)라는 말도 있는데, 이는 특정한 목적을 가진 다수의 공중이 일시적으로 행정에 참여하는 것을 말한다. 특정한 정책을 요구하는 지역민들이 집단으로 의사 결정에 영향력을 행사하는 경우, 시위를 통해 행정 수행을 방해하는 경우, 동학혁명 직후에 집강소를 운영하면서 행정에 관여한 사례가 이에 해당한다. 어떠한 용어를 사용하든 가장 일반적인 형태로 보면 모두가 국민 참여라고 할 수 있다.

국민 참여 필요성

행정의 주체는 정부다. 기본적으로 행정은 정부에 의해 수행되는 모든 정책과 그에 대한 관리 활동이다. 정부가 국민의 위임을 받아, 국민의 자유, 안전, 행복을 잘 추구해 간다면 국민 참여를 논할 필요가 없을 것이다. 하지만 정부의 행정 수행에 문제가 있을 경우에는 국민의 행정 참여가 필요해진다. 어떤 경우에 국민 참여가 필요할까?

(1) 무능력한 정부와 국민 참여: 정부의 역량이 부족하여 올바른 정책을 만들지 못하고, 만들어진 정책을 제대로 집행치 못한다면 국민이 나서야만 할 것이다. 국가 건설 초기에 정부가 돈이 없어 국민 교육을 제대로 담당치 못할 때 민간에서 학교를 만들어 국민 교육을 시키는 경우를 예로 들 수 있다.

(2) 정부 능력의 한계를 보충하기 위한 국민 참여: 정부의 활동 범위가 미치지 못하거나 예산이 부족하여 일을 할 수 없을 때, 공무원 수가 부족할 때도 국민 참여가 필요하다. 산간벽지의 우편배달 업무를 민간인이 대행하거나 경찰력이 모자란 지역에서 주민자경대가 활동하여 치안을 유지하는 경우, 아프리카 미수교국의 외교 활동을 삼성이나 현대와 같은 민간기업이 대행하는 경우가 좋은 예다.

(3) 정부의 정책 실패를 보완하기 위한 국민 참여: 정부가 정책을 시행하여 실패를 거

듭할 경우에 민간이 나서서 문제를 해결하고 일을 성공케 하는 수도 있다. 즉 정부 실패에 대한 대응책으로 국민 참여가 이루어진다.

(4) **정책 집행의 원활화를 위한 국민 참여:** 정책 집행 단계에서 관련 국민의 순응을 확보하기 위한 방안으로 국민 참여가 이루어질 수 있다. 공청회를 통한 의견 수렴, 집행위원회에 시민 참여, 집행 결과에 대한 탐지, 평가 작업에 국민 참여가 유리하다.

(5) **정책 형성에 국민 참여:** 정책 문제 파악이나 정책 형성을 하는 단계에서 국민 의견 수렴을 위한 국민 참여가 있을 수 있다. 원자력 발전소나 쓰레기 소각장 등 주민 기피시설을 설치하고자 할 때 주민들을 처음부터 정책위원회에 참여시켜 정책을 추진해 가는 경우가 좋은 예다.

(6) **새로운 행정 기술, 기법 도입 형태의 국민 참여:** 민간부문에서 과학기술, 정보기술, 새로운 정책 결정 및 관리 기법의 발전이 이루어졌을 경우에 이를 행정에 도입하고자 할 때 국민 참여가 이루어질 수 있다. 현대 사회는 매우 복잡 다양하게 진화해 가고 있다. 그래서 정부 행정이 국민 사회를 제대로 따라잡지 못하는 수가 있다. 이때 민간부문의 능력과 기술을 정부에 도입하여 행정 발전을 꾀하고자 할 때 국민 참여가 이루어진다.

(7) **민주주의 기본 가치 실현을 위한 국민 참여:** 가장 바람직한 민주주의는 국민이 직접 참여하여 행정을 수행하는 것이다. 그러나 모든 국민이 다함께 행정에 참여하기가 곤란하기 때문에 정부, 공무원이라는 대리인을 세워서 행정을 수행하게 하고 있다. 민주국가의 공무원은 주권자인 국민의 자유, 평등, 행복 등 기본 가치를 실현하고자 노력해야 한다. 정부는 항시 이런 기본 가치 추구에 최선을 다해야 하는데 실제 현실에서는 행정 수행의 능률과 효과를 추구하는 과정에서 이를 간과하는 수가 적지 않다. 그래서 행정 대상이랄 수 있는 국민이 일정한 부분 행정에 참여하여 민주주의 기본 가치 실현에 나설 수 있다. 감시자로서, 갈등 조정자로서, 직접 행정서비스 전달자로서 국민 참여가 이루어질 수 있다.

(8) **권위주의 정부에 대한 저항으로서 국민 참여:** 독재 정부, 권위주의 정부에 대항하여 양식 있는 시민, 공중으로서의 국민이 강력히 정책 과정에 관여하고자 할 때 국민 참여가 나타날 수 있다. 이런 때는 시위나 반발 형태로 참여가 이루어지기 쉽다.

국민 참여의 전제 조건

국민 참여가 권위주의 정부에 대한 시위나 항쟁 형태로 이루어지는 경우는 후진국가에서 일어나는 일이다. 선진화된 민주주의 국가에서는 국민 참여가 법과 제도, 관례로 잘 마련되어 있어야 한다. 국민 참여가 잘 이루어지기 위해서는 다음과 같은 전제 조건이 충족되어야 한다.

첫째, 정부가 민주적이고 개방적이어야 한다. 민주 정부는 항상 개방적으로 국민의 의견을 청취하고 행정에 반영하고자 노력해야만 한다. 폐쇄형 권위주의 정부는 국민 의견을 듣는데 적극적이지 않다. 국민 참여가 이루어지기 어렵다. 이에 비해 개방적인 민주 정부의 공무원은 국민과 함께하고, 국민 의견을 듣는 일에 적극적이다. 민주적이고 개방적이라는 말 속에는 국민에 대한 배려, 정보 공유, 합의적 의사 결정 정신이 모두 함축되어 있다.

둘째, 법과 제도가 잘 마련되어 있어야 한다. 국민 참여가 무분별하고 제멋대로 이루어져서는 안 된다. 자칫 행정 비능률을 초래하고 갈등을 유발하며, 목표 달성을 방해할 수도 있기 때문이다. 국민 참여에 관한 안정적이고 예측 가능한 법규와 제도가 마련되어 있어야만 한다.

셋째, 건전한 국민 의식이 형성되어 있고, 성숙한 다원주의 민주사회가 만들어져 있어야 한다. 흑백논리가 난무하고, 자기 이익만을 추구하는 극단적 이기주의가 팽배하며, 타협 없는 정쟁이 판을 치는 사회에서는 바람직한 국민 참여가 이루어질 수 없다. 국민 의식 수준이 어느 정도 높아야 하고, 건전한 사회 문화가 바탕이 될 때 바람직한 국민 참여가 가능해진다.

3. 국민 참여 형태

국민의 행정 참여 형태는 다양하다. 정부의 민주화 정도에 따라 다를 수 있고, 정부 관료제의 피라미드 계층에 따라 다를 수 있으며, 정책 분야에 따라 다를 수 있다. 중앙정부와 지방자치단체의 국민 참여가 다를 수 있다. 또 국가 발전 단계에 따라, 시대에 따라 국민 참여 형태가 달라질 수 있다. 여기서는 일반적 형태의 국민 참여에 대해 살펴보기로 한다.

국민 동원 형태의 참여

정부, 행정에 의해 동원되는 형태로 국민 참여가 이루어질 수 있다. 국민 참여 필요성에서 논의한 바와 같이 정부의 무능력함을 보충하기 위해서, 정부 능력의 한계를 보충하기 위해서 의도적으로 국민 참여가 시도될 수 있다. 또 정부의 정책 실패를 보완하기 위해서, 정책 형성과 집행을 잘하기 위해서, 새로운 행정 기술이나 기법 도입을 위해서, 민주주의 기본 가치 실현을 위해서 국민 참여를 유도할 수 있다.

정부와 행정에 대해서, 정책에 대해서 논란이 많고, 야당이나 반대 집단의 반발이 클 경우에 호의적인 국민이 동원될 수 있다. 미국과 FTA 체결을 반대하는 군중에 대항하기 위해 FTA의 긍정적 효과를 원하고 미국에 호의적인 사람들을 부각시키는 것이 좋은 예다. 독도의 한국 주권을 부정하는 일본인의 처사에 대해 분개하는 국민이 광화문 광장을 태극기 물결로 덮는 경우도 있다.

국민 동원은 행정에 호의적인 군중 동원만이 아니라 반발하는 군중 동원도 있을 수 있다. 학생들에게 무상급식(無償給食)하는 것을 두고 여당과 야당이 서로 자기편을 드는 군중을 동원하는 것이 좋은 예다.

시민단체, 이익집단을 통한 참여

조직화된 국민은 이익집단, 시민단체 형태로 행정에 참여한다. 이익집단(利益集團. interest group)은 구성원의 이익 추구를 위해 만들어진 조직이다. 이익집단은 자기들이 원하는 것을 얻기 위해 행정에 관여하고 유리한 정책을 이끌어내고자 애를 쓴다. 정부로부터 각종 이권(利權. 재정지원, 특혜, 정책참여 등)을 얻어내기 위해 온갖 노력을 다한다. 이익집단이 행정에 관여하기 위해 공무원에게 압박을 가하는 모습을 보일 때 이익집단은 압력단체(壓力團體. pressure group)로 변모한다. 사실 모든 이익집단은 압력단체 속성을 가지고 있다. 아주 선한 의도로 봉사활동을 하거나 정부를 돕는 정도의 이익집단이라면 모르겠지만.

이익집단 중에 정치 민주화 과정에서 등장하게 된 것이 시민단체다. 시민단체는 다음 [표 12-1]에 있는 바와 같이 다양한 이름으로 불린다. 비정부조직, 비영리단체, 시민단체, 공익단체 등 다양하다. 시대에 따라 역할과 중요성이 조금씩 달라지면서 이름도 변모해 왔다.

[표 12-1] 각종 시민단체의 이름 비교

명칭	주요 특징	다른 단체와 비교
비정부조직(非政府組織) (Non-Government Organization, NGO)	-정부부문이나 시장부문이 아니면서, 주요 공익활동을 하는 조직체(제3부문으로 부름) -자원봉사 활동을 통해 공익 추구	-정부 또는 정부 간 협정에 의해 설치되지 않은 조직 -시민 단체, 공익단체와 비슷함
비영리단체(非營利團體) (Non-Profit Organization, NPO)	-지나치게 사적인 이윤을 추구하지 않는 모든 시민 사회 단체를 통칭 -잉여 소득의 배분 금지	-이윤을 추구하는 민간 기업체와 차별 -일반 시민 단체, 공익 단체도 대부분 비영리단체에 속함
시민단체(市民團體) (Civic Organization)	-시민들의 모임이라는 성격이 부각됨 -'시민'은 정치적으로 양식 있고, 정책 과정에 영향을 미치고자 하는 사람들을 말함.	-자발적 공익 추구 활동을 하는 단체 소속의 사람들은 대부분 '시민성'이 있다고 생각함.
공익단체(公益團體) (Public Interest Organization)	-'공익'을 추구하는 단체라는 의미가 강함 -公益은 私益에 대비되는 말	-시민 단체나 비영리단체가 지나치게 편협되지 않는다면 대부분 공익 단체 역할을 한다고 봄

* 자료: 박상필(2003:76); 김준기(2007:1-26);이대희(2013:352)

시민단체는 국가발전 단계에 따라 다음 [표 12-2]에서와 같이 변모해 왔다. 국가건설, 경제 발전 기간 동안에는 국민 동원 형태의 시민단체들이 행정에 관여했었다. 그러다가 1980년대 후반부터 진행된 정치 민주화 과정에서 권위주의 정부에 대항하는 '자유 의지가 강하고, 양식 있는 시민'의 모임으로 출발하게 되었다. 이전의 시민단체가 자기들의 이익을 위한 압력단체 성격을 띤 것에 비해 이때부터의 시민단체는 좀 더 공익 지향적인 그것으로 변모해갔다. 권위주의 정부 비판, 정치 민주화, 자유와 평등, 균형 발전, 다양한 정책 요구에 발 벗고 나섰다.

〈표 12-2〉 국가 발전 단계에 따른 이익집단, 시민단체의 변화

국가 발전	국가 건설기 (1945-1970)	경제 발전기 (1970-1990)	정치 민주기 (1990-2010)	문화 복지기 (2010-현재)
정치 단체	-해방 직후에는 무수히 많은 정치 단체가 활동 -정당화 진행 -4.19 혁명을 계기로 민주 시민 단체 활성화 -군사 정부 등장에 따라 관리되고 통제됨	-각종 노동자 단체가 대정부 투쟁 선도 -재야 비판 집단들이 정부의 통제 속에 어렵게 활동 -1986년 이후, 새로운 형태의 민주 시민 단체들 등장	-정치적 시민 단체들이 폭발적으로 증가, 정부의 각종 입법, 정책 과정에 능동적 참여 -시민 단체들이 각종 선거에 관여 -다양한 정치적 시민 단체들이 대립, 갈등	-정치적 시민 단체의 영향력이 급격히 약화됨 -선호하는 정당에 따라 활동 내용이 차별화됨 -경제 침체, 노인 연령층 증가, 정치 혐오에 따라 보수적 시민 단체가 많아짐
경제 단체	-전국 규모의 경제인 단체, 상공인 단체가 결성되어 활동 -산업 분야별 자본가 모임, 노동자 모임이 만들어지기 시작 -철도 노조, 탄광 노조, 항만 노조 등의 결성	-전국경제인연합회, 경총 등이 중요한 역할을 수행 -각종 노동자 단체의 결성, 권리 투쟁 -다양한 농어민 단체, 산업 분야별 단체들이 결성, 활동 -1980년대 후반부터 경제정의실천시민연합 등 정치성 시민 단체 등장	-노동자 단체들의 목소리 커짐 -경실련, 참여 연대 등의 실질적인 경제 평등화, 민주화 활동 -소비자 단체 활성화	-경실련 등 기존 시민 단체의 목소리가 많이 약화됨 -노동자 단체들의 불법적 행동에 대한 비판 고조 -청년 실업, 외국인 노동자, 파산 기업체 종사자의 권익 보호를 위한 단체 등장 -소비자, 예금자 등의 이익 보호를 위한 단체가 수시로 등장
사회 단체	-재향군인회 등 주요 단체 활동 -동창회, 친목회 수준의 사회단체 -각종 종교인 단체	-1970년대 초부터, 새마을 운동 단체들이 등장하여 국민 계몽 운동에 앞장 -사회 각 분야별 이익집단이 결성, 활약	-환경 운동 단체의 활성화 -여성, 이주 외국인, 장애인, 영세민 등 상대적 약자들의 단체 활성화	-문화, 복지 분야의 공익 단체들이 많아짐 -서로 정보를 교환하고, 공동 활동을 하며, 문화 향수와 복지 증대를 위해 노력함 -상호 보완, 공동 네트워크 형성

* 출처: 이대희(2014:376)

시민단체는 더욱더 분화하여 정책 분야별로, 지역별로, 정치적 선호에 따라, 수없이 많아졌다. 행정을 지원하고 도와주는 긍정의 시민단체로부터, 수시로 반발하고 단점을 후벼 파는 부정의 시민단체도 적지 않다. 행정 공무원은 시민단체를 지원사로, 동반자로, 건전한 비평자로 함께 해야 한다.

거버넌스, 파트너십 형태의 참여

정부와 국민이 행정을 공동으로 추진하는 협력자 관계로 발전하면 거버넌스나 파트너십 형태의 행정 운영 방식이 등장한다. 국가 건설, 경제 발전 기간 동안에는 우리 사회가 아직 성숙해 있지 않아 국가 운영의 주도권을 정부, 행정, 공무원이 가지고 있었다. 국민의 지적 수준, 경제 수준, 과학 기술 역량, 행정에 대한 능력이 모두 부족할 경우에는 거버넌스, 파트너십 논의가 등장하기 어렵기 때문이다. '어리석고, 가난한 국민'은 그저 정부 공무원이 보호하고 지원해주어야만 하는 존재에 불과했다. 하지만 국가 발전이 이루어지고, 경제가 성장하면 그에 수반되어 사회 발전이 이루어지고 국민의 모든 역량이 증폭된다. 민간부문과 일반 국민의 역량이 서서히 공공부문인 정부와 행정, 공무원의 능력을 따라잡고, 오히려 넘어서는 시점이 도달한다. 이에 수반되어 점차 정부 행정에 민간인, 민간부문의 참여가 증대된다. 정부와 행정, 공무원에 의한 정책과 관리가 최선의 효과를 내지 못하고 실패하는 경우가 나타나기 때문이다. 정부 실패(government failure), 행정 실패가 나타나는 순간 국민 참여 필요성이 더욱더 증대된다.

거버넌스 체제는 국정 관리의 중심이 정부 행정으로부터 민간, 사회와 공동 노력하는 형태로 변모하는 것이다. 더욱 발전하여 어떤 경우에는 사회가 중심이 되는(society-centered) 경우도 발생한다. 무엇보다도 거버넌스에 참여하는 모든 구성원이 수평적으로 상호 협력자가 되는 것이 중요하다.

여기서는 공동 통치, 협치 차원의 (고차원의) 거버넌스보다는 '행정' 차원의 (정책 현실적) 거버넌스, 파트너십에 대해 관심을 갖고자 한다.

1) 정부 부처 수준에서 거버넌스를 생각할 수 있다. 공무원과 민간 전문가가 공동으로 참여하여 국정을 담당하는 각종 위원회가 있다. 국민권익위원회는 민간 전문가를 장관급 위원장으로 하고, 공무원을 차관급 부위원장, 그리고 상임위원인 공무원들과 비상임위원인 민간인들로 구성된다. 그리고 공직사회 부패 방지와 부패 행위 규제, 국민의 권리 보호 및 구제를 위하여 관련된 고충 민원을 처리하고 불합리한 행정 제도를 개

선하는 일을 수행한다. 국가인권위원회, 방송통신위원회, 원자력안전위원회, 금융위원회 등이 비슷한 형태다. 이런 조직들은 민간 전문가 또는 덕망 있는 민간인이 옴부즈맨(ombudsman)처럼 최고위 정책 책임자가 되어 국민 고충을 처리하는 형태다. 일상적으로 이루어지는 행정 업무는 사실 직업 공무원의 정부기관이 담당하는 것이 원칙이기 때문이다.

2) 정부 부처 소속 하부기관이나 위원회 형태로 존재하는 거버넌스도 많이 있다. 특별법에 의해 운영되는 공공기관이나 법인이 있고, 정부재투자기관이나 관여 조직 형태로 존재하는 수도 있다. 이 책 제8장에서 논의하고 있는 공기업(+정부 공공기관)이 대부분 이에 해당한다. 이는 거버넌스가 추구하는 정부와 민간의 협력, 공공성과 기업성의 융합을 추구하는 기관들이다. 이런 기관들은 정부 재정이나 담당 공무원이 모든 업무를 다 처리하기 곤란한 상황에서 민간부문을 참여시켜 일부를 담당케 할 때 활용된다. 정부는 영향력 확대를 위해서라도 산하기관이나 단체를 만들어 행정 업무를 담당케 하기도 한다. 퇴직 공무원이 산하기관이나 단체의 장이나 책임자로 되어 관련 업무를 처리하는 것이다.

3) (정책 현실적) 거버넌스, 파트너십 형태의 조직이나 기관들은 행정서비스 전달 체계에서 중요한 역할을 수행하고 있다. 문화행정이나 복지행정 분야에서 최일선 서비스 전달을 책임지고 있는 많은 기관이 이에 해당한다. 정부에서는 예산 등 재정 지원, 시설 지원을 하고, 민간에서는 운영과 서비스 전달을 책임지는 형태다. 문화센터, 복지관, 청소년수련관, 노인요양시설, 장애인시설, 체육단체, 환경단체 등 헤아릴 수 없이 많다.

정부 3.0시대의 국민 참여

현 박근혜 행정부(2013.2.~2017.2)는 '정부 3.0 시대'를 표방하면서 새로운 형태의 국민 참여를 유도하고 있다. 국가발전 단계에 발맞춰 국가 건설기(1945~1970)와 경제발전기(1970~1990) 동안에는 정부와 행정, 공무원이 국가 통치의 주도권을 가지고 모든 것을 선도하는 형태로 국정 운영이 이루어졌는데 이를 '정부 1.0 시대'로 표현한다. 이어서 정치 민주기(1990~2010)를 거치면서 국민 참여와 정보 공개가 적극 추진되던 시기의 국정 운영 방식을 '정부 2.0 시대'라고 한다. 그리고 이제 문화 복지기(2010~현대)를 맞아 박근혜 행정부는 정부와 민간이 동등한 입장에서 공동으로 국정을 운영하는 협치(協治)의 '정부 3.0 시대'를 추구하고 있다. 정부 3.0 시대의 목표는 다음 그림과 같이 나타낼 수 있다.

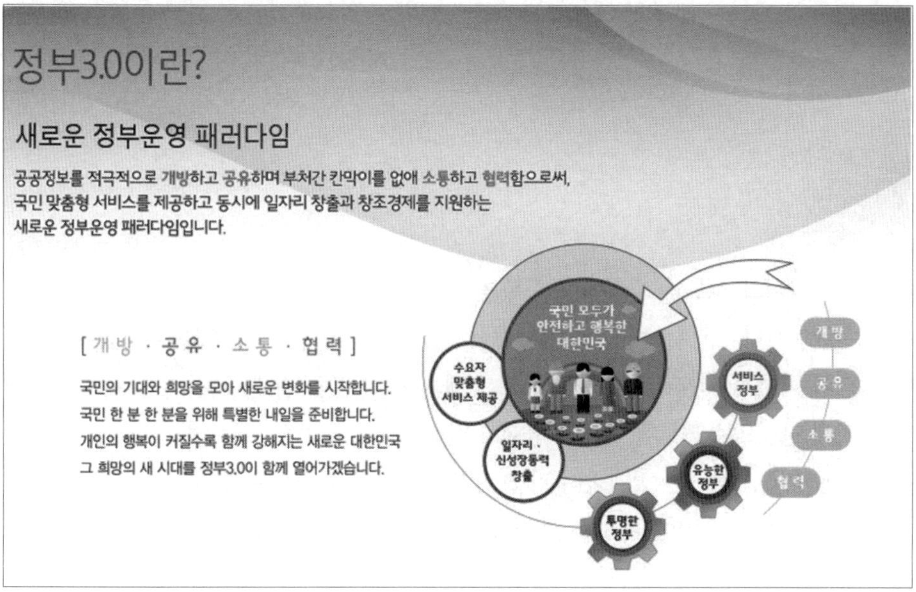

[그림 12-1] 정부 3.0 이란? (출처: http://www.gov30.go.kr)

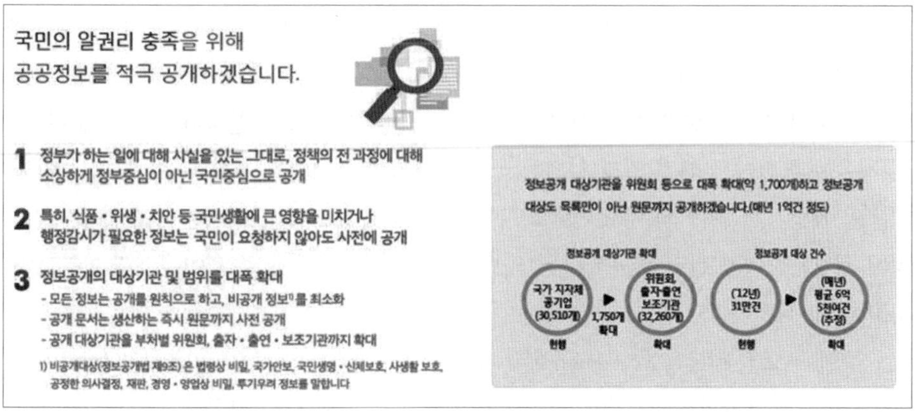

여기서 협치는 고차원의 거버넌스 형태로서 사실 '행정'에서 논의하기보다는 '정치' 차원에서 논의해야 할 개념으로 보고 싶다. 삼권분립으로 정치와 행정이 나뉘어 있고, 국민 생활과 직결된 현장의 행정서비스를 논의하는 차원에서는 오히려 정부와 민간의 파트너십 정도로 '행정 3.0 시대'를 바라보는 것이 좋을 것 같다.

Ⅱ. 국민 참여 제도

국민 참여가 정부와 행정에서 시혜를 베푸는 정도로, 형식적으로 이루어지는 것이어서는 곤란하다. 권위주의 정부 시대에서처럼 구색(具色)이나 맞추고, 말 한마디 못하는 식의 참여여서는 안된다. 실질적으로 보다 나은 행정을 위해, 국민의 자유, 안전, 행복을 위해 진정으로 필요한 참여가 되어야 한다.

우리의 국민 참여는 정치 민주기를 거치면서 놀라울 정도로 많아지고, 성숙해졌다. 가장 최첨단의 국민 참여 제도가 법규로 마련되어 있다. 주요한 것들을 중심으로 살펴보기로 한다.

1. 국민(주민) 투표, 국민(주민) 소환, 국민(주민) 발안

국민(주민) 투표, 국민(주민) 소환, 국민(주민) 발안은 국민 또는 지역 주민이 정부 행정에 직접 참여할 수 있는 핵심적인 민주 제도이다. 국민은 대통령이나 국회의원 선출, 대통령이 부의한 주요 안건에 대하여 직접 투표권을 행사하여 결정하는 수도 있다. 이런 경우는 헌법에 정해진 권리에 의해 국민 투표가 이루어진다. 이보다는 좀 더 국민 친화적인 지방자치, 지역의 주요 정책과 관련하여 주민 투표를 시행하는 경우가 많다. 그래서 지방자치법과 관련 법규에서는 '국민'이라는 용어 대신에 '주민'이라는 용어를 사용하고 있다.

주민 투표(住民投票. referendum)는 지역 주민이, 국가의 주요 정책(자치구역의 변경, 주요 시설 설치 등 국가정책) 수립이나 지방자치단체의 주요 결정 사항에 관해, 직접 투표로 의사를 표현하는 것이다.[1] 투표 대상은 주민에게 과도한 부담을 주거나 중대한 영향을 미치는 것으로, 중앙행정기관, 지방자치단체장, 지방의회, 주민(투표권자의 1/20 ~ 1/5의 서명)의 요청으로 정해진다. 주민 투표 형식은 찬성과 반대의 의사 표시를 하는 형태로 이루어진다. 주민 투표는 그동안 시군 통합에 관한 투표(예, 울산시, 울주군 통합 1994.10.1.), 천안 아산역 명칭 결정(2003.10.22.), 하남시 화장장 설치 결정(2007.12.12.), 서울시 무상 급식 투표(2011.8.24. 투표율 25.7%로, 1/3 미만이어서 부결), 제주도 행정 구역 개편 결정(2005.7.27. 유권자 36.7% 참석하여, 57.0% 단일 광역 행정구역 개편안 찬성), 중저준위 방사성 폐기물 처분 시설 유치 결정(2005.11.2. 경주시 89.5%로 유치 결정), 청주와 청원 행정 구역 통합 결정(2012.6.27. 청원군 찬성 78.6% 통합 찬성) 등에서 중요한 역할을 수행하였다. 주민 투표는 가장 마지막으로 주민들이 직접 참여하여 정책 결정을 하는 것이다. 하지만 현실적으로는 지역 주민들의 의견이 첨예하게 갈라져 있는 수가 많아 적지 않은 주민 갈등을 내포하고 있다.

주민 소환(住民召還. recall)은 지역 주민이 자신들이 선발한 선출직 공직자를 퇴직시키는 것이다. 주민은 그 지방 자치단체의 장 및 지방 의회의원(비례대표 의원은 제외)을 소환할 권리를 가진다(지방자치법 제20조). 주민들은 연대 서명으로 선출직 공직자들의 소환을 요구할 수 있다. 소환 요구는 (1) 서울시장 및 광역시장, 도지사는 투표 청구권자 총수의 100분의 10 이상, (2) 시장 · 군수 · 자치구의 구청장은 100분의 15 이상, (3) 지방 의회의원은 100분의 20 이상의 주민 합의가 있어야 한다(주민소환에 관한 법률 제7조).[2] 주민 소환은 그동안 제주도지사, 하남시장 등 투표가 이루어진 사례가 있지만 직접 소환이 이루어진 경우는 아직 없다. 주민 소환이 직접 민주제의 주요 수단이기는 하지만 반대자들에 의한 의도적 제기, 투표 요건의 엄격함 등으로 실질적 효과를 거두기가 쉽지 않다. 하지만 제도 자체만으로도 선출직 공직자에 대한 주요 견제 수단이 될 수 있다.

주민 발안(住民發案. initiative)은 주민들이 연대하여 지방자치단체의 장에게 조례를

1) 주민투표법(법률 제12844호. 2014.11.19. 제정)
2) 주민소환에 관한 법률(법률 제10866호, 2011.7.21., 타법개정. 시행 2012.7.22.)

제정하거나 개정하거나 폐지할 것을 청구하는 것이다(지방자치법 제15조).[3] 그러나 법령을 위배할 수 없고, 조세에 관한 것, 행정 기구를 설치하거나 변경하는 것에 관한 사항이나 공공시설의 설치를 반대하는 사항은 조례로 청구할 수 없다. 주민 발안은 주민들에게 직접적 영향이 있고, 긴요한 사항이 행정에 의해 외면당하고 있다고 생각할 때 활용될 수 있다.

주민 투표는 국가 정책에 대한 국민 투표의 일환으로 이미 오래전부터 활용되어 왔다. 하지만 주민 소환이나 주민 발안은 국민대표에 의한 대의제 민주정치를 넘어서는 것으로서 최근에 도입된 것이다. 주민 소환의 경우에는 임기가 보장된 선출직 공직자를 임기 중에 소환하는 것으로서 자칫 반대집단에 의해 악용될 가능성이 있다.

2. 공청회, 정책 토론

공청회(公聽會)는 정책을 만들거나 집행하는 과정에서 국민 의견을 듣기 위해 마련된 행정 절차다. 행정절차법에서 말하는 '공청회란 행정청이 공개적인 토론을 통하여 어떠한 행정 작용에 대하여 당사자 등, 전문 지식과 경험을 가진 사람, 그 밖의 일반인으로부터 의견을 널리 수렴하는 절차'를 말한다. 공청회를 거치는 이유는 정책 형성 작업을 좀 더 합리화하기 위한 것이며 집행 과정에서 나타날 수 있는 오류나 국민 반발을 미연에 방지하기 위한 것이다.

정책을 담당하는 행정청이 공청회를 개최하려는 경우에는 공청회 개최 14일 전까지 제목, 내용, 세부 절차에 대해 당사자 등에게 통지하고 관보, 공보, 인터넷 홈페이지 또는 일간신문 등에 공고하는 등의 방법으로 널리 알려야 한다(행정절차법 제35조). 경우에 따라서는 정보통신망을 이용한 전자 공청회를 실시할 수도 있다. 공청회의 주재자는 해당 공청회의 사안과 관련된 분야에 전문적 지식이 있거나 그 분야에 종사한 경험이 있는 사람 중에서 행정청이 지명하거나 위촉하는 사람으로 한다. 또 공청회의 발표자는 해당 공청회의 사안과 관련된 당사자, 전문 지식인, 관련 경험자들로 구성한다.

---

3) 서울시 등 광역시와 도, 인구 50만 이상 대도시에서는 19세 이상 주민 총수의 100분의 1 이상 70분의 1 이하, 시·군 및 자치구에서는 19세 이상 주민 총수의 50분의 1 이상 20분의 1 이하의 범위에서 지방자치단체의 조례로 정하는 19세 이상의 주민 수 이상의 연서(連署)로 해당 지방자치단체의 장에게 조례를 제정하거나 개정하거나 폐지할 것을 청구할 수 있다.

공청회는 합법적 절차에 따라 공개적으로, 공정하게 추진되어야 한다. 공청회를 필요로 하는 정책 사안들은 찬성자와 반대자들이 극단적으로 갈려있거나 의견 충돌이 빚어지고 있는 경우가 많다. 그래서 조금만 불평등하고, 불공정하게 진행되면 효과를 보기는커녕 반발로 무산되기 일쑤다. 원자력 발전소나 핵폐기물 처리장 건설, 강정마을 해군기지 건설, 쓰레기 소각장 건설 등 갈등이 심한 경우는 공청회가 제대로 개최되기 어렵다.

공청회가 '없어도 좋은' '쓸데없는 군더더기 요식 절차'가 되어서도 곤란하다. 정부 행정 담당자 입장에서는 자신들이 충분히 책임 있게 처리할 수도 있는 정책, 행정 업무에 대해 너무 시간 낭비하고, 쓸데없는 요식 절차가 개입되어 있다고 생각할 수도 있다. 이렇게 되지 않으려면 공청회가 진지하고, 의미 있는 국민 참여, 의견 개진, 정보 공개의 자리가 되도록 노력해야 할 것이다.

행정절차법에는 또 국민 참여 확대를 위해 다양한 언론 매체를 활용한 정책 토론을 유도하고 있다(행정절차법 제52조, 53조). 행정청은 국민에게 영향을 미치는 주요 정책 등에 대하여 국민의 다양하고 창의적인 의견을 널리 수렴하기 위하여 정보통신망을 이용한 정책 토론을 실시할 수 있다. 이때도 객관적이고 공정하게 개최되어야 한다.

정책 토론회는 공청회처럼 법적으로 꼭 시행해야 하는 것만은 아니지만 주요 정책을 공론화하고, 정책 과정에 필요한 정보를 얻거나 관련 집단에 제공하는 데 유용하다. 또 일반 국민 입장에서는 주요 정책의 내용을 이해하고, 자신들의 의견을 개진하며, 잘못될 수 있는 정책을 사전 · 사후에 바로잡는 수단으로 활용할 수 있다. 최근에 대통령, 국회의원, 도지사, 시장, 군수, 구청장, 지방 의회의원 등 선출직 공직자들을 대상으로 선거 방송 토론이 활성화되어 있다. 정책 토론을 통해 후보자들의 인물 됨됨이를 확인하고, 공약을 점검하고자 한다.

정책 토론회의 경우에는 자칫 '말 잘하는 사람'을 좋은 사람으로 잘못 판단할 수도 있기 때문에 조심해야 한다. 또 토론 과정에서 지나치게 과열된다거나 상대 후보를 비방하는 경우가 발생해서는 곤란하다.

3. 전자 정부, 정보 공개

현대 정부의 행정은 전자 정보 기술(ICT)의 도움을 많이 받고 있다. 20세기 초반 관료제 행정의 특징으로 거론됐던 문서에 의한 업무 처리(red tape)가 이제는 전자문서(electronic paper), 이메일(e-mail), SNS(=Social Network Service)로 대체되고 있다. 정부 각 기관의 홈페이지에는 행정과 정책에 관련된 모든 것들이 공개되고 있다. 기관장, 위원회, 조직, 조직원, 연락처, 행사 일정, 정책 정보, 회의록, 관련 기사와 사진, 동영상이 들어있다. 현대 정부를 전자정부(電子政府. electronic government)로 부르고 있다.

전자정부가 제대로 잘 작동하기 위해서는 (1) 정보통신에 관한 기본 인프라(infra-structure)가 잘 구축되어 있어야 하고, (2) 이를 활용할 수 있는 이용자의 능력, 프로그램과 기술 및 전산 전문가가 충분해야 하며, (3) 정부와 국민의 이용이 충분히 활발해야만 한다. (1)과 관련해서는 컴퓨터, 인터넷망, 전화 및 이동통신전화, 프린터, 팩시밀리, work station, 유무선 방송시스템 등이 복합적으로 필요하다. (2)와 관련해서는 국민의 이용 능력, 국민을 지원할 수 있는 정보통신기술과 전문가가 충분해야 한다. (3)과 관련해서는 정부가 ICT 기술을 활용하여 정책 문제를 파악하고, 의사 결정을 하며, 관련 국민의 참여를 유도하고, 집행을 원활히 하려는 의지가 확고해야만 한다.

현대 한국은 확실하게 전자정부로 들어서 있다. 전 세계에서 가장 앞서는, 수출 상품으로까지 도달한 전자정부가 바로 한국이다. 전 세계에서 국민 참여가 가장 활발한 나라가 바로 우리 한국이다.

국민 입장에서는 전자로 민원 청구를 할 수 있으며, 결과를 통보받을 수 있다. 언제든 자신의 의견을 정부로 투입시킬 수 있는 장치가 마련되어 있다. 정부가 하는 일을 비교적 소상하게 관보, 홈페이지나 민원 신청을 통해 알 수 있다. 법적으로 행정 업무에 관해 국민은 정보 공개 청구를 할 수 있게 되어 있다. 자기와 관련된 생활 정보 공개, 관계자료 열람도 요청할 수 있다.

행정기관 등의 장은 민원 관련 법령, 민원 사무 관련 편람, 민원 사무의 처리 기준 등 민원과 관련된 정보와 그 밖에 국민 생활과 관련된 행정 정보로서 국회 규칙, 대법원 규칙, 헌법재판소 규칙, 중앙선거관리위원회 규칙 및 대통령령으로 정하는 행정 정보 등을 별도로 인터넷을 통하여 국민에게 제공하여야 한다. 행정기관 등의 장은 국민의 복지 향상 및 편익 증진, 국민 생활의 안전 보장, 창업 및 공장 설립 등 기업 활동의 촉진 등을 위한 전자정부 서비스를 개발하여 제공하고 이를 지속적으로 보완 · 발전시키기 위한 대책을 마련하여야 한다. 서비스 이용자가 손쉽게 전자정부 서비스에 접근하여 안전하고 편리하게 활용할 수 있도록 하여야 하며, 제공되는 전자정부 서비스는 최신의 것이 되도록 하여야 한다. 서비스를 개발 · 제공할 때 전자정부 서비스 이용자의 요구사항 및 편익을 고려하여야 한다. 이용자가 참여하여 토론, 건의, 정책 제안 등 다양한 의사를 표현할 수 있는 기회를 보장하여야 하며, 이를 통한 건의 및 정책 제안 등을 법령 및 제도의 정비, 전자정부 서비스의 개선 등에 적극 반영하여야 한다.

또, 정보 공개 제도를 두고 있는데, 이는 공공기관이 보유 · 관리하는 정보에 대해 국민이 공개 청구할 수 있게 함으로써 국민의 알 권리를 보장하고 국정(國政)에 대한 국민의 참여와 국정 운영의 투명성을 확보하기 위한 것이다. 국민 입장에서 정보 공개 결과에 불만이 있을 경우에는 이의 신청이나 행정 심판, 행정 소송을 제기할 수 있다.

4. 국민(주민) 감사, 주민 소송

국민은 정부와 행정을 상시 감시하고 통제할 수 있어야 한다. 정부 관료제는 본래의 존립 목표인 '주권자인 국민'을 지향하기보다는 '스스로의 생존'을 위해 작동할 수도 있다. 공무원은 '봉급을 받는 직업인 중 하나'일 수 있고, 부처나 기관도 '자체 생존을 위해 움직이는 생명체 중 하나'일 수 있다. 관례적으로 세금을 걷고, '생색내듯' 국민을 향해 체면치레 식으로 일을 할 수도 있다. 그래서 이런 무기력하고 관례적으로 작동하는 정부 관료제를 막기 위해서는 국민 감시와 통제가 꼭 필요하다.

지방자치법에는 '지방자치단체와 그 장의 권한에 속하는 사무의 처리가 법령에 위반되거나 공익을 현저히 해친다고 인정되면 주민이 감사를 청구할 수 있다'(지방자치법 제16조)고 규정하고 있다.[4] 이는 행정의 대상 집단(target group)인 주민들이 자신에게 직접 영향을 미치는 정책의 잘못을 바로잡기 위한 것이다. 사실 일반 국민 입장에서는 자신들에게 영향이 있는 정책에 대해 해당 기관에 청원을 통해 감사를 요청할 수 있다. 그

4) 지방자치단체의 19세 이상의 주민은 시 · 도는 500명, 제175조에 따른 인구 50만 이상 대도시는 300명, 그 밖의 시 · 군 및 자치구는 200명을 넘지 아니하는 범위에서 그 지방자치단체의 조례로 정하는 19세 이상의 주민 수 이상의 연서(連署)로, 시 · 도에서는 주무부장관에게, 시 · 군 및 자치구에서는 시 · 도지사에게 그 지방자치단체와 그 장의 권한에 속하는 사무의 처리가 법령에 위반되거나 공익을 현저히 해친다고 인정되면 감사를 청구할 수 있다(지방자치법 제16조). 다만, 수사나 재판에 관여하게 되는 사항, 개인의 사생활을 침해할 우려가 있는 사항, 다른 기관에서 감사하였거나 감사 중인 사항, 동일한 사항에 대하여 소송이 진행 중이거나 그 판결이 확정된 사항은 대상이 아니다.

러나 지방자치법에서는 법 규정으로 직접 감사 청구를 가능케 한 것이다.

또, 공금이나 재산, 지방세, 사용료 등과 관련하여 감사를 청구한 주민은 이와 관련하여 위법한 행위나 업무를 게을리 한 지방자치단체의 장을 상대방으로 하여 소송을 제기할 수 있다(지방자치법 제17조). 이는 감사 청구에서 더욱 발전된 것으로 소송을 통해 직접 정책 오류 수정에 나설 수 있게 한 것이다.

감사 청구 규정이 없다면, 지역 주민들은 상급기관에 감사 청구를 요구하는 청원을 제기해야만 할 것이다. 하지만 상급 관청으로서는 감사가 의무 조항이 아니기 때문에 청구자들의 의도대로 감사가 이루어지지 않을 수도 있다. 이런 문제점을 해소하기 위해서 마련된 것이 주민 감사 규정이다. 또 선출직 단체장이 주민들의 이해와 다른 정책을 추진하는 경우, 주민의 감사 청구권이 없다면, 교체가 가능한 다음 선거 기간을 기다릴 수밖에 없을 것이다.

5. 주민 참여 예산 제도

주민과 직결된 지방자치단체의 예산 편성에 주민들이 참여할 수 있게 되었다. 이는 피동적인 정책 대상으로만 존재했던 주민이 이제는 능동적으로 자기와 관련된 지방정부 예산 편성에 참여하여 의견을 제시하고 영향력을 미치게 된 것이다. 지방재정법 제39조를 보면, "지방자치단체의 장은 대통령령으로 정하는 바에 따라 지방 예산 편성 과정에 주민이 참여할 수 있는 절차를 마련하여 시행하여야 한다." 그리고 시행령 제46조에는 주민이 지방 예산 편성 과정에 참여하는 방법으로 주요 사업에 대한 공청회 또는 간담회, 주요 사업에 대한 서면 또는 인터넷 설문 조사, 사업 공모, 그 밖에 주민 의견 수렴에 적합하다고 인정하여 조례로 정하는 방법을 제시하고 있다. 지방자치단체의 장은 이런 방법에 따라 수렴된 주민 의견을 검토하고 그 결과를 예산 편성 시 반영할 수 있다.

주민 참여 예산 제도는 주민이 직접 행정에 참여하는 직접 민주주의적 성격도 있고, 동시에 지방자치단체의 예산 과정을 감시하며 통제하는 측면도 있다. 예산은 그것을 필요로 하는 정책을 뒷받침하는 것이기 때문에 예산 편성에 주민이 참가한다는 말은 주민이 직접 정책을 만드는 데도 관여한다는 것이다.

6. 청원, 민원 제기

주권자로서 국민은 정부, 행정기관을 대상으로 자유롭게 청원을 할 수 있다. 모든 국민은 법률이 정하는 바에 의하여 국가기관에 문서로 청원할 권리를 가진다(헌법 제26조). 그리고 국가는 청원에 대하여 심사할 의무를 지고, 결과를 청원인에게 통보해주어야 한다.

청원(請願. petition)은 국민이 정부와 행정을 상대로, 일정한 행위를 요구할 수 있는 청구권적 기본권이다. 대상 기관은 국가기관, 지방자치단체와 그 소속기관, 법령에 의하여 행정 권한을 가지고 있거나 행정 권한을 위임 또는 위탁받은 법인 · 단체 또는 그 기관이다(청원법 제3조). 모든 행정 담당 기관을 대상으로 청원이 가능하다. 청원 사항(청원법 제4조)은 피해의 구제, 공무원의 위법 · 부당한 행위에 대한 시정이나 징계의 요구, 법률 · 명령 · 조례 · 규칙 등의 제정 · 개정 또는 폐지, 공공의 제도 또는 시설의 운영, 그 밖에 국가기관 등의 권한에 속하는 사항으로 전방위적이다. 청원은 국민 누구나, 권리 침해 여부를 불문하고, 모든 국가기관을 상대로 가능하다.

청원은 청원인의 인적 사항, 청원 취지 등을 적은 문서(전자문서도 가능)로 해야 한다. 청원을 수리한 기관은 성실하고 공정하게 청원을 심사 · 처리하여, 특별한 사유가 없는 한 90일 이내에 그 처리 결과를 청원인에게 통지하여야 한다.

국민은 또 민원인이 되어 행정기관에 대하여 처분 등 특정한 행위를 요구할 수도 있다(민원사무 처리에 관한 법률). 이에 대해 공무원은 신속, 공정, 친절하게 처리한 뒤, 민원인에게 통부해 주어야 한다.

Ⅲ. 국민 참여의 실제

1. 정치냐? 행정이냐?

국민 참여는 헌법 제정 및 개폐, 대통령과 국회의원 선거로부터, 자기와 관련된 일에 관한 민원 제기나 청원에 이르기까지 전방위적으로 이루어지고 있다. 정책의 형성에서부터 집행, 행정 사무 관리에 이르기까지 모든 영역에 걸쳐 국민 참여가 이루어지고 있다. 물론 직접 행정을 담당하는 대통령이나 시장, 군수, 정부 행정의 공무원도 국민의 한 사람이다. 민주주의 국가인 한국에서 국민은 바로 주인이다.

'국민 참여'는 정치 민주화를 거치는 과정에서 등장하였다. 헌법 개정과 민주화 요구, 판자촌 철거 반대 시위, 동강댐 건설 반대 시위, 미국산 쇠고기 수입 반대, 천성산 고속철도 개통 반대, 강정마을 해군기지 건설 반대 시위가 우리에게 각인되어 있는 국민 참여다. 이런 방식의 국민 참여는 대부분 정부 정책에 반대하는 것들이다. 일부 양식 있는 시민의 문제 제기가 있고, 이에 뒤따라 투쟁 전담의 재야 민주 투사가 가담하고, 정부에 반대하는 야당이 후원하는 형태로 국민 참여가 이루어져 왔다. 이런 방식의 국민 참여의 출발은 강력한 군부 권위주의 통치에 대항하는 과정에서 등장하였었다.

정치 민주화가 진행되면서 권위주의 정부에 대한 반발 형태로 출발한 국민 참여가 다양한 영역으로 확대되기 시작했다. 부드러운 민주 정부의 등장, 의식 있는 분야별 시민 단체의 활약, 생활 수준 향상에 따른 국민 의식 향상, 정보 기술 발전에 힘입어 국민 참여가 폭발적으로 확대되었다. 정치적으로 출발한 국민 참여가 모든 행정 영역으로 확대되었다.

헌법에 보장된 국민 주권이 형식적 참여 수준을 넘어 이제는 국민 생활과 관련된 모든 영역으로 확대되었다. 간접 민주주의만으로는 국민 주권을 확실히 확보하기 어려웠는데 이제는 직접 민주주의 방식을 통해 국민 주권을 행사하기에 이르른 것이다. 간접 민주주의 방식에서는 국민 투표를 통해 대통령, 국회의원, 자치단체장, 지방의회 의원을 선택하는 수준에 만족해야 했었다. 하지만 선출직 공직자들이 정당 대립으로 일관하고, 자신의 정치적 입지 확보에만 열을 올리면서 국민은 점차 소외될 수밖에 없었다. 대의제 간접 민주주의 방식으로는 성숙한 국민 의식, 국민 주권을 실현할 수 없다는 것을 깨달았다.

성숙한 국민은 자신의 주권을 확실히 행사하기 위해 법규 속에 다양한 형태의 국민 참여제도를 도입하였다. 앞서 설명한 바와 같은 국민(주민) 참여제도는 민주주의 선진국 중에서도 매우 앞선 수준에 속한다. 제도가 정착하면서 이제는 불법 시위 형태의 국민 참여가 점차 사그라지고 있다. 거의 무한대의 국민 참여가 보장되어 있는 상황에서 불법 시위 형태의 문제 제기나 거리 시위는 이제 설 자리를 잃어가고 있다. 다만, 아직까지도 정부에 반발하는 야당 정치인, '언제나 불만투성이인 시위꾼'이 존재하고 있다. 어느 시기, 어느 국가에나 정책에 반발하고, 정권을 부정하는 사람들이 없지는 않다. 발전된 한국 현실에서 이런 부류는 더 이상 존재해서는 안 될 것이다. 긍정의 비평가는 반드시 필요하지만.

이제 국민 참여는 정치 영역을 넘어, 행정 전반으로 확대되어 있다. 간접 민주주의 방식과 직접 민주주의 방식이 균형 있게 조화를 이루고 있다. 고차원의 거버넌스 형태의 국민 참여를 넘어, 생활 밀착형 국민(주민) 참여가 잘 이루어지고 있다.

2. 국민 참여의 주체: 누가 참여할 것이냐?

국민 참여를 논할 때, '국민'이 누구인가에 대한 고민이 있다. 민주주의에서 말하는 국민은 '양식 있는 시민'이어야 하고, 판단력 있는 합리적 인간이어야 한다. 그런데 시위 현장의 국민을 보면, 또 무작정 떼를 쓰는 사람을 보면 전혀 딴판이다. 도저히 합리적이고 양식 있는 국민일 수 없다. 국민 참여 주체로서의 인간은 어떤 모습이어야 할까?

첫째, 민주주의의 기본 원리를 이해하고 법규를 잘 지키는 사람이어야 한다. 국민 개개인의 자유를 존중하고, 상호 이해와 배려, 공동체 의식을 가지고 있어야 한다. 정부에서 만든 법규는 반드시 지켜야만 한다는 의식을 가져야 한다. 시위를 일삼는 방식의 국민 참여자들은 법규를 지키려 하지 않는다. 권위주의 정부에 반발하던 때의 '법은 지킬 필요가 없다'는 식의 사고방식은 이제 사라져야 한다.

둘째, 합리적 판단력을 가진 사람이어야 한다. 지혜롭지 못한, 무능한 사람은 국민 참여의 정확한 목적, 대상, 시기, 방법을 알지 못한다. 이럴 경우에는 무작정 요구하거나 반발하는 형태로 국민 참여가 이루어지고 만다. 또, 쉽사리 선동가들의 말에 들떠서 부화뇌동(附和雷同)하거나 좌충우돌하면서 예측 불가능한 행태를 보일 수 있다. 참여를 주장하는 국민은 스스로를 돌아볼 줄 알고, 차분하게 합리적으로 생각하고 행동할 수 있어야 한다.

셋째, 정당한 요구와 함께 정당한 지지, 의무 이행도 필요하다. 법규를 잘 지키는 것은 물론 민주 국민으로서 감당해야 하는 세금 납부, 국방 의무, 행정 권위 인정도 필요하다. 자유가 넘치고, 주민의 목소리가 커지면 상대적으로 정부 행정, 공무원의 목소리가 줄어들 수 있다. 행정을 책임지는 공무원의 목소리가 줄어들고 정책 대상 집단인 국민의 목소리가 너무 커지면 국정이 혼란스러워질 수 있다.

넷째, 결과에 순응하고 받아들이는 자세가 필요하다. 각종 공청회, 정책 토론, 협상의 결과, 청원의 결과를 수용하고 따르는 자세가 필요하다. 한번 자신의 뜻과 다른 결정이나 결과가 나오면 끝까지 불복(不服)하고 번복시키려는 사람들이 적지 않아 문제다. 지속적인 반발과 결과에 대한 불복은 시간과 비용 낭비를 초래하고, 정책 집행을 방해한다.

다섯째, 불법적 시위 형태의 국민 참여 욕구를 자제해야 한다. 현대 한국은 경제 발전이 충분히 이루어졌고, 정치 민주화도 잘 되어 있는 나라다. 그런데도 불구하고 조금만 '비위에 맞지 않고, 자기가 원하는 결과가 아니면' 밖으로 뛰쳐나가고 머리띠를 두른다. 발전한 민주국가의 국민이 아니다. 잘 마련된 법 제도를 통해 정당한 절차를 거쳐 국민 참여가 이루어져야 한다.

3. 국민 참여의 미래

앞으로 국민 참여는 어떻게 진화해 갈 것인가? 아직도 제도에 문제가 있고, 더욱 발전시켜 가야만 할 것인가? 참여하는 국민은 진정으로 바람직한 모습인가? 현재 잘 마련되어 있고 활발한 국민 참여의 미래에 대해 조심스럽게 가늠해본다.

국민은 정부기관과 공무원이 '행정의 1차 책임자'라는 점을 간과해서는 안 된다. 행정은 직업적으로 정부기관에 근무하고 있는 행정 공무원에 의해 이루어지는 것이다. 공무원에 의해 이루어지는 행정 자체가 합리적이고 바람직하게 이루어지도록 해야만 한다. 국민 참여는 '필요한 영역에서' '필요한 만큼'만 이루어지는 것이 좋다. 지나치게 확대되어 '행정의 책임 소재가 불분명해지는 것'은 옳지 않다.

국민 참여는 권위주의 정부가 민주화된 정부로 변모해 가는 과정에서 등장하였고 바람직한 역할을 수행하였다. 이제는 국민의 행복을 생각하는 민주적이고 관용적인 정부가 구축된 만큼 국민 참여의 모습도 변화해 가야 할 것 같다. 정부 행정을 불신하고 적대적인 입장의 국민 참여가 아니라 공동 생산, 공동 행정, 행정 합리화 차원의 국민 참여가 되어야 한다. 합리적으로 마련된 참여 제도를, 법규에 맞게 잘 활용해야 할 것이다. 또다시 불법적인 시위 형태의 국민 참여가 등장해서는 곤란하다.

참여하는 국민의 생각과 자세가 자유롭고 선진화한 민주주의 국가에 맞아야 한다. 국민은 책임감 있고, 의무를 다하며, 상대를 배려하고, 함께 살아가는 공동체의 일원이어야 한다. 지나치게 이기적이고, 불만이 가득 차 있으며, 포악해서는 안 된다. 또한 무분별하고 비합리적 행태를 보이는 사람이어서도 안 된다.

장기적 국가 발전을 지향해야 한다. 혼란스러운 국가의 안정화, 어려운 경제 극복, 심각한 자연재해, 내란이나 국외 전쟁의 승리를 위해서는 '조금은 국민 통합적이고 권위주의적인 정부'가 바람직할 수도 있다. 민주주의가 좋고, 합의제 행정이 좋다지만 국가 위기 상황에서는 오히려 불합리할 수 있다. 이런 순간에는 역량 있는 소수 엘리트 행정 관료들에게 좀 더 권한을 실어 줄 필요가 있다. 장기적으로 매우 중요한 국책 사업을 추진하고자 할 때도 '지나친 찬반 토론'이 오히려 실기(失期)하게 할 수 있다.

"만유인력의 법칙은 다수결로 결정해서 얻어진 진리가 아니다."

"민주적 합의제가 항상 최선일 수는 없다."

제13장 행정 개혁

Ⅰ. 행정 개혁

1. 행정 개혁이란 무엇인가?

행정 개혁(行政改革. administrative reform)은 행정을 바람직한 방향으로 크게 바꾸는 것이다. 원래 개혁은 과녁(= 관혁. 貫革. target)을 바꾸는 것(改)을 말한다. 사냥터에서 활을 쏘아 짐승을 잡듯이 과녁에 호랑이나 곰 가죽을 걸어 놓고 연습을 하는데, 이 가죽이 찢어지면 다른 것으로 바꿔야 한다. 이것이 과녁을 바꾸는 것이고, 개혁이었다. 오늘날의 개혁은 근본적으로 목표를 바꾸는 행위를 말한다. 행정 개혁은 행정의 목표를 크게 바꾸는 것이고, 이 목표 추구와 관련된 체제나 공무원, 관리 방식을 근본적으로 변화시키는 것을 말한다.

개선(改善. improvement)이나 발전(發展. development)이 조금씩, 꾸준히 좋은 쪽으로 변화해 가는 것을 뜻하는 데 비해, 개혁은 훨씬 더 강력하고 큰, 의도적 변화다. 개혁은 비교적 짧은 기간에, 폭넓고, 강력하게 '판'을 바꾸는 것이다. 행정 개혁은 그동안 유지되었던 행정의 판을 근본적으로 바꾸는 것을 의미한다. 예를 들면, 4·19 민주혁명, 5·16 군사혁명처럼, 또 '경제 발전' 위주의 행정 체제를 완전히 '정치 민주' 위주의 행정 체제로 바꾸는 것을 의미한다. 최근 들어 한국인들은 행정 개선이라는 말보다도 행정 개혁이라는 말을 즐겨 쓴다. 이제는 행정 개혁이 행정 개선, 행정 발전과 거의 같은 의미로 사용되고 있다.

사람이 잘 먹고 살며, 나이가 들면 왠지 모르게 살이 찌고, 혈관을 비롯하여 곳곳에 문제가 생긴다. 그래서 어느 순간에는 비만 치료를 해야 하고, 혈관을 비롯하여 몸 곳곳을 다시 손봐야 한다. 마찬가지로 정부도 시간이 흐르면서 수시로 문제를 발생시킨다. 이를 고치려는 노력이 바로 행정 개선, 행정 발전, 행정 개혁이다.

행정 개혁은 '행정'을 개혁하는 것이다. 그래서 정치 개혁이나 사법 개혁은 일단 행정 개혁의 대상이 아니다. 그렇지만 행정은 (국가로서의) 정부 운영의 주체이기 때문에 행정 개혁은 전방위적으로 영향을 미친다. 행정 개혁이 곧 국가 개혁이 될 정도로 큰 파장을 몰고 온다.

행정 개혁은 누적된 병폐를 근본적으로 개선시키기 위해서도 필요하지만, 국정 운영의 목표를 매우 새로운 것으로 바꾸거나, 행정 관료 조직(구조와 기능)을 대폭 바꾸는 경우, 행정에 대한 공무원들의 사고와 행태를 대폭 전환시키는 경우, 행정 처리 방식을 전혀 새로운 것으로 변모시키는 경우에도 필요하다. 새로운 대통령이 등장할 때, 국가가 큰 위기에 봉착했을 때, 국민의 요구나 반발이 크게 나타날 때 행정 개혁이 등장한다. 정책 결정 방식을 바꾸거나 행정 사무 관리의 효율성을 높이려 할 때도 개선의 노력이 필요해진다.

2014년 4월, 〈세월호 사건〉[1]을 당한 정부는 '국민의 성난 분노'를 감지하고 근본적인 행정 개혁을 시도하였다. 세월호는 급속하게 항로를 변경하여 배가 좌초되었고, 선장과 일부 승무원이 승객과 배를 버리고 먼저 대피하여 구조되었다. 이것이 참사의 직접적이고 표면적인 원인이라 할 수 있다. 그러나 불법 과적 등 선박 규정 미준수에 대한 감독 소홀, 사고 접수와 초동 대처 미흡, 구조 중 승객 수와 구조자 수 발표 번복, 안전행정부 · 해양수산부 · 해양경찰청 등 관계 기관의 업무 혼선, 대책 본부의 난립, 구조 작업보다는 업무 관할에 더 민감했던 현장 실무자들의 태도, 실종자 가족의 마음을 헤아리지 못한 고급 관료들의 언행, 해양수산부 퇴직 관료들이 해양수산부 산하기관에 재

1) 2014년 4월 16일, 전라남도 진도군 조도면 부근 해상에서 인천발 제주행 여객선 '세월호(號)'가 침몰하는 사건이 발생했다. 2014년 7월 1일 현재 476명의 승객 중 293명이 사망했고, 11명이 실종됐다.

취업하여 선박 관리와 해양 안전 관련 업무를 수행하고 있었던 관행 등이 드러나면서 정부에 대한 국민의 비난과 분노는 극에 달했다.

〈세월호 사건〉 발생 후 1개월 정도 경과한 2014년 5월 19일, 박근혜 대통령은 대국민 담화문을 발표했다. 어린 학생들과 국민을 지키지 못한 것에 대한 사과가 핵심이었고, '국가 개조'라는 표현을 쓰면서 개혁의 의지를 드러냈다. 안전한 나라를 만들기 위하여 국민안전처 등의 신설을 제시했다. 또한, 여러 가지 구체적인 방법과 행동들을 개혁했다. 먼저, 안전점검 공무원에게 특별사법 경찰권을 부여하는 내용의 〈재난 및 안전관리 기본법〉 개정했다. 다음으로 퇴직 공직자의 산하기관 재취업을 제한하는 내용의 〈공직자윤리법〉 개정 계획을 발표했다. 즉, 전 · 현직 관료의 유착 등을 제재하려는 내용의 관피아[2] 척결을 개혁의 목표로 제시했다.

행정 개혁은 몇 가지 특징을 가진다.

첫째, 계획성(計劃性. plan-oriented)이다. 행정 개혁은 치밀한 계획을 통해 시도된다. 우발적으로 일어나는 것이 아니라 행정 주도 집단에 의해 계획적으로 일어난다.

둘째, 목표 지향성(目標指向性. goal-oriented)이다. 의식적으로 국가 목표를 새로운 것으로 바꾸거나, 정책 분야나 정부 기관별로 추구하려는 목표를 매우 새롭게 설정하고 여기에 총력을 기울이고자 한다.

셋째, 동태성(動態性. dynamics)이다. 행정 여건과 문제 상황이 지속적으로 변모하는 속에서 행정 개혁은 매우 다양한 변수 사이의 관계 속에서 이루어진다.

넷째, 행동 지향성(行動指向性. action-oriented)이다. 실질적으로 행정 현장에 변화가 일어나게끔 하려는 의식적 노력과 행동이 함께 한다.

다섯째, 포괄적 연계성(包括的 連繫性. comprehensive relativity)이다. 행정 개혁은 여러 요소가 복합되어 발생한 문제를 해결하거나 복합적 요인이 함께하는 큰 목표를 추구하려는 행위이다.

2) '관료'와 폭력 조직 '마피아(Mafia)'의 합성어. 퇴직 후 자신이 근무하던 부처의 산하기관이나 관계기관에 재취업하여 재취업한 기관의 이익을 위해 퇴직 전 근무했던 정부 부처 공무원들과 유착하는 고급 관료를 말한다. 이른바 '전관예우'의 문제, 즉 선배와 전직 관료의 청탁을 무시하지 못해 관리 · 감독에 소홀하게 되는 문제점이 발생한다. 〈세월호 사건〉의 경우, 선박의 안전을 관리하는 한국선급 역대 회장 11명 중 8명, 해운조합 역대 이사장 12명 중 10명이 해양수산부 등 정부 부처 전직 고급 관료였다는 것이 드러나 문제가 되었다. 김경무, 「해운업계 요직마다 '해피아'…정부 관리 · 감독 무력화」, 한겨레신문 기사, 2014년 5월 11일.

여섯째, 지속성(持續性. continuity)이다. 행정 개혁은 단 한 번에 이루어지기보다는 지속적인 행동, 꾸준한 노력과 함께 완성될 수 있다.

2. 행정 개혁: 왜 필요한가?

행정 개혁의 필요성은 국가가 처한 상황, 그리고 시기 및 개혁의 주안점에 따라 달라진다. 우선 행정 개혁의 목표와 관련지어서 세 개의 범주로 나눌 수 있다.

첫째, 정치권력(政治權力. ruling political power)의 변화가 있을 때 나타난다. 헌법 개정, 새로운 대통령의 당선, 새 정당의 집권 등 정치권력이 변화했을 때 개혁적 사고가 필요해진다. 이런 변화를 통해 새로운 국정 이념과 행정 철학, 새로운 정책과 추진, 새로운 행정 방식이 추구되는 수가 많다. 즉, 집권자의 정책 이념이 변화함에 따라 목표 지향적으로 그 정책 이념을 달성하기 위해서 행정기구, 절차, 정책, 사업 등을 바꾸게 되는데, 이것이 행정 개혁의 이념적 필요성이다. 또한, 권력 투쟁이나 전쟁, 독립, 혁명 등의 사태가 발생하면 그에 따라 행정 체제의 개혁이 이루어진다.

둘째, 경제 사회 환경 변화, 극적 사건 사고에 의해 행정 개혁이 등장할 수도 있다. '안전'과 '관피아 척결'에 대한 국민의 요구, 정부의 무능한 대처에 대한 비난과 분노 등 〈세월호 사건〉 이후 발생한 급격한 사회 환경의 변화는 '규제 완화'로 대표되는 당시의 정상적인 행정 행위 수준을 넘어버렸다. 정치, 경제, 사회 환경은 끊임없이 변화하기 마련인데, 이러한 변화에 맞추어 행정 개혁이 이루어져야 한다. 사회적 이슈의 등장, 혹은 민간부문의 성숙에 따른 시민 참여의 욕구 증대, 정부의 민간부문에 대한 규제와 간섭의 축소 필요성 등이 바로 변화의 요인이 되는 것이다. 또한, 인구 구조의 변화 및 행정에 대한 고객 구조의 변화, 과학 기술의 발전에 따른 변화 등이 바로 행정 개혁을 요구한다. 컴퓨터에 의한 정보 처리, 사무 자동화, 행정 전산화 등의 변화 역시 행정 운영상 개혁의 동인이 될 수 있으며, 최근 등장한 스마트사회 역시 행정 개혁의 중요 동인(動因)이 될 수 있다. 정부는 최근에 국민안전처를 신설하고, 안전 관련 문제의 통제 강화와 더불어 시스템 개조를 하기 시작했다. 또한, 많은 금융 사고들에 대하여 금융의 규제를 강화하기도 했다.

셋째, 행정 체제 자체의 문제 해결과 Upgrade를 위해 필요하다. 2014년 5월 19일,

박근혜 대통령은 담화문을 통해 안전과 관련된 행정 체제 자체의 문제를 스스로 지적하기에 이르렀다. 가장 큰 문제점은 업무 중복과 혼선이었다. 이에 안전행정부가 담당했던 안전 업무 및 해양경찰이 담당했던 해양구조 업무, 해양수산부가 담당했던 해양교통관제센터(VTS) 업무를 신설하는 국민안전처로 옮기겠다는 계획을 발표했다. 안전에 대한 전문 지식과 경험이 없는 수뇌부들에 대하여 방책을 내놓은 것이다. 또한, 콘트롤 타워 부재, 업무 중복으로 인한 혼선, 대책본부 난립 등의 비판에 대해서도 행정 체제 자체의 구조적 개선책을 내놓은 것이다.

미국의 경우, 1912~1913년의 태프트(Taft) 위원회, 브라운-로(Brown-Low) 위원회, 1~2차 후버(Hoover) 위원회 등이 정부기관의 활동 · 기능의 재조정, 권한 재배분을 강조했다. 그 궁극적인 개혁의 목표는 절약과 능률이었다. 반면에 기구의 확대 분화, 정원과 현원의 증가, 고위직 증설을 바라는 관료적 이익이 확대 지향적 행정 개혁을 유발하고 있다.

Ⅱ. 행정 개혁의 방법

1. 행정 개혁의 성공 요건은?

행정 개혁은 어느 순간에 등장하고, 어떠해야만 성공할 수 있을까?

첫째, 통지 권력의 강력한 변화 욕구와 지지가 있을 때 나타나고, 또 성공할 수 있다. 통치 권력은 대통령과 여당을 중심으로 이들을 지지하는 고위관료, 기업가, 언론인이 장악하고 있다. 통치 권력이 기존 정권을 대신하여 새롭게 등장했거나, 이들이 새로운 목표를 세우고 추구하고자 할 때 행정 개혁이 등장한다. 이들은 법규 제정, 예산 지원, 인적 물적 자원 동원이 가능하기 때문에 행정 개혁을 적극적으로 추진할 수 있고, 성공시킬 가능성이 크다.

둘째, 정부에 도전하는 야당, 다수 국민의 적극적 문제 제기가 있을 때 등장한다. 야당은 대통령을 비롯한 여당의 국정 운영에 항시 비판적 견제 기능을 수행한다. 부동산 정책, 경제 정책, 북한 관련 대응책, 규제 정책의 철폐, 공무원 행정서비스 방식의 변화 등을 강력히 요구할 때 개혁 작업이 시동 걸릴 수 있다. 야당은 국회에서, 또 직접적으로 행정부를 향해 강력한 개혁을 요구한다. 국민은 여론을 환기시키고, 시민단체를 통해 지속적으로 개혁을 요구할 수 있다. 정부에서 이들의 요구를 수용하여 정책으로 전환할 때 행정 개혁이 이루어질 수 있다.

셋째, 국가적으로 큰 위기가 닥쳤을 때, 또는 미래 발전을 위해 급히 당면 과제를 수행해야만 할 때 개혁 욕구가 등장한다. 전쟁에 직면했거나 석유 파동, 부동산 가격 폭락, 경제 위기로 인한 IMF 경제 관리 체제 등장 등은 정부로서는 해결하기가 벅찬 순간이다. 이럴 때 행정 개혁 필요성이 증대된다. 이런 사건들은 반드시 해결해야만 하는 문제이기 때문에 온 국민의 관심이 집중되어 있어 정부의 행정 개혁이 탄력을 받을 수 있다. 모든 자원과 역량이 이런 문제 해결에 집중된다.

넷째, 행정 체제, 구조나 기능, 공무원의 사고방식과 일하는 방법이 시대 흐름을 따라 발전해 가지 못하고 구태의연할 때, 행정 개혁 필요성이 나타난다. 이런 문제점에 대해 대통령을 비롯한 정부 고위층의 강력한 문제의식이 있어야 하고, 다른 실무 공무원의 공감대가 형성되어 있어야 개혁이 가능해진다.

다섯째, 행정 개혁에 필요한 인적, 물적, 재정적, 기술적 역량이 충분해야만 행정 개혁의 시동을 걸 수 있고, 성공시킬 수 있다. 이런 역량이 충분치 못하면 행정 개혁은 '논의 수준의 계획'에 그치거나 공염불(空念佛)이 될 수밖에 없다.

2. 방법

행정 개혁의 방법은 개혁 대상에 따라, 수단이 무엇이냐에 따라, 초점이 무엇이냐에 따라 다양한 방법이 있을 수 있다.

조직, 구조를 바꿔라!

행정을 담당하는 조직, 구조를 개혁하는 방법이 있다. 조직 구조적 접근 방법(組織構造的 接近方法, organizational-structural approach)은 행정을 담당하는 조직을 새로 만들거나 조직의 핵심 뼈대라 할 수 있는 구조를 다시 설계하는 것이다. 기존 조직을 개편하거나 새로 조직을 만들면 전과는 다른 새로운 정책을 수행하게 된다. 부처 수준의 조직 개편, 신설은 국회의 법규 제정, 개정을 통해서만 가능하다. 수많은 정치적 논쟁이 동반된다. 새로운 대통령이 뽑히고, 새 정부가 구성되면 첫 번째로 하는 작업이 조직 개편이다. 이를 통해 새로운 혁신 정책을 펼치고자 하기 때문이다. 중간 계층의 조직 개편이나 신설도 역시 어렵기는 마찬가지다. 전술했듯이 〈세월호 사건〉 이후 정부는 국민안전처 신설, 해양경찰 해체, 안전행정부 · 해양수산부 기능 일부 이관(移管) 등 정부 조직 개편안을 발표했다. 안전행정부가 담당했던 안전 업무, 해양경찰이 담당했던 해양구조 업무, 해양수산부가 담당했던 해양교통관제센터(VTS) 업무를 신설하는 국민안전처로 옮겼다. 새로운 조직을 통해 국민안전 정책을 근본적으로 개혁한 것이다.

조직 개편이나 신설이 어려울 경우에 구조와 기능을 변혁하는 방법도 있다. 여기에는 원리 전략과 분권화 전략이 있다. 원리 전략(原理戰略. principle strategy)은 조직 운영의 기본 원리, 원칙을 새롭게 변형시키는 것이다. 예를 들어, 조직 건전성 원칙(healthy principles)에 의거하여 최적 구조를 구축하고, 이를 통해 업무의 최적 수행을 유도하는 식이다. 즉, 기능의 중복 제거, 권위와 책임 영역의 명확한 구분, 통솔 범위의 축소, 조정과 통제 절차의 개선, 명령의 통일, 절차의 표준화와 간소화 등이다. 관료제에서 선호하는 지휘통솔의 원칙(指揮統率原則)을 새롭게 조직 민주성의 원칙(民主性原則)으로 전환하는 것, 부처 할거주의(部處割據主義. sectionalism)를 혁파하기 위해 대국 대과주의(大局大課主義)를 취하거나 합동위원회 구조를 활성화하는 것도 좋은 예다.

분권화 전략(分權化戰略. decentralization strategy)은 구조 분권화에 의하여 행정 조직을 개혁하려는 것이다. 즉, 조직의 분권화는 조직 계층의 축소, 명령과 책임 계통의 분명화, 막료의 역할을 명확하게 할 수 있다(Pfiffner & Sherwood, 1960: Chapter 11). 행정 여건의 유동성과 복잡성, 행정 기술의 발달, 그리고 행정 민주화의 촉진은 분권화의 필요를 증대시키고 용이하게 할 것이다.

어떤 사건 사고가 발생했을 때, 정부의 무능 대처 모습 중 하나가 현장을 책임지는 공무원들이 자신의 판단 하에 적극적으로 구조 활동에 임하기보다는 업무 관할을 따지면서 대통령과 상관만 바라본다는 것이다. 대통령의 업무 지시를 수첩에 받아쓰고 대통령의 명령만 기다린다는 비판이 그 어느 때보다 강하게 일고 있다. 행정 개혁의 접근 방법 중 하급 조직과 실무자에게 권한을 위임하고 책임을 부여하는 분권화 전략을 눈여겨볼 만하다.

새로운 과학 기술, 기법을 활용하라!

새로운 과학 기술, 기법, 이론을 적극 활용하여 행정 업무 수행을 변혁시키는 것이다. 정부 조직의 문서 양식, 업무 절차, 직무 분석, 사무량 측정과 정원 관리, 사무의 기계화 등을 주된 대상으로 과학적 관리법, 운영 연구(OR), 정보 통신 기술, 자동화 기기, 로보틱스 등을 활용하는 방법이다.

종이 형태의 문서 처리 방식을 없애고 대신 디지털 전자 정보 형태로 서류를 보관한다. 대면 보고나 회의를 화상회의(畵像會議)나 온라인 전자 결재로 바꾸고, 의사소통을 문자서비스나 각종 SNS를 활용하는 것이다. 이런 변화는 그야말로 엄청난 행정 업무 혁신이다.

이런 변화는 행정의 정형화된 모습을 크게 바꿔 놓았다. 격리된 방, 엄청나게 쌓여 있는 서류철, 엄격한 상사와 무조건 복종하는 부하 직원, 부지런히 공간을 오가는 공무원, 권위주의 행태, 비밀주의, 할거주의 등 전통 행정의 모습이 완전히 달라졌다. 발달한 과학 기술, 정보 통신 기술을 행정에 적용하는 것 자체가 엄청난 행정 개혁이 되었다.

공무원의 생각과 행동을 바꿔라!

행정 개혁은 행정을 담당하는 행정인, 공무원의 생각과 행동을 발전적으로 바꾸는 것도 중요하다. 아무리 좋은 조직, 행정 기술이 있더라도 행정의 주체인 공무원들의 생각과 행동이 혁신적으로 바뀌지 않으면 안 된다. 행정인은 물론 공무원 집단과 국민의 생각과 행동도 그에 발맞춰 바뀌어야만 한다.

공무원의 가치관, 의식 개혁, 업무 자세와 태도 개선을 통해 행정 개혁을 수행하는 접근법이 행태적 접근법(行態的接近法, behavioral approach)이다. 이 방법은 우선 행정인의 기본적인 가치관이나 행태의 변화가 선행되어야 한다. 다음으로 광범위한 참여를 통해 조직 구성원의 심리적 요구를 충족시키고 가치관이나 행태의 변화를 가져올 수 있는 적절한 교육 전략이 수립되어야 한다. 예를 들면 감수성 훈련, 실험실 훈련, 소집단 이론, 조직 발전 기법 등의 활용이다.

다만 조직 구성원의 행태 변화는 긴 시간을 필요로 한다. 구성원들의 한정된 정보 · 지식으로 인한 제약, 참여 의식의 불충분 등도 문제가 된다. 또한, 자유로운 의사소통과 토의가 받아들여지기 어려운 권위주의적인 행정 문화에서는 성공하기 어렵다. 다른 한편으로는 원래 법적 규제를 강하게 받고 계층제적 성격이 강한 행정 조직에 있어서는 인간 관계적 접근 방법의 전면적 적용이 어렵다. 그리고 현실적인 법적 제약이 존재하는 등의 문제점이 있다(이종수 외, 1993: 652). 즉, 공무원이 '복지부동(伏地不動)'과 '무사안일(無事安逸)'로 대표되는 업무 자세를 갖게 되는 원인이 그것을 강요하는 조직 문화와 법적 요인 때문은 아닌지에 대해서도 생각해 봐야 할 것이다.

행정 개혁, 모든 것을 활용하라! 끝까지 노력하라!

행정 개혁은 어느 한 가지 방법, 기법, 원칙만으로 완성되지만은 않는다. 현대 행정 환경이 그만큼 복잡하기 때문이다. 원하는 행정 개혁의 대상과 목적이 무엇인가를 정확히 인지하고, 모든 수단을 동원하여 이를 쟁취해 가야만 한다. 또 행정 개혁은 쉽게 완성되지만은 않는다. 기존의 사고, 행태, 업무 처리 방식에 익숙해 있는 만큼 새로운 개혁 내용을 쉽게 받아들이고, 적응하기가 쉽지 않다. 그래서 행정 개혁은 비교적 오랫동안 지속적으로 변화를 꾀해야만 한다.

문제의 해결을 위해서는 한 가지 방법만이 아닌 다양한 방법을 활용해야 효과가 있듯이, 행정 개혁도 하나의 방법만으로는 성공하기 어렵다. 따라서 보다 새롭고 효과적인 접근 방법을 고찰할 필요성이 제기되고 있다. 즉, 행정 개혁을 구조, 인간, 환경의 여러 문제를 고려하여 하나의 체제로 파악하고 이들 간의 상호 관계성을 고려하여 접근하는 체제적, 종합적 접근 방법이 나오게 되었다.

〈세월호 사건〉이 '대한민국의 총체적 난국'을 보여주는 사건이었다고 말하는 사람들이 많다. 국가와 국민의 안전 불감증, 안전 규정 등 기초 법질서 미준수, 이윤을 위해 안전 규정을 경시하는 기업 문화, 정부의 무능 대처, 무책임한 공무원들의 행태, 해양수산부 퇴직 관료들이 해양수산부 산하기관에 재취업하여 선박 관리와 해양안전 관련 업무를 수행하고 있었던 이른바 관피아의 관행과 공무원 사회의 '끼리끼리 문화' 등 이러한 여러 모습이 하나의 비극을 연출하게 만들었다.

종합적 접근 방법은 공식 조직뿐만 아니라 작업 모형, 표준적 절차, 대인 관계, 집단 관계, 행정 과정, 정책 결정, 조정, 의사소통, 통제 등 여러 문제를 포괄할 필요가 있다. 또한, 정부 조직의 정치적 성격과 전이 사회의 특이성, 환경적 요인의 중요성까지도 감안해야 한다(유훈, 2000: 918).

3. 과정

행정 개혁은 어떤 과정을 거쳐 이루어질까? 대체로 개혁 필요성 인식, 개혁 방안의 설정, 개혁 시행, 결과 평가와 같은 단계를 거친다.

첫 번째는, 행정 개혁 필요성 인식이다. 현재의 행정 업무 처리 방식에 대해 문제성을 인식하는 것에서부터 행정 개혁 작업이 시작된다. 행정 업무 처리가 비능률적이거나 효과가 낮을 때, 업무 처리가 너무 늦거나 병폐가 나타날 때 개혁 필요성이 대두된다. 행정이 국민의 기대 수준에 크게 미치지 못할 때, 새로운 기술이 발달하여 업무 처리 방식을 근본적으로 바꿔야만 한다고 생각할 때 개혁 수요가 발생한다. 행정 개혁 필요성은 누가 인식하여야 할까? 우선 정책 결정권자와 담당 실무자가 스스로 개혁 필요성을 인지할 수 있다. 또 정치권과 시민 단체, 언론, 일반 국민도 개혁 필요성을 느낄 수 있다. 전자의 경우에는 관료제 내부에서 스스로 문제성을 감지하고, 혁신적 해결 방안을 찾는 것이다. 후자는 관료제 외부에서 개혁 필요성을 감지하고, 적극적으로 행정 체제 내부로 투입시키는 것이다. 행정 개혁은 객관적으로 존재하는 필요성과 주관적인 판단이 맞아떨어질 때 추진된다. 객관적으로는 분명히 행정 개혁의 필요성이 존재하지만, 정책 담당자들이 '필요하다고 인정하지 못한다면' 개혁 작업이 시작되지 않는다. 행정 개혁은 개혁을 추진하고자 하는 정책 책임자의 확고한 의지가 있어야 가능해진다.

두 번째는, 개혁 방안의 설정이다. 개혁의 필요성이 인식된 다음에는 개혁의 실천 방안이 모색된다. 기대와 현실의 격차를 해소할 수 있는 대안을 탐색하고 채택하는 것이다. 즉, 개혁의 목표 체계와 전략, 전술을 결정하여 개혁의 실천 방향을 마련하는 것이다. 개혁의 입안은 사전 준비를 한다는 의미를 가지는데, 입안의 방법에는 모방과 창의 두 가지가 있다. 개혁 입안자는 개혁 방안을 마련하는 단계에서 미래를 향한 행동 계획을 미리 세워야 하므로 미래에 대한 불확실성을 극복하고 개혁에 수반되는 위험을 최소화할 수 있는 방안을 강구해야 한다. 그러나 목표 설정 과정에서부터 상충되는 세력의 작용으로 인해 합리성을 제약하는 현상이 발생할 수 있고, 타협과 양보로 귀결되기도 한다. 이러한 다양한 이해관계 때문에 합리적 입안을 마련하기가 쉽지 않다. 그리고 개혁안을 마련할 경우, 시간적 급박성, 정보 부족, 정보 분석 능력 부족 등 대안 선택에 있어 합리성이 제약되는 경우가 많다. 행정 개혁 방안의 설정 단계에서 개혁 추진의 기본 전략에는 개혁의 우선순위에 관한 전략과 저항 극복 전략이 마련되어야 한다. 목표와 상황을 총체적으로 설정해 놓은 기본 계획의 범위 내에서 순차적으로 개혁 사업을 추진하는 전략은 여러 차원에서 체계화되어야 한다. 우선 여러 하위 목표, 즉 가치 기준과 개혁 대상 영역별 자원 배분의 우선순위를 정해 놓아야 한다. 그다음 한정된 대상에 대하여 한정된 국면을 개혁하는 사업을 선택하는 전략을 마련해야 한다. 개혁 사업의 우선순위를 결정하는 일반적 기준으로는 상대적 긴급성, 예상 효과, 저항의 성격과 강도, 장기적 중요성, 개혁 요인 간의 상관성 등을 들 수 있다.

세 번째는 개혁 작업의 수행이다. 개혁은 여러 가지 상황과 다양한 여건 하에서 일어난다. 그 때문에 일률적으로 표준화된 실행 방법이 있는 것은 아니다. 개혁의 실행을 위해 어떤 방법과 기술을 사용하는가는 개혁 상황 요인에 따라 달라진다. 시행 단계에서는 입안된 개혁안을 실천에 옮기고 개혁을 정착시켜야 한다. 개혁을 현실화하는 단계에서는 먼저 개혁 실현의 행동 주체를 선정 또는 조직하고, 필요한 지지와 인적 · 물적 자원을 동원해야 한다. 개혁의 시행 과정은 융통성과 적응성이 요구된다. 개혁 방안을 입안할 때 시행 단계에서 발생할 수 있는 모든 사태를 예측하기란 어려울 뿐만 아니라 예측했던 상황이 개혁을 실현하는 동안에 변동될 수도 있다. 그러므로 개혁의 시행은 상황 변화에 적응할 수 있는 융통성을 가져야 한다. 그러나 개혁안 시행이 융통성 있게 이루어져야 한다고 해서 시행 과정이 상황 변화에 끌려다니도록 방치할 수는 없으므로 일정한 조건 변화를 통제하도록 해야 한다. 실천으로 옮겨진 개혁을 정착시켜 새로운 균형 상태를 형성하기 위해서도 저항을 지속적으로 극복해야 한다. 또한, 관계자들의 지식과 태도를 적극적으로 변화시켜 그들이 개혁을 수용하도록 해야 한다.

네 번째는, 결과 평가이다. 평가 단계는 수행된 행정 개혁의 진행 상황과 성과 등을 분석하고 평가하여 그 결과를 개혁 과정의 적절한 단계에 재적용(환류)하거나 새로운 개혁 과정을 유발하는 정보를 제공한다. 개혁 평가는 개혁이 당초의 처방대로 실현되었는가를 확인해 보는 목적도 있지만, 평가 결과를 환류시킴으로써 행정 개혁 활동을 촉진시키고 개선시키려는 데 궁극적인 목적이 있다. 행정 개혁의 평가 대상은 상당히 포괄적이다. 입안 단계에서 처방한 개혁의 목표가 제대로 성취되었는가를 알아보기 위해 개혁의 목표와 실적을 비교 · 분석하는 것이 평가 단계의 기초적 업무라 할 수 있다. 또한, 목표 실현에 영향을 미치는 개혁의 과정, 전략, 기술, 자원, 개혁의 장기적 영향, 개혁 추진자의 구성, 개혁 목표 등도 모두 평가의 대상이 될 수 있다. 개혁 작업이 끝난 다음에 사후적으로 개혁 사업의 성과를 따져 그 결과를 환류시킴으로써 새로운 개혁 과정을 유도하는 것은 평가 단계의 중요한 역할임에 틀림이 없다. 그러나 개혁 과정이 진행되고 있는 동안에도 각 단계의 활동을 수시로 평가하여 시정 조치를 취할 필요도 있다.

Ⅲ. 행정 개혁에 대한 저항

1. 저항의 원인

개혁은 기존에 익숙해 있던 것을 바꾸거나 전에는 없던 새로운 것을 도입하는 식으로 이루어진다. 그래서 변화에 둔하거나 싫어하는 사람과 집단이 있을 수 있다. 저항의 원인으로는 다음과 같은 것들이 있을 수 있다.

첫째, 기득권이 침해된다고 생각하는 사람들이 반발한다. 현 상태에서 기득권을 가지고 있는 사람은 이 기득권을 계속 유지하려는 욕망 때문에 새로운 변화에 저항하게 된다. 행정 내부에서는 자신의 지위, 권한, 승진에 부정적인 영향을 받을 것을 우려하는 공무원의 저항이 있고, 행정 외부에서는 각종 이익 단체와 이해관계 집단의 저항이 있다. 내부의 공무원은 행정 혁신이 자기 업무를 과중시킬 우려가 있다고 여기거나, 적응에 어려움이 있다고 여길 때, 승진 경쟁에서 불리할 것으로 여길 때 반발할 수 있다. 새로운 과학 기술이 도입될 경우에 적응 능력이 떨어지는 공무원들의 경우에는 매우 불안해할 수 있다. 행정과 관련하여 이익을 보고 있던 수혜 집단이나 관련 고객들도 개혁을 불안해하고 저항할 수 있다.

둘째, 개혁의 목표나 내용을 받아들이기 어렵거나 수용하고자 하지 않는 사람들의 저항이 있을 수 있다. 즉, 개혁안이 개혁의 필요를 충족시킬 수 없을 때, 기존 상태 또는 다른 대안보다 못할 때, 그리고 불확실성이 매우 높을 때 저항이 일어나게 된다. 아울러 개혁안이 기존 신념 체계와 충돌하거나 불편을 일으킬 때, 재적응이나 재교육이 필요할 때, 사회적 유대가 와해될 때, 자율성이 상실될 때 저항이 일어날 수 있다. 예를 들면, 자립형 사립고등학교 정책의 경우에 적지 않은 학교에서 기대 이상의 효과를 나타내지 못했기 때문에 서울의 일부 자사고를 폐지하고자 하였다. 그러나 일부 자사고에서는 이런 결과에 대해 수긍을 못 했고 학부모들도 매우 불안해했다. 교육부의 개혁에 대한 저항의 원인은 개혁의 목표 및 내용이 불명확했기 때문이다.

셋째, 개혁 추진의 방법과 절차의 부적합성이 저항을 불러온다. 개혁 추진에 있어 문제 진단과 개혁 결정 과정에 관계자들의 참여가 봉쇄되고 합의가 원활히 이루어지지 않을 때, 개혁안 제시의 방법과 수단이 강압적일 때, 특정인의 실책을 문책하는 형식으로 개혁안이 제시되었을 때, 의사 전달에 장애가 있어 개혁안의 내용이 관련자들에게 잘 알려지지 않을 때, 개혁의 영향을 받는 사람들 사이에 신뢰와 협조 관계가 결여되어 있을 때, 그리고 개혁 추진의 시기가 잘못되어 있을 때 저항이 발생할 수 있다. 국가의 특별한 상황에서 발표되는 대통령 담화문과 국무총리 담화문 등에 나타난 개혁 목표를 수긍하지 않는 사람들은 의도적인 반대자 외에는 없을 것이다. 그러나 개혁 추진 주체에 국민과 전문가가 포함되지 않고 정부만이 개혁의 주체가 되었을 때 국민은 실질적인 변화가 일어나지 않는 것에 대해 우려한다. 또한, 현장 실무자에게 권한과 책임을 부여하는 실질적인 변화가 이루어져야 한다. 즉, 개혁 추진의 방법과 절차에 있어서 독단적인 추진은 저항의 원인이 되며, 따라서 많은 우려와 이견들이 제기되는 것이다. 〈공무원 연금 개혁안〉에 공무원 노조 등 관계자 참여가 잘 이루어지지 않은 점 등은 정부가 이해 관계자를 배제하고 지나치게 공무원을 도둑으로 몰아가는 것은 아닌가 하는 생각이 든다. 이럴 경우, 공무원 연금 개혁은 성공할 수 없을 것인바, 관련 단체의 참여하에 합리적인 안의 마련과 설득이 필요하다.

넷째, 개혁 내용의 불명확성이 저항을 불러온다. 개혁 관련자들이 개혁의 내용을 잘 모르면 저항할 가능성이 크다. 개혁 과정의 비밀주의나 의사 전달의 장애로 인해, 개혁의 필요와 목적을 이해하고 수행하는 데 필요한 정보가 개혁의 영향을 받을 사람들에게 적절히 전달되지 않으면, 이해의 부족으로 인한 저항이 생길 수 있다. 전달된 정보를 잘못 이해하고 저항할 수도 있고, 개혁의 결정 과정에서 소외됐다고 믿을 때, 그리고 개혁 추진자들의 의도를 불신할 때에도 저항할 가능성이 크다. 여성부에서 한 때 간통죄 성립에 대해 크게 문제로 삼았던 적이 있다. 많은 기혼 여성들의 인권을 보호하자는 취지에서 마련된 법규였었다. 그러나 그 법규는 실제로 어떤 여성 인권을 보호하는 것인지 여성들에게 제대로 의사 전달이 되지 않았다. 이 경우 국민은 정부의 의도를 의심하게 되기 때문에 개혁 내용을 명확하게 하고 국민을 이해시킬 필요가 있다.

다섯째, 조직의 불안정성으로 인한 저항이 있을 수 있다. 개혁은 조직의 다른 부분에 영향을 미치지 않고 어느 일부분만을 개혁시키기가 어렵기 때문에 조직의 전반적인 균형을 파괴할 우려가 있다. 따라서 행정 개혁은 조직의 통제 체제의 기초가 되는 권위의 계층 구조를 위협하게 되며, 이는 조직의 안정성을 저해하게 되므로 저항을 일으킨다. 개혁을 한다고 할 때 다른 조직과의 관계와 균형을 고려해야 한다.

여섯째, 개혁 대상자의 능력 부족으로 인해 저항이 있을 수 있다. 즉, 개혁 대상자가 개혁에 의해 요구되는 새로운 지식이나 기술을 가지고 있지 못해서 개혁 사업을 감당할 능력이 부족한 경우 저항의 가능성이 크다. 행정 개혁은 그 어떤 분야보다도 넓은 시각과 국가관을 가진 책임자가 개혁 작업을 담당해야 한다. 개혁 책임자는 신중하게 물색해서 책임을 맡겨야 한다. 능력이 부족한 사람을 그 자리에 놓았을 때 행정 개혁은 상당한 저항을 받게 되며, 흐지부지될 수 있다.

일곱째, 관료제의 경직성과 보수적 경향으로 인한 저항이 있을 수 있다. 관료제는 본질적으로 체제 안정적, 보수적 성격을 띠고 있다. 이런 현상이 오래 진행되면 형식주의와 무사안일한 모습으로 굳어지게 된다. 관료제 속의 행정인들은 의외로 변혁에 저항하는 자기방어 의식이 강하다. 변화를 꺼리는 경향을 지닌다. 각종 개혁이 지지부진한 이유는 정치권의 문제 등 복잡 다양한 문제도 있지만, 관료제의 경직성과 보수성도 무시할 수 없는 요소가 되고 있다. 새로운 변화가 그들에게는 '익숙하지 않아 오히려 일이 안된다'고 생각도 한다. 잘못되었을 때 돌아올 결과에 대해 대처할 능력도 잃어버렸음은 물론이고 오랫동안 무사안일하게 지내와 무언가를 바꾸기에는 자신이 새롭게 책임져야 할 일이나 일어나는 상황을 피하고 싶을 뿐이다.

2. 저항의 극복, 개혁의 성공적 집행

행정 개혁은 저항의 유형, 원인이 다양한 만큼 저항을 극복하는 데 활용될 수 있는 전략이나 방법도 다양하다. 개혁 추진자는 저항의 원인 · 증상 · 강도를 정확하게 진단하고 구체적인 경우에 적합한 저항 극복의 전략과 수단을 동원하여 저항 원인과 개혁의 장애 요인을 해소 또는 억제해야 한다.

행정 개혁의 저항 극복 전략으로는 강제적 전략, 규범적 사회적 전략, 공리적 기술적 전략 등이 있다.

강제적 전략: 행정 개혁은 강력한 힘과 함께한다!

강제적 전략(强制的 戰略, coercive strategy)은 개혁 추진자가 법규나 권위 등 강압적인 방법으로 제재를 가하거나 위협을 하여 저항을 극복하는 전략이다. 강제적 전략은 빠른 시일 내에 개혁을 성공으로 이끌기 위해 사용된다. 그렇지만 어떤 경우에는 이런 강제적 전략만으로는 저항을 근본적으로 해결하지는 못하고 저항을 단기적, 피상적으로 억압하는 데 그칠 뿐일 수 있다. 강제적 전략을 쓸 때 개혁의 영향을 받는 사람들은 개혁 추진 전략에 관한 결정에서 소외감을 느끼게 되므로 장래에 더 큰 저항을 야기할 가능성도 있다.

강제적 전략은 긴급을 요하는 상황에서 신속히 저항을 극복할 필요가 있을 때는 유용하게 사용될 수 있다. 그러나 그 후 일어날 수 있는 여러 가지 부작용을 생각한다면, 바람직하지 못한 전략이라고 보는 것이 오늘날의 지배적인 견해이다. 이러한 강제적 전략의 절차상의 특성은 다음과 같다.

첫째, 계층적 권한에 의한 명령으로 저항을 억제한다. 둘째, 물리적 제재나 기타 신분상의 불이익 처분을 가함으로써 저항을 억압한다. 셋째, 의식적으로 긴장을 고조시켜 추종하지 않을 수 없게 한다. 넷째, 권력 구조를 일방적으로 개편하여 저항 집단의 세력을 약화시킨 다음 개혁을 이행시킨다.

규범적, 사회적 전략: 행정 개혁은 정당성이 있어야 한다!

규범적, 사회적 전략(規範的, 社會的 戰略, normative, social strategy)은 적절한 상징조작(symbol manipulation)과 사회적, 심리적 지지를 통해 자발적 협력과 개혁의 수용을 유도하려는 전략이다. 따라서 이 전략은 저항의 동기를 약화 내지는 해소시켜 오히려 개혁에 적극 가담하게 하려는 것이다. 이러한 전략은 저항의 가장 근본적인 해결책으로서 조직의 인간화를 주장하는 오늘날 가장 선호하는 전략이다. 이 전략은 지속적인 노력과 많은 시간이 필요하다.

안전사고가 날 때마다 정부는 많은 공공분야의 개혁 대상자들에게 엄정하게 대처하고 있다. 그러나 기업이 자발적으로 안전 규정을 준수하고 안전 문화 조성에 힘쓸 수 있도록 유도하고, 공직자가 현장에서 책임지고 업무를 수행할 수 있도록 격려하는 규범적 전략도 개혁의 좋은 방법이 될 수 있다. 특히 현장 책임자가 현장을 온전히 자발적으로 책임지지 못하고 오직 상관과 대통령의 지시만 수동적으로 기다리고 있다는 비판이 극에 달하고 있다. 현장에서 업무를 수행하는 실무 공직자의 사명감, 권한, 사기를 높여 이들을 개혁의 객체가 아닌 주체로서 개혁에 적극 참여시키는 방법이 중요하다.

규범적 · 사회적 전략의 예로는

첫째, 개혁 지도자의 카리스마를 높여 개혁에 동참하도록 만드는 방법이 있다.

둘째, 개혁 과정에서 의사 전달과 참여를 원활하게 하여 개혁에 동참하도록 한다.

셋째, 조직 전체의 목적 추구에 대한 사명감을 고취시키고 조직 구성원으로 하여금 인정감과 자존심의 욕구를 충족시켜 개혁에 동참하게 할 수 있다.

넷째, 개혁에 적응하는 데 필요한 시간을 충분히 주고 불만과 긴장을 노출, 해소할 수 있는 기회를 마련하여 개혁에 동참하도록 한다.

다섯째, 개혁이 추구하는 새로운 가치가 기존의 가치와 양립할 수 있음을 강조하거나 양자가 별로 다르지 않은 점을 설명함으로써 가치 갈등으로 인한 저항을 약화시켜 개혁에 동참하도록 한다.

여섯째, 교육 훈련과 자기 계발을 촉진함으로써 개혁에 동참하도록 한다.

공리적 · 기술적 전략: 손해가 없게 하고, 전략을 잘 짜라!

공리적, 기술적 전략(功利的, 技術的 戰略, utilitarian technical strategy)은 개혁으로 인한 관련자들의 이익 침해를 방지하거나 침해 사항을 보상하고, 개혁 과정의 기술적 요인을 조정함으로써 저항을 극복하거나 회피하는 전략이다. 피해를 볼 것 같다고 여기는 사람들에게 보상을 해주고, 손해를 입지 않도록 유의한다. 또 여러 이해 당사자들에 적절히 잘 대응하여 저항을 줄여나간다. 그러나 이 방법은 비용이 많이 들고 장기적인 효과를 기대하기 어렵다는 단점을 지닌다. 그리고 자칫 저항을 근본적으로 극복하는 것이 아니라 저항에 양보하고 타협하는 결과를 초래할 수 있다는 한계가 있다.

공리적 · 기술적 전략의 예로 다음과 같은 것을 들 수 있다.

첫째, 개혁에 의하여 인력 이동이 필요하게 된 경우 해당자들이 불이익을 받지 않는다는 보장을 담은 이동 계획을 세워 제시한다.

둘째, 개혁에 의하여 경제적 손실을 보게 될 사람들에게 보상을 실시한다. 그 보상을 결정할 때에는 대개 협상을 하게 된다. 즉, 협상을 통해 이익과 손실을 교환할 수 있게 한다.

셋째, 개혁의 일반적인 가치와 그것이 개인에게 줄 이익을 실증해 보여 줌으로써 저항을 극복한다.

넷째, 개혁의 시기를 적절히 조정함으로써 저항을 피한다.

다섯째, 개혁 과정의 적응성을 높이고 개혁의 방법과 기술을 융통성 있게 수정함으로써 저항을 회피한다.

이상과 같은 개혁에 대한 저항 극복 전략에 대해 어느 하나만이 옳고 다른 전략은 옳지 않다고 말할 수는 없다. 여기에 제시된 각각의 전략은 구체적 상황에 따라 장점으로 작용할 수도 있고 단점으로 작용할 수도 있다. 따라서 이러한 전략의 적용과정에서는 설득, 협상과 타협, 배후 조종과 포섭 등의 수단이 동원된다.

Ⅳ. 행정 개혁의 논리

1. 개혁의 논리

행정 개혁은 행정을 의도적으로 개선하는 것이다. 방만하게 난립되어 있는 행정 조직을 통폐합하는 일, 조직 규모를 축소하여 인원을 감축하는 일, 예산 운영에 관한 제도와 관행을 바꿔 예산 운영의 효율성을 기하는 것 등은 대표적인 행정 개혁이라 할 수 있다. 이러한 행정 개혁은 시대와 상황에 따라 다양한 논리에 기초하여 계속 추진된다.

1980년대 이후, 세계는 신자유주의 영향으로 새로운 경쟁 시대에 돌입했다. 신자유주의의 영향으로 정부의 기능을 감소시킴과 동시에 민간이 이를 맡아서 행정서비스를 제공하는 것을 주 내용으로 하는 신공공관리론(新公共管理論. new public management)이 행정 개혁의 기조가 되었다. 신공공관리론은 민간 기업의 경영 기법을 공공부문에 도입하고자 하는 것으로서 시장주의(市場主義. free marketism)와 관리주의(管理主義. managerialism)를 주된 내용으로 하며, 논자에 따라 개방형 임용제 등 행정의 대외 개방과 참여주의를 포함시키기도 한다.

신공공관리론은 신자유주의적인 사상적 흐름 속에서 그 개념이 규정된다. 개념의 이해를 돕기 위해 몇 가지 정리를 해야 할 것 같다. 먼저 신자유주의에 대한 이해를 돕기 위해 '자유주의 → 수정 자본주의(행정국가) → 신자유주의'로 이어지는 사조(思潮) 흐름을 살펴보도록 한다. 이는 국가 활동의 중심이 '시장 → 정부 → 시장'으로 변화한 흐름으로 이해해도 무방할 것이다.

자유주의

자유주의(自由主義. liberalism)는 18~19세기에 등장한, 개인의 자유를 존중하고 중시하는 사상으로서 역사적으로는 주로 절대 왕정의 억압으로부터 권리를 찾기 위한 시민운동과 혁명으로 나타났다. 정부의 부당한 억압, 간섭, 개입을 막기 위해 시민과 부르주아는 정부의 역할을 최소화시키고자 했다. 이들은 정부의 개입을 최소화하고 시장의 자율적인 활동을 최대한 보장해야 개인과 사회의 발전을 이룰 수 있다고 보고, '자유방임주의', '보이지 않는 손', 정부는 밤에 도둑 잡을 정도의 역할만 하면 된다는 '야경(夜警)국가' 등을 주창했다. 자유주의 사조는 1929년 미국의 '대공황(大恐慌. the great depression)'이 발생할 때까지 이어졌다.

수정 자본주의 (행정국가)

시장에 대한 지나친 방임은 1920년대 미국의 번영 이후 1929년 '대공황'이라는 부작용으로 나타났다. 1920년대의 산업 발전과 호황에도 불구하고 노동자들의 임금은 크게 오르지 않았다. 소득이 부족하여 구매력이 떨어지게 되고, 구매력이 떨어져 제품이 팔리지 않아 재고가 쌓여 갔고, 재고가 쌓여 노동자가 해고되거나 공장이 문을 닫아서 실업이 발생하게 되었다. 대량 실업으로 노동자의 구매력이 부족해져 제품이 팔리지 않아 다시 재고가 쌓여 가는 악순환이 형성됐다. 영국의 경제학자 케인즈(John Maynard Keynes)는 완전 고용을 이루기 위해서는 자유방임주의가 아닌, 정부의 개입과 공공 지출이 필요하다고 주장했다. 미국의 루스벨트(Franklin Delano Roosevelt) 대통령이 이를 받아들여 테네시 강 유역 개발과 정부의 직접 고용으로 대표되는 '뉴딜(New Deal)' 정책을 시행하게 되었다. '시장의 실패'를 치유하기 위한 정부의 적극적인 개입이 시작된 것이다. 경제를 시장에만 맡기지 않고, 정부가 공공 지출을 늘려 시장에 개입하는 수정자본주의(修正資本主義), 그리고 국가가 사회 문제를 적극적으로 해결하는 행정국가(行政國家) 시대가 1970년대까지 이어졌다.

신자유주의

행정국가는 또 다른 부작용을 야기했다. 사회 문제를 해결하려는 정부의 적극적인 시도는 정부 조직의 비대와 비능률성, 법과 규제로 인한 경직성 등 이른바 '정부 실패(政府失敗. government failure)'를 불러일으켰는데, 신자유주의는 정부가 사회 문제에 적극적으로 개입하여 해결하는 행정국가 또는 수정 자본주의의 부작용을 지적하면서 등장했다. 어떤 사조(思潮)든 균형을 잃고 과도하게 치우치면 그 사조가 힘을 잃고 다른 사조에 자리를 내주게 되는데, 신자유주의와 이를 토대로 한 행정 개혁은 우리나라에서 많은 비판을 받고 있다. 가장 큰 비판은 정부의 목표는 기업의 목표와 다른데, 기업의 경영 기법을 무분별하게 도입했다는 비판이다. 정부의 성과는 기업의 성과와 달리 계량화, 수치화하는 일이 쉽지 않다. 행정의 목표라 할 수 있는 국민의 행복, 만족, 삶의 질과 같은 지표 자체가 수치로 표현하기 쉽지 않기 때문에 이 목표를 추구하기 위해 노력한 정부의 활동과 성과 역시 수치로 표현하기 쉽지 않다. 정부의 목표는 공익이므로 공익성, 민주성, 민주적 절차, 효과성 등이 중요한데, 이윤을 추구하는 기업의 능률성, 결과 중심주의를 과도하게 강조하게 되면, 정부 본연의 목표가 왜곡될 수도 있다.

[표 13-1] 자유주의, 수정 자본주의(행정국가), 신자유주의 비교

구분	자유주의	수정 자본주의(행정국가)	신자유주의
시기	18~19세기	1930~1970년대	1980년대
대표적 정부	절대왕정으로부터 권력을 찾아온 영국 의회, 프랑스 시민혁명 세력	대공황 직후 미국 루스벨트 정부	영국 대처 정부, 미국 레이건 정부
키워드	국가 개입 · 간섭 반대, 야경국가, 시장주의, 민간 중심, 보이지 않는 손, 경제학지 이담 스미스	정부의 사회 문제 적극적 개입, 수정 자본주의, 행정국가, 경제학자 케인스	경비 절감, 능률성, 시장주의, 민영화, 민간위탁, 노동 유연성, 경제학자 하이에그
긍정적 영향	부당한 국가 개입으로부터 개인의 자유 보호	국가의 적극적인 사회 문제 해결	능률성 향상, 정부 비대와 비능률성 방지, 민간 활동 활성화
부정적 영향	시장의 실패 발생, 국가의 역할 경시, 국가의 관리 · 감독 소홀	정부의 실패 발생, 정부 비대와 비능률성, 과도한 규제 발생	정부 목표는 기업 목표와 다름에도 불구하고 기업경영기법을 무분별하게 도입했다는 비판, 형평성 악화, 빈부 격차 심화

대의 민주제에 내재된 여러 가지 결함들, 운영 과정에서 축적된 문제들, '시장 실패(市場失敗, market failure)'를 보완하기 위한 정책들의 실패, 즉 '정부의 실패' 때문에 시장 자율이 다시 주장되었다. 이는 불완전한 정부(imperfect government)는 시장주의로 대체되어야 마땅하다는 현실적 근거가 되었다. 고전적 시장주의 또는 자유주의를 새로운 상황에 맞추어 적용한 것이 신자유주의로서 시장 원칙에 따른 부와 소득 배분을 최대한 중시하는 이념이다. 신자유주의는 지나친 국가 개입주의에서 비롯된 폐해를 인식하고, 개인의 자유와 창의를 존중하는 자기 책임 원칙과 시장 친화적 제도 확립을 주안점으로 하면서도, 고전적 자유주의가 간과한 사회적 형평성을 동시에 추구한다. 다만, 신자유주의의 형평성은 유인 체계가 갖추어진 생산적 복지와 유연한 노동시장을 지향한다.

이러한 신자유주의의 기조는 정부로 하여금 민영화와 경제에서의 자유화를 추진할 것을 권장한다. 신자유주의적 행정 개혁과 관련된 신 공공관리는 정부의 행정 운영을 개선하여 능률을 높이는 데 초점을 두고 있으며, 시장주의, 관리주의, 참여주의를 통해 행정 운영을 개혁하고자 한다. 각각에 대해 좀 더 구체적으로 설명해보고자 한다.

시장주의

시장주의(市場主義)는 공공서비스의 생산과 공급에서 정책적 결정과 집행에 의존하지 않고, 가격을 매개로 하는 시장 원리에 의존하려는 것이다. 가격을 매개로 하여 민간재의 수요와 공급이 결정되는 시장의 원리는 효율적인 자원 배분을 보장한다는 것이 일반적 주장이다. 시장주의는 경쟁 원리와 고객주의를 함축하고 있다. 가격을 매개로 하여 수요와 공급을 일치시키는 시장 원리는 다수의 수요자와 공급자가 있어 서로 경쟁하는 경우에 작동한다. 소비자의 입장에서는 다수의 공급자가 경쟁적으로 공급할 때 선택권을 행사할 수 있으며, 나아가 싼 가격에 좋은 품질의 상품을 구입할 수 있게 된다.

이러한 시장주의를 정부의 공공 재화나 서비스의 공급에 적용하려는 것으로서 민영화와 민간 위탁을 들 수 있다. 정부 업무나 공기업을 민간기업에 담당시키는 것을 민영화라고 하는데, 주로 공기업을 민간기업에 매각하는 형태로 이뤄져 정부 지출을 감소시키게 된다. 민간 위탁(民間委託, contracting out)은 정부가 민간에게 제공하는 공공 재화나 서비스를 민간기업에 위탁하여 제공하도록 하는 제도이다. 이때 민간기업들이 경쟁하여 입찰에 응하도록 하고 정부가 그중에서 선정하여 공급을 의뢰하는 계약을 맺도

록 하는 것이다.[3)]

민영화나 민간 위탁은 정부 기능을 민간이 담당하는 것으로서 작은 정부를 구현하게 된다. 또한, 정부가 담당하는 기능을 폐지하기 위해 규제 완화나 민간에 대한 불필요한 개입을 축소시키는 방법을 사용해서 조직과 인원을 줄이게 되면 작은 정부를 구현할 수 있게 된다. 구체적으로 정부 경비를 감소시키거나 경제 개입을 축소하는 것도 작은 정부를 실현하는 것이다. 불경기나 실업 대책으로서 케인즈주의적 수요 관리 정책을 포기하고 공급주의 정책을 추진한 대처리즘(Thatcherism)과 레이거노믹스(Reaganomics)가 여기에 해당하는 것이었다.[4)] 신공공관리는 이러한 경제 정책의 대전환 과정에서 등장한 것으로서, 작은 정부를 지향하는 정부 개혁의 논리인 것이다. 작은 정부 운동의 시장주의적 측면에 대한 비판점은 복지비 등을 줄임으로써 사회적 약자에 대한 배려가 적어진다는 점이다.

관리주의

관리주의(管理主義)는 행정 내부에서 행정 활동을 규제하는 각종의 지나친 통제를 축소하여 자율성을 부여하고 기업가적으로 정부를 운영하도록 하여 능률을 높이는 데 주안을 두고 있다. 신공공관리론자들은 공공서비스 제공에 경쟁 원리를 최대한 도입하여 능률을 향상시키되, 만약 경쟁 원리를 도입할 수 없는 경우에는 일선 관리자나 관료들의 행태를 통제하는 각종의 예산과 인사 관계 규정을 대폭 폐지하거나 축소해야 한다고 주장한다. 그러면 자율성을 최대한 부여받은 책임운영기관(또는 책임집행기관, executive agency) 등의 관리자들은 기업가적으로 관리하면서 성과 위주로 행정을 운영하게 되어 능률을 향상시키게 된다.

내부 통제와 규칙들은 관료들의 바람직하지 못한 행태를 억제하기 위해 만들어 둔

3) 민간위탁과 민영화의 차이점으로서, 민영화가 완결되면 공기업은 민간기업이 되어 자율성을 가지지만, 계약에 의하여 정부 서비스를 제공하도록 위탁받은 기업은 계약 기간과 계약 조건 준수라는 커다란 제약을 받게 된다. 행정기관은 민간위탁의 경우 끊임없이 감독과 점검을 해야 하는 책임을 지게 된다.

4) 대처리즘(Thatcherism)은 파업을 최소화하여 기업의 투자 여건을 조성하고 복지비 등 정부 경비를 축소하여 그만큼 세금을 감면시키면 민간 투자의 증가를 유도할 수 있다는 것이다. 정부 지출의 감소와 경제에 대한 개입을 축소하여 민간 경제를 활성화시키는 것을 주 내용으로 하는 레이거노믹스(Reaganomics)도 진입 규제를 완화하여 기업들 간의 경쟁을 자극하고, 복지비 등의 정부 예산을 줄여서 기업의 세금 부담을 경감함으로써 투자를 자극하고자 한 것이었다. 투자 증가는 실업 감소로 연결되어 복지 문제가 해결된다는 보수주의적 논리를 기초로 하였다.

것으로서 관료제의 상관은 부하들이 이를 준수하게 함으로써 간접적인 통제를 한다. 규정이나 규칙을 어기는 관료만 처벌하면 되므로 통제는 훨씬 쉬워진다. 이러한 규칙들은 부정직한 5%를 통제하기 위하여 95%를 좌절시키는 형식주의를 만들게 되었다. 그러나 이제는 행정절차법과 정보공개법의 제정, 정보 통신 기술의 발달로 행정의 투명성이 확보되어 부패의 가능성이 엄청나게 줄었으므로 규정을 대폭 축소시켜야 한다는 것이 신공공관리론자들의 주장이다.

인사 관리는 기관장이나 조직의 책임자가 업무를 성공적으로 추진하기 위해 채택하는 수단의 하나이다. 채용, 승진, 보직, 보수, 성과 관리 등에서 기관에 보다 많은 재량권을 주어서 인사를 관리의 수단으로 활용하게 하는 것이다. 기관장이 능력 있고 성실하게 일하는 이들에게 보수, 보직, 승진 등에서 크게 혜택을 주고 그렇지 못한 이들을 불리하게 대우함으로써 관료들의 전문성 향상 노력과 헌신적인 업무 수행을 확보하려는 것이 신공공관리론적 인사 개혁의 핵심이다. 또한, 신공공관리의 인사 관리와 관련된 것으로서 개방형 임용제를 들 수 있다. 개방형 임용제도는 외부에서 능력 있는 사람을 일정 기간 어느 계급에나 채용하도록 하는 제도이다. 관료의 채용 시험에서는 확보하기 어려운 특수 전문가를 확보하는 것은 물론 새로운 상황에 맞도록 정책을 전환하고자 할 때 외부 인사 채용이 개방 임용제의 목적이 된다.

행정 내부에서 관료들의 행동을 통제하기 위한 각종의 규제 장치들을 폐지하거나 축소하는 가운데, 과도한 규칙과 규정을 준수하게 하는 대신에 수행해야 할 사명, 즉 목표를 달성하게 하고 이의 결과인 성과를 점검하여 관료들을 통제하고자 하는 것이 사명 지향적 관리이다. 사명 중심주의는 사명과 목표를 모든 조직 행동의 정당성 근거로 삼기 때문에 여러 규정 대신에 목표의 달성 결과나 사명 수행의 결과로서의 성과(performance)를 점검하여 관료들을 통제하는 성과주의를 채택하게 된다.

참여주의

참여주의(參與主義)는 정책 문제에 대하여 직접적인 이해관계가 없는 제3자인 시민의 참여를 강조하고, 동시에 공동체주의(共同體主義)를 주장한다. 공동체주의는 응집성 있는 공동체를 다시 구축하고 공동 문제를 구성원들이 직접 참여하여 해결해야 한다는 것으로서, 공공의 문제 해결을 정부에 맡기지 않고 주민 스스로 해결할 것을 주장한다. 범죄자의 체포로 치안을 유지하는 것, 교량이나 도로를 건설하는 것 등 공공재의 공급만이 아니라 거리의 부랑자에 대한 숙식 제공, 고아나 과부를 돕는 공동체의 구축, 공동의 삶의 질을 향상시키는 데 적극적으로 참여하는 것이 소위 관료제, 그리고 부패에서 사회를 재건하는 길이라고 공동체주의자들은 주장하고 있다.

이러한 공동체주의의 이상은 무임승차(無賃乘車. free rider)의 문제 때문에 비현실적인 것이 되어 이에 대한 해결 방안으로 제시된 신좌파의 시민주의(市民主義. civicism)와 신우파의 자원봉사주의(自願奉仕主義 volunteerism)가 제시되고 있는데, 자원봉사주의가 신공공관리론과 밀접한 것이다.

신우파(新右派. new right)는 민간 중심의 공동체가 국가 기능을 분담하는 것이 바람직하므로 공동체를 최대한 활용하여 작은 정부를 구현해야 한다고 주장한다. 학교 폭력 문제, 청소년 범죄 문제, 극빈 학생, 노인 실직자, 노숙자들에 대한 식사 제공, 방범 등 치안 활동, 전과자 재활 운동, 청소년 교육, 고아와 노인의 복지, 보건과 위생 등의 행정 업무는 지역사회 공동체 구성원들의 적극적이고 이타주의적인 활동에 의하여 진정한 효과를 거둘 수 있다는 것이다. 이러한 이타주의적(利他主義的) 자원봉사 활동은 정부의 행정 활동의 효과를 향상시키면서도 정부 기능을 축소할 수 있는 이중의 효과를 거둘 수 있다는 것이다.

신좌파(新左派. new left)에서는 용감한 시민 정신, 헌신적이고 봉사적인 애국심, 자신을 희생하는 고귀한 정신, 불우한 이웃을 돌보는 따뜻한 인정 등을 지닌 덕성 있는 시민들이 직접 공공적인 업무를 수행하는 것을 강조하는 데 비해 신우파에서는 공동체 구성원들의 자발적인 협조와 정부 기능의 분담을 강조한다는 점에서 양자는 차이를 보인다. 이러한 차이에도 불구하고 양자는 민간의 행정 활동에 대한 참여를 주장하며, 나아가 작은 정부를 실현할 수 있다는 점에서 공통점을 가진다.

2. 최근 행정 개혁의 몇 가지 전략들

최근에 진행되고 있는 몇 가지 행정 개혁 전략들에 대해 살펴보기로 한다.

1) 작은 정부 구축: 정부는 1998년 IMF 사태 직후와 2008년 금융 위기를 염려한 이명박 정부의 구조 조정으로 중앙행정기관의 수가 축소되었고, 각 행정 부처의 하부 기구와 인력도 감축되었다. 기구 감축은 규제 완화를 통해 정부 기능을 축소하고 유사 기

능을 수행하는 국 · 과는 통합하며, 시장 경제의 원칙에 따라 민간부문에서 수행하는 것이 보다 효율적인 기능은 민간에 이양하거나 민영화하는 방식을 통해 이루어졌다. 이러한 인력 감축 이후 정부 인력이 다시 증가하는 것을 막기 위해 '국가공무원 총 정원령'을 제정하여 소위 '공무원 총 정원제'를 시행하게 되었다. 국가공무원 총 정원의 한도를 법령에 규정함으로써 정부 인력이 지속적으로 늘어나는 것을 방지하고, 한계 생산성이 낮은 부문에서 높은 부문으로 인력 재배치를 촉진하여 정부 인력의 효율적 활용을 강화하였다.

2) 민영화: 공기업은 정부가 소유하거나 실질적으로 경영하는 기업으로 정부투자기관, 정부출자기관, 그 자회사를 말한다. 공기업은 전력, 철강, 전화, 통신, 가스 등 국가 기간 산업에 독점적, 시장 지배적 지위를 차지하면서 국민의 생활에 직접적인 영향을 미치고 있다. 그동안 공기업은 국가 경제 발전에 많은 기여를 하였으나, 민간부문이 상당한 수준으로 성장한 현시점에서 볼 때 과도한 시장 참여로 인해 시장 왜곡을 초래한 것으로 평가되었다. 동시에 주인 의식의 결여로 민간부문에 비해 비효율적이고 방만한 조직 운영을 해 왔기 때문에 개혁의 대상이나 민영화 대상이 된 것이다. 공기업 개편의 기본 방향은 첫째, 기업성이 강한 공기업은 원칙적으로 민영화하고, 조기 민영화가 곤란한 경우는 강도 높은 구조 조정을 추진한 후 단계적으로 민영화한다. 둘째, 민영화의 추진 방법으로 우리 사주(社株)와 국민주(國民株)를 통하여 종업원과 국민의 참여 기회를 제공한다. 셋째, 공기업의 설립 목적에 따라 고유 업무와 핵심 사업에 전념하도록 하고 민간이 수행하는 것이 더 효율적인 기능은 과감히 민영화하거나 외부 위탁(outsourcing)을 추진하는 한편, 국민의 세금이 낭비되지 않도록 유사한 중복 기능은 통폐합한다. 넷째, 간섭과 규제를 최소화하기 위해 자율 경영 체제를 확립하고 경영 효율성 향상을 위해 운영 시스템을 근본적으로 개혁한다.

3) 성과주의와 고객주의: 생산성 향상을 위해 성과 중심의 인력 관리로서 성과급과 목표 관리제를 채택하고 있다. 목표 관리제는 공무원이 연간 달성할 목표를 정하고 이의 달성 정도를 평가하는 것으로 성과급 지급의 주요 기준이 되고 있다. 현재 성과급제는 두 가지 유형으로 나뉜다. 첫째는 성과급적 연봉제로서 국장급 이상의 1~3급 공무원을 대상으로 개인별 업적 평가 결과에 따라 성과급을 지급하고 있다. 둘째는 3급 과

장급 이하 전 공무원을 대상으로 하는 성과 상여금 제도이다. 이 외에도 팀제 운영 등으로 개인별 성과를 구분하기 어려운 기관의 경우에는 부서별 평가에 의한 상여금을 지급할 수 있도록 하고 있다. 과거에는 행정서비스의 수요자인 국민에 대한 관심보다는 행정 수반이나 의회가 서비스 제공자인 공직자를 임명하고 통제하는 데에 관심을 기울여 왔다. 이처럼 일반 국민을 단지 업무의 대상으로만 인식하는 관 중심(官 中心)의 업무 수행으로는 공공서비스의 소비자인 국민의 수요와 만족도를 충족시킬 수 없었다. 최근에 등장한 행정 개혁은 바로 이러한 공급자 중심의 행정서비스를 개선하기 위해 고객 중심 또는 고객 지향(customer-oriented)의 행정서비스 구현을 지향하고 있다. 고객 지향의 행정서비스 제공을 위해 '행정서비스 헌장제'가 도입되기도 하였다. 이는 '행정 기관이 제공하는 서비스의 기준과 내용, 서비스를 제공받을 수 있는 절차와 방법, 그리고 잘못된 서비스에 대한 시정과 보상 조치 등을 구체적으로 정하여 공표하고, 이의 실천을 국민에게 약속하는 제도'이다.

4) **지식 경영:** 지식이 경영의 재원이자 힘으로 인식되기 시작하면서 지식 경영이 관심 사항으로 떠오르고 있다. 지식 경영은 조직의 성과 향상과 가치 창조를 위해 새로운 지식을 창출하고 이를 조직 구성원들이 서로 공유하고 활용함으로써 조직의 성과를 생성해 내는 과정으로 오늘날 조직의 생존을 좌우하는 전략으로 등장했다. 1990년대 이후 지식이 조직의 자산으로 인식되면서 지식을 관리, 활용해야 한다는 주장과 함께 지식 경영이 주목받게 되었다. 지식 경영은 조직의 정보 자산을 확인, 포착, 출력, 공유, 평가하는 통합된 접근 행위를 증진시키는 것으로서, '조직의 경쟁력을 향상시키기 위해 지식을 창조, 공유, 확산하여 경영 활동에 활용하는 일련의 과정'으로 정의할 수 있다. 지식 경영 과정은 지식의 저장과 추출 → 전송 → 체계화 → 공유 → 조합 → 활용의 과정으로 이루어진다. 조직에서 지식 경영이 필요한 이유는 첫째, 조직 구성원들이 업무 활동을 수행하는 과정에서 얻은 지식을 전자 문서화하여 대규모 지식 베이스를 구축하고 이를 쉽게 공유함으로써 전체 조직 구성원들의 지식수준이 향상될 수 있다. 둘째, 구축된 지식의 공유를 통해 동일 작업의 중복에 의한 업무 비효율을 방지할 수 있다. 셋째, 지식의 업무 적용을 통해 개인과 조직 전체의 경쟁력을 향상시킬 수 있다.

5) **규제 개혁:** 정부가 하는 일을 살펴보면, 어떤 일은 할 수 있도록 장려하고 지원하

는 반면, 어떤 일은 하지 못하게 막거나 까다로운 조건을 걸어 제한한다. 후자를 정부 규제라고 하는데, 이러한 규제는 개인과 기업 활동에 제약을 가하고, 시장 경제의 왜곡을 막는다. 하지만 이런 규제가 자유시장 경제를 왜곡시키는 수도 있다. 이 때문에 시장 경제 활성화를 위해서 규제 개혁을 시도하게 된다. 규제 개혁의 궁극적인 목적은 규제의 철폐와 개선을 통해 시장 경제의 효율성을 향상하고, 국민의 소득과 복지를 증진하는 데 있다. 규제 개혁은 1980년대 개별 규제에 대한 문제를 시정한다는 단편적인 차원에서 시작되었으나, 수많은 규제 활동들이 미치는 누적 효과가 엄청나다는 인식이 대두되었다. 이에 따라 각국의 규제 개혁은 전체적인 규제 체제를 '관리'하는 방향으로 전환하게 되었다.

일반적으로 정부가 담당하는 규제 업무의 비중이 크면 클수록 개인과 기업의 자율성과 창의력에 의존하는 국가 발전 전략의 구현은 어려워지게 된다. 이에 김대중 정부는 IMF 경제 위기의 해소 차원에서 경제 사회 규제 전반에 대한 철폐 작업을 비교적 과감하게 추진했다. 하지만 노무현 정부의 경우 민영화와 탈규제(脫規制)로 촉발된 부작용의 치유 차원에서 재규제(再規制)에 우선순위를 부여해 왔으며, 이명박 정부는 기업 활동 자율성 강화와 경제 활성화 차원에서 보다 과감하게 규제 개혁을 추진해 왔다. 그러나 박근혜 정부의 각종 사고가 이명박 정부의 무분별한 규제 완화 때문이라는 비판이 일고 있는 것이 현실이다. 따라서 새로운 규제 개혁은 탈규제와 재규제의 조화라는 기본 원칙에 맞게 수행해야 한다고 본다. 물론 국민이나 기업들이 규제 개혁이 필요하다고 요구하는 분야는 과감하게 규제를 완화하고 사회 안전 분야나 환경 분야는 규제를 강화해야 할 필요도 있다. 특히 경제 활성화와 직결된 경제 규제의 경우 세부 단위 규제 완화에 주력하던 기존의 개혁 방식을 탈피해 덩어리 규제 완화에 초점을 둘 필요가 있다.

3. 몇 가지 생각할 점

행정 개혁과 관련하여 몇 가지 생각해 보아야 할 점이 있다. 우선 행정 개혁은 중장기적 시각을 가지고 체계적으로 이루어질 필요가 있다. 지금까지 대부분의 행정 개혁은 거시적, 장기적인 전망 없이 일시적인 조치로 이루어져 왔는데, 보다 장기적인 측면에서 사회, 경제 발전에 능동적으로 대처해 나가야 할 것이다. 그러기 위해서는 행정 발전의 중장기 계획을 수립하고 중앙과 일선의 행정 실태를 정확히 파악해야 한다. 한편 선진국의 성공적인 사례를 조사, 연구하여 행정 능률을 극대화하고 예산이나 인력 면에서 낭비 없는 행정을 이룩하도록 개혁을 추진해 나가야 할 것이다. 그리고 새로운 행정 수요가 생길 때마다 행정 기구를 증설하는 것은 장기적인 관점에서 바람직하지 못하기 때문에 이를 가급적 억제하고, 현존 조직 업무를 기능적으로 재배분하거나 태스크 포스(Task Force) 활용, 일선 기관 위임 등과 같은 새로운 행정 처리 방식으로 대처해 나가야 할 것이다.

행정 개혁관을 재정립할 필요도 있다. 그동안 행정 개혁은 구조나 관리 기술적 개혁이 주를 이루었다. 그러나 조직을 운영하는 것은 조직 구조가 아니고 그 구성원이다. 따라서 어떤 행정 개혁이든지 그 구성원의 행태 면에서 근본적인 개혁이 이뤄져야만 행정 개혁이 진정으로 성취될 수 있다는 인식이 재정립되어야 할 것이다. 그리고 지금까지의 개혁이 가시적 목표(可視的 目標)를 강조하고 비가시적 목표는 경시하였으나, 미래에는 비가시적 목표와 질적 효과성에도 역점을 두어야 할 것이다. 또한, 지금까지의 행정 개혁이 정부 주도로 이루어져 왔다면 앞으로는 점차 하위 조직이나 일선 조직 참여 위주의 행정 개혁으로 전환해야 할 것이다.

행정 개혁은 일시적 개혁안을 실천에 옮겨 성과를 거두기보다는 제도화하는 것이 바람직하다. 제도화란 개혁의 가치가 인정되고 개혁 대상자 또는 이해 당사자들에게 받아들여짐으로써 개혁안이 유지되고 자율성을 지니게 되는 것을 의미한다(박동서, 1985: 565). 따라서 행정 개혁이 제도화되기 위해서는 참여를 통한 이해를 높여야 한다. 이를 위해 첫째, 개혁 담당자, 개혁 대상자, 이해 당사자, 민간인의 참여의 길을 넓히고 전 직원에 대한 의견 조사를 실시하는 등 참여를 통한 의견 진술의 기회를 준다. 둘째, 개혁 담당자나 조직의 장은 다양한 의사 전달 방법을 통해 조직 안팎에서 개혁의 내용을 인지시키고 그 필요성을 설득할 필요가 있다. 셋째, 개혁안 성립 후 집행 과정에서도 개혁 대상자들의 참여를 통한 평가와 개선이 이루어질 수 있어야 한다.

개혁의 결과에 대해 객관적으로 평가하고 문제가 있으면 궤도를 수정하는 환류 기능이 제고되어야 한다. 특히 국가 발전이 일정 수준에 도달하게 되면 개혁이 급진적이지 않고 점진적으로 이뤄질 수 있도록 조직과 제도 속에서 자율적 장치를 구비하도록 해야 할 것이다. 행정 개혁이 과거처럼 일회성, 전시성으로 추진되어서는 곤란하다. 특히 정권이 바뀌면 추진하던 개혁이 전면 재조정되는 개혁의 단절성을 극복하고 지속적으로 추구하며 이를 제도화해야 할 것이다(이종수 외, 2001: 709).

행정 개혁은 행정 환경 변화에 따라 지속적으로 추진되어야 한다. 하지만 지나치게 큰 변화, 국민에게 큰 충격을 주는 식의 개혁보다는 상시적으로, 세부적으로 개선하는 식으로 이루어지는 것도 바람직하다. 우리 한국 사회가 이제는 충분히 안정화되었고, 선진화하였기 때문이다.

제14장 행정의 역사와 미래

Ⅰ. 한국 행정의 과거, 현재, 그리고 미래

국책사업을 둘러싼 공공 갈등, 양극화 등 경제 · 사회적 불평등의 심화, 저출산과 고령화, 좋은 일자리의 창출 및 지속적인 경제 발전, 공무원과 민간사업자 간의 유착과 부정부패 척결 등, 현재 우리 사회가 당면한 '중요한 문제들'을 해결하고 더 좋은 정부를 만들기 위해서는 한국 행정이 어떻게 바뀌어야 할까?

위와 같은 질문은 행정학을 공부하는 교수와 학생, 정부의 운영과 직접적으로 관련이 있는 정치인과 공무원, 나아가서는 우리 사회를 걱정하는 시민들까지 공통적으로 가지고 있는 '오래된 숙제'이다. 그러나 이러한 질문들에 대한 좋은 해답을 찾기란 쉽지 않다. 그 이유는 각자가 가지는 가치관과 행정에 대한 관점에 따라 문제의 진단과 원인이 서로 다를 뿐만 아니라, 미래의 행정이 현재와 과거의 그것으로부터 자유롭지 않고 서로 연결되어 있어, 문제의 근원을 찾는 것이 매우 복잡하고 어렵기 때문이다. 다시 말하면, 미래의 행정은 어느 날 갑자기 하늘에서 떨어지는 것이 아니라, 과거로부터의 유산과 현재의 문제를 해결하는 과정에서 만들어진 연속적인 것이다. 미래 한국 행정의 청사진을 그리기 위해서는 과거로부터 현재까지의 한국 행정이 해결하고자 했던 우리 사회의 중요한 문제들과 그 해결 과정에서 나타나게 된 행정의 변화와 특성을 이해해야만 한다.

이에 이 장에서는 1945년 광복 이후 한국 행정의 역사를 우리 사회가 당면했던 중요한 과제들과 그 해결 과정에서 나타난 행정의 특성을 중심으로 몇 시기로 구분하여 살펴보고자 한다. 이를 바탕으로 현재 한국 행정이 당면하고 있는 문제들을 진단하고 한국 행정이 나가야 할 방향을 조심스레 전망해 보고자 한다.

Ⅱ. 한국 행정은 역사적으로 어떻게 변해 왔을까?

한국 행정의 역사적 시기 구분은 학문적 시각에 따라 다양하게 구분될 수 있겠지만, 이 장에서는 한국의 국가 발전 단계 및 한국 행정이 해결하고자 했던 중요한 국가적 과제의 특성, 그리고 행정학 분야의 여러 선행 연구를 고려하여 크게 세 시기로 구분하려고 한다. 첫째, 1948년 대한민국 정부 수립에서 1960년대 초까지 국가 형성의 시기이다. 이 시기는 제1공화국(이승만 정부)과 제2공화국(장면 정부) 시기로 세분할 수 있다. 둘째, 1960년대 초반에서 1980년대 말까지의 산업화 시기이다. 이 시기는 1961년의 '5·16 군사 쿠데타' 세력의 '국가재건최고회의', 제3공화국(박정희 정부), 제4공화국('10월 유신체제' 성립 이후의 박정희 정부), 제5공화국(전두환 정부)으로 세분할 수 있다. 셋째, 1987년부터 지금까지의 민주화와 세계화의 시기이다. 이 시기에는 1987년 6월 민주항쟁을 통해 쟁취된 국민에 의해 직접 선출된 5년 단임의 대통령제를 규정한 헌법에 따라 1988년부터 현재까지 '5년 단임'의 노태우, 김영삼, 김대중, 노무현, 이명박, 그리고 박근혜 정부가 성립하였다. 이 시기는 두 차례의 여 · 야 간 정권 교체가 이루어지는 등 절차적 민주주의가 확립된 시기라 할 수 있다. 세계적으로도 이 시기는 격동의 시기였다. 소련과 동구 사회주의권의 붕괴로 인해 냉전이 종식되고 인터넷 등 정보통신기술이 발전하였다. 탈냉전과 정보통신기술의 발달은 지역 간, 국가 간 자본, 노동 및 정보가 자유롭게 이동하고 정치, 경제, 사회, 문화 등 모든 분야에서 지역 간, 국가 간 모방이 이루어지는 자본주의 시장경제 체제의 전 지구적 확대와 세계화(globalization)가 심화되었다.

1. 국가 건설의 시기: 1945년부터 1960년까지

제2차 세계대전(1939~1945)이 연합군의 승리로 끝남에 따라, 1910년부터 1945년까지 지속되었던 일본 제국주의의 한국 통치는 1945년 8월 15일로 끝이 났다. 식민통치로부터 해방된 신생 독립국으로서 가장 중요한 과제는 국가 건설이었다. 즉, 한반도에 성립하게 될 신생 독립국을 어떠한 국가로 만들 것인가에 관한 문제가 가장 중요한 문제였다. 하나의 국가로 성립하는 데 필요한 영토의 확보, 국민적 정체성의 정립, 국내외적인 주권의 영위와 국가 기능의 수행, 국민의 안녕을 확보하기 위한 정치제도 구성 등과 함께, 각각의 구성 요소들이 어떤 특성을 가져야 하는가에 대한 문제였다.

현실적으로 가장 첨예했던 문제는 한반도 전체를 아우르는 국가를 세울 것인가, 아니면 불완전하지만 현실적으로 가능한, 38선 이남 지역만을 아우르는 남한만의 단독정부를 구성할 것인가의 문제였다. 그러나 경제체제 선택(자유시장 경제체제와 사회적 시장경제 및 경제 민주주의)의 문제와 정부 형태도 중요한 쟁점이었다. 예를 들면, 제헌 헌법의 초안은 정부 형태로서 의원내각제, 국회의 양원제 등을 주요 내용으로 하고 있었다. 그러나 이후 헌법 제정 과정을 거치면서 정부 형태를 대통령제로 하고, 국회를 단원제로 하는 헌법안이 채택되었다. 헌법 제정 과정에서 대통령제와 의원내각제 중 어떤 정부 형태를 채택하느냐를 놓고 논쟁이 오고 갔으며, 양자 간 타협의 산물로 대통령과 부통령 외에 국무총리가 설치되었다.

광복 이후 북위 38도선을 기준으로 소련군과 미군이 한반도를 분할 점령하게 됨에 따라 남과 북은 각각 점령국의 체제가 이식되거나 모방되는 형태로 정부가 수립되기 시작하였다. 남한의 경우, 1945년부터 1948년까지 미군정이 이루어졌다. 3년이라는 짧은 기간에도 불구하고, 미군정은 대한민국의 국가 건설 및 근대적 행정 체제의 성립에 큰 영향을 미쳤다. 미국은 한반도에 어떠한 종류의 국가를 건설할 것인가에 대한 장기적인 계획과 구체적인 정보를 가지지 않았던 것으로 평가된다. 미군정의 목표는 한반도에 미국이 옹호하는 가치와 규범에 입각한 정부를 수립함으로써 동북아시아 지역에서의 자국의 국익을 확보하는 데 있었다. 이와 같은 이유로 미군정 초기에는 일본의 조선총독부의 골격을 그대로 유지한 채 총독부에서 근무하던 하급 관료들을 그대로 유임시키거나, 영어에 능통하고 기독교를 믿으며 행정에 경험이 없는 인사들을 중용하는 등 현상유지적 성격을 보였다. 또한, 주요 정책을 추진하는 데에도 시행착오를 거듭하였다. 예를 들면, 식량 수급 정책을 수립하는 데 있어 정확한 원인을 파악하지 못한 채 시장 원리에 입각한 정책을 추진하면서 극심한 물가 상승을 가져와, 1946년 3월에는 7개월 동안에 물가가 5배가량이나 상승하는 등 극심한 인플레이션과 경제 위기를 촉발하기도 하였다.

그러나 미군정은 전통적 왕조 체제와 일제 식민통치를 경험한 남한에 자유 민주주의라는 이념에 입각한 행정이 도입되는 데 기여했다. 매우 제한적인 수준에서나마 정부의 운영이 자유 민주주의와 입헌주의의 제도와 절차 내에서 이루어지도록 하는 데 기여한 것이다. 미군정 당국은 근대적 의미에서의 완전한 의회 제도는 아니라 하더라도 한국 역사상 최초로 의회 정치 제도를 도입하여 남조선 과도 입법의원을 설립하였다. 또한, 미군정 통치하에서 과도 입법의원, 그중에서도 45명의 민선의원을 선출하는 과정에서 선거 제도가 도입되었다. 이외에도 자유로운 정당의 설립과 가입을 보장하고 미국식 합의제 민주 행정 기구인 각종 행정위원회 제도를 도입하였다. 아울러, 1946년 3월 군정 기구 개편을 통해 기존의 법무국을 사법부로 개명하여 분리하고 군정 말기에는 사법권을 완전 독립시킴으로써 입법권과 사법권의 정립을 통한 삼권분립이 제도화되었다.

이후, 미·소 간 냉전의 격화, 국토의 분단과 남북 간의 대립이라는 상황 속에서 자유 민주주의와 입헌주의 체제를 근간으로 대한민국 정부가 수립되었다. 1948년 5월 10일 총선거를 통해 단원제 국회(單院制國會)를 구성하고 헌법을 제정한 후 7월 17일 자로 공포하였다. 5·10 선거에서 선출된 198명의 제헌의원들로 구성된 제헌국회에서 헌법과 정부조직법을 제정했고 국회에서 간접선거를 통해 초대 대통령에 이승만, 부통령에 이시영을 선출했다. 1948년 8월 15일에 정부가 수립되었고, 9월 13일에는 미 군정청으로부터 행정권을 완전히 이양받았다. 「정부조직법」에 따라 설치된 중앙행정기구는 대통령, 부통령 외에 국무총리, 그리고 11부 4처 1원 3위원회 6국으로 구성되었다. 내무, 외무, 국방, 재무, 법무, 문교, 농림, 상공, 사회, 교통, 체신부의 11부와 총무, 공보, 기획처 등 4개 처를 설치하였다.

위와 같은 헌법을 비롯한 주요 법제의 구성, 입법, 사법, 행정부 등 국가 형성을 위한 기본적 제도 구성에도 불구하고, 이승만 정부의 행정 관료제는 많은 문제점을 노출하였다. 첫째, 훈련받은 전문 행정 관료가 매우 부족했다. 일제의 우민화 정책 등으로 인해, 한국인들은 고등교육과 전문 훈련을 받지 못했다. 그러다 보니 할 수 없이 일제시대 말단 공무원으로 일했던 사람들을 대거 기용할 수밖에 없었다. 둘째, 미군정 시기의 이념적 대립과 사회적 혼란, 선진국의 행정 체제 모방, 현실 정치적인 권력 투쟁, 재정의 부족 등으로 인해 한국 현실에 적합한 행정에 대한 충분한 고려가 이루어지지 않았다. 행정 수요에 대한 명확한 예측이 없었을 뿐만 아니라, 국가 발전을 위해 어떠한 기능을 행정부가 수행해야 하며, 이와 같은 기능 수행을 위해 어떤 조직을 구성하고 인력을 충원해야 할 것인지에 대한 논의가 부족했다.

분야별로 살펴보면, 인사행정 측면에서도 한계를 들 수 있다. 1949년 8월 제정 · 공포된 「국가공무원법」에는 인사행정에 있어 실적주의의 원칙과 고시제도 중심의 공무원 충원에 대한 규정이 있었음에도 불구하고, 이 당시 신규 공무원 채용은 비공개 경쟁시험이었던 전형(銓衡)에 의해 대부분 임용되었다. 이러한 전형도 1953년에 이르러서야 본격적으로 시행되었을 뿐만 아니라, 시행된 경우에도 논문 및 구술고사를 생략한 채 이루어져 정실(情實)에 의한 임용이 대부분이었다. 충원 이후 공무원을 적재적소에 배치하고 필요한 전문 지식을 교육 · 훈련시키는 노력도 취약했을 뿐만 아니라, 대부분 연공서열과 정치적 충성도 등을 고려하여 승진 등이 이루어졌다. 자연히 당시 사회계층의 상위권이었던 지주, 일제식민지 관리, 전문직 종사자, 사업가 집안의 배경을 가진 사람들이 고위 관료로 임용되는 비중이 높았다.

예산 운용 측면에서는 대부분의 정부 재원을 미국의 원조에 의존했기 때문에 미국의 회계연도에 맞추어 예산을 운영하기까지 하였으며, 공무원의 정기적 보수 지급이 어려울 정도였다. 1949년도 예산을 보면 전체 세입에서 조세가 차지하는 비중은 10.8%에 불과하고 원조 자금이 13.9%, 차입금이 46.4%에 달한다. 외국 원조 자금은 1954년에서 1961년까지 총 20억 8,800만 불에 달하여, 총 재정 수입에서 차지하는 비중은 평균 49.5%에 달하였다.

결론적으로, 국가 건설기의 행정은 외형적으로는 미국식 민주 행정 체제의 모습을 띠었지만 내용적으로는 일본 식민통치 시기의 강압적 권위주의의 유산이 많이 남아있었다. 이와 같은 행정의 특성은 산업화를 통한 경제 성장을 추구하는 데도 커다란 제약으로 작용했을 뿐만 아니라, 사회적 혼란과 부패가 만연하게 되는 하나의 이유가 되었다. 이에 더해, 이승만 대통령은 자신의 장기 집권을 위해 1951년 한국 전쟁 중 임시 수도 부산에서 자유당을 창당하고 헌법을 대통령 직선제로 개정하였다. 1954년에는 대통령의 중임 제한을 철폐하고 부통령제를 폐지하는 소위 '4사 5입 개헌'으로 장기 집권의 길을 열었다.

결국, 이승만 정부의 독재 정치는 1960년 4·19혁명으로 종식된다. 뒤이은 1960년 헌법 개정으로 의원내각제와 양원제를 골자로 하는 개헌이 이루어지고 야당인 민주당이 집권하였다. 그러나 민주당 내 파벌 다툼으로 인한 정권의 무능과 대중의 민주적 참여 요구 확대 등으로 사회 혼란이 격화되면서, 1961년 5월 16일 박정희와 김종필이 주도하는 군사 쿠데타가 발생하게 된다. 4·19혁명 등 민주화를 위한 노력은 제2공화국 정권의 무능과 군부의 개입으로 좌절하게 된다.

2. 경제 발전의 시기: 1961년부터 1987년까지

5·16 군사 쿠데타에 뒤이은 군정 기간(1961.5.16~1963.12.16) 동안, 대통령에게 행정권, 국가 긴급권(긴급조치권, 계엄선포권), 입법 거부권을 부여하는 강력한 대통령제와 단원제를 기본 골격으로 하는 헌법 개정(1962년 12월 26일)이 이루어졌다. 이어 행해진 대통령 선거에서 박정희가 대통령으로 당선되면서 제3공화국이 출범하였다(1963.10.16).

이 시기 가장 중요한 국가 과제는 경제 발전이었다. 경제 발전이라는 문제는 비단 정부뿐만 아니라, 모든 정치 세력과 지식인 집단, 그리고 냉전 체제 속에서의 동아시아 지역에서의 세력 균형을 추구하는 미국을 비롯한 국제기구들에까지 가장 중요한 문제였다. 한국 전쟁이 끝난 후 재건이 어느 정도 마무리되면서 이승만 정부에서도 경제 발전을 위한 본격적인 논의가 시작되었을 뿐만 아니라, 제2공화국 정부에서도 경제 발전 계획을 수립하는 중이었으며, '국토건설대'와 같은 경제 발전 프로그램을 추진하기도 하였다. 다만, 경제 발전이라는 목표와 이를 위해 국가의 경제에 대한 개입이 필요하다는 점에서는 공통되었으나, 과연 어떠한 길을 가야 하는가에 대해서는 서로 달랐다. 문제는 '어떠한 전략과 방식으로 경제 발전을 추구하느냐(균형성장이냐 불균형성장이냐, 수입대체냐 수출지향이냐)'였던 것이다.

박정희 정부 역시 경제 발전을 최우선 과제로 삼았으며, 이를 뒷받침하기 위해 경제계획기구의 구축과 산업 정책 관련 부처들의 분화와 통합을 단행하였다. 구체적으로 경제 계획, 예산, 통계, 경제 및 산업 정책에 대한 조정 권한을 아우르는 광범위한 권한을 가진 경제기획원이 설치되었다. 경제기획원 장관은 부총리를 겸하였다. 또한, 여러 산업 정책 부처들이 확대 · 개편되었다. 이 시기에 산업 정책을 담당한 상공부, 농림수산부 등은 '힘 있는 부처'로 인식되었다. 산업 발전을 뒷받침하기 위해 자원과 에너지 정책에 특화된 동력자원부가 설치되었으며, 공업진흥청, 과학기술부 등이 설치되었다.

산업 관련 부처들은 그 산하에 여러 가지 형태의 공기업과 기금들을 설치하여 운영했다. 정부가 설립한 공기업들은 산업화 과정에서 민간기업들이 진출하기 어려운 대규모 투자가 요구되는 산업 분야(예: 전력)나 산업화 과정에서 필요한 인프라를 구축하고 관리(예: 도로, 항만 등)하기 위해 설립되었다. 또한, 다양한 업종을 대표하는 대표 조직들이 자발적으로 혹은 관련 행정기구의 권유에 따라 조직되었다. 농협, 한국노총을 비롯한 기계공업진흥회 등과 같은 대부분의 협회, 연맹, 조합 등이 그 예이다. 이 조직들은 관련 부처로부터 활동에 필요한 기본적인 자원을 지원받고, 소속 구성원들을 통제할 수 있는 수단으로서 인허가 권한 등을 대행할 수 있는 권한을 독점적으로 위임받았다. 이를 통해 정부는 자신들의 산업 정책을 효과적으로 집행할 수 있었을 뿐만 아니라, 시장 및 민간 사업자들이 생산하는 정책 정보를 효과적으로 정책에 반영할 수 있었다.

정부 내부에서는 대통령을 정점으로 일사불란한 의사 결정과 정책 집행이 이루어지도록 하기 위한 다양한 장치들이 제도화되었다. 예를 들면, '경제개발 5개년계획'을 정기적으로 수립하여 정부의 정책 목표를 뚜렷하게 제시하였다. 또한 '월간 경제 동향 보고 회의', '수출진흥 확대 회의'와 같이 목표 달성 여부를 점검하는 대통령 주재 회의가 매달 열렸다. 또한, 청와대 비서실이 확대되어 대통령의 정책 역량을 강화하였고, 경제기획원, 법제처, 감사원, 그리고 총무처와 내무부 등은 기획, 조정, 예산, 법제, 조직, 인사 등의 행정기능을 관장하면서 정책조정 및 통제기능을 강화시켰다.

박정희 정부는 공무원의 인적 구성과 역량을 개편하는 데에도 관심이 많았다. 우선 박정희 정부 시기에 인력의 교체가 이루어졌다. 쿠데타 직후 정치적인 숙청과 더불어, 병역 기피 또는 미필, 부정행위, 부정 축재 공무원들의 숙청이 동시에 있었다. 둘째, 군부 엘리트가 관료제에 대거 유입되었다. 당시 군부는 한국에서 가장 현대화된 조직이었으며, 미국식 모델에 따라 조직 · 훈련되었다. 박정희 정부는 군인들을 공무원으로 변화시켜 군부의 관리기법을 행정에 결합시키고자 하였다.

실적제와 직업 공무원제가 본격적으로 제도화되기 시작한 것은 이 시기 들어서이다. 1963년 4월 17일 「국가공무원법」을 새롭게 개정하여 공무원 시험을 종전의 자격시험에서 채용 시험으로 전환하고 신규 인력 채용에 있어 기존의 전형이 아닌 행정고시 중심의 채용 제도로 전환하여, 공개 채용의 비중을 대폭 늘렸다. 이를 통해 대학의 우수한 인재들이 정부 공무원으로 임용되는 길이 확대되면서 산업화 정책의 추진에 필요한 유능한 인적 자원이 충원되었다.

이에 따라 양적 · 질적 측면에서 관료제의 변화가 나타났다. 양적 측면에서는 공무원의 총 정원이 크게 증가하기 시작하였다. 1961년 이전까지 큰 변화가 없던 공무원의 총 정원은 박정희 정부 들어 지속적으로 증가하였다. 질적 측면에서는 1960년 이후에 행정부의 국장급 이상 핵심 관료들은 그 이전의 엘리트보다 더 학력 수준이 높았을 뿐만 아니라, 미국 등 서구식 교육을 더 받았고, 연령상으로도 더 젊은 공무원들로 충원되었다. 나아가 이들의 가정 배경은 지주 등 부유층 출신이 크게 줄고, 중류 또는 하류 출신자가 증가했을 뿐만 아니라, 농촌 출신의 비중도 크게 증가하였다. 위와 같은 양적 · 질적 변화로 인해 1960년 이후 공무원의 '세대교체'가 일어났다고 주장된다. 즉 공무원들이 그 이전과는 달리, 더욱 성취 지향적이고 국가 발전에 대한 지향성이 더욱 강하였다는 것이다.

이 시기 예산은 경제 성장을 달성하는 정책 수단으로 기능하였다. 예산 및 조세 관련 법률 정비가 이루어졌다. 1966년 국세청이 설치되고, 1976년 부가가치세가 도입되면서 조세 수입의 비중이 제고되어 1962년 조세 수입이 30.3%이고 대충자금이 30.8%이었으나, 1979년에는 조세 수입이 80%를 차지하게 되었다. 1962년에서 1980년 기간 중에는 연평균 29.8%의 재정 투 · 융자가 이루어졌으며 박정희 정부 시기 GDP로 측정된 국민 경제 전체에서 정부 지출이 차지하는 비중이 평균 25%를 상회하였다. 이 시기 행정은 이 시기 '압축적 경제 성장'을 이룬 원동력 중 하나로 평가된다. 그러나 이와 같은 경제 성장은 민주주의의 저발전과 권위주의를 배경으로 한 것이었다. 국민의 궁극적인 삶의 질을 향상시키기 위한 복지와 보건, 환경, 노동 등의 문제는 항상 부차적인 문제로 치부되었다. 노동 삼권(勞動三權)은 유보되었으며, 농어민들을 포함한 시민사회 집단의 민주화 운동은 극도로 억압되었다. 권위주의 체제의 성립은 행정제도에도 그대로 반영되어, '유신 정권'의 박정희 대통령은 국회 의석의 과반을 확보하기 위해 전체 의석의 1/3을 '유신정우회'를 통해 자신이 직접 임명했다. '5공 정권'의 전두환 대통령은 야당의 주요 인사들을 포함하여 555명의 정치 활동을 금지시킨 상태에서 치러진, 그것도 지역구 의원 수의 1/2을 전국구 의원으로 선출하도록 제도를 바꾼 선거를 통해 실제 득표율보다 훨씬 더 많은 의석을 차지했다.

이와 같은 왜곡된 정치제도와 행정부 중심의 행정이 이루어지면서, 국회는 '통법부(通法部)'로 전락하였다. 이 시기에 국회의 행정부 통제 장치인 국정 감사는 폐기되었고, 국정 조사는 단 한 차례도 실시되지 않았다. 국가 발전과 경제 성장이라는 명분 하에 행정의 효율이 중시되면서 지방자치제는 유보되었다. 행정 기능은 그 집행 기능까지도 중앙정부가 직접 수행하였다. 거의 모든 중앙 부처들이 지방 수준의 집행 업무 수행을 위하여 여러 개의 특별 지방행정기관들을 설치해 놓고 있었다. 경찰 행정은 물론이고 교육 행정 또한 중앙정부에서 직접 관리했다.

3. 민주화와 세계화의 시기: 1987년부터 현재까지

민주화

1987년부터 한국 사회는 국내외적으로 다양한 국가적 과제들에 거의 동시에 직면하게 된다. 첫째, 민주화(民主化. democratization)이다. 1985년 이후부터 대학생을 중심으로 하는 대규모 민주 항쟁은 국민에 의해 직접 선출된 5년 단임의 대통령제를 골간으로 하는 제6공화국 헌법 개정으로 이어졌다. 이전 시기부터 지속되어 온 경제 성장이 중산층의 확대와 시민사회의 성장을 가져왔고, 중산층과 시민사회의 성장은 다시 민주주의의 요구를 강화시킨 것이다.

민주화는 단지 정치 체제의 변동만을 의미한 것이 아닌 한국 사회 전체의 변화를 의미하는 것이었다. 정부 주도 성장 체제에서 시장 자율화와 개방화로의 전환, 재벌 중심의 경제력 집중 완화, 이전 시기부터 누적되어 온 각종 비리와 부조리의 척결, 시민사회의 성장에 따른 정치 참여의 확대, 지방 분권을 비롯한 정치-행정 체제의 분권화 등 다양한 민주화 관련 국가 과제들이 제시되었다.

행정의 민주화는 국회의 위상과 권한 강화로부터 시작되었다. 제6공화국 헌법 개정을 통해 국회의 국정 감사권이 16년 만에 부활하고 국회 청문회 제도가 부활하였으며, 대통령의 국회 해산권과 비상 조치권이 삭제되는 등 국회의 위상과 권한이 대폭 강화되었다. 의원 발의 법률안 수가 증가하는 반면 행정부 제출 법률안의 가결률(可決率)은 감소하는 등 의원들의 입법 활동도 활발해졌다. 1963년 이후 특별위원회로 있던 예산결산위원회를 상설화(2000년)시키고, 국회 예산정책처(2003년)도 신설되었다. 국회의원들의 보좌 인력 증원, 국회 입법조사처(2007년) 신설 등 국회의 입법 및 행정부 견제를 위한 지원 기능이 강화되어 왔다.

이와 함께 행정에 대한 법적 통제 역시 강화되었다. 경제 발전기의 권위주의 정권에 의해 제정이 미뤄져 왔던 「행정절차법」과 「공공기관의 정보공개에 관한 법률」("정보공개법")이 1996년 말에 제정되었다. 1997년 8월에는 「행정규제 기본법」, 「민원사무 처리에 관한 법률」("민원사무법")과 「행정심판법」 등 행정 통제를 위한 제반 법률들이 제 ·

개정되었다. 그중에서 가장 중요한 의미를 가진 것이 행정절차법과 정보공개법의 제정이다. 이 법률들은 행정 과정에 대한 시민들의 참여와 그 전제 조건인 행정 정보의 공개를 규정함으로써 행정의 타당성과 공정성을 증진시키고 법치 행정 및 민주 행정의 원리를 실현하는 데 기여하기 위한 것이었다.

분권화를 위한 다양한 제도적 개편도 중요한 이슈였다. 경제 발전기의 '제왕적 대통령제'에 대한 비판으로 말미암아 적어도 정권 초기에는 청와대 비서실이 축소되기도 하였다. 아울러, 대통령의 권한을 국무총리에게로 위임하는 것도 중요한 이슈였다. 지방자치제의 실시와 지방분권을 위한 다양한 제도들도 도입되었다. 1980년대 말에 입법화가 이루어지고, 1991년에 지방의회의 구성 그리고 1995년부터 지방자치단체장의 직선이 실현됨으로써 지방자치제의 부활이 이루어졌다. 또한, 지방으로의 정부 기능의 분권화가 지속적으로 요구되어져 왔으며, 이를 위한 제도적 개혁이 추진되었다. 특히 노무현 정부에서는 지방분권을 국정 과제 중 하나로 선정하고, 「지방분권특별법」을 제정하였으며, 중앙-지방정부 간 권한의 재배분, 재정 분권, 지방의회 제도의 활성화, 지방행정의 역량 강화 등을 추진하였으며, 그 일환으로 세종시와 지방 혁신도시를 새로 조성하고 중앙행정기관 및 공공기관들을 이전하였다.

민주화에 따라 시민단체의 성장이 이루어지면서 정치와 경제 이외에 환경, 여성, 평화, 소수자 운동에 이르기까지 사회 각 부문에서 시민단체의 수가 폭발적으로 증가했을 뿐만 아니라, 정책 참여가 활발하게 이루어졌다. 예를 들면, '경제정의실천시민연합(경실련)', '참여연대' 등 시민단체들은 행정절차법, 정보공개법의 제정 과정에 정책 제언을 위한 공청회, 국회 청원 등 다양한 방식으로 참여하였다. 정부 역시 「비영리민간단체지원법」 등의 제정을 통해 시민단체의 지원을 강화하였을 뿐만 아니라, 이들을 정책 파트너로 인정하면서 시민단체들의 정책 대안을 적극적으로 수용하기도 했다. 아울러, 민주 노동조합 총연맹(민주노총), 전국 교직원 노동조합(전교조) 등 민주화에 힘입은 노동운동 단체의 결성도 두드러졌다.

탈냉전과 세계화 그리고 시장화

이 시기의 또 다른 도전은 탈냉전(脫冷戰)과 세계화, 그리고 시장화의 도전이다. 1989년 독일 통일, 1991년 구(舊)소련의 붕괴와 뒤이은 동구 사회주의권의 붕괴로 기존의 미·소 냉전 체제 시기에서 탈냉전의 시기로 접어들게 된다. 탈냉전에 따른 자본주의와 공산주의 진영 간의 체제 경쟁이 종식됨과 동시에, 1994년 우루과이 라운드(UR) 협상의 타결과 뒤이은 세계무역기구(WTO) 출범과 같은 국제 무역 질서의 변화, 인터넷 및 정보 통신 기술의 발달은 자본주의, 시장주의의 전 지구적 확대와 세계화라는 피할 수 없는 환경 변화와 그에 대한 대응을 요구하였다. 아울러, 세계화는 시장주의에 기반을 둔 신자유주의의 확산을 동반하였다. 1980년대 초반부터 미국과 영국에서 보수주의 정권이 들어서면서 등장한 신자유주의는 '작은 정부', '최소 국가'를 요구하면서 시장에 대한 정부의 규제와 개입의 철폐, 정부의 효율성 제고를 위한 기업식 관리를 강조하였다.

이와 같은 세계화와 신자유주의의 확산은 한국 사회에 또 다른 변화와 그에 따른 과제를 안겨 주었다. 냉전 체제의 해체는 그동안 유지되어 온 대결적 남북관계에도 변화를 가져왔다. 1991년 남북한 UN 동시 가입 및 남북 기본 합의서 체결, 2000년, 2007년 남북 정상회담과 대북 포용정책 등은 그간의 권위주의 정부가 견지해오던 반공주의의 기반을 약화시키는 요인으로 작용하였다. 경제적으로는 탈냉전에 따른 중국(1992년) 및 구(舊) 사회주의권과의 수교, 그리고 국내 상품 및 자본시장의 지속적 개방 등으로 인해 무한경쟁에서 이길 수 있는 국가 경쟁력의 제고, 해외 자본 유치와 기업 활동 지원을 위한 행정 환경 조성, 경제 성장 동력의 강화, 행정 효율성 제고를 위한 '작은 정부' 개혁 등 '선진화' 과제들이 제시되었다.

그러나 이와 같은 세계화는 우리에게 기회로만 작용하지 않았으며, 경제적 · 사회적 위기와 불안정으로 연결되기도 하였다. 'IMF 외환 위기'(1997년), 미국발 금융 위기(2007년) 등 세계화와 국제 금융시장의 불확실성으로부터 기인하는 경제적 위기에 대응해야만 했을 뿐만 아니라, 기업 및 노동 분야에서 신자유주의적 제도의 전면적 도입에 따른 사회적 양극화와 빈곤 문제 등에 대응하기 위한 복지 및 조세제도의 정비라는 과제가 주어졌다.

이와 같은 탈냉전과 세계화에 한국 행정은 적극적으로 대응하였다. 첫째, 탈냉전과 세계화에 적극적으로 대응하는 외교정책과 산업정책을 추진하였다. 한국 정부는 러시아를 비롯한 구(舊)공산권 국가와의 외교적 관계를 맺는 '북방 외교'(노태우 정부), OECD 가입, 농산물 및 상품시장의 개방, 외환거래 자유화 및 자본시장의 개방, 해외여행 자유화 등 '세계화' 전략(김영삼 정부), '햇볕정책'으로 불리는 대북 포용정책(김대중 정부)과 다각적인 자유무역협정(FTA) 체결(노무현 정부) 등이 그 예가 될 것이다.

둘째, 새로운 경제 환경에 부합하는 정부 역할의 조정을 추진하였다. 즉, 경제 규모의 확대와 시장 개방에 발맞춰, 경제 발전기의 정부 주도적 경제 성장 정책을 폐기하고 시장 중심적 경제 운영으로 변화를 꾀해 왔다. 김영삼 정부에서는 경제기획원을 해체하고 경제개발 5개년 계획의 수립을 중단하거나 변경하는 등의 조치를 취하였다. 아울러, 경제 규제를 중심으로 한 규제 개혁은 김영삼 정부 이후 지금까지의 거의 모든 정부가 '기업하기 좋은 나라', '기업 프렌들리 정책' 등 다양한 슬로건으로 내걸고 추진해 온 개혁 과제이다. 아울러, 정부 산하기관이나 공기업의 민영화 또는 성과 중심의 경영을 강조하였다. 예를 들면, 김대중 정부는 공기업 민영화뿐만 아니라, 책임운영기관제도 도입을 통해 자율과 책임에 입각한 공공기관 운영과 성과 중심의 평가 체계를 도입하고자 하였다. 이와 함께, 정부가 그동안 직접 수행해 온 기능과 업무에 대한 외부 위탁(outsourcing) 역시 큰 폭으로 증가하였다.

셋째, 신자유주의에 입각한 행정 개혁이 외환 위기를 겪은 1997년 이후부터 본격적으로 도입되었다. '작은 정부'의 원칙에 입각하여 정부 규모의 확대를 최대한 억제하면서 '성과'와 '결과'를 강조하는 행정 개혁이 추진되었다. 특히, 각 행정기관들이 급변하는 환경 변화에 보다 신축성 있게 하부조직을 개편할 수 있도록 할 필요가 있다는 이유에서 각 부처가 조직을 신축성 있게 개편할 수 있는 방안을 모색하기도 했다. 기존의 엄격한 계층제를 수평적 팀(team)으로 재구성하여 팀원 간 소통과 신축적인 조직 변화를 꾀하는 '팀제'의 도입, 일정 기준에 따라 인건비 총액을 정해주면 그 범위 안에서 조직 운영을 자율적으로 시행하는 '총액 인건비제', 각 부처에 예산 운영의 자율성을 부여하기 위한 'Top-Down 예산제도' 등이 그 예라 할 수 있다.

넷째, 민간 기업식 인사 관리 제도들이 도입되었다. 공무원 인사에서 개방형 임용제, 계약제, 성과급, 연봉제 등의 시장주의 인사 제도가 점차적으로 도입되고, 인사 관리에 있어서 기관장의 권한과 책임이 강화되었으며, 고위 공무원단 제도가 도입되었다.

마지막으로는 김대중 정부 이후에 공공부조, 사회보험, 사회복지서비스를 포함한 사회복지 제도 전반이 기본 틀을 갖추게 되었다. IMF 외환 위기와 뒤이은 산업 및 노동 부문의 구조 조정은 빈곤, 실업 인구 및 노숙자의 증가, 이혼이나 자살 등으로 인한 가족 해체 확산과 같은 사회 문제가 빈발하면서 사회복지 제도의 확충이 필수적이었다. 아울러, 노동조직과 시민사회가 사회복지 제도 확대를 위해 조직적으로 노력하였고, 정부가 노사정위원회와 같은 기구를 통해 이러한 조직적 활동을 제도적으로 수용하였다. 이 시기의 사회복지 정책의 기본 방향은 '생산적 복지'로 귀결되었다. 갑작스러운 경제 · 사회적 위기로 발생된 문제들을 사회복지 정책의 확대로 해결하고자 하였다. 한편으로는 모든 국민이 인간적 존엄성과 자긍심을 유지할 수 있도록 기초적인 생활을 보장함과 동시에, 가능하다면 개인이 시장에서 스스로 생활을 유지하기 위해 적극적인 구직활동 및 이를 위한 고용 유지를 바람직한 것으로 인식하였다. 이러한 관점에서 정부는 보편적인 복지서비스를 제공하기보다는 근로 능력, 가구 여건, 자활 욕구 등을 고려하여 적절한 자활 지원 사업을 제공하고, 그 지원 수준을 조정함으로써 수급자의 근로 의욕 저하를 막는 신자유주의적 성격을 강하게 내포하는 것이었다. 이와 같은 신자유주의적 복지 제도는 이후 '무상 급식', '무상 의료' 등의 복지 이슈들이 제기되면서 점차 '보편적 복지'의 성격을 갖는 형태로 변화하고 있다.

이와 같은 복지제도의 확충과 복지서비스의 확대는 복지 발전 예산의 증가로 이어졌다. 아래 [그림 14-1]에서 나타나고 있는 바와 같이, 경제 발전기가 끝나고 민주화 및 세계화기가 시작되는 1990년대 초반까지만 하더라도 국방과 경제개발비가 1순위와 2순위를 차지하다가 1994년 이후에 들어서 우선순위에 변동이 발생하고 있다. 김영삼 정부부터 국방비의 비중이 작아지고 경제개발비가 앞서기 시작한 것이다. 그리고 1990년대 후반부터 눈에 띄게 복지비의 증가가 이루어지고 있다. 마침내 노무현 정부에 들어서는 복지비가 가장 높은 비중을 차지하는 우선순위의 변화가 이루어지고 있다.

[그림 14-1] 1970년대 이후 재정 지출구조 변화 추이 (%)

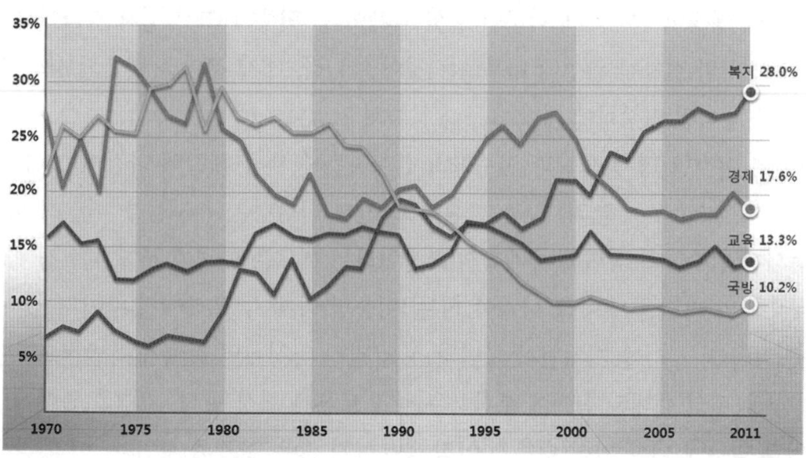

자료 : 재경회. (2011). 「한국 재정 60년사」. 매일경제신문사

Ⅲ. 한국 행정의 과제와 발전 방향

1. 현재의 과제

지금까지 한국 행정이 당면했던 중요한 과제들을 살펴보고, 행정이 어떠한 변화를 통해 그 문제들을 해결했는지를 살펴보았다. 그렇다면, 지금 그리고 앞으로 우리 사회가 당면하고 있거나 해결해야 할 문제는 무엇인가? 이와 같은 문제들을 해결하기 위해 현재의 행정은 다시 어떠한 방향으로 변화를 이루어야 하는가?

첫째, 과거 한국 사회가 다루어 왔던 과제들은 완전히 해결된 것들이 아니다. 현재도 여전히 중요하며, 새로운 행정 환경 속에서 다양한 형태로 대두되고 있다. 탈냉전, 세계화 시대에도 아직 냉전의 잔재가 남아 있는 한반도에서 국가 형성이라는 과제는 통일이 이루어지지 않고서는 완결된 것이 아니라는 주장이 있다. 한반도 전체를 아우르는 통일 한국을 이룰 때 진정한 국가 형성의 과제가 완결된다는 것이다. 국가 형성의 과제를 완결짓기 위한 통일이라는 과제를 언제 어떻게 완결지을 수 있을 것인가의 문제는 결코 쉬운 문제가 아니다.

경제 성장과 민주화 역시 미래에도 중요한 과제가 아닐 수 없다. IMF 외환 위기 이후 성장 동력의 약화가 한국 경제의 핵심적인 문제로 대두되어 왔으며, 그 구체적인 모습은 투자의 부진으로 나타나고 있다. 지속적인 고용 창출과 경제적 풍요로움을 창출할 수 있는 새로운 성장 동력의 발굴, 그리고 이를 촉진할 수 있는 제도적 환경의 구축은 여전히 한국 행정이 심각하게 다루어야 할 과제이다. 민주화 역시 정치 영역에서의 대의제 민주주의의 절차적 완성에 머무르는 것이 아니라, 경제 분야를 비롯한 사회 각 분야에서의 실질적인 민주화에 대한 요구가 분출되고 있다.

그런데 이러한 경제 성장과 민주화의 심화라는 문제를 해결해 나감에 있어, 한편으로는 과거의 '압축 성장'과 '압축 민주화'로 인해 나타나는 문제들을 해결해 나가는 것과 동시에 민주화의 심화와 세계화의 확산이라는 새로운 환경에 부합하는 경제 성장과 민주주의의 발전을 추구해 나가야 하는 '이중의 과제'가 우리에게 주어져 있다. 예를 들면, 민주화 시기를 거치면서 국민의 정책 결정 과정에의 참여가 폭발적으로 증가하였지만, 국민의 증대된 참여에 부합하는 상호 토론과 협상 방식, 그리고 참여에 따르는 책임과 의무에 대한 인식 수준은 아직 충분하지 않은 것으로 보인다. 이와 같은 괴리는 집단 간, 정부와 집단 간, 심지어는 정부기관 간의 무수한 갈등으로 나타나고 있다. 민주주의의 심화라는 새로운 상황에 걸맞은 공공문제를 해결하는 새로운 접근 방법을 제도화하고 이를 위한 책임과 의무에 대한 인식이 새롭게 정립되어야 할 시점이다.

경제 성장과 성장 동력의 발굴 역시 마찬가지이다. 이제는 1960~80년대의 경제 발전기와는 전혀 다른 행정 환경에 처해있어, 권위주의 행정 체제에 기반을 둔 정부 주도 경제 성장 정책은 가능하지도 않고 바람직하지도 않다. 국내 경제 규모가 크게 확대되어 정부가 통제할 수 있는 범위를 넘어섰고, 국제적으로는 세계화라는 환경 속에서 자유무역이라는 국제 규범의 준수와 함께, 중국 등 신흥 개발도상국들과의 경쟁, 자유로운 국제 자본 이동에 따른 영향 등이 고려되어야 한다.

아울러, 과거의 불균형 성장 정책에 의해 상대적으로 낙후된 국민의 삶의 질을 제고, 경제 거래의 공정성 증진, 비정규직 문제의 해결 등을 위한 공공서비스의 제공 및 기업에 대한 합리적 규제 역시 필요하다. 그리고 저출산 고령화 사회로의 변화, 경제적 소득 양극화, 예상하기 힘든 재난과 재해 등의 문제에 대응하기 위한 '사회 안전망'과 효과적인 복지제도의 구축이 요구된다.

그러나 이와 같은 향후 복지 재정의 확대와 공공서비스 확충을 위해서는 재원 조달이 요구되며, 이 재원은 결국에는 국민의 세금으로 충당되어야 한다는 점이다. 그래서 한편으로는 재정의 경직성을 완화하고 복지 재정 충당을 위한 재원의 확충 문제가 함께 제기되고 있다. 즉, 복지 재원의 확보를 위한 증세를 할 것인지 말 것인지, 증세를 한다면 어떠한 방식으로 증세가 이루어져야 하는지 등에 대한 논의가 활발해 지고 있는데, 이 논의의 핵심은 결국 '누구로부터 얼마를 더 거두어 누구에게 나누어 줄 것인가'라는 더 어려운 문제라 하겠다.

이와 같은 문제와 더불어, 행정 체제 내부의 문제들도 만만치 않다. 특히, 민주화기 이후부터 정부 관료제의 책임성과 동기 유발에 대한 문제가 지속적으로 제기되어 왔다. 민주화 시기의 거의 모든 정부는 '복지부동(伏地不動)'하면서 '책임은 지지 않고 권한만 행사'하려 하는 공무원들을 변화시키기 위해 다양한 제도를 도입하고 개혁 프로그램을 추진해 왔다. 앞서 제시한 신자유주의적 개혁이나 성과급제나 개방형 임용제와 같은 민간 기업식 인사 관리 제도의 도입이 그 예이다.

그러나 이러한 행정 개혁 프로그램의 효과는 크지 않은 것 같다는 것이 주된 평가이다. 민주화 이후 출범한 새로운 민주 정부들이 자신의 도전적 비전을 펼치는 데 있어서 경제 발전기의 타성에 젖은 관료제가 발목을 잡고 있다는 평가가 나오기도 하였다. 특히, 국회의 역량이 미진한 상태에서 관료제에 대한 법적 통제가 행정부 주도로 이루어지면서, 관료제에 대한 법적 통제의 본래적 의미가 퇴색되고 제한적 효과를 거두고 있다는 평가이다.

과거 압축적 경제 성장을 위해 정부가 산하 공기업 및 기금을 설치하고, 각종 사업자 단체들을 조직하여 이들과 긴밀한 관계를 구축했던 것이 현재까지 이어지면서, 이직하는 소속 공무원들을 관련 민간단체나 기업, 또는 공공조직에 재취업시키는 관행이 만연해 있는 것으로 나타났다. 이는 안전 등 꼭 필요한 정부 규제를 회피하는 수단이 되었을 뿐만 아니라, 행정 부패의 온상이 되고 있다는 지적도 제기되고 있다. 예를 들면, 2014년 4월 16일 서해에서 침몰하여 294명이 사망하고 10명이 실종된 발생한 여객선('세월호') 사건의 예를 들면, 정점 조직인 한국해운조합(여객선사 감독업무 대행)의 역대 이사장 12명 가운데 10명, 그리고 한국선급(선박 안전검사 대행)의 역대 수장 11명 가운데 8명이 관련 해양수산 분야 정부 부처의 전직 공무원들이었다. 이들의 재취업이 전문성 활용에 기여하는 것인가 아니면 관련 행정기구에 대한 '로비스트'로서 활동함으로써 '도덕적 해이', '무책임', '부패의 사슬'을 초래하고 있는 것인가의 논란이 제기되고 있다.

민주화 이후, 국회의 권한과 정책 역량이 증가하고 관료제에 대한 법적 통제 수준이 높아지기는 하였지만, 여전히 행정에 대한 민주적 통제 역량은 부족한 상태에 있다. 국회는 국정 감사와 국정 조사, 인사청문회 등의 제도가 도입되어 과거 경제 발전기보다는 행정부 통제 권한이 강화된 것은 사실이나, 여전히 행정과 정책과 관련된 정보, 행정부의 정책을 분석하고 이에 대한 대안을 제시할 수 있는 인적 역량 등의 측면에서 볼 때, 여전히 한계가 존재한다. 이 모든 문제는 결국 간접 민주정치 체제 내에서 선출되지 않은 정부 관료제의 역할과 비중은 어디까지이며, 선거를 통해 정치적 정당성을 지닌 정치인들이 직업 공무원 관료제를 어떻게 통제할 것인가의 문제로 귀결된다.

현재 우리가 당면한 문제들은 이전에 한국 행정이 당면했던 문제들과는 전혀 다른 성격의 것들일 뿐만 아니라, 동전의 양면과 같이, 어떤 문제의 해결이 다시 다른 문제가 되는 일종의 딜레마적 특성을 가지고 있다. 그래서 관련 이해집단 간의 합의가 쉽지 않고 지금까지의 방식과 경험, 그리고 지식으로는 쉽게 해결되기 어렵다. 특히, 우리와는 역사적 배경이 다른 서구 선진국들의 해결 방안에 대한 모방이 더 이상 가능하지 않은 상황이 더욱 문제의 해결을 어렵게 만든다. 앞서 제시한 문제들에 대한 세부적인 해결 방안을 여기서 제시할 수는 없다. 다만, 한국 행정이 나가야 할 큰 방향이라는 차원에서 협력적 거버넌스(collaborative governance)를 한국 행정의 미래상으로 제시하고자 한다.

2. 협력적 거버넌스

일반적으로 협력적(協力的) 거버넌스(governance)는 '계층제나 시장이 아닌 제3의 사회적 조정 기제, 즉 네트워크나 행위자 간 상호 의존, 자발적 협력을 통한 사회적 조정'으로 정의될 수 있다. 즉 정부와 민간을 망라하는 다양한 구성원들이 정부의 공식적인 권위에 의존하지 않고 자율적인 네트워크를 형성하여 사회문제를 해결하는 방식을 의미한다.

협력적 거버넌스 하에서는 공공문제 해결을 위한 정책 과정을 정부를 비롯한 민간기업, 준(비)정부기구 등 공공부문과 민간부문의 다양한 기관들이 참여하는 네트워크가 주도하며, 이들 간의 협력과 공동 결정, 공동 생산을 통한 사회문제 해결이 추구된다. 아울러, 이러한 상황과 정책 과정에 부합하는 파트너십, 외주 계약, 재정 보조 등 간접적 정책 도구의 활용 및 참여자들 간의 조정과 협력적 관계를 촉진하기 위한 관리기법들의 중요성이 강조된다.

협력적 거버넌스 하에서의 정부의 역할

거버넌스는 사회의 모든 주체가 책임을 공유하고 공동의 목표를 추구하는 과정에서 사회 구성원들의 자발적인 협력 행위를 요구한다. 전통적 관료제 모형하에서는 사회문제 해결의 독점적 담당자로서 정부가 강조된 반면, 거버넌스 하에서는 사회문제 해결을 위한 집합적 노력이라는 '초점(focus)'이 강조되는 것이다. 이는 한편으로는 정부의 위상 변화(repositioning)를 의미한다. 즉 과거 공공문제 해결 및 공공서비스 제공의 독점자였던 정부는 거버넌스 하에서 민간부문 참여자들과의 협력과 네트워킹을 통해 공공문제 해결에 일정 부분 기여를 하는 '공공문제 해결을 위한 역할 분담자'로 그 위상이 변화되는 것이다.

협력적 거버넌스에서의 정부의 역할은 구체적으로 다음과 같이 정리할 수 있다. 첫째, 정부는 다양한 행위자들의 상호작용을 활성화하는 역할을 담당한다. 정부는 사회문제를 해결할 수 있는 새로운 기회를 홍보하고, 다양한 참여자들의 자발적인 참여를 동원 · 활성화하고, 잠재적 파트너들이 자신들의 역할을 충실하게 수행할 수 있도록 장려하기 위한 기술을 보유하고 활용해야 한다.

둘째, 협력적 거버넌스 참여자들의 활동을 적절하게 유지 · 관리할 수 있도록 만들어야 한다. 이는 교향악단의 지휘자와 같은 역할로서 강제하는 것이 아니라 유도하는 것을 의미한다. 정부가 효과적으로 협력적 거버넌스를 유지하기 위해서는 단순히 재정적이거나 법적인 통제나 명령이 아니라 지식, 비전, 설득력, 그리고 지역사회에 대한 존중 등을 활용하여 참여자들의 활동을 적절하게 유지 · 관리할 수 있어야 한다.

셋째, 정부는 협력적 거버넌스 참여자들의 협력을 이끌어내야 한다. 네트워크 사회에서 과도한 권위의 사용은 네트워크 참여자들의 참여 거부 또는 도덕적 해이를 초래한다. 또한, 적절한 권위의 사용이 없는 경우에는 책임성 확보가 어렵게 되어 참여자들이 공공 목표 달성을 소홀히 하는 결과를 낳게 된다. 그러므로 협력적 거버넌스 관리자로서의 정부는 인센티브와 벌칙, 그리고 설득의 적절한 조합을 통해 관련 참여자들의 협력을 촉진함으로써 공공문제의 해결을 도모해야 한다.

Ⅳ. 더 똑똑하고 윤리적인 행정, 더 많이 참여하는 시민들

지금까지 우리는 1945년 광복 이후 한국 행정의 역사적 변화를 당시 한국 사회가 당면했던 중요한 문제들과 이를 해결하기 위한 행정의 변화라는 관점에서 살펴보았다. 이러한 관점에 따르면, 한국 행정은 크게 국가 건설기–경제 발전기–민주화와 세계화기로 구분할 수 있으며, 각각의 시기의 행정의 특성을 살펴보았다. 아울러, 현재 한국 사회가 당면하고 있는 주요 문제들을 살펴보고, 이러한 문제들을 해결하기 위해 한국 행정이 나가야 할 큰 방향으로 협력적 거버넌스 역량의 증진을 제시하였다.

협력적 거버넌스 하에서 행정은 기업, 시민사회가 더 많이 참여하게 하고, 그들이 원하는 바를 더 많이 들어야 하며, 또 그들 간의 협력이 이루어지도록 더 많이 중재해야 하며, 그 결과가 산출되도록 이끌어야 하는 이중 삼중의 과제를 안고 있다. 이를 위해서는 더 똑똑한(smart) 행정이 요구되며 더 윤리적이며 공적 가치를 추구하는 공무원이 요구된다. 즉 공무원은 우리 사회가 당면한 문제들의 해결하고 국민이 원하는 바를 파악하여 이를 실현하기 위해 노력하는 '계몽된 수탁자(trustees)'의 역할을 하여야 한다. 계몽된 수탁자로서의 공무원들은 전문성과 함께 강한 윤리 의식과 공익에의 헌신성을 갖추어야 하며, 시민과의 지속적인 상호작용 속에서 시민들의 선호를 반영하고 정부 정책에 대한 아이디어를 교환하고 형성해 나가야 한다.

과연 이와 같은 정부를 만들 수 있을까? 이러한 정부를 만들기 위해서는 누가 나서야 할까? 답은 결국 우리 자신, 시민들밖에는 없다. 특히, 협력적 거버넌스 하에서는 좋은 정부는 결코 정부만의 문제가 아니게 된다. 협력적 거버넌스를 통해 좋은 행정을 만드는 것도 결국에는 정부가 터 잡고 있는 사회 자체의 특성과 신뢰 및 관용의 수준과 관계있기 때문이다. 좋은 정부를 만들기 위해서는 사회 구성원의 사회적 합의와 그에 대한 신뢰, 그리고 때로는 약자에 대한 배려와 이들을 위한 규칙에 양보하고 승복하는 수준 높은 문화가 함께 발전해야 한다. 분명한 사실은 우리가 바라는 좋은 정부를 갖기 위해서는 우리 시민 모두의 이해와 노력, 그리고 정부에 대한 감시와 참여가 함께 필요하다는 점이다.

제15장 행정학

Ⅰ. 행정학

1. 의의

행정학(行政學. science of public administration)은 행정에 관한 학문이다. 행정학이 학문의 한 영역으로 자리 잡기 위해서는 연구 대상, 연구 방법, 축적된 이론이 있어야만 한다. 행정학의 연구 대상(研究對象)은 '행정'이다. 그래서 행정학은 정부의 모든 정책과 그 관리 활동에 관한 학문(學問. study, learning)이다. 행정학의 연구 방법(研究方法. method)은 연구 대상인 행정에 관한 자료와 정보를 수집하고 분석하는 방법을 말한다. 접근 방법(接近方法. approach)이라고도 한다. 연구 방법, 접근 방법을 통해 자료를 수집하고, 분석하여 이론(理論. theory)과 법칙(法則. rule)을 찾아낸다. 이런 작업을 통해 축적된 이론과 법칙들이 충분히 많아졌을 때 비로소 학문의 한 영역으로 자리 잡게 된다. 이론과 법칙을 「행정학」이라는 교과서(教科書. textbook)로 정리하여 편찬하고, 이를 통해 관심 있는 사람들을 교육할 수 있을 때 비로소 학문 체계가 완성된다.

행정학은 사람을 치료하는 의학과 같다. 의학은 병의 원인을 진단하여 병의 상태를 설명해 준다. 의학은 병을 고치는 처방 기능을 한다. 그리고 의학은 의사나 간호사가 지켜야 할 철학으로 인간의 존엄성을 확보하도록 하는 규범적 기능을 한다. 이처럼 행정학도 첫째, 행정 현상을 설명하여 주는 서술적 기능을 한다. 행정학의 이론이나 법칙은 복잡한 행정 현상을 더 잘 이해할 수 있게 해준다. 둘째, 행정학의 이론이나 법칙은 행정문제, 특히 공공문제를 해결할 수 있도록 하는 처방 기능을 한다. 다음으로 행정학은 인간의 자유와 존엄성을 확보하기 위해 행정이나 국가가 나아가야 할 바람직한 방향을 제시하여 주는 규범적 기능을 한다.

학문으로서 행정학은 다음과 같은 특징을 가지고 있다.

첫째, 행정학은 과학(科學, science)이다. 과학이란 말은 '어떤 사물을 안다'라는 어원을 가진다. 행정학은 하나의 과학으로 행정 현상을 알기 위한 학문이다. 이런 학문은 학자들의 연구 활동으로 축적된 지식 체계로 구성된다. 하나의 과학으로서 행정학은 행정 현상의 구조, 성질, 법칙을 탐구하는 인간의 인식 활동과 그 산물로 구성된 체계적 지식이다. 행정학은 행정 현상을 설명해 주는 보편적 진리나 법칙의 발견을 목적으로 한다. 그러므로 행정학이 하나의 과학으로 체계적 지식 체계를 구축하기 위해서는 과학적 방법이 요구하는 체계적 관찰, 조사, 실험, 가설의 설정, 사실(事實, fact)을 바탕으로 한 가설(假說, hypothesis)의 확인과 입증(立證) 절차에 의한 연구를 요구한다. 하나의 학문 또는 과학으로 행정학은 종교나 예술과는 달리 사실에 근거하여 개념적 · 논리적 사고로 행정 현상을 설명할 수 있는 이론이나 법칙으로 구성된다.

둘째, 행정학은 사회과학(社會科學, social science)이다. 행정은 특정한 목적을 달성하기 위해 두 사람 이상이 상호 협력하는 협동적 노력이다. 행정 현상은 사람과 사람의 관계로 형성되는 사회 현상이다. 행정학은 이러한 사회 현상을 과학적 체계적으로 연구하는 학문이다. 연구의 대상이 인간이라는 면에서 행정학은 사회과학의 범주에 속하고, 자연이나 물질을 연구 대상으로 하는 자연과학과 구별된다. 그러나 연구 방법에서는 자연과학의 발전에 영향을 받아 자연과학적 방법을 많이 원용(援用)하고 있다. 사회과학이 과학으로 자리매김하기 위해서는 사회 현상을 설명할 수 있는 검증된 이론과 법칙이 있어야 한다. 그러나 자연과학과 달리 사회과학의 이론은 사회 현상에 대한 객관적 설명 이외에 가치관에 대한 상대적인 상호 주관성(相互主觀性, inter-subjectivity)을 인정하는 논리가 있어야 한다. 이에 사회과학은 실험(實驗, experiment)을 중심으로 하는 자연과학과는 달리 관찰(觀察, observation)에 의존하는 특성을 가진다. 20세기 중반까지 인류학, 심리학, 사회학, 경제학, 정치학 등의 사회과학은 서로 별개의 학문처럼 생각하였다. 그러나 오늘날에는 복잡한 사회 현상을 과학적으로 연구하는 것은 특정한 사회과학의 관심사가 아닌 모든 사회과학의 관심거리가 되어야 한다면서 학문 분야 간의 유기적 관계를 강조한다. 이에 의하여 정치경제학, 사회심리학 등 복합 학문 체계가 등장하고 있고, 행정학도 행정 현상을 이해하는 데 주변 사회과학의 이론을 많이 활용하고 있다.

셋째, 행정학은 응용 및 종합과학(應用 綜合科學. applied comprehensive science)이다. 행정학은 사회과학 가운데에서 응용과학 또는 응용 학문의 성격을 가진다. 기초과학이나 순수과학은 지식의 획득이 기본 목적이지만, 응용과학은 이러한 지식을 활용하여 인간의 실제적, 현실적 문제 해결을 목적으로 한다. 사회 현상으로 행정은 공백 속에서 독립적으로 존재하지 않는다. 행정은 경제, 정치, 문화 등의 사회 체제와 연결된 현상이다. 이러한 행정 현상을 이해하기 위해서는 다른 사회과학 지식을 총동원할 필요가 있다. 응용 학문으로 행정학은 다양한 학문과의 관계 속에서 진화하고 발전되어 왔다. 행정 현상을 설명하는 대표적 이론인 관료제 이론은 사회학자인 막스 베버(Marx Weber)에서 찾을 수 있고, 의사결정 모형으로 제한된 합리성을 제시한 허버트 사이먼(Herbert A. Simon)은 1978년 노벨 경제학상을 받은 미국의 심리학자, 경제학자, 인지과학자다. 행정을 연구하는 데 활용되는 대표적인 학문으로는 정치학, 사회학, 법학, 경제학, 경영학, 통계학, 심리학 등이 있다.

넷째, 행정학은 합리성(合理性. rationality)을 추구한다. 합리성은 의식적이고 체계적인 사유의 과정으로 논리 또는 이성의 적합성을 의미한다. 보다 구체적으로 합리성은 목적을 달성하기 위한 최적의 수단을 의미한다. 행정은 공익이나 정치적 가치를 달성하기 위한 수단이다. 즉 행정학은 도로를 건설하고, 사회복지를 제공하는 등의 공적인 문제를 어떻게 하면 보다 적은 비용과 노력으로 잘 해결할 수 있을 것인가를 다룬다. 사이먼(H. A. Simon)은 합리성을 실질적 합리성과 절차적 합리성으로 구분하고, 실질적 합리성을 목표와 수단의 관계에서 최적의 수단인가라는 측면에서 이해하고, 절차적 합리성은 결정 과정이 이성적 논리에 의한 것인가로 설명하고 있다. 행정학은 실질적인 차원에서 공익을 가능한 적은 비용과 노력으로 달성하는 방법을 의식적으로 찾고자 한다. 실질적 합리성은 경제적, 기술적 합리성으로도 불린다. 행정학은 실질적 합리성 이외에 절차적 합리성도 강조한다. 행정학은 다양한 구성원의 타협과 조정에 의한 정치적 속성의 의사 결정에 필요한 정치적 합리성도 연구한다. 특히 실질적 합리성과 절차적 합리성의 조화에 많은 관심을 가진다.

다섯째, 행정학은 과학성(科學性)과 기술성(技術性)을 동시에 추구한다. 우리는 앞에서 행정학을 하나의 과학이라고 하였다. 그러나 행정학이 자연과학과 같은 과학적인 속성을 강조하여야 할 것인지, 의학에서 병을 고치는 것과 같이 행정문제를 해결하기 위한 기술(技術. art)적 속성을 강조하여야 할 것인지는 행정학을 연구하는 사람들 간에 오랜 논쟁의 대상이었다. 즉 행정학이 순수과학의 특성인 객관성, 설명성, 인과성 등을 강조하는 이론이나 법칙의 발견을 강조해야 하는지, 행정문제를 해결하는 처방성, 실천성, 가치성 등을 강조해야 하는지에 대한 논쟁은 지속적이고 반복적으로 제기되고 있다.

왈도(D. Waldo)는 "행정학은 국가 활동에 적용되는 관리 기술이고 과학이다."라고 하고 있다. 즉 행정학은 과학이며 기술의 속성을 다 가진 학문이다. 행정학은 행정 현상을 체계적으로 연구하는 것이라는 면에서 과학이다. 한편 행정학은 행정문제를 해결하는 것을 목적으로 하는 기술이다. 행정학 역사는 시대에 따라서 과학성과 기술성이 변증법적으로 강조되면서 전개됐다. 초기 윌슨 패러다임은 기술성을 강조하였고, 1940년대 논리 실증주의를 바탕으로 하는 행태주의는 과학성을, 이에 대한 반발로 나온 후기 행태주의는 기술성을 상대적으로 강조하고 있다.

행정학은 행정문제를 해결하기 위한 응용 학문이라는 면에서 그 태생부터 실천적이고 기술적인 특성을 가진다. 또한, 하나의 분과 학문으로 존재하기 위해서는 과학성을 배제할 수 없다. 이론만큼 실제적인 것은 없다. 과학적 이론이 뒷받침되지 않는 행정학은 그 존재의 목적을 달성할 수 없기 때문이다.

2. 다른 학문과의 관계

응용 학문으로 행정학은 다양한 과학을 종합하여 행정 현상을 이해하고, 설명하며, 문제를 해결하고자 한다. 행정은 정치적 의지를 실천하는 수단의 성격을 가진다. 이에 행정 연구는 오랫동안 정치학의 한 분야로 연구되었다. 행정학이 정치학과 분리되어 존재하면서도 가치의 권위적 배분 또는 권력 현상을 연구의 주제로 삼는 정치학(政治學. political science)과는 동전의 양면처럼 불가분의 관계가 있다. 특히 정치학은 행정이 추구하는 이념이나 가치에 대한 지식을 제공한다. 그리고 정치학은 행정을 수행하는 행위자와 행정가들이 활동하는 정치 체제의 제도 간의 연계에 대한 지식을 제공한다. 그러나 행정 현상을 연구하면서 정치학과의 관계는 변증법적으로 연계됐다. 초기의 고전적 행정학은 행정의 정치적 속성보다는 관리적 속성을 강조하여 정치 행정 이원론(政治行政

二元論) 입장에 서 있었다. 이후 기능주의 행정학은 행정의 정치적 속성인 정책을 강조하면서 정치 행정 일원론(政治行政一元論)의 입장에 서게 되었다. 이후 등장하는 행태주의(行態主義. behavioralism)는 정치 행정 이원론, 신행정학은 정치 행정 일원론, 신공공관리론은 정치 행정 이원론, 거버넌스 이론은 정치 행정 일원론의 시각을 가진다. 즉 행정학은 정치학과의 관계에서 변증법적으로 진화되면서 관계를 맺고 있다.

행정은 법규를 기반으로 운영된다. 이러한 특성으로 관방학(官房學)으로 불리는 독일식 행정이론은 행정법학을 토대로 한다. 행정은 조직, 사람, 돈의 관리를 법규 형식으로 제도화하고, 행정상 의사 결정인 정책은 대부분 법규 형태로 표현된다. 법학은 이러한 행정 행위의 제도화에 대한 지식을 제공한다.

윌슨(Woodrow Wilson)이 행정학을 정치학과 분리하여 하나의 분과 학문(分科學問)으로 발전시키고자 할 때, 행정학은 경영학(經營學. business management)과 밀접한 관계를 맺는 학문으로 이해하였다. 행정과 경영은 둘 다 관리라는 면에서 공통점을 가진다. 관리(管理. administration, management)란 특정한 목적을 효과적으로 달성하기 위해 인적 · 물적 자원을 적절하게 결합하고 조정하는 활동을 의미한다. 이에 행정학은 관리라는 차원에서 경영학의 많은 이론을 끊임없이 활용하고 있다. 경영학의 관리기법을 행정관리 분야에서 응용한 것으로 전략적 기획(戰略的企劃. strategic planning), 영기준 예산제도(零基準 豫算制度. Zero Base Budgeting. ZBB), 목표 관리제(目標管理制. Management by objective. MBO), 전사적 품질 관리(Total quality management. TQM), 성과 관리(成果管理), 팀제도, 균형 성과표(均衡成果表. balanced score card. BSC) 등이 있다.

인간의 사회적 공동생활을 연구하는 사회학(社會學. sociology)은 행정 현상을 이해하는 데 다양한 지식을 제공하고 있다. 행정학과 사회학은 사람과 사람의 관계로 형성된 집단을 연구 대상으로 삼는다는 면에서 공통점을 가진다. 특히 집단과 집단의 행태 및 이들이 사회 생활에 미치는 영향에 대한 지식은 행정 현상을 이해하는 데 핵심이 되고 있다.

한정된 자원으로 인간의 욕망을 극대화할 수 있는 법칙을 구명하고자 하는 경제학(經濟學. economics)은 합리성을 추구하는 행정학과 밀접한 관계가 있다. 행정은 한정된 재원으로 공공재를 효과적으로 제공하고자 한다. 경제학의 이론은 정책 결정, 기획 등의 의사 결정 과정에서 대안을 분석할 때 필요한 지식이 되고 있다.

심리학(心理學. psychology)은 조직을 구성하는 개인을 이해하는 지식을 제공한다.

공공조직에서 개인은 정책의 결정과 집행의 책임이 있다. 이러한 개인이 집단과 조직 내에서 어떻게 행동하는가 하는 역학을 이해하여야 한다. 심리학은 조직 내에서 개인의 동기, 조직에 대한 반응 등에 대한 지식을 제공하여 조직 활동의 의미와 인적 자원 관리에 도움을 준다.

역사학(歷史學. history, historical science)은 과거에 대한 통찰력을 제공한다. 행정상의 문제는 역사적 배경을 가지고 반복된다. 역사학은 특정 시기의 행정을 이해하는 지식과 틀을 제공하고, 그것을 어떻게 해결할 것인가에 대한 지식을 제공한다. 이외에 행정 현상을 이해하기 위해서 많은 학자가 통계학, 문화 인류학 이외에 생물학 등의 자연과학적 지식을 활용하고 있다.

Ⅱ. 행정학 연구의 발전

1. 서구의 행정학

유럽 행정학

행정은 인류가 공동체 생활을 시작할 때부터 존재하여 왔다. 이러한 행정 현상에 대한 연구는 고대 이집트나 그리스까지 거슬러 올라간다. 현대적 의미에서 행정을 체계적으로 연구하게 된 기원은 유럽과 미국이 서로 다른 뿌리를 가지고 있다. 이는 행정학이 시대적 산물이기 때문이다.

유럽에서 행정 연구가 하나의 독립된 학문 분야로 등장하게 된 것은 17세기 독일에서 시작되었다. 그 출발은 1656년 세켄도르프(Veit Ludwig von Seckendorff)의 '독일 공국'(獨逸公國. German Principality)이란 책에서 찾을 수 있다. 그는 풀다(Fulda) 공국에서의 행정 경험을 바탕으로 기존의 철학이나 정치학과 구별되는 행정 실제에 대한 지식을 제시하고자 하였다.

이후 행정 연구에 큰 계기를 가져온 것은 1729년 프러시아 대학에서 소위 관방학(官房學. Cameralism)이라는 국가 관리에 대한 강좌를 개설하면서부터이다. 관방학이 독일어를 사용하는 많은 대학에 개설되면서 하나의 학문 집단이 형성되었다. 당시 관방학은 절대 군주제의 강화를 위해 국가 재산의 증대와 유지에 초점을 두었다. 즉 이들 연구의 초점은 행정보다는 정체(政體. polity)나 경찰(警察. police)을 주로 연구하였다. 이의 대표적인 학자로 유스티(J. H. G. von Justi) 등이 있다. 관방학적 행정 연구의 전통은 프랑스 시민혁명으로 절대 왕정이 무너지면서 쇠퇴하여 행정법학의 영역으로 흡수되었다.

1800년대 들어와 폰 슈타인(Lorenze von Stein)이 관방학과 전통적인 공법학적 접근에 대응하여 독자적인 행정학 체계를 정립하고자 하였다. 그는 관방학의 경찰 개념을 헌정(憲政)과 행정으로 분리하여 헌정은 정책 결정, 행정은 이를 집행하는 것으로 이해하고자 하였다. 그러나 슈타인 행정학은 당시의 공법학 우위의 분위기에 의해서 더는 발전하지 못하였다.

독일의 공법학을 바탕으로 한 행정 연구의 전통은 메이지 시대 일본의 정치가와 학자에게 전달되었고, 일본의 전통은 일제 강점기 우리에게 전달되어 행정법학적 행정 연구에 커다란 영향을 미쳤다.

프랑스도 행정학 연구의 초기에는 17세기 경찰학을 토대로 공법학 중심의 행정 연구가 지배적이었다. 반면 영국은 대륙의 공법학적 행정 연구보다는 정치학과 연계된 행정 연구가 강하였지만, 1차대전 이후에는 미국의 영향을 받아서 발전되었다. 특히 1921년 창립한 왕립행정학회(Royal Institute of Public Administration)는 행정학의 학문 공동체로 중요한 역할을 해오고 있다. 이러한 전통에 의해서 영국은 유럽에서 행정학과가 가장 많이 개설되어 있다. 1970년대 이후 영국의 행정학은 미국과 비슷한 맥락으로 발전되어 오고 있다. 최근 유럽의 대표적인 행정학 학문 공동체로 유럽행정학회(European Institute of Public Administration: EIPA)가 있다.

미국 행정학

Thomas Woodrow Wilson(1856–1924)

Thomas Woodrow Wilson(1856–1924)

미국 전통의 행정학은 그 기원을 1887년 윌슨(W. Wilson)의 '행정 연구(The Study of Administration)'라는 논문에서 찾고 있다. 윌슨 행정학은 당시 엽관제에 의한 정치 부패와 행정의 비능률이 사회적 문제로 등장하면서 행정학의 모체가 되는 정치학과 분리된 행정 연구를 주장하였다.

그러나 미국 대학에서 행정학을 독자적인 분야로 강의하

게 된 것은 1차 대전 이후이다. 행정학의 학문 공동체는 1939년 미국행정학회(American Society for Public Administration: ASPA)가 창설되면서 형성되었고, 이듬해 학회지인 '*Public Administration Review*'가 발간되면서 행정학 연구에 핵심적 역할을 하고 있다. 오늘날 미국에서 행정학 교육은 학부 수준보다는 석사 과정이 중심이 되어 이루어지고 있다.

미국 행정학은 미국 사회의 산물이다. 미국 사회의 변화에 따라서 행정이 변화되고 행정의 변화에 따라서 이를 연구하는 행정학도 변화됐다. 이러한 변화를 요약하여 정리하면 [표 15-1]과 같다.

[표 15-1] 미국 행정학의 주요 변천 과정

시기	20세기 전	20세기 초	1920~30년대	1940년대	1950~60년대	1970년대	1980년대	1990년대 말 이후
주요 사건	산업화	제1차 세계대전	경제 대공황	제2차 세계대전	냉전체제	석유파동 월남전 종식	세계화, 신자유주의 등장	정보화
주요 행정 이론	정치학의 영역	기술적 행정학	기능적 행정학	행정 행태론	생태론 체제론 비교행정 발전행정	신행정학 후기행태론 정책과학 현상학적 접근 공공선택론 신제도주의 비판행정	신 공공관리론	뉴거버넌스 신공공서비스론

미국에서 윌슨이 행정학 연구의 필요성을 주장하기 전까지 행정에 대한 연구는 주로 정치학에서 다루었다. 그러나 엽관제(獵官制. spoil system) 등에 의한 정치 부패와 함께 윌슨이 행정학의 독자 영역을 강조한 뒤 20세기 초반까지 행정 연구는 효율성을 추구하는 경영학의 관리 기능을 강조하는 것이었다. 이후 윌슨 행정학의 전통은 경영학의 주요 이론인 과학적 관리법에 의한 행정 개혁 활동이 있었고, 이러한 전통은 행정기능을 POSDCORB(Planning, Organizing, Staffing, Directing, Coordinating, Reporting and Budgeting)로 규정한 귤릭(Luther Gulick) 등을 중심으로 한 행정관리학파로 이어졌다. 이들을 기술적 행정이론으로 부른다.

그러나 1914년 제1차 세계대전에서 기원한 세계 경제 대공황이 발생하면서 행정의 기능을 단순한 정책 집행 기능이 아닌 정치적 기능까지 확대하는 기능적 행정학이 등장하게 되었다. 이에 애플비(Paul H. Appleby)는 행정을 정치와 동일시하는 정책이라는 시각으로 확대하였다.

1940년대 중반에 이르러 미국 행정학은 당시 사회과학의 지배적인 연구 경향인 논리 실증주의(論理實證主義. logical positivism)의 영향을 받아서 기존의 원리(原理. principle) 중심 행정이론에 비판을 가하면서 행정학의 과학성을 높이고자 하였다. 사회과학의 연구 방법으로 행태주의는 사회 현상을 구조, 제도, 마음보다는 객관화, 외면화된 심리적 경향이나 행태를 중심으로 조직 내의 인간 행동을 과학적으로 연구하려 하였다. 이들은 연구 방법으로 자연과학적 방법을 선호하였다. 이의 대표적인 학자로 의사결정 행태를 연구한 사이먼(H. A. Simon)이 있다.

2차 대전 이후 1950년대 냉전이라는 세계 체제의 변화와 신생 독립국의 발전에서 중요한 역할을 한 미국 행정학 연구는 비교 행정 연구(比較行政研究. comparative research of public administration)로 전성기를 맞게 된다. 비교 행정 연구는 행정에 대한 생태학적 접근과 개방 체제적 접근으로 활성화되었다. 한편 냉전 체제와 관련하여 미국을 중심으로 한 자유 진영은 국가 발전에서 서구 중심의 국가 발전 전략과 행정 체제 중심의 발전 논리를 제시한 발전 행정 이론이 신생국 행정을 중심으로 등장하였다.

1960년대와 1970년대에는 미국의 월남전 참전, 사회적 불평등의 심화에 정부와 관료제가 효과적으로 대응하지 못하면서 행정학도 비판을 받게 된다. 이에 대한 행정학의 학문적인 대응은 후기 행태주의적 연구 성향과 연계하여 신행정학(New Public Administration)을 탄생시켰다. 후기 행태주의(後期行態主義. post-behavioralism)는 학문의 인간화, 학문과 학자의 실천성과 사회 참여를 강조하고, 단순한 과학성이 아닌 학문의 사회문제 해결 능력을 강조하였다. 신행정학은 전통적 행정에 대한 대응으로 행정의 가치 지향성과 이념으로 사회적 형평성을 강조하였다. 한편 기존의 행태주의에 대한 비판과 더불어 등장한 현상학, 비판이론, 담론이론, 구성주의 등의 이론을 행정 현상을 설명하기 위한 도구로 활용하고자 하는 노력이 이때부터 확대되었다.

신행정학과 관련하여 오스트롬(V. Ostrom)에 의해 행정학에 도입된 공공선택론(公共選擇論. public choice theory)은 베버의 관료제 이론이나 전통적인 윌슨의 정치행정 이원론적 행정이론은 공급자 독점의 이론으로 소비자의 선택을 억압하여 정부 실패로 이어진다면서 이에 대한 대응으로 민주 행정 패러다임을 제시하고 있다.

한편 2차 대전 이후 행정의 개념은 정책 형성과 분석을 포함하는 것으로 확대되어 1970년대 정책학(政策學. policy science)이라는 학문 분야를 만드는 계기가 되었다. 정책학의 학문적 기원은 1951년 라스웰(H. Lasswell)의 '정책 정향(政策定向. Policy Orientation)'이란 논문에서 찾을 수 있지만, 당시의 행태주의적 연구 분위기에 의해서 관심을 가지지 못하다가 1970년대 정책학이 하나의 분과 학문으로 대두하게 되었다. 분과 학문으로 등장한 정책학은 순수한 행정학과 연계하여 정책 형성, 정책 분석, 정책 평가 등으로 연구의 지평(地平. prospect)을 넓히고 있다.

1980년대 들어와서 신자유주의 이데올로기(ideology)의 등장과 기존 정치 체제와 관료제에 대한 비판의 산물로 신공공관리(新公共管理. new public management: NPM)로 부르는 정부 개혁 방법이 제시되었다. 민간부문의 성과지향, 고객지향의 논리를 받아들인 NPM은 클린턴 행정부(1993~2001) 동안 지배적 행정 모형으로 옹호되었다. NPM은 이후 영국, 캐나다, 호주 등의 행정 개혁 모형으로 채택되었고, 아직 많은 OECD 국가의 행정 개혁에 지배적인 논리로 자리 잡고 있다.

1990년대 말 기존의 NPM에 대한 대응으로 새로운 공공서비스 모형이 제시되었다. NPM이 행정의 수단에만 관심을 가지고 공익과 같은 근본적인 목적을 등한시하고, 시민을 고객으로 인식하여 주체적인 역할을 보지 못하였다는 비판에서 제시되었다. 이는 2000년대 이후 디지털 시대로의 전환과 함께 새로운 공공재를 제공하는 메커니즘(mechanism)으로 국가, 시장, 시민사회가 함께하는 뉴거버넌스(new governance)와 신공공서비스론(theory of new public service)에 대한 관심이 증대되는 요인이 되었다.

2. 한국의 행정학

연구 집단의 형성

하나의 학문이 독자적인 분과 학문으로 존재하기 위해서는 독자적인 연구 집단, 연구 주제 및 연구 방법이 있어야 한다. 한국에서 현대적 의미의 행정학 연구는 공법학 또는 행정법학의 연구로 시작되었다. 즉 초기의 행정 연구는 행정의 당위성을 강조하고 규범과 제도를 다루는 행정법학적 연구가 주를 이루었다. 이에 의해서 1970년대까지 행정학과의 교육 과정에서 법학 과목이 평균 30% 이상을 차지하는 모습을 보였다.

행정학이 대학의 학과로 도입된 것은 1946년 서울대학교 법과대학 내에 행정학과가 설치되면서 시작하여 1990년대에는 대부분 대학에서 개설되었다. 이후 경찰행정, 지방행정, 보건복지행정, 교육행정, 문화행정, 환경행정 등으로 분화되는 모습을 보여 주고 있다.

행정학이 법학적 전통에서 벗어나게 된 계기는 1959년 서울대학교 행정대학원이 설립되면서부터 시작되었다. 이후 행정학 발전은 발전행정이라는 시대적 요청과 행정학이 고등고시의 시험 과목으로 채택되면서 관심이 확대되었다.

한국 행정학의 연구 집단은 1956년 학자와 실무자로 설립한 '한국행정 연구회'가 그 시발이 되고 있다. 이후 1961년 11월 '한국행정학회'로 개칭하여 지금까지 행정학 연구의 대표적인 학문 공동체가 되고 있다. 초기 32명이던 회원 수가 현재는 2,000명 수준으로 한국에서 가장 크고 비중 있는 학회로 성장하였다. 한국행정학회 산하에는 수많은 세부 분과위원회가 있다. 그리고 서울행정학회(1983), 한국지방자치학회(1988), 한국정책학회(1992) 등이 중요한 학회로 발전해 가고 있다.

연구 주제

한국 행정학은 미국 행정학의 전통을 그대로 이어받고 있다. 행정학 도입 초기의 연구는 미국 행정학을 소개하는 연구가 주를 이루었다. 한국 행정학의 연구 주제로 전통적인 연구 영역인 조직관리, 인사행정, 재무행정에 대한 연구는 도입 초기부터 중요한 연구 영역으로 자리매김하고 있다.

전통적인 연구 영역 이외의 행정학 연구 주제는 한국 사회의 변화와 밀접하게 연계되어 있다. 1960년대 후반기부터는 비교 행정 연구, 1970년대는 경제 발전과 관련된 발전 행정 연구, 1980년대 후반에는 국가론에 대한 연구들이 주를 이루었다. 1980년대 후반부터는 정보화 사회의 도래와 함께 행정 정보에 대한 연구, 1990년대 지방자치의 시행을 전후한 지방 행정에 대한 연구가 활성화되었다. 그리고 정책학회가 설립되면서 정책에 대한 연구가 급격하게 증대하는 모습을 보여주고 있다. 1990년대 이후 2000년대 초기까지 신자유주의를 기반으로 한 정부 개혁과 이를 위한 관리기법에 대한 연구가 확대되었고, 2000년 이후 시민사회의 새로운 역할 정립과 함께 거버넌스에 대한 연구가 새롭게 등장하고 있다.

전체적으로 2000년 이후 연구 주제가 더욱 다양화되고 있고, 연구 영역에서 전통적인 행정 연구 분야보다 정책 분야에 대한 연구가 많은데, 대표적으로 환경, 복지, 전자 정부, 공공서비스 등이 큰 비중을 차지하고 있다.

연구 방법

행정학 연구 방법은 1970년대까지는 제도 연구, 역사적 방법, 법률적 방법, 문헌 연구 등의 전통적인 접근 방법이 주를 이루었다. 1980년대부터 행태론과 체제론적 접근 방법이 전통적 방법보다 선호되었고, 1980년대 후반기부터 새로운 접근 방법으로 현상학(現象學. phenomenology)이나 해석학(解釋學. hermeneutics) 방법의 논의가 등장하였다. 또한, 이 시기부터 경험적, 실증적 접근 방법이 확대되기 시작하였다.

연구의 목적과 관련하여 1990년대 중반까지는 현상을 설명하는 기술적 연구가 처방이나 규범적 연구보다 절대적으로 많았다. 연구를 위한 자료 분석 방법은 1990년대 중반까지 문헌 연구나 연구자의 해석에 의존하는 질적 연구가 지배적이었고, 양적인 통계 기법을 이용한 연구는 30% 정도에 머무르고 있었다(신무섭, 1997).

1990년대 후반 이후 연구 방법은 더욱 분화되고 다양화되고 있다. 전체적으로 전통적인 문헌 분석적 연구보다 실증적인 연구가 확대되고 있다. 분석 방법에서도 계량적 방법이 확대되었고, 통계 기법도 매우 다양해지고 있다. 한편 기존의 실증적 계량 방법에 대한 대응으로 질적 연구의 고도화를 추구하고 있다.

이러한 연구 방법과 함께 한국 행정학 연구가 해결하여야 할 과제로 이종수(2010)는 ① 행정학의 정체성 확립을 위한 행정의 재정의, ② 방법론의 다양화, ③ 토착화, 한국화 그리고 세계화, ④ 처방성과 설명성의 균형화, ⑤ 학문 후속 세대 충원 구조의 개편, ⑥ 실무적 요구를 반영한 교과 과정의 재구성, ⑦ 정책의 윤리성과 책임성의 제고 등을 들고 있다.

한국 행정학의 토착화 문제

한국 행정학이 적실성을 가지면서 하나의 분과 학문으로 존재하기 위해서는 한국 행정 현상을 설명하고, 행정 문제를 해결하는 데 도움이 되는 고유한 이론 체계가 있어야 한다. 한국 행정학이 발전하기 위해서 토착화로 정체성을 확립할 필요가 있다는 것은 1970년대부터 지속해서 논의되고 있는 주제이다.

토착화에 대한 논의는 토착화, 한국화라는 주제어부터 논의의 대상이 되고 있다. 토착화 논의는 이론의 현실 적합성이란 차원에서 한국 행정 현상을 설명하면서 미국 및 서구 이론이 가지는 한계에 대한 인식을 바탕으로 한다. 토착화는 한국의 특수한 상황에 따라 외국 이론을 수정하는 것만을 의미하지 않는다. 토착화는 행정이론의 보편성과 특수성이라는 두 가지 차원 모두를 포괄하는 것으로 인식할 것이 요구된다. 즉 한국 행정은 보편적인 행정 현상을 설명할 수 있어야 할 뿐만 아니라 한국 행정이 가지는 독특한 특성을 설명할 수 있어야 한다.

한국 행정의 토착화와 관련한 연구 경향은 초기에는 이론에 대한 소개에 집중하였으나, 이를 토대로 한국 행정 현상에 대한 적용과 이론의 적실성을 검증하는 단계를 거쳐, 점차 비판적 관점에서 한국적 맥락과 특수성을 설명할 수 있는 이론을 모색하려는 방향으로 발전하였다. 즉 1970~1980년대 서구 이론에 대한 이해와 적용 및 평가, 1990년대 한국적 모형의 개발과 다원화, 2000년대 이후 한국적 행정이론의 보편성 추구를 통해 한국 행정학의 세계화를 모색하는 단계로 나아가고 있다(전영평, 2011).

한국 행정학의 토착화, 한국화, 세계화를 위해 안병영(2005)은 다음과 같은 노력이 필요하다고 한다. 그 첫째는 비교 역사(문화)적 연구를 보다 보강할 필요가 있다. 둘째로 한국이나 동양 고유의 사상이나 문화 요소에 대한 심층 연구, 그리고 한국 사회 및 행정에 대한 풍성한 역사 자료를 축적할 필요가 있다. 셋째로 인접 학문과의 학문적 협력 및 공동 연구, 행정학 학문 공동체와 정부 관료제 간의 교류와 협력, 그리고 무엇보다 한국 행정학계와 세계학계 간의 긴밀한 의사소통 및 공감대 형성이 필요하다.

한국 행정, 행정학의 수출

한국은 20세기 중반 이후 지금까지 놀라운 국가발전을 이룩하였다. 국가 건설기(1945~1970), 경제 발전기(1970~1990), 정치 민주기(1990~2010), 문화 복지기(2010~현재)를 거쳐 오는 동안 일등공신(一等功臣)이 바로 행정이었다. 정치, 경제, 사회, 문화, 과학기술 등 모든 영역 중에서 한국의 국가 발전을 선도한 것이 바로 행정이다. 행정을 담당했던 공무원이 그 중심에 있었고, 이들에 의한 정책, 그 관리 활동이 성공적 한국 발전에 기여하였다.

우리의 행정 경험, 단계별 주요 정책들은 '성공 사례(success case, success story)'로서 전 세계 어느 누구에게도 자랑스럽게 말해 줄 수 있는 것들이다. 국가 건설기의 체제 확립, 안정, 교육, 기반시설 확충 정책과 관리는 국가 건설에 어려움을 겪고 있는 아시아, 아프리카의 여러 나라에 귀감이 될 수 있다. 경제 발전기의 경제개발 5개년 계획,

경제기획원 중심의 정책 총괄, 재벌 육성과 중소기업 진흥, 수출 지향 정책, 한강의 기적은 전 세계가 부러워한다. 정치 민주기의 대통령 직선, 5년 단임제, 지방자치, 금융실명제, 토지 공개념, 자유화, 평등화 정책들은 세계 어디에 내놔도 부끄럽지 않은 민주화 정책들이었다. 현대 한국의 문화예술, 한류, 보건복지 정책들도 가장 앞선 정책으로 부러움을 사고 있다. 우리는 이 자랑스러운 한국 행정 경험과 역사를 세계로 수출할 필요가 있다. 인류 번영을 위해 더없이 중요하다.

행정학은 행정을 지원하면서 학문 영역을 넓혀왔다. 비교행정, 발전행정으로부터 능률성, 효과성, 생산성을 높이는 연구, 정책분석과 평가, 조직발전, 기획 등 전방위적으로 행정을 지원했고, 국가 발전을 선도했다. 행정학자의 비중과 역량은 국가 전체적으로는 물론 세계적으로도 매우 크다. 그동안 미국을 비롯한 서구 행정학의 수입, 토착화에 노력했고, 일본의 선진 행정학 이론들을 모방하는 데 바빴었다. 하지만 이제는 우리의 축적된 행정 경험과 국력 신장에 힘입어 우리의 행정학을 세계로 수출할 여유가 생겼다. 전 세계적으로 가장 발달한 행정학을 갖게 된 한국이다.

Ⅲ. 행정학의 연구 영역과 접근 방법

1. 행정학의 연구 영역

행정학은 많은 하위 연구 영역을 가지고 있다. 행정학의 하위 연구 영역은 학자에 따라서 다양하게 논의하고 있다. 샤프리츠와 하이드(J. M. Shafritz & A. C. Hyde)는 행정학의 다섯 가지 기둥으로 인적 자원 관리, 행정조직 이론, 윤리, 정책분석, 공공예산을 제시하고 있다. 이를 보다 구체적으로 보면 다음과 같다.

1) **조직과 관리**: 조직과 관리는 행정학에서 가장 오래된 분야이다. 조직이론 분야에서는 조직의 구조, 의사 결정, 리더십, 조직에서 인간의 행태, 조직 변화 등을 연구하고 있다. 조직 관리에서는 다양한 관리기법과 공공조직에의 적용 문제가 논의된다. 대표적으로 논의되고 있는 관리기법으로는 전통적으로 행정 개혁과 관련된 리스트럭처링(restructuring), 리엔지니어링(reengineering), 성과나 결과 중심의 관리와 더불어 강조하고 있는 전략적 기획(strategic planning), 전사적 품질관리(TQM), 균형 성과표(BSC), 성

과관리 등이 있다. 조직이론은 더 세분화하여 조직 구조론, 조직 행동론, 조직 환경론 등으로 구분되고 있다. 이외에 리더십 이론이 경영관리와 공통으로 연구되고 있다.

2) **인사 행정**: 행정은 사람으로 구성되어 있다. 인사 행정은 행정을 구성하는 사람에 대한 관리를 다룬다. 인사 행정은 공공부문에서의 인적 자원의 충원, 선발, 교육 · 훈련, 배치, 동기 부여, 보수, 퇴직 관리 등을 연구한다. 이외에 인사 행정 조직으로 중앙인사행정기관, 인사 행정 패러다임으로 실적제, 직위분류제 및 대표관료제 등의 제도, 공무원 노조 활동 등이 인사 행정 분야에서 연구되고 있다.

3) **재무 행정**: 종래 재정은 경제학의 한 분야에 속하였다. 그러나 행정학의 등장과 함께 재무 행정은 행정학의 주요 연구 분야가 되고 있다. 재무 행정 분야에서는 정부 운영에 필요한 세입과 세출, 자원 배분, 회계, 감사, 예산 결정과 집행, 결산, 조세제도, 지방 재정 등을 연구하고 있다. 특히 재무 행정 분야에서는 정부의 예산 편성 과정과 국회의 예산 심의 과정이 다루어지고 있다. 그리고 재원 배분 방법과 관련된 예산 제도의 개혁 등이 논의된다. 이외에 공기업에 대한 연구도 하나의 연구 부문으로 자리하고 있다.

4) **지방 행정**: 행정학의 하위 분과 영역으로 지방 행정 연구는 지방자치가 시작된 이후 활발하게 진행되고 있다. 지방 행정 연구에서는 지방 행정의 조직과 관리, 지방 인사행정, 지방 재무 행정, 지방 의회, 지방 선거 등이 포함된다.

5) **행정 통제 및 책임**: 행정 통제 및 책임 분야는 행정학의 규범 이론을 구성하고 있는 연구 영역으로 행정 철학, 행정 윤리, 행정의 책임성, 공무원 윤리 등이 주요 연구 대상이 되고 있다. 행정 참여에 대한 연구도 중요하다.

6) **공공 정책**: 협의로 행정이란 정치권력을 바탕으로 공공 정책을 형성하고 집행하는 기능 및 과정으로 정의되고 있다. 즉 행정 행위는 정책으로 표현되게 된다. 2차 대전 이후 공공정책은 행정학의 하위 분야로 다루어지고 있다. 우리나라에서 정책학이 본격적으로 행정학 연구 및 행정학과의 교육 과정으로 등장한 것은 1980년 말 이후다. 정책학 분야가 행정학계에서 연구 대상이 되면서 행정학의 연구 영역이 크게 확대하기 시작하였다. 이에 의하여 몇몇 대학의 대학원 과정이 행정학 전공과 정책학 전공으로 분화되어 있기도 하다.

정책학 연구는 정책 과정에 대한 연구로 정책 의제 형성, 정책 결정, 집행 및 평가 등이 관심 영역이 되고 있다. 이외에 정책 내용과 관련하여 다양한 분야가 연구 대상이 되고 있다. 대표적으로 환경정책, 복지정책, 정보정책, 교통정책, 도시정책 등 정부의 모든 정책이 연구 대상이 되고 있고, 규제정책과 같은 분야가 많은 행정학자의 관심을 받고 있다.

이외에 사회의 변화와 관련하여 한국의 행정 연구에서 1960~1980년대 활성화되었던 비교행정이나 발전행정과 같은 연구가 상대적으로 쇠퇴했지만 많은 하위 연구 분야가 새롭게 등장하고 있다. 예로 시민사회의 발전과 관련된 비영리 조직, NGO, 거버넌스 관련 연구 등이 있다. 전국 대학의 행정학과의 교육 과정을 보면 1980년대와 비교하여 법률 과목이 줄어들고 지방 및 도시행정, 복지행정, 환경행정, 시민사회 행정 및 사회 정책 분야, 공기업, 정부 규제 및 경제 정책 등이 새로운 교육 과정으로 추가되고 있다(조경호, 2005).

2. 행정학의 접근 방법

과학적 방법

하나의 과학으로 행정 현상을 연구하기 위해서는 과학적 방법(科學的方法. scientific approach)으로 검증 가능한 질문을 체계적이고 객관적인 방법으로 연구해야 한다. 과학적 방법은 다음과 같은 세 가지 구성 요소로 이루어진다.

첫째, 개념(槪念. concept)이다. 개념은 특정한 사물이나 사건의 공통적 속성을 추상화한 보편적인 관념을 의미한다. 이 개념은 과학적 연구의 출발점이다. 예로 조직은 두 사람 이상이 공동의 목적을 달성하기 위한 상호작용적인 협동적 실체를 표현하는 개념이다. 생각은 이러한 개념을 정리한 것이다.

둘째, 이론(理論. theory)이다. 이론은 개념을 더욱 논리적이고 체계적으로 정리한 것을 의미한다. 예로 경제학의 수요 공급 이론은 수요와 공급이라는 개념을 바탕으로 '가격은 수요와 공급이 일치하는 시점에서 결정된다.'와 같이 상호관계를 표현한 것이다. 행정학을 비롯하여 사회과학의 이론은 주로 관찰을 바탕으로 이들 관계를 이해하고자 한다. 이론은 이용 가능한 타당한 사실을 기초로 형성된다. 어떠한 생각에 대하여 타당성을 입증할 수 있는 정보가 없을 때 이론은 가설이 된다. 가설은 개념 간의 관계를 임시로 설명한 것이다.

셋째, 연구(硏究. research)이다. 연구는 가설적인 생각을 이론이나 법칙으로 전환하기 위한 행위이다. 과학적 연구를 위해서는 기본적으로 다음과 같은 과정이 필요하다.

과학적 연구를 위해서는 먼저 연구 문제를 명확하게 하여야 한다. 이 과정에서 가설이 설정되게 된다. 가설은 주로 개념에 대한 정의와 개념과 개념과의 관계로 설정되게 된다. 다음으로 연구를 위한 설계가 필요하다. 이는 연구를 위한 준비 단계로 연구 방법, 수집되는 자료의 유형, 수집된 자료의 처리 방법 등을 결정한다. 연구 설계는 더 과학적인 사회적 실험에 의한 방법과 관찰에 의한 방법이 있다. 그러나 행정 문제의 경우 실험적 방법이 사용되는 경우는 그렇게 많지 않다. 이어서 실제로 관련된 자료를 수집하고, 수집된 자료를 분석한다. 분석 과정에서 종종 통계적인 방법이 활용되기도 한다. 마지막으로 분석된 결과를 바탕으로 가설을 받아들일 것인지 잘못된 것인지를 입증하게 된다.

행정학 연구의 다양한 접근 방법

학문의 접근 방법(接近方法. approach)은 어떤 현상을 어떻게 연구할 것인가에 관한 견해와 관점을 의미한다. 접근 방법은 복잡한 현상에 대한 연구를 이끌어 주는 전략이나 지향(orientation)으로 학문 연구에서 아이디어를 제공해주는 발견적(heuristic) 기능을 가진다. 학문이 발전할수록 연구에 대한 접근 방법은 더욱 분화되고 있다.

다른 모든 학문과 같이 행정학을 연구함에서도 모든 것을 포괄하는 유일한 접근 방법은 존재하지 않는다. 모든 접근 방법은 현상의 특정한 측면만을 강조하기 때문에 다른 측면을 보지 못하거나 등한시하는 문제점을 가진다. 이에 어떠한 접근 방법이 다른 접근 방법보다 우월하다고 말할 수 없고, 연구의 목적과 대상에 따라서 접근 방법의 적실성을 논의하여야 한다.

행정학의 접근 방법은 행정 현상을 구성하는 구조, 사람, 환경 가운데 어떠한 부분에 초점을 두는가에 따라서 구분될 수 있다. 행정 구조를 보고 행정 현상을 이해하는 접근 방법으로는 구조 기능주의, 법적 접근 방법, 관료제 접근 방법, 제도주의 등이 있다. 행정을 운영하는 사람에 초점을 두고 행정 현상을 이해하고자 하는 접근 방법으로는 행태주의, 인간관계론, 공공선택이론 등이 있다. 그리고 환경에 초점을 두는 접근 방법으로 생태론적 접근 방법, 체제론적 접근 방법 등이 있다.

분석의 수준과 관련하여 행정학의 접근 방법은 미시적 접근 방법, 중범위적 접근 방법, 거시적 접근 방법으로 구분할 수 있다. 미시적 접근 방법은 행정을 구성하는 사람을 연구하여 행정 현상을 이해하고자 하는 접근 방법이다. 미시적 접근 방법에는 인간

관계론, 행태론, 현상학적 접근 방법, 공공선택이론, 비판행정이론 등이 있다. 중범위적 접근 방법은 조직 및 집단을 연구 대상으로 하여 행정 현상을 이해하고자 하는 접근 방법이다. 중범위적 이론의 대표적인 것으로는 관료제이론, 제도이론과 전략적 관리와 같은 다양한 관리 기법이 조직을 대상으로 하는 처방적 기술을 다룬다.

거시적 접근 방법(巨視的 接近方法)은 거시적인 국가나 행정 체제를 분석 단위로 하여 행정을 이해하고자 한다. 거시적 접근 방법으로 생태론, 체제론적 접근 방법, 거버넌스 이론 등이 이에 해당한다.

행정 현상에 대한 접근 방법은 방법론적으로 연역적 접근 방법(演繹的 接近方法, deductive approach)과 귀납적 접근 방법(歸納的 接近方法, inductive approach)으로 구분할 수 있다. 연역적 접근 방법은 일반 원리로부터 특수한 사실을 유도하는 방법을 사용한다. 이의 대표적 예로 공공선택 접근 방법, 합리모형의 의사 결정 이론, 행정철학이나 윤리에 대한 접근 방법 등이 있다. 귀납적 접근 방법은 개개의 사실을 종합하여 일반 법칙을 도출하는 접근 방법으로 행태주의, 역사적 접근 방법 등이 있다.

또한, 방법론적으로 양적 접근 방법과 질적 접근 방법으로 구분할 수 있다. 양적 접근 방법은 실증주의적 인식론을 바탕으로 현상을 분석하기 위해 대상의 속성에 숫자를 부여해서 연구하는 방법이다. 질적 접근 방법은 해석학적 인식론을 바탕으로 하는 연구 방법으로 연구자의 주관이 반영되는 접근 방법이다. 현상학적 접근 방법, 비판주의 접근 방법, 포스트모더니즘 접근 방법 등은 질적 방법을 선호한다.

행정학 연구는 연구의 목적과 관련하여 행정 현상에 대한 이론을 구축하는 것을 목적으로 하는 이론적 연구, 문제 해결을 위한 대안을 제시하고자 하는 처방적 연구, 행정 현상을 분석하고 기술하고자 하는 실증적 연구로 구분할 수 있다.

관리적, 정치적, 법적 접근 방법

로젠브롬(Rosenbloom, 2013)은 행정학의 접근 방법을 관리적 접근 방법, 정치적 접근 방법, 법적 접근 방법의 세 가지 방법을 제시하고 있다. 그리고 이들의 특성을 [표 15-2]와 같이 요약하고 있다. 이들 세 가지 접근 방법은 종종 상호 갈등을 가져오기도 하고 서로의 관점을 보완하는 기능을 하기도 한다.

[표 15-2] 행정에서 관리, 정치, 법

구분	관리적 접근	정치적 접근	법적 접근
주요 기능	집행	입법	판결
가치	비용-효과 소비자 지향	대표성, 대응성, 정치적 책임	헌법적 통합성, 권리, 절차적 정당한 과정
구조	이념형 관료제, 거버넌스	조직적 다원주의	심판(대립적)
개인에 대한 관점	몰인격적, 합리적 행위자, 소비자	집단의 구성원, 선거구민	개인, 계층의 구성원, 이성적 인간
인지	합리적, 과학적 관찰	합의, 여론, 담론	법적 분석, 규범적 추론
예산	비용-편익, 성과 기초	부담과 편익의 점증적 배분	권리에 의한 자금 제공
의사 결정	합리적 포괄적, 비용 최소화, 고객 지향	점증주의	선례에 의한 점증주의
인사 관리	실적, 성과, 권한위임	대표성, 기회균등, 단체교섭, 내부고발자 보호	평등원칙 정당한 법적 절차, 실체적 권리

자료: Rosenbloom(2013: 383).

1) 행정에 대한 관리적 접근 방법(管理的 接近方法)은 행정학의 출발점인 윌슨(W. Wilson)에서 출발하여 테일러(F. Taylor)의 과학적 관리법, 귤릭(Luther Gulick)의 행정관리학파에 의해서 전개된 접근 방법이다. 관리 접근 방법은 조직 관리에 있어서 효과성, 능률성, 경제성을 가장 중요한 가치로 하여 이를 확보하는 접근 방법이다. 관리 접근 방법은 조직 활동의 선과 악을 조직 활동에 대한 투입과 산출의 관계로 파악하고자 한다. 행정에 대한 관리적 접근 방법은 가장 이상적인 조직 구조로 막스 베버의 이념형적 관료제를 기본으로 한다. 막스 베버의 이념형적 관료제는 능률성을 극대화하기 위해 기능의 전문화, 계층제적 구조, 중복의 최소화, 높은 공식성을 특징으로 하는 법규에 의한 운영을 특징으로 한다. 이들은 행정 현상에 대한 연구 방법 및 인식론에서 과학적 방법을 강조한다.

행정에 대한 관리적 접근 방법은 개인을 비인격적, 몰인격적 실체로 이해한다. 조직에 대한 인간관계론이나 몇몇 조직이론이 관료제의 병폐를 이유로 개인의 인격성을 주장하고는 있지만, 관리적 접근 방법의 근저에는 개인을 비인격적으로 이해하는 관점이 뿌리 깊게 박혀있다. 관리적 접근 방법은 합리모형을 바탕으로 한 의사 결정을 지향하여 예산에 있어서는 비용편익 분석 등에 의한 자원 배분과 성과 중심의 관리, 인사 관리에서는 실적과 성과를 바탕으로 하는 인사관리 체계를 지지한다.

행정에 대한 관리적 접근 방법은 공사 일원론의 시각에서 행정과 경영의 차이점보다는 유사점을 강조하여 경영의 관리 기법을 공공부문에 적극적으로 도입하여 활용할 것을 강조한다. 이러한 시각은 예산제도에서 영기준 예산제도, 성과주의 예산제도, 기획 예산제도 등을 들 수 있다.

관리적 접근 방법의 대표적 이론 체계로 공공선택 접근 방법을 들 수 있다. 공공선택 접근 방법은 조직에 대한 시장 이론, 비시장 의사 결정의 경제학적 연구 또는 정치학에의 경제학의 응용 등으로 논의된다. 공공선택이론은 개인주의 입장에서 국가는 인격이 있는 유기체가 아니라 개인의 총합일 뿐이라고 본다. 이때 개인의 정치 행위는 시장과 같이 자신의 이익을 극대화하기 위해 행동한다고 가정한다. 이에 의하여 정부를 공공재의 생산자로, 시민을 공공재의 소비자로 규정하면서 소비자인 시민의 편익을 극대화하기 위한 논리를 찾고자 한다.

공공선택 접근 방법의 뿌리는 서구의 공리주의 철학을 바탕으로 하여 1930년대 파레토 최적이론 등에서 찾아볼 수 있다. 공공선택 접근 방법은 1960년대 이후 뷰캐넌(J. Buchanan)과 털록(G. Tullock), 다운스(A. Downs), 애로우(K. Arrow), 니스캐넌(W. A. Niskanen) 등의 정치경제학자들에 의하여 관심을 가졌고 행정학에는 1970년대 초부터 오스트롬(V. Ostrom)에 의해서 도입되었다. 오스트롬의 공공선택이론에 의한 민주행정 패러다임은 부패 가능성이 있는 정치권력의 행사를 제한하고 통제하기 위하여 권한의 분리 및 위임을 주장하고 있다. 권한의 분리는 행정 구조를 다중심적으로 만들어서 소비자인 공공의 선택권을 확대할 것을 요구한다.

관리적 접근 방법은 신공공관리론 입장에서 정부개혁의 기본 이념이다. 이의 대표적 학자로 오스본과 게블러(D. Osborne & T. Gaebler, 1992)의 정부재창조(Reinventing Government) 이론이 있다. 이들은 전통적인 관료제 정부에 대응하는 기업가적 정부를 주장하고 있다. 기업가적 정부는 ① 촉진적 정부, ② 지역사회가 주도하는 정부, ③ 경쟁적 정부, ④ 사명지향적 정부, ⑤ 성과지향적 정부, ⑥ 고객지향적 정부, ⑦ 기업가적 정부, ⑧ 미래지향적 정부, ⑨ 분권적 정부, ⑩ 시장지향적 정부를 기본 원리로 제시하고 있다.

우리나라에서도 신공공관리론은 김대중 정부 이후 최근까지 행정과 관료제 개혁의 중요한 이데올로기가 되고 있다. 이에 의한 대표적인 행정 개혁으로는 공공재 제공에 대한 계약제, 민관 공동 생산, 민간 위탁, 민영화, 성과주의 행정, 행정에의 전사적 품질 관리(TQM), 균형 성과표(BSC) 도입 등에서 찾아볼 수 있다.

행정에 대한 관리적 접근 방법은 관리에 있어서 인간의 배제, 행정의 존재 목적인 공익, 형평성, 조직에서 인간의 존엄성, 협력과 참여와 같은 소프트한 가치를 고려하지 못한다는 비판을 받는다.

2) 행정에 대한 정치적 접근 방법(政治的 接近方法)은 뉴딜과 제2차 대전 중에 애플비(Paul Appleby) 등의 학자에서 그 근원을 찾을 수 있다. 이들은 수단을 강조한 관리적 접근 방법과 비교하여 '행정이 무엇을 해야 하는가?'라는 당위적 문제에 대하여 관심을 가진다. 이에 의하여 정치적 접근 방법은 대표성, 선거직 공무원의 시민에 대한 정치적 대응성과 책임성과 같은 가치를 중시한다. 즉 이들은 관료적 지배체제에서 헌법적 민주주의 이념을 실현하는 데 관심을 가진다.

정치적 접근 방법은 행정의 정치적 대응성을 확보하기 위해 조직 구조에서는 다원주의를 강조한다. 조직의 다원화는 갈등과 큰 비용을 수반하여 관리적 접근 방법과 대비되는 속성을 가진다. 그리고 행정이 다양한 이익집단 투쟁의 장이 되는 위험도 내포하고 있다. 이러한 내적 모순에도 불구하고 행정의 민주화, 인간화 등을 위해 그 접근 방법의 가치가 인정되고 있다. 이들은 행정학의 연구 및 의사 결정에 있어서 여론, 이익집단, 미디어 등의 역할을 강조하고, 선거, 여론조사, 내용 분석 등의 방법을 선호한다.

행정에 대한 정치적 접근 방법에서는 개인을 집합적인 집단의 한 구성 부분으로 인식한다. 정치적 접근 방법은 관리적 접근 방법과는 달리 개인을 하나의 인격체로 보고, 이러한 개인의 이익을 적극적으로 실현하는 것을 목표로 한다. 정치적 접근 방법이 행정 체제에서 실현되고 있는 것으로는 인사 행정 분야에서의 대표 관료제, 적극적 고용제도, 각종 선거와 참여의 제도화, 주민에 의한 관료제의 통제, 정보 공개와 자유법, 일몰제도 등의 통제, 행정 윤리 등의 책임성 확보 등에서 볼 수 있다. 이들은 예산을 정치적인 것으로 보고, 타협과 조정에 의한 의사 결정과 예산 결정에 의한 점증주의 행태를 받아들인다.

전통적으로 공공재와 서비스의 공급자를 국가가 담당하던 것이 신공공관리론에서는 국가뿐만 아니라 시장이 담당할 수 있는 것으로 생각하였다. 이는 확대되어 국가와 시장 이외에 시민사회와 국제기구 등 모든 사회 체제를 공공재와 서비스 전달 체제에 포함하는 것이 바람직하다는 생각에 따라 뉴거버넌스(new governance) 이론이 등장하였다.

거버넌스에 대한 통일된 개념은 없다. 유엔의 글로벌거버넌스위원회(The Commission on Global Governance, 1995: 4)는 "거버넌스는 개인과 제도, 공공과 민간이 그들의 공통 문제를 관리하는 다양한 방법의 총체이다. 거버넌스는 갈등적이고 다양한 이해관계를 조정하고 협력적 방법으로 해결하고자 하는 지속적 과정이다. 거버넌스에는 법규에 의해서 권한을 부여받은 공식적 제도와 정권뿐만 아니라 비공식적인 개인과 제도도 포함된다."고 하고 있다. 광의로 거버넌스는 국가와 시장, 시민사회가 과거와는 다른 새로운 형태의 상호작용과 협력 체계를 구성하면서 등장한 조정 양식을 의미하고 있다.

국정관리, 신국정관리, 국가경영, 통치, 협치 등 학문 분야에 따라서 다양한 의미로 이해되는 거버넌스 이론은 세계화, 정보화, 다원화 등의 사회체제 변화와 함께 공공재와 서비스를 정부 또는 시장이 독점적으로 제공할 수 없게 되고, 이러한 독점이 비효율적이라는 기본 논리를 바탕으로 한다.

샐러몬(L. M. Salamon, 2002)은 산업사회 시대의 통치 형태로서 관료 조직은 과도한 규칙과 규제, 수직적인 명령 체계로 인하여 공공문제를 해결하는 데 한계가 있다면서 뉴거버넌스에 의한 관리를 주장하고 있다. 샐러몬의 뉴거버넌스 이론이 강조하는 것은 참여, 파트너십, 네트워크이다. 참여는 직접 민주주의 성격을 바탕으로 하는 정책 결정이나 집행 과정에의 시민 대표나 시민의 적극적 참여를 주장한다. 파트너십은 정치사회를 정부, 시장, 시민사회가 동등한 파트너로 참여하여 문제의 해결을 추구하는 것을 의미한다. 네트워크는 참여와 파트너십에 의한 공존, 협력, 경쟁의 관계를 확립하는 것을 의미한다.

뉴거버넌스 이론은 신공공관리가 성과와 경쟁을 강조하는 데 비하여 과정과 신뢰를 바탕으로 하는 상호 협력을 중시한다. 그리고 신공공관리가 고객중심이라고 한다면 뉴거버넌스는 과정이나 임무를 강조한다는 면에서 차이를 보여주고 있다. 한국 행정 및 정책에서 거버넌스 또는 뉴거버넌스 이론은 주로 생활 정치나 행정, 복지, 주민자치, 환경 등의 분야에서 문제 해결을 위한 대안적인 기제로 연구되고 있다.

한편 2000년 이후 제시되고 있는 신공공서비스론은 전통 행정이론과 신공공관리론의 모순을 극복하기 위한 제3의 대안으로 제시되었다. 신공공서비스론은 신공공관리론이 일정한 성과를 가져오기는 하였으나 시장성만을 강조하여 행정의 공공성이나 민주성을 침해하고, 행정이 추구하는 가치문제를 등한시했다는 비판을 하고 있다.

신공공서비스론의 지적 뿌리는 민주적 시민정신, 공동체와 시민사회, 조직 인간주의와 담론 이론 등에서 찾을 수 있다. 신공공서비스론은 공익에 대한 시민의 적극적 역할과 정신을 존중하고, 시민에게 힘을 실어주고, 시민에게 봉사하는 정부의 역할을 강조한다. 정부는 시민정신의 발전, 공공 담론의 촉진, 공익 증진에 이바지하는 책임성을 가져야 한다고 한다. 전통적 행정과 신공공관리론에서 강조한 능률과 생산성은 민주주의, 사회공동체, 그리고 공익이라는 더 넓은 틀 속에서만 그 의미를 가질 수 있다고 주장한다.

덴하르트(R. B. Denhardt & J. V. Denhardt, 2000)는 오스본과 게블러의 기업가적 정부에 대응하는 신공공서비스를 위한 일곱 가지 원리를 다음과 같이 제시하고 있다.

첫째, 방향 잡기보다는 봉사해야 한다. 공무원에게 점차로 중요시되는 역할은 사회를 새로운 방향으로 통제하거나 이끌고 가는 것보다는 시민이 그들의 공통된 이익을 확인하고 충족할 수 있도록 도와주도록 하는 것이다.

둘째, 공익은 부산물이 아닌 목적이다. 공공 행정가는 집단적이고 공유된 공익에 대한 생각을 형성하는 데 이바지해야 한다. 목적은 개인의 선택으로 이루어지는 신속한 해결 방법을 발견하는 것이 아니다. 오히려 목적은 공통의 이익과 공통의 책임을 창출하는 것이다.

셋째, 전략적으로 생각하고, 민주적으로 행동하라. 시민의 욕구를 충족하는 정책과 프로그램은 공동의 노력과 협력 과정을 통해서 가장 효과적이고 대응적으로 달성할 수 있다.

넷째, 고객이 아닌 시민에 봉사하라. 공익은 개인 이기심의 총합으로 형성되기보다는 공유하고 있는 가치에 대한 담론으로 만들어지는 것이다. 그러므로 공무원은 단순히 고객의 요구에 대응하기보다는 시민과 함께 그리고 시민 간에 신뢰와 협력의 관계를 구축하는 데 관심을 두어야 한다.

다섯째, 책임성은 단순한 것이 아니다. 공무원은 시장 이상의 것에 관심을 기울여야 한다. 공무원은 헌법과 법률, 공동체의 가치, 정치적 규범, 전문가적 기준과 시민의 이익에도 관심을 가져야 한다.

여섯째, 단순히 생산성이 아닌 사람을 귀중하게 생각하라. 공공조직과 공공조직이 개입하는 네트워크가 모든 사람을 존중한다는 기반 위에서 협력과 공유된 리더십 과정을 통하여 운영된다면 장기적으로 성공할 가능성은 커진다.

일곱째, 기업가 정신보다 시민 정신과 공공서비스를 중시하라. 공익은 공공 자금을 자신의 것처럼 운영하는 기업가적 관리자보다는 사회에 의미 있게 이바지하는 헌신적인 공무원이나 시민에 의해서 더욱 촉진될 수 있다.

신공공서비스론은 능률과 성과를 강조한 신공공관리론에서 간과한 행정의 근본적인 존재 가치를 재조명하였다는 데 큰 의미가 있다. 특히 행정의 궁극적 가치인 공익을 위한 공무원, 시민의 책임성을 민주주의의 틀 속에서 강조하고 하고 있다. 그러나 행정의 목적과 규범적인 측면만 강조하고 있다는 비판을 받고 있다. 그리고 시민정신, 시민의 참여와 같이 시민의 이타적 인간성에 대한 과신도 문제점으로 지적될 수 있다.

3) 행정에 대한 법적 접근 방법(法的 接近方法)은 유럽 행정에서 그 근원을 찾을 수 있고, 미국의 경우에는 굿노우(Frank Goodnow) 등에서 그 기원을 찾을 수 있다. 법적 접근 방법에서는 행정을 구체적 환경에서 법을 적용하고 집행하는 것으로 이해한다. 법적 접근 방법의 주요 근원은 행정 조직을 설정하고, 권한을 부여하며, 개인의 권리를 구제하는 방법을 담고 있는 행정법과 형평성, 프라이버시 보호와 같이 기본권을 보호하는 헌법에서 찾는다. 전체적으로 법적 접근 방법은 헌법적 통합성, 개인의 권리, 절차적 정당한 과정 등을 중요한 행정의 가치로 인정한다.

법적 접근 방법에서 조직 구조는 증거의 제시와 해석에서 신축성을 확보할 수 있도록 수정을 하는 대립 당사자주의(adversary procedures)를 취한다. 특히 구성원에 대한 해고나 징계의 경우에 이러한 입장을 취한다. 대립 당사자주의는 이해관계가 있는 사람이나 집단 간의 공격과 방어로 문제를 해결하고 정부는 제3자적 입장에서 판단하는 것을 의미한다.

법적 접근 방법에서는 개인을 일정한 상황에서 특별한 개인으로 이해한다. 즉 개인을 특별한 인격체 또는 합리적인 인격체로 본다. 그러나 개인을 강조한다고 해서 광의의 집단에서 개인의 집합을 배제하는 것을 의미하지는 않는다.

인식론적으로 행정에 대한 법적 접근 방법은 귀납법과 연역법을 함께 사용하고, 규범적인 추론이나 논쟁 과정을 통한 문제 해결을 추구한다. 이에서 과학적 방법을 배제하지는 않지만, 법적 접근 방법은 구체적이고 전문화된 것을 응용하는 것을 싫어한다. 그리고 법적 접근 방법에서 행정상 의사 결정은 선례에 의한 점증주의적 결정을 받아들인다. 이에 예산 과정은 헌법적 통합성과 개인의 헌법적 권리 보호에 초점을 둔다.

복잡한 행정 현상을 이해하기 위한 다양한 접근 방법, 패러다임, 이론 가운데 어떠한 것이 가장 바람직한가는 그 시대의 상황에 의해서 결정되어야 한다. 앞서 언급하였듯이 행정에 대한 최선의 접근 방법이나 이론은 존재하지 않는다. 행정을 연구하기 위해 제시된 모든 접근 방법이나 이론은 그 나름대로 중요성과 기능을 가진다고 보아야 할 것이다.

| 참고 문헌 |

- 가다머, 한스게오르크(2000). 『진리와 방법1』. 이길우 외 옮김. 서울: 문학동네.
- 가다머, 한스게오르크(2012). 『진리와 방법2』. 임홍배 옮김. 서울: 문학동네.
- 강신택(2013). 『행정사상과 연구의 논리』. 서울: 조명문화사.
- 강인재·이달곤 외(2003). 『한국행정론』. 대영문화사.
- 국회·유럽헌법학회(2009), 국회의 행정입법 통제에 관한 연구.
- 기획재정부(2013). 공공기관 부채현황.
- 기획재정부(2014). 2014년도 공공기관 지정안 확정.
- 김동진(2014). "법치주의는 죽었다." 법원내부게시판(2014년 9월 12일).
- 김석준 외(2000). 『뉴거버넌스 연구』. 대영문화사.
- 김시영 외(2005). 『행정학의 이해』, 영남대학교출판부.
- 김준기(2007). 『정부와 NGO』. 박영사.
- 김중규(2004). 『4차원 행정학』. 서울: 도서출판 성지각.
- 김태룡(2012). 『새 한국행정론』. 대영문화사.
- 김태룡 외(2014). 『새한국정부론』. 개정3판. 대영문화사.
- 롤즈, 존(2003). 『정의론』. 황경식 옮김. 서울: 이학사.
- 루소, 장 자크(1999). 『사회계약론』. 이환 옮김. 서울: 서울대학교출판부.
- 루소, 장 자크(2003). 『에밀』. 김중현 옮김. 서울: 한길사.
- 매킨타이어, 알래스데어(1997). 『덕의 상실』. 이진우 옮김. 서울: 문예출판사.
- 명승환·이용훈(2011). 『행정학개론』, 아카데미북.
- 박동서(1994). 『한국행정의 연구』. 서울: 법문사.
- 박상필(2003). 『NGO와 정부 그리고 정책』. 아르케.
- 박연호 외(2010). 『행정학개론』. 박영사.
- 박정수(2012). 공기업 부채에 대한 소고. 「한국행정포럼」, 138호.
- 박정택(2007). 『일상적 공공철학하기』. 서울: 한국학술정보.
- 박진 외(2012). 『공공기관 부채의 잠재적 위험성 분석과 대응방안』. 한국조세연구원.
- 백완기(2007). 『행정학』, 박영사.
- 백종섭(2013). 『공무원노동조합론』. 대영문화사.
- 백종섭(2003). 지방정부의 다면평가 도입실제와 개선방안. 『행정논총』, 41(4):223-252.
- 벤하비브, 세일라(2008). 『타자의 권리』. 이상훈 옮김. 서울: 철학과현실사.
- 벨머, 알브레히트(2009). 『대화윤리를 향하여』. 김동규·박종식 옮김. 서울: 한울.
- 샌델, 마이클(2010). 『정의란 무엇인가』. 이창신 옮김. 서울: 김영사.
- 소영진(2004). 행정학에 있어서 현상학적 방법의 가능성 탐색. 『한국행정학보』, 38(4): 1~20.
- 신무섭(1997). 한국행정학보를 통해 본 한국행정학의 연구경향과 과제. 전북대학교 사회과학연구소, 『사회과학연구』, 23(0): 87~108.
- 신현기 외(2008). 『새행정학개론』, 20세기사.
- 아리스토텔레스. 2013. 『니코마코스 윤리학』. 천병희 옮김. 도서출판 숲.
- 안병만(2014). 『한국정부론』, 제6판. 다산출판사.
- 안병영(2005). 행정학의 토착화, 한국화, 그리고 세계화. 『kapa@포럼』, 2005.9: 6~9.
- 오성호 외(2013). 『인사행정론』. 다산출판사.
- 이대희(2007). 『감성 정부』. 대영문화사.

- 이대희(2013).『한국 발전 모형』. 조명문화사.
- 이대희 외(2014).「한국정부론」. 법문사.
- 이문영(1996).『논어맹자와 행정학』. 서울: 나남.
- 이상철(2012a).『개정 한국 공기업의 이해』. 대영문화사.
- 이상철(2012b).『가치창조 조직론』. 대영문화사.
- 이상철(2013). 공기업 부채와 공공요금 결정의 합리성. 서울대학교 행정대학원 제672회『정책&지식』 포럼.
- 이종범 편(1994).『전환시대의 행정가: 한국형 지도자론』. 서울: 나남출판.
- 이종수(2010). 한국 행정학 연구의 역사적 성찰: 주요 쟁점과 과제.『한국공공관리학보』, 24(4):1~24.
- 이종수 외(2013).『새행정학』. 대영문화사.
- 이종수 외(2014).『새 행정학 2.0』. 대영문화사.
- 이종수 윤영진 외(2008).『새행정학』. 대영문화사.
- 이종수·윤영진 외(2012).『새행정학』, 6정판. 대영문화사.
- 임도빈(2010). 관료제 개혁에 적용한 신 공공관리론, 무엇이 문제인가.『한국사회와 행정 연구』, 21(1): 1~27.
- 임의영(2008). 행정이념의 제 문제, 한국행정연구원(편), 〈행정이념과 실용행정〉.
- 전영평(2011). 행정학의 토착화 · 한국화 담론의 성찰과 대안적 연구 모색,『공공정책과 국정관리』, 5(1): 3~36.
- 정수복(2012).『한국인의 문화적 문법』. 서울: 생각의 나무.
- 정정길 외(2014).『정책학원론』. 대명출판사.
- 조경호(2005). 행정학과 학부 교과과정 분석과 발전 방안 연구.『한국인사행정학회보』, 4(2): 143~158.
- 짐바르도, 필립(2007).『루시퍼 이펙트』. 서울: 웅진하우스.
- 최창호·하미승(2014).『새행정학개론』. 삼영사.
- 칸트, 이마누엘(2002).『도덕 형이상학을 위한 기초 놓기』. 이원봉 옮김. 서울: 책세상.
- 칸트, 이마누엘(2009a).『실천 이성비판』. 백종현 옮김. 서울: 아카넷.
- 칸트, 이마누엘(2009b).『칸트의 역사철학』. 이한구 옮김. 서울: 서광사: 13-22.
- 테리, 쿠퍼(2013).『공직 윤리: 책임있는 행정인』. 행정사상과 방법론연구회 옮김. 서울: 조명문화사.
- 톰슨, 데니스(1999).『공직의 윤리』. 황경식·정원규 옮김. 서울: 철학과현실사.
- 프랑케나, 윌리엄(2003).『윤리학』. 황경식 옮김. 서울: 철학과현실사.
- 하버마스, 위르겐(2007).『사실성과 타당성』. 한상진·박영도 옮김. 서울: 나남.
- 헌트, 린(2009).『인권의 발명』. 전진성 옮김. 서울: 돌베개.
- 헤럴드경제. (2013). 하남현 기자의 지방공기업 부채 분석. 2.27.
- 헨더슨, 그레고리(2000).『소용돌이의 한국정치』. 박행웅·이종삼 옮김. 서울: 한울아카데미.

- 공직자윤리법.
- 공무원임용령.
- 공무원보수규정.
- 공무원윤리헌장.
- 국가공무원법.
- 지방공무원법.

- Ackoff, R. L. et al.(1981). *A Prologue to National Development*. Philadelphia. PA: University of Pennsylvania Social Systems Science Department.
- Agamben, Giorgio(2000). *Means without End: Notes on Politics*. Minneapolis: University of Minnesota Press.
- Arendt, H.(1963). *Eichmann in Jerusalem*. New York: Viking Penguin.
- Böhme, Gernot(2001). *Ethics in Context: The Art of Dealing with Serious Questions*. trans. Edmund Jephcott. Cambridge: The Polity Press.
- Boje, David ed(2008). *Critical Theory Ethics for Business and Public Administration*. Charlotte, NC: Information Age Publishing.
- Bowman, James & Donald Menzel eds.(1998). *Teaching Ethics and Values in Public Adminstration Programs: Innovations, Strategies, and Issues*. New York: State University of New York Press.
- Bruce, Willa ed.(2001). *Classics of Administrative Ethics*. Boulder, CO: Westview Press.
- Cooper, T. L. ed.(2001). *Handbook of Administrative Ethics*. New York: Dekker.
- Cooper, T. L.(2004). "Big Questions in Administrative Ethics. A Need for Focused, Collaborative Effort." *Public Administration Review*, 64(4), 395-407.
- Cooper, T. L. & Donald Menzel. eds.(2013). *Achieving Ethical Competence for Public Service Leadership*. Armonk: M.E. Sharpe.
- Cooper, T. L. & N. D. Wright. eds. *Exemplary Public Administrators: Character & Leadership in Government*. San Francisco: Jossey-Bass Publishers.
- Cumings, Bruce.(2005). *Korea's Place in the Sun*. New York: Norton.
- Davis, K. C.(1969). *Discretionary Justice: A Preliminary Inquiry*, Baton Rouge, LA: Louisiana State University Press.
- Denhardt, K. G.(1988). *The Ethics of Public Service*. Westport: Greenwood Press.
- Denhardt Robert B. & Janet Vinzant Denhardt(2000). The New Public Service: Serving Rather than Steering, PAR, 60(6): 549-559.
- Farmer, David(2005). *To Kill the King: Post-traditional Governance and Bureaucracy*. Armonk: M.E. Sharpe.
- Fox, Charles(2001). "The Use of Philosophy in Administrative Ethics." In: Cooper 2001: 105-130.
- Fox, C. J. & Miller, H. T.(2007). *Postmodern Public Administration*. Armonk: M.E. Sharpe.
- Frederickson, H. G.(1980). *New Public Administration*, Tuscaloosa, AL: University of Alabama Press.
- Frederickson, George & R. Ghere eds. *Ethics in Public Management*. Armonk: M.E. Sharpe.
- Goodsell, Charles & Nancy Murray eds. *Public Adminstration Illuminated and Inspired by the Arts*. Westport, CN: Praeger.
- Habermas, Jürgen(1993). *Justification and Application: Remarks on Discourse Ethics*. trans. Ciaran Cronin. Cambridge, MA: The MIT Press.
- Harmon, M.(1995). *Responsibility as Paradox: A Critique of Rational Discourse on Government*. Thousand Oaks, Calif.: Sage.
- Holmes, Oliver Wendell, Jr.(1991). *The Common Law*. New York: Dover.
- Jacobs, Richard(2013). "Developing Ethical Conpetence: An Integrated Pedagogical Method." In: Cooper & Menzel. eds. 2013: 95-130.

- Jurkiewicz, Carole ed.(2012). *The Foundations of Organizational Evil*. Armonk: M.E. Sharpe.
- Kant, Immanuel(1996). *Practical Philosophy*. trans. and ed. Mary J. Gregor. Cambridge: Cambridge University Press.
- Koselleck, Reinhart(2002). *The Practice of Conceptual History*. trans. Todd Presner & Others. Stanford: Stanford University Press.
- Landau, M.(1969). Redundancy, Rationality, and the Problem of Duplication and Overlap, *Public Administration Review* 29.
- March, James(1994). *A Premier on Decision Making: How Decision Happens*. New York: The Free Press.
- Marini, Frank ed.(1971). *Toward a New Public Administration*. New York: Chandler.
- Menzel, Donald.(2001). "Ethics Management in Public Organizations: What, Why, and How?" In: Cooper 2001: 355-366.
- Milgram, S.(1974). *Obedience to Authority: An Experimental View*. New York: HarperCollins.
- Mouffe, Chantal.(2013). *Agonistics: Thinking the World Politically*. London: Verso.
- Nakamura, R. T. & F. Smallwood(1980). *The Politics of Policy Implementation*. N. Y.: St. Martin's Press.
- Nigro Felix A. & Lloyd G. Nigro(1980). Modern Public Administration. New York: Harper & Row.
- Osborne, D & T. Gaebler(1992). Reinventing Government: How the Entrepreneurial Spirit is Transforming the Public Sector. MA: Addison-Wesley Publishing Company, Inc.
- Ramos, A. Guerreiro(1981). *The New Science of Organizations*. Toronto: University of Toronto Press.
- Rohr, John(1989). *Ethics for Bureaucrats: An Essay on Law and Values*. New York: Marcel Dekker.
- Rosenbloom, D. H.(2013). Reflections on Public Administrative Theory and the Separation of Powers. The American Review of Public Administration, 43(4): 381-396.
- Rushidie, S.(1997). "India at Five-0." *Time*, Aug. 11, pp. 34-37.
- Salamon, Lester M.(2002). The Tools of Government: A Guide to the New Governance. Oxford: Oxford University Press. 2002.
- Sandel, Michael(2005). *Public Philosophy: Essays on Morality and Politics*. Cambridge: Harvard University Press.
- Shafritz, J. M. & A. C. Hyde(2007). Classics of Public Administration. Wadsworth: Boston.
- Shin, Doh Chull(2012). *Confucianism and Democratization in East Asia*. Cambridge: Cambridge University Press.
- Simon, Herbert(1948). *Administrative Behavior*. New York: Macmillan.
- The Commission on Global Governance(1995). Our Global Neighbourhood, Oxford: Oxford University Press.
- Trevino, L.(1986). "Ethical Decision Making in Organizations: A Person-Situation Interactionist Model." *Academy of Management Review*, 11, 601-617.
- Waldo, Dwight ed.(1971). *Public Administration in a Time of Turbulence*. Scranton: Chandler Publishing.
- Whitbeck, C.(1996). "Ethics as Design: Doing Justice to Moral Problems." *Hastings Center Report*, 26(3), 9-16.

- Wittmer, D. P.(2001). "Ethical Decision Making." In Cooper 2001: 481-507.
- Wittmer, D. P.(2005). "Developing a Behavioral Model for Ethical Decision Making in Organizations: Conceptual and Empirical Research." In H. G. Frederickson & R. K. Ghere eds. 2005. *Ethics in Public Management*. Armonk: M.E. Sharpe.

- www.gojobs.go.kr
- www.iseoul@seoul.co.kr
- www.law.go.kr
- www.mogaha.go.kr
- www.mpm.go.kr

| 저자 약력 |

이 대 희(李大熙. Daehee Lee).
정이(精而), 이재(頤齋), 늘보.
광운대학교 행정학과 교수, 서울대 행정학 박사
(전) 한국행정학회 회장, (전) 서울행정학회 회장, (전) 한국산림복지문화재단 이사장
(현) 동양고전학회 회장, 행정사연구회 회장, 감성과 포럼 공동대표. 한국산악문화협회 부회장
전공 정책 분석 평가, 행정사, 감성정부, 한국정부론
저서 「한국발전모형」, 「행정가치론」, 「감성정부론」, 「문화산업론」, 「한국정부론」(공저)
nulbo@hanafos.com / nulbo@kw.ac.kr

이 원 희(李元熙, Lee, Wonhee)
한경대학교 행정학과 교수, 서울대학교 행정학 박사,
한국조세재정연구원 공공기관 연구센터 소장,
(전) 서울행정학회 회장, 국회 입법조사분석실 재정담당 연구관
전공 재무 행정
저서 「시민이 챙겨야할 나라 가계부」(창비, 2008)
wonheeldaum@hanmail.net

김 성 준(金性俊, Kim Sung-Jun)
제주대학교 행정학과 교수, 동국대학교 행정학박사, 제주대 사회과학대학 학장,
행정사상과 방법론 연구회 회장, 한국자원봉사학회 회장
전공 인사행정, 행정윤리, 자원봉사
저서 「테리 쿠퍼의 공직 유리」(2013, 공역), 자원봉사정책의 한국적 모형에 관한 연구
sjunkim@jejunu.ac.kr

김 순 양(金淳陽/ Kim, Soon-yang)
영남대학교 행정학과 교수, 런던 정경대(LSE) 사회정책학박사, 서울대학교 행정학박사
한국행정학보 편집위원장, 런던정경대 Health and Social Care 객원연구위원,
영국 사우스샘턴대 및 미국 콜로라도대 교환교수 등 역임
전공 사회정책, 정책이론, 복지행정, 관료제론 등
저서 Health Systems in Transition, 「한국 다문화사회의 이방인: 사회적 배제와 정책적 대응」, 「복지서비스의 민간위탁 시스템 분석」
kimsy@ynu.ac.kr

김 영 삼(金英三. Kim, Youngsam)
동의대학교 행정학과 교수, 서울대학교 행정학박사
(전) 부산발전연구원 원장, 서울대학교 행정대학원 초빙 교수, (전) 한국행정학회 전자정부연구회 회장
전공 정보정책, 도시정책
저서 「돌파 국가」(2013, 대영문화사)
yskim@deu.ac.kr

박 종 관(朴鐘寬. Park, Jong Gwan)
백석대학교 법정경찰학부 행정학 전공교수, 서울대학교 행정학 박사
대통령소속 지방분권촉진위원회 실무위원,
(전) 한국공공행정학회 회장, (전) 한국행정학회 지역부회장, 행정고시, 행정직 9급 시험위원
전공 지방자치, 인사행정
저서 「노동행정론」(공저), 「조사방법론」(공저), 「일반사회」(공저)
633127@hanmail.net

박 홍 윤(朴洪潤. Park, Hong Yun)
한국교통대학교 행정학과 교수, 서울대학교 행정학 박사
(전) 한국교통대학교, 기획연구처장
전공 정책평가, 행정기획론
저서 「공공기관을 위한 전략적 기획론」, 「정책평가론: 이론과 실제」,
「지방자치단체의 전략적 비전에 대한 내용분석」 외 다수
p5rk96@ut.ac.kr

백 종 섭 (白 鍾燮 , PAEK, JONG SUP)
대전대학교 행정학과 교수, 서울대학교 행정학 박사
(전) 대전대 사회과학대학 학장, (전) 한국인사행정학회 회장, (전) 한국공공행정학회 회장
전공 인사행정, 갈등관리와 협상론
저서 「갈등 관리와 협상 전략」(2015), 「공무원 노동 조합론」(2013)
yes2327@daum.net

신 충 식(申忠植. Chung-Shig Shin)
경희대학교 후마니타스 칼리지 교수, 뉴욕 'New School for Social Research' 철학 박사,
성균관대 국정관리대학원 행정철학 분야 겸임교수.
전공 공직 윤리, 행정 철학, 정치 철학, 교양 교육
저서 「20세기 사상 지도」(2012, 공저), 「보수주의와 보수의 정치 철학」(2013,공저),
푸코의 계보학적 접근을 통한 통치성 연구, 공공조직 내 윤리적 의사 결정 연구,
세계 금융 자본의 위기와 정부의 역할.
번역서: 프레드 달마이어의 다른 하이데거(2012), 테리 쿠퍼의 공직윤리(2013, 공역),
프레드 달마이어의 인간을 인간답게: 글로벌 공공윤리를 위해(2015),
테리 쿠퍼 편 공직윤리 핸드북(2015, 공역)
shinn@khu.edu

신 희 권(申熙權. Shin, Hee-Guon)
충남대학교 자치행정학과 교수, 서울대학교 행정학 박사
(전) 대구대학교 자치행정학과 교수(1995-1999년)
(전) 미국 인디애나대학교 켈리스쿨 비지팅 스칼라(2006년)
(전) 충남대학교 기획처장(2011년)
(전) 서울행정학회 회장(2012년)
전공 규제 정책 및 지방 재정 분야
저서 「지방재정론」(공저), 「새 한국정부론」(공저), 우리나라 농정 거버넌스의 재구축 방안,
재벌 규제정책 실패 사례로서의 주력 업체 제도
shinhg@cnu.ac.kr

엄 석 진(嚴錫振. Seok-Jin Eom)
서울대학교 행정대학원 부교수, 서울대학교 행정학 박사
(전) 순천향대학교 전임강사, 한국행정연구원 초청연구원
전공 한국 행정의 역사적 분석, 전자정부, 정보화정책, 행정이론, 연구 방법론
논문 The Adoption of Public Smartphone Applications in Korea: Empirical Analysis on Maturity Level and Influential Factors. Government Information Quarterly. 31(s1). 2014.
Institutional Dimensions of e-Government Development: Implementing the 'Business Reference Model (BRM)' in the United States and Korea. Administration and Society. 45(7). 2013
한국 국가기구의 단절과 연속: 1948~1972. 「한국행정학보」 46(3). 2012.
sjum21@snu.ac.kr

이 상 철(李相哲. Sang Cheoul Lee)
부산대학교 경제통상대학 공공정책학부 교수, 영남대학교 행정학 박사
(현) 공공기관운영위원 및 평가위원(기획재정부), 지방공기업정책위원 및 평가위원(행정자치부)
(전) 한국지방정부학회장
전공 조직론, 공기업론
저서 「한국공기업의 이해」, 「가치 창조 조직론」
sclee7923@pusan.ac.kr

이 종 원(李鐘元, Lee, Jong Won)
가톨릭대학교 행정학과 교수, Northwestern University 정치학박사
서울행정학회 회장, 공공기관 경영평가위원, 정부조직혁신단 분과위원장
전공 정부론, 지방정치, 방법론, 정부개혁, 비교정치경제
저서 「지방의회의 이해」(2008, 공저), 「지방자치의 쟁점」(2014, 공저)
논문 지방 거버넌스, 숙의 거버넌스와 제도 설계, 긍정적 탐구 방법 등
jongwon@catholic.ac.kr

전 주 상(全宙相. Jeon, Joo Sang)
한성대학교 행정학과 교수, 서울대학교 행정학 박사
서울행정학회 연구부회장, 행정자치부 지방행정합동평가단 평가위원,
기획재정부 공기업-준정부기관 평가위원
전공 지방행정
저서 「지방자치론」(공저) 외 다수

정 정 화(鄭貞和. Jeong Jeong Hwa)
강원대학교 공공행정학과 교수, 서울대학교 행정학 박사
국방부 갈등 관리 심의위원장(2014-2016),
기획재정부 공공기관 경영평가위원(2014-2015),
한국일보 사회부·국제부 기자(1990-2002)
전공 갈등 관리, 지방자치
저서 「지방자치론」(공저), 「현대사회와 NGO」(공저)
jeong2@kangwon.ac.kr